孔子家語通解

——附出土資料與相關研究

楊朝明 主編

萬卷樓圖書股份有限公司

目　　錄

序

　　曲阜師範大學楊朝明教授主編的這部《孔子家語通解》的出版,正好順應了當前學術界要求深入研究《家語》的趨勢。

　　大家瞭解,《孔子家語》一書曾爲《漢書·藝文志》著錄,在其《六藝略》中排次《論語》之後,且有二十七卷之多。然而到唐代,顏師古爲《漢書》撰注,提出志文裏的《家語》"非今所有《家語》",於是《家語》的真僞問題成爲學術史上一大公案。

　　顏師古說的"今所有《家語》",即通行至今的傳世本,有曹魏時王肅的注,不過顏氏所說含義有些模糊。漢代的《家語》"非"後來傳世的《家語》,究竟是如何"非"法?傳世本是不是全僞,與漢代的本子有怎樣的關繫?並沒有交代清楚。

　　同出於唐世的孔穎達《禮記正義》有一種比較明確的說法。《禮記·樂記》云:"昔者舜作五弦之琴,以歌《南風》。"鄭玄注稱"其辭未聞"。王肅作《聖證論》批評鄭玄,引用了《尸子》和《家語》的《南風》歌辭。孔疏則引馬昭的話,說:"《家語》王肅所增加,非鄭所見。"這是認爲傳世本《家語》有王肅竄入的部分,與宋以下多數學者主張《家語》全僞尚有不同。

　　清代《四庫全書總目提要》引宋王柏《家語考》,以傳世本《家語》系王肅自取《左傳》、《國語》、《孟》、《荀》、二戴記割裂織成,"反復考證,其出於肅手無疑。特其流傳既久,且遺文軼事往往多見於其中,故自唐以來知其僞而不能廢也。"全僞之說於是成爲定讞。直到上世紀三十年代,世界書局編印《諸子集成》,在其"刊行旨趣"中仍說《家語》"屬後人僞撰",擯棄不錄。

　　當時也還有個別學者持不同意見,例如作《孔子家語疏證》的陳世珂。陳氏爲湖北蘄水人,號琢軒。據其同族陳詩于嘉慶二十三年(公元 1818年)給《疏證》寫的序,他在乾隆十八年(公元 1793 年)因事經過蘄州(今湖北蘄春),陳詩問他關於《家語》的事:"是書也,子朱子於《四書章句集注》嘗屢引之,而顏監注《漢書·藝文志》,則以爲'非今所有《家語》',或者以爲王肅增加,近之宗漢學者遂置不道,其果然乎?"陳士珂說:"夫事必兩證而後是非明,小顏既未見安國舊本,即安知今本之非是乎?且子觀周末漢初諸子,其稱述孔子之言類多彼此互見,損益成之,甚至有問答之詞主名

1

各別，如《南華》重言之比，而溢美溢惡時時有之，然其書並行，至於今不廢，何獨於是編而疑之也？"陳氏《疏證》即以傳世本《家語》爲主，將其他文獻互見的附于各章之後，便於讀者比較，對於今天我們探討《家語》，仍然極爲有用。可是陳氏的觀點，並不爲多數學者接受。

重新考慮有關問題的契機，是近年兩批西漢竹簡的發現。一批出土於 1973 年發掘的河北定縣八角廊 40 號墓，墓主推定爲西漢晚期的中山懷王劉修，簡中一種整理組定名爲《儒家者言》（定縣漢墓竹簡整理組：《〈儒家者言〉釋文》，《文物》1981 年第 8 期），保存有二十七章。另一批 1977 年發現在安徽阜陽雙古堆 1 號墓，墓主是西漢早期汝陰侯夏侯竈，簡中一種整理者也稱之爲《儒家者言》（韓自強：《阜陽漢簡〈周易〉研究》，附錄一《阜陽西漢汝陰侯墓一號木牘〈儒家者言〉章題》，上海古籍出版社，2004 年），這實際是一件目錄木牘，上有四十七個章題，不少可與定縣八角廊簡對照。1987 年，我曾有題爲《竹簡〈家語〉與漢魏孔氏家學》的小文（李學勤：《竹簡〈家語〉與漢魏孔氏家學》，《孔子研究》1987 年第 2 期；又收入《李學勤集》，黑龍江教育出版社，1989 年），以爲這兩者的性質相類，內容均以孔子及其弟子言行爲主，且多和《說苑》、《新序》及傳世本《家語》關聯，應該都是《家語》的原型。

不少學者在研究新發現的簡帛佚籍時，參考傳世文獻，對比之下，覺察到《家語》特有的優長之處，從而刮目相看，提出有必要重新研究《家語》。然而，和其他若干長期被列爲僞書的古籍一樣，《家語》缺少精校佳注，不利於進一步工作的進行。

如楊朝明教授所說，《孔子家語通解》這部書是"在堅持學術性第一的原則下，充分考慮現狀，對《家語》進行序說、分段、注釋、翻譯，適應更多的讀者，以期有利於推動孔子、早期儒學和中國'元典'文化的研究"。相信這部書問世以後，更多學者會來集中研究和討論《家語》，《家語》的內容性質、成書過程、學術價值等等問題，都將逐次得到大家的共識。

李學勤

2004 年 10 月 29 日

于清華大學思想文化研究所

前言：出土文獻與《孔子家語》僞書案的終結

不久前，從"簡帛研究"（2003/01/12）網上讀到龐朴先生論述孔子"五至三無"說的文章，因爲這一概念見於今本的《孔子家語》和《禮記》的相同篇章，現在新整理出版的戰國竹簡中又出現了該篇，於是引發了學者們對許多相關問題的思考。龐朴先生的文章給我印象最深的，是其中對於《孔子家語》一書的看法。

龐朴先生說："以前我們多相信，《家語》乃王肅僞作，雜抄自《禮記》等書；《禮記》乃漢儒纂輯，非先秦舊籍，去聖久遠，不足憑信。具體到'民之父母'一節，則認爲，其'五至三無'之說，特別是'三無'之'無'，明顯屬於道家思想，絕非儒家者言，可以一望而知。現在上博藏簡《民之父母》篇的再世，轟然打破了我們這個成見。對照竹簡，冷靜地重讀《孔子家語‧禮論》和《禮記‧孔子閒居》，不能不承認，它們確系孟子以前遺物，絕非後人僞造所成。"

我讀了這些話，有一種震憾的感覺。在孔子研究領域，《孔子家語》的真僞問題是一樁學術公案，原來不少學者力證此書爲僞，在許許多多學人那裏，《孔子家語》僞書說早成定讞，哪里還有討論的餘地。所以，雖清代以來個別學者看到此書不僞，但這種聲音顯得非常微弱，《孔子家語》僞書之說直如難以衝破的堅冰。

堅冰的鬆動應當歸功於地下問世的竹簡書籍。河北定州、安徽阜陽發現的漢簡與《孔子家語》有密切關繫，李學勤先生有《竹簡〈家語〉與漢魏孔氏家學》一文，研究了河北定州八角廊出土的《儒家者言》，引發人們開始重新思考《家語》的成書問題。隨後，王志平、胡平生、朱淵清等先生又結合阜陽漢簡進行了很好的研究。但相比之下，真正認識到《家語》價值的學者還爲數不多，至於充分利用此書進行孔子和儒學研究者，更是少之又少。

在我看來，《孔子家語》的確是孔子和儒學研究的一個寶庫，該書被遠遠拋開實在是一個極大的遺憾。

2001 年 8 月，在中國孔子基金會在濟南舉行的一次學術會議上，我談到"該書的價值實在不可低估"，並強調說："在孔子研究方面，此書的價值並不在《論語》之下，將其視爲僞書棄而不用，實在喪失了許多極爲寶貴的資料。"（《〈孔子家語·執轡〉篇與孔子的治國思想》，見於本次會議文集；收入拙著《儒家文獻與早期儒學研究》，齊魯書社，2002 年 3 月）

後來我又在不同場合討論這一問題。去年七月底，在上海大學舉行的"'新出土文獻與古代文明'國際學術研討會"上，我提交了題爲《〈禮記·孔子閒居〉與〈孔子家語〉》（收入此次會議文集；亦見於拙著《儒家文獻與早期儒學研究》）的論文，本文與龐朴先生的研究一樣，也是就《孔子家語·禮論》和《禮記·孔子閒居》進行對照。該文討論的問題，除了上博竹書相同篇章的篇題以外，就是"《家語》與《禮記》的先後關繫"和"《家語》的傳流"。

當時討論上博竹書該篇的篇題，是因爲《上海博物館藏戰國楚竹書》（第二冊）還沒有出版，而在介紹上博竹書的相關報道中，該篇卻一直被稱爲《孔子閒居》，而基於對該篇流傳問題的認識，我認爲應該認真參考《孔子家語》，不應這樣定名。值得高興的是，後來這一篇的名字被定爲《民之父母》。

在我的這篇文章中，自己雖然已經堅信《孔子家語》的可靠性，也基本以此爲前提討論相關問題，但仍然謹慎地認爲，細心比較分見於《家語》、竹書、《禮記》的這篇文獻，對正確認識《禮記》、《家語》，進而對孔子與儒學研究都具有重要價值。對於自己的認識和理解，還希望得到其他研究者研究成果的印證。

這樣，龐朴先生"轟然打破"的"成見"的確能有震憾的力量。我曾說，就孔子研究的資料而言，如果《論語》是"孔子語錄"，則《孔子家語》便具有"孔子論集"的性質。從規模上講，包括標點在內，《論語》僅有兩萬多字，而《孔子家語》卻比《論語》多出近四倍。朱熹在談到讀《論語》的方法時，引程子的話說，如果不通讀全書，"終是不浹洽"，說的應該是準確理解、融會貫通的問題。《家語》所記全面，又有孔子談話的實情實景，與《論語》相比，顯然更加有利於對孔子思想的準確把握。

龐先生所說實際是原來學界對於《禮記》、《家語》等書的普遍看法。文獻普遍遭到懷疑，因而妨礙了對於這些典籍的深入認識。例如，《家語》既爲僞書，則孔安國、孔衍、王肅的有關序文和奏言也不會可靠，清人范家相《家語證僞》就力辨"三序"之僞，於是，人們就不再相信。孔衍在給皇帝的"奏言"中說："戴聖皆近世小儒，以《曲禮》不足，而乃取《孔子家語》雜亂者，及子思、孟軻、荀卿之書以裨益之，總名曰《禮記》。今見其已在《禮記》者，則便除《家語》之本篇，是爲滅其原而存其末也。"《禮記》的成書問題、《禮記》與《家語》的關繫問題，都有一定交代。現在我們的研究，不得不回過頭來，不得不承認孔衍奏言並非僞品。疑古之過，疑古之害，於此可見一斑。

猶記多年以前與龐朴先生的一次通信。當時，我計劃撰寫《魯文化史》，希望能夠被納入到周谷城先生主編的"中國文化史叢書"，龐朴先生是該"叢書"的編委和聯繫人，我將自己的打算和"撰寫提綱"寄奉龐先生，不久就收到了先生的來信。在信中，龐先生擔心我身處魯地，以魯人而撰魯史，論說起來容易不太客觀。可能我對魯國文化史的總體看法龐先生覺得有拔高之嫌。

我的《魯文化史》因爲沒有按時完成，很遺憾沒能得到龐先生的更多指導，但先生的來信對我的指導意義卻很重要。毋庸諱言，在文化史研究中，不少人容易偏愛自己所在的區域，因而牽強附會者有之，無限拔高者有之；我們瀏覽區域文化史的研究論著，一定不難發現一些結論的偏頗，有的甚至"敞處是絕頂，一覽衆山小"。魯國歷史文化的研究也應該力戒此弊，"多聞闕疑，慎言其餘"。後來我在齊魯書社出版了《魯文化史》，其中並沒有論述《孔子家語》，只是說："如果研究孔子的思想僅僅依據《論語》，那麼，孔子的研究就會失去很多的重要資料，就很難從整體上對孔子進行瞭解和把握。"

不過，在此前早已出版的普通讀物《儒家文化面面觀》中，我已經專列一目，曰"《孔子家語》到底是不是僞書"。本文開頭便堅定地說道："《孔子家語》一書，歷來學界幾乎衆口一詞地認爲是王肅所僞造，事實上卻絕非如此。"文中介紹了李學勤先生結合新出竹簡研究的成果，認爲竹簡《家語》的發現，應該可以洗刷王肅僞造《孔子家語》的罪名，還說"事實畢竟終有昭然若揭的時候"。

我在假設,如果我能早早完成,並將這樣的看法弄到《魯文化史》中呈送龐朴先生,那時的龐先生不知會不會認可? 在我的心目中,龐先生是一位可尊可敬的長者,他研究中國早期哲學,總是立足學術前沿。他思想敏銳,視野開闊,他說對於《家語》應該改變"成見",而且"成見"是被"轟然打破"的,他的意見非常值得重視,這裏涉及的可不是一個無足輕重的問題。

除了《家語》的真偽,還有早期的儒、道關繫,龐朴先生"轟然打破"的"成見"恐怕還有這一點。龐先生說:"我們將無法不正視儒道兩家哲學的親緣,甚而至於應當相信孔子問禮老聃的傳說。"

我們以前曾經讀到過這樣的文章,以"王肅偽造《孔子家語》"爲前提,研究《家語》所反映的"王肅時代"的儒、道兩家關繫。也是不滿意於這種現狀,現在敝校的研究生才有人以《從〈孔子家語〉看孔、老關繫》爲學位論文選題。該題目不能叫《從〈孔子家語〉看儒、道關繫》,正是以《家語》不偽,而孔子、老子那時還沒有什麼儒家和道家的分別。依據《家語》不能探討漢魏時期儒、道兩家關繫,而研究"儒道兩家哲學的親緣"卻十分切當。

龐朴先生的文章中還有幾句話能夠深深打動人心,這就是當他"吃驚"地看到極似道家的語言竟然出於"孔子"之口時,他說:"過去我們可以推說這是偽作,現在顯然沒有這等方便可撈了,因爲竹簡具在。面對竹的事實,我們不能不改弦更張,溫故知新,清理成見,重新認識。"

這種"竹"的事實,與"鐵"的事實無異。龐朴先生的幽默之中,顯示的是一位正直學者實事求是的崇高風範。

筆者近來研究《孔子家語》,感到該書的價值絕非一面,尤其是該書與其他文獻的相通,如果深入細緻探討,早期儒學的研究一定會真正出現一個全新的局面。實事求是地講,好久以來,我認爲《孔子家語》完全可以稱爲"孔子研究第一書"。宋儒重視心性之學,重視《論語》、《孟子》、《大學》、《中庸》,但與這"四書"相比,無論在規模上,還是在內容上,《孔子家語》都要高出很多。由《家語》的成書特徵所決定,該書對於全面研究和準確把握早期儒學更有價值,從這個意義上,該書完全可以當得上"儒學第一書"的地位。

在衆人心目中,《論語》對於孔子研究具有關鍵意義,這自不待言,正如孔安國所說，《論語》具有"正實而切事"的特點。而人們重視《論語》，另一重要原因也是"資料缺乏"。可是，很長的時期裏，《家語》卻一直被棄置不用。如果《家語》真的可信，那將會是怎樣的一種景象！聯想到此，怎麼能不令人興奮？怎麼能不令人感慨不已？

龐朴先生成見的"轟然打破"，我們認爲可以作爲"《孔子家語》僞書案"最後終結的標誌，因爲學者以前主要在文獻比較的層面上進行了研究，龐朴先生則主要是從思想比較的層面上認定《家語》"確系孟子以前遺物"。兩方面有共同的認識，證據應當成立。

楊朝明

2003 年 5 月 17 日

凡　　例

◎本《通解》以商務印書館《四部叢刊》影印明黄魯曾覆宋本為底本，以繁體字横排。

◎本《通解》以下列版本參校：

中華書局據明毛氏汲古閣本排印之《四部備要》本。簡稱“備要本”；

同文書局石印影宋鈔本《孔子家語》。簡稱“同文本”；

劉氏玉海堂覆宋本《孔子家語》。簡稱“玉海堂本”；

陳士珂：《孔子家語疏证》，商務印書館 1940 年版，上海書店《國學基本叢書》1987 年複印本。簡稱“陳本”。

◎本《通解》以下列各書作為參考：

1、《孔子家語》，《孔子文化大全》影印。簡稱“大全本”；

2、《孔子—周秦漢唐文獻集》之《孔子家語》，復旦大學出版社，1990年。簡稱“文獻集本”；

廖名春、鄒新明校點：《孔子家語》，遼寧教育出版社之“新世紀萬有文庫”本，1997 年。簡稱“新萬有文庫本”；

劉樂賢編著：《孔子家語》，中國傳統文化讀本，燕山出版社，1995 年。簡稱“燕山本”；

孫志祖：《家語疏证》，中華書局《叢書集成初編》據式訓堂叢書本排印；

范家相:《家語証偽》,《續修四庫全書》影印光緒十五年會稽徐氏鑄學齋刊本。

張　濤:《孔子家語注譯》,三秦出版社,1998 年版。

◎《孔子家語》與其他文獻相同、相通處,通解時適當參酌。

◎底本明顯之誤字,據參校本徑改。

◎底本脱文掉字,據參校本補,在注釋中說明。

◎底本中的古體、異體字,徑改為正體。

◎本書由前言、正文、附錄三部分組成。

◎本書前言叙述《孔子家語》的成書及其價值,交代本書撰述的有關情況。

◎正文每篇之前以"序說"概說全篇,以幫助讀者理解全文,為繼續研究提供便利;而後按段落分別由"原文"、"注釋"、"通解"各部分組成。

◎本書附錄與前言相互照應,便於讀者瞭解《孔子家語》成書、流傳以及相關學術問題。

◎他人創見性成果,均予以註明。

◎《孔子家語》原文中的生僻字,在注釋中以漢語拼音註音。

卷第一

相魯第一

【序說】

　　本篇以"相魯"為篇題。"相"有輔助、幫助之意,也有主持禮儀的意義。本篇依次記錄了孔子在為中都宰、司空、大司寇等不同職位上的經歷。本篇記述了孔子執政於魯國期間的政績,顯示了孔子卓越的政治才能。

　　孔子初仕,秉政中都,在那裏大力推行教化,一年之後達到理想的效果,使各地諸侯紛紛傚仿。改任司空後,"別五土之性,物各得其所生之宜",還趁機勸導季桓子,把別葬的昭公同諸先公的墳墓溝合為一處,既維護了禮制,又掩蓋季桓子的父親季平子的"不臣",從而也維護了君權禮制。

　　孔子最輝煌的政績是夾谷之會和墮三都。孔子洞察毫末,提出"有文事者,必有武備;有武事者,必有文備",顯示了他已具備政治家的才幹。兩國會盟時,孔子更有出色表現,面對強橫的齊國,孔子既智且勇,不卑不亢,堅持以禮制行事,維護了魯國的尊嚴和國家利益,迫使齊景公返還長期侵佔的魯國土地。墮三都之舉更在於推行政化,以強公室,弱私家,尊君卑臣,孔子的這一舉動,體現了他一貫的"君君臣臣"的政治思想。

　　實際上,作為一位杰出的政治家,孔子處在魯國三桓當政時期,"無道"的魯國却使孔子無從進一步施展自己的執政才能。

　　本篇的記述可以與《左傳》等參照,對《史記·孔子世家》影響較大。各種材料相互綜合,可以更好地研究孔子的生平事迹。

【原文】

　　孔子初仕,為中都宰⁽¹⁾,制⁽²⁾為養生送死之節⁽³⁾:長幼異食,強弱異任,男女別涂⁽⁴⁾,路無拾遺,器不雕偽。為四寸之棺,五寸之椁⁽⁵⁾,以木為椁,因丘陵為墳,不封不樹⁽⁶⁾。行之一年,而西方

11

之諸侯則⁽⁷⁾焉。

定公⁽⁸⁾謂孔子曰："學子此法以治魯國,何如?"孔子對曰：
"雖天下可乎,何但魯國而已哉!"於是二年,定公以為司空⁽⁹⁾,
乃別五土⁽¹⁰⁾之性,而物各得其所生之宜,咸得厥所。

先時⁽¹¹⁾季氏葬昭公於墓道之南,孔子溝而合諸墓⁽¹²⁾焉,謂
季桓子⁽¹³⁾曰："貶君以彰己罪,非禮也,今合之,所以揜⁽¹⁴⁾夫
子⁽¹⁵⁾之不臣。"由司空為魯大司寇⁽¹⁶⁾,設法而不用,無奸⁽¹⁷⁾民。

【注釋】

(1)中都宰:中都的地方長官。中都,魯邑,今山東汶上西。周時把有
宗廟或先君神主的城叫都,沒有的叫邑。宰,古代官吏的通稱。《周禮·
目錄》:"宰者,官也。"這裏指地方長官。

(2)制:制定,用文字規定。

(3)節:禮節,符合社會道德規範的行為舉止。《論語·微子》:"長幼
之節,不可廢也。"

(4)男女別涂:男子與女子走路分左右。《呂氏春秋·先識覽·樂
成》:"男子行乎途右,女子行乎途左。"涂,通"途",道路。

(5)椁(guǒ):套在棺材外面的大棺材。下葬有無椁是身份和財富的
象徵。

(6)不封不樹:不聚土成墳,不種植松柏。不樹,王肅注:"不聚土以起
墳者也。"不封,王肅注:"不樹松柏。"

(7)西方之諸侯則焉:王肅注:"魯國在東,故西方諸侯皆法則。"西方,
《史記·孔子世家》作"四方"。則,傚法。

(8)定公:即魯定公,名宋,昭公之弟,繼昭公為魯君,前509—前495年
在位。

(9)司空:負責土地管理和工程建設的長官。

(10)五土:五種土地。王肅注:"一曰山林,二曰川澤,三曰丘陵,四曰
墳衍,五曰原隰。"

(11)先時,季氏葬昭公於墓道之南:王肅注:"季平子逐昭公,死於乾
侯,平子別而葬之,貶之,不令近先公也。"

(12)溝而合諸墓：把昭公和魯國諸先公的墓地溝合為一處。

(13)桓子：季平子之子，繼承平子之位而執政魯國。

(14)揜(yǎn)：通“掩”。掩藏，遮蔽。

(15)夫子：古時對男子的尊稱，這裏指季桓子的父親季平子。

(16)大司寇：掌管司法、刑獄、糾察和社會治安的長官，下設小司寇，故此處司寇又稱大司寇。

(17)奸：通“干”，干擾，擾亂。

【通解】

孔子從政作了中都的長官，制訂了養生送死的禮節：不同年齡的人享有不同的食物；強壯不同的人分配不同的任務；男女行路各走一邊；揀到行人的遺失物品不能據為己有，製作器物不能作夸飾的雕畫；安葬死者時用四寸厚的棺，五寸厚的槨；憑依丘陵為墳；不聚土成墳，墓地不種植松柏。實行一年之後，西方各諸侯國都引為法則。

魯定公對孔子說：“學習先生的方法來治理整個魯國，怎麽樣呢？”孔子回答說：“即使治理天下也是可以的，何只是一個魯國呢！”這之後的第二年，定公讓孔子擔任司空一職，孔子區別五種類型的土地，生養不同的物產，萬物都獲得了最適宜生長的條件，各得其所。

早先季平子把昭公埋葬在魯國先公墓區的南面，孔子把昭公和諸先公的墓地溝合為一處，對季桓子說：“貶抑君主同時還顯示自己的罪過，是不合禮制的。現在把墓地合為一處，是為了掩飾令尊不合臣子的行為。”孔子又由司空昇為大司寇，制訂了法令卻無需使用，不擾亂百姓。

【原文】

定公與齊侯(1)會於夾谷，孔子攝相事(2)，曰：“臣聞有文事者，必有武備；有武事者，必有文備。古者諸侯並出疆，必具官(3)以從，請具左右司馬(4)。”定公從之。

至會所，為壇位，土階三等，以遇禮(5)相見，揖讓而登，獻酢(6)既畢，齊使萊人以兵鼓譟(7)，劫(8)定公。孔子歷階而進，以公退，曰：“士以兵之(9)！吾兩君為好，裔夷之俘(10)敢以兵亂之，非齊君所以命諸侯也。裔不謀夏，夷不亂華，俘不干盟，兵不偪(11)好，於神為不祥，於德為愆(12)義，於人為失禮，君必不然。」齊侯心怍(13)，麾(14)而避之。有頃，齊奏宮中之樂，俳優(15)侏儒戲於前。孔子趨進，歷階而上，不盡一等，曰：「匹夫熒侮(16)諸侯者，罪應誅，請右司馬速加刑焉。」於是斬侏儒，手足異處。齊侯懼，有慚色。

將盟，齊人加載書(17)曰：「齊師出境，而不以兵車三百乘從我者，有如此盟(18)。」孔子使茲無還(19)對曰：「而不返我汶陽之田，吾以供命者，亦如之。」齊侯將設享禮，孔子謂梁丘據(20)曰：「齊魯之故，吾子何不聞焉？事既成矣，而又享之，是勤執事(21)，且犧象(22)不出門，嘉樂不野合(23)，享而既具，是棄禮也；若其不具，是用秕稗(24)，用秕稗君辱，棄禮名惡，子盍圖之！夫享，所以昭德也，不昭，不如其已。」乃不果(25)享。

齊侯歸，責其群臣曰：「魯以君子道輔其君，而子獨以夷狄道教寡人(26)，使得罪。」於是乃歸所侵魯之四邑(27)及汶陽之田。

【注釋】

(1)齊侯：齊國國君，這裏指齊景公。齊魯夾谷之會可參看《左傳》定公十年。

(2)攝相事：兼任為國君主持禮儀的事情。攝，兼職，兼任。相，主持禮儀的人，在重大場合為國君典禮，一般由世卿大夫擔任。

(3)具官：配置相應的官員。《說文》：具，供置也。

(4)司馬：掌管軍政和軍賦的長官。

(5)遇禮：王肅注：「會遇之禮，禮之簡略者也。」

(6)獻酢(zuò)：賓主互相敬酒。主人敬客人為獻，客人用酒回敬主人為酢。

(7)譟(zào)：通「噪」，大聲喧嘩。王肅注：「雷鼓曰譟」

(8)劫：威脅、威逼。《說文》：「劫，人慾去，以力脅止曰劫。」

(9)士以兵之：《左傳》作「士兵之」，士兵們拿起武器戰鬥之意。

（10）裔夷之俘：指萊人。萊人，王肅注：“齊人，東夷。”萊國在公元前567年為齊所滅。裔，中原之外的邊遠地區。夷，邊遠地區的少數民族。裔夷與華夏對稱。《左傳》：“裔不謀夏，夷不亂華。”

（11）偪：通“逼”，强迫。

（12）愆（qiān）：違背。《說文》：愆，過也。引申為違反、違背。

（13）怍（zuò）：慚愧。

（14）麾（huī）：同“揮”，揮手。本義為古代供指揮用的旌旗。

（15）俳（pái）優（yōu）：演滑稽戲雜耍的藝人。《說文》：“俳亦曰優，曰倡。”

（16）熒侮：熒，迷惑。侮，輕慢。

（17）載書：盟書。會盟時訂立的誓約文件，有時又簡稱為“載”或“書”。

（18）有如此盟：以此盟書為証。

（19）兹無還：王肅注：“兹無還，魯大夫也。”

（20）梁丘據：王肅注：“梁丘據，舊聞齊魯之故事者。”

（21）勤執事：辛勞辦事的官員。勤，《說文》：勤，勞也。執事，官員，有時也代指對方。

（22）犧象：指酒具。王肅注：“作犧牛及象於其背為樽。”樽，酒器。

（23）野合：在曠野演奏音樂。

（24）秕（bǐ）稗（bài）：王肅注：“秕，谷之不成者。稗，草之似谷者。”比喻沒有價值的或無用的東西。

（25）果：實現。

（26）寡人：寡德之人。古代天子、諸侯的自謙之詞。

（27）四邑：王肅注：“鄆、讙、龜、陰也。洙有汶陽之田，本魯界。”

【通解】

魯定公與齊景公在夾谷盟會，孔子擔當為定公相禮的任務。之前，孔子對定公說：“臣下聽說有文事時必須要有武備，有武事時也必須要有文備。古時諸侯離開疆土，出行在外，一定配備必要的官員隨行，請帶上左右司馬。”定公聽從了孔子的建議。

到了盟會的地方，堆起土壇，有土做的臺階三級。定公與齊景公以諸侯之間的會遇之禮相見,行揖讓之禮後登上土壇,相互敬酒以後,齊國指使萊人持兵器喧嘩、鼓噪,企圖威逼定公。孔子一步一個臺階,迅速地登上土壇,帶着定公退回,並說:"士兵們,拿起武器來戰鬥!我們兩國國君在此友好會盟,裔夷之俘竟敢動武搗亂!齊國國君不應該是這樣號令諸侯的。邊遠地區不能圖謀中國,夷狄之族不能擾亂華夏,俘虜不能冲犯盟會,軍隊不能威逼友好,這樣做於神靈是不詳的,於德行是違背的,於人是失禮的,齊侯一定不是要這樣做吧。"齊景公感到慚愧,揮手讓萊人避開。過了一會兒,齊國一方奏起宮廷音樂,俳優、侏儒在壇前戲耍。孔子快步上來,越過第一個臺階,站在中間的臺階上說:"平民敢有迷惑、侮辱諸侯的,其罪當斬,請右司馬立刻行刑。"於是斬殺了侏儒,手足異處。齊侯對孔子有所畏懼,面露慚愧之色。

將要盟誓的時候,齊國人在盟書上寫到:"齊國軍隊出境作戰,魯國不能以三百輛戰車隨行,有此盟書為证。"孔子讓茲無還在盟書中反擊說:"如果齊國不歸還我們的汶陽,卻要我們滿足齊國的要求,也以此盟書為证。"齊侯將要設宴享之禮款待定公。孔子對齊國大夫梁丘據說:"齊、魯傳統的禮節,先生難道不知道嗎?事情已經完成了,而又設宴享之禮,是徒然辛苦你們辦事的官員。況且,犧尊、象尊等酒具是不出宮門的,宮廷音樂也是不能在曠野演奏的。如果在此舉行宴享之禮並一切齊備,是背棄禮儀;如果舉行宴享之禮而又簡單從事,就如同使用輕賤的秕稗代替穀物一樣不鄭重。使用輕賤的秕稗,是侮辱君主,背棄禮儀也會名譽掃地,先生為什麽不慎重考慮一下呢!所謂宴享之禮,是為了昭明德行的,不能昭明德行,就不如停止吧。"於是就沒有舉行宴會。

齊景公回去以後責備群臣說:"魯國的臣屬以君子之道輔佐他們的君主,而你們偏偏以夷狄之道輔助我,以至得罪了魯國。"於是就歸還了以前侵佔魯國的四個城邑和汶陽之地。

【原文】

孔子言於定公曰:"家不藏甲[1],邑無百雉之城[2],古之制也。今三家[3]過制,請皆損之。"乃使季氏宰仲由[4]墮三都[5]。叔孫不得意於季氏⁽⁶⁾，因⁽⁷⁾費宰公山弗擾，率費人以襲魯。孔子以公與季孫、叔孫、孟孫入於季氏之宮，登武子之臺。費人攻之，及臺側，孔子命申句須、樂頎勒⁽⁸⁾士衆下伐之，費人北，遂隳三都之城⁽⁹⁾。強公室，弱私家，尊君卑臣，政化大行。

初⁽¹⁰⁾，魯之販羊有沈猶氏者，常朝飲其羊以詐市人；有公慎氏者，妻淫不制⁽¹¹⁾；有慎潰氏，奢侈踰⁽¹²⁾法；魯之鬻⁽¹³⁾六畜者，飾之以儲⁽¹⁴⁾價。及孔子之為政也，則沈猶氏不敢朝飲其羊，公慎氏出其妻，慎潰氏越境而徙，三月，則鬻牛馬者不儲價，賣羊豚者不加飾。男女行者別其涂，道不拾遺。男尚忠信，女尚貞順。四方客至於邑，不求有司⁽¹⁵⁾，皆如歸焉⁽¹⁶⁾。

【注釋】

（1）家不藏甲：卿大夫不能私自擁有武器軍隊。王肅注：“卿大夫稱家。甲，鎧也。”

（2）百雉之城：王肅注：“高丈長丈曰堵，三堵曰雉。”

（3）三家：季孫、叔孫、孟孫三家。他們都是春秋初魯桓公的後裔，又稱“三桓”。三大家族在春秋後期發展壯大，長期把持魯國政權，其中又以季氏勢力最大，實際執掌魯國政權。

（4）仲由：字子路，魯國弁人（今山東泗水縣）。孔子弟子，以勇敢和政事著稱，時為季氏家臣，後死於衛國內亂。

（5）隳（huī）三都：毀壞三家的都城。隳，毀。三都，指季孫氏之費、叔孫氏之郈、孟孫氏之成。

（6）叔孫：指叔孫輒，為叔孫氏家族庶子。

（7）因：依靠、憑藉。

（8）勒：統帥。

（9）遂隳三都之城：據《左傳》、《史記》，費、郈被毀，而孟孫氏之成卻不了了之。

（10）初：早先、原先。

（11）不制：不加制止。制，裁決、決斷。

（12）踰（yú）：通"逾"，越過、超過。

（13）鬻（yù）：賣、出售。

（14）儲價：誑人的價格。亦作"儲賈"。儲，夸大、欺誑。

（15）不求有司：不求官吏。有司，古代設官分職，各有專司，故稱有司。王肅注："有司常供其職，客不求而有司存焉。"

（16）皆如歸焉：王肅注："言如歸家，無所之也。"

【通解】

孔子對定公說："卿大夫不能私自擁有武器、軍隊，封邑的城牆不能超過百雉，這是自古以來的制度。現在三家都逾越了制度規定，請您全部給以削減。"於是命令季氏的家臣仲由損毀三家都邑的城牆。此時，叔孫輒在叔孫家族中不得志，就依靠費邑的長官公山弗擾發動了叛亂，帶領着費人進攻魯都，孔子帶領定公與季孫、叔孫、孟孫進入季氏的宮室，登上武子之臺。費人進攻武子之臺，到臺邊時，孔子命令申句須、樂頎率領士兵下臺討伐，費人大敗。於是就拆毀了三家都城的城牆，強大了公室，削弱了私家，君尊臣卑，各安其位，良好的政治教化遍及魯國。

原先，魯國有個叫沈猶氏的羊販，常常在早晨給要出賣的羊飲水，以誆騙市人；有個叫公慎氏的人，妻子淫亂卻不加制止；有個慎潰氏，生活奢侈又無視法令；魯國賣六畜的人，也謊報誑人的價格。到孔子當政的時候，沈猶氏早晨不敢再給羊飲水，公慎氏休掉了他淫亂的妻子，慎潰氏逃離了魯國。過了三個月，賣牛馬的不再謊報誑人的價格，賣猪羊的也不再虛報價格了。男子與女子行路分左右，行人遺失的物品沒有人據為己有，男子崇尚忠信，女子力求貞順。四方的賓客到了魯國，也無須向當地政府官員申訴什麼，就像是回到了自己家裏。

始誅第二

【序說】

本篇由兩個故事組成。前者記述有關孔子誅殺少正卯的事情,後者記述有關孔子處理父子爭訟的事情。兩則故事意義關聯,較為系統地反映了孔子的政治教化思想。因前者有"夫子為政而始誅"之語,故以"始誅"名篇。

孔子誅殺少正卯有無其事,學術界存在較大爭議。在文獻記載中,除《孔子家語》外,較早記錄該事的還有《荀子·宥坐》篇,其後,《史記》、《淮南子》、《說苑》、《論衡》等也有與《家語》一致的說法。但是,自南宋開始,此事的真實性開始受到質疑,朱熹認為:(此事)"《論語》所不載,子思、孟子所不言……乃獨荀況言之。是必齊、魯陋儒,憤聖人之失職,故為此說,以夸其權耳。"其後的閻若璩、崔述等也支持這樣的觀點,因為孔子向來主張以德服人,反對刑殺,如《論語》曰:"季康子問政於孔子,曰:'如殺無道以就有道,何如?'孔子曰:'子為政,焉用殺!'"據此,人們認為"此蓋申韓之徒言刑名者,誣聖人以自飾,必非孔子之事"。

除了由於所謂"元典不載"而被認為是後人偽造之外,歷來學者們對孔子誅殺少正卯存在不少疑問,總括起來,主要是基於兩點:第一,孔子誅殺少正卯的理由是"五惡",而這都屬於"意識形態"範疇,並無其他確實罪狀;第二,以春秋政治中處置大夫的慣例和孔子執政實聽命於季氏的身份,難以專殺大夫。

與上述觀點相反,郭克煜先生等所著的《魯國史》(人民出版社,1994年)認為孔子誅殺少正卯當有其事。因為《春秋》、《左傳》、《論語》、《孟子》等書的性質與《孔子家語》等書不同,其撰述體例各有取捨,《論語》等書不載之事未必没有發生;孔子一貫主張"為政以德",反對"齊之以刑",乃是與"齊之以禮"相比較而言,孔子並不排斥刑殺,在《左傳》的記載中,孔子就是主張"寬猛相濟"的;春秋時代擅殺大夫實際上早已司空見慣。此時魯國內亂，孔子臨危授命，以卿位的大司寇身份誅殺少正卯是完全有可能的。

我們認為，孔子誅殺少正卯之事應有所本，確有其事，郭克煜先生等《魯國史》的說法很有道理。在本篇中，孔子就明確表達了"不教以孝而聽其獄，是殺不辜"的教化觀念，主張"必教而後刑"，"其有邪民不從化者，然後待之以刑"。實際上，《論語》中也有類似表述，如孔子說"不教而殺謂之虐；不戒視成謂之暴；慢令致期謂之賊"。孔子的一貫主張是"德主刑輔"，正如《家語》的《刑政》篇中所言："聖人之治，化也，必刑政相參焉。太上以德教民，而以禮齊之。其次以政焉導民，以刑禁之，刑不刑也。化之弗變，導之弗從，傷義以敗俗，於是乎用刑矣。"孔子的行為與他的思想應該是一致的。

【原文】

孔子為魯司寇，攝行相事[1]，有喜色。

仲由問曰："由聞君子禍至不懼，福至不喜，今夫子得位而喜，何也？"

孔子曰："然，有是言也。不曰'樂以貴下人'乎？"於是朝政，七日而誅亂政大夫少正卯，戮之於兩觀[2]之下，屍於朝三日。子貢[3]進曰："夫少正卯，魯之聞人[4]也，今夫子為政而始誅之，或者為失乎？"

孔子曰："居，吾語汝以其故。天下有大惡者五，而竊盜不與[5]焉。一曰心逆而險[6]，二曰行僻而堅[7]，三曰言偽而辯[8]，四曰記醜而博[9]，五曰順非而澤[10]。此五者有一於人，則不免君子之誅，而少正卯皆兼有之。其居處足以撮[11]徒成黨，其談說足以飾褒榮眾[12]，其強御足以反是獨立[13]，此乃人之奸雄者也，不可以不除！夫殷湯誅尹諧[14]、文王誅潘正[15]、周公誅管蔡[16]、太公誅華士[17]、管仲誅付乙[18]、子產誅史何[19]，是此七子皆異世而同誅者，以七子異世而同惡，故不可赦也。詩云：'憂心悄悄，慍於群小'[20]，小人成群，斯足憂矣。"

【注釋】

(1)攝行相事：指擔任為國君典禮的工作。攝，代理、兼任。此記載又見於《尹文子·大道下》、《荀子·宥坐》、《說苑·指武》。

(2)兩觀：宮門前兩邊的望樓。王肅注："兩觀，闕名。"

(3)子貢：衛國人，姓端木，名賜，字子貢，又作"子贛"。孔子弟子，以言語見長，機智多謀，外交才能突出，並極富經商才能，孔子周遊列國時出資相助，孔子去世後，弟子們守墓三年，而子貢結廬守墓六年。

(4)聞人：為人所知的人。聞，聞名、出名。

(5)竊盜不與：竊盜不在其中。與，跟、和、及。

(6)心逆而險：思想背離而險惡。

(7)行僻而堅：行為邪僻而堅定。

(8)言偽而辯：言論錯誤而雄辯。

(9)記醜而博：記述非義的事物並十分廣博。王肅注："醜謂非義"。

(10)順非而澤：贊同錯誤的言行並加以美飾。

(11)撮（cuō）：聚合、聚攏。

(12)飾褒榮眾：據《荀子·宥坐》應為"飾邪榮眾"。榮，通"熒"，迷惑。

(13)反是獨立：違反原則而按照自己的意志行事。

(14)殷湯：即商朝開國君主商湯，誅尹諧事不詳。

(15)文王：即周文王，周武王的父親，以賢明著稱，為西方諸侯之長，稱西伯，生前奠定了周武王滅商的基礎。

(16)周公誅管蔡：即周公旦，姬姓，名旦，周文王的第三子，周朝創立者周武王的弟弟，西周著名政治家、軍事家。在輔助周武王滅商的戰爭中功勛卓著，武王死後文王庶子管叔、蔡叔聯合商紂子武庚叛亂，被周公擊敗，管叔、武庚被殺，蔡叔被流放，完成了輔助成王平叛定國的大業，相傳今《周禮》一書為周公所作。

(17)太公：姓姜，名尚，俗稱姜太公、姜子牙，因封地又叫呂尚，在助周武王滅商戰爭中居功至偉，始封齊國。誅華士不詳。王肅注："士之為人虛偽，亦聚黨也。而韓非謂華士耕而後食，鑿井而飲，信其如此，而太公誅之，豈所以謂太公者哉？"

(18)管仲：名夷吾，春秋初期齊國人，勵精圖治，變法圖強，輔佐齊桓公成為春秋的第一個霸主。誅付乙不詳。

(19)子產：姓公孫，名僑，春秋時期著名的政治家，曾長期執政鄭國，略長於孔子。誅史何，《荀子》作“誅鄧析、史付”，但是據《左傳》定公九年所載駟歂殺鄧析。鄧析是當時著名的刑名學家。史何及史付事不詳。

(20)憂心悄悄，慍於群小：憂慮重重難除掉，成群小人太可惱！語出《詩·邶風·柏舟》。

【通解】

孔子當了魯國的大司寇，還兼任了為國君相禮的職務，臉上常有喜悅之色。

仲由問孔子：“仲由聽說君子禍患到了不害怕，富禄來了不歡喜。現在您因為得到了高官厚禄而顯得非常愉悅，這是為什麼呢？”

孔子說：“是的，有這樣的說法，但不是還有以謙虛對待下人為樂的說法嗎？”於是當政七天便誅殺了擾亂政務的大夫少正卯，在宮門前行刑，並陳屍朝廷三天。子貢向孔子進言說：“少正卯在魯國也是知名的人物，現在您開始當政就先殺了他，或許是不恰當的吧？”

孔子說：“坐下來，我告訴你為什麼要殺掉他。天下大逆不道的惡行有五種，而盜竊並不在其中。一是思想背離而險惡，二是行為邪僻而堅定，三是言論錯誤而雄辯，四是記述非義的事物並十分廣博，五是贊同錯誤的言行並加以美飾。一個人只要具有這五種思想行為的一種，就免不了君子的誅殺，而少正卯兼而有之。其活動的地方足以聚徒成群，結黨營私；其言談話語足以粉飾邪惡，迷惑眾人；其桀驁不遜足以自成一派，叛亂朝廷；他是人中的奸雄啊，不可以不除掉。當初曾有過殷湯誅殺尹諧，文王誅殺潘正，周公誅殺管叔、蔡叔，太公誅殺華士，管仲誅殺付乙，子產誅殺史何。這七人處在不同的時代却同樣被誅殺，是因為他們雖處在不同的時代，罪惡却是相同的，因此都是不可以赦免的。《詩》中說：‘憂慮重重難除掉，成群小人太可惱！’小人成群，這太令人擔憂了！”

【原文】

孔子為魯大司寇，有父子訟者，夫子同狴[1]執之，三月不別[2]。其父請止，夫子赦之焉。季孫聞之不悅，曰："司寇欺餘，曩[3]告餘曰：'國家必先以孝，餘今戮一不孝以教民孝，不亦可乎？而又赦，何哉？"冉有[4]以告孔子。

子喟然嘆曰："嗚呼！上失其道而殺其下，非理也。不教以孝而聽其獄，是殺不辜。三軍大敗，不可斬也；獄犴[5]不治，不可刑也。何者？上教之不行，罪不在民故也。夫慢令謹誅[6]，賊[7]也；征斂無時，暴也；不試責成，虐也。政無此三者，然後刑可即也。《書》云：'義刑義殺，勿庸以即汝心，惟曰未有慎事[8]。'言必教而後刑也。既陳道德，以先服之[9]；而猶不可，尚賢以勸之，又不可；即廢之，又不可，而後以威憚之。若是三年，而百姓正矣。其有邪民不從化者，然後待之以刑，則民咸知罪矣。詩云：'天子是毗，俾民不迷。'[10]是以威厲而不試，刑錯[11]而不用。今世則不然，亂其教，繁其刑，使民迷惑而陷[12]焉，又從而制之，故刑彌繁，而盜不勝也。夫三尺之限，空車不能登者，何哉？峻故也。百仞之山，重載陟焉，何哉？陵遲[13]故也。今世俗之陵遲久矣，雖有刑法，民能勿踰乎？"

【注釋】

（1）狴（bì）：牢獄。本為獸名，因常畫狴於獄門上，故用作牢獄的代稱。此記載又見於《荀子·宥坐》、《韓詩外傳》卷三、《說苑·政理》。

（2）別：審理。

（3）曩：以往，從前，過去。

（4）冉有：即冉求，字子有，魯國人，孔子弟子，長於政事，時為季氏家臣。

（5）獄犴（àn）：古代鄉亭的牢獄，引申為獄訟之事，亦作"犴獄"或"岸獄"。

（6）慢令謹誅：法令鬆弛，卻處罰嚴厲。慢，《說文》：惰也。這裏是鬆弛之意。謹，嚴格、嚴謹，這裏是嚴厲之意。

（7）賊：殘害、傷害。《荀子·修身》："害良為賊。"

（8）"義刑義殺，勿庸以即汝心，惟曰未有慎事"：王肅注："庸，用也。即，就也。刑教皆當以義，勿用以就汝心之所安。當謹之，自謂未有順事。

且陳道德以服之,以無刑殺而後為順,是先教而後刑也。"語出《尚書·康誥》,文字略有出入。

(9)既陳道德,以先服之:先以道德教化的方法推行民間,自己首先身體力行。

(10)"天子是毗(pí),俾(bǐ)民不迷":王肅注:"毗,輔也。俾,使也,言師尹當毗輔天子,使民不迷。"語出《詩·小雅·節南山》。

(11)錯:放置,或廢置。《論語·為政》:"舉直錯諸枉,則民服;舉枉錯諸直,則民不服。"

(12)陷:本義為墜入、掉進。這裏是指因違反法令而陷入牢獄。

(13)陵遲:王肅注:"陵遲,猶陂陀也"。傾斜,斜坡。比喻事物逐漸發生變化,尤其向壞的或差的方向逐漸發展。

【通解】

孔子擔任魯國的大司寇時,有父子二人前來訴訟,孔子把他們關在一個牢房裏,三個月不予審理。其中的父親請求中止訴訟,孔子允許了,放了他們。季孫氏聽說了這件事,不高興地說:"司寇欺騙我。從前他告訴我說:'治理國家,管理家族,必須先提倡孝道。'我今天殺掉一個不孝的人來教導民衆嚴守孝道,不也是可以的嗎?司寇却又把他赦免了,為什麽呢?"冉有把季氏的議論告訴了孔子。

孔子感嘆地說:"唉!處在執政高位的人不行治國大道,却要殺掉有過失的老百姓,是不合理的。不能教育民衆遵行孝道却審理他們違反孝道的案子,是屠殺無辜的人。三軍大敗,是不能全部殺掉的;刑罰監獄管理不善,不能輕易動用刑罰,為什麽呢?在上位的人推行教化不力,罪責不在老百姓的緣故呀。法令鬆弛,却處罰嚴厲,這是殘害百姓;隨意征收賦役,這是殘暴百姓;不經試行便責令成功,這是虐暴百姓。政治上沒有這三種情況,纔可以施行刑罰。《書》中說;'刑罰要以義為本,不可隨心所慾,總是有不合自己心意的事情的。'說的就是教化為先,刑罰為後。先是以道德教化的方法推行民間,自己首先要身體力行;如不可行,再以尊崇賢人的方法勉勵百姓;如果同樣不可行,就廢黜無能之輩;如果還是不行,纔可以以教令的威勢使百姓忌憚。如此進行三年,百姓就步入正途了。如有姦邪之徒不聽從教化,再以刑罰對待這種人,那麽,百姓就都知道什麼是犯罪行為了。《詩》中說‘盡力輔佐天子，百姓心裏不迷。’因此，無須威勢憚壓，也無須刑罰施加。當今之世不是這樣，教化淆亂，刑罰繁多，只能使百姓更加迷惑而觸犯刑罰，如此再加以遏止，所以就出現了刑罰越多，犯罪的人也越多的情況。三尺的高度，空載的車子不能越過，為什麼呢？這是陡峭的緣故。百仞高的山嶺，重載的車子可以翻越，為什麼呢？這是由於山嶺傾斜延緩。今天的社會風氣敗壞已久，雖然有刑法的存在，百姓又怎能不違反呢？”

王言解第三

【序說】

王道政治是孔子心目中的理想政治,本篇通過孔子與弟子曾子的對話,記述了孔子的王道言論。篇中有孔子所說"吾以王言之",又有曾子所問"何謂王之言",故以"王言"名篇。所謂"王言",即關於王道的言論。

本篇是有關孔子政治理想的重要文獻。在論述中,孔子"祖述堯舜,憲章文武",他藉助前代帝王事迹,描繪了自己心目中的理想政治面貌,並將前代王者之道提煉為"内修七教,外行三至"。孔子認為:"上者,民之表也,表正則何物不正?"要求君主首先應該修身立己,以德治國,實現統治者的美德與適宜政治措施的結合,君主做到了"愛人"、"知賢"、"官能",就可以達到"内修七教而上不勞,外行三至而財不費"的客觀效果,這種"不勞不費"的"明王"之道,是早期儒家"無為而治"政治理想的具體化。"無為而治"是我國上古社會一種由來已久的理想政治模式,儒家繼承並繼續闡發了"無為而治"的思想。如《論語·衛靈公》記孔子說:"無為而治者其舜也與?夫何為哉?恭己正南面而已。"只是,到了漢初,經學化的儒學與當時流行的黃老思想形成對立,儒家逐漸放棄了王道思想中的無為概念,"無為而治"竟被後人認為是道家的標誌性概念。

該篇又見於《大戴禮記》,《大戴禮記》作《主言》。"王言"、"主言"一字之差,引起後人的爭論。清朝前期的王聘珍長期研習《大戴禮記》,作《大戴禮記解詁》十三卷,《目錄》一卷。他以《大戴禮記》為尊,反對依據他書如《孔子家語》等增删《大戴禮記》的字句。對古籍本文隨意"增删改易"的做法自不可取,但他認為該篇本為"主言",《孔子家語》由王肅"私定",而改作"王言"。所以他反對依據《家語》而改稱"王言",認為這種做法是"俗儒"之為。清末,孫詒讓作《大戴禮記斠補》,認為《大戴禮記》作"主言"應當改正。

其實,將兩篇對讀,很容易看出《大戴禮記》的改編痕迹。在《大戴禮記》中,《家語》中作"王"的字幾乎都被改為"主",但篇中有"朝覲於王",一個"王"字透露兩篇的關聯。孔子忠君尊王,倡導王道思想,《家語》該篇談論"不出戶牖而化天下"的"王",是本來應該作"王",而非"主"。在先秦儒家那裏,王、霸相對,篇中所言"明王之道"就是通常所說的"王道"。戴德處西漢後期,而整個西漢的前期,中央與藩王的關繫一直是政治的主綫,一會兒封王置藩,一會兒又削藩平亂。開始,異姓諸王曾經擁兵自重,專制一方;後來,劉邦所封的同姓王也自為法令,僭越禮制,不僅對朝廷態度傲慢,甚至公開舉兵叛亂。到漢武帝時期,他依然不得不將一部分精力傾注到打擊地方割據勢力,解決諸侯王的問題上面。戴德改"王"為"主",很可能與之有關。

當初,孔子弟子撰集《孔子家語》,根據自己的記錄而"叙述首尾",從中可以看出孔門師徒往復問對時的一些具體情景。戴聖重編後,刪除了此類記載,而將重點放在了表述孔子思想的内容方面。對於這些,戴聖也作了進一步的潤色和加工。與《家語》相比,《大戴禮記》該篇的不同主要是整齊句子、修飾語詞。排斥《家語》往往造成不應有的錯誤。如《家語·王言解》談論"上下相親",曰:"上之親下也,如手足之於腹心;下之親上也,如幼子之於慈母也。"而《大戴禮記·主言》却變成"上之親下也如腹心,則下之親上也如保子之見慈母也"。《家語》兩個分句本為並列的關繫,改編後成了因果關繫。在這裏,《大戴禮記》的"保子"就是《家語》的"幼子",這裏的"保"與"葆"、"褓"通,"保子"的意思為"襁褓之子"。有意思的是,王聘珍排斥《家語》,解"保"曰"養也",失離了本義。經過此類的改編、解詁,只會離開"夫子本旨"越來越遠。

在《大戴禮記解詁目錄》中,王聘珍云:"王肅私定《孔子家語》,盗竊此(《主言》)篇,改作《王言》,俗儒反據肅書,改竄本經。"對讀兩篇本文,不難發現,正是王氏本人主僕顛倒,婢作夫人,誠可謂孔衍所說"滅其原而存其末"。

【原文】

孔子閒居[1],曾參[2]侍。

孔子曰:"參乎,今之君子[3],唯士與大夫之言可聞也,至於君子之言者，希也。於乎！吾以王言之，其不出戶牖⁽⁴⁾而化⁽⁵⁾天下。"

曾子起，下席而對曰："敢問何謂王之言？"

孔子不應，曾子曰："侍夫子之閒也，難對，是以敢問。"

孔子又不應。曾子肅然而懼，摳衣⁽⁶⁾而退，負席⁽⁷⁾而立。

有頃，孔子嘆息，顧謂曾子曰："參，汝可語明王之道⁽⁸⁾與？"

曾子曰："非敢以為足也，請因所聞而學焉。"

子曰："居，吾語汝。夫道者，所以明德也，德者，所以尊道也。是以非德道不尊，非道德不明。雖有國之良馬，不以其道服⁽⁹⁾乘之，不可以道里。雖有博地眾民，不以其道治之，不可以致霸王。是故昔者明王內修七教，外行三至。七教修然後可以守，三至行然後可以征。明王之道，其守也，則必折衝⁽¹⁰⁾千里之外；其征也，則必還師衽席⁽¹¹⁾之上。故曰內修七教而上不勞，外行三至而財不費。此之謂明王之道也。"

曾子曰："不勞不費之謂明王，可得聞乎？"

孔子曰："昔者帝舜左禹而右皋陶⁽¹²⁾，不下席而天下治，夫如此，何上之勞乎？ 政之不平，君之患也；令之不行，臣之罪也。若乃十一而稅，用民之力，歲不過三日，入山澤以其時而無征，關譏市廛⁽¹³⁾，皆不收賦，此則生財之路，而明王節之，何財之費乎？"

曾子曰："敢問何謂七教？"

孔子曰："上敬老則下益孝，上尊齒⁽¹⁴⁾則下益悌，上樂施則下益寬，上親賢則下擇友，上好德則下不隱，上惡貪則下恥爭，上廉讓則下恥節，此之謂七教。七教者，治民之本也，政教定，則本正也。凡上者，民之表也，表正則何物不正？ 是故人君先立仁於己，然後大夫忠而士信，民敦俗璞⁽¹⁵⁾，男愨⁽¹⁶⁾而女貞，六者，教之致也！ 布諸天下四方而不窕⁽¹⁷⁾，納諸尋常⁽¹⁸⁾之室而不塞，等之以禮，立之以義，行之以順，則民之棄惡如湯之灌雪焉。"

【注釋】

(1)閒居:閒暇之時。《三禮目錄》:"退避曰閒居。"指賦閒在家。

(2)曾參:孔子弟子。魯國人,字子輿,以孝行著稱。

(3)君子:一般指道德高尚的人,這裏指居官在位的人。

(4)戶牖(yǒu):門和窗戶。戶,單扇門。牖,窗戶。《老子》:"不窺牖,見天道。"

(5)化:教化。《說文》:"化,教行也。"

(6)摳衣:提起衣服的前襟。表示對人的尊敬。摳,抓,提。

(7)負席:背向席子。

(8)明王之道:聖明君主的治國之道。

(9)服:使用。

(10)折衝:克敵制勝。衝,挫退敵方的衝鋒戰車。

(11)還師衽席:指平安還師。衽席,臥具。

(12)皋(gāo)陶(yáo):舜的大臣。

(13)關譏市廛:王肅注:"譏,呵也。譏異服,識異言,及市廛皆不賦稅,古之法也。"

(14)齒:指人的年齡。尊齒,以年齡序列排列尊卑先後。

(15)璞(pú):未雕琢過的玉石,或指包藏着玉的石頭,比喻人的天真狀態。

(16)愨(què):恭謹、厚道、樸實。

(17)窕(tiǎo):間隙、未充滿。

(18)尋常:古代的一種長度單位。尋,八尺為尋。常,一丈六尺為常。《小爾雅・廣度》:"尋,舒兩肱也,倍尋謂之常。"

【通解】

孔子閒居在家,曾參陪侍。

孔子說:"曾參!現在的國君只可以聽到士與大夫的一般言論,至於治國安天下的君子之言,聽到的就很少了。唉!我用王道言論相告,會使在上位的人即使不出門户而化行天下。"

曾子站起來,離開坐席,回答孔子說:"冒昧地問一句,什麼是王道言

29

論?"

孔子不回答。曾子說:"現在正趕上您在家閒居,我對此難以理解,所以才冒昧地問您。"

孔子還是不回答,曾子十分惶恐,提起衣襟向後退,背對席子站立。

一會兒,孔子長嘆一聲,回頭對曾子說:"曾參,可以同你談論聖王之道的問題嗎?"

曾子說:"我不敢以為自己有能力同您談論這個問題,還是讓我根據您所講的來學習吧。"

孔子說:"坐下來,我告訴你。道義是用來彰明德行的,德行是用來尊崇道義的。所以,沒有德行,道義就得不到尊崇;沒有道義,德行就得不到彰明。即使有全國最好的馬匹,如果不以正確的方法驅駕,一定是寸步難行。即使國土廣闊,人口眾多,如果不以正確的統治方法治理,也難以實現王霸之道。因此,過去的聖明君主對內修行七教,對外實行三至。七教的工作做好了,可以守衛國家;三至的目標實現了,可以對外征討。聖明君主的治國之道,如果是守衛國家,那一定是却敵於千里之外;如果是對外征討,那也一定是可以平安還師的。因此可以說,對內能夠推行七教,君主就不會勞頓,對外能夠實行三至,國家也不會耗費財富。這就是聖明君主的治國之道。"

曾子說:"君主不勞頓,國家也不耗費財富而叫作聖明君主的治國之道,您能告訴我其中的道理嗎?"

孔子說:"過去,舜帝有禹和皋陶輔佐,不出屋門而天下得到治理,這樣君主有什麼勞頓呢? 政治上不能實現均平,是君主的憂患;教令得不到貫徹,是臣子的罪過。采取賦稅收取十分之一,用民力役一年不超過三天,按季節讓百姓進入山川漁獵而不征稅,關卡、市場只是檢查而不收取賦稅的方法,都是國家擴大財源的途徑,而聖明君主節制使用,財富怎麼會耗費不支呢?"

曾子說:"請問什麼是'七教'呢?"

孔子說:"在上位的人尊敬老人,那麼百姓會更加孝順父母;在上位的人以年齡序列排列尊卑先後,百姓對年長於自己的人也會更加恭敬;在上位的人樂善好施,百姓也會更加仁慈寬厚;在上位的人親近賢人,百姓也會選擇品行端正的朋友；在上位的人推崇德行，百姓就不會隱瞞事實；在上位的人憎惡貪婪，百姓就會以爭奪為恥；在上位的人清廉禮讓，百姓也會以不講禮節為恥，這就是七種教化。這七種教化，是治理民眾的根本啊。如果確定了這種政治教化的基本原則，那麼治理國家的根本就是正確的。因為，在上位的人是百姓的表率啊，有了正確的表率引導，什麼事物不能端正呢？所以，君主首先要身體力行，如此大夫忠誠而士講信義，百姓忠厚，風俗淳樸，男子講求忠誠而女子力求貞順。實現了這六個方面就達到教化的最高境界了！可以推廣到天下四方，無所不至；可以遍及於百姓之家，無所阻塞，以禮制區別它的貫徹實行，以信義作為它的實行基礎，以和順作為它的推行方式，那麼，百姓屏棄惡行就如同熱水澆灌積雪容易完成了。

【原文】

曾子曰："道則至矣，弟子不足以明之。"

孔子曰："參以為姑⁽¹⁾止乎？又有焉。昔者明王之治民也，法必裂地以封之，分屬以理之，然後賢民無所隱，暴民無所伏。使有司日省⁽²⁾而時考之，進用賢良，退貶不肖⁽³⁾，然則賢者悅而不肖者懼。哀鰥寡⁽⁴⁾，養孤獨⁽⁵⁾，恤貧窮，誘⁽⁶⁾孝悌，選才能。此七者修，則四海之內無刑民矣。上之親下也，如手足之於腹心；下之親上也，如幼子之於慈母矣。上下相親如此，故令則從，施則行，民懷其德，近者悅服⁽⁷⁾，遠者來附⁽⁸⁾，政之致也。夫布⁽⁹⁾指知寸，布手知尺，舒肘知尋，斯不遠之則也。周制三百步為里，千步為井，三井而埒⁽¹⁰⁾，埒三而矩，五十里而都，封百里而有國，乃為福積資求焉，恤行者有亡⁽¹¹⁾。是以蠻夷諸夏，雖衣冠不同，言語不合，莫不來賓⁽¹²⁾。故曰'無市而民不乏，無刑而民不亂。'田獵罩弋⁽¹³⁾，非以盈宮室也；征斂百姓，非以盈府庫也。慘怛⁽¹⁴⁾以補不足，禮節以損有餘，多信而寡貌⁽¹⁵⁾，其禮可守，其言可覆⁽¹⁶⁾，其迹可履。如饑而食，如渴而飲，民之信之,如寒暑之必驗。故視遠若邇,非道邇也,見明德也。是故兵革不動而威,用利不施而親,萬民懷其惠。此之謂明王之守,折衝千里之外者也。"

曾子曰:"敢問何謂三至?"

孔子曰:"至禮不讓而天下治,至賞不費而天下士悅,至樂無聲而天下民和。明王篤行三至,故天下之君可得而知,天下之士可得而臣,天下之民可得而用。"

曾子曰:"敢問此義何謂?"

孔子曰:"古者明王必盡知天下良士之名,既知其名,又知其實,又知其數及其所在焉。然後因天下之爵以尊之,此之謂至禮不讓而天下治。因⁽¹⁷⁾天下之祿以富天下之士,此之謂至賞不費而天下之士悅。如此則天下之名譽興焉,此之謂至樂無聲而天下之民和。故曰:'所謂天下之至仁者,能合天下之至親也;所謂天下之至明者,能舉天下之至賢者也。'此三者咸通,然後可以征。是故仁者莫大乎愛人,智者莫大乎知賢,賢政者莫大乎官能⁽¹⁸⁾。有土之君修此三者,則四海之內供命而已矣。夫明王之所征,必道之所廢者也,是故誅其君而改其政,吊其民而不奪其財。故明王之政,猶時雨之降,降至則民悅矣。是故行施彌博,得親彌衆。此之謂還師衽席之上。"

【注釋】

(1)姑:姑且、暫且。

(2)省:視察。《說文》:"省,視也。"《爾雅》:"省,察也。"

(3)不肖:才智低劣的人,或品行不端的人。

(4)鰥寡:無妻和無夫的孤苦之人。《孟子·梁惠王下》:"老而無妻曰鰥,老而無夫曰寡。"

(5)孤獨:無子和無父的孤苦之人。《孟子·梁惠王下》:"老而無子曰獨,幼而無父曰孤。"

(6)誘:教導、引導、勸導。《廣韵》:"誘,引也。"

（7）悦服：心悦誠服。悦，高興、愉快。

（8）遠者來附：邊遠的民衆主動歸附。

（9）布：鋪開，散開、分佈。

（10）埒（liè）：本義為矮牆，場地四周的土圍牆，這裏指地域單位。王肅注："此說里數，不可以言井，井自方里之名，疑此誤。"

（11）行者有亡：行者，出行在外的人。有亡，財富的多寡。

（12）莫不來賓：没有不來歸順服從的。賓，服從、歸服。

（13）田獵罩弋：罩，捕魚的竹籠。弋，繫有繩子的箭，用來射鳥。王肅注："罩，掩網。弋，繳射。"

（14）慘怛（dá）：悲痛、傷痛。

（15）貌：人為的外貌。指與内心不符的外表掩飾。

（16）覆：貫徹、履行。

（17）因：憑藉、依靠。《說文》："因，就也。"

（18）官能：以有能之士為官。官，任官。

【通解】

曾子說："王道政治真是出神入化了，只是弟子還不是十分明白。"

孔子說："曾參，你以為僅此而已嗎？還有其他方面呢。過去的聖明君主治理人民，還按照禮制劃分不同的封地，委派官吏治理他們，因此，賢德的人無所退隱，兇悍的人無所隱藏，使地方官吏經常視察、考察百姓的所作所為，進用賢德俊才，廢黜無德庸才，這樣賢德的人愉悦而無德的小人畏懼。哀憐無依無靠的鰥寡之人，撫養無子和無父的孤苦之人，救濟貧窮無助的人，引導百姓孝親尊長，選拔才能之士。如果一個國家這七個方面的工作做好了，就不會有觸犯法令的百姓了。這樣，在上位的人親近百姓，如同手足對於腹心一樣；百姓親近在上位的人，也如同幼子對於慈母一樣。上下如此相親，所以政令得到遵從，實施也得以通行，百姓懷念着上面的德行，近處的人們心悦誠服，遠方的人們也慕名歸附，這是政治的最高境界了。伸出手指知道一寸的長度，伸開手掌知道一尺的長度，舒展胳臂知道一尋的長度，這都是身邊的法則。按照周朝制度，以三百步為里，一千步為井，三井為埒，三埒為矩，方圓五十里可以建立都邑，方圓一百里可以建立國家，以此可以謀求福禄，積聚財富，還可以體恤出行在外的人的貧富之別。因此,無論是蠻夷之邦還是中原諸國,即使是衣冠不同,言語不合,也没有不來歸附朝拜的。所以才有'没有市場,百姓却不會匱乏;没有刑罰,百姓也不混亂'的說法。捕魚打獵不是為了充盈宮室;征收賦税不是為了充實庫府。以傷痛之心對待百姓的物質匱乏,以禮節制度防止公私的奢侈糜爛。對百姓多一些誠信,少一些表面形式,這樣,制訂的禮制就能遵守,說出的話就能履行,做過的事也足以為表率,如同飢餓了要喫飯,口渴了要喝水一樣必然。百姓信任在上位的人,如同寒暑季節一定能得到檢驗一樣必然。因此,君主雖然不在百姓身邊,但百姓却時時感覺到君主的存在,這不是百姓空間上與國君靠近,而是因為百姓領略到了國君的教化,感受到了君主的聖明德行。所以,聖明君主兵戈不動而威風凛凛,慶賞不用而百姓親附,天下的百姓感念着君主的仁德與恩惠。所以說,聖明君主守衛國土,也能却敵於千里之外。"

曾子問:"請問什麽是'三至'呢?"

孔子說:"最高境界的禮制無須講求謙讓而天下治理得井井有條;最高層次的獎賞用不着耗費而天下的士人喜悦;最美妙的音樂此處無聲勝有聲,能够實現天下百姓的和睦相處。聖明君主力行'三至',那麽,作為天下君主的地位就會人所共知;天下的仁人志士就會稱臣服從,天下的百姓就會為己所用。"

曾子說:"請問其中的道理是什麽呢?"

孔子說:"古代的聖明君主必定要知道天下賢德士人的名字。不但要知道他們的名字,還要知道他們的實際才能、行為方式以及他們的所在地區。然後利用天下的爵位尊崇他們,這叫作最高境界的禮制無須講求謙讓而天下治理得井井有條。憑藉天下的各種俸禄使賢德士人生活富足,這就是最高層次的獎賞用不着耗費而使天下的士人喜悦。這樣,天下的人必然盡力追求名譽和聲望,這就是此處無聲勝有聲的最美妙音樂,能够實現天下百姓的和睦相處。所以說:'最仁德的人一定能團結他最親近的人,最賢明的人一定能舉薦最有才能的人。'這三種最高的境界達到了,君主就可以對外征討了。因此,對君主來說,最高的仁德在於愛護百姓,最高的智慧在於瞭解賢才,而最完善的政治在於任用賢才。如果擁有國土的君主做到了這三點,那麽天下四方的人都會擁戴他而甘願聽從差遣。

這是因為，聖明君主所征伐的對象，一定是廢棄道義、禮法荒廢的國家，所以才誅殺它的國君，改變它的混亂政治，撫慰它的百姓而不掠奪他們的財物。因此，聖明君主的賢明政治，如同天降時雨，落下來百姓就高興。因此，德政教化施行越廣泛，越能得到更多的百姓親附。所以才有出征的軍隊平安還師之說。"

大婚解第四

【序説】

"大婚"是指天子、諸侯的婚姻事宜,乃是相對於平民百姓的普通婚姻而言的。本篇記孔子與魯哀公的對話,以"大婚"問題爲核心,故以名篇。

在春秋宗法社會中,天子、諸侯等貴族的婚姻不僅是氏族的内部事務,而且還是國家政治生活中的重要事件。孔子與哀公的談話中着力闡述了"大婚"對國家政治生活的重大影響。從論述的邏輯上看,孔子由人道逐步深入而論及大婚:人道—政—愛人—禮—敬—大婚。從這裏不難看出,孔子思考問題的終點仍然是如何治理社會,管理民衆。

在繼承和發揚傳統宗法觀念的基礎上,孔子從人道應該合於天道的高度出發,全面論述了諸侯婚姻的重要意義。他首先指出:"天地不合,萬物不生,大婚,萬世之嗣也。"認爲諸侯的婚配既是合於天道的人道行爲,也是國家政治延續的根本所在,並最後得出"仁人之事親也如事天,事天如事親"的天人合一的論斷,使人間的倫理法則與天道自然達到和諧統一,爲宗法倫理政治建立了堅實的物質基礎。事實上,孔子這裏強調指出諸侯婚姻的天道根源,正是出自孔子本人對人間政治倫理的高度重視,孔子的此類論述,不過是爲了明確"政者,正也。君爲正,則百姓從而正"的主題,其落脚點還是在於君主品德的培養,體現了孔子對君主人格品質的一貫要求。

本篇也見於《禮記·哀公問》、《大戴禮記·哀公問於孔子》,可參閲。

【原文】

孔子侍坐於哀公(1)。公問曰:"敢問人道(2)孰爲大?"

孔子愀然作色(3)而對曰:"君及此言也,百姓之惠也,固臣敢無辭而對(4)。人道政爲大。夫政者,正也。君爲正,則百姓從而正矣。君之所爲,百姓之所從。君不爲正,百姓何所從乎?"

公曰:"敢問爲政如之何?"

孔子對曰:"夫婦別,男女親[5],君臣信。三者正,則庶物[6]從之。"

公曰:"寡人雖無能也,願知所以行三者之道,可得聞乎?"

孔子對曰:"古之政,愛人爲大。所以治愛人,禮爲大。所以治禮,敬爲大。敬之至矣,大婚爲大。大婚至矣,冕而親迎[7],親迎者,敬之也。是故君子興敬爲親,舍敬則是遺親也。弗親弗敬,弗尊也。愛與敬,其政之本與!"

公曰:"寡人願有言也,然冕而親迎,不已重乎?"

孔子愀然作色而對曰:"合二姓之好,以繼先聖之後,以爲天下宗廟社稷之主[8],君何謂已重焉"?

公曰:"寡人實固[9],不固安得聞此言乎!寡人慾問,不能爲辭,請少進[10]。"

孔子曰:"天地不合,萬物不生,大婚,萬世之嗣[11]也,君何謂已重焉?"孔子遂言曰:"內以治宗廟之禮[12],足以配天地之神,出以治直言之禮[13],以立上下之敬。物恥則足以振之[14],國恥足以興之[15]。故爲政先乎禮,禮,其政之本與!"孔子遂言曰:"昔三代明王[16],必敬妻子也,蓋有道焉。妻也者,親之主也;子也者,親之後也,敢不敬與?是故君子無不敬。敬也者,敬身爲大。身也者,親之支也,敢不敬與?不敬其身,是傷其親,傷其親,是傷本也,傷其本,則支從之而亡。三者,百姓之象[17]也。身以及身,子以及子,妃以及妃[18]。君以修此三者,則大化愀乎天下[19]矣。昔太王[20]之道也如此,國家順矣。"

【注釋】

⑴哀公:魯哀公,因爲曾經外逃於越國,也稱出公。名蔣,又作將,定公之子,在位 27 年。

(2)人道：人間之道。古代常以人道與天道對應，認爲人道應合於天道。

(3)愀然作色：愀然，神色變得嚴肅或不愉快。作色，改變臉色。

(4)固臣敢無辭而對：固，確實。無辭，不予推辭。

(5)男女親：據《禮記》《大戴禮記》，應爲"父子親"。

(6)庶物：其他衆多的事物。庶，衆多。

(7)冕而親迎：戴着禮帽親自迎接。冕，古代帝王、諸侯及卿大夫所戴的禮帽。

(8)天下宗廟社稷之主：王肅注："魯，周公之後，得郊天，故言以爲天下之主也。"其實，雖然有魯國以周公之後得享郊天之禮的説法，但歷代魯公未必敢以天下之主自居。

(9)固：没有見識。王肅注："鄙、陋"。

(10)少進：慢慢地作進一步的闡述。少，同"稍"，逐漸。

(11)萬世之嗣：意謂婚姻是延續後世的重大事情。

(12)内以治宗廟之禮，足以配天地之神：王肅注："言宗廟天地神之次"

(13)出以治直言之禮，以立上下之敬：王肅注："夫婦正則始可以治正言，禮矣；身正然可以正人者也。"

(14)物耻則足以振之：王肅注："耻事不知禮，足以振救之"。

(15)國耻足以興之：王肅注："耻國不知，足以興起者也"。

(16)三代明王：指夏、商、周三代的聖明君主。

(17)百姓之象：王肅注："言百姓之所法而行"。象，取法、傚法。

(18)妃：泛指妻子。《説文》：妃，匹也。

(19)大化愾乎天下：至善的教化通行於天下。愾，遍及、充滿。

(20)太王：即古公亶父。商朝時周族的著名領袖，周文王的祖父。王肅注："太王出亦姜女，入亦姜女，國無鰥民。愛其身以及人之身，愛其子以及人之子，故曰太王之道。"

【通解】

孔子在哀公身邊陪侍。哀公問孔子説："請問人道中最重要的是什麽？"

孔子十分嚴肅地説："您能談到這個問題真是百姓的恩惠了，我只能不加推辭地回答了。人道中最重要的是政治。政治,首先是要講‘正’,只要君主能做到‘正’,那麼老百姓就能跟從做到‘正’。君主的所作所為,是百姓學習的對象。君主不能做到‘正’,百姓跟從君主能學習什麼呢?”

哀公說:“請問怎樣治理政事?”

孔子回答說:“夫婦之間區別尊卑,父子之間要講親情,君臣之間要講信義。這三個方面能做到‘正’,那麼其他事物也就會相應合理了。”

哀公說:“我雖然沒有什麼才能,還是希望知道怎樣才能做好這三個方面,您能告訴我嗎?”

孔子回答說:“古人治理政事,‘愛人’是最重要的,要實現‘愛人’,遵守禮制是最重要的,要實現遵守禮制的目的,莊敬的態度是最重要的,而最高的莊敬表現在天子諸侯的婚姻中。天子、諸侯娶親之時,要身穿禮服親自迎接新婦,之所以要親自迎接,是為了對新婦表示莊敬。因此,君子莊敬是為了表示親情,放棄莊敬就是遺棄親情,沒有親情沒有莊敬,就沒有尊重。愛與敬,應該就是治理政事的根本吧?”

哀公說:“我心裏有句話想說,就是天子諸侯穿上禮服親自迎接,禮節是不是太隆重了呢?”

孔子十分嚴肅地回答說:“婚姻是兩個家族的美滿結合,以延續祖先的後嗣,而後嗣將成為天下、宗廟和國家的主人。您為什麼說禮節太重了呢?”

哀公說:“我實在是見識淺薄。如果不是見識淺薄,怎麼能聽到您這番話呢?我還想進一步請教您,但不知道說什麼,請慢慢地講述。”

孔子說:“天地不能相合,萬物就不能生長。天子諸侯的婚姻,是延續萬代的大事,您怎麼說禮節太重了呢?”孔子於是說:“夫婦雙方在家族內部主持宗廟的祭祀之禮,可以匹配天地神明,對外搞好國家的政治禮教,可以確立君臣上下的恭簡莊敬。行政舉措失當之處禮制能夠匡救,國家面臨恥辱時禮制可以扭轉時局。因此治理政事禮制是第一位的大事,禮制,應該就是政治的根本吧!”孔子於是說:“過去夏、商、周的聖明君王,一定要敬重自己的妻兒,這裏面是有道理的。妻子是照料家族血親的主婦,兒子是家族血親的後代,怎麼可以不敬重呢?因此君子沒有不注重敬重的。敬重之中,敬重自身應該是首當其衝的。自身是家族延續的承擔者,怎能不敬重呢?不敬重自身,就是傷害家族的血親,傷害家族的血親就是傷害了家族的根本,傷害了家族的根本,那麼,家族的支脈也將跟從滅絕。
國君在這三個方面的表現正是百姓所要傚法的。從自己想到百姓,從自己的兒子想到百姓的兒子,從自己的妻子想到百姓的妻子。國君做好這三個方面,那麼至善的教化就能通行於天下。過去太王的治國之道就是這樣的,整個國家也就團結和睦了。"

【原文】

公曰:"敢問何謂敬身?"

孔子對曰:"君子過言[1]則民作辭,過行則民作則。言不過辭,動不過則,百姓恭敬以從命。若是則可謂能敬其身,則能成其親矣。"

公曰:"何謂'成其親'?"

孔子對曰:"君子者也,人之成名[2]也。百姓與名,謂之'君子',則是成其親,爲君而爲其子也。"孔子遂言曰:"愛政而不能愛人,則不能成其身;不能成其身,則不能安其土;不能安其土,則不能樂天[3]。"

公曰:"敢問何能成身?"

孔子對曰:"夫其行已不過乎物[4],謂之'成身',不過乎,合天道也。"

公曰:"君子何貴乎天道也?"

孔子曰:"貴其'不已'也。如日月東西相從而不已也,是天道也;不閉而能久[5],是天道也;無爲而物成,是天道也;已成而明之,是天道也。"

公曰:"寡人且愚冥,幸煩子之於心[6]。"

孔子蹴然[7]避席而對曰:"仁人不過乎物,孝子不過乎親。是故仁人之事親也如事天,事天如事親,此謂孝子成身。"

公曰:"寡人既聞如此言,無如後罪何[8]?"

孔子對曰:"君之及此言,是臣之福也。"

【注釋】

(1)過言:不恰當的言辭。過,過錯。

(2)成名:尊顯的名稱。成,通"盛"。

(3)樂天:樂於順應天道。天,王肅注:"天道也"

(4)行已不過乎物:處世行事遵從事物發展的自然法則。

(5)不閉而能久:王肅注:"不閉常通而能久,言無極。"

(6)幸煩子之於心:王肅注:"慾煩孔子議識其心所能行也"。

(7)蹴(cù)然:迅速的樣子。蹴,踏、踢。

(8)無如後罪何:如果將來有了過錯,那該怎麼辦呢?

【通解】

哀公説:"請問什麼是敬重自身?"

孔子回答説:"君子如果言語不當,百姓仍會奉爲信條;如果行爲不當,百姓也將奉爲法則,君子的一言一行都將是百姓傚法的對象。因此,如果君子言行得當,百姓就能恭敬地聽從號令。這樣就可以説是能敬重自身,也就能成就他的父母了。"

哀公説:"什麼叫作'成就他的父母'呢?"

孔子回答説:"'君子'是一個崇高的名稱,是百姓送給的一種稱號,叫作'君之子',這樣就成就了他的父親爲君,而他是君之子。"孔子於是説:"注重治理政事却不能'愛人',就不能成就自身;不能成就自身,就不能安於故土;不能安於故土,就不能樂從天道。"

哀公説:"請問如何才能成就自身呢?"

孔子回答説:"立身行事合乎事物的固有法則,叫作成就自身。不逾越事物的固有法則,是與天道相合的。"

哀公説:"君子爲什麼要尊崇天道呢?"

孔子説:"尊崇天道的運動不止。就像日月東西相從循環不止,是天道的表現;運行無阻而永不止息,是天道的表現;無所作爲而萬物生成,是天道的表現;萬物生成之後又給以突顯彰明,是天道的表現。"

哀公説:"我糊塗不能明白,請爲我作進一步的闡釋。"

孔子迅速站起來,離開坐席,回答説:"仁德的人做事不逾越事物的固有法則,孝子行事不超過父母的限度。因此,仁德的人侍奉父母如同遵從天道，遵從天道也如同侍奉父母，這就叫作孝子成就自身。”

哀公説：“我已經聽了您這一番談論，以後有了過失怎麽辦呢？”

孔子回答説：“您能説出這番話，正是臣下的福分。”

儒行解第五

【序說】

本篇通過孔子回答魯哀公的問題論述儒者的德行，故名為《儒行》。

何為"儒"？"儒者"有什麼特徵？其社會行為乃至生活起居、言行舉止又怎樣？歷來存在不同看法。"儒"之名稱較早出現於《周禮》、《論語》等典籍中，東漢許慎《說文解字》說："儒，柔也，術士之稱，從人，需聲。"這就是說，"儒"是柔弱的"術士"。近代以來，學者們進行了多方探討，如胡適、郭沫若等都曾發表各自的不同見解。章太炎在所著《原儒》中把"儒"從廣義的一切方術之士進而界定為狹義的"祖述堯舜，憲章文武，宗師仲尼"之人。

對於"儒"，春秋末年的人們已經存在不同看法乃至誤解。那時，魯國多儒，據《莊子·田子方》記載，魯哀公曾說"舉魯國而儒服"；《史記·遊俠列傳》則說"魯人皆以儒教"。但在孔子看來，真正的"儒"應當具有高潔的德行，這便是孔子告誡自己弟子的，要做"君子儒"，不要做"小人儒"。

本篇通過回答哀公的問題，表現了孔子心目中理想的"儒者"形象、"儒者"風範和"儒者"人格。孔子通過敘說儒者的自立、容貌、備預、近人、特立、剛毅、進仕、憂思、寬裕、交友、尊讓等，把自己所認同的特立獨行、卓爾不群、寬厚仁義、恭敬謙讓、嚴於律己的儒者形象栩栩如生地刻畫出來。

在孔子的論說中，他把柔弱的"儒"和殺身成仁的士并合在一起，這就是他心目中"仁以為己任"、"己欲立而立人"、"己欲達而達人"，既恭敬謙讓又剛毅勇敢的儒者人格。篇中有許多讚揚儒者品行的名言警句，這些都可以與《論語》、《大學》等儒家經典相互對照。例如，"儒有不寶金玉，而忠信以為寶；不祈土地，而仁義以為土地；不求多積，多文以為富"，類似於《論語》中"君子謀道不謀食，憂道不憂貧"。本篇的"博學而不窮，篤行而不倦"，也可與《大學》中"博學之、明辨之、慎思之、審問之、篤行之"相對應。這凸顯了《家語》的寶貴價值，說明《家語》亟待進一步發掘、利用。孔子的這些論述既是孔子自身人格的寫照，也被後世儒者視為處世準繩。《儒行》篇對於今人修身養性、完善人格也不無裨益。

本篇又被收入《禮記》，兩者小有不同，當繫《禮記》編者加工的結果。

【原文】

孔子在衛⁽¹⁾，冉求⁽²⁾言於季孫⁽³⁾曰："國有聖人而不能用，慾以求治⁽⁴⁾，是猶却步而慾求及前人⁽⁵⁾，不可得已。今孔子在衛，衛將用之。己有才而以資⁽⁶⁾鄰國，難以言智也。請以重幣迎之⁽⁷⁾。"季孫以告哀公⁽⁸⁾，公從之。

【注釋】

(1)衛：春秋國名。周武王弟康叔封地，其統治範圍在今河北南部和河南北部一帶。

(2)冉求：孔子學生，姓冉，名求，字子有。有才藝，以政事著稱。

(3)季孫：此處指季孫肥，即季康子。魯哀公時的正卿，魯桓公子季友的後裔。

(4)治：此處指政治清明安定，與"亂"相對。一說為"管理"、"疏理"，誤。

(5)却步：往後退，倒退着走。及，趕上。前人，走在前面的人。

(6)資：供給，資助。

(7)重幣迎之：重幣，重金、厚禮。幣，通常釋為"財物"、"貨幣"，誤。這裏是"聘物"之意，《左傳》成公二年"使介反幣"。杜預注："幣，聘物。"迎，引進、接待、迎接。

(8)哀公：魯哀公。定公之子，名將，姬姓。前494年繼位，在位27年。

【通解】

孔子在衛國時，冉有對季孫氏說："國家有聖賢之人却不能加以任用，這樣想求得社會的清明安定，就好像人往後退，却想趕上前面的人，是不可能實現的。現在孔子在衛國，衛國將要委以重任。自己國家有人才却用以供給鄰國，這很難說得上是明智的舉動。請您用豐厚的聘禮把孔子迎接回來。"季孫把冉求的建議稟告給哀公,哀公聽從了這一建議。

【原文】

孔子既至⁽¹⁾,舍哀公館焉⁽²⁾。公自阼階⁽³⁾,孔子賓階⁽⁴⁾,昇⁽⁵⁾堂立侍。公曰:"夫子之服,其儒服與?"孔子對曰:"丘少居魯,衣逢掖之衣⁽⁶⁾。長居宋,冠章甫之冠⁽⁷⁾。丘聞之,君子之學也博,其服以鄉⁽⁸⁾。丘未知其為儒服也。"

公曰:"敢問儒行⁽⁹⁾?"孔子曰:"略言之,則不能終其物;悉數之,則留僕未可以對⁽¹⁰⁾。"

【注釋】

(1)既至:到了以後。既,……以後。

(2)舍(shè)哀公館焉:王肅注:"就孔子舍。"舍,此處用作動詞,止宿、住宿。館,客舍。

(3)阼(zuò)階:東階,主人之階也。《論語·鄉黨》"朝服而立於阼階"皇侃疏。

(4)賓階:西階。賓主相見,客人走在西面的臺階,主人走在東面的臺階。《儀禮·鄉飲酒》:"主人阼階上,……賓西階上。"

(5)昇:登,登上。

(6)衣逢掖之衣:王肅注:"深衣之褒大也。"即寬袖之衣,古代儒者所服。前"衣"做動詞用,身穿,身着。逢,寬大。掖,肘腋,胳肢窩。後作"腋"。

(7)章甫之冠:商代流行的一種黑布帽子,周代宋人沿用。章甫,或作"章父"。

(8)鄉:王肅注:"隨其鄉也。"即入鄉隨俗。

(9)儒行:儒者的行為。

(10)留僕未可以對:《禮記·儒行》"僕"前有"更"字,據王肅注,當是。王肅注:"留,久也。僕,太僕。君燕朝則正位,掌儐相。更衣之為久將倦,使之相代者也。"這裏極言時間之長。

【通解】

　　孔子回到魯國後，住在魯哀公招待客人的館舍裏。哀公從大堂東邊的臺階上走上去，孔子從西側的臺階上走上去。然後登上廳堂，孔子站着陪侍着哀公。哀公問孔子：“先生您穿的衣服，是儒者的衣服嗎？”孔子回答說：“我小時侯居住在魯國，穿的是衣袖寬大的衣服，長大以後曾居住在宋國，戴的是殷朝流行的章甫帽。我聽說，君子的學問要廣博，穿衣服也要入鄉隨俗。我不知道什麼是儒者的衣服。”

　　魯哀公問道：“請您講一講儒者的行為，可以嗎？”孔子回答說：“簡單地講這一問題，就不可能把事情說清楚、完整，但要全部細說，需要很長的時間，講到侍御的人換班，也難以講完。”

【原文】

　　哀公命席⑴。孔子侍坐，曰：“儒有席上之珍⑵以待聘，夙夜强學⑶以待問，懷忠信以待舉⑷，力行以待取⑸。其自立有如此者。”

　　“儒有衣冠中⑹，動作順⑺，其大讓如慢⑻，小讓如偽。大則如威⑼，小則如愧⑽，難進而易退⑾也，粥粥⑿若無能也。其容貌有如此者。”

　　“儒有居處齊難⒀，其起坐恭敬，言必誠信，行必忠正，道涂不爭險易之利⒁，冬夏不爭陰陽之和⒂，愛其死以有待也⒃，養其身以有為也。其備預有如此者。”

　　“儒有不寶⒄金玉，而忠信以為寶；不祈⒅土地，而仁義以為土地；不求多積，多文以為富。難得而易祿⒆也，易祿而難畜⒇也。非時不見(21)，不亦難得乎？非義不合，不亦難畜乎？先勞而後祿，不亦易祿乎？其近人情有如此者。”

　　“儒有委之以財貨而不貪(22)，淹(23)之以樂好而不淫(24)，劫之以衆而不懼，阻之以兵而不懾(25)。見利不虧其義，見死不更其守。往者不悔，來者不豫(26)，過言不再(27)，流言不極(28)，不斷其威⁽²⁹⁾,不習其謀⁽³⁰⁾。其特立有如此者。"

【注釋】

(1)命席:命人設坐席。

(2)席上之珍:王肅注:"席上之珍,能鋪陳先王之道以為政治。"席,鋪地的草墊,此處指鋪陳、陳述。珍,寶玉,比喻具有美善的才德,猶席上之有珍,此處指君主所珍重的先王之道。後以"席珍待聘"作為懷才待用的同義語。

(3)夙夜強學:不分晝夜地努力學習。夙夜,朝夕,日夜。夙,早晨。強,勉力,勤勉。

(4)待舉:等待舉薦任用。

(5)力行以待取:王肅注:"力行仁義道德以待人取。"

(6)中:不偏不倚,無過不及;適中,不異與衆,不流於俗。

(7)順(shèn):通"慎",謹慎。《易・昇・象傳》:"君子以順德。"陸德明釋文:"順,本又作慎。"

(8)大讓如慢:對大事推讓不受,好象很傲慢。大讓,指辭讓高官厚禄。下文"小讓"指辭讓酒食等小事。慢,王肅注:"慢,簡略也。"

(9)大則如威:做大事十分謹慎,再三權衡,好象心懷畏懼。

(10)小則如愧:做小事不草率,好象心懷愧疚。

(11)難進而易退:指儒者對進取十分謹慎,却易於退讓。

(12)粥(yù)粥:卑謙的樣子。

(13)齊(zhāi)難:王肅注:"齊莊可畏難也。"《詩・大雅・思齊》陸德明釋文曰:"齊,莊也。"即嚴肅謹慎而常人難以做到。齊,通"齋"。

(14)道涂不爭險易之利:儒者在路途上行走,不與別人爭着走平坦易走的地方。涂,通"途"。

(15)陰陽之和:冬暖夏涼。意謂不與別人爭冬暖夏涼的地方。

(16)愛其死以有待也:意謂珍愛自己的生命以等待時機的到來。死,生命。《呂氏春秋・懷寵》"以救民之死",高誘注:"死,命也。"

(17)不寶:不珍重,不珍愛。寶,以……為寶,意動用法。

(18)祈:謀求。《禮記・郊特牲》"祭有祈焉"鄭玄注:"祈,猶求也。"

(19)禄:俸禄,此處為動詞,意為賜與俸禄。

（20）難畜：難以招攬蓄養。畜，養也。《易·師·象傳》"君子以容民畜衆"陸德明引王肅注："蓄，養也。"

（21）非時不見（xiàn）：意謂不到適當的時候儒者不會出現。

（22）儒有委之以財貨而不貪：意謂儒者不貪圖別人的錢財物品。委，交給。

（23）淹：浸漬，浸泡。《大戴禮記·文王官人》"淹之以利"，王聘珍注："淹，浸漬之。"

（24）淫：放恣、過、過而無度。一說為淫亂、邪淫，誤。

（25）阻之以兵而不懾：王肅注："阻，難也。以兵為之難。"懾，恐懼，害怕。

（26）豫：通作"預"，考慮，顧慮。

（27）過言不再：王肅注："不再過言。"即錯誤的話不說第二遍。再，兩次。

（28）流言不極：王肅注："流言相毀，不窮極也。"不極，不窮極，不追究起源，不刨根問底。

（29）不斷其威：王肅注："常嚴莊也。"即始終保持尊嚴莊重。

（30）不習其謀：王肅注："不豫習其謀略。"即刻意去掌握某種權術謀略。

【通解】

魯哀公命人為孔子安排了座位。孔子坐下陪着哀公，說："有的儒者能陳述君主珍視的先王之道以等待聘用，有的能不分晝夜努力學習以等待別人的請教，有的心懷忠信來等待別人的薦舉，有的能力行仁德以等待別人的錄用。儒者修身自立有這樣的。"

"有的儒者穿戴適中，從不標新立異，行為謹慎而從容。他們辭讓高官厚祿時直截了當，好像很傲慢；辭讓酒食這樣的小事時始辭終受，好像很虛偽；做大事時考慮再三，好像心懷畏懼；做小事時也不草率，好像心懷愧疚。他們難於進取，却易於退讓，表現出一副柔弱謙恭而無能的樣子。儒者的外在形象有這樣子的。""有的儒者日常起居，嚴肅莊重而一般人難以做到，他們坐立都表現出恭敬之態，說話講求信用，行為不偏不倚、忠誠正派，在道路上不與別人爭平坦易走的地方，冬天不與別人爭暖和的地

方,夏天也不與人爭涼快的地方,愛惜自己的生命以等待時機的到來,保
養自己的身體以期有所作為。儒者做事預先有所準備有像這樣子的。"

"有的儒者不把金玉當作珍寶,而把忠誠守信當作珍寶;不求佔有土
地,而把仁義當作土地;不奢望多積財富,而把多學的文化知識當作財富。
他們為人公正,難以得到,卻在賜予俸祿時容易滿足。易於滿足所賜予的
俸祿,卻難以羅致。不到適當的時候他們不會出現,豈不是很難得到嗎?
不義之事不合作,豈不是難以羅致嗎? 先效勞而後受祿,豈不是很容易滿
足俸祿嗎? 儒者待人接物、近於人情有這樣的。"

"有的儒者不去貪圖別人送給的錢財物品,不會沉溺於玩樂之中,即
使有很多人來威迫,他也不會畏懼,用武力來為難恐嚇,他也不會害怕。
見利不忘義,面對生命危險不改變自己的操守。做過的事情不追悔,未來
的事情不疑慮,錯誤的話不說兩次,對聽到的流言蜚語不去追根問底,經
常保持威嚴,但不預習權術謀略。儒者立身獨特有這樣的。"

【原文】

"儒有可親而不可劫⁽¹⁾,可近而不可迫⁽²⁾,可殺而不可辱。其
居處不過⁽³⁾,其飲食不溽⁽⁴⁾,其過失可微辯⁽⁵⁾而不可面數也⁽⁶⁾。
其剛毅有如此者。"

"儒有忠信以為甲冑⁽⁷⁾,禮義以為干櫓⁽⁸⁾,戴仁而行,抱德
而處。雖有暴政,不更其所⁽⁹⁾。其自立有如此者。"

"儒有一畝之宮⁽¹⁰⁾,環堵之室⁽¹¹⁾,蓽門圭窬⁽¹²⁾,蓬戶甕
牖⁽¹³⁾,易衣而出⁽¹⁴⁾,並日而食⁽¹⁵⁾。上答之,不敢以疑⁽¹⁶⁾;上不
答之,不敢以諂。其為士有如此者。"

"儒有今人以居,古人以稽⁽¹⁷⁾。今世行之,後世以為楷⁽¹⁸⁾。
若不逢世,上所不受,下所不推,詭諂之民有比黨而危之⁽¹⁹⁾,身
可危也,其志不可奪也。雖危起居,猶竟信其志,乃不忘百姓之
病也⁽²⁰⁾。其憂思有如此者。"

"儒有博學而不窮⁽²¹⁾,篤行而不倦,幽居而不淫⁽²²⁾,上通而不

方,夏天也不與人爭涼快的地方,愛惜自己的生命以等待時機的到來,保
養自己的身體以期有所作為。儒者做事預先有所準備有像這樣子的。"

"有的儒者不把金玉當作珍寶,而把忠誠守信當作珍寶;不求佔有土
地,而把仁義當作土地;不奢望多積財富,而把多學的文化知識當作財富。
他們為人公正,難以得到,卻在賜予俸祿時容易滿足。易於滿足所賜予的
俸祿,卻難以羅致。不到適當的時候他們不會出現,豈不是很難得到嗎?
不義之事不合作,豈不是難以羅致嗎? 先效勞而後受祿,豈不是很容易滿
足俸祿嗎? 儒者待人接物、近於人情有這樣的。"

"有的儒者不去貪圖別人送給的錢財物品,不會沉溺於玩樂之中,即
使有很多人來威迫,他也不會畏懼,用武力來為難恐嚇,他也不會害怕。
見利不忘義,面對生命危險不改變自己的操守。做過的事情不追悔,未來
的事情不疑慮,錯誤的話不說兩次,對聽到的流言蜚語不去追根問底,經
常保持威嚴,但不預習權術謀略。儒者立身獨特有這樣的。"

【原文】

"儒有可親而不可劫[1],可近而不可迫[2],可殺而不可辱。其
居處不過[3],其飲食不溽[4],其過失可微辯[5]而不可面數也[6]。
其剛毅有如此者。"

"儒有忠信以為甲冑[7],禮義以為干櫓[8],戴仁而行,抱德
而處。雖有暴政,不更其所[9]。其自立有如此者。"

"儒有一畝之宮[10],環堵之室[11],蓽門圭窬[12],蓬戶甕
牖[13],易衣而出[14],並日而食[15]。上答之,不敢以疑[16];上不
答之,不敢以諂。其為士有如此者。"

"儒有今人以居,古人以稽[17]。今世行之,後世以為楷[18]。
若不逢世,上所不受,下所不推,詭諂之民有比黨而危之[19],身
可危也,其志不可奪也。雖危起居,猶竟信其志,乃不忘百姓之
病也[20]。其憂思有如此者。"

"儒有博學而不窮[21],篤行而不倦,幽居而不淫[22],上通而不

困⁽²³⁾。禮必以和，優遊以法⁽²⁴⁾，慕賢而容眾⁽²⁵⁾，毀方而瓦合⁽²⁶⁾。其寬裕有如此者。"

【注釋】

(1)劫：威逼，迫也。《淮南子·精神》"則不可以劫以死生"高誘注："劫，迫也。"

(2)迫：脅迫。

(3)其居處不過：指儒者的居所不奢華。

(4)溽(rù)：濃厚。《禮記·儒行》"其飲食不溽"孔穎達疏："溽之言慾也，即濃厚也。"

(5)微辯：隱約而委婉地提醒。

(6)面數(shǔ)：當面數說。

(7)甲冑：鎧甲和頭盔

(8)干(gān)櫓(lǔ)：盾牌。干，小盾。櫓，大盾。

(9)雖有暴政，不更其所：意謂即使面對暴虐的統治，也不更改自己所尊奉的信念。

(10)一畝之宮：佔地一畝的宅院。畝，土地面積單位量詞，周制，小畝為長寬各十步。"一畝"言面積之小。宮，房屋。古者無論貴賤所居處所皆得稱宮，至秦漢以後乃定為至尊所居之稱。

(11)環堵之室：王肅注："方丈曰堵。一堵，言其小也。"環，周圍，東西南北四周。

(12)蓽(bì)門圭窬(yú)：王肅注："蓽門，荊竹織門也。圭窬，穿牆為之，如圭也。"即小戶也。蓽，同"篳"，荊條竹木之屬。圭，玉器，長條形，上銳下方。窬，本義為穿木戶，此處指鑿垣以為戶。

(13)蓬戶甕牖：王肅注："以編蓬為戶，破甕為牖也。"蓬，蓬草。戶，門。牖，小窗戶。

(14)易衣而出：王肅注："更相易衣而後可以出。"

(15)並日而食：王肅注："並一日之糧以為一食。"

(16)上答之，不敢以疑：王肅注："君用之，不敢疑貳事君也。"

(17)稽：王肅注："稽，同。"

(18)楷：王肅注："法也。"

(19)詭諂之民有比黨而危之:意謂讒言諂媚之徒相互勾結起來陷害他。比,勾結。

(20)雖危起居,猶竟信(shēn)其志,乃不忘百姓之病也:王肅注:"起居,猶動靜也。竟,終也。言身雖危,動靜,猶終身不忘百姓。"信,通"伸",伸展,實現。病,疾苦。

(21)窮:息,停止。

(22)幽居而不淫:意謂獨處時也不放縱自己。幽居,謂獨處之時。淫,謂放恣也,縱也。

(23)上通而不困:意謂通達於上的時候也不被金錢、地位等名利所困。上通,仕途通達於君主。

(24)優遊以法:意謂以寬和仁厚為處世的法則。優遊,寬和,寬厚。法,法則,規則。

(25)慕賢而容衆:仰慕賢能之才而又能容納衆人。

(26)毀方而瓦合:王肅注:"去己之大圭角,下與衆人小和。"即指在一些次要問題上不標新立異,而與衆人一致。《禮記·儒行》:"毀方而瓦合。"孔穎達疏:"方,謂物之方正,有圭角鋒芒也。瓦和,謂瓦器破而相合也。言儒者身雖方正,毀屈己之方正,下同凡衆,如破去圭角與瓦器相合也。"

【通解】

"有的儒者可以親近而不可以脅迫,可以接近而不可以威逼,可以殺掉而不可以侮辱。他們的居處不奢華,飲食不豐厚,他們的過失可以委婉地提醒,不可以當面數落。儒者的剛強堅毅有這樣的。"

"有的儒者把忠誠信義作為盔甲,把禮儀當作盾牌。信守仁義去行事,心懷美德與人相處。即使面對暴虐的統治,也不改變自己的信念。儒者追求自立有這樣子的。"

"有的儒者居室占地僅一畝,房屋周圍只有一堵寬,正門用荊竹編成,旁門只是穿牆而成的圭形小洞,房門則用蓬草編成,破甕鑲入牆壁就成了窗子。全家只有一件象樣的衣服,外出需要輪流換穿。一天的糧食僅夠一頓食用。君主采納自己的建議而加以提拔時,不敢懷疑自己的能力不足;君主不能采納自己的建議和提拔自己時,也不敢諂媚求進。儒者做官、入仕清廉奉公的態度有這樣的。"

"有的儒者與今人一起居住,而與古人的意趣相合。儒者今世的行為,却被後世奉為楷模。如果没趕上政治清明的好時代,上邊没有人接受,下邊没有人推薦,詭詐獻媚的人拉幫結派加以陷害,這樣只能是危害他們的身體,却不能改變他們的志向。盡管日常生活受到困擾,他們還是要一展心志,而且也没有忘記老百姓的疾苦。儒者的憂國思民有這樣的。"

"有的儒者知識廣博而學無止境,堅持德行而不厭倦。獨處時不放縱自己,仕途通達於上時也不為名利所困。以禮待人而又重視人際關繫的和諧,優遊從容而又遵守法度。仰慕賢人而又能容納百衆,甚至有時如同圭玉毀掉稜角而與瓦礫相合那樣屈己從衆。儒者的寬容大度有這樣的。"

【原文】

"儒有內稱[1]不避親,外舉不避怨。程功積事,不求厚禄[2],推賢達能[3],不望其報。君得其志,民賴其德,苟利國家,不求富貴。其舉賢援[4]能有如此者。"

"儒有澡身浴德[5],陳言而伏[6],静言而正之[7],而上下不知也[8],默而翹之,又不急為也[9]。不臨深而為高,不加少而為多[10]。世治不輕,世亂不沮[11]。同己不與,異己不非[12]。其特立獨行[13]有如此者。"

"儒有上不臣天子,下不事諸侯,慎静尚寬,底厲廉隅[14],強毅以與人[15],博學以知服。雖以分國,視之如錙銖[16],弗肯臣仕。其規為有如此者[17]。"

"儒有合志同方[18],營道同術,並立則樂[19],相下不厭[20],久別則聞流言不信,義同而進,不同而退。其交有如此者。"

"夫溫良者,仁之本也;慎敬[21]者,仁之地也;寬裕者,仁之作[22]也;遜接[23]者,仁之能也;禮節者,仁之貌也;言談者,仁之文也;歌樂者,仁之和也;分散者,仁之施也。儒皆兼而有之,猶且不敢言仁也。其尊讓[24]有如此者。"

【注釋】

(1)稱:舉,舉薦,推舉。

(2)程功積事,不求厚禄:王肅注:"程,猶效也。言功效而已,不求厚禄也。"

(3)達能:使賢能的人得到任用。達,引進,薦達。

(4)援:此處為引、引進。一說為援助,資助,誤。

(5)澡身浴德:王肅注:"常自潔净其身,沐浴於德行也。"

(6)陳言而伏:王肅注:"陳言於君,不望其報。"伏,閉而不出。

(7)静言而正之:王肅注:"事君清净,因事而正之。"言,為衍文。

(8)而上下不知也:王肅注:"君不知也。"上,國君。下,為衍文。

(9)默而翹之,又不急為也:王肅注:"默而翹發之。不急為,所以為不為。"翹,啟發。此句《禮記》作:"静而正之,上弗知也,麤(粗)而翹之,又不急為也。"

(10)不臨深而為高,不加少而為多:王肅注:"言不因勢位自矜莊。"加,逾越,過。

(11)世治不輕,世亂不沮:王肅注:"不自輕,不自沮。"意謂社會安定、群賢並處時,不輕視自己;世道混亂、志向不能實現時,也不沮喪。沮,沮喪,消沉。

(12)同己不與,異己不非:不和志向、政見相同的人營私結黨;也不隨意詆毁與自己志向、政見不同的人。

(13)特立獨行:謂志行高潔,有主見,不隨波逐流。

(14)底厲廉隅(yú):磨煉自己講氣節的端方品行。底厲:同"砥礪",磨石,引申為磨煉,磨礪。廉隅,稜角,比喻端方不苟的行為、品性。

(15)強毅以與人:剛强堅毅而又善與人交,廣交朋友。

(16)視之如錙銖:王肅注:"視之輕如錙銖。八兩為錙。"即比喻微不足道的東西。

(17)規為:行為準則。規,規矩、準則。

(18)同方:同一法則。方,法則,猶法也。《後漢書·桓譚傳》"天下知方"李賢注"方"為法則。

(19)並立則樂:指朋友彼此有建樹,雙方都會為此而高興。立,謂所學經業成立也。《論語·為政》"三十而立"皇侃疏"立"為經業所成,事業有成。

(20)相下不厭:指地位互有上下時也不相互厭倦、嫌棄。

(21)慎敬:恭敬謹慎。

(22)作:王肅注:"動作。"

(23)遜接:接人待物謙遜而親切。

(24)尊讓:謂尊敬與物,卑讓與人。即恭敬謙讓之意。尊,恭敬。讓,卑謙。

【通解】

"有的儒者薦舉人才,對內不避親屬,對外不避與自己有讎怨的人。度量功德,積累政績不是為了謀求更高的爵位,推舉賢人,薦進能人,不是為了獲取回報。君主能夠依靠他們的志向實現自己的抱負,老百姓能夠依靠他們的寬厚仁德生活得更好。儒者只求有利於國家,並不是為了貪圖榮華富貴。儒者推舉賢能的風格有這樣的。"

"有的儒者沐浴身心於道德之中,陳述自己的建議而謙恭地等待君主采納。安靜不躁而謹守正道,有過失則委婉地加以改正。如果君主還不理解就略加啟發,也不操之過急。不會因為面臨地位卑下的人而自視清高,也不會因為超過能力小的人而自以為功勞多。過分炫耀自己的功勞。天下太平,群賢並處,不輕視自己;世局混亂,堅守正道而不沮喪。不和與自己政見相同的人結黨營私,也不隨意毀與自己政見相異的人。儒者的特立獨行,卓而不群有這樣的。"

"有的儒者上不做天子的臣下,下不做諸侯的官吏。謹慎安靜而崇尚寬厚,磨煉自己端方而有氣節的品行,剛強堅毅而善與人交,廣泛地學習各種知識,以便知道自己應該做什麼。即使把國家分封給他,他也視之為輕微小事,不肯去做別人的臣屬。儒者的行為準則有這樣的。"

"有的儒者交朋友,要求興趣一致,遵循同一法則,研究道義有相同的方法。彼此有建樹都感到高興,而地位互有上下也不彼此厭棄。久不相見,聽到流言蜚語也不相信。他們的行為本乎方正,建立在道義之上。志向相同就與之交往,志向不同就退而疏遠。儒者交朋友的態度有這樣的。"

"溫和善良是仁的根本;恭敬謹慎是仁的基礎;寬宏大量是仁的興作;謙遜地待人接物是仁的功用;禮節是仁的外表;言談是仁的文采;歌舞音樂是仁的和諧;分財散物是仁的施行。儒者兼有這幾種美德,尚且不敢輕易地說自己做到仁。儒者的恭敬謙讓有這樣的。"

【原文】

"儒有不隕獲[1]於貧賤,不充詘[2]於富貴,不溷君王,不累長上,不閔有司,故曰儒[3]。今人之名儒也妄[4],常以儒相詬疾[5]。"

哀公既得聞此言也,言加信,行加敬,曰:"終歿吾世[6],弗敢復以儒為戲矣。"

【注釋】

(1)隕獲:王肅注:"隕獲,憂悶不安之貌。"

(2)充詘(qū):喜失節貌。王肅注:"充詘,踴躍參擾之貌。"

(3)不溷(hùn)君王,不累長上,不閔(mǐn)有司,故曰儒:王肅注:"溷,辱。閔,疾。言不為君長所辱病。儒者,中和之名。"

(4)妄:原作"忘",據備要本、同文本改。意為虛妄不實。

(5)詬疾:王肅注:"詬辱。"即辱罵,諷刺。

(6)終歿吾世:我這一輩子,我這一生。歿,死,結束。

【通解】

"儒者不因貧賤而愁悶不安,不因富貴而得意忘形,不因君主的侮辱,長官的負累,官吏的刁難而違背自己原有的志向,所以稱為儒。而今人們對儒的理解是虛妄不實的,常常把儒者作為譏諷侮辱的對象。"

魯哀公聽了這番話以後,說話更加誠懇守信,行為更加恭敬,而且說:"我這一生,再也不敢拿儒者開玩笑了。"

問禮第六

【序說】

本篇分為兩部分,分別是魯哀公和孔子弟子言偃與孔子的對話,因為二人都是向孔子問禮,故本篇以"問禮"名篇。

無論是回答魯哀公問禮,還是回答言偃的問題,孔子都談到了禮的重要性,把禮與人倫社會的密切關聯提高到了無以復加的地步。孔子指出,禮是事奉天地神靈的法度,是處理君臣、男女、父子、兄弟等關繫的準則,還是教化百姓的最好工具。所以,孔子認為君子應該極其重視禮。

孔子在回答言偃的問題時,還談到了對"禮之初"的認識,對於今人研究禮的起源與最初發展有重要價值。孔子說:"夫禮初也,始於飲食。太古之時,燔黍擘豚,汙樽抔飲,蕢桴土鼓,猶可以致敬鬼神。"顯而易見,孔子認為禮起源於祭祀,即禮起源於宗教,這與《說文解字》所謂"禮,履也,所以事神致福也"完全一致。學術界認為,盛玉以奉神人的器物謂之"豐",推之而奉神人之酒醴亦謂之"醴",進而又推之,奉神人之事通謂之禮。還有學者認為上古五禮之中僅有祭禮,冠禮、婚禮、喪禮全部為祭禮所包括在內。可見,人類社會最初可能僅有祭禮,隨着社會的發展,其他的禮才漸次出現。

本篇第一部分孔子與哀公對話又見於《禮記·哀公問》、《大戴禮記·哀公問於孔子》。第二部分孔子與言偃對話又見於《禮記·禮運》。與二戴《禮記》相比,本文所記話語聯貫,語義完整,保存文字古意較多。如本篇"古之明王,行禮也如此",而《禮記》則作"今之君子,行禮也如此",周代的"王"為天下共主,而西漢的"王"是漢朝天子分封的諸侯。漢朝出現了藩王亂政,有迹象顯示,漢人編輯先秦書籍,往往對"王"字比較敏感。再如"丘也鄙人",《禮記》、《大戴禮記》皆為"丘也小人"。從《論語》所記孔子對"小人"的評價看,孔子一般不會自稱"小人"。因此,本篇本來應該作"鄙人",而非"小人",《禮記》、《大戴禮記》作"丘也小人",顯然是漢人改動的結果。"鄙人"乃是孔子自謙。

【原文】

哀公問於孔子曰："大禮⁽¹⁾何如？子之言禮，何其尊⁽²⁾也！"孔子對曰："丘也鄙人⁽³⁾，不足以知大禮也。"

公曰："吾子⁽⁴⁾言焉！"孔子曰："丘聞之，民之所以生者，禮為大。非禮則無以節事天地之神焉⁽⁵⁾；非禮則無以辯⁽⁶⁾君臣、上下、長幼之位⁽⁷⁾焉；非禮則無以別男女、父子、兄弟、婚姻、親族、疏數⁽⁸⁾之交焉。是故君子此之為尊敬，然後以其所能教順百姓，不廢其會節⁽⁹⁾。既有成事，而後治其文章⁽¹⁰⁾、黼黻⁽¹¹⁾，以別尊卑、上下之等。其順之也，而後言其喪祭⁽¹²⁾之紀⁽¹³⁾、宗廟之序⁽¹⁴⁾，品⁽¹⁵⁾其犧牲⁽¹⁶⁾，設其豕臘⁽¹⁷⁾，修其歲時⁽¹⁸⁾，以敬其祭祀，別其親疏，序其昭穆⁽¹⁹⁾，而後宗族會宴⁽²⁰⁾。即安其居，以綴恩義⁽²¹⁾，卑其宮室，節其服御⁽²²⁾，車不雕璣⁽²³⁾，器不彤鏤⁽²⁴⁾，食不二味⁽²⁵⁾，心不淫志⁽²⁶⁾，以與萬民同利。古之明王，行禮也如此。"

公曰："今之君子，胡莫之行也⁽²⁷⁾？"孔子對曰："今之君子，好利無厭⁽²⁸⁾，淫行⁽²⁹⁾不倦，荒怠慢游⁽³⁰⁾，固⁽³¹⁾民是盡，以遂其心，以怨其政⁽³²⁾。忤其眾，以伐有道。求得當欲，不以其所⁽³³⁾；虐殺刑誅，不以其治。夫昔之用民者由前⁽³⁴⁾，今之用民者由後⁽³⁵⁾。是即今之君子莫能為禮也。"

【注釋】

（1）大禮：隆重的禮儀。

（2）尊：王肅注："尊猶重也。"

（3）鄙人：淺陋卑下的人。這裏是孔子自謙之辭。

（4）吾子：猶言"我的先生"。

（5）非禮則無以節事天地之神焉：王肅注："祭以事天地之神，皆以禮為儀節。"節事，按照禮制規定的儀節加以祭祀。

（6）辯：通“辨”，辨別，辨明。《左傳》僖公四年：“子辭，君必辯焉。”《後漢書·仲長統傳》：“目能辯色，耳能辯聲，口能辯味。”

（7）位：職位，地位。《易·繫辭上》：“貴而無位，高而無名，賢人在下位而無輔。”

（8）數（cù）：密。《孟子·梁惠王上》：“數罟不入洿池。”趙岐注：“數罟，密網也；密細之網，所以捕小魚鱉者也。”《論語·里仁》：“朋友數，斯疏矣。”劉寶楠正義引吳嘉賓說：“數者，昵之至於密焉者也。”

（9）以其所能教順百姓，不廢其會節：王肅注：“所能，謂禮也。會，謂男女之會。節，謂親疏之節也。”

（10）文章：車服旌旗等。《左傳》隱公五年：“昭文章，明貴賤。”杜預注：“車服旌旗。”

（11）黼（fǔ）黻（fú）：古代禮服上所繡的花紋，這裏代指禮服。《書·益稷》：“藻、火、粉米、黼、黻、絺繡。”孔傳：“黼若斧形，黻為兩已相背。”《考工記·畫繢》：“畫繢之事……白與黑謂之黼，黑與青謂之黻。”

（12）喪祭：《釋名·釋喪制》：“喪祭曰奠。”廣義上，祭皆謂之奠。狹義上，未葬之祭謂奠，而把葬後之祭叫做喪祭。

（13）紀：法度、準則。

（14）序：順序，次序。

（15）品：品評，區分。

（16）犧牲：古時祭祀用牲的通稱。色純為“犧”，體全為“牲”。《周禮·地官·牧人》：“凡祭祀，共其犧牲。”《左傳》莊公十年：“犧牲玉帛，弗敢加也，必以信。”

（17）豕（shǐ）臘（xī）：祭祀用的腌制干豬肉。豕，豬。臘，干肉。《禮記·哀公問》：“備其鼎俎，設其豕臘。”

（18）歲時：每年一定的季節或時間。古人有按季節祭祀的習俗。

（19）昭穆：古代宗法制度，宗廟次序，始祖廟居中，以下父、子（祖、父）遞為昭穆，左為昭，右為穆，子孫祭祀時也按這種規定排列行禮。此處指宗廟的輩分。

（20）宴：一作醼（yàn），聚飲。

（21）以綴恩義：這樣可以連結同族的親情關繫。綴，聯繫，溝通。

(22)節其服御：節省日常用度。服御，服飾車馬器用之類。

(23)雕璣(jī)：器物上鏤刻成凹凸綫狀的花紋。

(24)彤(tóng)鏤：雕刻花紋，涂上紅漆。彤，丹漆，紅漆。此處用為動詞。

(25)食不二味：指飲食簡單，不求滋味之美。

(26)心不淫志：指內心沒有過多的慾望。淫，過甚。

(27)胡莫之行也：為什麽沒有人這麽做呢？胡，何，為什麽。莫，沒有人。

(28)厭：滿足。

(29)淫行：邪行，放縱的行為。

(30)荒怠漫遊：縱逸怠惰，放蕩游樂。

(31)固：必，一定。

(32)以怨其政：指招致百姓對這種政治的讎恨。

(33)求得當慾，不以其所：王肅注："言苟求得當其情慾而已。"當，稱，符合。所，道，方式。

(34)由前：王肅注："用上所言。"

(35)由後：王肅注："用下所言。"

【通解】

魯哀公問孔子說："隆重的禮儀是什麽樣子的？您在談到禮的時候，把它看得多重要啊！"孔子回答道："孔丘我是個孤陋卑下的人，還沒有能力瞭解隆重的禮儀。"

哀公說："您還是說說吧。"孔子說："我聽說，人們賴以生存的事物中，禮儀是最重要的。沒有禮，就無法按禮制規定的儀節祭祀天地神靈；沒有禮，就無法區分君臣、上下、長幼的不同地位；沒有禮，就無法辨別男女、父子、兄弟、婚姻、親族、遠近親疏的相互關繫。所以，君子把禮看得極為重要，然後又用自己所能做到的事情來教化引導百姓，使他們不會在男女婚配、親疏交往中把禮節搞錯。到禮的教化卓有成效之後，再用車服旌旗等器物和禮服來區別尊卑、上下的等級關繫。這些關繫理順之後，才談得上喪葬、祭祀的原則，宗廟排列的順序，分別置辦祭祀用的犧牲，擺設祭神祭祖用的干肉，確定合適的時節，以便恭敬地舉行祭祀，區別血緣關繫的遠

59

近,排列好親屬的位次,然後整個宗族會聚歡宴。人們都安於接受自己所處的地位,從而融合同族間的親情關繫。住低矮簡陋的宮室,節制服飾車馬等日常用度。車子不加雕飾,器具不鏤刻花紋,飲食簡單,從不要兩道菜,心中沒有過分的慾望,從而得以與百姓共享利益。古時的聖明君王,就是這樣遵行禮制的。"

哀公問道:"現在的君子,為什麼沒有人這樣做呢?"孔子回答說:"現在的君子,貪圖私利沒有滿足的時候,行為放縱沒有倦意,縱逸怠惰到處游蕩,一定要使百姓財竭力盡才罷休,以此來滿足自己的私慾,同時也招致了百姓對這種政治的離恨。違背族眾的意願,侵伐信守道義的國家。只求個人的慾望得到滿足,為此不擇手段;實行暴虐的刑罰誅殺,不按照法度辦事。從前統治百姓的人用的是前面所說的方法,現在統治百姓的人用的是後面所說的方法。現在的君子不能修明禮教就是這個道理。"

【原文】

言偃問曰:"夫子之極言[1]禮也,可得而聞乎?"

孔子言:"我慾觀夏道[2],是故之[3]杞[4],而不足徵[5]也,吾得《夏時》[6]焉。我慾觀殷道,是故之宋[7],而不足徵也,吾得《乾坤》[8]焉。《乾坤》之義,《夏時》之等[9],吾以此觀之。"

"夫禮初也,始於飲食。太古[10]之時,燔黍擘豚[11],汙樽抔飲[12],蕢桴土鼓[13],猶可以致敬鬼神[14]。及其死也,昇屋而號,告曰:'高[15]!某復[16]!'然後飲腥苴熟[17]。形體則降,魂氣則上[18],是謂天望而地藏[19]也。故生者南向,死者北首[20],皆從其初也。"

"昔之王者,未有宮室,冬則居營窟,夏則居橧巢[21]。未有火化[22],食草木之實、鳥獸之肉,飲其血,茹[23]其毛。未有絲麻,衣其羽皮[24]。後聖有作[25],然後修火之利,範金[26]合土[27],以為宮室、戶牖,以炮以燔[28],以烹以炙[29],以為醴酪[30]。治其絲麻,以為布帛。以養生送死[31],以事鬼神。故玄酒在室⁽³²⁾，醴醆⁽³³⁾在戶，粢醍⁽³⁴⁾在堂，澄酒⁽³⁵⁾在下。陳其犧牲，備其鼎俎⁽³⁶⁾，列其琴、瑟、管、磬、鐘、鼓⁽³⁷⁾，以降上神⁽³⁸⁾與其先祖，以正君臣⁽³⁹⁾，以篤父子，以睦兄弟，以齊上下，夫婦有所。是謂承天之祐⁽⁴⁰⁾。作其祝號⁽⁴¹⁾，玄酒以祭，薦⁽⁴²⁾其血毛，腥其俎，熟其殽⁽⁴³⁾。越席以坐⁽⁴⁴⁾，疏布以羃⁽⁴⁵⁾。衣其浣帛⁽⁴⁶⁾醴醆以獻，薦其燔炙。君與夫人交獻⁽⁴⁷⁾，以嘉⁽⁴⁸⁾魂魄。然後退而合烹⁽⁴⁹⁾，體⁽⁵⁰⁾其犬豕牛羊，實⁽⁵¹⁾其簠簋⁽⁵²⁾籩豆⁽⁵³⁾鉶⁽⁵⁴⁾羹，祝以孝告⁽⁵⁵⁾，嘏以慈告⁽⁵⁶⁾，是為大祥⁽⁵⁷⁾。此禮之大成也。"

【注釋】

(1)極言：猶"極言"，說得很重要。此記載又見於《禮記・禮運》。

(2)道：叢刊本無"道"字，據同文本及《禮記》補。道，法則、規律。此處指禮制習俗。

(3)之：到，去。

(4)杞(qǐ)：王肅注："夏后封於杞也。"杞國，周初所封。姒姓，相傳開國君主是夏禹後裔東樓公。初都雍丘（今河南杞縣），後東遷至今山東新泰境內。前445年為楚所滅。

(5)徵：證，驗證。

(6)得《夏時》：王肅注："於四時之正。正，夏數，得天心中。"《夏時》，或以為夏代曆書，其書存者有《夏小正》，收入《大戴禮記》中。

(7)宋：王肅注："殷後封宋。"宋國，子姓，周初所封。開國君主是商紂的庶兄微子啟。周公平定武庚的叛亂後，把商的舊都周圍地區分封給了微子，建都商丘（今河南商丘南）。

(8)《乾坤》：王肅注："乾，天。坤，地。得天地陰陽之書，即易也。商易曰歸藏。歸藏，首坤，次乾故也。"

(9)《乾坤》之義，《夏時》之等：意謂《夏時》、《乾坤》所體現的陰陽變化思想和禮的區分等次。

(10)太古：遠古，上古。

(11)燔(fán)黍擘(bò)豚：王肅注："古未有釜甑，釋米擘肉，加於燒石之上而食之。"燔，烤。黍，一種糧食作物，子去皮後叫黃米，煮熟後有黏性。擘,剖,分開。豚,小猪,也泛指猪。

(12)汙(wā)樽(zūn)抔(póu)飲:王肅注:"鑿地為樽,以手飲之也。"汙,掘地。樽,古代的盛酒器具。抔,手捧。

(13)蕢(kuài)桴(fú)土鼓:束扎草莖做鼓槌敲打土做成的鼓作為禮樂。蕢,植物名。《爾雅·釋草》:"蕢,赤莧。"郭璞注:"今之莧赤莖者。"桴,鼓槌。

(14)猶可以致敬鬼神:王肅注:"神饗德,不求備物也。"

(15)高:通"皋",嗥,呼而告之。猶"啊"、"哎"等呼號的聲音。

(16)某復:古人為剛咽氣的親人招魂的習俗,是登上屋頂大聲呼喊。

(17)飲腥苴(jū)熟:王肅注:"始死,含以珠貝。將葬,苞苴以遣,奠以送之。"腥,指生的東西,如珠貝等。苴,苞苴,用蒲包包東西。熟,指熟食。

(18)形體則降,魂氣則上:古人認為人死後屍體埋入地下,靈魂昇天。

(19)天望而地藏:王肅注:"魂氣昇而在天,形體藏而在地。"

(20)故生者南向,死者北首:古人認為南方屬陽,故活者的人以南為尊;北方屬陰,故死人下葬頭要朝北。

(21)冬則居營窟,夏則居橧(zēng)巢:王肅注:"掘地而居,謂之營窟。有柴謂橧,在樹曰巢。"橧巢,聚柴薪造成的巢形居處。橧一作"櫓(lǔ)",據備要本、陳本改。

(22)火化:用火使食物變熟。

(23)茹(rú):王肅注:"毛未盡而食曰茹。"吃,吞咽。

(24)衣其羽皮:穿禽獸的羽毛皮革。

(25)後聖有作:後來有聖人出現。

(26)範金:王肅注:"冶金為器,用刑範也。"用模子澆鑄金屬器皿。

(27)合土:王肅注:"合和以作瓦物。"調和泥土燒制磚瓦。

(28)以炮(páo)以燔:王肅注:"毛曰炮,加火曰燔也。"炮,將帶毛的牲體涂泥置於火上燒烤。

(29)以烹以炙:王肅注:"煮之曰烹,炮之曰炙。"

(30)以為醴(lǐ)酪(lào):王肅注:"醴,醴酒。酪,漿酢。"醴,甜酒。酪,一種含酸味的調味品。

(31)養生送死:供養活着的人,為死去的人送葬。

(32)玄酒在室:王肅注:"玄酒,水也。言尚古在略近。"太古無酒,以水為酒,又因其色黑,故謂之玄酒。室內在北,地位最尊,故把玄酒擺在室內。

(33)醴醆(zhǎn):王肅注:"醴,盎齊也。五齊,二曰醴齊,三曰盎齊。"古時酒按其清濁和厚薄分為五等,叫"五齊"。《周禮·天官·酒正》:"辨五齊之名:一曰泛齊,二曰醴齊,三曰盎齊,四曰緹(醍)齊,五曰沈齊。"醆,白色濁酒。

(34)粲(jì)醍(tǐ):一種較清的淺紅色酒,為醍齊。

(35)澄酒:一種清酒,為沈齊。於五齊中最清。

(36)鼎俎:鼎和俎。祭祀宴享時陳置牲體或其他食物的禮器。鼎為青銅製品,圓形,三足兩耳;也有長方四足的。俎為木制,漆飾。

(37)琴、瑟、管、磬、鐘、鼓:指禮樂器物。瑟,一種拔弦樂器。磬,古代樂器。用石、玉或金屬為材料,形狀如規,懸掛於架上,擊之而鳴。

(38)上神:王肅注:"上神,天神。"

(39)以正君臣:以此擺正君臣之間的上下關繫。

(40)祐:保佑,舊指天神等的佑助。《易·大有》:"自天祐之,吉無不利。"

(41)祝號:王肅注:"犧牲、玉帛,祝辭皆美,為之號也。"即祝辭中特別加美的名號。除犧牲、玉帛外,神鬼皆有美號,如稱神為"皇天上帝",稱鬼為"皇祖"。

(42)薦:進獻。

(43)腥其俎,熟其殽(yáo):王肅注:"言雖有所熟,猶有所腥。腥本不忘古也。"殽,通"肴",煮熟的魚肉。

(44)越席以坐:王肅注:"翦蒲席也。"翦,通"踐"。蒲席,蒲草織成的草席。古代習俗,主人主婦要踩踏蒲席走上坐席。

(45)疏布以冪(mì):王肅注:"冪,覆酒巾也。質,故用疏也。"疏布,粗麻布。冪,覆蓋;罩。《周禮·天官·冪人》:"祭祀,以疏布巾冪八尊,以畫布巾冪六彝。"

(46)衣其浣(huàn)帛:王肅注:"練染以為祭服。"衣,穿。作動詞用。浣帛,新織的綢衣。

（47）交獻：交替進獻。

（48）嘉：王肅注："嘉，善，樂也。"

（49）合烹：王肅注："合其烹熟之禮，無復腥也。"把半生不熟的祭品合在一起烹煮。

（50）體：王肅注："體，解其牲體而薦之。"

（51）實：裝滿。

（52）簠（fǔ）簋（guǐ）：王肅注："受黍稷之器也。"即兩種盛黍稷稻粱的禮器，簠方形，簋圓形。

（53）籩（biān）豆：王肅注："竹曰籩，木曰豆。"籩和豆是古代祭祀和宴會時盛食品的兩種禮器。籩用竹制，盛果脯等；豆用木制，也有用銅或陶制的，形似高脚盤，盛齏醬等。

（54）鉶（xíng）：王肅注："鉶，所以盛羹也。"即盛羹及菜的器皿。

（55）祝以孝告：王肅注："祝通孝子語於先祖。"祝，謂祝辭。

（56）嘏（gǔ，又讀 jiǎ）以慈告：王肅注："嘏傳先祖語於孝子。"嘏，謂嘏辭。《詩·魯頌·閟宮》："天賜公純嘏，眉壽保魯。"鄭玄箋："純，大也；受福曰嘏。"

（57）祥：王肅注："祥，善。"

【通解】

言偃問孔子說："先生您把禮說得極為重要，可以講給我們聽聽嗎？"

孔子說；"我曾想瞭解夏代的禮制，因而到杞國去，但因年代久遠已無法考證了，我在那裏只得到了他們的曆書《夏時》。我曾想瞭解殷代的禮制，所以前往宋國，但也已無法考證了，我在那裏只得到他們的易書《乾坤》，我從《乾坤》中看到陰陽變化的道理，從《夏時》中看到時令周轉的順序，進而推測夏殷兩朝禮制的區分等次，並從中推出了禮制的起源。"

"最初的禮產生於飲食活動中。遠古時代，人們只懂得把黍米用火烤熟，把豬肉剖開放到火上燒熟，在地上掘坑盛水當酒樽，用雙手捧着當酒杯來喝，捆扎草莖做鼓槌敲打用土做成的鼓，雖然這樣簡陋，仍可以向鬼神表達敬意。到他們死的時候，活着的人登上屋頂，對着天空大聲喊："哎！某某你回來呀！"他們這樣做了以後，就把生珠貝等放到死者的口中舉行飯含之禮，再包些熟食下葬。死者的形體埋入地下，魂氣則昇入天空,所以招魂時仰望天空而屍體則埋入地下。南方屬陽,所以活着的人以南方為尊,北方屬陰,所以死者入葬時頭朝北方。這都是遵從最初樣子的做法。"

"從前先代君王没有宫室,冬天居住在地窟裏,夏天則用柴草搭成住處或直接住在樹上。當時還不知道用火使食物變熟,只能生吃草木的果實,生吃鳥獸的肉,喝它們的血,有時連毛一塊吞下去。當時也没有絲織品和麻布,只能穿鳥羽和獸皮。後來有聖人出現,才開始知道利用火的好處。用模子澆鑄金屬器皿,調和泥土燒制磚瓦,用來建造宫室和門窗,又用火燒烤和烹煮食物,釀制出甜味的酒和含酸味的漿醋。加工絲麻,織成麻布和絲綢。用這些東西來供養生者和安葬死者,并且用來祭祀鬼神。因為遵從原始的做法,所以祭祀時要把清水放在地位最尊的室内北窗下,甜味的醴酒和白色混濁的醆酒放在室内靠近門户的地方,較清的淺紅色的醍酒放在行禮的堂上,而最清的澄酒則放在堂下。同時陳列祭祀的犧牲,備辦盛放煮熟牲體的銅鼎和肉几。安排好琴、瑟、管、磬、鐘、鼓,以迎接上神和先祖靈魂的降臨,並由此端正君臣大義,增厚父子親情,和睦兄弟的情意,整齊尊卑上下的心志,夫婦各自有其應處的位置。這就是所謂承奉了上天的福佑。製作祝辭中的名號,用清水來祭祀,進獻剛宰殺的犧牲的血和毛,再獻上几案上的生肉和半熟的牲體。踏着蒲席,端着用粗麻布覆蓋的酒樽,穿着新織的綢衣,獻上醴酒和醆酒,獻上烤肉,主人和主婦一前一後的交替進獻,以使祖先的神靈得到歡悦。然後退下,將堂上撤下的進獻過的牲體和未進獻過的牲體合在一起煮熟,將煮熟了的狗猪牛羊的牲體分解開,簠簋盛滿糧食,籩豆盛滿果脯和肉醬,帶菜肉湯則盛入鉶中,以用來饗屍及招待本族的人。祝告辭把主人的孝心告訴給先祖的神靈,致福辭則把先祖神靈的慈愛轉達給主人,這樣做纔可以叫做大祥。祭禮到此就圓滿結束了。"

五儀解第七

【序說】

本篇所記述的全部是孔子回答哀公的問話，因首記孔子論述人分為庸人、士人、君子、賢人和聖人五儀（即五等），並詳述了五儀的不同標準，故以"五儀"名篇。

儒家積極關注現實政治，提倡仁禮結合，主張修身與為政的內在統一，本篇關於治國取士和立身處世之道的論述就是對這一思想的具體闡發，體現了孔子"內聖外王，修齊治平"的思想。孔子回答哀公取人之法的發問，反映出孔子的人才觀。在五儀之教的推行上，孔子認為君主應當見微知著，居安思危。孔子主張"朝廷有禮，上下其親"，與"道之以德，齊之以禮"完全一致。在談及國家的存亡禍福時，孔子認為"存亡禍福，皆己而已"，"天災地妖，不能加也"，並以紂王和太戊為例進行說明，這表明他雖然還未完全擺脫天命思想的羈絆，但已經更注重人事，更主張盡人事以待天命。

該文還涉及立身處世之道，孔子闡釋"君子不博"，體現了他重仁德、求善道的思想；他回答"智者壽乎，仁者壽乎"，反映了儒家倫理思想的中庸觀念。不難看出，孔子心目中的理想人格是堅持中庸之道的仁、智統一的君子。

儒家以修身為本，但不限於"修己"，還要推己及人，成己成物，由仁學到仁政，把自身道德修養作為治國、平天下的起點，同時又把治國、平天下作為自身道德修養的歸宿，這體現出儒家的"內聖外王，修齊治平"的思想，如將本篇與《王言解》、《大婚解》等篇章結合研究，會對這一思想有更為深刻的理解。篇中的"夫君者，舟也；庶人者，水也。水所以載舟，水所以覆舟"是對儒家仁政思想的生動詮釋，它深刻地揭示了君主與臣民之間的政治倫理關繫。這一政論警句經荀子的發揚光大，為後世學者及政治家所重視和借鑒，對中國古代政治倫理思想的發展產生了積極而深遠的影響。

　　本篇材料還散見於《荀子》、《大戴禮記》、《新序》、《韓詩外傳》、《說苑》等典籍。本篇中的許多材料可以與相關儒家典籍聯繫起來考察，例如，篇中的“生今之世，志古之道”與《中庸》中孔子的相關言論，孔子對“聖人”的論述與《易傳》的有關內容等，這樣會更為全面地理解孔子思想，更能清晰地認識《家語》的價值。

【原文】

　　哀公[1]問於孔子曰：“寡人慾論[2]魯國之士[3]，與之為治，敢[4]問如何取之？”孔子對曰：“生今之世，志[5]古之道；居[6]今之俗，服古之服[7]。舍此而為非者[8]，不亦鮮乎？”曰：“然則章甫絢屨[9]，紳帶縉笏[10]者，皆賢人也。”孔子曰：“不必然也。丘之所言，非此之謂也。夫端衣玄裳，冕而乘軒者，則志不在於食葷[11]；斬衰菅菲[12]，杖而啜粥者[13]，則志不在於酒肉。‘生今之世，志古之道；居今之俗，服古之服’，謂此類也。”

　　公曰：“善哉！盡此而已乎？”孔子曰：“人有五儀[14]：有庸人，有士人，有君子，有賢人，有聖人。審[15]此五者，則治道畢[16]矣。”

　　公曰：“敢問何如斯可謂之庸人[17]？”孔子曰：“所謂庸人者，心不存慎終之規[18]，口不吐訓格[19]之言，不擇賢以托[20]其身，不力行以自定[21]。見小暗大，而不知所務[22]；從物如流[23]，不知其所執[24]。此則庸人也。”

　　公曰：“何謂士人？”孔子曰：“所謂士人者，心有所定，計有所守。雖不能盡道術[25]之本，必有率[26]也；雖不能備百善之美，必有處[27]也。是故知不務多，必審其所知；言不務多，必審其所謂[28]；行不務多，必審其所由[29]。智既知之，言既道之[30]，行既由之，則若性命之形骸之不可易也[31]。富貴不足以益，貧賤不足以損。此則士人也。”

公曰:"何謂君子?"孔子曰:"所謂君子者,言必忠信而心不怨⁽³²⁾,仁義在身而色無伐⁽³³⁾,思慮通明而辭不專⁽³⁴⁾。篤⁽³⁵⁾行信道,自強不息,油然若將可越而終不可及者⁽³⁶⁾,此則君子也⁽³⁷⁾。"

公曰:"何謂賢人?"孔子曰:"所謂賢人者,德不踰閑⁽³⁸⁾,行中規繩⁽³⁹⁾,言足以法於天下而不傷於身⁽⁴⁰⁾,道足以化於百姓而不傷於本⁽⁴¹⁾。富則天下無宛⁽⁴²⁾財,施則天下不病⁽⁴³⁾貧。此則賢者⁽⁴⁴⁾也。"

公曰:"何謂聖人?"孔子曰:"所謂聖者,德合於天地⁽⁴⁵⁾,變通無方⁽⁴⁶⁾,窮萬事之終始⁽⁴⁷⁾,協庶品之自然⁽⁴⁸⁾,敷⁽⁴⁹⁾其大道而遂成情性。明並⁽⁵⁰⁾日月,化行若神。下民不知其德,睹者不識其鄰⁽⁵¹⁾。此謂聖人也。"

【注釋】

(1)哀公:魯國國君,名將,姬姓。此記載又見於《荀子·哀公》、《大戴禮記·哀公問五儀》、《新序·雜事四》。

(2)論(lún):通"掄",選擇。

(3)士:指具有某種品質或才能的人。

(4)敢:謙辭,冒昧的意思。

(5)志:傾慕,追慕。《論語·為政》"吾十有五而志於學"皇疏:"志者,在心向慕之謂也。"王先謙《荀子集解》:"記識也",恐非。

(6)居:處於某種地位或情況。

(7)服古之服:王先謙注:"猶若夫子服逢掖之衣,章甫之冠也。"《大戴禮記》云:"古之服,儒服也。"

(8)舍(shè)此而為非者:處於上述行為而不是人才的。

(9)章甫絇(qú)履:王肅注:"章甫,冠也。絇履,履頭有鉤飾也。"《禮記·儒行》:"丘少居魯,衣逢掖之衣。長居宋,冠章甫之冠。"絇履,鄭玄注:"絇之言拘也。以為行戒,狀如刀衣鼻,在履頭。"

(10)紳帶縉笏(hù):王肅注:"紳,大帶。縉,插也。笏,所以執書思對命。"笏,朝笏。《禮記·玉藻》:"笏,度二尺有六寸,其中博三寸,其殺六分而去一。"

(11)夫端衣玄裳,冕而乘軒者,則志不在於食葷:王肅注:"端衣玄裳,齋服也。軒,軒車。葷,辛菜也。"《周禮·春官·司服》鄭玄注:"端者,取其正也。衣袂,皆二尺二寸而屬幅,是廣袤等也。"《禮記·郊特牲》:"齋之玄也,以陰幽思也。"冕,喪冠,一說祭服。葷,辛菜,指葱韭之類。王先謙《荀子集解》:"端衣玄裳,冕而乘路,所以祭也,故志不在於食葷。"

(12)斬衰(cuī)菅菲:斬衰,古代最重的喪服。用粗而生的麻布制成,左右和下邊不縫,子對父,臣對君斬衰三年。《儀禮·喪服》曰:"斬者何?不緝也。"鄭玄注:"上曰衰,下曰裳。"菅菲,菅履。菅,本作管,據備要本改。菲,一作屝。夏曰屝,周曰履。

(13)杖而啜粥:杖,服喪所用的喪杖。啜粥,喝粥。《喪服傳》云:"啜粥,朝一溢米,夕一溢米。"

(14)儀:等。參見《周禮·大司徒》:"五曰以儀辨等"。

(15)審:明。

(16)畢:盡,盡在其中之意。

(17)敢問何如斯可謂之庸人:備要本"謂"前無"可"字。

(18)慎終之規:慎終,指行事謹慎始終如一。如《禮記·表記》:"慎始而敬終。"規,《說文》:"規,有法度也,從夫從見。"

(19)格:王肅注:"格,法。"

(20)托:依。

(21)定:按。

(22)而不知所務:務,做。備要本"不"前無"而"字。

(23)流:流移。

(24)執:執守。

(25)道術:此指治國的原則和方法。

(26)率:循。王肅注:"率,猶行也。"恐非。

(27)處:居。

(28)言不務多必審其所謂:王肅注:"所務者,謂言之要也。"又王先謙《荀子集解》:"止於辨明事而已矣。"審,《說文》:"審,悉也,知審諦也。"

（29）由：從。

（30）智既知之，言既道之：王肅注：“得其要也。”

（31）則若性命之形骸之不可易也：形骸，形體。易，以它物移易。

（32）怨：王肅注：“怨，咎。”《荀子》作“德”。

（33）色無伐：王肅注：“無伐善之色也。”伐，夸矜。

（34）專：自以為是。

（35）篤：篤厚。參見《論語·子張》“信道不篤”。一說“純”，《禮記·儒行》：“篤行而不倦。”

（36）油然若將可越而終不可及者：王先謙《荀子集解》：“所謂‘瞻之在前，忽焉在後。’”王肅注：“油然，不進之貌也。越，過也。”一說“油然，舒辭之貌”，可從。

（37）此則君子也：同文本“君子”前無“此則”二字。

（38）逾閑：王肅注：“閑，法。”逾閑，逾越法度。

（39）行中（zhòng）規繩：中，符合。規繩，規矩、繩墨。這裏比喻法度。

（40）言足以法於天下而不傷於身：王肅注：“言滿天下無口過也。”王先謙《荀子集解》：“所謂‘言滿天下無口過，行滿天下無怨惡。’”傷，害。

（41）本：王肅注：“本，亦身也。”又王聘珍注：“本謂本性。不傷於本，謂行己有法，而非矯揉以失其性。”

（42）宛（yuàn）：王肅注：“宛，積也。古字。”又《禮記》：“事大積焉而不苑。”

（43）病：擔憂。

（44）賢者：亞聖之名。《說文》：“賢，多才。”

（45）德合於天地：《易》曰：“夫大人者，與天地合其德，與日月合其明。”合，齊。

（46）變通無方：統物通變。無方，無常。又《禮記·檀弓上》：“左右就養無方。”

（47）窮萬物之終始：窮，推究。終始，指事物發展的規律。

（48）協庶品之自然：協，和。庶品，萬物。

（49）敷：布。

（50）並：齊。

(51)鄰：王肅注：“鄰，以喻界畔也。”

【通解】

魯哀公向孔子問道：“我想選拔魯國的人才，同他們一起治理國家，請問怎樣去選擇呢？”孔子回答說：“生活在當今時代，而傾慕古人的道藝；居處於當代習俗，而穿着古代的衣服。這樣做了而非人才的，不是很少見嗎？”哀公說：“這麼說，那些頭戴章甫之冠，脚穿有鈎飾的鞋子，腰束大帶，插着朝笏的人，都是賢人了。”孔子說：“不一定是這樣。我剛才所說的，不是指這些。那些身穿黑色齋服，頭戴禮帽，乘坐軒車的人，心思不在辛菜上；身穿喪服，脚着喪鞋，手拄喪杖而喝稀粥的人，心思不在酒肉上。‘生活在當今時代，而傾慕古人的道藝，居處於當代習俗，而穿着古代的衣服’，說的就是這種人。”

哀公說：“說得好！這樣就可以了嗎？”孔子說：“人可以分為五等：有庸人，有士人，有君子，有賢人，有聖人。能辨別這五種人，那麼治國之道就盡在其中了。”

哀公說：“請問怎麼樣可稱作庸人？”孔子說：“所謂庸人，心裏沒有自始至終謹慎行事的規戒，口中說不出可奉為法度的話語，不選擇賢人使自身有所依託，不力行道藝使自身有所歸宿。小事明白而大事糊塗，不知道該干什麼；凡事隨波逐流，不明白應執守什麼。這樣就稱作庸人。”

哀公說：“什麼叫做士人呢？”孔子說：“所謂士人，心裏有堅定的信念，制定的計劃堅持執行。即使不能完全精通治國原則，也一定有所遵循；即使不能做到盡善盡美，也一定有所執守。所以知識不求廣博，一定要知道所掌握的是否準確無誤；言語不求多說，一定要知道所說的是否有理有據；事情不求多做，一定要知道所作所為是否遵循事理。知識已經是準確無誤的，說話已經是有理有據的，行動已經是遵循事理的，那就象自身的性命身體一樣不可以被它物所替代。富貴不足以使他增加什麼，貧賤也不足以使他減少什麼。這樣就叫做士人。”

哀公說：“什麼叫做君子呢？”孔子說：“所謂君子，出言一定忠誠守信而心裏無怨咎，自己施行仁義而面無夸耀之色，思慮通達明智而言辭並不自以為是。篤厚地施行所信守的道義，自強不息，態度舒遲，好象很快就能被超過而最終却無法企及一樣。這樣的人就是君子。”

哀公問："什麼叫做賢人呢?"孔子說："所謂賢人,施德不逾越法度,行事符合準則,言論足以為天下表率而又不會招惹災禍,道藝足以教化百姓而不戕害自己的本性。自己富有了,天下人就可以不積私財;廣施德澤,使天下人不擔憂貧困。這樣的人就是賢人。"

哀公問："什麼叫做聖人呢?"孔子說："所謂聖人,德行與天地之道相合,統物通變,推究萬事的發展規律,協調萬物的自然本性,廣佈道藝從而成就萬物的情性。他與日月齊輝,化行天下如同神明,百姓不知道他的德行,見到他的人也識別不出他與一般人的區別。這樣的人就是聖人。"

【原文】

公曰："善哉!非子之賢,則寡人不得聞此言也。雖然,寡人生於深宮之內,長於婦人之手,未嘗知哀,未嘗知憂,未嘗知勞,未嘗知懼,未嘗知危,恐不足以行五儀之教,若何?"孔子對曰："如君之言,已知之矣。則丘亦無所聞焉。[1]"

公曰："非吾子,寡人無以啟其心,吾子言也。"孔子曰："君子入廟,如右[2],登自阼階[3],仰視榱桷[4],俯察機筵[5],其器皆存,而不睹其人。君以此思哀,則哀可知矣。昧爽夙興[6],正其衣冠,平旦[7]視朝,慮其危難,一物失理,亂亡之端[8]。君以此思憂,則憂可知矣。日出聽政,至於中冥[9],諸侯子孫[10],往來為賓,行禮揖讓,慎其威儀[11]。君以此思勞,則勞亦可知矣。緬然[12]長思,出於四門,周章遠望[13],睹亡國之墟[14],必將有數焉。君以此思懼,則懼可知矣。夫君者,舟也;庶人者,水也。水所以載舟,亦所以覆舟。君以此思危,則危可知矣。君既明此五者,又少留意於五儀之事,則於政治何有失矣?"

【注釋】

(1)如君之言,已知之矣。則丘亦無所聞焉:王肅注："君如此言,已為知之。故無所復言,謙以誘進哀公矣。"聞,使之聞,告知。

(2)君子入廟,如右:備要本"君"後無"子"字。右,這裏指門內東邊。

（3）阼階：東階，主人所登降之階。

（4）榱（cuī）桷（jué）：屋椽。

（5）机筵：几案和座席。机，通“几”。

（6）昧爽夙興：王肅注：“爽，明也。昧明，始明也。夙，早。興，起。”

（7）平旦：天剛亮的時候。

（8）端：緒。

（9）中冥：王肅注：“中，日中。冥，昳中。”昳（dié），日過午偏斜。

（10）諸侯子孫：指從別國逃亡到魯而致仕的諸侯子孫。

（11）威儀：指在祭享等典禮中的儀節。

（12）緬然：憂悶的樣子。

（13）周章遠望：周章，惶懼的樣子。遠望，備要本作“遠視”。

（14）睹亡國之墟，必將有數焉：王肅注：“言亡國故墟，非但一。”

【通解】

哀公說：“說得好！要不是您賢明，我就聽不到這番話了。即便如此，我出生在深宮之中，長養於婦人之手，不曾知道什麼是悲哀，什麼是憂慮，不曾知道什麼是勞苦，什麼是恐懼，什麼是危險，恐怕還不足以推行關於五等的教化，怎麼辦呢？”孔子回答道：“照您所說的這些，已經算是知道怎麼辦了。我也沒什麼要告知您的了。”

哀公說：“要不是您，我的心智就不能受到啟迪，請您說吧。”孔子說：“君子進入宗廟，向東走，從東階而上，抬頭看屋頂的椽子，低頭看陳設的几案和座席，那些器物都在，却看不到故去的先祖了。國君從這裏想到悲哀，就可以知道什麼是悲哀了。初曉時分就早起，端衣正冠，天剛亮就臨朝聽政，思慮治國的危難，一件事情處理不當，就會成為國家動亂以至滅亡的端緒。國君從這裏憂慮，也就可以知道什麼是憂慮了。日出就處理政事，直到太陽西斜，從別國逃亡奔魯的諸侯子孫作您的賓客，行禮揖讓，各種儀節都很謹慎，國君從這裏想到勞苦，也就知道什麼是勞苦了。懷着憂悶長思的心情走出城門，仿徨四顧，極目遠望，所看到的亡國故墟一定會有很多。國君從這裏去恐懼，就會知道什麼是恐懼了。國君是舟，百姓是水，水可以負載舟，也可以使舟覆没。國君從這裏思考危險，就知道什麼是危險了。國君明白這五種情況後，再稍微留意一下有關五等人的問題,那在政治上還會有什麼過失呢?"

【原文】

哀公問於孔子曰:"請問取人之法。"孔子對曰:"事任於官[1],無取捷捷[2],無取鉗鉗[3],無取啍啍[4]。捷捷,貪也[5];鉗鉗,亂也;啍啍,誕[6]也。故弓調而後求勁焉,馬服而後求良焉,士必愨而後求智能者焉。不愨而多能,譬之豺狼不可邇[7]。"

【注釋】

(1)事任於官:王肅注:"言各當以其所能之事任於官。"此記載又見於《荀子·哀公》、《韓詩外傳》卷四、《說苑·尊賢》。

(2)捷捷:花言巧語,參見《詩·小雅·巷伯》"捷捷幡幡"。

(3)鉗鉗:王肅注:"鉗鉗,妄對,不謹誠。"

(4)啍(zhūn)啍:王肅注:"啍啍,多言。"啍,通"諄"。

(5)捷捷,貪也:王肅注:"捷捷而不已食,所以為貪也。"

(6)誕:王肅注:"誕,欺詐也。"

(7)不愨(què)而多能,譬之豺狼不可邇:王肅注:"言人無智者,雖性愨信不能為大惡。不愨信而有智,然後乃可畏也。"愨,誠實謹慎。邇,近。

【通解】

哀公向孔子問道:"請問您選取人才的原則是什麼?"孔子回答道:"各取所能而任命以相應的官職,不要選取花言巧語的人,不要選取妄言亂語的人,不要選取多言多語的人。花言巧語的人會貪得無厭,妄言亂語的人會擾亂是非,多言多語的人會欺詐寡信。所以弓箭要調好之後再求其強勁,馬匹要馴服之後再求其精良,士人要誠謹之後再求其才能。不誠謹卻又多才幹,就如同豺狼一樣不可接近。"

【原文】

哀公問於孔子曰:"寡人慾吾國小而能守,大則攻,其道如何?"孔子對曰:"使[1]君朝廷有禮,上下相親,天下百姓皆君之民,將誰攻之? 苟違[2]此道,民畔[3]如歸,皆君之仇也,將與誰守？"公曰："善哉！"於是廢山澤之禁，弛⁽⁴⁾關市之稅，以惠百姓。

【注釋】

（1）使：假如，如果。此事又見於《說苑·指武》。

（2）違：原作"為"，據備要本改。

（3）畔：通"叛"。

（4）弛：廢除。

【通解】

哀公向孔子問道："我想讓我國國勢弱小時能防守，國勢強大時能攻伐，有什麼辦法嗎？"孔子回答說："如果您的朝廷遵守禮制，君臣之間相敬相親，天下的百姓都是您的臣民，誰還會來攻伐呢？如果違背了這一原則，百姓紛紛叛離各有所歸，都是您的離敵，您還同誰一起防守呢？"哀公說："說得好！"於是廢除了禁入山林川澤的各項政令，取消了市場關卡的稅斂，使百姓得到實惠。

【原文】

哀公問於孔子曰："吾聞君子不博⁽¹⁾，有之乎？"孔子曰："有之。"公曰："何為？"對曰："為其二乘⁽²⁾。"公曰："有二乘，則何為不博？"子曰："為其兼行惡道也⁽³⁾。"哀公懼焉。

有間，復問曰："若是乎？君之惡惡道至甚也⁽⁴⁾。"孔子曰："君子之惡惡道不甚，則好善道亦不甚，好善道不甚，則百姓之親上亦不甚。《詩》云：'未見君子，憂心惙惙。亦既見止，亦既覯止，我心則悅。⁽⁵⁾'《詩》之好善道甚也如此。"公曰："美哉！夫君子成人之善，不成人之惡。微吾子言焉，吾弗之聞也。"

【注釋】

（1）博：古代一種兩人對局的棋戲。此事又見於《說苑·君道》。

（2）為其二乘（chéng）：備要本"其"後有"有"字。二乘，指二人相互侵凌爭勝。乘，凌。

（3）兼行惡道：王肅注："此具博三十六道也。"惡道，邪道。

75

(4)君之惡惡道至甚也：備要本"君"後有"子"字。

(5)未見君子，憂心惙（chuò）惙，亦既見止，亦既覯（gòu）止，我心則悅：語出《詩·召南·草蟲》。惙惙，憂愁的樣子。覯，遇見。止，同"之"。悅，備要本作"說"。

【通解】

哀公向孔子問道："我聽說君子不下棋，有這回事嗎？"孔子說："有這回事。"哀公說："為什麼呢？"回答說："因為二人下棋時相互搏殺爭勝。"哀公說："相互搏殺爭勝為什麼就不下棋呢？"孔子說："因為它爭勝的同時會走邪道。"哀公不禁心生恐懼。

過了一會兒，又問道："真象這樣嗎？那麼君子對邪路是深惡痛絕的了。"孔子說："君子對邪路的厭惡如果不十分強烈，那麼對正路的稱道也就不十分強烈，對正路的稱道不強烈，那麼百姓對統治者的親近之情也就不強烈。《詩》云：'沒有見到君子，憂心忡忡。等到見了君子，等到遇上君子，滿心歡喜。'《詩》對正路的稱道也像這樣強烈啊！"哀公說："說得好！君子成全別人的好事，不促成別人的壞事。沒有您這番話，我就不能聽到這些道理。"

【原文】

哀公問於孔子曰："夫國家之存亡禍福，信(1)有天命，非唯人也。"孔子對曰："存亡禍福皆己而已，天災地妖不能加也(2)。"

公曰："善！吾子之言(3)，豈有其事乎？"孔子曰："昔者殷王帝辛(4)之世，有雀生大鳥於城隅焉，占之，曰：'凡以小生大，則國家必王而名必昌(5)。'於是帝辛介雀之德(6)，不修國政，亢暴(7)無極，朝臣莫救(8)，外寇乃至，殷國以亡。此即以己逆天時，詭(9)福反為禍者也。又其先世殷王太戊(10)之時，道缺法圮(11)，以致夭蘗(12)。桑穀(13)於朝，七日大拱(14)，占之者曰：'桑穀野木而不合(15)生朝，意者(16)國亡乎！'太戊恐駭，側身(17)修行，思先王之政，明養(18)民之道。三年之後，遠方慕義，重譯⁽¹⁹⁾至者,十有六國。此即以己逆天時,得禍為福者也。故天災地妖,所以儆⁽²⁰⁾人主者也;寤夢征怪⁽²¹⁾,所以儆人臣者也。災妖不勝善政,寤夢不勝善行,能知此者,至治之極也,唯明王達此。"

公曰:"寡人不鄙固此,亦不得聞君子之教也。"

【注釋】

(1)信:確實。此事又見於《說苑·敬慎》。

(2)天災地妖不能加也:天災地妖,《左傳》宣公十五年:"天反時為災,地反物為妖。"加,改變。

(3)吾子之言:備要本作"吾子言之"。

(4)帝辛:王肅注:"帝紂。"

(5)國家必王(wàng)而名必昌:王,稱王。昌,顯。

(6)介雀之德:王肅注:"介,助也。以雀之德為助也。"

(7)亢暴:極其殘暴。亢,極度,過甚。

(8)救:阻止。

(9)詭:違逆。

(10)太戊:商王名,太庚之子。後任用伊陟、巫咸等人使商朝復興。

(11)圮(pǐ):毀,壞。

(12)夭蘖:指物類反常的情況。夭,通"妖",蘖,通"孽",謂蘖木斬而復特生。

(13)穀(gǔ):楮(chú)木。

(14)拱:兩手合圍。

(15)合:該。

(16)意者:表猜測。大概,恐怕。

(17)側身:表恐懼不安。側,傾側。

(18)養:教化。

(19)重(chóng)譯:更譯其言。譯,傳四夷之語。

(20)儆:王肅注:"儆,戒。"

(21)寤(wù)夢徵怪:寤,《說文》:"寐覺而有信曰寤。"徵,信,驗。

【通解】

哀公向孔子請教說:"國家的存亡禍福,確實是由天命注定的,不是只憑人力能左右的。"孔子回答說:"存亡禍福,都源於自身罷了,反時反常的現象並不能改變國家的命運。"

哀公說:"說得好!您所說的難道有事實根據嗎?"孔子說:"從前商紂王統治時期,有只小鳥在城牆角生了一只大鳥。占卜後說:'凡是以小生大,那國家一定會稱王於天下,而聲名一定會顯赫。'於是紂王憑藉卜辭中小鳥會帶來福祉的預言而不理朝政,殘暴無比。朝臣不能阻止他,外敵於是前來攻伐,殷國因此而滅亡。這就是因為自己違逆天時,使上天的福祉變為灾禍的事例。還有他的先祖殷王太戊統治時代,道統缺廢,法紀毀壞,以致出現樹木生長反常的現象。桑楮在朝堂上長出,七天就有兩手合攏那麼粗了。占卜它的人說:'桑楮是野生的樹木,不應生長在朝堂,恐怕是國家要滅亡了吧!'太戊懼怕異常,誠惶誠恐地修習自己的德行,思慮先王的政道,昭明教化百姓的舉措。三年之後,遠方的國家傾慕他的道義,通過使者輾轉傳譯來朝拜的國家多達十六個。這就是因為自己改變天時,將禍兆變為福祉的事例。所以天降灾異,地生妖孽是用來儆戒人主的;各種夢異和怪誕的徵兆,是用來警戒人臣的。灾異妖孽鬥不過清明的政治,不好的夢兆鬥不過良好的品行。能明白這個道理,就達到了天下大治,只有賢明的君主才能實現。"

哀公說:"我如果不是這般庸鄙固陋,也就不能聽到您這番教誨了。"

【原文】

哀公問於孔子曰:"智者壽乎?仁者壽乎?"孔子對曰:"然,人有三死,而非其命也,行己自取也(1)。夫寢處不時(2),飲食不節,逸勞過度者,疾共殺之;居下位而上干(3)其君,嗜慾無厭(4)而求不止者,刑共殺之;以少犯(5)衆,以弱侮(6)強,忿怒不類(7),動不量力者,兵共殺之。此三者死非命也,人自取之。若夫智士仁人,將(8)身有節,動靜以義,喜怒以時,無害其性,雖得壽焉,不亦可乎?"

【注釋】

（1）行己：使自己。備要本"己"前無"行"字。此記載又見於《韓詩外傳》卷一、《說苑·雜言》、《文子·符言》。

（2）寢處不時：指生活起居沒有規律。

（3）干：冒犯。

（4）嗜慾無厭：嗜，指特殊的愛好。厭，滿足。

（5）犯：侵犯。

（6）侮：侮慢。

（7）類：善。參見《詩·大雅·桑柔》"貪人敗類"毛傳。又《左傳》僖公二十四年"召穆公思周德之不類"。

（8）將：王肅注："將，行。"

【通解】

哀公向孔子問道："聰明的人長壽嗎？仁義的人長壽嗎？"孔子回答說："是這樣。人有三種死亡並非命中注定，而是咎由自取。起居沒有規律，飲食不加節制，安逸或勞累過度，就會疾病叢生而喪命；身居下位卻冒犯君主，嗜好慾望貪得無厭，索求不止的人，各種刑罰會使他喪生；以少數侵犯多數，以弱者侮慢強者，忿怒不已，做事不自量力，各種兵器會令他喪命。這三種死法，都不是命中注定的，而是人自己招致的。像那些智士仁人，行事有所節制，居處合乎禮義，喜怒適時而止，不戕害自己的性情，即使能夠長壽，不也是應該的嗎？"

卷第二

致思第八

【序說】

本篇主要記載孔子和孔子弟子顏回、子路、子貢、子羔、曾子等人的言行。本篇第一章記孔子游於農山，命弟子們"於斯致思"，談論志向，遂以"致思"名篇。

本篇各章從不同角度選材，卻都體現了孔子對人物、時事和生活的深邃思考。孔子與弟子"農山言志"，對顏回的治國思想贊許有加，表現了孔子的政治理想；孔子與子路論治蒲，認為為政要以德服民；孔子接受魯人之食和楚人之魚，表現了孔子對"仁人"的深層理解；孔子批評子路草率與民"簞食壺漿"以行仁，表明孔子思想中"仁"的踐行與政治的緊密聯繫；孔子稱贊季羔執法"思仁恕"，實質上是主張賦與"法"以"仁"的內涵；孔子贊美文王、武王，闡釋了"正其身"和"正天下"的關繫。另外，孔子認為曾子"善安身"、表揚子路的孝行、希望弟子記住丘吾子的"三失"、說子夏"甚吝於財"等，對孔子思想研究有重要價值。

孔子愛好學問，故以"內學外飾"訓導其子孔鯉；孔子推重道德，故以"水且猶可以忠信成身親之"來教育弟子；孔子禮遇程子，則體現了他的好賢尊賢。正因為道的實行需要一定的客觀條件，所以孔子對季孫氏和南宮敬叔"貺財"表示認可；基於對春秋大勢有深刻的洞察，故孔子能由童謠知楚王將得萍實而為霸。孔子告訴子貢"死者有知與無知，非今之急"，代表了原始儒家的生死觀；孔子批評子貢贖魯人而"辭而不取金"，則涉及到"聖人之教"的內涵。

相比較而言，"孔子論管仲"一節，在理解上或許有一定的難度。由於對管仲所作所為是否合乎"仁人之道"非常困惑，子路就此請教孔子。對於管仲，孔子顯然頗為熟悉和瞭解。孔子很少以"聖"與"仁"許人，卻高度評價管仲，認為其人"仁也"。為什麼呢？將本篇與《論語·憲問》篇結合起來考察,可能更容易理解。《論語・憲問》篇云:"子路曰:'桓公殺公子糾,召忽死之,管仲不死。'曰:'未仁乎?'子曰:'桓公九合諸侯,不以兵車,管仲之力也。'"又云:"子貢曰:'管仲非仁者與?桓公殺公子糾,不能死,又相之。'子曰:'管仲相桓公,霸諸侯,一匡天下,民到於今受其賜。微管仲,吾其被髮左衽矣。豈若匹夫匹婦之為諒也,自經於溝瀆而莫之知也?'"管仲對春秋歷史的進程產生了重大影響,孔子對此有深刻認識。試想如果管仲像召忽那樣為公子糾死掉,也就沒有後來的"一匡天下"歷史偉業了。在孔子看來,管仲"通於變",轉而輔佐齊桓公,澤及後世,這正是仁人的作為。由此,我們應該對本篇孔子論管仲有更深刻的認識,從中可以看出孔子的理想和抱負。

本篇的價值是多方面的。例如,孔子與《尚書》的關繫、《古文尚書》的真偽等問題,歷來存有極大爭議。本篇中,孔子與子貢論治民之道,強調態度要慎重乃至畏懼,要遵循"以道導之"的方法,說"懍懍焉若持腐索之扞馬",此語應當與《古文尚書・五子之歌》之"予臨兆民,懍乎若朽索之馭六馬,為人上者,奈何不敬"有重要關聯,值得引起足夠重視。

本篇材料又多見於其他相關文獻,以本篇為基礎進行比較研究,會發現更多的有關原始儒學的學術信息。

【原文】

孔子北游於農山[1],子路、子貢、顏淵侍側[2]。孔子四望,喟然而嘆曰:"於斯致思[3],無所不至[4]矣。二三子各言爾志,吾將擇焉。"

子路進曰:"由願得白羽[5]若月,赤羽[6]若日,鐘鼓之音上震於天,旍旗[7]繽紛下蟠[8]於地。由當[9]一隊而敵之,必也攘[10]地千里,搴旗執馘[11]。唯由能之,使二子者從我焉。"夫子曰:"勇哉!"

子貢復進曰:"賜願使齊、楚合戰於漭瀁[12]之野,兩壘相望,塵埃相接,挺刃交兵。賜著[13]縞衣白冠,陳說其間,推論利害,釋[14]國之患,唯賜能之。使夫二子者從我焉。"夫子曰:

“辯⁽¹⁵⁾哉！”

顏回退而不對。孔子曰：“回，來！汝奚⁽¹⁶⁾獨無願乎？”顏回對曰：“文武之事，則二子者既言之矣，回何云焉？”孔子曰：“雖然⁽¹⁷⁾，各言爾志也，小子言之。”對曰：“回聞薰、蕕⁽¹⁸⁾不同器而藏，堯、桀⁽¹⁹⁾不共國而治，以其類異也。回願得明王聖主輔相⁽²⁰⁾之，敷其五教⁽²¹⁾，導之以禮樂，使民城郭不修，溝池不越⁽²²⁾，鑄劍戟以為農器，放牛馬於原藪⁽²³⁾，室家無離曠⁽²⁴⁾之思，千歲無戰鬥之患。則由無所施其勇，而賜無所用其辯矣。”夫子凜然曰：“美哉德也！”

子路抗手⁽²⁵⁾而對曰：“夫子何選⁽²⁶⁾焉？”孔子曰：“不傷財，不害民，不繁詞⁽²⁷⁾，則顏氏之子⁽²⁸⁾有矣。”

【注釋】

(1)農山：山名，在魯國北部。此記載又見於《韓詩外傳》卷九、《說苑·指武》。

(2)侍側：在旁邊陪着。

(3)致思：集中注意力思考。

(4)無所不至：什麼都可以思考。

(5)白羽：古代軍中主帥所執的指揮旗。羽，旌旗。

(6)赤羽：紅色的旗幟。

(7)旍(jīng)旗：旌旗。

(8)蟠：曲折盤遠。王肅注：“蟠，委。”

(9)當(dàng)：主領，率領。

(10)攘(rǎng)：奪取，佔領。王肅注：“攘，却。”

(11)搴(qiān)旗執馘(guó)：拔取敵人軍旗，割取敵人的左耳，用以計數報功。王肅注：“搴，取也，取敵之旍旗。馘，截耳也，以效獲也。”

(12)漭(mǎng)瀁(yǎng)：寬廣遼闊。王肅注：“漭瀁，廣大之類。”

(13)着(zhuó)：同“著”，穿戴。縞(gǎo)衣：白色的絲絹衣服。王肅注：“兵，凶事，故白冠服也。”

(14)釋：解除。

（15）辯：有口才，善言辭。

（16）奚：為什麼，因何緣故。

（17）雖然：即使這樣。

（18）熏（xūn）：古書上指一種有香味的草。蕕（yóu）：古書上指一種有臭味的草。王肅注：“熏，香。蕕，臭。”

（19）堯：中國古代的賢君陶唐氏的之號。桀：夏朝末代君主，暴君。

（20）輔相：輔佐，幫助。

（21）敷其五教：布施五種教化。敷，敷施。五教，五種教化。王肅注：“敷，布也。五教，父義、母慈、兄友、弟恭、子孝也。”

（22）溝池不越：不用越過護城河去打仗。王肅注：“言無踰越溝池。”

（23）原藪（sǒu）：原野湖畔。王肅注：“廣平曰原，澤無水曰藪也。”

（24）離曠：指丈夫不在家，妻子獨處。

（25）抗手：舉手行禮。

（26）選：選擇。

（27）不繁詞：不用說太多的話。

（28）顏氏之子：指顏回。

【通解】

孔子到魯國北部遊覽，登上農山山頂，弟子子路、子貢、顏淵在旁邊陪著。孔子四下遠望，很感嘆的說：“在這個地方靜心深入思考，什麼都可以想到。你們可以談談自己的志向，我將從中作出選擇。”

子路走進前說：“我願意秉持像月亮一樣潔白的帥旗，揮動像早晨的太陽一樣紅的戰旗，讓撞擊鐘鼓的聲音響徹雲天，讓旌旗迎風飄颺。我率領一隊人馬與敵人作戰，一定能攻佔敵人的土地千里，拔取敵軍的軍旗，割取敵人的左耳計數報功。這一點只有我仲由能做到，老師你就讓這兩個人跟著我吧。”孔子說：“真是勇敢啊！”

子貢又走進前說：“我希望讓齊、楚兩國在寬廣遼闊的原野上交戰，兩軍營壘遙遙相望，軍隊激起的塵土飛揚，士兵們手持兵器英勇作戰。我穿著白色的衣冠，在兩國之間奔走勸告，陳說各種利害，以解除國家的外患。只有我能做得到，老師你就讓這兩個人跟著我吧。”孔子說：“真是有口才啊！”顏回退在後面不作回答。孔子說：“顏回，過來！為什麼只有你不談一下自己的志向呢？"顏回回答說："文武兩方面的事，兩人已經說過了，顏回我還說什麼呢？"孔子說："即使這樣，各人也要說說自己的志向，你就說吧。"顏回回答說："聽說熏草和蕕草不在同一個器物裏面藏放，堯和桀不能共同治理一個國家，是因為他們不是同類。我希望能輔佐賢明的君主，布施父義、母慈、兄友、弟恭、子孝這五種教化。用禮樂教導民衆，讓百姓不用去修建城牆，無須去越過護城河去打仗，將刀槍劍戟熔鑄成農具，在原野湖畔放牧牛馬，夫婦沒有分別的思念苦痛，天下永遠沒有戰爭的灾難。這樣仲由就沒有地方施展他的勇敢，而端木賜也沒有地方發揮他的口才了。"孔子非常嚴肅的說："真是美好的德行啊！"

子路舉手行禮問道："老師您將怎樣選擇呢？"孔子說："不耗費錢財，不危害百姓，不用說太多的話，這樣來治理國家，只有顏回能做得到。"

【原文】

魯有儉嗇(1)者，瓦鬲(2)煮食，食之，自謂其美，盛之土型之器(3)，以進孔子。孔子受之，歡然而悅，如受大牢之饋(4)。子路曰："瓦甂(5)，陋器也；煮食，薄膳(6)也。夫子何喜之如此乎？"子曰："夫好諫者思其君，食美者念其親。吾非以饌具(7)之為厚，以其食厚而我思(8)焉。"

【注釋】

(1)儉嗇：節儉吝嗇。此記載又見於《說苑‧反質》。

(2)瓦鬲(lì)：王肅注："瓦釜。"即一種陶制炊具。

(3)土型之器：王肅注："瓦甂。"即一種陶制的瓦罐。型，鑄造器物的模子，用泥做的叫型。

(4)如受大牢之饋：好像接受了太牢用的牛羊豬這樣的饋贈。祭祀時牛、羊、豬皆備，稱為太牢。大，同"太"。王肅注："牛、羊、豕也。饋，餽也。"

(5)瓦甂(biān)：小瓦盆。

(6)薄膳：微薄無味的飯食。

(7)饌(zhuàn)具：準備食物的器具。

(8)我思：即思我。想起了我。

【通解】

魯國有一個節儉吝嗇的人，用陶制炊具燒煮食物，熟了一嘗，自己認為味道非常鮮美，就用小瓦罐盛好，進獻給孔子。孔子接受了這些食物，非常高興喜悦，好像接受了太牢用的牛羊豬這樣的饋贈。子路問道："小瓦罐是簡陋的盛飯用的器具，煮出來的是飯食也微薄無味。老師您為什麼如此高興呢?"孔子說："喜歡進諫的的人總是想着自己的國君，吃美味的人總想起自己的父母。我看重的並不是盛食物的器具的好壞，而是因為他吃好的食物的時候想起來讓我嘗嘗。"

【原文】

孔子之楚，而有漁者⁽¹⁾而獻魚焉，孔子不受。漁者曰："天暑市⁽²⁾遠，無所鬻⁽³⁾也。思慮棄之糞壤⁽⁴⁾，不如獻之君子，故敢以進焉。"於是夫子再拜受之，使弟子掃地，將以享祭⁽⁵⁾。門人曰："彼將棄之，而夫子以祭之，何也?"孔子曰："吾聞諸惜其腐飪⁽⁶⁾而慾以為務施者，仁人之偶⁽⁷⁾也。惡⁽⁸⁾有受仁人之饋，而無祭者乎?"

【注釋】

(1)漁者：打魚的人。此記載又見於《說苑·貴德》。

(2)市：賣魚的市場。

(3)鬻：賣，出售。

(4)糞壤：糞土。

(5)享祭：祭祀。

(6)腐：變質的食物。飪，熟食。

(7)偶：同伴，同類。

(8)惡(wū)：古同"烏"，疑問詞，哪裏，怎麼。

【通解】

孔子到楚國去，有一個打魚的人要獻給他一些魚，孔子表示不能接受。打魚的人說："天氣很熱賣魚的市場又太遠，沒有地方去賣魚。考慮與其扔到糞土裏去，不如獻給像你這樣的君子，所以我敢把這些魚冒昧的進獻給你。"聽了這些話，孔子拜了再拜才接受了這些魚，讓弟子把地打掃乾净，將要舉行祭祀。弟子們問："這些魚差點被那個打魚的人扔掉，而老師您却要為這些魚舉行祭祀，為什麼呢?"孔子說："我聽說因憐惜食物會變得腐爛而把他送給別人，這是仁人的同類。哪裏有接受仁人的饋贈，而不舉行祭祀的呢?"

【原文】

季羔為衛之士師，刖人之足⁽¹⁾。俄而，衛有蒯聵之亂⁽²⁾，季羔逃之，走郭門。刖者守門焉，謂季羔曰："彼有缺⁽³⁾。"季羔曰："君子不踰⁽⁴⁾。"又曰："彼有竇⁽⁵⁾。"季羔曰："君子不隧⁽⁶⁾。"又曰："於此有室。"季羔乃入焉。既而追者罷，季羔將去，謂刖者曰："吾不能虧⁽⁷⁾主之法而親刖子之足矣。今吾在難，此正子之報怨之時，而逃我者三，何故哉?"刖者曰："斷足固我之罪，無可奈何。曩者⁽⁸⁾君治臣以法令，先人後臣，慾臣之免也，臣知；獄決罪定，臨當論刑，君愀然不樂⁽⁹⁾，見君顏色，臣又知之。君豈私臣哉?天生君子，其道固然。此臣之所以悅君也。"孔子聞之曰："善哉為吏，其用法一也。思仁恕則樹⁽¹⁰⁾德，加嚴暴則樹怨，公⁽¹¹⁾以行之，其子羔乎?"

【注釋】

(1)季羔為衛之士師，刖(yuè)人之足：季羔擔任衛國的獄官，給一個人判了砍掉脚的刑罰。季羔，即高柴，字子羔，孔子弟子。士師，王肅注："獄官。"刖人之足，砍斷人的脚，是古代的一種酷刑。此記載又見於《韓非子·外儲說左下》《說苑·至公》。

(2)蒯聵之亂：發生於春秋末年衛國的一次動亂。王肅注："初，衛靈公太子蒯聵得罪，出奔晋。靈公卒，立其子輒，蒯聵自晋襲衛。時子羔、子路並仕於衛也。"

(3)缺：城牆的缺口。

（4）踰：同"逾"，逾牆，跳牆。

（5）竇：洞孔。

（6）隧：從洞口爬出去。王肅注："隧，從竇出。"

（7）虧：破壞。

（8）曩者：以前，往昔。

（9）愀（qiǎo）然不樂：憂慼的樣子。

（10）樹：樹立。

（11）公：公正無私。

【通解】

　　季羔擔任衛國的獄官，給一個人判了刖足之刑。過了不久，衛國發生了蒯聵之亂。季羔準備逃走，跑到了衛國都城門口。正好那個受刖刑的人守着城門，告訴季羔說："那邊有個缺口。"季羔說："君子不跳牆。"他又說："那邊有個洞口。"季羔說："君子不從洞口裏鑽。"又說："這裏有間房子。"季羔就進去了。不久追捕季羔的人因沒有發現他就走了，季羔將要離去，告訴受刖刑的人說："過去我因為不能破壞國君的法令，所以親自下令砍斷了你的腳。現在我處在危難的時候，也正是你報復怨恨的時候，而三次讓我逃走，這是為什麼呢？"受刖刑的人說："被砍掉腳是我罪有應得，這是無可奈何的事情。斷足固我之罪，無可奈何。以前你依據法令審理我的案子，先審理別人的再審理我的，這是想延長時間瞭解案情，希望我能免與罪罰，這是我知道的；案子審理完了刑罰確定了，到了行刑的時候，你顯得非常憂慼一點都不高興，看到你的臉色，我又明白了。你哪裏對我存在私自偏心呢？那些天生的君子，為人之道本來就是這樣。這是我之所以欣賞您的原因。"孔子聽說了後說："季羔真是善於做官啊，在審理案情的時候堅持使用同樣的法度。常思仁義寬恕之心就會樹立恩德，而用刑嚴酷暴虐就會樹立怨仇，能够公正無私的執行法度的的，也就是子羔吧？"

【原文】

　　孔子曰："季孫之賜我粟千鐘也，而交益親⁽¹⁾；自南宮敬叔之乘我車也,而道加行⁽²⁾。故道雖貴,必有時而後重⁽³⁾,有勢⁽⁴⁾而後行。微夫二子之貺⁽⁵⁾財,則丘之道殆將廢矣。"

【注釋】

(1)季孫之賜我粟千鐘也,而交益親:自從季孫氏送我千鐘糧食(我又把它轉送給了交往的朋友),從這以後我和朋友的交往更加親密了。王肅注:"得季孫千鐘之粟以施與衆,而交益親。"季孫,季孫氏,即季康子,名肥。交,交往的人,朋友。益親,更加親密。根據《說苑》及行文語氣,"季孫"前面應有一"自"字。此記載又見於《說苑·雜言》。

(2)道加行:主張更好地得到推廣。王肅注:"孔子慾見老聃而西觀周,敬叔言於魯君,給孔子車馬,問禮於老子。孔子歷觀郊廟,自周而還,弟子四方來習也。"

(3)本句"有"字前"雖貴,必"三字:叢刊本無,今據同文本增加。時,時機。

(4)勢:條件。

(5)貺(kuàng):賜,贈送。

【通解】

孔子說:"季孫氏送我千鐘糧食,我又把它轉送給了交往的朋友,從這以後我和朋友的交往更加親密了。自從南宫敬叔幫我得到乘坐的車子後,而我的主張道理可以更好地推行了。因此,思想主張雖然重要,必須在得到有利的時機後才能被看重,得到有利的條件後才能得到推行。如果沒有兩人送我錢財,那麽我所主張的道理就會因得不到推行而幾乎被廢棄了。"

【原文】

孔子曰:"王者有似乎春秋,文王以王季為父,以太任為母,以太姒為妃,以武王、周公為子,以太顛、閎天為臣,其本美矣⁽¹⁾。武王正其身以正其國,正其國以正天下,伐無道,刑⁽²⁾有罪,一動⁽³⁾而天下正,其事成矣。春秋致其時而萬物皆及⁽⁴⁾,王者致其道⁽⁵⁾而萬民皆治,周公載己行化⁽⁶⁾,而天下順之,其誠至矣。"

【注釋】

(1)自"王者"至"其本美矣":此句講文王具備了稱王的各種條件,就象萬物的生長季節正確。王者有似乎春秋,能稱王的人像萬物的生長季節一樣正確。王肅注:"正其本而萬物皆正。"文王,即周文王,姬姓,名昌,西周王朝的奠基者。王季,周先王,姬姓,名季歷,周文王的父親。太任,周王季之妃,周文王的母親。太姒,周文王之妃,生子周武王,周公等人。武王,周武王,姬姓,名發,周文王的第二子,西周王朝的建立者。周公,周文王之子,周武王之弟,姬姓,名旦,西周初年傑出的政治家。太顛、閎天,二人是輔佐周文王的大臣。本,根基,根本。美,美好。此記載又見於《說苑·君道》。

(2)刑:懲罰,懲治。

(3)一動:自身一行動。

(4)致其時:季節按一定的規律轉換。及,及時生長。

(5)致其道:遵循一定的道理進行統治。

(6)載己行化:以身作則來教化天下百姓。王肅注:"載亦行矣,言行己以行化,其身正,不令而行也。"

【通解】

孔子說:"能稱王的人就好象萬物生長的季節一樣正確,文王有王季歷做父親,有太任做母親,有太姒做夫人,有武王、周公做兒子,有太顛、閎天做大臣,所以他的根基是很好的。周武王首先使自身有了很高的的修養,然後使自己的國家得到了好的治理,然後使天下得到了好的整治,以此來討伐暴虐無道的國家,懲罰有罪的人,所以自身一行動天下就得到了治理,功業就成功了。如果春夏秋冬按照正常的規律運轉那麼萬物的生長就會正常,如果做王的人遵循一定的道理做事情那麼百姓便能得到有效的治理。周公以身作則來教化天下百姓,而天下百姓就都歸順了他,這種誠心應該是已經達到最高境界了。"

【原文】

曾子曰:"入是國也,言信⁽¹⁾於群臣,而留可也;行忠於卿大夫,則仕可也;澤施於百姓,則富可也。"孔子曰:"參之言此,可謂善安身⁽²⁾矣。"

【注釋】

(1)信:信任,相信。此記載又見於《說苑·談叢》。

(2)安身:立身。

【通解】

曾子說:"一個人進入一個國家,如果國君的言論能被衆多的大臣相信,那麼他就可以留下來;如果國君的行為被卿大夫們認為是講求忠信,他就可以在這個國家作官了;如果國君的恩澤施行於老百姓,那麼他就可以在這裏求富。"孔子說:"曾參說的這些話,表明他善於立身了。"

【原文】

子路為蒲宰,為水備,與其民修溝瀆⁽¹⁾。以民之勞煩苦也,人與之一簞⁽²⁾食、一壺漿。孔子聞之,使子貢止之。子路忿然不悅,往見孔子,曰:"由也以暴雨將至,恐有水災,故與民修溝洫⁽³⁾以備之,而民多匱餓⁽⁴⁾者,是以簞食壺漿而與之。夫子使賜止之,是夫子止由之行仁也。夫子以仁教而禁其行,由不受也。"孔子曰:"汝以民為餓也,何不白於君,發倉廩以賑之⁽⁵⁾?而私以爾食饋⁽⁶⁾之,是汝明君之無惠,而見己之德美矣。汝速已則可,不則汝之見⁽⁷⁾罪必矣。"

【注釋】

(1)子路為蒲宰,為水備,與其民修溝瀆:子路做蒲邑的地方官,為了防備大水,就率領蒲邑的民衆修建溝渠。蒲,蒲邑,地名,在今河南長垣縣境內。宰,地方官。為水備,為了防備大水。溝瀆,溝渠,水渠。此記載又見於《說苑·臣術》。

(2)簞:古代盛飯的圓形竹器。王肅注:"簞,笥。"

(3)溝洫:溝渠。

（4）匱餓：因缺糧而飢餓。

（5）發倉廩以賑之：開放糧倉的糧食救濟他們。倉廩，糧倉。賑，救濟，賑濟。

（6）餽：以食物送人。

（7）見：表示被動，相當於"被"。

【通解】

子路做蒲邑的地方官，為了防備大水，就率領蒲邑的民眾修建溝渠。因為百姓的勞動煩重而且辛苦，子路就發給每人一筐飯食、一壺湯水。孔子聽了這件事，就派子貢去阻止子路。子路有點生氣，很不高興，就去拜見孔子，說："仲由以為暴雨將要來了，擔心有大水災，所以就率領民眾修理溝渠以作防備，但民眾却因缺少糧食忍受飢餓，所以就發給他們每人一筐飯食、一壺湯水。老師您讓端木賜制止我，這是老師阻止仲由施行仁德。老師用仁德教育弟子而禁止弟子施行它，仲由沒有辦法接受。"孔子說："你認為民眾飢餓，為何不向國君報告，請求開放糧倉的糧食救濟他們呢？你私自以自己的食物救濟民眾，這是你想向民眾表明國君沒有恩惠，而顯示自己的德行之美。你趕快停止這件事還可以，否則你將一定被治罪。"

【原文】

子路問於孔子曰："管仲(1)之為人何如？"子曰："仁也(2)。"子路曰："昔管仲說襄公，公不受，是不辯也(3)；慾立公子糾而不能，是不智也(4)；家殘於齊而無憂色，是不慈也(5)；桎梏而居檻車，無慚心，是無醜也(6)；事所射之君，是不貞也(7)；召忽死之，管仲不死，是不忠也。仁人之道，固若是乎？"孔子曰："管仲說襄公，襄公不受，公之暗(8)也；慾立子糾而不能，不遇時(9)也；家殘於齊而無憂色，是知權命(10)也；桎梏而無慚心，自裁審(11)也；事所射之君，通於變(12)也；不死子糾，量輕重也。夫子糾未成君，管仲未成臣。管仲才度義，管仲不死束縛而立功名，未可非也(13)；召忽雖死，過與取仁，未足多也(14)。"

【注釋】

（1）管仲：名夷吾，春秋時代齊國政治家和改革家，輔佐齊桓公成為春秋霸主。此記載又見於《說苑·善說》。

（2）仁也：王肅注："得仁道也。"

（3）昔管仲說（shuì）襄公，公不受，是不辯也：過去管仲勸諫襄公，襄公不接受，這是管仲沒有口才。襄公，齊襄公，名諸兒，驕淫奢侈，被臣下所殺。辯，有口才，善言辭。

（4）慾立公子糾而不能，是不智也：王肅注："齊襄立無常，鮑叔牙曰：'君使民慢，亂將作矣。'奉公子小白出奔莒。公孫無知殺襄公。管夷吾、召忽奉公子糾奔魯，齊人殺無知。魯伐齊，納子糾。小白自莒先入，是為桓公。公乃殺子糾，召忽死之也。"智，智慧，智謀。

（5）家殘於齊而無憂色，是不慈也：管仲的父母家人在齊國因罪被殺，卻沒有憂傷的神色，這是他沒有慈愛之心。家殘於齊，管仲曾離開齊國到外國求仕，期間父母在齊國因罪被殺。慈，慈愛。

（6）桎梏而居檻（jiàn）車，無慚心，是無醜也：管仲戴着腳鐐、手銬而關在囚車裏，而沒有羞慚的表情，這是沒有恥惡之心。桎梏，原指拘繫犯人的腳鐐、手銬，此處指戴着腳鐐，手銬而被拘禁。檻車，四周設有柵欄的囚車，用以押解犯人。無醜，王肅注："言無恥惡之心。"

（7）事所射之君，是不貞也：管仲轉而臣事他曾經試圖射殺的齊桓公，是不忠貞的表現。所射之君：指齊桓公（公子小白），管仲曾經射中公子小白帶鈎。貞，忠貞。

（8）暗：無道昏闇。

（9）時：好的機會。

（10）知權命：謂審度時命。

（11）自裁審：自己善於裁斷審查。

（12）變：權變，變化。

（13）管仲才度義，管仲不死束縛而立功名，未可非也：管仲的才智的重要性勝過了道德的重要性，他沒有死於囚禁卻建立了功名，這是無可非議的。度，超過。束縛，被囚禁。

（14）召（shào）忽雖死，過與取仁，未足多也：召忽雖然為公子糾而死，但為了成仁做得太過分了，並不值得稱贊。召忽，齊國大夫，和管仲共同輔佐公子糾，後隨公子糾奔於魯國。過，太過分。多，稱贊。

【通解】

子路問孔子說："管仲的為人是怎麼樣的呢?"孔子說："是一個有仁德的人。"子路說："過去管仲勸諫襄公，襄公不接受，這是管仲沒有口才；管仲想立公子糾為國君而沒有能做到，這是他沒有智謀；管仲的父母家人在齊國因罪被殺，却沒有憂傷的神色，這是他沒有慈愛的胸懷；管仲戴着脚鐐、手銬而關在囚車裏，而沒有羞慚的表情，這是沒有耻惡之心；管仲轉而臣事奉他曾經想射殺的齊桓公，是不忠貞的表現；召忽為公子糾而死，而管仲却沒有為之而死，這是不忠心的表現。做仁人的方法，難道真的是這樣嗎?"孔子說："管仲勸諫齊襄公，襄公沒有接受，這是齊襄公的無道昏闇；想立公子糾而不能做到，這是沒有遇到好的時機；父母家人在齊國因罪被殺，却沒有憂傷的神色，這是懂得審度時命；戴着脚鐐、手銬而關在囚車裏，而沒有羞慚的表情，這是因為自己裁斷慎重；改事齊桓公，這是因為懂得及時變通；不為公子糾而死，這是會權衡生死的輕重。公子糾沒有成為國君，管仲沒有成為公子糾的臣。管仲的才智的重要性勝過了道德的重要性，他沒有在被囚禁時死去却建立了功名，這是無可非議的；召忽雖然為公子糾而死，但為了追求仁德做得太過分了，並不值得稱贊。"

【原文】

孔子適齊，中路聞哭者之聲，其音甚哀。孔子謂其僕曰："此哭哀則哀矣，然非喪者之哀[1]矣。"驅而前，少進，見有異人焉，擁鐮帶素，哭音不哀[2]。孔子下車，追而問曰："子何人也?"對曰："吾，丘吾子也。"曰："子今非喪之所，奚哭之悲也?"丘吾子曰："吾有三失，晚而自覺，悔之何及?"曰："三失可得聞乎?願子告吾，無隱也。"丘吾子曰："吾少時好學，周遍天下，後還，喪吾親，是一失也；長事齊君，君驕奢失士，臣節不遂[3]，是二失也；吾平生厚交，而今皆離絕，是三失也。夫樹慾静而風不停，子慾養而親不待。往而不來者，年也；不可再見者，親也。請從

93

此辭。"遂投水而死。孔子曰："小子識之！斯足為戒矣。"自是
弟子辭歸養親者十有三。

【注釋】

(1)喪者之哀：死了親人的那種哀痛。此記載又見於《韓詩外傳》卷
九、《說苑・敬慎》。

(2)驅而前，少進，見有異人焉，擁鐮帶素，哭音不哀：本句描述孔子見
到奇人的情景。異人，奇異的人，怪人。擁，執，拿。帶素，束扎着白色的
帶子。音，原作"者"，疑為"音"之誤。哀，應為"衰"之誤。

(3)遂：順利實現。

【通解】

孔子到齊國去，在路上聽到有哭聲，聲音非常的哀傷。孔子告訴學生
們說："這哭聲哀傷倒是哀傷，但不是死去親人的那種哀傷。"驅車向前，沒
有多遠，見有一位怪人，拿着鐮刀，束着白色的帶子，不停的哭泣。孔子下
了車，追上他問："你尊姓大名？"他回答說："我，丘吾子。"孔子說："你又不
是在舉行喪禮的地方，為什麼哭的那麼悲傷呢？"丘吾子說："我一生有三
個大的過失，到了晚年才醒悟，後悔哪裏來得及呢？"孔子說："我可以聽聽
這三種過失嗎？希望你能告訴我，不要隱瞞。"丘吾子說："我年青的時候
愛好學習，求學遍及四方，後來回來，我的父母卻都已經去世了，這是我的
第一個大的過失；我年長的時候做齊國國君的臣下，國君驕傲奢侈失去臣
下的擁護，我沒有全盡臣節，這是我的第二個大的過失；我一生重視交朋
友，但現在他們都離開了我，和我斷絕了關繫，這是我的第三個大的過失。
樹想靜下來而風卻不停的刮，作子女的想奉養父母而他們卻等不到那一
天。流逝了再也不會回來的，是歲月；永遠不可能再見到的，是去世的父
母。請讓我們從此訣別吧。"於是他就投水死了。孔子說："你們記住丘吾
子的這些話！這些教訓完全可以引起你們的警戒了。"從這以後，弟子們
告別老師回家奉養父母的有十三個人。

【原文】

孔子謂伯魚[1]曰："鯉乎，吾聞可以與人終日不倦者，其唯

學$^{(2)}$焉！其容體不足觀也$^{(3)}$，其勇力不足憚也，其先祖不足稱
也，其族姓不足道也。終而有大名，以顯聞四方，流聲後裔者，
豈非學之效也$^{(4)}$？故君子不可以不學，其容不可以不飾，不飾
無類，無類失親，失親不忠，不忠失禮，失禮不立$^{(5)}$。夫遠而有
光者，飾也；近而愈明者，學也。譬之污池，水潦注焉，萑葦生
焉，雖或以觀之，孰知其源乎$^{(6)}$？”

【注釋】

(1)伯魚：即孔鯉，孔子之子。此記載又見於《尚書大傳》、《韓詩外傳》
卷六、《說苑·建本》。

(2)學：學問。

(3)其容體不足觀也：一個人容貌形體不值得向人炫耀。容體，容貌
形體。觀，炫耀。

(4)終而有大名，以顯聞四方，流聲後裔者，豈非學之效也：此句講學
習的作用。聲，名聲。效，功效。

(5)故君子不可以不學，其容不可以不飾，不飾無類，無類失親，失親
不忠，不忠失禮，失禮不立：此句講君子不注意學習和修飾容貌的危害。
飾，通“飾”，修飾。不飾無類，無類失親，王肅注：“類，宜為貌。惟不飾，故
無貌。禮貌矜莊，然後親愛可久，故曰無類失親也。”失親不忠，王肅注：
“情不相親，則無忠誠。”不忠失禮，王肅注：“禮以忠信為本。”失禮不立，王
肅注：“非禮則無以立。”

(6)譬之污池，水潦(lǎo)注焉，萑(huán)葦生焉，雖或以觀之，孰知其
源乎：王肅注：“源，泉源也。水潦注於池而生萑葦，觀者誰知其非源泉乎？
以言學者雖從外入，及其用之，人誰知其非從此出也者乎？”污池，污水池。
水潦，積水。萑葦，兩種蘆類植物。

【通解】

孔子對伯魚說：“鯉呀，我聽說可以整天與人談論而不知厭倦的，恐怕
也只有學習吧！一個人容貌形體是不值得向人炫耀的，勇猛氣力是不能
讓人害怕的，祖先是不值得向人夸耀的，宗族姓氏不值得談論的。最後有
好的名聲，來揚名四方，流芳後世，難道不是學習的功效嗎？所以君子不

能不學習,容貌不能不修飾。不修飾就沒有好的容貌舉止,沒有好的容貌舉止別人就不會親近,失去了彼此的親近就會失去忠信,沒有忠信就失去了禮,失去了禮就失去了立身的基礎。讓人遠看起來有光彩的,是修飾容貌的結果;讓人靠近感到而更加聰明睿智的,是學習的作用。就好象一個污水池,有雨水流到裏面,葦草叢生,雖然有人來觀看,誰又知道他的源頭呢?"

【原文】

子路見於孔子曰:"負重涉遠,不擇地而休;家貧親老,不擇祿而仕。昔者由也事二親之時,常食藜藿[1]之實,為親負米百里之外。親歿[2]之後,南游於楚,從車百乘,積粟萬鐘,累茵[3]而坐,列鼎而食,願慾食藜藿,為親負米,不可得也。枯魚銜索[4],幾何不蠹[5]?二親之壽,忽若過隙。"孔子曰:"由也事親,可謂生事盡力,死事盡思者也。"

【注釋】

(1)藜(lí)藿(huò):這裏指粗劣的飯菜。藜:一種野菜,亦稱"灰菜",嫩葉可吃。藿:豆葉。

(2)歿(mò):去世。

(3)茵:車上的墊子。

(4)枯魚銜索:枯魚乾串在繩子上。

(5)蠹:蛀蝕,為蛀蟲所壞。

【通解】

子路拜見孔子說:"如果揹負着很重的東西,但要走很遠的路,就不會只選擇好的地方才休息;如果家中貧窮,父母年老需要贍養,就不會選擇高的俸祿才做官。過去仲由事奉父母的時候,常吃粗劣的飯菜,為父母到百里之外的地方去背米。父母去世以後,我南下楚國做官,隨從的車輛有百乘之多,積蓄的糧食有萬鐘之多,坐的墊子有好幾層,排開大鼎喫飯,但是我想吃粗劣的飯菜,為父母背米,已經沒有機會了。枯魚干串在繩子上,生蛀蟲還會久遠嗎?父母的壽命,恍若白駒過隙。"孔子說:"仲由事奉父母，可以說父母在世的時候竭盡了全力，去世以後傾盡了哀思。"

【原文】

孔子之郯，遭程子於涂，傾蓋而語，終日，甚相親。[1] 顧[2] 謂子路曰："取束帛[3] 以贈先生。"子路屑然[4] 對曰："由聞之，士不中間[5] 見，女嫁無媒，君子不以交，禮也。"有間，又顧謂子路。子路又對如初。孔子曰："由，《詩》不云乎：'有美一人，清揚宛兮。邂逅相遇，適我願兮[6]。'今程子，天下賢士也。於斯不贈，則終身弗能見也。小子行之！"

【注釋】

(1)孔子之郯(tán)，遭程子於涂，傾蓋而語，終日，甚相親：此句講孔子在路上遇到程子親密交談的情景。郯，郯國，春秋時為魯之屬國，在今山東郯城北。王肅注："郯，國名也，少昊之後，吾之本縣也。郯子達禮，孔子故往諮問焉。"程子，當時賢達之士，具體不詳。涂，同"途"，路上。傾蓋，王肅注："傾蓋，駐車。"車上的傘蓋相互傾靠，指兩輛車子停放在一起。此記載又見於《韓詩外傳》卷二、《說苑·尊賢》。

(2)顧：回頭。

(3)束：絲帛的計量單位，陸德明《經典釋文》引《子夏傳》云："五匹為束。"帛，絲織品，用於饋贈的禮物。贈，王肅注："贈，送。"

(4)屑然：恭敬的樣子，《玉篇·屍部》："屑，敬也。"

(5)中間：介紹人。王肅注："中間，謂始介也。"

(6)有美一人，清揚宛兮。邂逅相遇，適我願兮：語出《詩·鄭風·野有蔓草》。清揚，眉目清秀。王肅注："清揚，眉目之間也。宛然，美也。幽期而會，令願也。"宛，今本《毛詩》作"婉"，美好。邂逅，不期而遇。適，適合。

【通解】

孔子到郯國去，在路上遇到了程子，便將車子停在一起談話，一直到天黑，顯得非常親密。孔子回頭對子路說："取一束帛來送給先生。"子路恭敬的回答說："仲由聽說，士人沒有介紹人就互相見面，女子沒有媒人就嫁到丈夫家,君子是不跟這樣的人交往的,這是禮的規定。"過了一段時間,孔子又回頭對子路說。子路還是像開始那樣答復。孔子說:"由,《詩》不是說嗎:'路上有一位美人,長的眉清目秀。和她不期而遇,這正適合我的想法。'今天面前的程先生,是天下有名的賢達之士。在這個時候不送給他禮物,那終生也很難見到他了。你還是按我的話去做吧。"

【原文】

孔子自衛反魯,息駕於河樑而觀焉[1]。有懸水三十仞,圜流九十里,魚鱉不能導,黿鼉不能居[2]。有一丈夫,方將厲[3]之。孔子使人並涯[4]止之曰:"此懸水三十仞,圜流九十里,魚鱉黿鼉不能居也,意者難可濟也[5]。"丈夫不以措意[6],遂渡而出。孔子問之,曰:"子巧[7]乎?有道術乎?所以能入而出者,何也?"丈夫對曰:"始吾之入也,先以忠信;及吾之出也,又從以忠信。忠信措[8]吾軀於波流,而吾不敢以用私[9],所以能入而復出也。"孔子謂弟子曰:"二三子識之,水且猶可以忠信成身親[10]之,而況於人乎?"

【注釋】

(1)息駕於河樑而觀焉:在橋上停車觀賞河上的的風景。息駕,停車。河樑,河上的橋樑。王肅注:"河水無樑,莊周書說孔子於閭樑,言事者通謂水為河也。"

(2)有懸水三十仞,圜流九十里,魚鱉不能導,黿(yuán)鼉(tuó)不能居:此句講河中激流的深急。懸水:瀑布。仞:王肅注:"八尺曰仞。懸二十四丈者也。"圜流,旋騰的河水。王肅注:"圜流,回流也,水深急則然。"導,游走。王肅注:"導,行。"黿鼉,這裏偏指鼉。黿,大鱉。鼉,鱷魚。

(3)厲:游渡。王肅注:"厲,渡。"

(4)並(bàng)涯:並,通"傍",走近河岸邊。

(5)意者難可濟也:想來應該很難通過。意者,想來。濟,通過。

(6)措意:在意,放在心上。《說文·手部》:"措,置也。"

(7)巧:技巧。原文脫該字,據同文本補。

（8）措：置，放。

（9）私：私心。

（10）親：親近。

【通解】

　　孔子從衛國返回魯國，在橋上停車觀賞河上的的風景。河上的瀑布高達三十仞，旋轉回流的水達九十里長，魚鱉不能游走，鱷魚不能停留。有一位壯年男子，正要從那裏游渡過河。孔子派人走近河岸邊加以阻止說：“這瀑布高三十仞，下面迴旋的水流達九十里長，魚、大鱉、鱷魚都不能停留，想來應該很難通過。”這名男子不以為然，於是游渡，竟然成功地從對岸水邊游出來。孔子問他，說：“你有特別的技巧嗎？有高明的道術嗎？能游入水中而能游出水中，為什麼呢？”這名男子說：“開始我游入水中的時候，胸中首先充滿忠信；等到我游出水中的時候，又跟以忠信。忠信託着我的身軀在急水湍流中平穩前進，而我不敢懷着私心，所以能游入水中而又能安全游出。”孔子告訴弟子說：“你們記住，用忠信成就自身尚且可以用來親近水，更何況人呢？”

【原文】

　　孔子將行，雨而無蓋⁽¹⁾。門人曰：“商⁽²⁾也有之。”孔子曰：“商之為人也，甚吝⁽³⁾於財。吾聞與人交，推⁽⁴⁾其長者，違⁽⁵⁾其短者，故能久也。”

【注釋】

（1）蓋：車子上的傘蓋。此記載又見於《說苑·雜言》。

（2）商：王肅注：“子夏名也。”子夏，孔子弟子，姓卜。

（3）吝：吝嗇，王肅注：“吝，嗇甚也。”

（4）推：推重。

（5）違：避免。

【通解】

　　孔子將要出行，雨下起來車子却没有傘蓋。門人曰：“卜商有傘蓋。”孔子曰：“卜商為人，非常吝惜錢財。我聽說與人交往，要推重他的長處，避免他的短處，這樣交往才能長久。"

【原文】

楚王渡江[1]，江中有物大如斗，圓而赤，直觸[2]王舟。舟人取之。王大怪之，遍問群臣，莫之能識。王使使聘於魯[3]，問於孔子。子曰："此所謂萍實[4]者也，可剖而食之，吉祥也，唯霸者為能獲焉。"使者反[5]。王遂食之，大美。久之，使來，以告魯大夫。大夫因子游問曰："夫子何以知其然乎？"曰："吾昔之[6]鄭，過乎陳之野，聞童謠曰：'楚王渡江得萍實，大如斗，赤如日，剖而食之甜如蜜。'此是楚王之應[7]也，吾是以知之。"

【注釋】

(1)江：長江。此記載又見於《說苑·辨物》。

(2)觸：撞，碰。

(3)王使使聘於魯：王派使者訪問魯國。使使，派使者。聘，諸侯之間互派使節問候。

(4)萍實：萍草的果實。王肅注："萍，水草也。"

(5)反：同"返"，返回。

(6)之：到…去。

(7)應：應驗。

【通解】

楚王渡長江的時候，江中有個怪物像斗那樣大，圓狀而紅色，徑直向王舟碰過來。舟上的人把它取上來。楚王對此感到很奇怪，問遍了大臣，都不認識它。王派使者訪問魯國，就這件事向孔子請教。孔子說："這就是所說的萍草的果實，可以剖開而食，是吉祥物，只有能稱霸的國君才能獲得。"使者回到楚國告訴楚王。楚王於是將萍草的果實剖開吃了，味道非常鮮美。很久以後，楚國的使者又來魯國訪問，並把這件事情告訴了魯國大夫。大夫通過子游請教孔子："先生怎麼知道是這樣的呢？"孔子回答說："我曾經到鄭國去，經過陳國都城的郊外，聽童謠說：'楚王渡過長江得萍草的果實，大的像斗一樣，紅的像早晨的太陽，剖開吃掉它甜得像蜜一樣。’這次楚王真的應驗了，所以我能知道這件事。”

【原文】

子貢問於孔子曰：“死者有知乎？將⁽¹⁾無知乎？”子曰：“吾欲言死之有知，將恐孝子順孫妨生以送死⁽²⁾；吾欲言死之無知，將恐不孝之子棄其親而不葬。賜欲⁽³⁾知死者有知與無知，非今之急，後自知之。”

子貢問治民於孔子。子曰：“懍懍焉若持腐索之扞馬⁽⁴⁾。”子貢曰：“何其畏也？”孔子曰：“夫通達之御皆人也，以道導之，則吾畜也；⁽⁵⁾不以道導之，則吾仇也。如之何其無畏也？”

魯國之法，贖人臣妾於諸侯者，皆取金於府⁽⁶⁾。子貢贖之，辭而不取金。孔子聞之曰：“賜失之矣。夫聖人之舉事也，可以移風易俗，而教導可以施之於百姓，非獨適身⁽⁷⁾之行也。今魯國富者寡而貧者眾，贖人受金則為不廉，則何以相贖乎？自今以後，魯人不復贖人於諸侯。”

【注釋】

（1）將：還是。此記載又見於《呂氏春秋·察微》、《淮南子·齊俗》、《淮南子·道應》、《說苑·政理》。

（2）吾欲言死之有知，將恐孝子順孫妨生以送死：我想說死人有知覺，却擔心孝子順孫傷害自己的生命來葬送死者。將，又。妨，妨害，傷害。

（3）“欲”字前原衍一“不”字，據行文語氣並參照同文本刪。

（4）懍（lǐn）懍焉若持腐索之扞（hàn）馬：要謹慎恐懼，好像拿着腐朽的馬繮繩御馬一樣。懍懍焉，王肅注：“懍懍，戒懼之貌。”即謹慎恐懼的樣子。腐索，腐朽的馬繮繩。扞，御。扞馬，王肅注：“扞馬，突馬。”《古文尚書·五子之歌》有“懍乎若朽索之馭六馬”句。

（5）夫通達御皆人也，以道導之，則吾畜也：駕車御馬能否順暢通達皆取決於人，用正確的方法引導它，它就會聽我的話。通達，通暢，順達。御，御馬。以道導之，用正確的方法引導它。

（6）魯國之法,贖人臣妾於諸侯者,皆取金於府:按照魯國法律的規定,從諸侯國贖回做奴僕的魯國人,都可以從魯國府庫裏領取金錢。贖,贖買。臣妾,奴僕。府,府庫,官府儲存財物等重要物品的倉庫。

（7）適身:適合自身。

【通解】

子貢問孔子說:"死者有知覺呢?還是沒有知覺呢?"孔子回答說:"我想說死人有知覺,却擔心孝子順孫傷害自己的生命來葬送死者;我想說死人沒有知覺,又擔心不孝順的子孫遺棄親人而不埋葬。賜你想知道死者有無知覺,並不是現在急着要解決的問題,以後你自己會知道的。"

子貢向孔子請教治民的道理。子曰:"要謹慎恐懼,好像用腐朽的馬繮索御馬一樣。"子貢曰:"為什麼要那樣恐懼呢?"孔子曰:"駕車御馬能否順暢通達皆取決於人,用正確的方法引導它,它就會聽我的話;不用正確的方法引導它,就是我的讎敵。這樣哪能沒有畏懼呢?"

按照魯國法律的規定,從其他諸侯國贖回做奴僕的魯國人,都可以從魯國府庫裏領取錢財。子貢贖回了奴僕,却推辭而不領取錢財。孔子聽說了這件事說:"這是端木賜的過失啊。聖人做一件事,可以通過它移風易俗,而且可用來教化開導百姓,並非只是適合自身的行為。現在魯國富人少而窮人多,如果因為贖人從府庫領取錢財就是不廉潔,那麼用什麼來贖人呢?從今以後,魯國人不再能從其他諸侯國那裏贖回人了。"

【原文】

子路治蒲,請見於孔子曰:"由願受教於夫子。"子曰:"蒲其如何?"對曰:"邑多壯士,又難治也。"子曰:"然,吾語爾,恭而敬,可以攝⁽¹⁾勇;寬而正,可以懷⁽²⁾强;愛而恕,可以容困⁽³⁾;溫而斷,可以抑⁽⁴⁾姦。如此而加⁽⁵⁾之,則正⁽⁶⁾不難矣。"

【注釋】

（1）攝:通"懾",懾服。此記載又見於《史記·仲尼弟子列傳》、《說苑·政理》。

（2）懷:懷柔。

(3)容困:王肅注:"言愛恕者能容困窮。"容,容納。困,困窮。

(4)抑:制服。

(5)加:推行。

(6)正:治理。

【通解】

　　子路治理蒲邑,請示拜見孔子,說:"仲由我希望從老師這裏得到教誨。"孔子問道:"蒲邑的情況如何呢?"子路回答說:"蒲邑這個地方有很多勇士,難以治理。"子曰:"如果這樣的話,那麼我告訴你,對人謙恭尊敬,就可以懾服那些勇士;為人寬厚而正直,就可以懷柔強悍的人;對待人仁愛而寬恕,可以容納困窮的人;處事溫和而又果斷,可以制服姦邪的人。如此推行措施,那麼治理蒲邑就不困難了。"

三恕第九

【序說】

本篇由十一章組成，主要記述孔子論述修身、治國的有關言論。因第一章中論述君子之"三恕"問題，故以"三恕"名篇。

本篇是研究孔子政治思想和修身思想的寶貴資料。其中，孔子提到君子有"三恕"，以此論述君臣孝悌之禮。提出君子的"三思"，涉及到修身學習、教育後人、仁義好施等內容。《論語·季氏》篇記載了孔子曾經說過的"九思"："視思明，聽思聰，色思溫，貌思恭，言思忠，事思敬，疑思問，忿思難，見得思義。"可見，孔子非常注重"思"在"修己安人"上的重要性。孔子以後，曾子、子思、孟子繼承了孔子內省修身的思路。《三恕》篇提到"三思"之內容，是貫穿君子一生的修身工夫，是對君子修身自覺性的總要求。孔子善於利用事物的特性來認識社會人生。例如，"欹器"是古代先民用來汲水的陶器，孔子用欹器汲水的特性來論述"謙受益，滿招損"之理。古代賢君置欹器於己側，為"宥坐"之器，以此警戒自己。水是人們日用之物，水蘊涵着豐富的人生哲理。孔子觀"東流之水"，深刻揭示樂水之德。他認為水生生不息，具有恩惠蒼生的仁愛、遵循規則的道義、勇敢堅韌的意志等德行。老子也重視"水之德"，但是以老子為首的道家學者主要闡發了水柔弱的特性，而孔子、儒家則重視水蘊涵的仁義德行，發掘水積極有為的特性。

該篇最後提到："國無道，隱之可也；國有道，則袞冕而執玉。"表現了孔子對投身政治與保持知識分子氣節的一貫看法。郭店楚簡《窮達以時》篇顯露的"時遇"思想與此處體現的思想主旨一致。

本篇大部分內容見於《荀子》，此外還散見於《淮南子》、《韓詩外傳》、《說苑》、《晏子春秋》。見於《荀子》共八章，分別分佈於《法行》、《宥坐》、《子道》，這三篇在《荀子》書中順次相連。《宥坐》徵引的內容除了"孔子曰：吾有所恥"章外，從行文風格看，都是孔子以器物為喻，論說修身治國的道理。"欹器"、"東流之水"、"魯廟之北堂"在孔子心目中都具備了靈性和德行,表明孔子具有仁愛萬物的思想情懷。宋代張載提出"民胞物與"的思想,蓋得孔子、儒學之主旨。《子道》徵引的三篇皆為弟子問孔子修養"仁、智、孝、忠"的問題。把《三恕》與《荀子》比較,不難看出《荀子》各篇比《三恕》結構更加嚴整,中心思想也較為明顯。所以,《三恕》篇的材料可能更為質樸。

【原文】

孔子曰:"君子有三恕[1]:有君不能事,有臣而求其使,非恕也;有親不能孝,有子而求其報,非恕也;有兄不能敬,有弟而求其順,非恕也。士能明於三恕之本,則可謂端身[2]矣。"

【注釋】

(1)恕:《說文》:"恕,仁也。"《論語·衛靈公》:"子貢問曰:'有一言而可以終身行之者乎?'子曰:'其恕乎!己所不欲,勿施於人。'"此記載又見於《荀子·法行》。

(2)端身:《廣雅·釋詁一》:"端,正也。"端身即正身。

【通解】

孔子說:"君子應當做到'三恕':有君不能侍奉,而要求役使臣下,不是恕;有親不能孝敬,而要求子女報答他,不是恕;有兄不能敬,而要求弟弟順從他,不是恕。"

【原文】

孔子曰:"君子有三思[1],不可不察[2]也:少而不學,長無能也;老而不教,死莫之思[3]也;有而不施[4],窮莫之救也。故君子少思其長則務[5]學,老思其死則務教,有思其窮則務施。"

【注釋】

(1)思:思慮。此記載又見於《荀子·法行》。

(2)察:明察,知曉。《左傳》莊公十年:"小大之獄,雖不能察,必以情。"

（3）思：懷念，思念。

（4）施：施舍。

（5）務：致力於。

【通解】

孔子說："君子應當做到'三思'，不可不知曉：小時候不好好學習，長大以後就無所作為；年老之時不擔負教化的職責，死後就不會有人思念；富有的時候不施舍窮人，窮困之時就不會有人相救。所以，君子小的時候思慮年長時的事情，就會致力於學習；年老的時候思慮死後的事情，就會熱心教化；富有的時候思慮窮困之時的情況，就會注意施舍。"

【原文】

伯常騫問於孔子曰："騫固周國之賤吏也⁽¹⁾，不自以不肖，將北面⁽²⁾以事君子。敢問正道宜行，不容於世⁽³⁾；隱道宜行，然亦不忍⁽⁴⁾。今慾身亦不窮，道亦不隱，為之有道乎？"孔子曰："善哉子之問也！自丘之聞，未有若吾子所問辯且說⁽⁵⁾也。丘嘗聞君子之言道矣，聽者無察，則道不入⁽⁶⁾；奇偉不稽⁽⁷⁾，則道不信。又嘗聞君子之言事矣，制無度量⁽⁸⁾，則事不成，其政曉察⁽⁹⁾，則民不保。又嘗聞君子之言志矣，剛折⁽¹⁰⁾者不終⁽¹¹⁾，徑易者則數傷⁽¹²⁾，浩倨者則不親⁽¹³⁾，就利者則無不弊⁽¹⁴⁾。又嘗聞養世⁽¹⁵⁾之君子矣，從輕勿為先，從重勿為後⁽¹⁶⁾，見像而勿強⁽¹⁷⁾，陳道⁽¹⁸⁾而勿怫⁽¹⁹⁾。此四者，丘之所聞也。"

【注釋】

（1）騫固周國之賤吏也：《晏子春秋集釋》卷第四："柏常騫去周之齊，見晏子曰：'騫，周室之賤史也'。"孫星衍云："《家語》作'伯常騫問於孔子曰'。'史'，《家語》作'吏'，非。"

（2）北面：古代晚輩面朝北，恭謙地行敬拜之禮。

（3）正道宜行，不容於世：王肅注："正道宜行，而出莫之能貴，故行之則不容於世。"

（4）隱道宜行，然亦不忍：王肅注："世亂則隱道為行，然亦不忍為隱事。"

（5）辯且說：思辯和理論：王肅注："辯當其理，得其說矣。"

（6）聽者無察，則道不入：王肅注："言聽者不明察，道則不能入也。"

（7）奇偉不稽：奇偉，奇特怪異；稽，《周禮・宮正》："稽其功緒"注："猶考也。"《漢書・司馬遷傳》："稽其成敗興壞之理。"

（8）度量：本義指計量長短、容積、輕重的統稱，此處引申為標準。

（9）曉察：明察，此處指近乎苛刻的明察。

（10）剛（gāng）折：剛正不阿。

（11）不終：不能壽終。

（12）徑易者則數傷：王肅注："徑，輕也。志輕則數傷於義矣。"

（13）浩倨者則不親：王肅注："浩倨，簡略不恭。如是則不親矣。"

（14）就利者則無不弊：王肅注："言好利者不可久也。"

（15）養世：安身處世。

（16）從輕勿為先，從重勿為後：王肅注："赴憂患，從勞苦，輕者宜為後，重者宜為先，養世者也。"

（17）見（xiàn）：介紹，推行。《墨子・公輸》："見我於王。"像，王肅注："法也。"

（18）陳道：陳述道義。

（19）怫（bèi）：王肅注："詭也"。

【通解】

伯常騫問孔子："我本來是周王室的下級官吏，並不自以為不成材，準備拜君子為師，請教問題。請問：本來應該遵循道義原則行事，但卻不為世道所容；隱居起來，又不忍心。現在我想自己又不窮困，又不采用隱居的方式，有辦法做到這些嗎?"孔子說："你提的問題太好了！自從我聽別人提問，還沒有像你的問題富有思辯、發人深思的。我曾經聽君子講授道義，聽者不仔細聆聽，就不能很好的接受道義；對奇特怪異的事情不加考證，道義不可能被相信。我曾經聽君子談論怎樣做事，制度上沒有一定的標準，事情就做不成；為政過於苛刻，百姓就會感到不安。我還曾經聽說君子談論志節，剛強正直的人往往不能壽終，志節輕賤的人經常損壞道義,疏闊不恭的人不會有人親近,一味追求個人利益的人沒有不最終敗落的。我還聽說安身處世的君子,遇到憂患和勞苦的事情,輕微的不爭先,重大的不落後,推行法令不要強迫世人接受,陳述道義不違逆於世。這四個方面,就是我所聽到的。"

【原文】

孔子觀於魯桓公⁽¹⁾之廟,有欹器⁽²⁾焉。夫子問於守廟者曰:"此謂何器?"對曰:"此蓋為宥坐之器⁽³⁾。"孔子曰:"吾聞宥坐之器,虛則欹,中⁽⁴⁾則正,滿則覆。明君以為至誠⁽⁵⁾,故常置之於坐側。"顧⁽⁶⁾謂弟子曰:"試注水焉。"乃注之水,中則正,滿則覆。夫子喟然⁽⁷⁾嘆曰:"嗚呼! 夫物惡有滿而不覆哉?"

子路進曰:"敢問持滿有道乎?"子曰:"聰明睿智,守之以愚;功被⁽⁸⁾天下,守之以讓;勇力振世,守之以怯;富有四海,守之以謙。此所謂損之又損之之道⁽⁹⁾也。"

【注釋】

(1)魯桓公:春秋時期魯國國君。名允,一作軌。在位18年(前711—前694年)。此記載又見於《荀子·宥坐》、《韓詩外傳》卷三、《淮南子·道應》、《說苑·敬慎》。

(2)欹(qī)器:傾斜易覆的器具。古代指改裝過的汲水陶罐。王肅注:"欹,傾。"

(3)宥(yòu)坐之器:宥坐之器,指君主座位右邊放置的欹器,用來警戒君主,要以寬厚仁愛之心為政。宥,同右。

(4)中:適中,合適。

(5)至誠:深誠。

(6)顧:回頭。

(7)喟(kuì)然:嘆氣的樣子。

(8)被:及,徧及。見《書·堯典》"允恭克讓,光被四表"蔡沈集傳。

(9)損之又損之之道:損,減損。《說文》:"損,減也。"《墨子》:"損,偏去也。"即持滿之道。

【通解】

孔子率弟子到祭祀魯桓公的宗廟裏觀禮，見到有攲器。孔子問守廟人：“這是什麼器物？”守廟人回答說：“這大概就是宥坐之器。”孔子說：“我聽說宥坐之器空的時候傾斜，水裝得適中就垂直端正，水灌滿後就會傾覆。聖明的君主深以為誡，所以常常把它放置在座位右邊。”孔子回頭對弟子們說：“灌上水試試看。”於是，弟子們將水加入攲器，當水不多不少時，攲器端正垂直。繼續加水，就不斷傾斜，把水加滿時，攲器就傾覆了。孔子感嘆地說：“唉！事物哪有盈滿了而不傾覆的呢？”

子路上前問道：“請問有沒有既能保持盈滿，又能不傾覆的方法？”孔子說：“聰明智慧，就用愚笨來持守；功勛遍及天下，就用辭讓來持守；勇力聞達於世，就用怯懦來持守；富有四海之財，就用謙和來持守。這就是用減損又減損的辦法保持盈滿之道的辦法。”

【原文】

孔子觀於東流之水。子貢問曰：“君子所見大水，必觀焉，何也？”孔子對曰：“以其不息，且遍與諸生[1]而不為也。夫水有似乎德；其流也，則卑下倨邑必修[2]其理，似義；浩浩[3]乎無屈盡[4]之期，此似道；流行赴百仞之溪而不懼，此似勇；至量必平之，此似法；盛而不求概[5]，此似正；綽約微達[6]，此似察；發源必東，此似志；以出以入，萬物就以化潔，此似善化也。水之德有若此，是故君子見必觀焉。”

【注釋】

(1)遍與諸生：王肅注：“遍與諸生者，物得水而後生，水不與生而又不德也。”諸生：各種生物。此記載又見於《荀子·宥坐》、《說苑·雜言》。

(2)倨(jù)拘(gōu)：器物彎曲的形狀。曲度較小的叫倨，大的叫拘。拘，原作“邑”，據備要本改。修，遵循。

(3)浩浩：水盛大之貌。

(4)屈(jué)盡：竭盡；窮盡。

(5)概：量米粟時刮平斗斛用的木板。量米粟時，放在斗斛上刮平，不使過滿。此為刮平、修平,不使過量之意。

(6)綽約:柔弱的樣子。

【通解】

孔子正在觀賞東流的河水,子貢問道:"君子對所見到的大水,一定會觀賞,這是何故?"孔子回答說:"水流動不息,它的恩惠施於天下蒼生,而它又顯得無所作為,水好像具有德性;水向低處彎彎曲曲地流動,必然循着一定的條理,好像是講道義;它浩浩蕩蕩,沒有窮竭的時候,好像是行大道;它流行奔赴萬仞溪谷而無所畏懼,好像很勇敢;注入到一定的水量,必然很平均,好像有法度;盈滿時無須刮去而自平,好像很公正;本性柔弱而無微不至,好像能明察;發源以後必然奔向東方,好像有意志;有流入的,有流出的,萬物靠它趨向新鮮潔净,好像是善教化。水的德性就如同這樣,因此君子看到它一定要觀賞。"

【原文】

子貢觀於魯廟之北堂,出而問於孔子曰:"向⁽¹⁾也賜觀於太廟之堂,未既輟⁽²⁾,還瞻北盍,皆斷焉⁽³⁾,彼將有說⁽⁴⁾耶?匠過之也。"孔子曰:"太廟之堂,官致⁽⁵⁾良工之匠,匠致良材,盡其功巧,蓋貴久矣,尚有說也⁽⁶⁾。"

【注釋】

(1)向:以前。此記載又見於《荀子·宥坐》。

(2)輟:王肅注:"輟,止。"

(3)還瞻北盍,皆斷焉:王肅注:"觀北面之盍,斷絕也。"盍,"闔"之借字,門。

(4)說:道理。

(5)致:招引;搜求。

(6)尚有說也:王肅注:"尚,猶必也。言必有說。"

【通解】

子貢參觀魯國太廟的北堂,出來後問孔子說:"以前我參觀太廟的北堂,不停地看,回頭望見北面的門,發現都是用斷開的木料做成的。那是

110

有一定道理，還是工匠的失誤呢？"孔子說："修造太廟的廳堂時，官府搜求工藝高超的工匠，工匠搜求上好的木材，盡其功力和技巧，這大概是為了使它能保持長久。這裏必然有一定的道理。"

【原文】

孔子曰："吾有所恥[1]，有所鄙，有所殆[2]。夫幼而不能强學，老而無以教，吾恥之；去其鄉，事君而達，卒遇故人，曾無舊言，[3]吾鄙之；與小人處而不能親賢，吾殆之[4]。"

【注釋】

(1)恥：原作"齒"，備要本、陳本、《荀子》作"恥"，今從諸本改。此記載又見於《荀子·宥坐》。

(2)殆：危險。

(3)事君而達，卒(cù)遇故人，曾無舊言：卒：突然，偶爾。王肅注："事君而達，得志於君，而見故人，曾無舊言，是棄其平生之舊交而無進之之心者乎？"

(4)與小人處而不能親賢，吾殆之：王肅注："殆，危也。夫疏賢而近小人，是危亡之道也"

【通解】

孔子說："我有認為恥辱的事情，有認為卑鄙的事情，有認為危險的事情。年幼時不能勤奮學習，年老時無法教誨別人，我認為是恥辱；離開故鄉去侍奉君主而當了大官，偶爾遇見老友，却從來不談論往事，忘記舊情，我認為這是卑鄙；和小人混在一起而不能親近賢人，我認為這已經陷入危險的境地。"

【原文】

子路見於孔子。[1]孔子曰："智者若何？仁者若何？"子路對曰："智者使人知己，仁者使人愛己。"子曰："可謂士矣。"

子路出，子貢入。問亦如之。子貢對曰："智者知人，仁者愛人。"子曰："可謂士矣。"

子貢出,顏回入。問亦如之。對曰:"智者自知,仁者自愛。"子曰:"可謂士君子矣。"

【注釋】

(1)此記載又見於《荀子·子道》。

【通解】

子路拜見孔子。孔子問道:"智者是什麼樣?仁者是什麼樣?"子路回答說:"智者能使人瞭解自己,仁者能使人愛護自己。"孔子說:"你可以說是士了。"

子路出去,子貢進來。孔子又問起同樣的問題。子貢回答說:"智者懂得了解別人,仁者懂得愛護別人。"孔子說:"你可以說是士了。"

子貢出去,顏回進來。孔子還是問起同樣的問題。顏回回答說:"智者自己瞭解自己,仁者自己愛護自己。"孔子說:"你可以說是一個士中君子了。"

【原文】

子貢(1)問於孔子曰:"子從父命,孝乎(2);臣從君命,貞乎;奚疑焉。"孔子曰:"鄙哉賜!汝不識也。昔者明王萬乘之國,有爭臣七人,則主無過舉(3);千乘之國,有爭臣五人(4),則社稷不危也;百乘之家,有爭臣三人(5),則祿位不替(6);父有爭子,不陷無禮;士有爭友,不行不義(7)。故子從父命(8),奚詎(9)為孝?臣從君命,奚詎為貞?夫能審其所從(10),之謂孝,之謂貞矣。"

【注釋】

(1)子貢:《荀子·子道》作"魯哀公"。此記載又見於《荀子·子道》。

(2)孝乎:叢刊本無"乎"字,據同文本改。

(3)萬乘之國,有爭臣七人,則主無過舉:王肅注:"天子有三公四輔,主諫爭,以救其過失也。四輔,前曰疑,後曰丞,左曰輔,右曰弼也。"爭臣:指能直言諫君,規勸君主過失的大臣。爭,同"諍"。《漢書·蕭望之傳》:"朝無爭臣,則不知過。"

(4)千乘之國,有爭臣五人:王肅注:"諸侯有三卿,股肱之臣有內外者也,故有五人焉。”

（5）百乘之家,有争臣三人:王肅注:“大夫之臣,有室老,家相,邑宰,凡三人,能以義諫諍。”

（6）替:廢棄,廢除。

（7）士有争友,不行不義:王肅注:“士雖有臣,既微且陋,不能以義匡其君,故須朋友之諫争於己,然後不義之事不得行之者也。”

（8）命:叢刊本作“母”,據同文本改。

（9）奚詎:豈,難道。

（10）審其所從:王肅注:“當詳審所宜從與不。”

【通解】

子貢問於孔子說:“兒子聽從父親的命令,就是孝順;臣下聽從君主的命令,就是忠貞;這有什麼可懷疑的呢?”孔子說:“端木賜你真是鄙陋! 你不知道,從前在聖明天子治理下的兵車萬乘的國家,有諫争之臣七人,君主就不會犯錯誤;兵車千乘的諸侯,有諫争之臣五人,國家就不會有危機;兵車百乘的大夫,有諫争之臣三人,俸禄、爵位就不會被廢棄;父親有諫争的兒子,就不致於做不守禮法的事;士人有諫争的朋友,行為上就不致於不講道義。因此,兒子聽從父命,難道都算是孝順嗎?臣下聽從君命,難道都算是忠貞嗎?能够明白自己所以聽從的道理,這才是孝順,這才是忠貞。”

【原文】

子路盛服見於孔子(1)。子曰:“由是倨倨(2)者何也?夫江始出於岷山(3),其源可以濫觴(4),及其至於江津(5),不舫舟(6),不避風,則不可以涉。非唯下流水多耶?今爾衣服既盛,顔色充盈(7),天下且孰肯以非告汝乎?”

子路趨(8)而出,改服而入,蓋自若也。子曰:“由,志之! 吾告汝:奮於言者華(9),奮於行者伐(10)。夫色智而有能者,小人也。故君子知之曰知(11),言之要也,不能曰不能,行之至也。言要則智,行至則仁,既仁且智,惡不足哉!”

【注釋】

(1)盛服:整齊華麗的衣服。此記載又見於《荀子·子道》、《韓詩外傳》卷三、《說苑·雜言》。

(2)倨倨:無思慮、神色傲慢的樣子;盛服的樣子。

(3)岷山:在今四川省松潘北。古人認為岷山是長江的發源地。《尚書·禹貢》:"岷山導江。"實際上,岷山為岷江、嘉陵江的發源地。

(4)濫觴:浮起酒杯,比喻事情的開始。觴,酒杯。王肅注:"觴可以盛酒,言其微。"

(5)江津:江邊渡口。

(6)舫舟:并合兩艘小船來載人。

(7)充盈:自滿,驕傲。

(8)趨:《說文》:"走也。"按,疾行曰趨,疾趨曰走。

(9)奮於言者華:王肅注:"自矜奮於言者華而無實。"

(10)奮於行者伐:王肅注:"自矜奮行者是自伐。"伐:自吹自擂,夸耀自己。《論語·公冶長》:"願無伐善,無施勞。"

(11)知:知道。叢刊本作"智",據同文本改。

【通解】

子路穿戴着華美的衣服去拜見孔子。孔子問道:"仲由,為什麼你這樣神氣傲慢呢?長江發源於岷山,它開始的水流只能浮起酒杯;等它流到有渡口的地方,不並船,不避風,就無法渡過江面。不是因為下游水多嗎?現在你衣着華麗,顯露傲慢的臉色,天下人又有誰肯把你的過失告訴你呢?"

子路快步走出去,換了衣服又進來,表情非常自然。孔子說:"仲由,記住!我告訴你:搶着說話的人往往華而不實,搶着做事的人往往自我夸耀。外表顯得十分聰明和很有才能的人,往往是小人。因此,君子知道的就說知道,這是言談的要領;不能做的就說不能做,這是行為的準則。言談合於要領,就是明智,行為合於準則,就是仁愛。既仁愛又明智,還有什麼不滿足的呢?"

【原文】

子路問於孔子曰:"有人於此,披褐而懷玉⁽¹⁾,何如?"子曰:"國無道,隱之可也;國有道,則袞冕而執玉⁽²⁾。"

【注釋】

(1)披褐而懷玉:王肅注:"褐,毛布衣。"褐:指粗布或粗布衣;最早用葛、獸毛,後通常指大蔴、獸毛的粗加工品,古時貧賤人穿。《詩·豳風·七月》:"無衣無褐,何以卒歲。"

(2)袞冕而執玉:王肅注:"袞冕,文衣盛飾。"袞冕:指上朝的禮服和禮冠。

【通解】

子路問孔子說:"如今有這樣的人,身懷才智而不顯露於外,這樣做怎麼樣?"孔子說:"國無道,可以隱居起來;國有道,則可以入仕朝廷而一展自己的才華。"

好生第十

【序說】

本篇共由十八章組成,主要記錄孔子對古代史事的評論,以此闡發孔子的政治思想。因為首章談論舜之為君,"其政好生而惡殺",故以"好生"名篇。

該篇涉及到儒家"六經"中的《周易》、《春秋》、《詩經》,為研究孔子與六經的關繫提供了重要佐证。比如,孔子與《周易》的關繫是中國學術史的大問題。長沙馬王堆帛書、郭店楚簡、上海博物館竹簡等地下簡帛的不斷涌現,孔子與《周易》的密切關繫得到越來越多的證明。該篇"孔子常自筮其卦"章,是孔子親自占卜,進而論述《周易》卦象的明证。本篇中引《詩》、論《詩》共六處,詩句均見於《毛詩》。該篇"小辯害義,小言破道"一章,孔子評論《關雎》和《鹿鳴》兩篇有君子之義。又可以與其他文獻互证,如《孔叢子·記問》篇便記載孔子論《詩》說:"於《鹿鳴》見君臣之有禮也。"有關孔子與《春秋》的關繫,在本篇"孔子讀史"一章有明確的體現。孔子對楚莊王恢復陳國政權之事大加贊賞,明確體現了孔子"君君、臣臣"的政治思想。

孔子繼承了古代先王的優秀思想文化,"祖述堯舜,憲章文武",追隨周公。該篇首先提到孔子對舜好生之德的評論,盛贊舜的為政功績和德行。本篇還以較長篇幅敘述了周族的起源、遷徙、崛起的過程,對后稷、公劉等人的仁德給予很高的評價。另外,文中涉及到《豳風·鴟鴞》一詩,對周公的歷史功績上昇到很高的高度。

綜觀孔子的思想演變,到了晚年,他尤其對《周易》發生了濃厚的興趣,對於心性之學和天道觀有了獨到體認。值得注意的是,本篇提到孔子論述心性之學,"君子以心導耳目"。而孔子之孫子思尤其擅長心性之學的探討,郭店楚簡《性自命出》篇是子思論心性的專文,《五行》篇則是心性通達於天道的具體體現。《五行》就有與《好生》篇"君子以心導耳目"相近的論述。孔子對舜好生之德的盛贊,對《周易》的研究,都表明孔子對天道有深刻的理解。

本篇資料豐富,其價值自然也表現在許多方面,除了研究孔子思想的來源,研究孔子與"六經"的關繫,對孔子本人為政方式及其思想風貌也有展現,如"孔子為魯司寇,斷獄訟"章,體現了孔子善於聽從衆人意見,並不獨斷專行;"哀公問曰紳、委、章甫有益於仁乎"章,表現了孔子對外在裝束與内心感受之間關繫的理解。如此等等,不一而足。

本篇記載又散見於《荀子》、《吕氏春秋》、《禮記》、《說苑》等書,尤以見於《說苑》者居多。

【原文】

魯哀公問於孔子曰:"昔者舜冠何冠乎?"孔子不對。

公曰:"寡人有問於子,而子無言,何也?"

對曰:"以君之問不先其大者,故方思所以為對。"

公曰:"其大何乎?"

孔子曰:"舜之為君也,其政好生而惡殺,其任授賢而替不肖,德若天地而静虚,化若四時而變物,是以四海承風,暢於異類[1],鳳翔麟至,鳥獸馴[2]德,無他也,好生故也。君舍此道而冠冕是問,是以緩對。"

【注釋】

(1)異類:王肅注:"異類,四方之夷狄也。"此記載又見於《荀子·哀公》。

(2)馴:王肅注:"馴,順。"

【通解】

魯哀公問孔子說:"從前舜戴的是什麼樣的冠?"孔子沒有回答。

哀公說:"我有問題問您,您却不說話,這是為何?"

孔子答道:"因為君主您提問題不是首先提重要的,所以剛才正考慮應該怎樣回答。"

哀公問道:"什麼是重要的問題呢?"

孔子回答說:"舜為天子的時候,他為政愛惜生靈、厭惡殺戮,他任命官職,授以賢人而廢棄不肖,德行好像是天地運轉而清静無慾,造化好像是四時交替而變易萬物。因此,四海之内普遍接受舜的教化,並通達於周邊異族,鳳凰翔集畢至,連鳥獸也順從德治。出現這種現象没有别的原因,就是由於舜愛惜生靈的緣故。君主舍此大道理而問冠冕之事,所以我才回答得慢了。"

【原文】

孔子讀史至楚復陳[1],喟然嘆曰:"賢哉楚王[2]!輕千乘之國而重一言之信,匪申叔[3]之信不能達其義,匪莊王之賢不能受其訓。"

【注釋】

(1)楚復陳:王肅注:"陳夏徵征舒殺其君,楚莊王討之,因陳取之,而申叔時諫,莊王從之,還復陳。"夏徵舒,陳大夫,因遭到靈公侮辱而怒殺之。此記載又見於《左傳》宣公十年。

(2)楚王:指楚莊王,楚穆王之子,春秋五霸之一。

(3)申叔:即申叔時,楚國大夫。

【通解】

孔子讀史書,當讀到楚國恢復陳國政權一事,感嘆地說:"楚莊王真是賢君啊!輕視千乘兵車的國家,而看重一句話的信譽。没有申叔時的信譽就無法促成楚莊王實行道義;没有楚莊王的這種賢德,就不能接受申叔時的勸諫。"

【原文】

孔子常自筮其卦,得《賁》[1]焉,愀然[2]有不平之狀。子張[3]進曰:"師聞卜者得《賁卦》,吉也。而夫子之色有不平,何也?"孔子對曰:"以其離[4]耶。在《周易》,山下有火謂之《賁》[5],非正色之卦也。夫質也,黑白宜正焉。今得《賁》[6],非吾兆也。吾聞丹漆不文,白玉不雕,何也?質有餘,不受飾故也。"

【注釋】

(1)賁(bì):卦名。此記載又見於《呂氏春秋·壹行》、《說苑·反質》。

(2)愀(qiǎo)然:形容神色變得嚴肅或不愉快。

(3)子張:孔子弟子。姓顓孫,名師,字子張。陳國人。

(4)離:模糊不清。

(5)山下有火謂之《賁》:王肅注:"離上艮下,離為火,艮為山。"今本《周易·賁·象傳》:"山下有火,賁。"

(6)賁:王肅注:"賁,飾。"賁:顏色斑雜不純。《易·賁卦》:"賁如濡如。"傅氏云:"賁,古斑字,文章貌。"

【通解】

孔子經常自己占卜,一次卜得《賁卦》,於是神色變得嚴肅起來。子張上前問道:"我聽說占卜者卜得《賁卦》,是吉祥之兆。而夫子卻面有不滿之色,這是為何?"孔子說:"因為它帶有迷離之義。在《周易》中,山下有火為《賁卦》,不是顏色純正的卦象。就本質來說,黑色、白色都應當純正。現在我卜得《賁卦》,並不是吉祥之兆。我聽說紅漆不用文飾,白玉不用雕琢,為什麼呢?這是因為它本質有餘,不接受任何雕琢的緣故。"

【原文】

孔子曰:"吾於《甘棠》(1),見宗廟之敬甚矣。思其人,必愛其樹;尊其人,必敬其位。道也。"

【注釋】

(1)《甘棠》:《詩·召南》中的一篇。王肅注:"邵伯聽訟於甘棠,愛其樹,作《甘棠》之詩也。"此記載又見於《說苑·貴德》。

【通解】

孔子說:"我通過《甘棠》這首詩,看出作者對祖先極大的敬義之情。思念那人,必定愛護他愛護過的樹;尊敬那人,必定敬慕他居住過的地方,這是合乎道義的。"

【原文】

子路戎服[1]見於孔子，拔劍而舞之，曰："古之君子，以劍自衛乎？"孔子曰："古之君子，忠以為質，仁以為衛，不出環堵[2]之室，而知千里之外，有不善，則以忠化之，侵暴，則以仁固之，何持劍乎？"子路曰："由乃今聞此言。請攝齊以受教。"

【注釋】

(1)戎服：軍服。此處意為穿着軍服。

(2)堵：牆壁。

(3)攝齊(zī)以受教：攝，牽曳，提起。齊，長衣下部的緝邊，泛指長衣的下襬。王肅注："齊，裳下緝也。受教者攝齊昇堂。"

【通解】

子路穿着軍服去見孔子，拔出劍舞了起來，並問孔子："古代的君子用劍自衛嗎？"孔子說："古代君子以忠誠為本質，用仁愛來護衛，不用走出周圍環繞牆的房間就能知道千里之外的事情，有不善的人對自己不友好，便以忠誠感化他，有進行侵略的人就用仁愛來穩住他，為何一定要用劍呢？"子路說："我今天才聽到這樣的教誨。請允許我拜先生為師，接受您的教誨。"

【原文】

楚恭王出遊，亡烏嘷之弓[1]，左右請求之。王曰："止，楚王失弓，楚人得之，又何求之！"孔子聞之，曰[2]："惜乎其不大也，不曰人遺弓，人得之而已，何必楚也。"

【注釋】

(1)楚恭王出遊，亡烏嘷(háo)之弓：王肅注："王，恭王。弓，烏嘷之良弓。"楚恭王，叢刊本脫"恭"字，據同文本補。楚恭王，名審，春秋時楚國國君，在位31年(前590—前560)。亡烏嘷之弓，叢刊本脫"烏嘷之"三字，據同文本補。此記載又見於《說苑·至公》。

(2)曰：此字原脫，據陳本補。

【通解】

楚恭王外出遊獵，丟失了良弓，侍從請求找回來。王說："不要找了，楚王丟了弓，楚人會把它拾起來，又何必尋找呢？"孔子聞知此事，說："可惜楚王的心胸還不算大，他沒有說，有人丟了弓，肯定會有人拾起來，為什麼非得是楚國人呢？"

【原文】

孔子為魯司寇，斷獄訟，皆進眾議者[1]而問之，曰："子以為奚若？某以為何若？"皆曰云云如是，然後夫子曰："當從某子幾是[2]。"

【注釋】

（1）皆進眾議者：王肅注："重獄事，故與眾議之。"此記載又見《說苑·至公》。

（2）幾：王肅注："近也。"

【通解】

孔子作了魯國司寇，審理案件時，都要從眾人中選出議論者參與，向他們諮詢說："你認為怎麼樣？某人以為如何？"每次都要這樣問一問，然後孔子說："應該聽從某人的建議，大概差不多了。"

【原文】

孔子問漆雕憑[1]曰："子事臧文仲、武仲及孺子容[2]，此三大夫孰賢？"對曰："臧氏家有守龜[3]焉，名曰蔡。文仲三年而為一兆[4]，武仲三年而為二兆，孺子容三年而為三兆，憑從此之見，若問三人之賢與不賢，所未敢識也。"孔子曰："君子哉！漆雕氏之子，其言人之美也，隱而顯；言人之過也，微而著。智而不能及，明而不能見，孰克[5]如此。"

【注釋】

（1）漆雕憑：不見於其他先秦古書。《家語·七十二弟子解》提到孔子的三個弟子漆雕開、漆雕從、漆雕侈。此處記載可能有誤，按文意，漆雕憑可能為孔子弟子，而孔子弟子事比孔子大67歲的臧文仲，顯然不妥。此記載又見《說苑·權謀》。

（2）臧文仲、武仲及孺子容：臧文仲，即臧孫辰，春秋時魯國大夫。武仲，即臧孫紇，文仲之孫。孺子容，其名不見於先秦其他古書記載，或為武仲之後。

（3）守龜：占卜之龜，楊伯峻《春秋左傳注》昭公五年曰：“似天子、諸侯之龜曰守龜。”

（4）兆：本義為卜兆，龜甲燒後的裂紋。此處泛指占卜。

（5）克：王肅注：“克，能也。”

【通解】

孔子問漆雕憑說：“你先後事奉過臧文仲、武仲及孺子容，你認為這三位大夫哪個是賢人。”漆雕憑回答說：“臧氏家有一只龜，名叫蔡。文仲三年用來占卜一次，武仲三年占卜二次，孺子容三年占卜三次。我從這裏發現了問題，但如果要說三人哪個賢德，我不敢貿然識別。”孔子說：“漆雕氏之子真是君子啊！他說別人好處時，含蓄却能表達顯明的意思；他說別人的過失時，微妙却能明示。那些智慧不及他，没有長遠眼光的人，怎麼能這樣呢？”

【原文】

魯公索氏將祭而亡其牲。孔子聞之曰：“公索氏不及二年將亡。”後一年而亡。門人問曰：“昔公索氏亡其祭牲，而夫子曰不及二年必亡。今過期[1]而亡，夫子何以知其然？”孔子曰：“夫祭者，孝子所以自盡於其親，將祭而亡其牲，則其餘所亡者多矣。若此而不亡者，未之有也。”

【注釋】

（1）期（jī）：一年。此記載又見於《說苑·權謀》。

【通解】

魯國公索氏正要祭祀的時候，犧牲却丢了。孔子聽說此事，說：“公索氏不到兩年就會滅亡。”過了一年以後，公索氏果然滅亡了。弟子問孔子說：“從前公索氏丢失了供祭祀用的犧牲，您說用不了兩年，他必定滅亡。

如今才過了一年，公索氏果然滅亡了，先生怎麼能知道發生這樣的事呢？”
孔子說：“祭祀，是孝子盡自己所有來供奉先祖親人的。將要祭祀却丟失
了犧牲，那麼其餘丟失的東西就會更多了。像這樣的人而不滅亡，是没有
的。”

【原文】

　　虞、芮[1]二國爭田而訟，連年不決，乃相謂曰：“西伯仁
也[2]，盍往質之[3]？”入其境，則耕者讓畔[4]，行者讓路；入其朝，
士讓為大夫，大夫讓為[5]卿。虞、芮之君曰：“嘻！吾儕[6]小人
也，不可以履君子之庭[7]。”遂[8]自相與而退，咸以所爭之田為
閒田也。孔子曰：“以此觀之，文王之道，其不可加焉，不令而
從，不教而聽，至矣哉。”

【注釋】

　　(1)虞、芮（ruì）：周初諸侯國。虞在今山西平陸北，芮在今陝西大荔
朝邑城南。此記載又見於《詩・大雅・綿》毛傳、《尚書大傳》、《說苑・君
道》。

　　(2)西伯：王肅注：“西伯，文王。”“仁”字後面同文本有“人”字。

　　(3)盍往質之：王肅注：“盍，何不。質，正也。”

　　(4)畔：田界。

　　(5)為：叢刊本作“於”，據同文本改。

　　(6)儕（chái）：同輩，同類的人。王肅注：“儕，等。”

　　(7)履君子之庭：此處叢刊本作“入君子之朝”，今據同文本改。

　　(8)遂：叢刊本作“遠”，據同文本改。

【通解】

　　虞、芮兩國因爭奪土地而打起了官司，好多年没有結果，兩國國君便
相互提出：“文王是仁德的君主，何不請他給評評道理呢？”當他們進入周
文王的直接管轄的地區境內，就看到耕田的人互相讓田界，走路的人互相
讓道；到了文王的朝庭，又看到士人互相推讓作大夫，大夫推讓作卿。虞、
芮兩國國君說：“唉！我等真是小人啊，怎麼能進入君子的朝廷。”於是各

自作出退讓，都把原先有爭議的田地作為無人耕種的空閒地。孔子說：
"從這件事來看，文王的道德，已經到了無以復加了。沒有命令而人們就
能服從，沒有教育人們就能聽從，真是至高無上的境界了。"

【原文】

曾子曰："狎甚則相簡(1)，莊甚則不親，是故君子之狎足以
交歡，其莊足以成禮。"孔子聞斯言也，曰："二三子志之，孰謂參
也不知禮乎！"

【注釋】

(1)狎(xiá)：親近；接近。簡：怠慢。此記載又見於《說苑·談叢》。

【通解】

曾子說："過分親近就會怠慢，過分莊重就不能親近。所以，君子對待
親近，只要能結交朋友並能彼此歡悅就行了；君子對待莊重，只要能使保
持禮儀就行了。"孔子聽到曾子的話，說："你們要記住這些，誰說曾參不懂
禮制呀？"

【原文】

哀公問曰："紳、委、章甫(1)，有益於仁乎？"孔子作色而對
曰："君胡然焉，衰麻苴杖者，志不存乎樂，非耳弗聞，服使然也；
黼黻(2)袞冕者，容不褻慢(3)，非性矜莊，服使然也；介冑執戈者，
無退懦之氣，非體純猛，服使然也。且臣聞之，好肆不守折(4)，
而長者不為市(5)，竊(6)夫其有益與無益，君子所以知。"

【注釋】

(1)紳、委、章甫：王肅注："委，委貌。章甫，冠名也。"委貌，周之冠。
章甫，商之冠。此記載又見《荀子·哀公》。

(2)黼(fǔ)黻(fú)：古代禮服所繡的花紋。也泛指花紋和有文采。

(3)褻慢：舉止不莊重。褻，叢刊本作"襲"，據同文本改。

(4)好肆不守折(shé)：王肅注："言市弗能為廉，好肆不守折也。"肆，

指商業活動。折,虧本。

（5）長者不為市：王肅注：“言長者之行,則不為市買之事。”

（6）竊：王肅注：“竊,宜為察。”

【通解】

魯哀公向孔子詢問說：“大帶、委貌、章甫,有益於仁政嗎？”孔子臉色一變,回答說：“君主為什麼這樣問呢？身穿喪服、手執哀杖的人,心裏想不起音樂,並不是耳朵聽不見,而是因為身穿喪服；身穿禮服、頭戴禮冠的人,容貌舉止莊重,這並不是本性莊重,而是因為身着禮服；全副武裝、手持兵器的人,毫無怯懦之氣,並不是他本身勇猛,而是身穿盔甲的緣故。而且,我還聽說,善於經商的人不會作虧本的生意,忠厚的長者不會去做買賣。很明顯,可以看出有益與無益,君子是可以分辯的。”

【原文】

孔子謂子路曰：“見長者而不盡其辭[1],雖有風雨,吾不能入其門矣。故君子以其所能敬人,小人反是。”

【注釋】

（1）盡其辭：把話說完。

【通解】

孔子對子路說：“見到忠厚的長者却不能把話說完,即使遇上風雨,我也不能進入他的家門。所以君子以自己的才能贏得別人的尊重,小人正好與這相反。”

【原文】

孔子謂子路曰：“君子以心導耳目,立義以為勇；小人以耳目導心,不愻[1]以為勇。故曰退之而不怨,先之斯可從已[2]。”

【注釋】

（1）愻（xùn）：馴順。

（2）退之而不怨,先之斯可從已：王肅注：“言人退之不怨,先之則可從,足以為師也。”

【通解】

孔子對子路說：“君子用心指使耳目，把義道作為勇的基礎；小人用耳目指使心，把不馴服當作勇敢。所以說君子被擯退也不抱怨，讓他帶頭也能做好表率，使別人能跟著他做。”

【原文】

孔子曰：“君子有[1]三患，未之聞，患不得聞；既得聞之，患弗得學；既得學之，患弗能行。有其德而無其言，君子恥之；有其言而無其行，君子恥之；既得之，而又失之，君子恥之；地有餘，民不足，君子恥之；眾寡均而人功倍己焉，君子恥之[2]。”

【注釋】

(1)有：叢刊本無“有”字，據同文本補。此記載又見於《禮記·雜記下》。

(2)眾寡均而人功倍己焉，君子恥之：王肅注：“凡興功業，多少與人同，而功殊倍己，故恥之也。”

【通解】

孔子說：“君子有三種憂患：沒有聽說的知識，擔心無法聽到；已經聽說的，擔心學不到；已經學到的知識，擔心無法付諸行動。君子有德而無法表達，感到恥辱；君子言語能夠表達而沒有行動，感到恥辱；君子得到的東西而又失去，感到恥辱；田地有餘，而民眾不多，君子感到恥辱；統治的民眾相同而他人的功績成倍得多於自己，君子感到恥辱。”

【原文】

魯人有獨處室者，鄰之釐婦[1]亦獨處一室。夜，暴風雨至，釐婦室壞，趨而托焉。魯人閉戶而不納，釐婦自牖[2]與之言：“何不仁而不納我乎？”魯人曰：“吾聞男女不六十不同居，今子幼，吾亦幼，是以不敢納爾也。”婦人曰：“子何不如柳下惠[3]然？嫗不逮門之女[4]，國人不稱其亂。”魯人曰：“柳下惠則可，吾固不可。吾將以吾之不可,學柳下惠之可。"孔子聞之,曰:"善哉!
慾學柳下惠者,未有似於此者。期於至善,而不襲其為,可謂智
乎!"

【注釋】

(1)釐婦:寡婦,"釐"通"嫠"。王肅注:"釐,寡婦也。"此記載又見《詩
·小雅·巷伯》毛傳。

(2)牖(yǒu):窗戶。

(3)柳下惠:即展禽,謚惠,春秋時魯國大夫,食邑在柳下(今山東新
泰),故名。

(4)嫗不逮門之女:懷抱沒能趕上走出郭門的女子。嫗,嫗伏,鳥類以
體伏卵,使之孵化。相傳柳下惠夜宿郭門,有女子沒有趕上時間走出郭
門,而與柳下惠同宿。柳下惠恐其凍壞,置之於懷,至曉不為亂。

【通解】

魯國有一個人獨自住在一間房子裏,鄰居家的寡婦也獨居一室。一
天夜裏,暴風雨來臨了,寡婦的房子冲壞了,便跑來借宿。鄰居關上門不
讓進來。寡婦通過窗戶對他說:"為什麼這樣不講仁義,不讓我進去?"鄰
居說:"我聽說男女不到六十歲不同居一室。而現在你這麼年輕,我也年
輕,所以我不敢讓你進來。"寡婦說:"你為什麼不像柳下惠那樣,懷抱没有
趕上時間走出郭門的女子,而國人却不說他淫亂。"鄰居說:"柳下惠能做
到,而我却不能。我準備用我做不到的事情學習柳下惠能够做到的事
情。"孔子聽說此事,說:"真是仁德呀!想學柳下惠的人,没有比這種做法
更好的了。追求至善的境界,但不盲目照搬前人的方法,這可以說是明智
的呀!"

【原文】

孔子曰:"小辯害義,小言破道,《關雎》興於鳥[1],而君子美
之,取其雄雌之有別;《鹿鳴》興於獸[2],而君子大之,取其得食
而相呼。若以鳥獸之名嫌之,固不可行也。"

【注釋】

(1)《關雎》:《詩·周南》中的一篇。興:一種文學寫作手法,即託物起興。

(2)《鹿鳴》:《詩·小雅》中的一篇。

【通解】

孔子說:"對瑣事的辯說損害大義,無關宏旨的言論破壞大道。《關雎》以鳥起興,但君子却予以贊美,這是由於雎鳥雌雄有別;《鹿鳴》用獸起興,但君子却推重它,這是由於鹿得到食物後互相招呼。如果因爲這些詩以鳥獸取名而嫌棄它們,是不可取的。"

【原文】

孔子謂子路曰:"君子而强氣(1),而不得其死;小人而强氣,則刑戮薦蓁(2)。《豳詩》曰:'殆天之未陰雨,徹彼桑土,綢繆牖戶(3),今汝下民,或敢侮餘。(4)'"孔子曰:"能治國家之如此,雖慾侮之,豈可得乎?周自后稷(5),積行累功,以有爵土,公劉(6)重之以仁。及至太王亶甫(7),敦以德讓,其樹根置本,備豫遠矣。初,太王都豳(8),翟人(9)侵之。事之以皮幣(10),不得免焉;事之以珠玉,不得免焉,於是屬耆老(11)而告之:'所慾吾土地。吾聞之,君子不以所養而害人。二三子何患乎無君?'遂獨與太姜(12)去之,逾梁山(13),邑於岐山之下(14)。豳人曰:'仁人之君,不可失也。'從之如歸市(15)焉。天之與(16)周,民之去殷久矣,若此而不能王(17)天下,未之有也。武庚(18)惡能侮?《鄁詩》(19)曰:'執轡如組,兩驂如儛。'(20)"

孔子曰:"為此詩者,其知政乎!夫為組者,總紕(21)於此,成文於彼。言其動於近,行於遠也。執此法以御民,豈不化乎?《竿旄》之忠告(22),至矣哉!"

【注釋】

(1)强(jiàng)氣:桀驁不遜。

(2)薦蓁(zhēn):連續不斷的到來。

（3）殆天之未陰雨，徹彼桑土，綢繆牖户：語出《詩·豳詩·鴟鴞》。王肅注："殆，及也。徹，剥也。桑土，桑根也。鴟鴞天未雨剥取桑根，以纏綿其牖户，喻我國家積累之功乃難成之苦者也。"綢繆，纏繞，纏綿。

（4）今汝下民，或敢侮餘：語出《詩·豳詩·鴟鴞》。王肅注："今者，周公時。言我先王致此大功至艱，而下民敢侵侮我周道。謂管蔡之屬不可不遏絕之，以存周室者也。"

（5）后稷：周族始祖，名棄。善於農業生產，曾為堯舜時農官。

（6）公劉：周族領袖。傳為后稷曾孫。

（7）太王亶甫：即古公亶父。傳為后稷十二代孫，周文王的祖父。

（8）豳：在今陝西彬縣東北。

（9）翟（dí）：通"狄"，活動在我國北方地區的少數民族。

（10）皮幣：毛皮和布帛。

（11）屬（zhǔ）：召集。耄（máo）老：年長者。

（12）太姜：周太公之妻，太伯、仲雍、王季之母。

（13）梁山：在今陝西乾縣西北。

（14）邑：修建城邑。岐山：今陝西寶雞境内。

（15）歸市：趕集市。

（16）與：幫助。

（17）王：叢刊本無，據陳本補。

（18）武庚：王肅注："武庚紂子名禄父與管叔共為亂也。"

（19）《鄁詩》："鄁"，同"邶"。語出《鄭風》，故"鄁"應為"鄭"之誤。

（20）執轡如組，兩驂如儛：語出《詩·鄭風·大叔於田》。王肅注："驂之以服和調節中。"轡，馬繮繩。組，絲織的帶子。驂，周代馬車有駟馬，外邊兩馬為驂。

（21）紕（pī）：破壞披散的布帛、絲縷。

（22）《竿旄》之忠告：王肅注："《竿旄》之詩者，樂乎善道告人，取喻於素絲良馬，如組紕之義。"《竿旄》，《詩·鄘風》中的一篇。竿，今本《毛詩》作"干"，同。

【通解】

孔子對子路說："君子桀驁不遜，就不可能善終；小人桀驁不遜，刑罰

129

和殺戮就會降臨。《豳詩》上說：'趁着天還沒有下雨，趕緊剝取桑根，纏結好門窗。如今這些下民，誰還敢欺負我！'"孔子說："能夠這樣治理國家，雖然有人想欺辱他，怎麼可以得逞呢？周朝自后稷以來，積累德行和功績，從而擁有爵位和土地，公劉進一步用仁德來加强。到周太公亶甫時期，用德行和禮讓來鞏固，他樹立了立國的根本，有長遠的準備和遇見。當初，太公在豳地建都，翟人來侵犯，於是送給他們毛皮和布帛，沒有避免侵犯；送給他們珠寶、美玉，也沒有避免侵犯。於是太公召集當地的長老，向他們宣佈：'翟人所想要的是我們的土地。我聽說，君子不會為了養人之物而使人遭受禍害。你們何必害怕沒有君主呢？'便獨自和太姜一起離開，越過梁山，在岐山下新建城邑。豳地的百姓說：'這是一位有仁德的君主，我們不能沒有他。'於是追隨而來，好像趕集一樣踴躍。上天幫助周朝，百姓對殷朝離德已經很久了。像周朝這樣而不能統治天下，那是沒有的。武庚怎麼能夠欺辱它呢？《鄭風》說：'手執繮繩如同織組，兩旁馬兒像跳舞。'孔子說："作這首詩的人，確實懂得為政的道理啊！執組的人，這頭握着散亂的絲縷，那頭却織成了各種各樣的花紋。這是說在近處活動，却能影響到遠處。用這個方法來駕馭百姓，怎麼能不化育天下呢？《竿旄》的忠心相告，真是最為高妙啊！"

卷第三

觀周第十一

【序說】

本篇以"觀周"為篇題,記述了孔子到當時的文化中心東周洛邑參觀訪問的情況。

春秋末期,周王室"天下共主"的地位雖然已經一去不復返,對各諸侯國失去了政治上的控制力,但是,它畢竟還保存着周朝長期積澱的禮制文化精髓。因此,孔子不遠千里,考察東周文化,並問禮於在洛邑擔任史官的老子。

孔子在洛邑廣泛參觀遊歷了東周的宗廟、名堂等國家重要政治設施,流露出對周朝政治制度的無限向往,也極大地增強了他對周初著名政治家周公的傾心仰慕。他拜見萇弘,交流了音樂知識,更從老子那兒得到良多教益,由此,孔子"道彌尊矣",慕名從學的人越來越多,據說,"遠方弟子之進,蓋三千焉",他的學問與事業都獲得了長足進展。

本篇保留了孔子的先祖世系等一些珍貴資料,可與《左傳》、《史記》等參照閱讀,對研究孔子生平和思想有重要價值。本篇中的《金人銘》部分文句又見於今本《老子》。由於《老子》在戰國時期經歷過不斷增補的過程,因此,《金人銘》對研究早期儒、道關繫也具有重要價值。

【原文】

孔子謂南宮敬叔[1]曰:"吾聞老聃[2]博古知今,通禮樂之原,明道德之歸,則吾師也,今將往矣。"

對曰:"謹受命。"遂言於魯君曰:"臣受先臣[3]之命云,'孔子,聖人[4]之後也,滅於宋[5],其祖弗父何始有國而授厲公[6],及正考父佐戴、武、宣[7],三命[8]茲益恭。故其鼎銘[9]曰:"一命

131

而僂，再命而傴，三命而俯⁽¹⁰⁾，循牆而走，亦莫餘敢侮。饘⁽¹¹⁾於是，粥於是，以糊其口。"其恭儉也若此。臧孫紇⁽¹²⁾有言："聖人之後，若不當世，則必有明德而達者焉。"孔子少而好禮，其將在矣。'屬臣曰：'汝必師之。'今孔子將適周，觀先王之遺制，考禮樂之所極，斯大業也，君盍以乘資之？臣請與往。"公曰："諾。"與孔子車一乘，馬二匹，豎子侍御。敬叔與俱至周。

問禮於老聃，訪樂於萇弘⁽¹³⁾，歷郊社之所⁽¹⁴⁾，考明堂之則⁽¹⁵⁾，察廟朝之度⁽¹⁶⁾。於是喟然曰："吾乃今知周公⁽¹⁷⁾之聖，與周之所以王也。"

及去周，老子送之曰："吾聞富貴者送人以財，仁者送人以言。吾雖不能富貴，而竊仁者之號，請送子以言乎：凡當今之士，聰明深察而近於死者，好譏議人者也；博辯閎達而危其身⁽¹⁸⁾，好發人之惡者也。無以有己為人子者⁽¹⁹⁾，無以惡己為人臣者⁽²⁰⁾。"孔子曰："敬奉教。"自周反魯，道彌尊矣。遠方弟子之進，蓋三千焉。

【注釋】

(1)南宫敬叔：王肅注："敬叔，孟僖子子也。"魯國貴族孟僖子的兒子，受父囑而師從於孔子。事又見《左傳》昭公七年，《史記·孔子世家》。

(2)老聃：即老子，春秋晚期周朝史官，著名思想家，道家學派創始人，《老子》一書集中體現了他的思想。王肅注："老聃，老子，博古知今而好道。"

(3)先臣：王肅注："先臣，僖子。"即南宫敬叔之父。

(4)聖人：王肅注："聖人，殷湯。"湯為殷商開國之君，宋為殷商之後，孔子先祖為宋國公族，故稱孔子為聖人之後。

(5)滅於宋：孔子的六世祖孔父嘉之妻貌美，宋國的華督殺害孔父嘉，奪其妻，孔父嘉後人為避禍而奔魯。王肅注："孔子之先去宋奔魯，故曰滅於宋也。"

(6)弗父何始有國而授厲公：王肅注："弗父何，緡公世子，厲公兄也，讓國以授厲公。《春秋傳》曰：以有宋而授厲公宜。始，始也，始有宋也。”

(7)正考父佐戴、武、宣：王肅注：“正考父，何之曾孫也。戴、武、宣，三公也。”

(8)三命：王肅注：“考父士一命，其大夫再命，卿三命是也。”命數表示地位的高低差異。正考父為三命之卿，已是非常尊顯。

(9)鼎銘：王肅注：“臣有功德，君命銘之於其宗廟之鼎也。”

(10)三命而俯：僂、傴，都是彎腰之意。俯，彎腰屈身，表示更加謙虛、恭敬。王肅注：“傴恭於僂，俯恭於傴。”

(11)饘：稠粥。王肅注：“饘，糜也。為糜粥於此鼎，言至儉也。”

(12)臧孫紇(hé)：即臧文仲的孫子臧武仲，魯國大夫。

(13)萇(cháng)弘：周朝大夫，精通音樂，後在政治鬥爭中為周室所殺。

(14)郊社之所：周王祭天地之處。郊，冬至日祭天於南郊；社，夏至日祭地於北郊，合稱“郊社”。魯國承周公之後，得享天子之禮，也有郊社之禮。

(15)明堂之則：明堂，周天子宣明政教之處，也作為祭祀、選賢、納諫、慶賞、教學或其它國家重大事務的活動場所。則，王肅注：“法也”。

(16)廟朝之度：王肅注：“宗廟、朝廷之法度也。”

(17)周公：即周公旦，姬姓，名昌，周文王的第三子，周朝創立者周武王的弟弟，西周著名政治家、軍事家。在輔助周武王滅商的戰爭中功勳卓著，武王死後又輔助成王完成平叛定國的大業，相傳今《周禮》一書為周公創始。

(18)身：王肅注：“身，父母有之也。”

(19)無以有己為人子者：即為人子者無以有己。

(20)無以惡己為人臣者：即為人臣者無以惡己。王肅注：“言聽則仕，不用則退，保身全行，臣之節也。”《史記・孔子世家》作“為人臣者無以有己”。

【通解】

孔子對南宮敬叔說：“我聽說老聃博古知今，懂得禮樂的根本，明了道德的宗旨，這就是我的老師了。現在我要去拜訪他。”

南宮敬叔回答說："謹從您的吩咐。"於是進見魯國國君昭公說："我曾領受我父親的遺命,遺命中說:'孔子是聖人的後代,家族在宋國滅絕了,他的十世祖弗父何本來享有宋國的繼承權,但是讓給了他的弟弟宋厲公,他的七世祖正考父輔佐了宋國戴、武、宣三代國君,在享有三命的爵祿後却越發恭謹,他自己的鼎上銘文說:"一命低頭曲背,二命彎腰躬身,三命俯身躬背,沿着牆快步小跑,也没有人敢侮辱我。稠粥在這裏燒煮,稀粥在這裏燒煮,都是為了糊口而已。"他的恭儉莊敬就是這樣。臧孫紇曾經說過:"聖人的後代如果不能做國君,那麽必定有明德而顯達的。"孔子少年時代就喜好學習禮制,顯達的人恐怕就是孔子了。'囑咐我說:'你一定要拜他為師。'現在孔子將要訪問宗周,學習先王遺留的政教制度,考察禮樂文化的最高境界,這是一項重大的事業啊,您為什麽不以車馬資助他呢?我請求與他一同去。"昭公說:"行。"給了孔子一輛車,兩匹馬,以及童僕和駕車的人。敬叔與孔子一同到了宗周。

孔子向老聃學習了禮制,與萇弘交流了音樂知識,遊歷了郊社之所,考察了宗周的明堂制度,了解了宗周的宗廟、朝廷的法度。孔子感慨地說:"我現在終於知道周公之所以聖明和周朝之所以取得天下的原因了。"

到孔子離開宗周的時候,老子為孔子送行說:"我聽說在送行的時候,富貴的人送給人錢財,仁德的人送給人箴言。我不是富貴的人,姑且冒用仁者的稱號,讓我送給你幾句話吧:大凡當今的士人君子,聰明智能,認識深刻,却陷入危險而瀕臨死亡境地的,是喜好譏諷、議論別人的人;博學雄辯,胸懷大志,却自身陷入危難境地的,是喜好揭露、昭示別人隱惡的人。作為兒子不應該時刻惦記自己的存在,作為臣下不應該在君主憎惡自己時才知道離開。"孔子說:"謹從您的教誨。"從宗周返回了魯國,學問精進,遠近來求學的弟子大約有三千人。

【原文】

孔子觀乎明堂,睹四門墉[1]有堯舜之容、桀紂之象,而各有善惡之狀、興廢之誡焉。又有周公相成王,抱之負斧扆[2],南面以朝諸侯之圖焉。孔子徘徊而望之,謂從者曰:"此周之所以盛也。夫明鏡所以察形，往古者所以知今。人主不務襲迹於其所以安存，而忽怠所以危亡，是猶未有以異於却走而慾求及前人(3)也，豈不惑哉！"

孔子觀周，遂入太祖后稷(4)之廟。廟堂右階之前有金人焉，三緘(5)其口，而銘其背曰："古之慎言人也，戒之哉！無多言，多言多敗；無多事，多事多患。安樂必戒，無所行悔(6)。勿謂何傷，其禍將長；勿謂何害，其禍將大；勿謂不聞，神將伺人(7)。焰焰不滅，炎炎若何(8)；涓涓不壅，終為江河；綿綿不絕，或成網羅(9)；毫末不札，將尋斧柯(10)。誠能慎之，福之根也。口是何傷(11)，禍之門也。強梁(12)者不得其死，好勝者必遇其敵。盜憎主人，民怨其上。君子知天下之不可上也，故下之；知衆人之不可先也，故後之。溫恭慎德，使人慕之；執雌持下，人莫踰之。人皆趨彼，我獨守此；人皆或之(13)，我獨不徙。內藏我智，不示人技。我雖尊高，人弗我害，誰能於此？江海雖左，長於百川(14)，以其卑也。天道無親，而能下人。戒之哉！"

孔子既讀斯文也，顧謂弟子曰："小人識之(15)！此言實而中，情而信。《詩》曰：'戰戰兢兢，如臨深淵，如履薄冰。'(16)行身如此，豈以口過患哉？"

孔子見老聃而問焉，曰："甚矣，道之於今難行也。吾比(17)執道，而今委質(18)以求當世之君，而弗受也，道於今難行也。"老子曰："夫說者流(19)於辯，聽者亂於辭。如此二者，則道不可以忘(20)也。"

【注釋】

(1)門墉(yōng)：門口的牆壁。《說文》："墉，城垣也。"事又見於《說苑·敬慎》《說苑·反質》。

(2)負斧扆(yǐ)：負，背對。斧扆，古代宮殿內設在門和窗之間的大屏風。

（3）却走而愈求及前人：倒退向後跑而又想追上前面的人，即背道而馳的意思。

（4）后稷：夏朝初期時周族的始祖，善於種植穀物，又被後世奉為穀物之神。

（5）緘（jiān）：封。本為捆東西的繩索。

（6）無所行悔：王肅注："言當詳而後行，所悔之事不可復行。"

（7）神將伺（sì）人：神靈將會時時觀察着人的行為。伺，候望、觀察。

（8）焰焰不滅，炎炎若何：焰焰，火苗初起。炎炎，火苗昇騰。

（9）綿綿不絕，或成網羅：王肅注："綿綿，微細，若不絕則有成羅網者也。"

（10）毫末不札，將尋斧柯：王肅注："如毫之末，言至微也，札，拔也。尋，用者也。"以上舉例反復說明防微杜漸的重要性。

（11）口是何傷：人的口有什麼壞處？傷，創傷、損害。

（12）强梁：粗暴、殘忍、兇狠、欺凌弱小的人。

（13）或之：到某處去。之，往、去。王肅注："或之，東西轉移之貌。"

（14）江海雖左，長於百川：王肅注："水陰長右，江海雖在於其左，而能為百川長，以其能下。"

（15）小人識（zhì）之：小人，應為"小子"。識，通"志"，記住。

（16）戰戰兢兢，如臨深淵，如履薄冰：語出《詩・小雅・小旻》。王肅注："戰戰，恐也。兢兢，戒也。恐墜也，恐陷也。"

（17）比：先前，本來。

（18）委質：又作"委贄"，指人臣拜見君主時，屈膝委體於地，後引申為托身、歸順。質，形體。

（19）流：王肅注："流，猶過也，失也。"

（20）忘：舍棄，遺忘。

【通解】

孔子參觀了宗周的明堂，看到四個門口的牆上分別畫有堯舜和桀紂的肖像，各有善惡不同的形狀，以及有關王朝興盛與滅亡的誡語。還有周公輔佐成王，抱着年幼的成王背對屏風，面向南接受諸侯朝拜的圖像。孔子徘徊觀望之後對跟從的人說："這就是周朝興盛的原因了。明鏡是用來審察形體容貌的，藉助學習古代的東西可以瞭解當今。君主不能致力學習國家、個人生死存亡的根本東西，却以忽視、怠慢的態度對待，從而陷入危亡境地。這就如同向後跑却想追上前面的人一樣，難道不是很糊涂嗎？"

孔子在宗周參觀，進入到太祖后稷的廟堂。廟堂右邊臺階的前面立有銅人，嘴巴被封了三層，而背上有這樣的銘文："這是古時審慎說話的人，以此為戒！不要多說話，說話多則失敗多；不要多事，多事則多憂患；安逸快樂時一定要警戒，不要做任何使自己後悔的事情；不要說沒有什麼損害，不然禍患將一天天地增大；不要說沒有別人聽到，神靈會暗暗地觀察着人的行為。火苗初起的時候不去撲滅，等到烈火熊熊時又將怎麼辦呢？涓涓細流不去堵塞，最終一定匯集成江河；綿綿細絲不予斬斷，最終一定織成羅網；草木萌芽不能拔除，將來一定要去尋找大斧。如果確實能够謹慎行事，也就確立了福佑的基礎。人的嘴巴有什麼壞處呢？它是招禍之門。好勇鬥狠的人不得好死，爭強好勝的人必定遇到匹敵的對手。盜賊憎恨財物的主人，百姓怨憤他們的上級長官。君子知道自己不能位居天下人之上，因此甘居人下；知道自己不能位列天下人之先，因此甘居人後。溫和恭敬，謹慎仁德，使別人傾慕自己品德；示弱處下，也没有人凌駕於自己之上。別人都有所改變，我只是堅守本分；別人都在轉移，我却堅定不移。胸中埋藏着我的智能，不向別人顯示我的技能。這樣，即使我位尊爵高，別人也不會傷害我，誰能做到這些呢？江海雖然位居左邊，但要長於百川，是因為居於卑下的位置。天道行事不區分親疏，却能甘居人下。以此為戒！"

孔子讀完這段銘文回頭對弟子們說："你們記住這些話！這些話實在中肯，合情可信。《詩》中說：'戰戰兢兢，就像面臨深淵，就像脚踩薄冰。'如果這樣立身行事，怎麼會因為說話招來禍患呢？"

孔子拜見老子，請教老子說："如今實行'道'真是太難了！我本來執守大道，現在却請求當今的國君貫徹執行，然而没有被接受。如今實行'道'真是太難了。"老子說："那些遊說的人過失在於巧辯，聞聽遊說的人又被浮華的言辭迷惑，在這兩種情況下，是不可以舍棄大道的。"

弟子行第十二

【序說】

　　本篇記載了孔子弟子子貢與衛將軍文子的對話，衛將軍文子向子貢詢問孔子弟子的情況，於是，子貢據其所知，對孔子幾位主要弟子的形狀加以介紹，因此，本篇以"弟子行"名篇。

　　衛國將軍文子詢問子貢同門師友的情況，子貢開始以不知相推辭，後在文子的一再請求下，談了自己耳聞目睹的一些狀況。子貢的評價涉及到九位孔子弟子，他們分別是顏回、冉雍、仲由、冉求、公西赤、曾參、顓孫師、卜商、澹臺滅明、言偃、南宮括、高柴。後來，子貢以其對衛將軍文子所言俱告孔子，由此引發了孔子對於如何知人識人問題的談論。孔子認為"智莫難於知人"，認為瞭解一個人的品質，不僅需要"目之所睹，耳之所聞"，還必須用思維和智慧去考慮和想象。這是本篇的哲理所在，也是本篇的點睛之筆，寓意深刻。通過列舉諸多古人包括伯夷、叔齊、趙文子、隨武子、銅鞮伯華、蘧伯玉、柳下惠、晏平仲、老子、介子山等的品行，孔子進一步論証了知人識人不能僅僅通過表面現象。本篇是孔子人才思想的重要論述，對於研究孔子弟子及孔子以前"先賢"也是十分重要的材料。

　　本篇又見於《大戴禮記·衛將軍文子》，兩相比較，不難看出《大戴禮記》的修飾痕迹，結合《家語》本篇，可以對《大戴禮記》的成書問題有更好的認識。

【原文】

　　衛將軍文子⁽¹⁾問於子貢⁽²⁾曰："吾聞孔子之施⁽³⁾教也，先之以《詩》、《書》，而道⁽⁴⁾之以孝悌⁽⁵⁾，說之以仁義，觀⁽⁶⁾之以禮樂，然後成之以文德⁽⁷⁾。蓋入室昇堂⁽⁸⁾者，七十有餘人。孰為賢⁽⁹⁾？"子貢對以不知。

【注釋】

(1)文子：王肅注："衛卿,名彌牟也。"

(2)子貢：孔子學生。姓端木,名賜,字子貢。衛國人。

(3)施：設。

(4)道：同"導",引導之意。

(5)悌：敬愛兄長,引申為順從長上。

(6)觀：示。

(7)文德：道義與德行。

(8)入室昇堂：喻人的學識技藝等方面有高深的造詣。

(9)孰為賢：誰最優秀。孰,誰。賢,勝,優秀。

【通解】

衛國將軍文子詢問子貢說："我聽說孔子施行教化,先是教給他們有關《詩》、《書》的知識,然後用孝和悌的思想教導他們,用仁義說服他們,用禮樂啟示他們,然後使他們成就道義和德行高尚的人。大概孔門弟子中學問進入高深境界的有七十多人,其中誰又是最優秀的呢?"子貢回答說不知道。

【原文】

文子曰："以吾子⁽¹⁾常與⁽²⁾學,賢者也,不知何謂?"

子貢對曰："賢人无妄⁽³⁾,知賢即難⁽⁴⁾,故君子之言曰:'智莫難於知人。'是以難對也。"

【注釋】

(1)吾子：指對對方的尊稱,相當於"您"。

(2)與：和……一起。

(3)賢人无妄：賢人,謂以賢稱人。妄,胡亂行動。

(4)知賢即難：知賢,謂知人之賢。即,猶則、乃。

【通解】

文子說："您常常在孔子那兒學習,您也是個賢者,怎麼說不知道呢?"

子貢回答說："賢人不能對人妄加評論,知道誰賢能那就更難了,所以君子說：'對有智慧的人來說，最難的事情莫過於瞭解別人。'因此我很難回答你的問題。"

【原文】

文子曰："若夫知賢，莫不難。今吾子親游[1]焉，是以敢問。"子貢曰："夫子之門人，蓋有三千就[2]焉。賜有逮及[3]焉，未逮及焉，故不得遍知以告也。"

【注釋】

(1)親游：謂與諸賢游於聖人之門。

(2)就：靠近，接近。

(3)逮及：在一起，交往。逮，與。

【通解】

文子說："至於瞭解別人，沒有不困難的。現在您本人在孔子處遊學，所以我才敢冒昧問您。"子貢說："先生的弟子，大約有三千人。有些是我交往過的，有的沒有交往過，所以不能把他們的情況全都清楚地告訴您。"

【原文】

文子曰："吾子所及者，請聞其行！"子貢對曰："夫能夙興夜寐[1]，諷誦崇禮[2]，行不貳過[3]，稱言不苟[4]，是顏回之行也。孔子說之以《詩》曰：'媚茲一人，應侯慎德'[5]，'永言孝思，孝思惟則'[6]。若逢有德之君，世受顯命[7]，不失厥[8]名；以御於天子，則王者之相也。"

【注釋】

(1)夙興夜寐：指早起晚睡。

(2)崇禮：即非禮勿視，非禮勿聽，非禮勿言，非禮勿動。

(3)行不貳過：王肅注："貳，再也。有不善未嘗不知，知之未嘗復行也。"

(4)稱言不苟：王肅注："舉言典法不苟且也。"稱，舉，這裏有"說"的意思。

（5）"媚茲一人，應侯慎德"：語出《詩·大雅·下武》。王肅注："一人，天子也。應，當也。侯，惟也。言顏淵之德足以媚愛天子，當於其心惟慎德。"媚，此指愛戴。

（6）"永言孝思，孝思惟則"：語出《詩·大雅·下武》。王肅注："言能長是孝道，足以為法則也。惟，今本《毛詩》作"維"。

（7）顯命：顯赫的恩命。指帝王給予的美譽。

（8）厥：代詞，他的。

【通解】

文子說："就您所交往的這些人，我想問問他們的品行。"子貢回答說："能夠早起晚睡，背誦經書，崇尚禮儀，不再犯已犯過的錯誤，說話從不苟且的，這是顏回的品行。孔子用《詩》中的話來評價他：'足以得到天子愛，唯有慎德更應該'，'永把孝心來保持，可為法則示後代'。如果顏回遇上有德行的君主，就會世代享用帝王給予的美譽，名號不會喪失；如果被君主任用，就會成為君主的輔佐者。"

【原文】

"在貧如客[1]，使其臣如借[2]，不遷怒，不深怨，不錄[3]舊罪，是冉雍[4]之行也。孔子論其材曰：'有土之君子也，有眾使也，有刑用也，然後稱怒焉。'[5]孔子告之以《詩》曰：'靡不有初，鮮克有終。'[6]匹夫不怒，唯以亡其身[7]。"

【注釋】

（1）在貧如客：王肅注："言不貧累志，矜莊如為客也。"

（2）使其臣如借：王肅注："言不有其臣，如借使之也。"

（3）錄：記住。

（4）冉雍：孔子弟子。字仲弓。魯國人。以德行著稱。

（5）有土之君子也，有眾使也，有刑用也，然後稱怒焉：王肅注："言有土地之君，有眾足使，有刑足用，然後可以稱怒。冉雍非有土之君，故使其臣如借而不加怒也。"

(6)"靡不有初,鮮克有終":語出《詩·大雅·蕩》。王肅注:"冉雍能終其行。"初,此指人生之初的本性。終,此指人至終老尚保持其本性。

(7)匹夫不怒,唯以亡其身:王肅注:"因說不怒之義,遂及匹夫以怒亡身。"

【通解】

"身處貧困,却能矜持莊重如同作客一樣,役使臣子如同借用他們的力量一般,不遷怒於別人,不深深的抱怨別人,不記恨舊仇,這是冉雍的品行。孔子評論他的品行說:'先成為有土地的君子,有百姓可以役使,有刑法可以施用,然後才會說些發怒的話。'孔子用《詩經》的話告訴他:'善良本性誰都有,始終保持却很難。'一般人不會輕易發怒,就因為一發怒只會傷害身體。"

【原文】

"不畏强御(1),不侮矜寡(2),其言循性(3),其都以富(4),材任治戎(5),是仲由(6)之行也。孔子和之以文,說之以《詩》曰:'受小拱大拱,而為下國駿龐。荷天子之龍'(7)'不戁不悚','敷奏其勇'(8)强乎武哉!文不勝其質(9)。"

【注釋】

(1)不畏强御:畏,懼怕。强御,强悍,剛暴。

(2)不侮矜寡:侮,侵犯,欺負。矜寡,鰥寡。老而無妻曰鰥,老而無夫曰寡。

(3)其言循性:王肅注:"循其性也,而言不誣其情。"

(4)其都以富:王肅注:"仲由長於政事。"都,居,此指為政之處。

(5)戎:王肅注:"戎,軍旅也。"

(6)仲由:孔子學生,即子路。魯國卞人。

(7)"受小拱大拱,而為下國駿龐。荷天子之龍":語出《詩·商頌·長發》。王肅注:"拱,法也。駿,大也。龐,厚也。龍,和也。言受大小法,為下國大厚,乃可任天下道也。"今本《毛詩》"拱"作"共","龐"作"厖","天"下無"子"字。

(8)"不戁(nǎn)不悚(sǒng)","敷奏其勇":語出《詩·商頌·長發》。王肅注:"戁,恐。悚,懼。敷,陳。奏,薦。"

(9)强乎武哉! 文不勝其質:王肅注:"言子路强勇,文不勝其質。"武,勇敢。勝,超過。

【通解】

"不畏强暴,不欺負矜寡,說話遵循本性,善於從政而又居官富庶一方,才能足够治理軍隊,這就是子路的品行。孔子以文章與他唱和,用《詩》評價他說:'遵守大法和小法,對下國仁厚和寬大。受天子唱和之寵','毫不恐懼和憂慮','奏陳勇敢頂呱呱'。真是勇敢剛强啊!他的文采未超過他的樸實。"

【原文】

"恭老恤幼(1),不忘賓旅(2),好學博藝(3),省物而勤也(4),是冉求(5)之行也。孔子因而語之曰:'好學則智,恤孤則惠(6),恭則近禮,勤則有繼(7)。堯舜篤(8)恭,以王(9)天下。'其稱之也曰:'宜為國老(10)。'"

【注釋】

(1)恭老恤幼:恭,指尊敬。恤,指同情。

(2)賓旅:王肅注:"賓旅,謂寄客也。"

(3)藝:才能,技藝。

(4)省物而勤也:王肅注:"省錄諸事而能勤也。"省,減省。勤,勞。

(5)冉求:孔子學生。即冉有,字子有。善於政事。

(6)恤孤則惠:孤,幼而無父曰孤。惠:仁愛。

(7)繼:指接連不斷的收穫。

(8)篤:忠厚。

(9)王:統治。

(10)國老:王肅注:"國老,助宣德教。"

【通解】

"尊敬長輩,撫恤幼孤,不忘在外的旅客,喜好學習,博通技藝,辦事儉省而又勤勞，這是冉求的品行。孔子因而對他說：'喜好學習就會聰明，撫恤幼孤就會仁愛，對人恭敬就能接近禮義的要求，辛勤就有接連不斷的收穫。堯和舜忠誠謙恭，所以統有天下。'孔子稱讚說：'他適合擔任國老。'"

【原文】

"齊莊⁽¹⁾而能肅，志通而好禮，擯相⁽²⁾兩君之事，篤雅有節，是公西赤⁽³⁾之行也。子曰：'禮經三百，可勉能也⁽⁴⁾；威儀三千，則難也⁽⁵⁾。'公西赤問曰：'何謂也?'子曰：'貌以儐禮，禮以儐辭，是謂難焉⁽⁶⁾。'衆人聞之，以為成也⁽⁷⁾。孔子語人曰：'當賓客之事，則達矣。⁽⁸⁾'謂門人曰：'二三子⁽⁹⁾之慾學賓客之禮者，其於赤也。'"

【注釋】

(1)齊莊：整齊莊嚴。

(2)擯相：出接賓曰擯，入贊禮曰相。指為君主主持禮儀之事。

(3)公西赤：孔子學生。字子華。魯國人。

(4)禮經三百，可勉能也：王肅注："禮經三百，可勉學而能知。"《周禮》六篇，其官有三百六十，故曰禮經三百。

(5)威儀三千，則難也：王肅注："能躬行三千之威儀則難可為，而公西赤能躬行之。"威儀，祭享等典禮中的動作儀節及待人接物的禮儀。

(6)貌以儐禮，禮以儐辭，是謂難焉：王肅注："言所以為者，當觀容貌而擯相其禮，度其禮而擯相其辭，度事則宜，故難也。"

(7)衆人聞之，以為成也：王肅注："衆人聞公西赤能行三千之威儀，故以為成也。"

(8)當賓客之事，則達矣：王肅注："當賓客之事則達，未盡達於治國之本體也。"

(9)二三子：孔子對學生的稱呼。

【通解】

"整齊端莊而且能夠態度嚴肅，志向通達而且喜歡禮儀之事，在兩君相會時出任擯相，忠誠典雅而且遵守禮節，這是公西赤的品行。孔子說：

'禮經三百,可以通過努力掌握;三千項威嚴的禮儀,施行起來就不容易了。'公西赤問:'為什麼這樣說呢?'孔子說:'作擯相要根據不同人的容貌來行禮,辭令需要一定的禮儀才能道出,所以說很困難。'眾人聽孔子這麼說,認為公西赤已經有所成就了。孔子對弟子說:'如果是迎送賓客這件事,公西赤他已經做到了。'孔子又對弟子們說:'你們想學習迎送賓客的禮儀,就向公西赤學習吧。'"

【原文】

"滿而不盈,實而如虛,過之如不及,先王難之[1];博無不學,其貌恭,其德敦[2];其言於人也,無所不信;其驕大人也,常以浩浩[3],是以眉壽[4]。是曾參[5]之行也。孔子曰:'孝,德之始也;悌,德之序也[6];信,德之厚也;忠,德之正也。參中[7]夫四德者也。'以此稱之。"

【注釋】

(1)滿而不盈,實而如虛,過之如不及,先王難之:王肅注:"盈而如虛,過而不及,是先王之所難,而曾參體其行。"滿,充足。

(2)敦:厚也。

(3)其驕大人也,常以浩浩:王肅注:"浩然志大,驕大貌也。大人,富貴者也。"大,原作"於",據備要本、陳本改。

(4)是以眉壽:王肅注:"不慕富貴,安靜虛無,所以為之富貴。"眉壽,長壽。

(5)曾參:孔子的學生,字子輿。南武城人。

(6)悌,德之序也:王肅注:"悌以敬長,是德之次序也。"

(7)中:適合;恰好對上。

【通解】

"充滿却不外溢,充實却如同虛空,已經遠遠超過却像是還未達到,對此先王也難以做到;知識廣博,無所不學,他的外表恭敬,他的德行敦厚;他對別人說的話,沒有不可信的;他能够傲視那些富貴者,始終保持一種浩然之氣,因此能够長壽。這是曾參的品行。孔子說:'孝,是德行的開端；悌，是德行的次序；信，是德行的豐厚與加深；忠，是德行的準則。曾參符合這四種德行。'孔子就是這樣來讚揚曾參的。"

【原文】

"美功不伐⁽¹⁾，貴位不善⁽²⁾，不侮不佚⁽³⁾，不傲無告⁽⁴⁾，是顓孫師⁽⁵⁾之行也。孔子言之曰：'其不伐則猶可能也，其不弊百姓⁽⁶⁾，則仁也。詩云：'愷悌君子，民之父母⁽⁷⁾。'夫子以其仁為大。"

【注釋】

(1)伐：夸耀。

(2)不善：謂面無喜色。善，猶"喜"。

(3)不侮不佚：王肅注："侮，佚，貪功慕勢之貌。"侮，輕慢。佚，逸樂也，放蕩。

(4)不傲無告：王肅注："鰥寡孤獨，此四者，天民之窮而無告者也。子張之行，不傲此四者。"傲，凌傲。

(5)顓孫師：孔子學生。字子張。陳國人。

(6)不弊百姓：王肅注："不弊愚百姓，即所謂不傲之也。"弊，指蒙蔽，愚弄。

(7)"愷悌君子，民之父母"：語出《詩·大雅·泂酌》。王肅注："愷，樂。悌，易也。樂以強教之，易以說安之。民皆有是父之尊，母之親也。"愷悌，今本《毛詩》作"豈弟"。

【通解】

"有美德功勞却不夸耀，處於尊貴的地位却不沾沾自喜，不自我放任以貪功慕勢，不凌傲貧苦無告的百姓，這是顓孫師的品行。孔子評價他說："不自夸，一般人也可以做到，能夠不愚弄百姓却是他突出的仁義之舉。《詩經》說：'君子和樂而又平易，為民父母順民意。'先生最看重他的仁德。"

【原文】

"學之深[1]，送迎必敬[2]，上交下接若截[3]焉，是卜商[4]之行也。孔子說之以《詩》曰：'式夷式已，無小人殆[5]。'若商也，其可謂不險矣[6]。"

【注釋】

(1)學之深：王肅注："學而能入其深義也。"

(2)送迎必敬：王肅注："送迎賓客，常能敬也。"

(3)若截：喻區別嚴格，界限分明。

(4)卜商：孔子學生。字子夏。為魏文侯師。

(5)"式夷式已，無小人殆"：語出《詩·小雅·節南山》。王肅注："式，用。夷，平也。言用平則已也。殆，危也，無以小人至於危也。"

(6)若商也，其可謂不險矣：王肅注："險，危也。言子夏常屬以斷之，近小人斯不危。"

【通解】

"學習能够深入，迎送賓客一定恭敬，交往上層和接觸下層都界限分明，這是卜商的品行。孔子用《詩經》的話評價他說：'心平氣和已可貴，不因小人而殆危。'像卜商這樣，大概是不會有什麼危險的。"

【原文】

"貴之不喜，賤之不怒，苟利於民矣，廉於行己，其事上也以佑其下[1]，是澹臺滅明[2]之行也。孔子曰：'獨貴獨富，君子恥[3]之，夫也中之矣[4]。'"

【注釋】

(1)其事上也以佑其下：王肅注："言所以事上，乃慾佑助其下也。"

(2)澹(tán)臺滅明：孔子弟子。字子羽。魯國武城(在今山東平邑)人。

(3)恥：原作"助"，據陳本、《文獻集》及《大戴禮記》改。

(4)夫也中(zhòng)之矣：王肅注："夫，謂澹臺滅明。中，猶當也。"

【通解】

"地位高貴的時候不自喜，地位低賤的時候又不怨怒，只求對百姓有利處,注重自身行為廉潔,侍奉上司,以此來保佑部下,這是澹臺滅明的品行。孔子說:'只求獨自一人富貴,君子認為這是可恥的,澹臺滅明就是這樣的君子。'"

【原文】

"先成其慮⁽¹⁾,及事而用之⁽²⁾,故動則不妄,是言偃⁽³⁾之行也。孔子曰:'慾能則學,慾知則問,慾善則詳⁽⁴⁾,慾給則豫⁽⁵⁾,當是而行,偃也得之矣。'"

【注釋】

(1)先成其慮:慮,謀也。《論語》曰:"好謀而成。"

(2)及事而用之:用之,謂用其所謀。

(3)言偃:孔子學生。字子游。吳人。擅長文學。

(4)慾善則詳:王肅注:"慾善其事,當詳慎也。"

(5)慾給則豫:王肅注:"事慾給而不礙,則莫若於豫。"給,指成功,實現。豫,指事先準備。

【通解】

"先作好計劃打算,等到有事時就按計劃而行,所以從不會輕舉妄動,這就是言偃的品行。孔子說:'想要有才能就要學習,想要掌握知識就要多問別人,想把事情做好就要詳慎,想要達到目的就要事先有準備。應當這樣來行動的,而言偃已經做到了。'"

【原文】

"獨居思仁,公言仁義,其於《詩》也,則一日三復'白圭之玷'⁽¹⁾,是宮縚⁽²⁾之行也。孔子信其能仁,以為異士⁽³⁾。"

【注釋】

(1)一日三復'白圭之玷(diàn)':"白圭之玷",語出《詩·大雅·抑》。王肅注:"玷,缺也。《詩》:'白圭之玷,尚可磨也。斯言之玷,不可為也。'一日三復之,慎之至也。"白圭,白玉制的禮器。

(2)宮縚:孔子弟子。即南宮縚。又稱南宮適、南宮括。魯國人。

148

（3）異士：王肅注：“殊異之士也。”

【通解】

“單獨呆着時思考仁義，為官時考慮仁義，讀《詩》時一天重復三次‘白圭之玷’，這就是南宮紹的品行。孔子相信他能够施行仁愛，把他看成是殊異之士。”

【原文】

“自見孔子，出入於户，未嘗越禮；往來過之，足不履影(1)；啟蟄不殺(2)，方長不折(3)；執親之喪(4)，未嘗見齒(5)。是高柴(6)之行也。孔子曰：‘柴於親喪，則難能也；啟蟄不殺，則順人道；方長不折，則恕仁也。成湯恭而以恕，是以日隮(7)。’”

【注釋】

（1）往來過之，足不履影：王肅注：“言其往來常迹，故迹不履影也。”

（2）啟蟄不殺：王肅注：“春分當發。蟄蟲啟户咸出，於此時不殺生也。”蟄，蟄蟲。啟，開。

（3）方長不折：王肅注：“春夏生長養時，草木不折。”長，生長。折，斷。

（4）執親之喪：奉行父母的喪禮。執親即守孝之意。

（5）見齒：指笑。

（6）高柴：孔子弟子。字子羔，又稱季羔等。衛國人，一說齊國人。

（7）成湯恭而以恕，是以日隮(jī)：王肅注：“隮，昇也。成湯行恭而能恕，出見搏鳥焉，四面施網，乃去其三面。《詩》曰：‘湯降不遲，聖敬日隮。’言湯疾行古人之道，其聖敬之德日昇聞也。”

【通解】

“自從拜見孔子之後，進出門户，未從違背禮節；來來往往經過的人，兩脚從未踩到別人的身影上；春分時候啟蟄的動物從來不殺害它們，草木生長時不折斷它們；為親人守孝時，從未見他開口笑過。這是高柴的品行。孔子說：‘高柴為父母守孝的誠心，一般人很難做到；動物啟蟄出來活動時不殺害它們，是順應為人之道的；草木生長時不去折斷它們，是推己及物和講仁愛。成湯謙恭而且推己及人，因而能日漸發展起來。’”

【原文】

"凡此諸子,賜之所親睹⁽¹⁾者也。吾子有命而訊⁽²⁾賜,賜也固⁽³⁾,不足以知賢。"

【注釋】

(1)親睹:指親眼看到。

(2)訊:王肅注:"訊,問。"

(3)固:愚陋。

【通解】

"凡以上所說的這幾位的品行,是我親眼目睹的。您有命令問我,我不得不答復,只是我很愚鈍,無法真正瞭解賢人。"

【原文】

文子曰:"吾聞之也,國有道則賢人興⁽¹⁾焉,中人用焉⁽²⁾,乃百姓歸之。若吾子之論,既富茂矣。壹⁽³⁾諸侯之相也,抑⁽⁴⁾世未有明君,所以不遇也。"

【注釋】

(1)興:起。

(2)中人用焉:王肅注:"中庸之人,為時用也。"

(3)壹:王肅注:"壹,皆。"

(4)抑:可是,然而。

【通解】

文子說:"我聽說國家政治清明時,那麼賢能的人就出來,就會有中庸之人被任用,於是老百姓紛紛歸附。至於您所談論的,已經非常豐富、全面了。他們都可以做諸侯的輔佐者,只是居於末世而沒有聖明君主出現,所以得不到任用才能無法施展。"

【原文】

　　子貢既與衛將軍文子言，適⁽¹⁾魯，見孔子曰：“衛將軍文子問二三子之於賜，不壹而三焉⁽²⁾。賜也辭不獲命，以所見者對矣，未知中否，請以告。”

【注釋】

（1）適：到……去。

（2）不壹而三：此指再三請求。

【通解】

　　子貢與衛國將軍文子交談完後，到了魯國，拜見孔子說：“衛將軍文子向我問起師兄弟們的情況，幷且是再三的請求詢問。我推辭不過就把看到的一些情況告訴了他，不知道是否合適，請求能匯報一下。”

【原文】

　　孔子曰：“言之乎。”子貢以其辭狀⁽¹⁾告孔子。子聞而笑曰：“賜，汝次為人矣⁽²⁾。”子貢對曰：“賜也何敢知人，此以賜之所睹也。”

【注釋】

（1）狀：情況，情形。

（2）次為人矣：王肅注：“言為知人之次。”為，原作“焉”，據備要本、陳本改。

【通解】

　　孔子說：“講吧。”子貢把他與衛將軍文子的話陳述給孔子聽。孔子聽了笑着說：“端木賜，你已經懂的人的高下次序了。”子貢回答說：“我哪裏敢說是瞭解別人，這僅僅是我親自目睹的情況。”

【原文】

　　孔子曰：“然。吾亦語⁽¹⁾汝耳之所未聞，目之所未見者，豈思之所不至，智之所未及哉？”子貢曰：“賜願得聞之。”

【注釋】

(1)語：告訴。

【通解】

孔子說：“是的。我還要告訴你一些耳朵沒有聽過，眼睛沒有看到過的東西，這些恐怕是思慮無法達到，智慧無法趕上的吧！”子貢說：“我想聽聽。”

【原文】

孔子曰：“不克不忌(1)，不念舊怨，蓋伯夷、叔齊(2)之行也；思天而敬人，服義而行信，孝於父母，恭於兄弟，從善而不教，蓋趙文子(3)之行也；其事君也，不敢愛其死，然亦不敢忘其身，謀其身不遺其友，君陳(4)則進而用之，不陳則行而退，蓋隨武子(5)之行也；其為人之淵源(6)也，多聞而難誕(7)，內植(8)足以沒其世(9)，國家有道，其言足以治，無道，其默足以生，蓋銅鞮伯華(10)之行也；外寬而內正，自極於隱括之中(11)，直己而不直人，汲汲(12)於仁，以善自終，蓋蘧伯玉(13)之行也；孝恭慈仁，允德圖義(14)，約貨去怨(15)，輕財不匱(16)，蓋柳下惠(17)之行也；其言曰‘君雖不量於其身(18)，臣不可以不忠於其君。是故君擇臣而任之，臣亦擇君而事之。有道順命(19)，無道衡命(20)。’蓋晏平仲(21)之行也；蹈(22)忠而行信，終日言不在尤(23)之內，國無道，處賤不悶(24)，貧而能樂，蓋老子之行也；易行以俟天命(25)，居下不援其上(26)，其觀於四方也，不忘其親，不盡其樂(27)，以不能則學，不為己終身之憂(28)，蓋介子山(29)之行也。”

【注釋】

(1)不克不忌：克，喜歡與人爭勝。忌，為人所厭惡。

(2)伯夷、叔齊：商末孤竹君之子。伯夷為長子。初，孤竹君以次子叔齊為繼承人。孤竹君死後，叔齊讓位，伯夷卻不接受。後兩人奔周。及周武王滅商，天下宗周，伯夷、叔齊以之為恥，不食周粟，隱居首陽山，後來餓死。兩人均被稱為品德高尚的人。

（3）趙文子：即趙武。春秋時晉國大夫。趙朔之子。

（4）陳：王肅注："謂陳列於君，為君之使用也。"

（5）隨武子：即隨會、范會、士會，又稱范武子。春秋時晉國大夫。

（6）為人之淵源：謂思慮深清不測。淵：深。

（7）誕：欺詐，欺騙。

（8）植：指性情剛直。

（9）没其世：指長久，終其身。

（10）銅鞮（tí）伯華：即羊舌氏，名赤，字伯華。春秋時晉國大夫。銅鞮（今山西沁縣南），是羊舌氏的食邑名。

（11）自極於隱括之中：王肅注："隱括，所以自極。"極，正，端正。隱括，矯正邪曲的器具，引申為標準、規範。

（12）汲汲：急切的樣子。

（13）蘧（qú）伯玉：春秋時衛國大夫，即蘧瑗。孔子在衛國時，曾住在他家。

（14）允德圖義：王肅注："允，信也。圖，謀也。"

（15）約貨去怨：王肅注："夫利，怨之所聚，故約省其貨，以遠去其怨。"約，少也。貨，謂貨利。去，除。

（16）匱：缺乏。

（17）柳下惠：魯國的賢者。本名展獲，字禽，又叫展季。"柳下"，是他的食邑。據《列女傳》，"惠"是他的妻子給他的謚號。

（18）不量於其身：王肅注："謂不量度其臣之德器也。"

（19）有道順命：王肅注："君有道則順從其命。"

（20）無道衡命：王肅注："衡，横也。謂不受其命之隱居者也。"

（21）晏平仲：即晏嬰、晏子。春秋時齊國的卿相。字仲，謚平，世稱晏平仲。東萊夷維（今山東高密）人。

（22）蹈：實行。

（23）尤：王肅注："尤，過。"

（24）悶：王肅注："悶，憂。"

（25）易行以俟天命：易，王肅注："易，治。"俟，等待。

（26）居下不援其上：王肅注："雖在下位，不攀援其上以求進。"

（27）觀於四方也，不忘其親，不盡其樂：王肅注："雖有觀四方之樂，常念其親，不盡其歸之。""觀"上原有"親"字，據陳本、《大戴禮記》刪。

（28）以不能則學，不為己終身之憂：王肅注："凡憂憂所知，不能則學，何憂之有？"

（29）介子山：即介之推。或作介子推、介推。春秋時晋國大夫。後與母親隱居綿上（今山西介休東南）山中而死。

【通解】

孔子說："不苛刻別人，不嫉妒，不計較往日讎恨，這大概是伯夷、叔齊的品行；心存天意而且尊敬別人，尊從於義而又言行求信，對父母孝順，對兄弟恭敬，一心向善而又不需要教誨，這大概是趙文子的品行；侍奉君主，不敢苟且媮生，然而也不敢輕易死於非義，謀求自己生存但也不忘掉朋友，君主重用時就盡心盡力的去干，不能任用時就後退而行，這大概是隨武子的品行；為人思慮深清交往廣泛，博聞多識而又不輕易被欺詐，內心剛直並終生堅持，天下太平時，他的言語足以用來治理國家，天下黑闇時，他的沉默足以求得生存，這大概是銅鞮伯華的品行；外表寬仁而內心正直，遵循一定的標準而隨時端正自己的行為，只求自身正直却不強求別人也正直，心情急切的追求仁德，終身行善，這大概是蘧伯玉的品行；孝順恭敬，慈善仁愛，修養德行，一心向義，節省財貨，消除怨恨，輕視財物却無所匱乏，這大概是柳下惠的品行；曾有言曰：'君主雖然不考慮臣下的才能，但臣下却不可以不效忠君主。所以君主要選擇臣下而加以任用，臣子也要選擇君主而加以侍奉。君主聖明就順從他的命令，君主昏庸就不受其命。'這大概就是晏平仲的品行；按忠信來行動，終日言談也不會有任何過失，國家昏闇時，地位低賤却不憂悶，身處貧困却依然安樂，這大概是老子的品行；修養德行來接受天命，地位低下却不攀附上司，游觀四方時，不忘雙親，就不會盡情享樂，由於沒有能力就去學習、請教，不使它成為終身的憂慮，這大概是介子推的品行。"

【原文】

子貢曰："敢問夫子之所知者，蓋盡於此而已乎？"孔子曰：

"何謂其然？亦略舉耳目之所及而矣。昔晉平公[1]問祁奚[2]曰：'羊舌大夫[3]，晉之良大夫也。其行如何？'祁奚辭以不知。公曰：'吾聞子少長乎其所[4]，今子掩[5]之，何也？'祁奚對曰：'其少也恭而順，心有恥而不使其過宿[6]；其為大夫，悉善而謙其端[7]；其為輿尉[8]也，信而好直其功[9]；至於其為容也，溫良而好禮，博聞而時出其志[10]。'公曰：'曩者[11]問子，子奚曰不知也？'祁奚曰：'每位改變，未知所止，是以不敢得知也。'此又羊舌大夫之行也。"子貢跪曰："請退而記之。"

【注釋】

(1)晉平公：春秋時晉國國君。姬姓，名彪。在位 26 年（前 557—前 532 年）。

(2)祁奚：晉國大夫。祁午之父。

(3)羊舌大夫：春秋時晉國大夫。叔向祖父。史佚其名。羊舌，是其食邑名。

(4)少長乎其所：王肅注："於其所長。"

(5)掩：隱蔽。

(6)心有恥而不使其過宿：王肅注："心常有所恥惡，及其有過，不令更宿輒改。"

(7)悉善而謙其端：王肅注："盡善道而謙讓，是其正也。"悉，全。端，正。

(8)輿尉：負責國君車駕的軍尉。

(9)直其功：王肅注："言其功直。"

(10)時出其志：王肅注："時出，以其出之誨未及之，是其志也。"

(11)曩者：剛才。

【通解】

子貢說："我冒昧地問先生，您知道的大概全部就是這些嗎？"孔子說："怎麼能這麼說呢？我也只是舉出耳聞目睹的罷了。從前，晉平公問祁奚說：'羊舌大夫是晉國優秀的大夫，他的品行怎麼樣？'祁奚推辭說不知道。晉平公又問：'我聽說您小時侯在他家長大。現在您却不評價他，為什麼呢?'祁奚回答說:'他年輕的時候,謙恭和順,心中感覺有羞恥的事情能在當天立即改正;他擔任大夫之後,能盡善道而又謙恭正直;他出任輿尉以後,能够誠實的直言自己的軍功;至於他的儀表,則是温和善良而且愛好禮節,博聞多識而又時時顯示出自己的志向。'晋平公問:'剛才我問您,您為什麽說不知道呢?'祁奚答道:'地位經常改變,不知道止於何處,因而不敢說能够瞭解他。'這也是羊舌大夫的一個做法。"子貢向孔子行跪拜之禮,說道:"請允許我回去記下先生您的話。"

賢君第十三

【序說】

　　本篇記載了孔子與諸侯國君以及弟子們的談話，主要論述了賢君賢臣的標準，討論如何為政治國等問題。因首章有"當今之君，孰為最賢"的句子，故以"賢君"名篇。

　　本篇記載主要體現了孔子的政治思想。通過贊賞衛靈公、鮑叔、子皮的行為，孔子指出了評判賢君、賢臣的標準。孔子認為，評判君主賢明與否，應看其"朝廷行事"，而"不論其私家之際"，而作為臣子，"進賢者"賢於"用力者"；通過國君、弟子的討論，孔子指出君主應該具備的品質。孔子分別通過向哀公論說夏桀滅亡的原因，教導顏淵處世的道理，以及自己讀《詩》的感受，從側面指出，國君如果不克己修身、親賢重才，就會造成臣子"上下畏罪"、"不終其命"的情況，從而導致亡國；通過列舉中行氏和周公治國之道，指出治理國家重在尊賢；通過回答齊景公、魯哀公、衛靈公、宋君等國君的問政，孔子分別提出了不同的治國方略。

　　孔子一生從政的時間不長，但從流傳下來的文獻記載看，孔子關於為政之道的論述頗多，幷且具有重要的實踐價值。從本篇我們可以瞭解到，孔子有明顯的"崇德循禮"、"尊賢重才"、"選賢任能"、"重民教民"等思想。這與《論語》、《禮記》等文獻的記載完全一致，將這些材料相互對照，可以更好地研究孔子思想。

　　本篇的材料多見於《說苑》等書。

【原文】

　　哀公問於孔子曰："當今之君，孰為最賢?"孔子對曰："丘未之見也，抑⁽¹⁾有衛靈公⁽²⁾乎?"公曰："吾聞其閨門⁽³⁾之內無別，而子次⁽⁴⁾之賢，何也?"孔子曰："臣語其朝廷行事，不論其私家

157

之際也。"

公曰:"其事何如?"孔子對曰:"靈公之弟曰公子渠牟,其智足以治千乘⁽⁵⁾,其信足以守之,靈公愛而任之。又有士林國者,見賢必進⁽⁶⁾之,而退⁽⁷⁾與分其祿,是以靈公無游放⁽⁸⁾之士。靈公賢而尊之。又有士曰慶足者,衛國有大事則必起而治之,國無事則退而容賢⁽⁹⁾。靈公悦而敬之。又有大夫史鰌⁽¹⁰⁾,以道去衛,而靈公郊舍⁽¹¹⁾三日,琴瑟不御⁽¹²⁾,必待史鰌之入而後敢入。臣以此取之,雖次之賢,不亦可乎?"

【注釋】

(1)抑:大概。此記載又見於《說苑·尊賢》。

(2)衛靈公:春秋時衛國國君。姬姓,名元。在位 42 年(前 534—前 493 年)。

(3)閨門:宮苑、內室的門。借指家庭。

(4)次:排列。

(5)千乘:兵車千輛。古以一車四馬為一乘。在此借指春秋時期的諸侯國家。

(6)進:推薦。

(7)退:這裏指謙退,辭去官職。

(8)游放之士:指游蕩放縱的士人

(9)退而容賢:王肅注"言其所以退者,慾以容賢於朝。"

(10)史鰌(qiú)衛國大夫。字子魚。亦稱史魚。

(11)郊舍:郊,在郊外。舍,住宿。意為宿於郊外,表示誠敬。

(12)御:這裏指彈奏,吹奏。

【通解】

魯哀公問孔子說:"當今的君主,誰最賢能呢?"孔子回答說:"孔丘我未曾見過最賢能的君主,如果有,大概是衛靈公吧?"哀公說:"我聽說他家庭內部有亂倫行為,而您卻將他列為賢君,為什麼呢?"孔子說:"臣下我說的是他在朝廷上的行為處事,而不是說他家庭內部的事。"

哀公問道:"他在朝廷上處事如何呢?"孔子回答說:"靈公的弟弟叫公

子渠牟，他的智慧可以用來治理一個諸侯大國，他的誠信可以用來守住該國。靈公喜歡他並任用了他。又有個叫林國的士人，發現有才能的人必定要推薦他做官，而那人辭官後，林國又將自己的俸祿拿出來與他分享。因而靈公那裏沒有游蕩放縱的士人。靈公認為他是賢士并且非常尊敬他。又有一個叫慶足的士人，衛國出現大事，就必定被起用來處理事務，國家平安無事時他就隱退下去，以讓其他賢能的人被容納於朝廷。靈公喜歡他並尊重他。又有一個叫史鰌的大夫，因實踐自己的主張而離開衛國，靈公就在城郊住了三天，不近聲樂，一定要等到史鰌回國之後才敢回宮。臣下我就是根據這些情況來選取衛靈公的，雖然把他列為賢君，難道不可以嗎？”

【原文】

子貢問於孔子曰：“今之人臣，孰為賢？”子曰：“吾未識[1]也。往者齊有鮑叔[2]，鄭有子皮[3]，則賢者矣。”

子貢曰：“齊無管仲[4]，鄭無子產[5]？”子曰：“賜，汝徒知其一，未知其二也。汝聞用力為賢乎，進賢為賢乎？”子貢曰：“進賢賢哉！”子曰：“然。吾聞鮑叔達[6]管仲，子皮達子產，未聞二子之達賢己之才者也。”

【注釋】

(1)識：知道，認識。此記載又見於《韓詩外傳》卷七、《說苑·臣術》。

(2)鮑叔：即鮑叔牙。春秋時齊國大夫。

(3)子皮：春秋時鄭國大夫。姓罕，名虎。

(4)管仲：春秋時齊國人，名夷吾，字仲。初事公子糾，後相齊桓公，使齊桓公成為春秋五霸之首。

(5)子產：春秋鄭國人。即公孫僑，字子產，鄭穆公之孫，為春秋時鄭國的賢相。

(6)達：使得志、顯達。這裏表示推薦的意思。

【通解】

子貢問孔子說：“當今做臣子的，誰能稱得上賢人呢？”孔子說：“我不知道。從前齊國有鮑叔，鄭國有子皮，他們都是賢能的人。"

子貢問："齊國的管仲、鄭國的子產不在賢相之列嗎?"孔子說："端木賜，你只知其一，不知其二。你聽說用力做事的人賢能，還是舉薦賢人的人賢能呢?"子貢說："舉薦賢人的人賢能!"孔子說："對。我聽說鮑叔舉薦了管仲，子皮舉薦了子產，却没有聽說這二人舉薦過比自己更為賢能的人才。"

【原文】

哀公問於孔子曰："寡人聞忘之甚者，徙⁽¹⁾而忘其妻，有諸?"孔子對曰："此猶未甚者也，甚者乃忘其身。"

公曰："可得而聞乎?"孔子曰："昔者夏桀貴為天子，富有四海，忘其聖祖之道，壞其典法，廢其世祀，荒⁽²⁾於淫樂，耽湎⁽³⁾於酒；佞臣⁽⁴⁾諂諛，窺導其心；忠士折口⁽⁵⁾，逃罪不言。天下誅桀而有其國，此謂忘其身之甚矣。"

【注釋】

(1)徙：遷徙。這裏是搬家的意思。此記載又見於《尸子》(輯本)、《說苑·敬慎》。

(2)荒：逸樂過度，放縱。

(3)耽湎：沉迷，沉溺，耽於。比喻潛心於某事物或處於某種境界或思維活動中。

(4)佞臣：能說會道、善於花言巧語獻媚的臣子。

(5)折口：閉口，不說話。王肅注："折口，杜口。"

【通解】

魯哀公問孔子說："我聽說有忘事很嚴重的人，搬家的時候把他的妻子都忘掉了，有這種事嗎?"孔子回答說"這還算不上忘事嚴重的，嚴重的連他自己也會忘掉。"

哀公說："能說給我聽聽嗎?"孔子說："從前夏桀貴為天子，富有天下，但却忘記了他聖明祖先的為政之道，破壞了典章法制，廢棄了世代相繼的祭祀，放縱地淫逸享樂，沉迷於飲酒；佞臣巧言獻媚阿諛奉承，揣摩誘導他的心思；忠臣閉口，為逃避罪責而不發表言論。天下人起而滅桀，並佔有了他的國家，這就是忘記自身很嚴重的情況。"

【原文】

顏淵將西游⁽¹⁾於宋，問於孔子曰："何以為身⁽²⁾？"

子曰："恭敬忠信而已矣。恭則遠於患，敬則人愛之，忠則和於衆，信則人任之。勤斯四者，可以政⁽³⁾國，豈特⁽⁴⁾一身者哉？故夫不比於數而比於疏，不亦遠乎？⁽⁵⁾不修其中，而修外者，不亦反乎？慮不先定，臨事而謀，不亦晚乎？"

【注釋】

（1）游：遊歷，遊學。

（2）為身：這裏指立身處世。

（3）政：通"正"，治理。

（4）豈特：特，只是。王肅注："特，但。"豈特，不但，不僅。

（5）不比於數，而比於疏，不亦遠乎：王肅注："不比親數，近疏遠也。"比，近也。數，密也。此處代指應該親近的賢者。疏，遠也。此處代指應該疏遠的人。

【通解】

顏淵準備西行遊學於宋國，行前向孔子請教說："我應該靠什麽來立身處世呢？"

孔子說："做到恭敬忠信就可以了。為人謙恭就可以遠離禍患，對人尊敬就可以獲得人們的喜愛，對人忠實就可以與人和睦相處，待人誠信就可以得到人們的任用。努力做到這四點，就能夠治理國家了，哪裏僅僅只是能夠立身處世呢？所以在立身處世時不去親近應該親近的賢者，而去親近應該疏遠的人，這樣做，不是離自己追求的目標更遠了嗎？不注重內心修養而只是修飾外表，不是反其道而行之嗎？事先不考慮周全，遇事才開始謀劃，不是太晚了嗎？"

【原文】

孔子讀《詩》，於《正月》⁽¹⁾六章，惕焉如懼，曰："彼不達之

161

君子，豈不殆⁽²⁾哉！從上依世則道廢，違上離俗則身危。時不興善，己獨由⁽³⁾之，則曰非妖⁽⁴⁾即妄⁽⁵⁾也。故賢也既不遇天，恐不終其命焉。桀殺龍逢⁽⁶⁾，紂殺比干⁽⁷⁾，皆類是也。《詩》曰：'謂天蓋高，不敢不局。謂地蓋厚，不敢不蹐。'此言上下畏罪，無所自容也。"

【注釋】

(1)《正月》：《詩·小雅》中的一篇。此記載又見於《說苑·敬慎》。

(2)殆：危險。

(3)由：踐行，踐履。

(4)妖：古時稱一切反常的東西或現象為妖。

(5)妄：行為不正、不法。

(6)龍逢(páng)：即關龍逢。夏朝大臣。見夏桀暴虐荒淫，屢加直諫，遂被囚禁殺害。

(7)比干：商朝貴族。紂王的叔父，官少師。因屢諫紂王，被剖心而死。

(8)謂天蓋高，不敢不局，謂地蓋厚，不敢不蹐(jí)：王肅注："此《正月》六章之辭也。局，曲也。言天至高，己不敢不曲身危行，恐上干忌諱也。蹐，累足也。言地至厚，己不敢不累足，恐陷累在位之羅網。"謂，言，說。蓋，"盍"之借字，何等，多麼。蹐，累足，即用最小的步子走路，後脚緊跟着前脚，為小心戒懼之狀。

【通解】

孔子讀《詩》，讀到《正月》第六章時，一副不安恐懼的樣子，說："那些仕途不得志的君子，不是很危險嗎？順從君主附合世俗，那麼大道就會廢棄；違背君主，遠離世俗，那麼自身就會出現危險。當時的時代不提倡善行，而自己偏獨自去追求宣揚行善，那樣就會不是被說成是反常之舉，就是被認為是不法行為。因此，賢人沒有逢遇天時，還得時常擔心性命難保。夏桀殺了龍逢，商紂殺了比干，都屬於此類情況。《詩》上說：'都說天是多麼高啊，可是人們却不敢不蜷曲着身子。都說地是多麼厚啊，可是人們却不敢不輕輕落脚，小步前行。'這是說對上對下都害怕得罪，失去自己的容身之地。"

【原文】

子路問於孔子曰:"賢君治國,所先[1]者何?"孔子曰:"在於尊賢而賤不肖[2]。"子路曰:"由聞晋中行氏[3]尊賢而賤不肖矣,其亡何也?"孔子曰:"中行氏尊賢而不能用,賤不肖而不能去。賢者知其不用而怨之,不肖者知其必己賤而仇之。怨仇并存於國[4],鄰敵搆兵[5]於郊,中行氏雖慾無亡,豈可得乎?"

【注釋】

(1)先:首要的事情。

(2)不肖:不賢。

(3)中行(háng)氏:指中行文子,即荀寅,春秋時晋國卿。後與范宣子(范吉射)敗於趙鞅而奔齊。

(4)國:指中行氏在晋國的封地。

(5)搆(gòu)兵:交兵,交戰。

【通解】

子路問孔子說:"賢君治理國家,首要的事情是什麼呢?"孔子說:"在於尊重賢人而輕視不賢的人。"子路說:"仲由我聽說晋國中行氏尊重賢人而輕視不賢的人,那他為什麼會敗亡呢?"孔子說:"中行氏尊重賢人却不能加以任用,輕視不賢的人却不能罷退。賢能的人知道自己不能被任用而埋怨他,不賢的人知道自己必定會被輕視而讎恨他。埋怨和讎恨并存於他的封地之中。鄰近的敵對勢力也來侵犯,兩軍交戰於城郊,中行氏即使不想敗亡,又怎麼能做得到呢?"

【原文】

孔子閑處,喟然而嘆曰:"向使[1]銅鞮伯華[2]無死,則天下其有定矣。"

子路曰:"由願聞其人也。"子曰:"其幼也,敏而好學;其壯也,有勇而不屈;其老也,有道而能下人。有此三者,以定天下也,何難乎哉?"

　　子路曰:"幼而好學,壯而有勇,則可也。若夫有道下⁽³⁾人,又誰下哉?"子曰:"由不知,吾聞以衆攻寡,無不克也;以貴下賤,無不得也。昔者周公居冢宰⁽⁴⁾之尊,制天下之政,而猶下白屋之士⁽⁵⁾,日見百七十人。斯豈以無道也? 慾得士之用也。惡有道而無下天下君子哉?"

【注釋】

(1)向使:假使,假如。

(2)銅鞮伯華:指晉國羊舌赤。銅鞮,春秋時地名,羊舌赤的食邑,因以為姓。

(3)下:謙下。這裏指謙恭的對待。

(4)冢宰:周代輔佐天子的最高長官。

(5)白屋之士:指貧寒的士人。白屋,王肅注:"草屋也。"

【通解】

孔子閒居在家,長嘆一聲說:"假使銅鞮伯華不死,那麼天下大概可以安定了。"

子路說:"仲由我想聽聽這個人的情況。"孔子說:"他小時侯聰敏好學,壯年時英勇不屈,老年時身懷道藝而且謙恭待人。具備這三方面,想安定天下,又有什麼困難呢?"

子路說:"小時侯聰敏好學,壯年時英勇不屈是可以的,至於身懷道藝而能謙恭待人,那又是對待哪些人呢?"孔子說:"仲由你不知道,我聽說以多攻少,沒有不取勝的;身份高貴的人謙恭的對待出身卑微的人,沒有什麼做不到的。從前周公身居冢宰這樣的尊貴地位,治理天下的政務,但他還謙恭的對待貧寒的士人,每天要接見一百七十人。這樣做難道是因為不具備道藝嗎? 這是想得到賢士而為自己所用。怎麼能說具備了道藝就不必謙恭的對待天下君子呢?"

【原文】

齊景公來適魯,舍於公館[1],使晏嬰[2]迎孔子。孔子至,景公問政焉。孔子答曰:"政在節財。"

公悅,又問曰:"秦穆公[3]國小處僻而霸,何也?"孔子曰:"其國雖小其志大,處雖僻而政其中[4],其舉[5]也果[6],其謀也和[7],法無私而令不愉[8]。首拔五羖,爵之大夫[9],與語三日而授之以政。以此取之,雖王可,其霸少[10]矣。"景公曰:"善哉!"

【注釋】

(1)公館:諸侯的宮室或離宮別館。此記載又見於《說苑·尊賢》。

(2)晏嬰:春秋時齊國淮夷人,即晏平仲。繼其父弱(桓子)為齊卿,後相景公,以節儉力行,名顯諸侯。

(3)秦穆公:春秋時秦國國君。嬴姓,名任好。在位 39 年(前 659—前 621 年)。

(4)中:宜,合宜。這裏指正確。

(5)舉:用事,行事。

(6)果:果敢。

(7)和:和諧,這裏有恰到好處、恰當的意思。

(8)愉(tōu):王肅注:"愉,宜為偷。愉,苟且也。"

(9)首拔五羖(gǔ),爵之大夫:王肅注:"首,宜為身。五羖大夫,百里奚也。"羖,黑色公羊。百里奚原為虞國大夫,虞亡時為晋所獲,作為陪嫁之臣送如秦國。後出走至楚,為楚人所獲,後又被秦穆公用五張黑公羊皮贖回,任為大夫,故稱五羖大夫。後與蹇叔、由餘等佐助秦穆公建立霸業。

(10)少:小。

【通解】

齊景公到魯國來,住在公館裏,派晏嬰去迎接孔子。孔子到了之後,景公便向他請教為政之道。孔子回答說:"治理國家關鍵是要節省財物。"

景公聽了很高興,又問道:"秦穆公所統治的國家不大,又處在偏僻的地方,而他却成就了霸業,這是為什麼呢?"孔子說:"他的國家面積雖小,但他的志向遠大;地理位置雖然偏僻,但他的政策正確。他做事果敢,慮事恰當,制定的法律無所偏私,頒佈的政令也不是隨意而成定的。他親自提拔了百里奚,授給他大夫的爵位,和他交談了三天就把政事交給他處理。按照他這種為政的方式去做,即使成就帝王之業也是可以的,稱霸只不過是小成就而已。"景公說:"說得好啊!"

【原文】

哀公問政於孔子。孔子對曰:"政之急(1)者,莫大乎使民富且壽也。"公曰:"為之奈何?"孔子曰:"省力役,薄賦斂,則民富矣;敦(2)禮教,遠罪疾,則民壽矣。"公曰:"寡人慾行夫子之言,恐吾國貧矣。"孔子曰:"《詩》云:'愷悌君子,民之父母。'(3)未有子富而父母貧者也。"

【注釋】

(1)急:急切,急迫。此記載又見於《說苑·政理》。

(2)敦:敦促,督促。

(3)愷悌君子,民之父母:語出《詩·大雅·泂酌》。和樂平易的君子,是百姓的父母。

【通解】

哀公向孔子請教為政之道。孔子回答說:"為政最急迫的,沒有什麼比的上使老百姓富足和長壽的。"哀公說:"怎樣才能做到這一點呢?"孔子說:"減少勞役,減輕賦稅,百姓就會富足;敦促人們學習禮教,使他們遠離罪惡疾病,百姓就會長壽。"哀公說:"我想按您說的去做,可又擔心我的國家因此而貧困。"孔子說:"《詩》上說:'和樂平易的君子,是百姓的父母。'從來沒有兒子富足父母貧困的現象。

【原文】

衛靈公問於孔子曰:"有語寡人:'有國家者,計之於廟堂(1)之上,則政治矣。'何如?"孔子曰:"其可也。愛人者則人愛之,惡人者則人惡之。知得之己者,則知得之人。所謂不出環堵之室,而知天下者,知反己(2)之謂也。"

【注釋】

(1)廟堂:指朝廷。此記載又見於《說苑・政理》。

(2)反己:求諸己,指依靠自己。

【通解】

衛靈公問孔子說:"有人告訴我:'作為國家的統治者,只要將政務在朝廷上謀劃好了,國家就會治理好。'您認為這種說法怎麼樣呢?"孔子說:"這種說法對。愛別人的人別人也會愛他,恨別人的人別人也會恨他。知道依靠自己取得成功的人,也會知道依靠別人取得成功。所謂不出斗室却能瞭解天下大事,說的就是反省自身,嚴格要求自己的道理。"

【原文】

孔子見宋君。君問孔子曰:"吾慾使長有國而列都得之⁽¹⁾,吾慾使民無惑,吾慾使士竭力,吾慾使日月當⁽²⁾時,吾慾使聖人自來,吾慾使官府治理⁽³⁾,為之奈何?"孔子對曰:"千乘之君,問丘者多矣,而未有若主君⁽⁴⁾之問之悉也。然主君所慾者,盡可得也。丘聞之,鄰國相親,則長有國;君惠臣忠,則列都得之;不殺無辜,無釋罪人,則民不惑;士益之祿,則皆竭力;尊天敬鬼,則日月當時;崇道貴德,則聖人自來;任能黜否⁽⁵⁾,則官府治理。"宋君曰:"善哉!豈不然乎!寡人不佞⁽⁶⁾,不足以致之也。"孔子曰:"此事非難,唯慾行之云耳。"

【注釋】

(1)列都得之:王肅注:"國之列都各得其道。"不確切。列都,各座城邑。得,保有,不喪。指保有各座城邑而不喪失。此記載又見於《說苑・政理》。

(2)當(dàng)時:適時,正常。

(3)治理:治,太平。理,條理。治理,在此指治理得好。

(4)主君:對一國之君的稱呼。

(5)黜否:罷斥姦邪的小人。否,惡,低劣的人。

(6)不佞：謙辭，相當於"不才"。

【通解】

　　孔子拜見宋國國君，宋君問孔子說："我想使國家長久的保存下去，并且保有各座城邑而不喪失，我想讓百姓没有困惑，我想讓士人竭其所力，我想讓日月正常運行，我想讓聖賢的人自願前來，我想使官府得到很好的治理，怎樣才能做到這些呢？"孔子回答說："諸侯國君中向我詢問的很多，但是都没有像主君您問的這樣詳細。不過主君您所希望的這些都是能够實現的。我聽說，鄰國之間親近和睦相處，國家就會長久的保存下去；君主仁惠臣下忠心，各座城邑就能够保有而不喪失；不濫殺無罪的人，不放過有罪的人，就能使老百姓没有困惑；增加士人的俸禄，就能讓他們竭其所力盡心盡職；尊奉天命，敬事鬼神，就能讓日月正常運行；推崇道藝，重視道德，就能使聖人自願前來；任用賢能，罷斥姦邪小人，就能使官府得到很好的治理。"宋君說："說的好啊！哪裏不是這樣呢？可是我不才，難以做到這種程度。"孔子說："這些做起來並不難，只要想做就會做到的。"

辯政第十四

【序說】

本篇由九章組成,主要記述孔子辨明政治問題的事迹,故以"辯政"名篇。

孔子對齊君、魯君、葉公問政的不同回答,既表現了孔子的政治思想,如崇尚節儉、以民為本,知曉臣下、君臣同慾,悦近來遠、天下大同等等,又展現了孔子高超的政治智慧。本篇所記孔子所說勸諫君主的五種方式,還有他本人"唯度主而行之,吾從其風諫乎"的勸諫方式,都體現了孔子的政治智慧。

對於同一問題,由於對象不同,孔子的回答可能不同。《論語·子路》記載子路與仲弓分別問政於孔子,孔子作了不同回答。《論語·為政》記孟懿子、孟武伯、子游、子夏分別問孝於孔子,孔子的回答也不相同。最為典型的是《先進》篇,其中記曰:"子路問:'聞斯行諸?'子曰:'有父兄在,如之何其聞斯行之?'冉有問:'聞斯行諸?'子曰:'聞斯行之。'公西華曰:'由也問聞斯行諸,子曰有父兄在;求也問聞斯行諸,子曰聞斯行之,赤也惑,敢問。'子曰:'求也退,故進之;由也兼人,故退之。'"《家語·辯政》篇的情況與之相同,可見,因人而異,根據不同情況作出不同回答是孔子常用的方式。

本篇是研究孔子政治思想的重要資料,孔子對明君賢臣的讚嘆,是他德治思想的反映,他鼓勵宓子賤、子貢、子路從事治國安民的行動,則是孔子德治思想的具體實踐。本篇也是研究孔門弟子的重要資料。

該篇內容分見於《韓非子》、《韓詩外傳》、《說苑》等書,可以與本篇對比閱讀。

【原文】

子貢問於孔子曰:"昔者齊君問政於夫子,夫子曰:'政在節財’；魯君問政於夫子，夫子⁽¹⁾曰：‘政在諭⁽²⁾臣’；葉公⁽³⁾問政於夫子，夫子曰：‘政在悦近而遠來’。三者之問一也，而夫子應之不同。然政在異端⁽⁴⁾乎？”孔子曰：“各因其事也。齊君為國，奢乎臺榭⁽⁵⁾，淫於苑囿⁽⁶⁾，五官⁽⁷⁾伎樂，不解⁽⁸⁾於時，一旦而賜人以千乘之家者三，故曰‘政在節財’。魯君有臣三人⁽⁹⁾，内比周⁽¹⁰⁾以愚其君，外距諸侯之賓以蔽其明，故曰‘政在諭臣’。夫荆⁽¹¹⁾之地廣而都狹，民有離心，莫安其居，故曰‘政在悦近而來遠’。此三者所以為政殊矣。《詩》云：‘喪亂蔑資，曾不惠我師！⁽¹²⁾’此傷奢侈不節以為亂者也；又曰：‘匪其止共，惟王之邛。⁽¹³⁾’此傷奸臣蔽主以為亂也；又曰：‘亂離瘼矣，奚其適歸？⁽¹⁴⁾’此傷離散以為亂者也。察此三者，政之所慾，豈同乎哉！”

【注釋】

(1)夫子：原文脱“夫”字，據上下文補。此記載又見於《韓非子·難三》、《尚書大傳》。

(2)諭：明白、懂得。

(3)葉(shè)公：即沈諸梁，字子高，楚國葉地（今河南葉縣南）的地方官。

(4)異端：其他不同的看法。《論語·為政》：“攻乎異端，斯害也已。”朱熹集注：“非聖人之道，而别為一端。”焦循補疏：“各為一端，彼此互異。”

(5)臺榭：建築在臺上的房屋。

(6)苑囿：畜養禽獸的圈地，多指帝王游樂打獵的地方。

(7)五官：宮中女官名。

(8)解：通“懈”，懈怠。

(9)魯君有臣三人：王肅注：“孟孫、叔孫、季孫，三也。”

(10)比周：勾結。《論語·為政》篇，子曰：“君子周而不比，小人比而不周。”

(11)荆：楚國别稱。

(12)喪亂蔑資,曾不惠我師:語出《詩·小雅·板》。王肅注:"蔑,無也。資,財也。師,衆也。夫為亡亂之政,重賦厚斂,民無資財,曾莫肯愛我衆。"曾,怎麼。

(13)匪其止共,惟王之邛:語出《詩·小雅·巧言》。王肅注:"止,止息也。邛,病也。讒人不共所止息,故惟王之病。"共,通"恭"。

(14)亂離瘼矣,奚其適歸:語出《詩·小雅·四月》。王肅注:"離,憂也;瘼,病也。言離散以成憂,憶禍亂於斯,歸於禍亂者也。"奚,今本《毛詩》作"爰"。

【通解】

子貢問孔子說:"以前齊國國君向先生請教為政的方法,您說:'為政的關鍵在於節儉財貨';魯國國君向您請教為政的方法,您說:'為政的關鍵在於曉諭臣下';葉公向您請教為政的方法,您說'為政的關鍵在於使近處的人歡悦,使遠處的人歸附'。三人請教的問題一樣,然而您回答的並不相同。這樣是不是說對為政的關鍵問題有各種各樣不同的看法呢?"孔子說:"我根據不同的實際情況作出不同回答。齊國國君治理國家,建造亭臺樓閣十分奢侈,過分迷戀園林的嬉戲玩樂,對宮中女官掌管的音樂舞蹈始終都是興趣不減,一個早上就把有着千輛兵車的家產賞賜給了三個人,所以我說'為政的關鍵在於節儉';魯君有三位大臣,他們在國內結黨營私,愚弄君主,對外排斥諸侯國君的賓客以掩蔽魯君的聖明,所以我說'為政的關鍵在於曉諭臣下';楚國地域遼闊但都邑較少,百姓有離叛的念頭,不能安心居處,所以我說'為政的關鍵在於使近處的人歡悦,使遠處的人歸附'。這就是三人為政不同的關鍵原因。《詩》說:'死喪禍亂民財空,怎麼能不愛護我大衆!'這是悼傷不加節制地一味奢侈而導致禍亂。《詩》又說:'讒邪不恭無休止,實為大王所病憂。'這是悼傷奸臣蒙蔽君主而導致禍亂。《詩》還說:'禍亂使我憂病深,何處歸往長安身?'這是悼傷百姓離散而導致禍亂。明白了這三種情況,為政者所要追求的目標,哪裏能完全相同呢?"

【原文】

孔子曰:"忠臣之諫君,有五義焉:一曰譎諫(1),二曰戇諫[2]，三曰降諫[3]，四曰直諫，五曰風諫[4]。唯度主而行之，吾從其風諫乎！"

【注釋】

（1）譎（jué）諫：王肅注："正其事，以譎諫其君。"托辭委婉，不直指過失的勸諫。此記載又見於《說苑·正諫》。

（2）戇（zhuàng）諫：王肅注："戇諫無文飾也。"戇，魯莽，冒失。

（3）降諫：王肅注："卑降其體，所以諫也。"

（4）風（fěng）諫：王肅注："風諫，依違遠罪避害者也。"即諷諫、婉言勸諫。風通"諷"

【通解】

孔子說："忠臣進諫君主，有五種方法：一是譎諫，二是戇諫，三是降諫，四是直諫，五是風諫。只有揣摩君主的心理才能選擇相應的方式，我是贊同采用風諫的。"

【原文】

子曰："夫道不可不貴也，中行文子倍道失義以亡其國，而能禮賢以活其身[1]。聖人轉禍為福[2]，此謂是與！"

【注釋】

（1）中行文子倍道失義以亡其國，而能禮賢以活其身：王肅注："此說倍道失義，不宜說得道之意。而云禮賢，不與上相次配。又文子無禮賢之事。中行文子得罪於晉，出亡至邊。從者曰：'謂此嗇夫者，君子也。故休馬待駿者。'文子曰：'吾好音，子遺吾琴；好佩，子遺吾玉，是以不振吾過，自容於我者也。吾怨其以我求容也。'遂不入車。人聞文子之所言，執而不殺之。孔子聞之曰：'文子倍道失義以亡其國，然得之由活其身，而能禮賢以為宜以然後得也。'"倍，通"背"，違背，背棄。

（2）轉禍為福：王肅注："若人將死，不人得活，故曰轉禍為福。"

【通解】

孔子說："大道不可不尊崇。中行文子背棄大道而丟棄了封地，但却能够禮賢下士，從而保全性命。聖人轉禍為福，就是這樣。"

【原文】

楚王將游荆臺⁽¹⁾，司馬子祺⁽²⁾諫，王怒之。令尹子西⁽³⁾賀⁽⁴⁾於殿下，諫曰：“今荆臺之觀，不可失也。”王喜，拊⁽⁵⁾子西之背曰：“與子共樂之矣。”子西步馬⁽⁶⁾十里，引轡而止，曰：“臣願言有道，王肯聽之乎？”王曰：“子其言之。”子西曰：“臣聞為人臣而忠其君者，爵祿不足以賞也；諛其君者，刑罰不足以誅也。夫子祺者，忠臣也；而臣者，諛臣也。願王賞忠而誅諛焉。”王曰：“我今聽司馬之諫，是獨能禁我耳。若後世游之何也？”子西曰：“禁後世易耳，大王萬歲⁽⁷⁾之後，起山陵於荆臺之上，則子孫必不忍游於父祖之墓，以為歡樂也。”王曰：“善！”乃還。

孔子聞之，曰：“至哉子西之諫也！入之於千里之上，抑之於百世之後者也。”

【注釋】

(1)楚王：指楚昭王，春秋時楚國國君。名壬，在位 27 年（前 515—488 年）。荆臺，地名，今湖北江陵北。此記載又見於《說苑·正諫》。

(2)子祺：楚公子結。祺，或作期、綦。

(3)子西：楚平王庶長子。

(4)賀：贊許，附和。

(5)拊(fǔ)：撫摸。

(6)步馬：牽馬。

(7)萬歲：此處指去世以後。

【通解】

楚王打算到荆臺遊玩，司馬子祺加以勸止，楚王大為惱火。令尹子西卻在宮殿下附和楚王，替他謀劃道：“眼下不能錯過到荆臺遊玩的機會。”楚王聽了很高興，拍拍子西的後背說：“我要和你一起去游樂。”子西牽着馬走了十里路，拉着馬繮繩停了下來，說：“我想說一些道理，不知大王您是否肯聽？”楚王說：“你說吧。”子西說：“我聽說做臣下而忠於君主的，爵位俸禄的賞賜是不够的;阿諛奉承君主的臣下,用刑罰來誅殺也是不够的。子祺是忠臣,而我是諛臣。希望大王賞賜忠臣而誅殺諛臣。"楚王說:"我現在可以聽從司馬的勸諫,可是這只能禁止我一個人的行為。如果後人來此遊玩又該怎麼辦呢?"子西說:"禁止後人來遊玩很容易。大王去世後,在荆臺上建陵墓,那麼子孫必定不忍心在父祖的陵墓上遊玩來尋求歡樂。"楚王說:"好!"於是返回國都。

孔子聽到這件事,說:"子西的勸諫真是奇妙至極! 這真是進諫於千里之上,抑制於百世之後啊!"

【原文】

子貢問[1]於孔子曰:"夫子之於子產、晏子,可為至矣。敢問二大夫之所為目[2],夫子之所以與之者。"孔子曰:"夫子產於民為惠主[3],於學為博物。晏子於君為忠臣,而行為恭敏。故吾皆以兄事之,而加愛敬。"

【注釋】

(1)問:叢刊本作"聞",據同文本改。

(2)目:要點。

(3)惠主:仁慈的大夫。

【通解】

子貢問孔子說:"夫子對於子產、晏子的評價,可以說到了極點。我冒昧的問一下,兩位大夫突出的優點是什麼,夫子您為什麼這樣稱贊他們。"孔子說:"子產對百姓來說是一位仁慈恩惠的大夫,在學識上博通衆物。晏子對君主來說是忠臣,而且行為恭敬敏捷。以此,我都把他們看作兄長來事奉,并且愛戴和敬重他們。"

【原文】

齊有一足之鳥,飛集於宮朝[1],下止於殿前,舒翅而跳。齊侯大怪之,使使聘魯,問孔子。孔子曰:"此鳥名曰商羊,水祥[2]也。昔童兒有屈其一脚,振訊[3]兩肩而跳,且謠曰:'天將大雨,商羊鼓舞[4]。'今齊有之,其應至矣。急告民趨治溝渠,修堤防,將有大水為灾。"頃之,大霖雨[5],水溢泛諸國,傷害民人。唯齊有備,不敗。景公曰:"聖人之言,信而征矣。"

【注釋】

(1)宮朝:宮室。此記載又見於《說苑・辨物》。

(2)祥:兇吉的預兆,預先顯露出來的迹象。

(3)振訊:抖動。

(4)鼓舞:手足舞動。

(5)霖雨:形容久雨不停。

【通解】

齊國有一只腿的鳥,它們飛聚到宮室,又飛到宮殿前停下來,張開翅膀跳越着。齊君大為驚異,便派使者去魯國,向孔子請教。孔子說:"這種鳥叫商羊,能顯示有關水的預兆。從前有小孩彎曲一只脚,抖動着雙肩跳起來,幷且唱着歌謠說:'天將要下大雨,商羊就手足舞動。'現在齊國有了這種鳥,歌謠的內容就要應驗了。應該盡快告訴百姓,讓他們趕緊治理溝渠,修築堤防,因為將會發生大水灾。"

不久,大雨下個不停,各國大水泛濫成灾,民衆受到嚴重傷害。唯獨齊國有所防備,沒有造成灾害。景公說:"聖人的話,確實可信而有徵驗。"

【原文】

孔子謂宓子賤[1]曰:"子治單父[2],衆悅,子何施而得之也?子語丘所以為之者。"對曰:"不齊之治也,父恤其子,其子恤諸孤,而哀喪紀[3]。"孔子曰:"善。小節也,小民附矣,猶未足也。"曰:"不齊所父事者三人,所兄事者五人,所友事者十一人。"孔子曰:"父事三人,可以教孝矣;兄事五人,可以教悌矣;友事十一人,可以舉善矣。中節也,中人附矣,猶未足也。"曰:"此地民有賢於不齊者五人,不齊事之而禀度[4]焉,皆教不齊之道。"孔子嘆曰:"其大者乃於此乎有矣!昔堯舜聽[5]天下,務求賢以自

175

輔。夫賢者,百福之宗也,神明之主也。惜乎宓不齊之以所治者
小也。”

【注釋】

(1)宓(fú)子賤:孔子弟子,名不齊,字子賤,魯國人。此記載又見於
《韓詩外傳》卷八,《說苑·政理》。

(2)單(shàn)父(fǔ):魯邑,在今山東單縣。

(3)喪紀:喪事。

(4)稟度:指“受教”。

(5)聽:治理,管理或執行事務。

【通解】

孔子對宓子賤說:“你治理單父,那裏的百姓都很高興。你如何施政
而得到他們的擁護的?請你告訴我其中的原因。”宓子賤回答說:“我在
治理時,像父親一樣愛撫他們的兒子,又像他們的兒子一樣愛撫所有的孤
兒,并且哀悼他們的喪事。”孔子說:“好。不過,這些都是小的善行,能使
一般的民眾親附,這還做的不夠。”宓子賤說:“被我視為父親的有三人,
視為兄長的有五人,視為朋友的有十一人。”孔子說:“被視為父親的有三
人,這可以教育人們恪守孝道;被視為兄長的有五人,可以教育人們敬愛
兄長;被視為朋友的有十一人,可用來推薦德才兼備的人。這都是中等的
善行,能使平常的人親附,但還是做的不夠。”宓子賤說:“當地有五人比
我賢明,我事奉他們并且能接受他們的教誨,他們都教給我為政的方法。”
孔子嘆息說:“成就大業的關鍵就在這裏啊!從前堯舜治理天下,各自搜
求賢人來輔佐自己。賢人是求得福佑的根本,是敬事神明的主體。只可
惜,宓子賤用這些方法治理的地方太小了。”

【原文】

子貢為信陽[1]宰,將行,辭於孔子。孔子曰:“勤之慎之,奉
天子之時,無奪無伐,無暴無盜。”子貢曰:“賜也少而事君子,豈
以盜為累[2]哉?”

孔子曰:“汝未之詳也。夫以賢代賢,是謂之奪;以不肖代

賢,是謂之伐;緩令急誅,是謂之暴;取善自與,謂之盜。盜非竊財之謂也。吾聞之,知為吏者,奉法以利民;不知為吏者,枉法以侵民。此怨之所由也。治⁽³⁾官莫若平,臨財莫如廉。廉平之守,不可改也。匿人之善,斯謂蔽賢;揚人之惡,斯為小人。內不相訓而外相謗,非親睦也。言人之善,若己有之;言人之惡,若己受之。故君子無所不慎焉。"

【注釋】

(1)信陽:楚邑,在今河南信陽南。此記載又見於《說苑·政理》。

(2)累(lèi):過失。

(3)治:好。

【通解】

子貢要去信陽為宰,臨行前,向孔子辭行。孔子說:"勤快謹慎地做事,尊奉天子頒行的時令,不要侵奪、不要攻伐、不要暴虐、不要盜竊。"子貢說:"我從小就事奉君子,怎麼會犯盜竊的罪過呢?"

孔子說:"你知道的還不詳細。用賢人取代賢人是侵奪;用不肖的人取代賢人是攻伐;法令鬆弛而誅殺峻急,這叫做暴虐;把別人功績據為己有是盜竊。盜竊並不是盜竊財物。我聽說,會當官吏的人,奉行法令以有利於民眾;不會當官吏的人,歪曲法令以侵害民眾。這就是怨恨產生的根源。好官最重要的要素就是公平,面對財物最重要的是廉潔。廉潔公平的操守,是不可改變的。抹煞別人的優點,這叫做蒙蔽賢人;彰揚別人的缺點,這就是小人。在內不相互教誨,却在外相互誹謗,這不是親近和睦。說別人的優點時,好像自己也有這些優點;說別人缺點時,好像自己應該把它承受下來。因此君子時時處處無不謹慎。"

【原文】

子路治蒲⁽¹⁾三年,孔子過之,入其境,曰:"善哉!由也恭敬以信矣。"入其邑,曰:"善哉!由也忠信而寬矣。"至庭⁽²⁾,曰:"善哉!由也明察以斷矣。"

子貢執轡而問曰:"夫子未見由之政,而三稱其善,其善可得聞乎?"孔子曰:"吾見其政矣。入其境,田疇盡易⁽³⁾,草萊⁽⁴⁾甚辟,溝洫深治,此其恭敬以信,故其民盡力也;入其邑,牆屋完固,樹木甚茂,此其忠信以寬,故其民不偷也;至其庭,庭甚清閒,諸下用命⁽⁵⁾,此其言明察以斷,故其政不擾⁽⁶⁾也。以此觀之,雖三稱其善,庸⁽⁷⁾盡其美乎?"

【注釋】

(1)蒲:春秋衛地,戰國屬魏。在今河南省長垣縣。此記載又見於《韓詩外傳》卷六。

(2)庭:官署。

(3)田疇盡易:田地得到整治。田疇,田地。易,整治。

(4)草萊:荒地。

(5)用命:服從命令。

(6)擾:混亂,煩亂。

(7)庸:難道,豈,哪裏。韓愈《師說》:"庸知其年之先後。"

【通解】

子路治理蒲地已經三年了,孔子經過那裏,進入蒲地轄境,說:"好啊!仲由恭敬而有誠信。"進入了城邑,說:"好啊!仲由忠信而寬厚。"到了子路的官署,說:"好啊!仲由明察而果斷。"

子貢拉着繮繩問道:"夫子還沒有看到仲由怎樣施政,就三次稱讚了,他為政好的地方在哪裏,可以說來聽聽嗎?"孔子說:"我已經看到他怎樣施政的了。進入蒲地,看到田地都得到了整治,荒地大都得到開闢,溝渠都得到了深挖,這說明他為政恭敬而誠信,因此百姓盡力勞作。進入蒲邑,看到城牆房屋都很堅固,樹木很是茂盛,這是因為他忠信寬厚,因而當地百姓毫不懈怠。進入蒲地官署,看到官署內很清閒,手下人都聽從命令,這說明他明察而果斷,因而當地政治毫不煩亂。由此看來,即使三次稱讚仲由為政功績,難道就能把他的美德善行都窮盡嗎?"

卷第四

六本第十五

【序說】

本篇首章講述君子處世的六大根本，故題名曰"六本"。

本篇由二十一章組成，各章相對獨立，但所談論的基本都是立身處世的問題。如孔子提到的"良藥苦口利於病，忠言逆耳利於行"，是說人應當善於糾正自己的過失；周釐王宮廟發生火災，孔子認為是他處事不當而受到了上天懲罰；在看到捕鳥者捕到的均是黃嘴小鳥時，孔子告誡弟子要慎重地選擇所跟從的對象；孔子讀《易》而得出謙受益、滿招損的結論；孔子批評曾子的"孝"太過愚直；孔子從榮聲期身上學到自我寬慰；曾參學習孔子的善於見人之善、學人之善、聞善必行，是君子為人處世的極高境界；孔子預言"商也日益，賜也日損"，指出環境與人同化的道理，從而提出應當謹慎擇友、"慎其所處"的道理。在有的篇章中，還有孔子強調明確法度、謹慎處事的論述。

孔子心目中的理想人格是君子，從某種意義上說，儒學其實可以稱為"君子之學"。而要成為"君子"，首先需要修身，"修己以敬"，進而"修己以安人"、"修己以安百姓"。如何修身呢？在本篇中，孔子提出為君子的六個根本，即立身以孝為本，喪紀以哀為本，戰陣以勇為本，治政以農為本，居國以嗣為本，生財以力為本。另外，還要聽逆耳忠言，做事謹慎，學會自我寬慰，慎重選擇相處的人等。孔子的弟子曾子繼承了孔子修身、內省的道德修養功夫，繼而"思孟學派"將一思想進一步發揚廣大。

本篇記述又分別見於《說苑》、《禮記》、《韓詩外傳》、《淮南子》、《荀子》、《列子》等書。

【原文】

孔子曰：“行己⑴有六本焉，然後為君子也。立身有義矣，而孝為本⑵；喪紀有禮矣，而哀為本；戰陣有列矣，而勇為本；治政有理矣，而農為本；居國有道矣，而嗣⑶為本；生財有時矣，而力為本。置本不固，無務農桑；親戚不悅，無務外交；事不終始，無務多業；記聞而言⑷，無務多說；比近⑸不安，無務求遠。是故反本修邇⑹，君子之道也。”

【注釋】

⑴行己：己行，自己行走，也就是說立身處世。此記載又見於《說苑·建本》。

⑵本：根本。如《論語·學而》“君子務本”。

⑶嗣：子孫。王肅注：“繼嗣不立，則亂之萌。”

⑷記聞而言，無務多說：王肅注：“但記所聞而言，言不出說中，故不可以務多說。”

⑸比近：鄰近。比：緊靠，挨着。

⑹反本修邇：反本，返回根本。修邇，從近處修行。

【通解】

孔子說：“人立身行世要有六大根本，然後才能成為君子。立身要有道義，而以行孝為本；舉辦喪事要有禮節，而以盡哀為根本；交戰對陣時要布好隊列，以勇敢為根本；治理政事要有條不紊，而以農事為根本；治理國家有大道，而以立嗣為根本。發財要把握時機，以盡力為根本。樹立的根本不牢固就不必去從事農桑；自己的親戚不喜歡，就不必結交外人；做事有始無終就不必多做事；道聽途說的言論就不必多說話；鄰近之處不能安定，就不必奢求做遠處的事情。因此，返回根本，從近處做起，這是君子之道。”

【原文】

孔子曰：“良藥苦於口而利於病，忠言逆於耳而利於行。湯、武⑴以諤諤⑵而昌，桀、紂⑶以唯唯⑷而亡。君無爭⑸臣，父無爭子，兄無爭弟，士無爭友，無其過者，未之有也。故曰：君失之，臣得之；父失之，子得之；兄失之，弟得之；己失之，友得之。是以國無危亡之兆⁽⁶⁾，家無悖亂⁽⁷⁾之惡，父子兄弟無失，而交友無絕也。"

【注釋】

(1)湯、武：指商湯和周武王。商湯，商朝的開國君主。周武王，西周第一位君主。二位均為開國之君。此記載又見於《說苑·正諫》。

(2)諤(è)諤：直言貌，即直言進諫的樣子。

(3)桀、紂：指夏桀和商紂。桀，夏桀。夏朝的亡國之君。紂，商紂，商朝的亡國之君。

(4)唯唯：隨聲附和的應答聲。成語"唯唯諾諾"就依此而來。

(5)爭(zhèng)：同"諍"，以直言勸告，使人改正錯誤。

(6)兆：徵兆，預兆。

(7)悖亂：背叛，叛亂，犯上作亂。

【通解】

孔子說："良藥吃起來苦但對疾病有利。忠言聽起來不順耳却對行為有好處。商湯、周武王因為能聽取直言進諫而國運昌盛。夏桀和商紂因為喜歡聽唯唯諾諾的恭順之詞而國破身亡。因此，國君沒有敢於直言勸諫的臣子，父親沒有直言勸諫的兒子，兄長沒有直言勸諫的弟弟，士人沒有直言勸諫的朋友，不犯錯誤是不可能的。所以說：君主有了過失，臣下發現並予以進諫；父親有了過失，兒子發現並予以告知；兄長有了過失，弟弟發現並予以規勸；自己有了過失，朋友發現並予以告誡。因此，國家不會出現危亡的兆頭；家庭不會有犯上作亂的惡行，父子兄弟之間不會失和，朋友之間的交往也不會斷絕。"

【原文】

孔子見齊景公，公悅焉，請置廩丘⁽¹⁾之邑以為養⁽²⁾。孔子辭而不受。入謂弟子曰："吾聞君子當⁽³⁾功受賞。今吾言於齊君，君未之有行⁽⁴⁾，而賜吾邑，其不知丘亦甚矣。"於是遂行⁽⁵⁾。

【注釋】

(1)廩丘：邑名，齊邑。此記載又見於《吕氏春秋·高義》、《說苑·立節》。

(2)養：提供給養，指作為食邑。

(3)當：原作"賞"，據備要本及《吕氏春秋》、《說苑》改。

(4)君未之有行：指齊景公沒有采取實際的行動。

(5)行：此"行"與前不同，意為離開。

【通解】

孔子拜見齊景公，景公十分高興，請求孔子接受廩丘作爲食邑。孔子推辭不接受。回到住處後，他對弟子說："我聽說君子因為有功而接受賞賜。今天我向齊景公進言，他並沒有據此采取實際的行動，却賞賜給我城邑，他也太不了解我孔丘了。"於是就離開了齊國。

【原文】

孔子在齊，舍於外館⁽¹⁾，景公造⁽²⁾焉。賓主之辭既接，而左右白⁽³⁾曰："周使適⁽⁴⁾至，言先王廟災。"景公復問："災何王之廟也？"孔子曰："此必釐王⁽⁵⁾之廟。"

公曰："何以知之？"孔子曰："《詩》云：'皇皇上天，其命不忒。天之以善，必報其德。'⁽⁶⁾禍亦如之。夫釐王變文武之制，而作玄黄⁽⁷⁾華麗之飾，宮室崇峻⁽⁸⁾，輿馬奢侈，而弗可振⁽⁹⁾也，故天殃所宜加其廟焉。以是占之為然。"公曰"天何不殃其身而加罰其廟也？"孔子曰："蓋以文、武故也。若殃其身，則文武之嗣，無乃殄⁽¹⁰⁾乎？故當殃其廟，以彰其過。"

俄頃，左右報曰："所災者，釐王廟也。"景公驚起，再拜曰："善哉！聖人之智，過人遠矣。"

【注釋】

(1)舍於外館：住在旅館裏。舍，這裏作動詞，意為住。外館，客舍，客官。此記載又見於《說苑·權謀》。

（2）造：到……去。

（3）白：報告。

（4）適：副詞。剛才，剛剛。

（5）釐（xī）王：周釐王，亦作僖王。姬姓，名胡齊，在位年5年（前681—677年）。

（6）皇皇上天，其命不忒。天之以善，必報其德：王肅注："此《逸詩》也。皇皇，美貌也。忒，差也。"皇皇，美盛鮮明的樣子。

（7）玄黃：泛指顏色。

（8）崇峻：高而挺拔。崇，高。峻，高而陡峭。

（9）振：王肅注："振，救。"

（10）殄：消滅，滅絕。成語有"暴殄天物"。

【通解】

孔子在齊國，住在旅館裏。齊景公前來拜訪。賓主互致問候之辭以後，左右的人報告說："周王室的使者剛到，說先王的宗廟遭了火災。"齊景公問："遭火災的是哪個先王的宗廟？"孔子說："這肯定是釐王的宗廟。"

齊景公問："憑什麼知道是此廟？"孔子說："《詩》說'上天美善又偉大，它的命令沒偏差。施仁行善的大好人，美好德行上天必報答。'災禍也是一樣。釐王改變文王、武王制定的制度，而製作色彩華麗的服飾。宮室高大挺拔，車馬奢侈浪費，而且達到了不可救藥的地步，所以上天把災禍降到他的宗廟裏是理所當然的。因此我才推測是釐王的宗廟。"齊景公說："上天為什麼不降禍到他的身上，而是加罪於他的宗廟呢？"孔子說："大概是由於文王、武王的緣故。倘若降災於他本人，那麼文王武王的後代不就滅絕了嗎？所以應當降禍於他的宗廟來彰顯他的過失。"

過了一會，左右的人又來報告說："受災的是釐王的宗廟。"齊景公喫驚得站了起來，向孔子拜了兩拜："好啊！聖人的智慧真是遠遠超過一般人。"

【原文】

子夏（1）三年之喪畢，見於孔子。子曰："與之琴，使之弦（2）。"

侃侃⁽³⁾而樂，作⁽⁴⁾而曰：'先王制禮，不敢不及也。'"子曰："君子也！"閔子⁽⁵⁾三年之喪畢，見於孔子。孔子與之琴，使之弦。切切⁽⁶⁾而悲，作而曰："先王制禮，弗敢過也。"子曰："君子也！"

子貢曰："閔子哀未盡，夫子曰'君子也'；子夏哀已盡，又曰'君子也'。二者殊情而俱曰君子，賜也或，敢問之。"孔子曰："閔子哀未忘，能斷之以禮；子夏哀已盡，能引之及禮。雖均之君子，不亦可乎？"

【注釋】

(1)子夏：原作"子貢"，據同文本改。此記載又見於《禮記·檀弓上》、《說苑·修文》。

(2)弦：原指樂器上用來發音的絲綫、銅絲或繩狀物。這裏用作動詞，意為彈奏。

(3)侃侃：和樂貌。

(4)作：起來，起身。

(5)閔子：即閔子騫。孔子弟子。魯國人，以德行著稱。

(6)切切：悲哀，憂傷貌。

【通解】

子夏服完三年之喪，前來拜見孔子。孔子說："給他琴，讓他彈奏。"子夏流露出愉悅快樂的神態，彈起琴來，並對孔子說："先王制定的禮儀，不敢不達到。"孔子說："真是君子啊！"

閔子騫服完三年之喪，前來拜見孔子。孔子說："給他琴，讓他彈奏。"閔子騫流露出悲哀憂傷的神情，起身對孔子說："先王制定的禮儀，不敢超過。"孔子說："真是君子啊！"

子貢問："閔子騫還沉浸在悲痛裏，先生您稱他為君子；子夏已經不再傷心，您也稱他為君子。兩個人感情不同而您都稱他為君子，我很迷惑，請問個中原因？"孔子說："閔子騫不忘悲哀而能用禮制來壓抑；子夏已經不再悲哀，卻能引導感情趨向禮制。即使把他們都稱為君子，不也是應該的嗎？"

【原文】

孔子曰:"無體之禮⁽¹⁾,敬也;無服之喪,哀也;無聲之樂,歡也。不言而信,不動而威,不施而仁,志。夫鐘之音,怒而擊之則武,憂而擊之則悲。其志變者,聲亦隨之。故志誠感之,通於金石⁽²⁾,而況人乎?"

【注釋】

(1)體:形式,儀式。無體之禮指沒有完全按照程式的禮儀。此記載又見於《說苑·修文》。

(2)金石:泛指樂器。金:指金屬制成的樂器,如鐘、鈴等。石:石類樂器,如磬。

【通解】

孔子說:"沒有儀式的禮節,才是真正的恭敬;沒有喪服的喪事,才是真正的悲哀;沒有聲音的音樂,才是真正的歡樂。不說話就有信用,不行動就有威嚴,不施予就有仁愛,這是心志使然。鐘的聲音,發怒的時候敲擊打高亢威武,憂傷時敲擊就低沉悲涼。心志改變了,聲音也隨之改變。所以心志真誠有所觸動時,和樂器都能相通,何況是人呢?"

【原文】

孔子見羅⁽¹⁾雀者所得皆黃口⁽²⁾小雀。夫子問之曰:"大雀獨不得,何也?"羅者曰:"大雀善驚⁽³⁾而難得,黃口貪食而易得。黃口從大雀則不得,大雀從黃口亦不得。"

孔子顧謂弟子曰:"善驚以遠害,利⁽⁴⁾食而忘患,自其心矣,而以所從為禍福。故君子慎其所從,以長者之慮,則有全身之階⁽⁵⁾,隨小者之戀⁽⁶⁾,而有危亡之敗也。"

【注釋】

(1)羅:網羅,捕捉。此事又見於《說苑·敬慎》。

(2)黃口:指小鳥。幼鳥未長成時嘴黃,故稱之。

(3)善驚:容易驚覺,即警覺。

（4）利：貪，貪求。

（5）階：憑藉。

（6）戇（zhuàng）：痴，傻，愚。

【通解】

孔子看到捕鳥人捉到的全都是黃嘴小鳥。孔子問他"大雀偏偏捉不到，為什麼？"捕鳥的人說："大雀警覺所以難以捕到，小鳥貪食所以容易捉到。小雀跟着大雀時就捉不到，大雀跟着小雀時也捉不到。"

孔子回過頭來對弟子說："警覺可以遠離禍害，貪食就忘記了隱患。這是源於內心，由所跟從的對象決定是福是禍。所以君子在選擇跟隨對象時要謹慎。按照長者的憂慮行事就是保全自身的途徑。依從愚昧無知的年輕人，就有滅亡的災禍。"

【原文】

孔子讀《易》，至於《損》、《益》，喟然而嘆。子夏避席[1]問曰："夫子何嘆焉？"孔子曰："夫自損者必有益之，自益者必有決之[2]，吾是以嘆也。"

子夏曰："然則學者不可以益乎？"子曰："非道益之謂也。道彌益而身彌損。夫學者損其自多，以虛受人，故能成其滿。博哉天道，成而必變。凡持滿而能久者，未嘗有也。故曰：'自賢者，天下之善言不得聞於耳矣。'昔堯治天下之位，猶允[3]恭以持之，克[4]讓以接下，是以千歲而益盛，迄今而逾彰。夏桀、昆吾[5]自滿而極，亢意[6]而不節，斬刈[7]黎民如草芥[8]焉，天下討之如誅匹夫，是以千載而惡著，迄今而不滅。觀此，如行則讓長，不疾先；如在輿遇三人則下之，遇二人則式之。調其盈虛，不令自滿，所以能久也。"

子夏曰："商請志之，而終身奉行焉。"

【注釋】

（1）避席：離開席位，表示尊敬。此記載又見於《說苑·敬慎》。

（2）自損者必有益之，自益者必有決^(quē)之：王肅注："《易》《損卦》次得《益》，《益》次《夬》，夬，決也。損而不已必益，故受之以益；益而不已必決，故受之以夬。"

（3）允：王肅注："允，信也。"誠也，信也。《論語》有"允執其中"。

（4）克：王肅注："克，能也。"

（5）昆吾：王肅注："昆吾國與夏桀作亂。"昆吾為夏朝陸終氏的長子，曾與夏桀一起作亂，後為商湯所滅。

（6）亢意：隨心所欲，恣意妄為。

（7）斬刈：斬殺。刈，割。

（8）草芥：小草。比喻最輕微，無價值的東西。

【通解】

孔子讀《易》，讀到《損》、《益》二卦時，長長地嘆了口氣。子夏離開席位問到："先生您為什麼嘆氣？"孔子說："那些自以為不足的人必然會獲得補益，自滿的人必然會有所缺失，我因此而感嘆。"

子夏問："難道通過學習不能補益嗎？"孔子說："這不是道藝的增加。道越是增加，自己越感覺不足。學習的人自認為不足的地方很多，以謙虛的態度接受別人的指教，所以能達到盈滿的程度。天道十分的廣博，有所成就一定會發生改變。凡保持盈滿而又能長久的，是不曾有過的。所以說：'自認為賢能的人，天下的好言論都聽不進他們的耳朵。'從前堯登上治理天下的位子，仍然誠信恭敬地待人，能够用謙讓的態度對待臣下，因此千百年來名聲日盛，到了今天更加顯著。夏桀、昆吾自滿到了極點，恣意妄為，不加節制，斬殺老百姓如同割草一樣，天下人討伐他們如同誅殺獨夫民賊，所以千百年來罪惡越發顯著，到了今天也沒有消失。依此看來，如果走在路上就讓年長者先走，不要搶先。如果乘車，遇到三個人就應該下車，遇到兩個人就應該扶着車前衡木，以示敬意。調節盈滿和虛空，不讓自滿情緒發生，所以能保持長久。"

子夏說："我請求記下這番教誨，並終身奉行。"

【原文】

子路問於孔子曰："請釋⁽¹⁾古之道而行由之意，可乎？"子

187

曰：“不可。昔東夷⁽²⁾之子⁽³⁾，慕諸夏之禮，有女而寡，為内私婿⁽⁴⁾，終身不嫁。不嫁則⁽⁵⁾不嫁矣，亦非⁽⁶⁾貞節之義也。蒼梧嬈⁽⁷⁾娶妻而美，讓與其兄，讓則讓矣，然非禮之讓矣。不慎其初，而悔其後，何嗟及矣⁽⁸⁾。今汝慾舍古之道，行子之意，庸知子意不以是為非，以非為是乎？後雖慾悔，難哉！”

【注釋】

（1）釋：放下，放棄。此記載又見於《說苑·建本》。

（2）東夷：古時華夏族對東方諸族的稱呼。

（3）子：泛指人。

（4）内（nà）：同“納”，納入。私婿，非正式婚配的女婿。

（5）不嫁則：“不”字原脱，據《說苑》補。

（6）非：原作“有”，據《說苑》改。

（7）蒼梧嬈：與孔子同時代人。

（8）不慎其初，而悔其後，何嗟及矣：王肅注：“言事至而後悔吁嗟，又何及矣。”

【通解】

子路問孔子：“我請求放棄古人的道而按照我仲由的意志行事，可以嗎？”孔子說：“不可以。從前東夷人仰慕中原禮儀。有女子成了寡婦，想為她招納個私婿，她却終身不再嫁。不嫁雖說不嫁，却也不是貞節的本義了。蒼梧嬈娶的妻子貌美，就讓給了他的兄長。謙讓雖說是謙讓，却是不合禮儀的謙讓。當初做事不謹慎，事後又後悔，嗟嘆後悔又有什麼用呢？如今你想拋舍古道，按照你自己的意志行事，怎麼知道你的主張不是以對為錯，以錯為對呢？以後即使想後悔，就難了。”

【原文】

曾子⁽¹⁾耘⁽²⁾瓜，誤斬其根。曾晢⁽³⁾怒，建大杖以擊其背。曾子僕地而不知人，久之。有頃乃蘇，欣然而起，進於曾晢曰：“向也參得罪於大人，大人用力教參，得無疾乎？”退而就房，援⁽⁴⁾琴而歌，慾令曾晢而聞之，知其體康也。孔子聞之而怒，告門弟子曰:"參來,勿内。"

曾參自以為無罪,使人請⁽⁵⁾於孔子。子曰:"汝不聞乎,昔瞽瞍⁽⁶⁾有子曰舜,舜之事瞽瞍,慾使之,未嘗不在於側;索而殺之,未嘗可得。小棰則待過,大杖則逃走,故瞽瞍不犯不父之罪,而舜不失蒸蒸⁽⁷⁾之孝。今參事父,委身以待暴怒,殪⁽⁸⁾而不避。既身死而陷父於不義,其不孝孰大焉?汝非天子之民也!殺天子之民,其罪奚若?"

曾參聞之曰:"參罪大矣。"遂造孔子而謝過。

【注釋】

(1)曾子:曾參,孔子弟子,以孝行著稱。此記載又見於《韓詩外傳》卷八、《說苑·建本》。

(2)耘:除草。

(3)曾晢:曾點,曾參之父,亦孔子弟子。

(4)援:操,拿。

(5)請:問,詢問。

(6)瞽(gǔ)瞍(sǒu):舜的父親。相傳他溺愛舜的弟弟,屢次想害死舜。瞽、瞍均為瞎眼之意,因此,也有一種說法是因為舜父不能分別好惡,故稱之為瞽瞍。

(7)蒸蒸:通"烝烝",衆多的樣子。

(8)殪(yī):王肅注:"殪,死。"

【通解】

曾參在瓜地裏除草,不小心錯把瓜苗的根斬斷了。曾晢很生氣,就拿起大棍子打他的背。曾參倒在地上,很長時間不省人事。過了一會他才蘇醒過來,很高興地爬起來,上前對曾晢說:"剛才得罪了父親大人,父親大人用力教訓我,沒有傷着吧?"然後退回房中,彈琴唱歌,想讓曾晢聽見,知道他身體安然無恙。孔子聽說之後很是生氣,告訴他的門人弟子說:"曾參來了,不要讓他進來。"

曾參自認為沒有過錯,託人詢問孔子。孔子說:"你沒有聽說過嗎?從前瞽瞍有個兒子叫作舜,舜侍奉瞽瞍,要使喚他時,他沒有不在旁邊的;

想要殺掉他時,却從未得手。父親用小棍子打他,他就等着受過捶打;用大棍子打他,他就逃跑。因此,瞽瞍没有犯不行父道之罪,而舜也不失多行孝道。如今曾參舍身體承受暴怒,死也不躲。自己死了又讓父親陷於不義之地,有哪種不孝比這個更嚴重呢? 你不是天子的臣民,而殺死了天子的百姓,這應該是什麽樣的罪行呢?”

曾子聽了這番話後,說:“我曾參的罪真是太嚴重了。”於是前往孔子那裏謝罪。

【原文】

荆[1]公子行年[2]十五而攝[3]荆相事。孔子聞之,使人往觀其為政焉。使者反曰:“視其朝,清净而少事,其堂上有五老焉,其廊下有二十壯士焉。”孔子曰:“合二十五人之智,以治天下,其固免矣,况荆乎?”

【注釋】

(1)荆:楚國的別稱。此記載又見於《說苑·尊賢》。

(2)行年:經歷的年歲,指當時的年齡。

(3)攝:代理。

(4)固:本來。

【通解】

楚公子十五歲就代理楚相的職位。孔子聽說後,派人前往觀察他為政的情况。派去的人回來報告說:“看他的朝政,清净而少有事務,在廳堂上有五位老人,廊下有二十個壯士。”孔子說:“集合二十五個人的智慧,以治理天下,本來就可以免除灾禍了,何况僅僅是一個楚國呢?”

【原文】

子夏問於孔子曰:“顏回之為人奚若?”子曰:“回之信[1]賢於丘。”曰:“子貢之為人奚若?”子曰:“賜之敏[2]賢於丘。”曰:“子路之為人奚若?”子曰:“由之勇賢於丘。”曰:“子張之為人奚若?”子曰:“師之莊[3]賢於丘。”

子夏避席而問曰："然則四子何為事先生?"子曰："居,吾語汝。夫回能信而不能反⁽⁴⁾,賜能敏而不能詘⁽⁵⁾,由能勇而不能怯,師能莊而不能同⁽⁶⁾。兼四子者之有以易吾,弗與也。此其所以事吾而弗貳也。"

【注釋】

(1)信:誠實,誠信。此記載又見於《淮南子·人間訓》、《說苑·雜言》、《列子·仲尼》。

(2)敏:機敏聰慧。

(3)莊:莊重,嚴肅。

(4)能信而不能反:王肅注:"反,謂反信也。君子不必信,唯義所在耳。"指君子說話不必句句都是誠實的,只要符合道義就可以了。

(5)能敏而不能詘(qū):王肅注:"言人雖辨敏,亦宜有屈折時也。"詘,通"屈",屈服,屈抑。

(6)能莊而不能同:王肅注:"言人雖矜莊,亦當有和同時也。"同,混同,不能合群。

(7)貳:離心;不專一。

【通解】

子夏問孔子說:"顏回的為人怎麼樣?"孔子說:"顏回在誠信方面比我強。"子夏問:"子貢的為人怎麼樣?"孔子說:"端木賜在機敏聰慧方面比我強。"子夏問:"子路的為人怎麼樣?"孔子說:"仲由在勇敢方面比我強。"子夏問:"子張的為人怎麼樣?"孔子說:"顓孫師在莊重方面比我強。"

子夏離開席位問道:"然而為什麼這四個人都跟先生您學習呢?"孔子說:"坐下,我告訴你。顏回誠信却不能靈活地失信,端木賜機敏却不能屈抑,仲由勇敢却不能表示怯弱,顓孫師莊重却不能合群。即使這四個人的長處加起來跟我相比,也趕不上我。這就是他們侍奉我而且忠心不二的原因。"

【原文】

孔子游於泰山,見榮聲期⁽¹⁾行乎郕⁽²⁾之野,鹿裘帶索,鼓瑟⁽³⁾而歌。孔子問曰:"先生所以為樂者,何也?"期對曰:"吾樂甚多,而至者三。天生萬物,唯人為貴。**吾既得為人,是一樂也**;男女之別,男尊女卑,故人以男為貴。**吾既得為男,是二樂也**;人生有不見日月⁽⁴⁾,不免襁褓⁽⁵⁾者,吾既以行年九十五矣,是三樂也。貧者,士之常;死者,人之終。處常得終⁽⁶⁾,當何憂哉?"孔子曰:"善哉! 能自寬者也。"

【注釋】

(1)榮聲期:或作榮啟期、榮益期,春秋時期著名隱士。王肅注:"聲,宜為啟。或曰榮益期也。"此記載又見於《說苑·雜言》、《列子·天瑞》。

(2)郕(chéng):魯邑。

(3)鼓瑟:原作"瑟瑟",據燕山本改。

(4)不見日月:指胎死腹中。

(5)襁褓:嬰兒的被子。

(6)得:王肅注:"得,宜為待。"《說苑》作"待"。

【通解】

孔子到泰山遊玩,遇見榮聲期在郕邑郊外行走,穿着鹿皮袍子,繫着繩索作衣帶,彈琴歌唱。孔子問道:"請問先生您這麼高興,所為何事?"榮聲期說:"我值得高興的事情很多。天生萬物,只有人最尊貴。我既然能成為人,這是第一件值得高興的事。男女有別,男尊女卑,因此,人以男子為貴。我既然能做男子,這是第二件值得高興的事。有的人還未出生就胎死腹中,有的人在襁褓之中就不幸夭折,我已經活到了九十五歲,這是第三件值得高興的事。貧困,是士人的常理;死亡,是人的歸宿。處在常理之中以享天年,還有什麼值得憂愁的呢?"孔子說:"好啊! 真是一個能自我寬慰的人。"

【原文】

孔子曰:"回有君子之道四焉:强於行義,弱於受諫⁽¹⁾,怵於待禄⁽²⁾,慎於治身。史⁽³⁾有君子之道三焉:不仕而敬上,不祀而敬鬼,直己而曲人。"曾子侍,曰:"參昔常聞夫子三言,而未之能行也。夫子見人之一善而忘其百非,是夫子之易事也;見人之有善若己有之,是夫子之不爭也;聞善必躬行之,然後導之,是夫子之能勞也。學夫子之三言而未能行,以自知終不及二子⁽⁴⁾者也。"

【注釋】

(1)弱於受諫:接受別人勸諫時很虛心。此記載又見於《說苑・雜言》。

(2)怵於待禄:怵,害怕。王肅注:"怵,怵惕也。待,宜為得也。"

(3)史:子魚,孔子弟子。

(4)二子:王肅注:"二子,顏回、史也。"

【通解】

孔子說:"顏回具備君子的四種品德:實行德義時很堅定,接受勸諫時很虛心,接受俸禄時很害怕,立身行事時很謹慎。史具備君子的三種品德:不做官而尊敬身居上位的人,不祭祀却能敬重鬼神,嚴格要求自己正直却能寬以待人。"曾子在旁邊陪侍,說:"我曾經聽先生您說過三句話,却没有能够實行。先生您見到人一處優點就忘掉了他所有的缺點,因此先生您容易與人相處;看到别人身上有善行就好像自己也有了,因此先生不與人爭勝;聽到善行就親自實踐,然後引導别人,這是先生您能喫苦耐勞。學習了先生您三句話却没能實行,因此知道自己最終也不如顏回、史他們兩人。"

【原文】

孔子曰:"吾死之後,則商也日益,賜也日損。"曾子曰:"何謂也?"子曰:"商也好與賢己者處,賜也好說不若己者。不知其子,視其父;不知其人,視其友;不知其君,視其所使⁽¹⁾;不知其地,視其草木。故曰,與善人居,如入芝蘭⁽²⁾之室,久而不聞其香,即與之化矣;與不善人居,如入鮑魚⁽³⁾之肆,久而不聞其臭,亦與之化矣。丹⁽⁴⁾之所藏者赤,漆之所藏者黑。是以君子必慎其所與處者焉。"

【注釋】

(1)所使:所任命的人。此記載又見於《說苑·雜言》。

(2)芝蘭:芝,通"芷",白芷。蘭,蘭草,這兩種都是香草。二者連用常指美好的德行或環境。

(3)鮑魚:咸魚,用鹽腌漬後氣味腥臭。肆,店鋪。

(4)丹:朱砂。

【通解】

孔子說:"我死了之後,卜商會越來越進步,而端木賜會越來越後退。"曾子說:"為什麼呢?"孔子說:"卜商喜歡和比自己賢能的人相處,而端木賜喜歡取悅那些不如自己的人。不了解兒子,就看他的父親如何;不了解某一個人,就看他交接的朋友如何;不了解君主,就看他任命的大臣如何;不了解某塊土地,就看那裏草木的生長的情況如何。所以說,與賢能的人相處,就像進入放有香草的房間,時間久了就聞不出它的香氣,這是與它同化了;與不好的人相處就像進入賣咸魚的鋪子,時間久了就聞不到它的腥臭味,這也是與它同化了。用來裝丹砂的容器會變成紅色,用來藏漆的容器會變成黑色。因此,君子一定要慎重地選擇與自己相處的人。"

【原文】

曾子從孔子之齊,齊景公以下卿之禮聘曾子,曾子固辭。將行,晏子[1]送之,曰:"吾聞之,君子遺[2]人以財,不若善言。今夫蘭本[3]三年,湛[4]之以鹿醢[5],既成噉[6]之,則易之匹馬。非蘭之本性也,所以湛者美矣。願子詳其所湛者。夫君子居必擇處,游必擇方,仕必擇君。擇君所以求仕,擇方所以修道。遷風移俗者,嗜慾移性,可不慎乎?"

孔子聞之,曰:"晏子之言,君子哉!依賢者固不困,依富者固不窮。馬蚿[7]斬足而復行,何也?以其輔之者眾。"

【注釋】

（1）晏子：指晏嬰，齊國的宰相。此記載又見於《晏子春秋·內篇雜上》、《荀子·大略》、《說苑·雜言》。

（2）遺（wèi）：贈送。

（3）蘭本：蘭草的根。

（4）湛（jiān）：同“漸”，浸漬。

（5）鹿醢：鹿肉作成的肉醬。

（6）噉（dàn）：同“啖”，吃。

（7）馬蚿（xián）：一種多足，有節肢的蟲。

【通解】

曾子跟從孔子到齊國去，齊景公用下卿的禮節來聘用曾子，曾子堅決推辭。曾子要離開齊國時，晏子前來送行，說：“我聽說贈送給君子財物，不如贈送他幾句有益的話。現在有生長了三年的蘭草根，用鹿肉湯來浸泡，泡好後很好吃，可以用來換一匹馬。這不是蘭草本身就是如此，而是用以浸泡它的鹿肉湯的味道好。希望你能慎重對待浸泡它的湯。君子居住一定要選擇處所，出遊一定要選擇方向，做官一定要選擇君主。選擇國君是為了求得官位，選擇方向是為了修養德行。那些移風易俗的人，十分喜歡改變本性，能不謹慎嗎？”孔子聽說後，說：“晏嬰的話，真是君子之言啊！依靠賢人就不會困厄，依靠富人就不會貧窮。馬蚿被斬了腳還可以爬行，為什麼？ 這是因為輔助的腳很多。”

【原文】

孔子曰：“以⁽¹⁾富貴而下人，何人不尊？ 以富貴而愛人，何人不親？ 發言不逆，可謂知言矣；言而眾向之，可謂知時矣。是故以富而能富人者，慾貧不可得也；以貴而能貴人者，慾賤不可得也；以達而能達人者，慾窮不可得也。”

【注釋】

（1）以：原作“與”，據備要本、陳本、文獻集本改。

【通解】

孔子說：“身處富貴而能謙遜待人，又有什麼人會不尊重他？ 身處富貴而能敬愛別人,又有誰能不親附他? 發言時不忤逆衆人的意願,可以說是懂得講話;說了話衆人就響應,可以說懂得抓住時機。因此,自己富有又能使別人富有的人,想貧窮是不可能的;自己尊貴又能使別人尊貴的人,想卑賤也辦不到;自己通達又能使別人通達的人,想陷入困境也辦不到。”

【原文】

孔子曰:“中人⁽¹⁾之情也,有餘則侈,不足則儉,無禁則淫⁽²⁾,無度則逸,從⁽³⁾慾則敗。是故鞭撲之子,不從父之教;刑戮之民,不從君之令。此言疾之難忍,急之難行也。故君子不急斷,不急制,使飲食有量,衣服有節,宮室有度,畜積有數,車器有限,所以防亂之原也。夫度量不可不明⁽⁴⁾,是中人所由之令⁽⁵⁾。”

【注釋】

(1)中人:一般人,中等人。此記載又見於《說苑·雜言》。
(2)淫:過分,無節制。
(3)從(zòng):通“縱”,放縱。
(4)不明:“不”字原脱,據燕山本改。
(5)令:王肅注:“教令之令。”

【通解】

孔子說:“一般人的情況是:財富有餘就奢侈浪費,不够就節省,沒有禁令就恣肆無節制,沒有限制就會放縱,隨心所慾就會敗亡。因此,遭受鞭打的兒子往往不聽從父親的教誨;遭受刑法的百姓往往不順從君主的命令。這就是說要求過度會讓人難以忍受,操之過急就難以實行。所以君子不急於決斷,不急於定制,使飲食有限量,穿衣服有節制,宮室有限度,積蓄有定數,車輛器械有限量,這是防範禍亂的根本。法度不能不明確,這是一般人遵守的教令。”

【原文】

孔子曰："巧而好度⁽¹⁾必攻⁽²⁾，勇而好問必勝，智而好謀必成。以愚者反之。是以非其人⁽³⁾，告之弗聽；非其地，樹之弗生。得其人，如聚砂而雨之⁽⁴⁾；非其人，如會聾而鼓之。夫處重擅寵，專事妒賢，愚者之情也。位高則危，任重則崩，可立而待。"

【注釋】

（1）度（duó）：揣度，推測。此記載又見於《荀子·仲尼》、《說苑·雜言》。

（2）攻：王肅注："攻，堅。"

（3）非其人：不是合適的人。

（4）如聚砂而雨之：像在聚攏砂上倒水那樣全部被吸收了，比喻容易聽取意見。王肅注："言立人也。"

【通解】

孔子說："靈巧而又喜歡揣度的人必然堅定，勇敢而又善於請教的人必然勝利，聰明而又喜歡謀劃的人必然成功。愚蠢的人正好相反。因此，不是合適的人，告訴他也不會聽從；不是合適的地方，栽上樹也不會生長。得到合適的人，就像往劇烈的砂上倒水，很容易聽取；不合適的人，就像把聾子集合起來，敲鼓給他們聽。身居要位，獨受寵信，專攬政事，嫉賢妒能，這是愚蠢人的本性。地位高貴就會面臨危險，責任重大就會崩潰，這些情況不多久就可以看到。"

【原文】

孔子曰："舟非水不行，水入舟則沒；君非民不治，民犯上則傾。是故君子不可不嚴也，小人不可不整一⁽¹⁾也。"

【注釋】

（1）整一：統一整治。

【通解】

孔子說："船沒有水就不能行駛，水進了船，船就會沉沒；君主沒有百姓就無法治理國家，百姓犯上作亂，國家就會傾覆。因此，君子不可以不嚴謹，小人不能不統一整治。"

【原文】

齊高庭問於孔子曰："庭不曠山，不直地[1]，衣穰而提贄[2]，精氣[3]以問事君子之道，願夫子告之。"孔子曰："貞以干之[4]，敬以輔之，施仁無倦，見君子則舉之，見小人則退之。去汝惡心，而忠與之，效[5]其行，修其禮，千里之外，親如兄弟。行不效，禮不修，則對門不汝通矣。夫終日言，不遺己之憂；終日行，不遺己之患。唯智者能之。故自修者，必恐懼以除患，恭儉以避難者也。終日為善，一言則敗之，可不慎乎！"

【注釋】

（1）庭不曠山，不直地：王肅注："庭，高庭，名也。曠，隔也。不以山為隔，逾山而來。直，宜為植，不根於地而遠來也。"此記載又見於《說苑·雜言》。

（2）衣穰而提贄：王肅注："穰：蒿草衣。提，持。贄，所以執為禮也。"

（3）精氣：真誠之氣。

（4）貞以干之：王肅注："貞正以為干植。"

（5）效：效力，效勞。

【通解】

齊國的高庭問孔子說："我不怕高山阻隔，不遠千里而來，穿着蒿草衣，手提見面禮，誠心誠意地來請教侍奉君子的方法，希望您告訴我。"孔子說："以忠貞正直為主幹，以恭敬為輔助，施行仁義而不知疲倦。看見君子就加以舉薦，看見小人就加以斥退。打消邪惡的念頭，而忠誠地與人相處。盡力地做事，修行禮儀，千里之外的人也會親如兄弟。做事不盡力，禮儀不修行，那麼即使連住在對面也不來往。整日說話，不給自己留下憂慮；整日做事，不給自己留下禍患。只有聰明的人才能做到這一點。因此，注意自我修行的人，一定懷着恐懼的心理來消除禍患，保持恭敬節儉的態度以避免災難。一輩子做好事，卻會因為一句話而導致失敗，能不謹慎嗎？"

辯物第十六

【序說】

辯物，即辯析事物，指對事物的分析、討論、認識。本篇主要記載孔子關於各種事物的論斷、談話，表現了孔子的博學多聞、好古敏求以及敏銳的洞察力。孔子的言論貫穿着他的禮治和教化思想。

本篇共分十小節，每節都是相對獨立的故事。孔子“上知天文，下知地理”，他從螽災推知“再失閏也”，從季桓子穿井推知所得為羊；孔子對“骨何如為大”和“肅慎氏之矢”的闡釋，體現了他的信而好古、知識廣博。在回答“誰守為神”時，在闡釋“肅慎氏之矢”時，孔子的宗法等級的思想得到了具體反映。周代禮制的本質是維護以親親之道為核心的宗法統治秩序，作為一種治國安邦的政治制度，禮所確定的貴賤尊卑關繫是保証社會有序運行的關鍵，所以，在“邾隱公朝於魯”一節中，面對子貢的“不幸而言中”，他認為“是賜多言”，這實際是他對當時禮崩樂壞、天下無道局面感到痛心。“郯子朝魯”一節記述孔子向郯子學習古代官制，幷發出“天子失官，學在四夷”的感慨，由此可見孔子不僅好古敏求，也感慨“時之廢學”。禮樂制度在文化上表現為尚禮尚文，恪守先王功業。春秋以降，社會劇烈變動，禮樂制度也受到劇烈衝擊，即使是保存周禮最為完備的魯國也出現“禮崩樂壞”的局面。面對官學廢弛、典章闕壞的現實，孔子不禁感慨萬千。正是基於此，人們才開始重新思考人與人之間的社會關繫，這也正是早期儒家政治倫理思想產生的基礎。

西周時期，人們對超自然力量的崇拜仍占統治地位。自春秋以來，進步思想家開始關注人事，孔子的宗教信仰也具有鮮明的時代特點。一方面，他對傳統的宗教觀念並不完全否定，以人格天為主的神靈依然存在，且居於重要地位。如魯司鐸官署發生火災後，他斷定所殃及者是桓、僖之廟，其依據是“今桓、僖之親盡矣，又功德不足以存其廟，而魯不毀，是以天災加之。”可見在孔子的思想觀念中，天仍然占重要地位。另一方面，孔子雖然對天懷有敬畏之情,但並不迷信盲從。他認為周歷十二月(即夏曆十月)仍有蟲災是"再失閏"造成的,並沒有認為是所謂天譴,這在宗教神秘思想仍有廣泛影響的春秋戰國時期是難能可貴的。

本篇的價值是多方面的。孔子從陽虎奔晉預測到晉國將有後世之亂,體現了他敏銳的洞察力;子服景伯"以實獲囚,以詐得免",孔子指出"吳子為夷德,可欺而不可以實",體現了孔子處理問題的靈活性,也從側面反映了祭祀在當時仍居十分重要的地位;"獲麟"一節,孔子對麒麟"出非其時而害"感到傷心,以致"涕泣沾襟",實際上這是孔子對時勢的感傷,曲折表達出他期待明主以行教化的殷切心志。

本篇材料還散見於《國語》、《左傳》、《公羊傳》、《說苑》、《孔叢子》等典籍。

【原文】

季桓子穿井[1],獲如玉缶[2],其中有羊焉。使使問孔子曰[3]:"吾穿井於費[4],而於井中得一狗,何也?"孔子曰:"丘之所聞者,羊也。丘聞之,木石之怪[5],夔、魍魎[6];水之怪,龍、罔象[7];土之怪,羵羊也[8]。"

【注釋】

(1)季桓子穿井:季桓子,魯國大夫。穿井,挖井。此記載又見於《國語·魯語下》、《說苑·辨物》。

(2)玉缶(fǒu):玉質器皿。"玉",備要本作"土"。

(3)使使問孔子:同文本"問"後有"於"字。

(4)費(bì):魯國邑名,故址在今山東費縣西北。

(5)木石之怪:山林中的精怪。

(6)夔(kuí)、魍(wǎng)魎(liǎng):夔,古代傳說中的單足獸。魍魎,山精。

(7)罔象:水怪的一種。

(8)羵(fén)羊:古代傳說中的土中神怪。

【通解】

季桓子令人挖井，得到一個質地如玉的器皿，裏面有只羊。他派役從去請教孔子："我在費地挖井，從井中得到一條狗，這是怎麼回事呢?"孔子說："就我所聽到的而言，應該是羊。我聽說，山林中的精怪是夔、魍魎，水中的精怪是龍、罔象，土中的精怪是羵羊。"

【原文】

吳伐越，墮會稽[(1)]，獲巨骨一節，專車[(2)]焉。吳子使來聘於魯[(3)]，且問之孔子，命使者曰："無以吾命也。"賓既將事[(4)]，乃發幣於大夫，及孔子[(5)]，孔子爵之[(6)]。

既徹俎而燕[(7)]，客執骨而問曰："敢問骨何如為大?"孔子曰："丘聞之，昔禹致[(8)]群臣於會稽之山，防風[(9)]後至，禹殺而戮[(10)]之，其骨專車焉，此為大矣。"

客曰："敢問誰守為神?"孔子曰："山川之靈，足以紀綱天下[(11)]者，其守為神[(12)]。諸侯社稷之守為公侯[(13)]，山川之祀者為諸侯，皆屬於王[(14)]。"

客曰："防風何守?"孔子曰："汪芒氏之君，守封嵎山者[(15)]，為漆姓，在虞夏商為汪芒氏，於周為長翟氏，今曰大人[(16)]。"

有客曰："人長之極幾何?"孔子曰："焦僥氏[(17)]長三尺，短之至也。長者不過十，數之極也。"

【注釋】

(1)吳伐越，墮(huī)會稽：王肅注："吳王夫差敗越王勾踐，栖於會稽，吳又墮之。會稽，山也。墮，毀者也。"會稽山，位於今浙江紹興東南。此記載又見於《國語·魯語下》。

(2)專車：占了一車。專，擅。

(3)吳子使來聘於魯：吳子，指吳王夫差，公元前495—前473年在位。聘，諸侯使大夫問於諸侯稱聘。

(4)將事：從事某項工作。將，行。

(5)發幣於大夫，及孔子：王肅注："賜大夫，及孔子。"幣，指用作聘問禮物的玉、馬、皮、帛等。

（6）爵之：王肅注：“飲酒。”

（7）既徹俎而燕：徹，又作“撤”。俎，《說文》：“俎，從半肉在且上。”且，祭祀所用的禮器。指供祭祀或宴會用的四腳方形青銅盤或木漆盤，常陳設牛羊肉。燕，通“宴”。

（8）致：此處指召集。

（9）防風：姓氏名。禹時候的部落首領，汪芒氏之君。

（10）戮：陳屍。

（11）足以紀綱天下：王肅注：“謂名山大川能興雲致雨以利天下也。”

（12）其守為神：王肅注：“守山川之祀者為神。”

（13）諸侯社稷之守為公侯：王肅注：“但守社稷，無山川之祀者，直為公侯而已。”同文本“社稷”前無“諸侯”二字。

（14）皆屬於王：王肅注：“神與公侯之屬也。”

（15）汪芒氏之君，守封嵎（yú）山者：王肅注：“汪芒，國名。封嵎，山名。”封嵎，封山、嵎山，位於今浙江德清西南。

（16）於周為長瞿氏，今日大人：王肅注：“周之初及當孔子之時，其名異也。”瞿，同文本作“翟”。

（17）焦僥（yáo）氏：一作“僬僥”，相傳為西南蠻人的一支。《說文·人部》：“南方有焦僥，人長三尺，短之極。”

【通解】

吳國攻伐越國，毀壞了會稽山，得到一節大骨頭，大骨頭占了一車。吳王派使臣去魯國朝聘，并且就此事向孔子請教，他告誡使臣：“不要說是我的命令。”使臣做完應做的事後，就向大夫分發禮品，發到孔子時，孔子飲了一杯酒。

撤去祭祀禮器後，衆人歡宴，使臣手持大骨頭請教孔子：“請問骨頭怎樣才算大呢？”孔子說：“我聽說，古時候禹在會稽山召集群臣，防風氏遲到了，禹就殺了他，并且陳屍示衆，他的骨頭占了一車。這樣的骨頭就算大的了。”

使臣說：“請問守護什麼的是神靈呢？”孔子說：“山川的精靈，能興雲致雨利於天下的，它的守護者是神靈。諸侯中，只守社稷而不祭山川的是公侯,祭祀山川的是諸侯,他們都隸屬於天子。"

使臣說:"防風氏守護什麼呢?"孔子說:"他是汪芒氏的君主,守護封山和嵎山,漆姓。虞、夏、商時稱汪芒氏,周時稱長瞿氏,現在稱大人。"

有客人問:"人身長的極限是多少呢?"孔子說:"焦僥氏身長三尺,這是身長的最小極限。最高的不超過十尺,這是身長的最大極限。"

【原文】

孔子在陳,陳惠公賓之於上館⁽¹⁾。時有隼集陳侯之庭而死⁽²⁾,楛矢貫之,石砮⁽³⁾,其長尺有咫⁽⁴⁾。

惠公使人持隼,如孔子館而問焉。孔子曰:"隼之來遠矣,此肅慎氏⁽⁵⁾之矢。昔武王克商,通道於九夷百蠻⁽⁶⁾,使各以其方賄⁽⁷⁾來貢,而無忘職業⁽⁸⁾。於是肅慎氏貢楛矢、石砮,其長尺有咫。先王慾昭其令德之致遠物⁽⁹⁾也,以示後人,使永鑒⁽¹⁰⁾焉,故銘其栝⁽¹¹⁾曰:'肅慎氏貢楛矢⁽¹²⁾',以分大姬,配胡公而封諸陳⁽¹³⁾。古者分同姓以珍玉,所以展⁽¹⁴⁾親親也;分異姓以遠方之職貢,所以無忘服⁽¹⁵⁾也,故分陳以肅慎氏貢焉⁽¹⁶⁾。君若使有司求諸故府⁽¹⁷⁾,其可得也。"

公使人求得之,金牘⁽¹⁸⁾如之。

【注釋】

(1)陳惠公:陳國國君。名吳,媯姓。公元前 533—前 506 年在位。此記載又見於《國語·魯語下》。

(2)隼(sǔn):王肅注:"隼,鳥也。始集庭便死。"庭,門庭。

(3)楛(hù)矢貫之,石砮(nǔ):王肅注:"楛,木名;砮,箭鏃。"

(4)咫(zhǐ):王肅注:"咫,八寸也。"

(5)肅慎氏:古代的少數民族,主要從事狩獵,居住在今東北地區。

(6)九夷百蠻:王肅注:"九夷,東方九種。百蠻,夷狄百種。"指周邊各少數民族。

(7)方賄:地方特產。賄,財物。

（8）職業：職分内的事。

（9）昭其令德之致遠物：彰顯他能令遠方朝貢的美好德行。昭，顯。令德，美好的德行。致，引而至。

（10）鑒：鑒觀。

（11）銘其栝（kuò）：銘，刻。栝，箭末扣弦處。同文本作"括"。

（12）楛矢：王肅注："楛，箭栝也。"

（13）以分大姬，配胡公而封諸陳：王肅注："大姬，王女。胡公，舜之後。"分，予。

（14）展：重。

（15）服：服事。

（16）故分陳以肅慎氏貢焉：玉海堂本"陳"後有"氏"字。

（17）故府：舊府。府指國家收藏文書或財物的地方。

（18）金匵：即"金櫃"，用來收藏文獻等的銅櫃。王肅注："匵，匱也。"

【通解】

孔子在陳國時，陳惠公安排他住在上等館舍。當時有隼鳥停栖在陳侯的門庭，隨即死去。楛木做的箭矢穿透了它們的身體，箭鏃為石制，箭長一尺八寸。

惠公令人拿着隼鳥到孔子住的館舍去請教。孔子說："隼鳥飛來的地方離這兒很遠，這是肅慎氏的箭矢。古時候周武王攻克商朝，打通了前往周邊各族的道路，讓他們帶着各自的特產來朝貢，以此提醒他們不要忘記自己的職分。於是肅慎氏貢上楛木箭矢，石制箭鏃，箭長一尺八寸。武王想要彰顯他能令遠方朝貢的美好德行，用以昭示後人，讓他們永遠鑒觀，因此在箭末扣弦處刻着：'肅慎氏所貢楛木箭'，並把它賜予大姬，後來大姬許配給胡公，分封到陳國，箭也隨之到了陳國。古時候將珍寶玉器賜給同姓諸侯，用來強化親親之道；將遠方貢物賜給異姓諸侯，用來提醒他們不忘事周，因為這個緣故才將肅慎氏的貢物賜給陳國。您如果派有司到原來的府庫中去找，就可以找到。"

惠公派人找到了金匵，裏面果然果然如孔子所說，藏有這種箭矢。

【原文】

郯子朝魯[1]，魯人[2]問曰：“少昊[3]氏以鳥名官，何也？”對曰：“吾祖也，我知之。昔黃帝以雲紀官，故為雲師而雲名[4]。炎帝[5]以火，共工[6]以水，大昊[7]以龍，其義一也[8]。我高祖[9]，少昊摯之立也，鳳鳥適至，是以紀之於鳥，故為鳥師而鳥名。自顓頊氏[10]以來，不能紀遠，乃紀於近，為民師而命以民事[11]，則不能故也[12]。”

孔子聞之，遂見郯子而學焉。既而告人曰：“吾聞之：‘天子失官，學在四夷。’猶信[13]。”

【注釋】

（1）郯子朝魯：郯子，郯國國君。相傳為少昊後裔。此記載又見於《左傳》昭公十七年。

（2）魯人：王肅注：“魯人，叔孫昭子。”

（3）少昊：王肅注：“少昊，金天氏也。”昊，同文本作“皓”，下同。相傳為東夷族首領。名摯，己姓。活動中心在奄（今山東曲阜）。

（4）黃帝以雲紀官，故為雲師而雲名：王肅注：“黃帝，軒轅氏。師，長也。雲紀其官長而為官名者也。”紀，記識。

（5）炎帝：王肅注：“神農氏也。”相傳為古代帝王，姜姓。

（6）共工：王肅注：“共工霸九州也。”

（7）大（tài）昊：王肅注：“包（fú）犧氏也。”相傳為東夷族首領，風姓。

（8）其義一也：王肅注：“火師而火名也，龍師而龍名也。”

（9）高祖：遠祖。

（10）顓（zhuān）頊（xū）：傳說中的古代帝王。號高陽氏。頊，原作“項”，據備要本改。

（11）為民師而命以民事：《國語・楚語下》：“少昊之衰也，九黎亂德，顓頊受之，乃命南正重司天以屬神，命火正黎司地以屬民。”民事，此指政事。

（12）不能故：王肅注：“言不能紀遠方。”

（13）吾聞之“天子失官，學在四夷。”猶信：王肅注：“郯，小國也。故吳伐郯，季文子嘆曰：‘中國不振旅，蠻夷之伐，吾亡無日矣。’孔子稱‘官學在四夷'，疾時之廢學也。郯，少昊之後，以其世則遠矣，以其國則小矣；魯公之後，以其世則遠矣，以其國則大矣，然其知禮不若郯子，故孔子發此言，疾時之不學也。"此言周魯俱衰，典章闕壞，而小國之君乃知前古官名之沿革。

【通解】

郯國國君朝見魯國，叔孫昭子問道："少昊氏用鳥來命名職官，為什麼呢？"郯國國君答道："他是我的祖先，我知道其中的緣由。古代黃帝用雲記識官職，所以百官之長用雲來命名。炎帝用火來命名，共工用水來命名，大昊用龍來命名，道理都是一樣的。我的遠祖少昊摯立國時，恰好鳳鳥飛來，於是用鳥來命名職官，所以百官之長用鳥來命名。從顓頊氏以來，不能以遠來的天瑞來命名，就用就近的民事來命名，於是設立百姓的長官，其職位就用民事來命名，所以就不能像過去那樣記載遠方的天瑞了。"

孔子聽說了這件事，就去謁見郯國國君，向他請教。事後孔子對別人說："我聽說'天子那裏典章闕壞，官學却還保存在諸侯小國中。'這是可以相信的。"

【原文】

邾隱公朝於魯(1)，子貢觀焉(2)。邾子執玉高，其容(3)仰；定公受玉卑，其容俯。子貢曰："以禮觀之，二君者將有死亡(4)焉。夫禮，生死存亡之體(5)，將左右周旋(6)，進退俯仰，於是乎取之；朝祀喪戎，於是乎觀之。今正月相朝，而皆不度(7)，心以(8)亡矣。嘉事不體(9)，何以能久？高仰，驕(10)；卑俯，替(11)。驕近亂，替近疾。若為主(12)，其先亡乎？"

夏五月，公薨(13)，又邾子出奔。孔子曰："賜不幸(14)而言中，是賜多言。"

【注釋】

(1)邾隱公：邾國國君，名益，曹姓。此記載又見於《左傳》定公十五年。

（2）子貢觀焉：王肅注："子貢時為魯大夫也。"

（3）容：臉，面部。

（4）死亡：死亡與出奔。死，死亡。亡，逃亡，出奔。

（5）體：根本。

（6）左右周旋：左右，折旋揖讓。周旋，儀容舉止。

（7）不度：王肅注："不得其法度也。"

（8）以：通"已"。

（9）嘉事不體：王肅注："朝聘，亦嘉事也。不體，不得其體。"

（10）驕：驕恣。

（11）替：廢惰。

（12）若：猶"我"。參見《書·盤庚下》"若否罔有弗欽"蔡沈集傳。備要本、同文本、《左傳》作"君"。

（13）薨（hōng）：古代諸侯之死稱薨。

（14）不幸：指魯定公死亡與邾隱公出奔之事。

【通解】

邾隱公到魯國朝見，子貢觀看了朝見禮儀。邾隱公高高地執玉，臉向上仰；定公低低地接玉，臉向下俯。子貢說："依據禮制來看，兩位國君快要死亡或出奔了。禮制，是生死存亡的根本，折旋揖讓，進退俯仰，都從這裏來擇取；朝會祭祀，喪葬征戰，也從這裏觀看。如今在正月裏朝見，而都不合於禮制，他們心中已經沒有禮制了。朝聘不合於禮制，怎能長久呢？高仰，這是驕恣；卑俯，這是廢惰。驕恣近於動亂，廢惰近於疾病。我國國君是主人，大概會先死亡吧！"

夏五月，魯定公去世，邾國國君也出奔他國。孔子說："子貢說中了不幸的事，這是他多嘴了。"

【原文】

孔子在陳，陳侯就之燕游焉(1)。行路之人云："魯司鐸(2)災，及宗廟。"以告孔子。子曰："所及者，其桓、僖之廟。(3)"陳侯曰："何以知之？"子曰："禮，祖有功而宗有德，故不毀其廟焉。

207

今桓、僖之親盡矣⁽⁴⁾，又功德不足以存其廟，而魯不毀，是以天災加之。”

三日，魯使至，問焉，則桓、僖也。陳侯謂子貢曰：“吾乃今知聖人之可貴。”對曰：“君之知之，可矣，未若專⁽⁵⁾其道而行其化之善也。”

【注釋】

（1）燕游焉：同文本作“燕焉子游。”燕游，閒遊。此記載又見於《左傳》哀公三年。

（2）司鐸：王肅注：“司驛，官名。”恐非。司鐸，宮城中的官署，即後世的郎署。

（3）桓、僖：王肅注：“桓公、僖公。”桓公，名允，前711—前694年在位。僖公，名申，前659—前627年在位。

（4）今桓、僖之親盡矣：據古代禮制，“諸侯五廟”，即隻立五代的宗廟表示宗親關繫，而桓公為哀公的八世祖，僖公為哀公的六世祖，均已不合“諸侯五廟”的禮制，所以孔子說“今桓、僖之親盡矣”。

（5）專：司，推行。

【通解】

孔子在陳國，陳侯同他一起閒遊。路上的行人說：“魯國的司鐸官署發生了火災，殃及宗廟。”陳侯將此事告訴了孔子。孔子說：“所殃及的恐怕是祭祀桓公和僖公的宗廟吧。”陳侯問：“憑什麼知道是他們的宗廟呢？”孔子說：“按照禮制，祖宗有功德，所以不毀他們的宗廟。如今與桓公和僖公的宗親關繫已經終結，而他們的功德又不足以使宗廟繼續保存，可是魯國沒有廢毀，因此天災加於其上。”

三日之後，魯國的使臣來到陳國，問起這件事，火災殃及的果然是桓公和僖公的宗廟。陳侯對子貢說道：“我今天才明白聖人值得敬重。”子貢回答：“您明白聖人值得敬重，可以了，但不如專一地遵守他的道藝，推行他的教化更好些。”

【原文】

陽虎既奔齊[1]，自齊奔晉，適趙氏。孔子聞之，謂子路曰：
"趙氏其世[2]有亂乎！"子路曰："權不在焉，豈能[3]為亂？"孔子
曰："非汝所知。夫陽虎親富而不親仁[4]，有寵於季孫，又將殺
之，不克而奔，求容[5]於齊。齊人囚之，乃亡歸晉。是齊、魯二
國，已去其疾[6]。趙簡子[7]好利而多信[8]，必溺其說而從其謀。
禍敗所終，非一世可知也。"

【注釋】

(1)陽虎既奔齊：陽虎，字貨，魯國季孫氏家臣。以陪臣執國命，慾去
季桓子，未遂，據陽關以叛，為魯所攻，遂出奔。此記載又見於《左傳》定公
九年。

(2)世：後世。

(3)能：原作"不"，據同文本改。

(4)親富而不親仁：《孟子·滕文公上》"陽虎曰：'為富不仁矣，為仁不
富矣。'"則陽虎乃為富不仁。親，近。

(5)求容：求取容身之地。一說博取喜悅。

(6)疾：害。

(7)趙簡子：即趙鞅，趙武之孫，晉國卿。

(8)多信：輕信。

【通解】

陽虎出奔齊國以後，又從齊國逃到晉國，到了趙簡子那裏。孔子聽說
後，對子路說："趙簡子的後世恐怕要有動亂了！"子路說："政權不在他手
中，怎能作亂呢？"孔子說："這不是你所能明白的。陽虎依附富人而不依
附仁人，為季孫氏所寵信，又要加害於他，沒有得逞，於是出奔，向齊國求
取容身之地。齊國人囚禁了他，他便逃亡出來，到了晉國。這樣，齊、魯
二國已經除去了禍患。趙簡子貪圖小利又容易輕信於人，一定會被陽虎
的話所迷惑而聽從於他的計謀。禍患什麼時候能終結，不是一代人可以
知道的。"

【原文】

季康子⁽¹⁾問於孔子曰："今周十二月,夏之十月,而猶有螽⁽²⁾,何也?"孔子對曰："丘聞之,火伏而後蟄者畢⁽³⁾。今火猶西流⁽⁴⁾,司歷⁽⁵⁾過也。"季康子曰："所失者,幾月也?"孔子曰："於夏十月,火既没矣。今火見,再失閏也。"

【注釋】

(1)季康子:即季孫肥,魯哀公時正卿,"康"為其謚號。此記載又見於《左傳》哀公十二年。

(2)螽(zhōng):蝗災,蝗蟲群飛,多發生於周歷秋八月或九月。

(3)火伏而後蟄者畢:王肅注:"火,大火,心星也。蟄,蟄蟲也。"大火星為心宿二,一般在夏曆十月就已隱没,天氣也逐漸轉冷,昆蟲都蟄於地下。

(4)西流:出現在西方天空,逐漸隱没。

(5)司歷:掌曆法的官員。

【通解】

季康子向孔子問道:"現在是周歷十二月,夏曆的十月,却仍有蝗災,為什麼呢?"孔子答道:"我聽說大火星隱没後,昆蟲也都蟄伏起來。現在大火星仍然出現在西方天空,這是司歷官的過失。"季康子問:"錯出在哪個月?"孔子說:"在夏曆十月,大火星就應隱没,現在它還出現在天空,錯出在應再設一次閏月而未設。"

【原文】

吳王夫差將與哀公見晉侯⁽¹⁾。子服景伯⁽²⁾對使者曰："王合諸侯,則伯率侯牧以見於王⁽³⁾;伯合諸侯,則侯率子男以見於伯⁽⁴⁾。今諸侯會,而君與寡君見晉君,則晉成為伯也。且執事以伯召諸侯,而以侯終之,何利之有焉?"吳人乃止。既而悔之,遂囚景伯。

伯謂大宰嚭⁽⁵⁾曰："魯將以十月上辛⁽⁶⁾有事⁽⁷⁾於上帝、先

王,季辛而畢。何⁽⁸⁾也世有職焉,自襄⁽⁹⁾已來未之改⁽¹⁰⁾。若其不會,則祝宗⁽¹¹⁾將曰:'吳實然'。"譖言於夫差,歸之。

子貢聞之,見於孔子曰:"子服氏之子拙於說矣,以實獲囚,以詐得免。"孔子曰:"吳子為夷德,可欺而不可以實。是聽者之蔽,非說者之拙也。⁽¹²⁾"

【注釋】

(1)吳王夫差將與哀公見晉侯:王肅注:"吳子魯哀公十二年與晉侯會於黃池。"晉侯,即晉定公,名午,公元前511—前475年在位,此記載又見於《左傳》哀公十三年。

(2)子服景伯:即子服何,魯國大夫,當時跟隨魯哀公參加會盟。

(3)伯率侯牧:王肅注:"伯,王官。侯牧,方伯名。"伯為諸侯之長。

(4)伯:王肅注:"伯,侯牧也。"

(5)大宰嚭(pǐ):伯氏,名嚭。一作帛喜,字子餘,吳王夫差寵臣。

(6)上辛:《公羊傳》成公十七年注:"始辛。"

(7)有事:王肅注:"有事,祭。所以欺吳也。"

(8)何:王肅注:"何,景伯名。"

(9)襄:王肅注:"襄,魯襄公是也。"魯襄公,名午,公元前572—前542年在位。

(10)未之改:原作"之改之"。據備要本、《左傳》改。

(11)祝宗:主持祭祀的人。

(12)非說者之拙也:同文本"拙"後無"也"字。

【通解】

吳王夫差將要和哀公去謁見晉侯。子服景伯對使者說:"天子會合諸侯,那麼諸侯之長就率領侯牧謁見天子;諸侯之長會合諸侯,那麼侯爵就率領子爵、男爵去晉見。現在諸侯相會,而貴國國君和我國國君進見晉國國君,那麼晉國國君就成為諸侯之長了。況且貴國國君以伯爵身份召集諸侯,卻以侯爵身份結束會合,又有什麼好處呢?"吳人於是作罷。過後又感到後悔,就將景伯囚禁起來。

景伯對太宰嚭說:"魯國將在十月上辛這天祭祀上帝、先王,季辛這天才結束。我家世代都在祭祀中任職，從襄公以來未曾改變。如果這次我不參加祭祀，祝宗會在禱告時說：'是吳國囚禁他，使他無法參加的。'"太宰嚭將這些話告訴了吳王夫差，夫差就把景伯放了回去。

子貢聽說了此事，謁見孔子說："子服景伯拙於言辭，因為講實話被囚禁，因為行欺詐被釋放。"孔子說："吳王施行的是夷狄的德行，對他可以行欺詐而不可以講實話。這是聽者蔽陋，不是說者拙劣。"

【原文】

叔孫氏之車士曰子鉬商⁽¹⁾，采薪於大野⁽²⁾，獲麟焉⁽³⁾，折其前左足，載以歸。叔孫以為不祥，棄之於郭外⁽⁴⁾，使人告孔子曰："有麇⁽⁵⁾而角者，何也？"孔子往觀之，曰："麟也。胡為來哉？胡為來哉？"反袂⁽⁶⁾拭面，涕泣沾衿⁽⁷⁾。叔孫聞之，然後取之。

子貢問曰："夫子何泣爾？"孔子曰："麟之至，為明王也。出非其時而害，吾是以傷焉。"

【注釋】

(1)叔孫氏之車士曰子鉬(chú)商：王肅注："車士，持車者。子，姓也。"一說子鉬為氏，商為名。此記載又見於《左傳》哀公十四年、《公羊傳》哀公十四年、《孔叢子·記問》。

(2)采薪於大野：王肅注："《春秋經》魯哀公十四年'西狩獲麟。'《傳》曰：'西狩大野。'今此曰：'采薪於大野。'若車士子鉬商非狩者，采薪，西獲麟。麟，瑞物，時見狩獲。故《經》書'西狩獲麟'也。"大野，即大野澤，位於今山東鉅野北。

(3)獲麟：獲，《左傳》孔疏云："《春秋》書獲，唯有囚俘。除囚俘以外，唯有獲麟。"又楊伯峻注："得一般器物，《經》用'得'字，得生物曰獲。"麟，麒麟，古人認為是仁獸，聖人將出現之祥瑞。

(4)棄之於郭外：王肅注："《傳》曰：'以賜虞人。'棄之郭外，將以賜虞人也。"

(5)麇(jūn)：獐子。

(6)袂(mèi)：衣袖。

（7）涕泣沾衿：涕，泪。衿，通"襟"，衣襟。

【通解】

叔孫氏一個叫子鉏商的車夫，在大野砍柴，捉到一只麒麟，折斷了它的前左脚，將它載了回來。叔孫氏認爲是不祥之物，將它丟到城郭外，並派人告訴孔子說："有只生着角的獐子，是什麼?"孔子去看了看，說："是麒麟。它爲什麼要來這裏呢? 爲什麼要來這裏呢?"他用衣袖擦着臉，泪水把衣襟都打濕了。叔孫氏聽說後，就把麒麟帶了回去。

子貢問道："先生您爲什麼哭泣呢?"孔子說："麒麟的出現，是聖君將現的喜瑞。可是它出來的不是時候并且受到傷害，我因此而傷心。"

哀公問政第十七

【序說】

本篇包括兩部分。第一部分包括前面的四節,記孔子回答魯哀公所問為政之道;第二部分為最後一節,記孔子回答弟子宰我所問鬼神之義。因第一部分首句為“哀公問政於孔子”,故以“哀公問政”名篇。

在第一部分裏孔子闡發了自己關於治國安民的主張,他緊緊抓住“得人—修身—講仁”三者的關繫,強調國君加強自身修養的重要性。孔子認為,國君高潔的人格是為政的基石,無論是天下的“達道”,還是治理天下國家的“九經”,皆以此為出發點,體現了孔子“為政以德”的思想。

在第二部分裏,孔子用樸實的語言對“鬼”、“神”進行了解釋,這與當時社會上流行的看法不同,顯示了孔子的無神論傾向。孔子還透闢地分析了超自然鬼神觀念的來源,指出利用鬼神統治是讓民“聽且速”的好方法,這便是後人所謂“神道設教”的統治方法。

哀公問為政之道部分又見於《禮記·中庸》,將二者對勘,會發現《禮記·中庸》語言更為簡練,似曾進行過修改、潤色,這種改動明顯帶有西漢時期的政治風貌。例如,本篇“為政在於得人”,在《禮記·中庸》中作“為政在人”,前者強調賢者的重要性,後者卻是強調統治者的重要性。本篇“爵其能”,《禮記·中庸》改為“尊其位”;“篤親親”、“敬大臣”、“子百姓”、“來百工”幾句,分別變成“勸親親”、“勸大臣”、“勸百姓”、“勸百工”,都反映了西漢政權高度統一,封建專制主義正在逐漸加強的特徵。至於本篇中的“舉廢邦”在《禮記·中庸》中改為“舉廢國”,顯然是避漢高祖劉邦的名諱。《禮記·中庸》晚於《孔子家語·哀公問政》顯而易見。

宰我問鬼神之義部分又見於《禮記·祭義》。將兩篇對讀,同樣會發現《禮記》經過了漢儒的想象與發揮。這從以下幾方面可以看出:

首先,本篇所記宰我的發問保留了“敢問焉”等字,《禮記》則無。我們以為,這種發問可能正是當時的習慣表述。如《論語》作為研究孔子的第一手資料,其中記載弟子向孔子發問,多用"何如"、"何謂也"、"如之何"、"請問之"、"敢問"等形式,以"敢問"的出現頻率較高。例如《先進》篇:"季路問事鬼神。子曰:'未能事人,焉能事鬼?'曰:'敢問死。'曰:'未知生,焉知死?'"《顏淵》篇:"樊遲從游於舞雩之下,曰:'敢問崇德、修慝、辨惑。'"《子路》篇記子貢四次發問,有兩次用"敢問"起始。本篇所記,可能更真實地保留了當時孔子師徒間的對話語氣。

其次,本篇對鬼神的解釋更為質樸。例如本篇有曰:"夫生必死,死必歸土,此謂鬼;魄氣歸天,此謂神"等句,在《禮記》中則增加了許多修飾的成分,其中如:"其氣發揚於上為昭明,焄蒿凄愴,此百物之精也,神之著也。"鄭玄注曰:"'焄',謂香臭也,'蒿'謂氣蒸出貌也。"這應該是後人對《家語》所記進行的想象加工。

第三,本篇所載"明命鬼神,以為民之則",《禮記》則變成了"明命鬼神,以為黔首則"。在《論語》中,"民"字出現了 48 次,作"百姓"意思的有 42 次。而"黔首"卻是秦漢時期的通用稱謂。由此亦可見《家語》所載更為原始質樸。

【原文】

哀公問政於孔子。孔子對曰:"文武⁽¹⁾之政,布⁽²⁾在方⁽³⁾策⁽⁴⁾。其人存,則其政舉⁽⁵⁾;其人亡,則其政息⁽⁶⁾。天道敏⁽⁷⁾生,人道敏政,地道敏樹⁽⁸⁾。夫政者,猶蒲盧⁽⁹⁾也,待化以成,故為政在於得人。取人以身⁽¹⁰⁾,修道以仁。仁者,人也⁽¹¹⁾,親親⁽¹²⁾為大;義者,宜也,尊賢為大。親親之殺⁽¹³⁾,尊賢之等,禮所以生也。禮者,政之本也。是以君子不可以不修身。思修身,不可以不事親⁽¹⁴⁾;思事親,不可以不知人⁽¹⁵⁾;思知人,不可以不知天⁽¹⁶⁾。天下之達道⁽¹⁷⁾有五,其所以行之者三。曰:君臣也,父子也,夫婦也,昆弟⁽¹⁸⁾也,朋友也,五者,天下之達道。智、仁、勇三者,天下之達德也。所以行之⁽¹⁹⁾者一⁽²⁰⁾也。或生而知之,或學而知之,或困而知之⁽²¹⁾,及其知之一也。或安而行之,或利而行之,或勉强而行之,及其成功一也。"

公曰:"子之言,美矣至矣!寡人實固不足以成之也。"孔子曰:"好學近乎智,力行近乎仁,知恥近乎勇。知斯三者,則知所以修身;知所以修身,則知所以治人;知所以治人,則能成天下國家者矣。"

【注釋】

(1)文武:指周文王、周武王。

(2)布:刊載、記載。

(3)方:王肅注:"方,版。"古代書寫用的木板。《儀禮·聘禮》:"不及百名書於方。"

(4)策:通"册"。古代用竹片或木片記事著書,成編的叫策。《儀禮·聘禮》:"百名以上書於策。"鄭玄注:"策,簡也。"

(5)舉:施行。

(6)息:滅,停止。

(7)敏:疾速;敏捷。《書·大禹謨》"黎民敏德"蔡沈集傳:"敏,速也。"《詩·大雅·文王》"殷士膚敏"毛傳:"膚,美;敏,疾也。"

(8)樹:生長,動詞。

(9)蒲盧:王肅注:"蒲盧,蜾蠃也,謂土蜂也。取螟蛉而化之,以為子。為政化百姓,亦如之者也。"《中庸》朱熹注:"蒲盧,沈括以為蒲葦是也。"

(10)取人以身:接上句意思是說,為政之道,在於得到賢人,而得到賢人的關鍵在於為政者的修身。人:指賢人。身:指為政者的修身。

(11)仁者,人也:仁就是人與人之間的相互親愛。

(12)親親:前為動詞,愛,親近。後為名詞,親人。

(13)殺:減少,降等。《周禮·地官·廩人》:"詔王殺邦用。"

(14)事親:奉侍父母。

(15)知人:明辨他人品質或知人善任。

(16)知天:明白天行之道,本文具體指"親親之殺、尊賢之等"的道理。

(17)達道:天下古今通行的道理。

(18)昆弟:兄弟。昆,亦作"晜",兄。昆弟連用指兄和弟,也包括近房的和遠房的弟兄。《爾雅·釋親》:"父之昆弟,先生為世父,後生為叔父。"
《儀禮·喪服》:"昆弟,四體也,故昆弟之義無分。"

(19)之:代指前面的智、仁、勇。

(20)一:誠實、專一。

(21)或生而知之,或學而知之,或困而知之:孔子的這一思想在《論語·季氏》中也有類似表述:"生而知之者上也;學而知之者次也;困而學之,又其次也;困而不學,民斯為下矣。"

【通解】

魯哀公向孔子請教為政之道。孔子回答說:"周文王和武王的為政之道,至今還記載在方版和竹簡上。如果有像文王、武王那樣的人存在,那麼他們的為政之道就能施行;如果沒有像文王、武王那樣的人存在,那麼他們的為政之道就會被停息。天之道就在於使萬物迅速地化生,人之道就在於使政治迅速地昌明,地之道就在於使樹木迅速地成材。為政如同蒲葦一樣,要得到雨的滋潤化育,才能迅速生長,所以為政的關鍵在於獲得人才。獲得人才的關鍵在於加強自身的修養,自修的關鍵在於樹立仁愛之心。仁,就是人與人之間的相互親愛,而以愛自己的親人最為重要;義,就是人與人之間關繫處理得當,而以尊敬賢人最為重要。親愛自己的親人有等差,尊敬賢人亦有級別之差,禮就產生在這親親、尊尊的等差中。禮,是為政的根本。因此君子不能不加強自身的品德修養;要想加強自身的品德修養,不能不孝養自己的父母雙親;要想孝養自己的父母雙親,不能不明辨的看待他人;要想明辨地看待他人,不能不了解天行之道。天下通行的大道有五種,而實行這些大道的應具備的品德有三個方面。君臣之道、父子之道、夫婦之道、兄弟之道、朋友之道,這五種是天下通行的大道。智慧、仁愛、勇敢,這三個方面是天下共行的美德,而實現這些大道與美德的方法只有一種,那就是誠實專一。有人生來就知道這些道理,有人通過學習才知道,有人經過困惑、探索才知道。等到知道這些道理,他們又是一樣的了。有人安心地去實踐這些道理,有人唯利地去實踐,有人勉強地去實踐。等到他們實踐成功的時候,他們又是一樣的了。"

哀公說:"您講的真是好啊! 到了極致了! 我的確是原來不能夠做到這些的。"孔子說:"喜歡學習的人已近於有智慧,努力實現美德的人已近於仁愛,懂得恥辱的人已近於勇敢。明白這三點,就明白怎樣加強自身的品德修養;明白怎樣加強自身的品德修養,就明白怎樣管理別人;明白怎樣治理別人,就能夠完成天下國家的大事了。”

【原文】

公曰:“政其盡此而已乎?”孔子曰:“凡為⁽¹⁾天下國家有九經⁽²⁾,曰:修身也,尊賢也,親親也,敬大臣也,體⁽³⁾群臣也,子⁽⁴⁾庶民也,來⁽⁵⁾百工⁽⁶⁾也,柔⁽⁷⁾遠人也,懷⁽⁸⁾諸侯也。夫修身則道立,尊賢則不惑,親親則諸父⁽⁹⁾、兄弟不怨,敬大臣則不眩⁽¹⁰⁾,體群臣則士之報禮重,子庶民則百姓勸⁽¹¹⁾,來百工則財用足,柔遠人則四方歸之,懷諸侯則天下畏之。”

【注釋】

(1)為:治理。

(2)經:常道;規範。《孟子・盡心下》:“君子反經而已矣;經正則庶民興。”

(3)體:設身處地為人着想。如:體念,體諒,體恤,體察。

(4)子:動詞,以……為子,愛……如子。

(5)來:招來,招集。

(6)百工:西周時工奴的總稱。《伊簋》:“官司康宮王臣妾百工。”春秋時沿用,並成為各種手工業工人的總稱。《論語・子張》:“百工居肆,以成其事。”另外,百工還有兩種意思:古代官的總稱,猶言百官;專指主管營建製造軍事的官。

(7)柔:安撫,懷柔,優待。《書・堯典》“柔遠能邇”孔傳:“柔,安。……言安遠乃能安近。”

(8)懷:安撫。《左傳》僖公七年:“懷遠以德。”

(9)諸父:指伯父、叔父。

(10)眩:眼花。《靈樞經・衛氣篇》:“上虛則眩。”引申為迷亂、迷惑。《漢書・元帝紀》:“俗儒不達時宜,好是古非今,使人眩於名實。”

(11)勸:勤勉,努力。

【通解】

哀公問：“為政之道就只有這些了嗎？”孔子說：“治理天下國家大致有九條常規，即：修養自身，尊敬賢人，親愛親人，敬重大臣，體恤群臣，把老百姓當做自己的兒子一樣看待，招集各種工匠，懷柔邊遠地區的人民，安撫四方諸侯。修養自身，就能樹立好的為人之道；尊敬賢人，就不會被迷惑；親愛親人，就不會招致伯叔、兄弟的怨恨；敬重大臣，就不會迷亂；體恤群臣，就會使士人的回報之禮加重；愛民如子，就會使百姓更加勤勉；招集各種工匠，就會使國家財物器用充足；懷柔邊遠地區的人民，就會使四方百姓都來歸附；安撫四方諸侯，天下人都會感到敬畏。”

【原文】

公曰：“為之奈何？”孔子曰：“齊⁽¹⁾潔盛服，非禮不動，所以修身也；去讒遠色⁽²⁾，賤財而貴德，所以尊賢也；爵⁽³⁾其能，重其禄，同其好惡，所以篤⁽⁴⁾親親也；官盛任使⁽⁵⁾，所以敬大臣也；忠信重禄⁽⁶⁾，所以勸士也；時使薄斂⁽⁷⁾，所以子百姓也；日省月考⁽⁸⁾，既廩稱事⁽⁹⁾，所以來百工也；送往迎來，嘉善而矜不能⁽¹⁰⁾，所以綏⁽¹¹⁾遠人也；繼絕世，舉廢邦⁽¹²⁾，治亂持危⁽¹³⁾，朝聘以時⁽¹⁴⁾，厚往而薄來⁽¹⁵⁾，所以懷諸侯也。治天下國家有九經，其所以行之者一也。凡事豫⁽¹⁶⁾則立，不豫則廢⁽¹⁷⁾，言前定則不跆⁽¹⁸⁾，事前定則不困，行前定則不疚⁽¹⁹⁾，道前定則不窮⁽²⁰⁾。在下位不獲於上⁽²¹⁾，民弗⁽²²⁾可得而治矣。獲於上有道，不信於友，不獲於上矣；信於友有道，不順於親，不信於友矣；順於親有道，反諸身不誠，不順於親矣；誠身有道，不明於善，不誠於身矣。誠⁽²³⁾者，天之至道也；誠之⁽²⁴⁾者，人之道也。夫誠，弗勉而中，不思而得，從容中⁽²⁵⁾道，聖人之所以體⁽²⁶⁾定也；誠之者，擇善而固執⁽²⁷⁾之者也。”

【注釋】

（1）齊（zhāi）：同“齋”，意為齋戒。《禮記·祭義》：“齊三日，乃見其所為齋者。"

（2）去讒遠色：摒棄搬弄是非的讒言，遠離美色。去，摒除。讒，讒言，此處指進讒言的人。

（3）爵：嘉獎，給……爵位。

（4）篤：深厚。此處作動詞，加厚，加重。

（5）官盛任使：王肅注："盛其官委任使之也。"官盛，官屬衆多。任使，聽任差使。

（6）忠信重禄：王肅注："忠信者與之重禄也。"意為對忠信之士給以厚禄。

（7）時使薄斂：時使，使用百姓服勞役，不要躭誤農時。薄斂，減輕向百姓征收的賦稅。薄，減輕。《孟子·梁惠王上》："省刑罰，薄稅斂。"

（8）日省（xǐng）月考：每天檢查，每月考核。省，檢查；察看。《易·觀》："先王以省方觀民設教。"《論語·學而》："吾日三省吾身。"

（9）既稟稱（chèn）事：王肅注："既稟食之多寡稱其事也。"意為發給百工的俸禄要與他們的工作成績相稱。既稟，同"餼廩"，日常必須的生活資料，俸給。《管子·問》："問死事之寡，其餼廩何如。"尹知章注："餼，生食；廩，米粟之屬。"

（10）嘉善而矜（jīn）不能：獎勵善舉，同情能力低下的人。矜，憐憫，同情。

（11）綏：安，安撫。《詩·小雅·鴛鴦》："福禄綏之。""綏"字亦用作舊時書信結尾處的祝頌安好語。如，臺綏，近綏。

（12）繼絕世，舉廢邦：繼，承繼；延續。絕世，已經中斷俸禄的家族世系。舉，任用，復興。廢邦，已經被廢滅的邦國。古禮，天子不滅國，諸侯不滅姓，令其後繼有人，以承祭祀。《論語·堯曰》亦載孔子語："興滅國，繼絕世，舉逸民，天下之民歸心焉。"

（13）治亂持危：平定叛亂，扶持危局。持，扶持，解救。

（14）朝聘以時：按時朝聘。《禮記·王制》："諸侯之於天子也，比年（每年）一小聘，三年一大聘，五年一朝。"古代諸侯親自朝見周天子叫朝，派大夫代往叫聘（舊讀 pìng）。春秋時期諸侯國之間譴使訪問也叫聘。

（15）厚往而薄來：意為賞賜諸侯禮物要豐，接受諸侯貢賦要薄。

（16）豫：通"預"。事先有所準備。《荀子·大略》："先患慮患謂之豫，豫則禍不生。"

（17）廢：失敗。

（18）跲（jiá）：窒礙。《禮記·中庸》："言前定，則不跲。"孔穎達疏："將慾發言能豫前思定然後出口，則言得流行，不有躓蹶也。"躓，被絆倒。蹶，倒，顛僕。

（19）疚：憂慮，因過失而內心不安。《詩·小雅·采薇》："憂心孔疚。"《論語·顏淵》："內省不疚，夫何憂何懼？"

（20）窮：困阻不通，困厄，困窘。《論語·衛靈公》："君子亦有窮乎？"

（21）不獲於上：不能獲得上級的信任。

（22）弗：不。

（23）誠：真實，真誠。

（24）誠之：按照誠的要求去做，實現誠。

（25）中（zhòng）：合乎；符合。

（26）體：稟性，心性。

（27）固執：堅持不懈。

【通解】

哀公說："怎樣才能做到這些事情呢？"孔子回答說："堅持齋戒，儀表整齊，不符合禮儀的事情，堅決不干，這是修養自身的最好辦法；摒棄讒言，遠離美色，輕視錢財而重視德行，這是尊崇賢人的最好辦法；對有能力的親人，加官晉爵，賜予他們厚重的俸祿，與他們的好惡保持一致，這是真誠對待親人的最好辦法；多為大臣設置屬官，足供他們指使，這是敬重大臣的最好辦法；給忠信的人授予高官厚祿，這是勸勉士人的最好辦法；對百姓役使適時減輕賦稅征收，這是愛民眾如子女的最好表現；對工匠日日月月進行省視和考察，使發放的糧米俸祿與他們的工作成績相符合，這是招徠各種工匠的最好辦法；對遠方來客熱情迎送，是嘉獎善行，同情弱者，這是安撫邊遠地區百姓的最好辦法；延續已經絕祀的世家，復興已經被廢滅的邦國，平定叛亂，扶持危局，讓各地諸侯按時朝聘，賜予的禮品多，而收受的禮品少，這是安撫各地諸侯的最好辦法。治理天下國家有九條常規，而推行的辦法只能是真誠專一。無論什麼事情，事先有所準備就一定成功,不然就會失敗;講話以前要求自己誠實則流暢没有窒礙,做事以前要求自己誠實就不覺困難,行動以前要求自己誠實就不會内疚,做事原則決定以前要求自己誠實就不會有行不通的地方。身處下位得不到上司的信任,就不可能治理好百姓。獲取上司的信任有一定的方法,不取信於朋友,就不能獲取上司的信任;取信於朋友有一定的方法,不孝順父母,就不能取信於朋友;孝順父母有一定的方法,如果不是自己内心真誠,就不能孝順父母;使自己内心真誠有一定的方法,如果不能彰顯善性,就不能使自己内心真誠。内心真誠,是上天的最高準則;按照誠的要求去做而實現誠,是為人處事的準則。只要内心真誠,不必勉強就能行為合理,不用思索就能領悟體會,一切自然符合法則,這是聖人之所以心性平静的原因;要做到誠,就要選擇善道而堅持不懈。"

【原文】

公曰:"子之教寡人備⑴矣。敢問行之所始。"孔子曰:"立愛自親始⑵,教民睦也;立敬自長始⑶,教民順也。教之慈睦,而民貴有親;教以敬,而民貴用命。民既孝於親,又順以聽命,措⑷諸天下,無所不可。"公曰:"寡人既得聞此言也,懼不能果⑸行而獲罪咎。"

【注釋】

(1)備:完備,詳備。《詩·周頌·有瞽》:"即備乃奏。"

(2)立愛自親始:樹立仁愛的觀念從"親親"開始做起。

(3)立敬自長始:樹立敬愛的觀念從"尊賢"開始做起。

(4)措:放置,這裏是治理的意思。《論語·子路》:"刑罰不中則民無所措手足。"

(5)果:成事實。作此意思講時常與否定詞並用,如"不果"、"未果"。

【通解】

哀公說:"您對我的教導已經很完備了。請問要做到這些應該從哪裏開始做起?"孔子回答說:"樹立仁愛的觀念要從親愛自己的親人開始,這是為了教導百姓和睦;樹立敬愛的觀念要從尊敬自己的長輩開始,這是為了教導百姓順從。教導他們慈愛和睦，百姓就會注重孝養親人；教導他們尊敬別人，百姓就會樂於聽從命令。百姓既然能够孝養親人，又能樂於聽從命令，把這種教化方法擴大開來治理天下，就不會有什麼辦不到的事情。"哀公說："我既然已經聽說這些教導了，現在擔心的是不能把這一切貫徹落實，從而招致罪過和埋怨。"

【原文】

宰我問於孔子曰："吾聞鬼神之名，而不知所謂[1]，敢問焉。"孔子曰："人生有氣有魂。氣者，人之盛也[2]；魄者，鬼之盛也[3]。夫生必死，死必歸土，此謂鬼；魂氣歸天，此謂神，合鬼與神而享之，教之至也[4]。骨肉弊[5]於下，化為野土，其氣發揚於上者，此神之著[6]也。聖人因物之精，制為之極[7]，明命鬼神，以為民之則[8]，而猶以是為未足也，故築為宮室，設為宗祧[9]，春秋祭祀，以別親疏，教民反古復始，不敢忘其所由生也。衆人服自此，聽[10]且速焉。教以二端[11]，二端既立，報以二禮[12]：建設朝事[13]，燔燎膻薌[14]，所以報氣也；薦[15]黍稷，羞[16]肺肝，加以鬱邑[17]，所以報魄也。此教民修本、反始、崇愛，上下用情，禮之至也[18]。君子反古復始，不忘其所由生，是以致其敬，發其情，竭力從事，不敢不自盡[19]也，此之謂大教。昔者，文王之祭也，事死如事生，思死而不慾生，忌日[20]則必哀，稱諱[21]則如見親，祀之忠也。思之深，如見親之所愛。祭慾見親顏色者，其唯文王與！《詩》云：'明發不寐，有懷二人。'則文王之謂與！祭之明日，明發不寐，有懷二人，敬而致之，又從而思之。祭之日，樂與哀半，饗之必樂，已至必哀[23]，孝子之情也。文王為能得之矣。"

【注釋】

(1)不知所謂：不知道指的是什麼。

(2)氣者，人之盛也：王肅注："精氣者，人神之盛也。"

（3）魄者，鬼之盛也：叢刊本原無此六字，據《禮記》補。

（4）合鬼與神而享之，教之至也：王肅注：“合神鬼而事之者，孝道之至。孝者，教之所由生也。”享，獻祭。《詩·小雅·楚茨》：“以享以祀。”

（5）弊（bì）：僕；倒下。引申為死亡。

（6）著：顯明，顯出。《禮記·中庸》：“誠則形，形則著，著則明。”

（7）制為之極：王肅注：“極，中。制為中法。”極，標準，準則。《書·洪範》：“惟皇作極。”

（8）明命鬼神，以為民之則：王肅注：“明命，猶尊名，使民事其祖禰也。”

（9）宗祧（tiāo）：王肅注：“宗，宗廟也。祧，遠廟也。天子特有二祧，諸侯謂始祖為祧也。”祧，《禮記·祭法》：“遠廟為祧。”孫希旦集解：“蓋謂高祖之父，高祖之祖之廟也。謂之遠廟者，言其數遠而將遷也。”

（10）聽：王肅注：“聽，謂慎教令也。”順從，聽從。

（11）二端：王肅注：“二端，氣與魄也。”

（12）二禮：王肅注：“二禮，謂薦黍稷也。”

（13）建設朝事：王肅注：“薦腥時也。”指早晨祭祀宗廟之事。

（14）燔燎膻（shān）薌（xiāng）：王肅注：“謂以蕭光取祭脂以合膻香也。”膻，羊腹內的脂膏。孫希旦《禮記集解》：“膻薌，牛羊腸間脂也，羊膏曰膻，牛膏曰薌。”

（15）薦：獻，進。《論語·鄉黨》：“君賜腥，必熟而薦之。”何晏集解：“薦其先祖。”

（16）羞：原為名詞，指有滋味的佳肴。此處作動詞用，進獻食品。《周禮·天官·庖人》：“以共王之膳，與其薦羞之物。”鄭玄注：“備品物曰薦，致滋味乃為羞。”

（17）“所以報氣也；薦黍稷，羞肺肝，加以鬱鬯（chàng）”：叢刊本原無此15字，據《禮記》增。鬱鬯，王肅注：“鬱，香草。鬯，樽也。”鬱鬯即用香草浸泡的酒，用來祭祀降神。

（18）此教民修本、反始、崇愛，上下用情，禮之至也：王肅注：“民能不忘其所由生，然後能相愛也，上下，謂尊卑。用情，謂親也。”

（19）自盡：自覺盡力而為。

(20)忌日：指父母去世的日子。每逢這一天，禁忌飲酒，作樂等事。

(21)諱：先王、先祖或父母名。《禮記・王制》"奉諱惡"鄭注："諱，先王名。"《曲禮上》"入門而問諱"孔疏："諱，主人祖先君名。"

(22)明發不寐，有懷二人：語出《詩・小雅・小宛》。王肅注："假此詩以喻文王。二人，謂父母也。"明發，天將亮而晨光初露。有懷，同"又懷"。又想起。

(23)已至必哀：王肅注："已至，謂祭事以畢。不知親饗否，故哀。"

【通解】

宰我問孔子說："我聽說過鬼和神的名稱，却不知道到底說的是什麼，想請教一下先生。"孔子說："人生來就有氣有魄，氣是人充盛的外在表現形式；魄是鬼充盛的外在表現形式。人有生就有死，死後必定歸入土中，這就叫做鬼；魂氣歸於天上，這就叫做神。把鬼和神合起來進行祭祀，這是教化的極致。骨肉在地下腐爛，化為田野中的土壤，而它的氣蒸發向上飄颺，這是神的顯著的體現。聖人依據萬物的精氣，制定標準的名稱，明確地把它們叫做鬼神，作為治理萬民的準則。但是聖人認為這樣做還不够，所以又為鬼神建築宮室，設立遠近宗廟，在春秋二季進行祭祀，用以區別遠近親疏的關繫，教導人民追懷遠古，回念本始，不敢忘記自己是從哪裏來的。衆人的服從就從這根本的認識開始，而且能够迅速地聽從教命。用氣和魄的道理教導民衆，把氣和魄尊命為鬼和神兩種名稱的做法確定下來以後，又制定了兩種相應的禮節來祭報氣和魄。設置朝事禮，焚燒牛羊犧牲腸間的脂膏，發出膻味、香味，這是用來祭報氣即神的。然後，舉行饋食禮，獻上黍稷，進上肺肝，再加上香酒，這是用來祭報魄即鬼的。這樣做是為了教導民衆修理根本，回復本原，崇尚仁愛，上下尊卑都重情相親。做到了這些禮也就達到了極致。君子反思遠古，追懷本始，不忘記自己生命的由來，所以要向祖先表達敬意，抒發感情，竭盡全力去做事，不敢不盡心盡力，這就叫做大教化。從前周文王進行祭祀的時候，侍奉雙親的神靈就象侍奉在世的父母一樣，思念死者時痛不慾生，每逢父母的忌日必定悲哀，提到父母的名字就如同見到了父母本人，祭祀時的表現可以稱的上忠敬了。祭祀時深切地思念亡親，就好象又見到了父母的嗜好習慣。祭祀時想起父母音容笑貌的大概只有文王了吧。《詩經》上說：'天亮了還睡不着，又想起了父母雙親。'說的就是文王吧。祭祀的第二天，天亮了還睡不着，享祭時將父母神靈請來，恭敬地獻上祭品，祭祀之後又思念不已。祭祀那天，快樂與悲哀是參半的，享祭亡親自然欣喜，可是亡親神靈來到還要離去，祭祀完畢又陷入悲哀，這是作為孝子的感受。文王能够做到這一點。"

卷第五

顏回第十八

【序說】

本篇的記述都與顏回有關,其中包括顏回事迹、顏回言論以及顏回與孔子、孔子弟子、魯國大夫等的問對,故以"顏回"名篇。

本篇共有內容十二節,各節之間並不連貫,但都從不同方面反映了顏回的為人風貌及思想主張。第一,顏回聰敏過人,由此推彼,可以預知一些事情的結果。因此,他的聰慧都得到了孔子的贊賞;第二,顏回向孔子請教各方面的問題。這方面的問題內容比較簡短,但所占比例並不小,如完美的人格應該具備怎樣的德行;臧文仲與臧武仲相比誰更賢明;君子應該具備怎樣的品格;什麼樣的行為是小人的做法;如何區分類似於君子的小人之言;朋友之間如何相處等等;第三,顏回的論說或者顏回與他人討論的問題,內容都與為人處世有關。

在其他典籍的記載中,顏回注重修養,仁愛誠信,虛心好學,德行出眾,無論孔子還是同門弟子,他們對顏回的遠大志向、高超德行都是交口稱贊的。在《孔子家語》的記載中,顏回當然同樣是孔門弟子中德才兼備,深受敬重的核心人物。如《六本》、《在厄》、《弟子行》等篇都有與之類似的記載。在衆弟子中,顏回是最受孔子喜愛與信賴的,他的仁德也影響了同門中的許多人,使得孔門弟子團結得更加緊密,所以孔子說"自吾有回,門人益親"。顏回受到孔子喜愛更在於他的仁愛誠信,孔子說:"吾信回之為仁久矣";"吾之信回也,非待今日也";"回之信,賢於某"。這與《顏回》篇的記載都是彼此呼應的。

我們可以將本篇與《家語》各篇的記載聯繫起來,看顏回的政治抱負及理想信念。《致思》篇有孔子與弟子們"農山言志"的記載,可以看出顏回所向往的是德教風行,君臣同心,上下協調,家給人足的安定和諧社會,在這樣的社會中,人人講仁義,個個言規矩,沒有溝防城郭,更無戰爭之憂。顏回的理想在當時自然是難以實現的,但他仍希望努力去爭取,而不是因此隨波逐流,更不與無道之世同流合污。在這一點上,孔子與顏回完全一致。

按照《韓非子·顯學》中的叙述,孔子去世後,"儒分為八",其中有"顏氏之儒"。有學者認為儒家八氏,乃是孔子以後在孔門後學爭正統的鬥爭中先後涌現的以孔子真傳自居的八大强家。在孔門中,顏姓弟子可考者計有八人,"顏氏之儒"中"顏氏"何指? 有人認為未必就是顏回。其實,"顏氏之儒"既然是孔門後學爭正統地位的產物,那麼他們一定强調所師尊之人在學習孔子方面所做的貢獻。在孔門"四科"中,顏回被列在"德行"科的首位,他是以道德著稱的人,因此,他的學說應該不會遠離仁義道德這樣的主題。而孔子盛贊顏回,也主要是其高潔的德行,通過本篇,我們可以更好地認識這一點。我們認為,"顏氏之儒"所推尊的人除了顏回,不可能還有他人。

據說,陸續公佈的《上海博物館戰國楚竹書》中,有《顏淵》一篇,有學者甚至說上博竹簡"可以讓顏子之學重見天日"。對於顏回之學的研究,《顏回》篇可以給我們一定的學術信息。對本篇進行認真研究,一定有助於上博竹簡《顏淵》篇的研究,有助於對"顏子之學"或者"顏氏之儒"的認識。(參見楊朝明:《〈孔子家語·顏回〉篇與"顏氏之儒"》,載《山東師大學報》2002 年"齊魯文化研究專刊",收入楊朝明:《儒家文獻與早期儒學研究》,齊魯書社,2002 年)

【原文】

魯定公[1]問於顏回曰:"子亦聞東野畢[2]之善御乎?"對曰:"善則善矣。雖然[3],其馬將必佚[4]。"定公色不悦,謂左右曰:"君子固有誣人也。"顏回退。

後三日,牧[5]來訴之曰:"東野畢之馬佚,兩驂曳,兩服入於廐[6]。"公聞之,越席而起,促駕召顏回。回至,公曰:"前日寡人[7]問吾子[8]以東野畢之御,而子曰善則善矣,其馬將佚,不識吾子奚以知之?"顏回對曰:"以政知之。昔者帝舜[9]巧於使民,造父⁽¹⁰⁾巧於使馬。舜不窮其民力,造父不窮其馬力,是以舜無佚民,造父無佚馬。今東野畢之御也,昇馬執轡,銜體正矣⁽¹¹⁾;步驟馳騁,朝禮畢矣⁽¹²⁾;歷險致遠,馬力盡矣,然而猶乃求馬不已。臣以此知之。"

公曰:"善!誠若吾子之言也。吾子之言,其義大矣,願少進⁽¹³⁾乎。"顏回曰:"臣聞之:鳥窮則啄,獸窮則攫⁽¹⁴⁾,人窮則詐,馬窮則佚。自古及今,未有窮其下而能無危者也。"公悅,遂以告孔子。孔子對曰:"夫其所以為顏回者,此之類也,豈足多⁽¹⁵⁾哉?"

【注釋】

(1)魯定公:魯國國君,名宋,前509—前495在位。定公時期,孔子曾任魯國司寇。此記載又見於《荀子·哀公》、《韓詩外傳》卷二、《新序·雜事五》。

(2)東野畢:春秋人,姓東野,名畢。

(3)雖然:雖然這樣。雖,雖然。然,這樣。

(4)佚:通"逸",奔逃,逃逸。

(5)牧:掌養馬的官。

(6)兩驂(cān)曳,兩服入於廄(jiù):兩驂,兩服,古代一車駕四馬,居中的兩匹稱兩服,旁邊的兩匹稱兩驂。曳,逾越,超過,這裏指逃跑。廄,馬房。

(7)寡人:古代諸侯對下的自稱。《孟子·梁惠王上》朱熹注:"寡人,諸侯自稱,言寡德之人也。"

(8)吾子:對人比較親切的稱呼。《儀禮·士冠禮》鄭玄注:"吾子,相親之辭。"

(9)帝舜:傳說中的父系氏族社會後期部落聯盟領袖。姚姓,名重華,有虞氏,也稱虞舜;後人把他列為五帝之一,又稱帝舜。

(10)造父:人名,古代善御者,幸於周穆王,因功被封於趙城,後代遂以趙為氏。父,古時對男子的美稱。

(11)昇馬執轡(pèi),銜體正矣:轡,駕馭牲口的繮繩。銜,古時橫在馬口中用以抽勒的鐵或青銅,也稱馬嚼子。體,物質存在的狀態。

(12)步驟馳騁,朝禮畢矣:步驟,步指緩行,驟指疾走。馳騁,縱馬疾馳。朝禮,調理。王肅注:"馬步驟馳騁,盡禮之儀也。"有誤。

(13)進:進獻,奉上,這裏是談談的意思。

(14)攫(jué):奪取。

(15)多:推重,贊美。

【通解】

魯定公問顏回說:"你也聽說東野畢擅長駕車嗎?"顏回答道:"他擅長倒是擅長。雖然這樣,可是他的馬將來一定會逃逸。"定公露出不高興的神色,對左右的人說:"君子原來也有誣陷人的。"顏回回去了。

三天後,馬官來報告說:"東野畢的馬跑了,在旁邊駕車的兩匹馬逃脫,只有中間的兩匹馬回到馬棚。"定公聽了,跨過坐席站立起來,催促駕車的人去召顏回入朝。顏回來到後,定公問:"前天我向你說起公野畢駕車的事,你說擅長倒是擅長,他的馬將會逃脫。不曉得你根據什麼知道這些?"顏回回答:"我是根據為政的道理知道這些的。從前帝舜擅長治理百姓,造父擅長駕馭馬。帝舜使百姓的力量不窮盡,造父使馬的力量不窮盡,所以帝舜沒有逃亡的百姓,造父沒有逃脫的馬。現在東野畢駕車,蹬馬上車,握住繮繩,馬嚼子的位置放得很端正了;馬或緩行或疾走或馳騁,也調理得很周到了;穿越險阻,奔向遠方,馬的力氣已經用盡了,然而他還要求馬奔跑不停止。臣下我是根據這些事情知道的。"

定公說:"好!確實象你說的這樣。你的話,意義非常大,希望再給我稍微地談談。"顏回說:"我聽說:鳥兒困窘時就會啄人,野獸困窘時就會襲擊人,人類困窘時就會欺詐,馬困窘時就會逃逸。從古到今,沒有使他的手下困窘而能不遭受危險的。"定公很高興,便把這件事告訴了孔子。孔子回答:"顏回所以能成為顏回,就是因為這類的事,這件事難道也值得贊美?"

【原文】

孔子在衛,昧旦晨興(1),顏回侍側,聞哭者之聲甚哀。子曰："回,汝知此何所哭乎?"對曰："回以此哭聲,非但為死者而已,又有生離別者也。"子曰："何以知之?"對曰："回聞桓山之鳥,生四子焉,羽翼既成,將分於四海,其母悲鳴而送之,哀聲有似於此,謂其往而不返也。回竊以音類⁽²⁾知之。"孔子使人問哭者,果曰："父死家貧,賣子以葬,與子長決⁽³⁾。"子曰："回也,善於識音矣。"

【注釋】

(1)昧旦晨興:昧旦,黎明,拂曉。昧,昏闇。旦,明。興,起。此記載又見於《說苑‧辨物》。

(2)類:相似。

(3)決:通"訣",分別。

【通解】

孔子在衛國,有一次天剛黎明時就起來了,顏回在一旁陪侍,聽到有人在哭,聲音非常悲哀。孔子問:"顏回,你知道這種聲音是為什麼事哭的嗎?"顏回答道:"我認為這種哭聲不僅僅是為死去的人,也是為活着而將要離別的人。"孔子問:"根據什麼知道是這樣?"顏回答道:"我聽說桓山的鳥生了四隻小鳥,小鳥羽毛、翅膀長成以後,將要分開飛到四方去,它們的母親悲傷地鳴叫着為它們送行,其悲哀的鳴叫聲和這種哭聲很相似,是說它們一去就不能返回了。我私下裏根據聲音類似而判斷出來的。"孔子派人詢問哭泣的人,果然回答說:"我父親去世,家裏貧窮,只得賣了兒子安葬父親,正與兒子長久地訣別。"孔子說:"顏回,確實善於識別聲音。"

【原文】

顏回問於孔子曰："成人⁽¹⁾之行若何?"子曰："達於情性⁽²⁾之理,通於物類⁽³⁾之變,知幽明⁽⁴⁾之故,睹遊氣之原⁽⁵⁾。若此可謂成人矣。既能成人,而又加之以仁義禮樂,成人之行也。若乃窮神知禮⁽⁶⁾,德之盛⁽⁷⁾也。"

【注釋】

(1)成人:完美無缺的人。此記載又見於《說苑·辨物》。

(2)情性:本性。

(3)物類:萬物,各類的物質。

(4)幽明:《易·繫辭上》王弼注:"幽明,有形無形之象。"泛指有形的和無形的、可見的和不可見的事物。

(5)睹遊氣之原:睹,查看,洞察。遊氣,浮動的雲氣。

(6)若乃窮神知禮:若乃,至於。神,《易·繫辭上》:"陰陽不測之謂神。"指奇異莫測。王肅注:"禮宜為化。"

(7)盛:頂點,極點。

【通解】

顏回問孔子說:"完美的人的德行,是怎樣的?"孔子說:"通達人類本性的原理,通曉各類事物的變化,瞭解各種物象產生的緣故,洞察風雲變化的根源。象這樣就可以稱為完美的人了。既然能够成為完美的人,再施以仁義禮樂來教化,這就是完美的人的德行。至於做到能窮盡事物陰陽變化的本質,則是達到了德行的極點。"

【原文】

顏回問於孔子曰:"臧文仲(1)、武仲(2)孰賢?"孔子曰:"武仲賢哉!"顏回曰:"武仲世稱聖人,而身不免於罪(3),是智不足稱也;好言兵討,而挫銳於邾(4),是智不足名也。夫文仲其身雖歿,而言不朽,惡有未賢(5)?"孔子曰:"身歿言立,所以為文仲也。然猶有不仁者三,不智者三,是則不及武仲也。"

回曰:"可得聞乎?"孔子曰:"下展禽(6),置六關(7),妾織蒲(8),三不仁;設虛器(9),縱逆祀(10),祠海鳥(11),三不智。武仲在齊,齊將有禍,不受其田,以避其難,是智之難也(12)。夫臧武仲之智而不容於魯,抑有由焉,作而不順,施而不恕(13)也夫。《夏書》曰:'念茲在茲,順事恕施(14)。'"

【注釋】

(1)臧文仲：春秋時魯國著名大夫。臧孫氏，名辰，謚號"文"，歷仕莊公、閔公、僖公、文公四代國君，以立言垂世著稱，對魯國的政治和外交都產生了相當大的影響。此記載又見於《左傳》文公二年、襄公二十三年。

(2)武仲：即臧武仲，臧文仲之孫，名紇。曾官魯司寇，封邑於防，以料事多中、見聞廣博聞名於世，時有"聖人"之譽。

(3)武仲世稱聖人，而身不免於罪：王肅注："武仲為季氏廢適立庶，為孟氏所譖，出奔於齊。"武仲憑一時義氣幫助季武子廢長立幼，立公子紇為季氏繼承人，因而得罪了季孫公鉏，他聯合素與武仲不和的孟孫氏，與武仲為敵。魯襄公二十三年(前550年)，孟孫氏誣陷武仲將叛亂，季武子信以為真，命攻臧氏。武仲先奔邾，後流亡至齊。

(4)好言兵討，而挫銳於邾：王肅注："武仲與邾戰而敗績，國人頌之曰：我君小子，侏儒使我敗於邾。"魯襄公四年(前569年)，邾、莒聯合進犯鄫國，武仲率軍攻打邾國，以解鄫國之圍，不料在狐駘(今滕州西南)慘敗，魯軍傷亡慘重，以致喪服短缺。引起國人怨恨，到處流傳着"侏儒(武仲身材矮小)使我敗於邾"的歌謠。

(5)而言不朽，惡有未賢：古人認為，能做到"死而不朽"的有三種人："大上有立德，其次有立功，其次有立言。"(《左傳》襄公二十四年)王肅注："立不朽之言，故以為賢。"

(6)下展禽：使展禽居於下位。展氏，名獲，字禽，或云居於柳下，或云食邑於柳下，死後其妻子私謚曰"惠"，史稱"柳下惠"，亦稱"柳下季"。王肅注："展禽，柳下惠。知其賢而使在下位，不與立於朝也。"

(7)置六關：王肅注："六關，關名。魯本無此關，文仲置之以稅行者，故為不仁。《傳》曰：'廢六關'，非也。"

(8)妾織蒲：王肅注："蒲，蒲席也。言文仲為國為家，在於貪利也。"

(9)設虛器：為卜龜設置了豪華的處所。王肅注："居蔡。蔡，天子之守龜，非文仲所有，故曰虛器也。"其注不確。虛，處所，地方。器，器具，這裏指占卜用的大龜。

(10)縱逆祀：王肅注："夏父弗忌為宗人，躋僖公於閔公之上，文仲縱而不禁也。"

（11）祠海鳥：王肅注：“海鳥止於魯東門之上，文仲不知，而令國人祠之。是不知也。”

（12）不受其田，以避其難(nàn)，是智之難(nán)也：王肅注：“武仲奔齊，齊莊公將與之田，武仲知莊公將有難，辭而不受也。”

（13）抑有由焉，作而不順，施而不恕：王肅注：“不順、不恕為廢適立庶，武仲之所以然，慾為施於季氏也。”抑，發語詞。恕，儒家提倡的倫理思想，以仁愛之心對人。

（14）念茲在茲，順事恕施：王肅注：“今此在常，當順其事，恕其施也。”恕施，使一切合乎仁愛之道。

【通解】

顏回問孔子說：“臧文仲、臧武仲二人誰更賢明？”孔子說：“臧武仲更賢明些。”顏回說：“臧武仲被世人稱為聖人，自身却不能免於獲罪，這說明他的智慧不值得表揚；他喜歡談論兵法征戰，却被邾國打得慘敗，挫傷了銳氣，這說明他的智慧不值得稱贊。臧文仲呢，他人雖然死了，言論却永遠不朽，哪有不賢明的地方？”孔子說：“身死而言論還得以流傳，這正是臧文仲能够成為臧文仲的原因。但他還做過三件不仁愛的事情，三件不明智的事情，這樣就比不上臧武仲了。”

顏回問：“能具體說說，讓我聽聽怎麼回事嗎？”孔子說：“使展禽居於下位，設置六關征稅，讓家裏的妾編織草席販賣，這是三件不仁愛的事情；為卜龜設置豪華的居所，縱容逆序的祭祀，讓國人祭祀海鳥，這是三件不明智的事情。而臧武仲在齊國時，預感到齊國將發生禍亂，所以没接受齊國賞賜的土地，從而避免了一場灾難，這是明智中尤其不易做到的。臧武仲如此明智，還不能被魯國容納，也是有原因的，他所作没有順從事理，施行起來不合仁愛之道。《夏書》裏說：‘想着這裏，就一心撲在這裏，一切要順從事理，合乎仁愛之道。’”

【原文】

顏回問於君子(1)。孔子曰：“愛近仁，度近智(2)，為己不重(3)，為人不輕，君子也夫。”回曰：“敢問其次。”子曰：“弗學而行,弗思而得。小子⁽⁴⁾勉之！"

【注釋】

(1)顏回問於君子："於"字,應是衍文。君子,品德高尚的人。

(2)度(duó)近智:王肅注："度事而行,近於智也。"度,計算,謀劃。

(3)為己不重:王肅注："不重為人。"

(4)小子:舊時老師對學生的稱謂。

【通解】

顏回請教什麼樣的人是君子。孔子說："有愛心就近於仁德,善謀劃就近於明智,不要把自己看得太重,不要把別人看得太輕,這就是君子。"顏回說："請問比君子略次一等的人應該是什麼樣。"孔子說："還沒學習就能行動,還沒思考就有所得。你好好努力吧！"

【原文】

仲孫何忌⁽¹⁾問於顏回曰："仁者一言而必有益於仁智,可得聞乎?"回曰："一言而有益於智,莫如預;一言而有益於仁,莫如恕。夫知其所不可由⁽²⁾,斯知所由矣。"

【注釋】

(1)仲孫何忌:即孟懿子,幼時曾從孔子學禮,後繼位為卿。

(2)由:為,從事。

【通解】

仲孫何忌問顏回說："講究仁德的人說出一個字來也必定有益於仁德、智慧的實施,能夠說說這方面的道理,讓我聽聽嗎?"顏回答道："如果說有一個字有益於智慧的實施,什麼也比不上'預'字;如果說有一個字有益於仁德的實施,什麼也比不上'恕'字。明白了不能幹什麼,也就明白了該干什麼。"

【原文】

顏回問小人⁽¹⁾,孔子曰："毀人之善以為辯,狡訐⁽²⁾懷詐以為智,倖人之有過,恥學而羞不能,小人也。"

【注釋】

（1）小人：與“君子”相對，指品德差的人。

（2）狡訐（jié）：詆毀，誣陷。訐，攻擊別人的短處或揭發別人的隱私。

【通解】

顏回請教什麼樣的人是小人，孔子說：“把詆毀別人的優點當作善辯，把誣陷別人、滿心欺詐當成聰明，對別人犯有過錯幸災樂禍，把學習看作不光彩的事，却又嘲弄沒有能力的人，這就是小人。”

【原文】

顏回問子路⁽¹⁾曰：“力猛於德而得其死者鮮⁽²⁾矣，盍慎諸焉⁽³⁾？”孔子謂顏回曰：“人莫不知此道之美，而莫之御⁽⁴⁾也，莫之為也，何居？ 為聞者盍日思也夫⁽⁵⁾？”

【注釋】

（1）子路：孔子學生，魯國卞（今山東泗水）人。仲氏，名由，也字季路。性情直爽勇敢。

（2）鮮：少，不多。

（3）盍慎諸焉：盍，何不。諸，“之乎”的合音。

（4）御：使用，應用。王肅注“御猶待也”，有誤。

（5）為聞者盍日思也夫：盍，何不。王肅注：“為聞盍日有聞而後言者。”

【通解】

顏回問子路說：“力氣比德行猛健而死得其所的人很少，為什麼不在這點上慎重些？”孔子對顏回說：“人人都知道這個道理的正確，却沒有人去應用，沒有人照着去做，這是為什麼呢？ 聽到這個道理的人為什麼不天天認真思考一下呢？”

【原文】

顏回問於孔子曰：“小人之言有同乎君子者，不可不察也。”孔子曰：“君子以行言，小人以舌言。故君子於為義之上相疾也,退而相愛⁽¹⁾;小人於為亂之上相愛也,退而相惡⁽²⁾。"

【注釋】

(1)君子於為義之上相疾也,退而相愛:王肅注:"相病,急慾相勸,令為仁義。"

(2)小人於為亂之上相愛也,退而相惡(wù):惡,憎恨,中傷。王肅注:"樂並為亂,是以相愛。小人之情不能久親也。"

【通解】

顏回問孔子說:"小人說的話也有與君子相同的地方,不能不詳細地審察。"孔子說:"君子用行動來說話,小人用舌頭來說話。所以君子在實行道義方面互相批評,在別的方面互相友愛;小人在製造禍亂方面互相友愛,在別的方面則互相中傷。"

【原文】

顏回問朋友之際⁽¹⁾如何,孔子曰:"君子之於朋友也,心必有非焉,而弗能謂'吾不知',其仁人也。不忘久⁽²⁾德,不思久怨,仁矣夫。"

【注釋】

(1)際:交際,彼此之間。

(2)久:舊,以往,原先。

【通解】

顏回請教朋友之間如何相處,孔子說:"君子對於朋友,心裏認定他有錯誤的地方,而不能說'不知道',這才是仁德的人。他們不忘記以往的恩德,也不計較原先的讎怨,多麼仁義啊!"

【原文】

叔孫武叔見未仕於顏回⁽¹⁾,回曰:"賓⁽²⁾之。"武叔多稱人之過,而己評論之,顏回曰:"固子之來辱⁽³⁾也,宜有得於回焉。吾聞知諸孔子⁽⁴⁾曰:'言人之惡⁽⁵⁾,非所以美己;言人之枉,非所以

237

正己。'故君子攻其惡，無攻人惡。"

【注釋】

（1）叔孫武叔見未仕於顏回：叔孫武叔，魯國卿大夫，叔孫氏，名州仇。未仕，二字應是衍文。

（2）賓：以賓客之禮相待。

（3）辱：謙詞。

（4）吾聞知諸孔子：知，應是衍文。諸，"之於"的合音。

（5）惡（è）：過失。《故訓》："過也。"《左傳》定公五年："吾以志前惡也。"

【通解】

叔孫武叔去拜訪顏回，顏回吩咐家人："請用賓客的禮儀招待他。"武叔常常數說別人的過失，而自己妄加評論，因此顏回說："本來您是屈駕來此，應該是想從我這裏得到些什麼吧。我從先生那裏聽說：'說別人醜陋，並不能證明自己美；說別人錯誤，並不能證明自己正確。'所以君子應該批評自己的過失，不要批評別人的過失。"

【原文】

顏回謂子貢曰："吾聞諸夫子：'身不用禮而望[1]禮於人，身不用德而望德於人，亂也。'夫子之言，不可不思也。"

【注釋】

（1）望：期望。

【通解】

顏回對子貢說："我聽先生說過：'自己不遵行禮制却要求別人遵守，自己不堅守德行却要求別人堅守，那樣會引起變亂。'對先生的話，不能不好好地考慮考慮。"

子路初見第十九

【序說】

本篇雜記孔子與弟子的談話以及孔子事迹。首章記子路與孔子相見的事情，蓋此為子路與孔子的初次相見，故以"子路初見"名篇。

本篇的記載涉及孔子在學習、為人處世等方面對弟子的教導，以及孔子個人的行為處事規範，表現了孔子識人、相士等方面的態度、準則。孔子注重學習，指出"君子不可不學"。對弟子的教導也是根據"依仁"、"立禮"而"文質彬彬"的君子標準，追求品德修養的内外和諧與統一。孔子對弟子的認識和評價也是全方位的，本篇記載他對澹臺子羽和宰我的評價即是如此。孔子不僅這樣教導弟子，自身行事也遵循禮義，如哀公賜桃與黍，孔子便借機用自己的行動糾正人們"防於教"、"害於義"的做法。

孔子為官時間不長，但他為政期間取得了不少政績。本篇記載孔子為魯司寇時屈節數見康子的事迹，他不計較個人榮辱，把政事放在首位。以為面對混亂無章的社會現象，為政者應當勇於正視，積極應對。孔子的理想人格境界是"仁"，但他認為"仁"並非輕易就能達到。孔子認為臣下的忠諫應當審時度勢，同是"死諫"，結果未必相同。孔子相魯時，也遇到了"君臣淫荒"的局面，魯國是他的祖國，但他還是無奈地離去。在那個"禮崩樂壞"的大環境下，孔子當然無法施展自己的抱負，只能輾轉於各國，"聊於卒歲"。

本篇記載雖然顯得雜亂、瑣屑，但對我們研究孔子及其思想却有重要價值。不少資料散見於其他文獻，可以互相印証，以更好地研究孔子與早期儒學。

【原文】

子路見孔子。子曰："汝何好樂[1]?"對曰："好長劍。"孔子曰："吾非此之問也,徒謂以子之所能,而加之以學問,豈可及乎?"

子路曰："學豈益哉也?"孔子曰："夫人君而無諫臣則失正,士而無教友⁽²⁾則失聽⁽³⁾。御狂馬不釋策⁽⁴⁾,操弓不反檠⁽⁵⁾。木受繩⁽⁶⁾則直,人受諫則聖。受學重問,孰不順哉?毀仁惡仕,必近於刑⁽⁷⁾。君子不可不學。"

子路曰："南山有竹,不揉⁽⁸⁾自直,斬而用之,達於犀革。以此言之,何學之有?"孔子曰："括⁽⁹⁾而羽之,鏃⁽¹⁰⁾而礪之,其入之不亦深乎?"

子路再拜曰："敬⁽¹¹⁾而受教。"

【注釋】

(1)好樂(lè):愛好,喜歡。此記載又見於《說苑·建本》。

(2)教友:指給以教誨的朋友。

(3)失聽:失去判斷是非的能力。聽,察是非。

(4)御狂馬不釋策:王肅注:"御狂馬者不得釋棰策也。"策,驅趕騾馬役畜的鞭子。

(5)操弓不反檠(qíng):王肅注:"弓不反於檠,然後可持也。"檠,矯正弓弩的器具。

(6)受繩:指用墨繩來規正。

(7)毀仁惡仕,必近於刑:王肅注:"謗毀仁者,憎怒士人,必主於刑也。"仕,通"士"。

(8)揉:使曲者直、直者曲為揉。這裏指矯而正之。

(9)括:通"栝",箭末扣弦處。

(10)鏃(zú):箭頭。

(11)敬:表示尊敬的答語,意為不敢怠慢。

【通解】

子路拜見孔子。孔子問:"你有什麼愛好?"子路回答說:"愛好長劍。"孔子說:"我問的不是這個,只是說以你的才能,再通過學習增加你的學問,誰能趕得上你呢?"

子路說:"學習也有好處嗎?"孔子說:"君主如果沒有直言進諫的臣子,就會犯錯誤,士人如果沒有給以教誨的朋友,就難以判斷是非。駕馭狂奔的馬不能丟掉馬鞭,使用弓箭離不了矯正弓弩的檠。木料用墨繩規正就會鋸直,人接受勸諫就會變得聖明。接受教育,重視學問,哪有做事不順利成功的呢? 詆毀仁者,憎惡士人,必然會觸犯刑法。君子不能不學習。"

子路說:"南山有竹子,不用揉制矯正自然就直,砍伐下來做成的箭,**能够射穿犀牛皮。由此說來,還有什麼學習**的必要呢?"孔子說:"在箭括上安上羽毛,把箭頭磨得極其鋒利,那它射得不更深嗎?"

子路向孔子拜了兩拜說:"一定接受您的教誨。"

【原文】

子路將行,辭於孔子。子曰:"贈汝以車乎? 贈汝以言乎?"子路曰:"請以言。"孔子曰:"不强不達⁽¹⁾,不勞無功,不忠無親,不信無復⁽²⁾,不恭失禮。慎此五者而矣。"

子路曰:"由請終身奉之。敢問親交⁽³⁾取親若何? 言寡可行若何? 長為善士而無犯若何?"孔子曰:"汝所問,苞⁽⁴⁾在五者中矣。親交取親,其忠也;言寡可行,其信也;長為善士而無犯,其⁽⁵⁾禮也。"

【注釋】

(1)不强不達:王肅注:"人不以强力,則不能自達。"此記載又見於《說苑‧雜言》。

(2)不信無復:王肅注:"信近於義,言可復也。今而不信,則無可復。"

(3)親(xīn)交:新結交朋友。親,通"新"。

(4)苞:通"包",包容,包含。

(5)其:原作"於",據陳本改。

【通解】

子路準備出行,去向孔子辭別。孔子說:"我是贈給你車子呢,還是贈給你幾句話呢?"子路說:"請您贈給我幾句話吧。"孔子說:"不能堅强就不能自立,不勞動就不能獲得成功,不忠誠就不能得到別人的親近,不講信用就不能得到信任,不恭敬則會失禮。出門行事謹慎地做到這五點就行了。"

子路說:"仲由我將終生尊奉您的教誨。請問結交新朋友選取親近的如何? 說的少,但說出的話都是可實行的如何? 長久地做好人而不違反禮儀如何?"孔子說:"你所問的這些,包含在我剛提到的那五點之中了。結交新朋友選取親近的,這就是忠誠;說的少但說出的話都可實行,這就是講信用;長久地做好人而不違反禮儀,這就是遵禮。"

【原文】

孔子為魯司寇⁽¹⁾,見季康子⁽²⁾,康子不悅。孔子又見之。

宰予進曰:"昔予也常聞諸夫子曰:'王公不我聘,則弗動。'今夫子之於司寇也日少⁽³⁾,而屈節數矣⁽⁴⁾,不可以已乎?"孔子曰:"然。魯國以眾相陵,以兵相暴之日久矣,而有司⁽⁵⁾不治,則將亂也。其聘我者,孰大於是哉⁽⁶⁾?"

魯人聞之,曰:"聖人將治,何不先自遠刑罰?"自此之後,國無爭者。孔子謂宰予曰:"違山十里,蟪蛄之聲,猶在於耳,故政事莫如應之。"⁽⁷⁾

【注釋】

(1)司寇:春秋官名,掌管刑獄糾察等事。此記載又見於《說苑·政理》。

(2)季康子:王肅注:"當為桓子,非康子也。"季康子,春秋時魯國大夫,即季孫肥,謚"康"。

(3)於司寇也日少:王肅注:"謂在司寇官少日淺。"

(4)屈節數(shuò)矣:王肅注:"謂屈節數見於季孫。"

(5)有司:古代職官均稱有司,因古代設官分職,各有專司,故稱。

(6)其聘我者,孰大於是哉:王肅注:"言聘我使在官,其為治豈復可大於此者也。"

(7)違山十里,蟪蛄之聲,猶在於耳,故政事莫如應之:王肅注:"違,去也。螇蚸,蛁蟟也。蛁蟟之聲去山十里猶在於耳,以其鳴而不已,言政事須慎聽之,然後行之者也。"螇蚸,又名蛁蟟,一種黃綠色的蟬,翅有黑白色條紋,夏末雄蟲從早到晚鳴聲不止。

【通解】

孔子在魯國任司寇一職,去進見季康子,康子顯得不高興。孔子又去進見他。

宰予走上前說:"從前宰予我常聽老師說:'天子、諸侯不來聘請我,我就不會動身親自前去。'如今老師您任司寇一官的時間不長,但却多次屈節去見季孫,不能不去嗎?"孔子說:"你說得對。但是在魯國,依仗人多欺侮別人、憑藉武力凌辱別人的現象已經存在了很長時間了,但是官吏却不加治理,這樣下去,國家將會出現動亂。至於聘請我這一形式,怎麼能比這更要緊呢?"

魯國人聽說了這番話,都說:"聖人將要來治理國家,我們為什麼不先主動避免犯錯誤而遠離刑罰呢?"從此以後,魯國沒再出現爭鬥的現象。孔子對宰予說:"即使離山十里,蟬的聒噪之聲好象還在耳邊一樣。因此,治理政事不如主動應對那種混亂局面。"

【原文】

孔子兄子有孔篾(1)者,與宓子賤(2)偕仕。孔子往過孔篾,而問之曰:"自汝之仕,何得何亡?"對曰:"未有所得,而所亡者三。王事若龍(3),學焉得習(4),是學不得明也;俸禄少,饘粥(5)不及親戚(6),是以骨肉益疏也;公事多急,不得吊死問疾,是朋友之道闕(7)也。其所亡者三,即謂此也。"

孔子不悅,往過子賤,問如孔篾。對曰:"自來仕者無所亡,其有所得者三。始誦之,今得而行之,是學益明也;俸禄所供,被及親戚,是骨肉益親也;雖有公事,而兼以吊死問疾,是朋友篤也。"

孔子喟然謂子賤曰:"君子哉若人(8)!魯無君子者,則子賤焉取此⁽⁹⁾。"

【注釋】

(1)孔篾(miè):即孔忠,字子篾。孔子兄孟皮之子,亦孔子弟子。篾或作"蔑"。此記載又見於《說苑•政理》。

(2)宓子賤:即宓不齊,孔子弟子。春秋時魯國人。

(3)王事若龍:王肅注:"龍,宜為詟,前後相因也。"

(4)學焉得習:王肅注:"言不得習學也。"

(5)饘(zhān)粥:稀飯。

(6)親戚:内外親屬。這裏主要指父母兄弟。

(7)闕:缺少。

(8)若人:王肅注:"若人,猶言是人者也。"

(9)魯無君子者,則子賤焉取此:王肅注:"如魯無君子者,此人安得而學之。言魯有君子也。"

【通解】

孔子的哥哥有個兒子叫孔篾,與宓子賤一起做官。孔子到孔篾那裏去,問他說:"自從你做官以來,有何得失啊?"孔篾回答說:"沒得到什麽,但在三個方面有所失。公事一件接一件,學到的知識哪能得到練習呢?因此知識無法弄明白清楚;獲得的俸禄太少,連稀飯都不能分給父母兄弟,因此骨肉之親日益疏遠;公務大多急迫重要,不能弔唁死者、探望病人,因此朋友之情漸漸缺失。我說的在三個方面有所失,就是指這些。"

孔子聽了很不高興。他又到子賤那裏去,問了與孔篾同樣的問題。子賤回答說:"自從做官以來,沒失去什麽,而在三個方面有所得。以前記誦學習的知識,現在得到了實踐,因此知識更加明白清楚;所得到的俸禄,分給父母兄弟,因此骨肉之親更加親密;雖然公務纏身,但仍兼顧到弔唁死者、探望病人,因此朋友之情更加深厚。"

孔子感嘆地稱贊子賤說:"這人真是個君子啊!魯國如果沒有君子,那麽宓子賤又是從哪裏學來的這種品德呢?"

【原文】

孔子侍坐於哀公,賜之桃與黍焉。哀公曰:"請食。"孔子先食黍而後食桃。左右皆掩口而笑。公曰:"黍者所以雪桃[1],非為食之也。"

孔子對曰:"丘知之矣。然夫黍者,五穀之長,郊禮[2]宗廟以為盛[3]。果屬有六而桃為下,祭祀不用,不登郊廟[4]。丘聞之,君子以賤雪貴,不聞以貴雪賤。今以五穀之長,雪果之下者,是從上雪下,臣以為妨於教,害於義,故不敢。"

公曰:"善哉!"

【注釋】

(1)雪桃:指擦桃,拭桃,刷除桃上的毛。王肅注:"雪,拭。"此記載又見於《韓非子·外儲說左下》。

(2)郊禮:帝王祭天地的大禮。因在都城南北郊舉行,故稱。

(3)盛(chéng):祭祀時置於禮器中的祭品。

(4)郊廟:帝王祭天地的郊宮和祭祖先的宗廟。

【通解】

孔子陪哀公坐着。哀公賜給他桃子和黍子,說:"請吃吧。"孔子先吃黍子後吃桃子。哀公左右的人都捂着嘴笑了。哀公說:"黍子是用來擦桃的,而不是吃的。"

孔子回答說:"孔丘我知道。但是黍子是五穀中的最尊者,郊禮宗廟的祭祀中都將它作為祭品。果品共有六種,而桃最為低下,祭祀時不用它,更登不上郊禮宗廟的祭壇。孔丘我聽說過,君子用低賤的物品來擦拭尊貴的物品,沒聽說過拿尊貴的物品來擦拭低賤的物品。如今用五穀中的最尊者,來擦拭果品中的最下者,臣下認為這有妨於教化,有害於仁義,所以我不敢那樣去做。"

哀公說:"說得好啊!"

【原文】

子貢曰:"陳靈公宣淫於朝[1],泄冶[2]正諫而殺之。是與比干諫而死同，可謂仁乎？"

子曰："比干於紂，親則諸父，官則少師，忠報之心在於宗廟⁽³⁾而已，固必以死爭⁽⁴⁾之，冀身死之，紂將悔寤，其本志情在於仁者也。泄冶之於靈公，位在大夫，無骨肉之親，懷寵不去，仕於亂朝，以區區之一身，慾正一國之淫昏，死而無益，可謂狷⁽⁵⁾矣。詩云：'民之多辟，無自立辟。'⁽⁶⁾其泄冶之謂乎。"

【注釋】

(1)陳靈公宣淫於朝：王肅注："靈公與卿共淫夏姬。"陳靈公，春秋時陳國國君。嬀姓，名平國。在位15年（前613—前599年）。與卿工孫寧、儀行父皆私通於大夫夏徵舒之母夏姬，甚至穿着夏姬的衣服在朝廷上相互戲弄。此記載又見於《左傳》宣公九年。

(2)泄冶：陳國大夫。冶，原作"治"，據陳本改。

(3)宗廟：天子、諸侯祭祀祖先的處所。在此代指王室、國家。

(4)爭（zhèng）：規勸。

(5)狷（juàn）：耿直，固執。原作"捐"，據陳本改。

(6)"民之多辟（pì），無自立辟（bì）"：語出《詩·大雅·板》。"多辟"之"辟"通"僻"，王肅注："僻，邪辟。""立辟"之"辟"，指法，法度。

【通解】

子貢說："陳靈公在朝中公開淫亂，泄冶直言勸諫而被殺害。這與比干因上諫而死相同，可以稱為仁義之舉嗎？"

孔子說："比干對於紂來說，論親緣是叔父，論官職是少師，盡忠報答的心情只不過是為了王室的延續罷了，所以必然要以死規勸，希望自己死後，紂王能反悔醒悟，他本來的心意和情感都是出於仁義。而泄冶對於靈公來說，論官位僅是大夫，又沒有親緣關繫，受到寵愛而捨不得離去，在這樣一個混亂的朝廷做官，想用自己小小的身軀，糾正一個國家的淫亂昏庸，死了也沒有什麼益處，這可以說是耿直。《詩》上說：'當今之人多邪辟，勿自立法以害己。'大概說的就是泄冶吧。"

【原文】

孔子相⁽¹⁾魯。齊人患其將霸，慾敗其政，乃選好女子八十人，衣以文飾而舞容璣⁽²⁾，及文馬四十駟⁽³⁾，以遺魯君。陳女樂、列文馬於魯城南高門外。季桓子微服往觀之再三，將受焉，告魯君為周道游。觀之終日，怠於政事。

子路言於孔子曰："夫子可以行矣。"孔子曰："魯今且郊，若致膰⁽⁴⁾於大夫，是則未廢其常，吾猶可以止也。"

桓子既受女樂，君臣淫荒，三日不聽國政，郊又不致膰俎。孔子遂行。宿於郭屯，師已⁽⁵⁾送曰："夫子非罪也。"孔子曰："吾歌可乎？"歌曰："彼婦人之口，可以出走；彼婦人之請，可以死敗⁽⁶⁾。優哉游哉，聊以卒歲⁽⁷⁾。"

【注釋】

(1)相：輔助。此記載又見於《史記·孔子世家》。

(2)容璣：王肅注："容璣，舞曲。"

(3)駟：王肅注："駟，四馬也。"

(4)膰(fán)：王肅注："膰，祭肉也。"

(5)師已：魯國樂師。已，原作"以"，據陳本改。

(6)彼婦人之口，可以出走；彼婦人之請，可以死敗：王肅注："言婦人口請謁，足以使人死敗，故可出走。"在這裏孔子表面上嚴厲指責是"婦人"之罪，實則是指責季桓子荒淫怠事，對自己不重視。

(7)優哉游哉，聊以卒歲：王肅注："言士不遇，優遊以終歲也。"

【通解】

孔子輔助魯國國君治理政事。齊國人害怕魯國崛起稱霸，打算破壞它的政治，於是就挑選了八十名美女，讓她們穿上文飾華麗的錦服，教給她們跳容璣舞，又挑選了一百六十匹駿馬，準備一起贈送給魯國國君。齊國將這些舞女、駿馬停列在魯國都城南面的高門外，季桓子便換上便服前去觀看，看了多次，準備接受下來，就報告魯君說要到各處去巡遊。隨後就整天觀賞齊國的舞女、駿馬，而懶於處理政事。

子路對孔子說："老師您可以離開魯國了！"孔子說："魯國現在將要舉行郊禮，如果禮後還能將熟的祭肉分給大夫們，那麼禮制的常規準則還沒有廢棄,我還可以據此留下來。"

季桓子接受了舞女之後,君臣上下荒淫無度,甚至一連三日不理朝政,郊禮之後也沒有分送祭祀用的熟肉。孔子便離開了,留宿在城郭外的村莊裏。師已前去相送說:"先生您沒有什麼過錯啊。"孔子說:"我可以唱歌嗎?"接着就唱道:"那些婦人的口舌啊,可以讓人外出逃奔;那些婦人的請求啊,可以使人敗亡。悠閒自得啊,勉强度餘生。"

【原文】

澹臺子羽⁽¹⁾有君子之容,而行不勝其貌。宰我有文雅之辭,而智不充其辯。孔子曰:"里語⁽²⁾云:'相馬以輿,相士以居,弗可廢矣。'以容取人,則失之子羽;以辭取人,則失之宰予。"

【注釋】

(1)澹臺子羽:即澹臺滅明,孔子弟子。此記載又見於《韓非子·顯學》、《史記·仲尼弟子列傳》。

(2)里語:猶"里諺",民間諺語。

【通解】

澹臺子羽有君子般的容貌,但他的行為却比不上他的外表;宰我談吐文雅得體,但他的智慧却遜色於他的口才。孔子說:"有諺語講:'觀察評判馬匹要看它駕車的情況,觀察評判士人要看他平時的表現,這個準則不能廢棄。'如果憑着容貌來選取人才,失誤就會表現在子羽身上;如果憑着口才來選取人才,失誤就會表現在宰予身上。"

【原文】

孔子曰:"君子以其所不能⁽¹⁾畏人,小人以其所不能不信人。故君子長⁽²⁾人之才,小人抑人而取勝焉。"

【注釋】

(1)不能:做不到的事情。

(2)長(zhǎng):增長。

【通解】

孔子說:"君子由於有自己做不到的事情而敬畏別人,小人則由於有自己做不到的事情而不信任別人。因此君子會增長別人的才能,小人則通過抑制別人取得勝利 。"

【原文】

孔箴問行己之道⑴。子曰:"知而弗為,莫如勿知;親而弗信,莫如勿親。樂之方至,樂而勿驕;患之將至,思而勿憂。"孔箴曰:"行己乎?"子曰:"攻其所不能,補其所不備。毋以其所不能疑人,毋以其所能驕人。終日言,無遺己之憂;終日行,不遺己之⑵患。唯智者有之。"

【注釋】

(1)行己之道:修身處世的方法。此記載又見於《說苑·雜言》。

(2)之:原脫,據陳本增。

【通解】

:孔箴請教修身處世的方法。孔子說:"知道而不去做,不如不知道;與人親近而不信任他,不如不去親近。高興的事即將到來,高興而不要自滿;禍患即將降臨,思考對策而不要憂愁。"孔箴說:"這樣做就是修身處世了嗎?"孔子說:"攻克做不到的事情,補充完善不完備的地方。不要因為有自己做不到的事情而懷疑別人,也不要因為有自己能做到的事情而傲視別人。整天說話,卻不給自己招致憂愁;整天行事,卻不給自己招致禍患。只有明智的人才能做到這一程度。"

在厄第二十

【序說】

本篇記述了孔子及其弟子在周遊列國途中被圍困在陳蔡時的情況，描述了他們在困苦境遇中的表現。故以"在厄"名篇。厄，指困苦，危險。

陳蔡被困，斷糧七日，從者皆病。在困厄之中，孔子不畏艱難，仍保持樂觀態度，繼續講誦弦歌不廢，這表現了孔子為追求政治理想矢志不渝的精神。值得注意的是本篇所體現的孔子的"時"的思想。孔子指出："夫遇不遇者，時也；賢不肖者，才也。"他認為"君子博學深謀而不遇時者眾矣"，說明孔子到處碰壁並不是他"愚頑不化"，而是他對自己所處的時代具有深刻的認識。孔子弟子認識到"夫子之道至大"，尤其是顏回所言孔子學說不為所用乃是"有國者之醜"，孔子也對此表示贊同，體現了孔子對自己思想學說的認識，對自己人生際遇的思考，這對於我們認識孔子學說的本質具有重要價值。

身處困境，君子都能樂在修身，堅守自己的節操。孔子說："君子修道立德，不謂窮困而改節。"本篇記載的曾子弊衣耕作而不接受國君的賞賜、顏回身處困境而堅守仁廉，都體現了這一精神。這應該也是本篇的主旨之一。

本篇材料又見於《荀子》、《呂氏春秋》、《韓詩外傳》、《說苑》等多種文獻，尤其《史記·孔子世家》多吸收了包括本篇在內的《家語》的許多材料，彼此互勘，會發現許多有價值的學術信息。

【原文】

楚昭王聘孔子，孔子往拜禮焉，路出於陳、蔡。陳、蔡大夫相與謀曰："孔子聖賢，其所刺譏，皆中諸侯之病。若用於楚，則陳、蔡危矣。"遂使徒兵距[1]孔子。

孔子不得行,絕糧七日,外無所通,藜羹[2]不充,從者皆病。孔子愈慷慨講誦[3],弦歌不衰。乃召子路而問焉,曰:"《詩》云:'匪兕匪虎,率彼曠野。'[4]吾道非乎,奚為至於此?"子路慍,作色而對曰:"君子無所困。意者夫子未仁與,人之弗吾信也[5]?意者夫子未智與,人之弗吾行也[6]?且由也昔者聞諸夫子:'為善者,天報之以福,為不善者,天報之以禍。'今夫子積德懷義,行之久矣,奚居之窮也?"子曰:"由未之識也,吾語汝:汝以仁者為必信也,則伯夷、叔齊[7]不餓死首陽;汝以智者為必用也,則王子比干不見剖心;汝以忠者為必報也,則關龍逢[8]不見刑;汝以諫者為必聽也,則伍子胥[9]不見殺。夫遇不遇者,時也;賢不肖者,才[10]也。君子博學深謀而不遇時者眾矣,何獨丘哉!且芝蘭[11]生於深林,不以無人而不芳,君子修道立德,不謂窮困而改節。為之者人也,生死者命也。是以晉重耳之有霸心,生於曹、衛[12];越王勾踐之有霸心,生於會稽[13]。故居下而無憂者,則思不遠;處身而常逸者,則志不廣。庸知其終始乎[14]?"子路出。

召子貢,告如子路。子貢曰:"夫子之道至大,故天下莫能容夫子,夫子盍少貶焉?"子曰:"賜,良農能稼,不必能穡[15];良工能巧,不能為順[16]。君子能修其道,綱而紀之,不必其能容。今不修其道,而求其容。賜,爾志不廣矣,思不遠矣!"子貢出。

顏回入,問亦如之。顏回曰:"夫子之道至大,天下莫能容,雖然,夫子推而行之,世不我用,有國者之醜也。夫子何病焉?不容,然後見君子。"孔子欣然嘆曰:"有是哉,顏氏之子,使爾多財,吾為爾宰[17]。"

【注釋】

(1)距:阻攔。通"拒"。此記載又見於《荀子·宥坐》、《韓詩外傳》卷七、《史記·孔子世家》、《說苑·雜言》。

（2）藜（lí）羹（gēng）：用嫩藜煮成的羹，指粗劣的食物。藜，草名，初生可食。

（3）誦：此字原脱。據備要本、陳本補。

（4）匪兕（sì）匪虎，率彼曠野：語出《詩·小雅·何草不黃》。王肅注：“率，修也。言非兕虎，而修曠野也’。兕，犀牛。

（5）夫子未仁與，人之弗吾信也：王肅注：“言人不信，豈以未仁故也。”

（6）夫子未智與，人之弗吾行也：王肅注：“言人不使通行而困窮者，豈以吾未智也？”

（7）伯夷、叔齊：商朝孤竹君的兩個兒子，兩人都不願繼位，先後逃到周國。周武王伐紂滅商。二人恥食周粟，逃到首陽山，采薇而食，餓死山裏。

（8）關龍逄（páng）：夏朝大臣。見夏桀暴虐荒淫，屢加直諫，遂被囚禁殺害。

（9）伍子胥：春秋時吳國大夫。名員，字子胥。勸吳王夫差拒越求和並停止伐齊，漸被疏遠，後被賜劍自殺。

（10）才：資質，品質。通“材”。

（11）芝蘭：一種香草。

（12）晉重耳之有霸心，生於曹衛：王肅注：“重耳，晉文公也。為公子時出奔，困於曹衛。”

（13）越王勾踐之有霸心，生於會稽：王肅注：“言越王之有霸心，乃生困於會稽之時也。”

（14）庸知其終始乎：王肅注：“庸，用也。汝何用知其終始，或者晉文公、越王之時也。”

（15）良農能稼，不必能穡：王肅注：“種之為稼，斂之為穡，良農能善種之，未必能斂獲之也哉。”

（16）良工能巧，不能為順：王肅注：“言良工能巧，不能每順人意也。”

（17）吾為爾宰：王肅注：“宰，主財者。為汝主財，意志同也。”

【通解】

楚昭王聘請孔子到楚國去做官，孔子便去拜見楚昭王，接受禮聘，途中經過陳、蔡兩國。陳、蔡兩國的大夫聚在一起商討說：“孔子是一代聖賢,他所批評指責的,的確都是諸侯各國存在的弊病。如果他被楚國任用,那麼我們陳、蔡兩國就危險了。"於是他們就派出步兵去阻攔孔子。

孔子一行被圍困,不得前行,**斷糧七日**,無法和外界取得聯繫,連一些野菜湯也吃不上,跟隨的弟子都病倒了。孔子卻更加情緒激昂地講授學問,彈琴唱歌沒有停歇。他叫來子路問:"《詩》中說:'不是犀牛不是虎,沿着曠野急出入。'我的理論學說不對嗎,為什麼會落到這種地步?"子路聽了心中不快,臉上也顯露出一副不高興的樣子,說:"君子不應該受到困厄。難道是老師您還不够仁德,人們因而不相信我們?難道是老師您還不够睿智,人們因而不讓我們前行?而且仲由我以前聽老師您講過:'行善的人,上天會降給他福祉;作惡的人,上天會降給他灾禍。'如今老師您積累德行,心懷仁義,這樣做了很久了,為什麼還會處在這種窮困的境地呢?"孔子說:"仲由你還不明白!我來告訴你:你以為仁義的人必定會被信任,那麼伯夷、叔齊就不會餓死在首陽山;你以為睿智的人必定被任用,那麼王子比干就不會被剖心;你以為忠心的人必定會得到回報,那麼關龍逢就不會遭刑殺;你以為勸諫的人必定被聽從,那麼伍子胥就不會被殺害。能不能遇到明主,是由時勢所決定的;才與不才,則在於個人的品質。君子學識淵博,謀略深遠,而沒有碰上好時運的有很多,哪裏單單就我孔丘一人呢!況且,芝蘭生長在深山老林中,並不因為無人欣賞而不吐露芬芳;君子修習道藝樹立仁德,不因為貧窮困頓改變節操。做或者不做,是人事;生或者死,是命運。所以,晋國重耳稱霸的雄心,萌生在他逃亡曹、衛兩國的時候;越王勾踐稱霸的雄心,萌生在他被圍困於會稽的時候。因此,身居下位却沒有憂慮的人,理想就不會高遠;生活長期安逸的人,志向就不會廣闊。你哪裏用得着知道他們的全部經歷呢?"子路退了出去。

孔子又叫來子貢,問了他與子路同樣的問題。子貢說:"老師您的理論學說博大精深,因而天下人不能接受您,您為什麼不把您的主張稍稍降低一下標準呢?"孔子說:"端木賜啊!一個好的農夫擅長於播種,不一定擅長於收穫;一個好的工匠巧於製作,不一定每次做的都能符合他人的心意。君子研習自己的理論學說,主次分明,有條有理,不一定就會被人們接受。現在不研修完善自己的學說,却只求能被人接受,端木賜,你的志向不廣闊啊!你的理想也不高遠啊!"子貢退了出去。

顏回進來，孔子也問了他同樣的問題。顏回說：“老師您的學說博大精深，致使天下人都不能接受您。雖然這樣，老師您還是推廣並實踐它，世人不任用我們，是各國統治者們的恥辱。老師您有什麼憂愁的呢？雖然不被接受，但是這樣才顯出了君子的本色。”孔子高興地感嘆說：“講的有道理啊，顏氏家的小伙子！假使你有很多錢財，我願意為你管理。”

【原文】

子路問於孔子曰：“君子亦有憂乎？”子曰：“無也。君子之修行⑴也，其未得之，則樂其意；既得之，又樂其治⑵。是以有終身之樂，無一日之憂。小人則不然，其未得也，患弗得之；既得之，又恐失之。是以有終身之憂，無一日之樂也。”

【注釋】

⑴修行：修身實踐。此記載又見於《荀子·子道》、《說苑·雜言》。

⑵治：為，作為。

【通解】

子路問孔子說：“君子也有憂愁嗎？”孔子說：“沒有。君子在修身實踐中，當他做事還沒有獲得成功時，他會為自己有做事的意念而高興；當他獲得成功的時候，他又會為自己能有所作為而高興。因此，君子一生都很快樂，而沒有一天是憂慮而過的。小人則不是這樣，當他有想獲得的東西而還沒有得到的時候，他怕得不到；得到了，又怕失去。因此，他一生都充滿憂愁，卻沒有一天是快樂的。

【原文】

曾子弊衣而耕於魯，魯君聞之，而致邑⑴焉。曾子固辭不受。或曰：“非子之求，君自致之，奚固辭也？”曾子曰：“吾聞受人施者常畏人，與人者常驕人。縱君有賜，不我驕也，吾豈能勿畏乎？”

孔子聞之曰：“參之言，足以全其節也。”

【注釋】

致邑：贈送給封地。致，贈送，賜給。此記載又見於《說苑・立節》。

【通解】

曾子穿着破舊的衣服在魯國從事耕作，魯國國君聽說後要送給他封地。曾子堅決推辭而不接受。有人說："這不是你請求的，而是國君親自贈送給你的，你為什麼堅決推辭呢？"曾子說："我聽說接受別人贈送的人常常畏懼別人，給人東西的人常常傲視別人。縱然國君給我賞賜，並不傲視我，我哪能不畏懼呢？"

孔子聽說這件事後說："曾參的這番話，足夠保全他的氣節了。"

【原文】

孔子厄於陳、蔡，從者七日不食。子貢以所齎⁽¹⁾貨，竊犯圍而出，告糴⁽²⁾於野人，得米一石焉。顏回、仲由炊之於壞屋之下，有埃墨⁽³⁾墮飯中，顏回取而食之。

子貢自井望見之，不悅，以為竊食也。入問孔子曰："仁人廉士，窮改節乎？"孔子曰："改節即何稱於仁廉哉？"子貢曰："若回也，其不改節乎？"子曰："然。"子貢以所飯告孔子。子曰："吾信回之為仁久矣，雖汝有云，弗以疑也，其或者必有故乎？汝止，吾將問之。"召顏回曰："疇昔⁽⁴⁾予夢見先人，豈或啟佑我哉？子炊而進飯，吾將進焉。"對曰："向有埃墨墮飯中，欲置之，則不潔；欲棄之，則可惜，回即食之。不可祭也。"孔子曰："然乎，吾亦食之。"

顏回出，孔子顧謂二三子曰："吾之信回也，非待今日也。"二三子由此乃服之。

【注釋】

(1)齎(jī)：携帶。此記載又見於《呂氏春秋・任教》。

(2)告糴(dí)：請求買糧。糴：買進糧食。

(3)埃墨：烟灰。

（4）疇昔：往日，從前。

【通解】

　　孔子被困厄在陳國和蔡國之間，隨從的弟子一連七天沒吃上糧食。子貢拿着所携帶的錢財，偷偷地冲出包圍，向鄉間的農夫請求買糧，最終買回了一石米。顏回、仲由兩人在一間破屋子裏煮飯，有一塊烟灰掉進飯鍋中，顏回便把弄髒的那部分飯拿出來吃了。

　　子貢從水井邊看到顏回的這一舉動，很不高興，以為顏回在偷喫飯。他便到孔子那裏去，問道："仁義正直的人在窮困時會改變他的操守嗎？"孔子說："改變操守還怎麼稱得上仁義正直呢？"子貢說："像顏回，他不會改變他的節操嗎？"孔子說："是的。"子貢便把顏回喫飯的事告訴了孔子。孔子說："我相信顏回為人仁德已經很久了，雖然你剛才說的，我也不懷疑確有此事，但或許其中必定有緣故吧？你且停停，我來問問他。"孔子叫來顏回，說："前幾天我夢見先人，難道是先人在啟示和保佑我嗎？你做好飯拿進來，我要用它進獻先人。"顏回回答說："剛才有烟灰掉進飯中，想不管它，那麼飯就不乾净了；想把它仍掉，又覺得可惜，我就把它吃掉了。這飯已經不能用來祭祖了。"孔子說："做的對啊！要是我，我也會吃掉的。"

　　顏回出去了，孔子回頭看着其他幾個弟子說："我對顏回的信任，並不是從今天開始的。"大家從此就更佩服顏回了。

入官第二十一

【序說】

入官，王肅注云："入官，謂當官治民之職業也。"王聘珍《大戴禮記解詁·目錄》中云："問入官者，問為仕之道，聖人告以南面臨民，恢之彌廣，君國子民，不外是也。"本篇記子張問孔子為官之道，孔子告之，子張遂記錄整理孔子之言而成。

就子張問"入官"如何達到"安身取譽"的問題，孔子作了詳盡的回答，是我們研究孔子政治思想的可靠資料。本篇中孔子的回答主要包含了五個方面的內容：

第一，修身為從政之本。孔子認為擁有"已有善勿專，教不能勿怠，已過勿發，失言勿揋，不善勿遂，行事勿留"六者，除去"忿怒、距諫、慢易、怠惰、奢侈、專獨"六弊，則為官便能"安身取譽"，明確要求"君子修身反道，察裏言而服之"，並告誡為政者"貴而莫驕"。可見，孔子十分強調修身對於從政的重要性。

第二，為官治民應瞭解民情，順應民情，並據此制訂切合於民的政策。應當根據民情、民性，實行切實措施，纔可"身安譽至而民得"。孔子極力反對不切實際的政策引導百姓，認為那樣的話百姓將會不服政令，甚至產生憎恨。

第三，為官治民要愛民，待民以寬，不可苛求於民。孔子聲稱"明君必寬裕以容其民，慈愛優柔之"，認為"水至清則無魚，人至察則無徒"，只有寬容，才會"上下親而不離，道化流而不蘊"，"愛之則存，惡之則亡"。

第四，為政者凡事要以身作則，為人民樹立表率。在孔子看來，"君上者，民之儀也"，"儀不正則民失"，百姓唯為政者馬首是瞻，為政者凡事合於禮法，否則百姓就會放縱，社會就會混亂，因而為政者"慾政之速行也，莫善乎以身先之"。

第五，為政者要慎擇左右。孔子認為謹慎選拔人才，不僅"佚於治事”，而且容易獲得聲譽。總之，這些政治思想與孔子所主張的“先德後刑”、“使民以時，取民有度”、“舉賢才”等政治思想完全一致，也於《論語》所記孔子之言“其身正，不令而從；其身不正，雖令不從”相同。

本篇又見於《大戴禮記·子張問入官》，二者僅有文字上的個別差異。將二者對勘，不難發現本篇與《大戴禮記·子張問入官》的記載各有缺憾，可能在流傳的過程中兩篇各有遺漏和語句混亂。把二者結合起來，可以更好地把握本篇主旨。從文字和內容看，一些學者所謂本篇出自《大戴禮記·子張問入官》的說法顯然不妥。

【原文】

子張問入官(1)於孔子。孔子曰：“安身取譽為難。”子張曰：“為之如何？”孔子曰：“己有善勿專(2)，教不能勿怠(3)，己過勿發(4)，失言勿捄(5)，不善勿遂(6)，行事勿留(7)，君子入官，有此六者，則身安譽至而政從(8)矣。且夫忿數者(9)，官獄所由生也；距(10)諫者，慮之所以塞也；慢易者，禮之所以失也；怠惰者，時之所以後也；奢侈者，財之所以不足也；專獨者，事之所以不成也。君子入官，除此六者，則身安譽至而政從矣。”

【注釋】

(1)入官：王肅注：“入官，謂當官治民之職業也。”

(2)己有善勿專：王肅注：“雖有善，當與下共之，勿專以為己有者也。”

(3)怠：鬆懈，懶惰。王肅注：“怠，懈。”

(4)己過勿發：王肅注：“言人已過誤，無所傷害，勿發揚。”不確。王聘珍《大戴禮記解詁·子張問入官》引《毛詩傳》云：“發，行也。”

(5)失言勿捄(jī)：王肅注：“有人失言，勿捄角之。”誤，捄，《說文繫傳·手部》：“捄，隮也。”故應為“隮”字之誤。意為曲為之說，回護。

(6)不善勿遂：王肅注：“已有不善，不可遂行。”遂，成就。

(7)行事勿留：王肅注：“宜行之事，勿令留滯。”

(8)政從：王肅注：“衆從其政，無違教也。”

(9)且夫忿數者：且夫，再說。數，疾，憎恨。

(10)距:通"拒",拒絕。

【通解】

子張向孔子請教入仕為官的事。孔子說:"使地位穩定,獲得名譽是困難的。"子張問:"怎樣才能做到呢?"孔子說:"自己有優點,不要獨佔;教導沒有才能的人,不要鬆懈;已經犯過的錯誤,不要再犯;說錯了的話,不要曲意為自己辯護;不好的事情,不要做;該做的事,不要停滯。君子入仕為官做到了這六方面,就會地位穩定,名譽得到,而且政令順從了。再說,憤怒憎恨是官司產生的原因,拒絕規勸是心思阻塞的原因,傲慢輕視是失禮的原因,鬆懈懶惰是時機丟失的原因,奢侈浪費是財物不足的原因,專橫獨裁是事情辦不好的原因。君子入仕為官,去掉這六個方面,就會穩定地位、獲取名譽、政令順從了。"

【原文】

"故君子南面⁽¹⁾臨官,大域⁽²⁾之中而公治之,精知而略行之⁽³⁾,合是忠信,考是大倫⁽⁴⁾,存是美惡,進是利而除是害,無求其報焉,而民之情可得也。夫臨之無抗民之惡⁽⁵⁾,勝之無犯民之言⁽⁶⁾,量之無佼民之辭⁽⁷⁾,養之無擾於其時,愛之無寬於刑法⁽⁸⁾。若此,則身安譽至而民得也。"

【注釋】

(1)南面:古代以面南為尊位,無論天子、諸侯、卿大夫,作為長官出現的時候,總是面南而坐。說見王引之《經義述聞》和凌廷堪《禮經釋義》。

(2)大域:遼闊的國土中。王肅注:"大域,猶辜較也。"不確。

(3)精知而略行之:王肅注:"以精知之略行,舉其要而行之。"略行,相機而行。

(4)考是大倫:考察確立倫理規範。是,確定。考,考察,考核。大倫,封建社會中人與人之間的關繫的最高準則。

(5)夫臨之無抗民之惡:王肅注:"治民無抗揚之志也。"抗,《周書·謚法》云:"逆天虐民曰抗。"

(6)勝之無犯民之言:王肅注:"以慎勝民,言不犯民。"勝,以理屈之。

(7)量之無佼民之辭：王肅注：“佼，猶周也。度量而施政，辭不周民也。”量，度也，揣測。佼，通“狡”，狡詐。

(8)愛之無寬於刑法：王肅注：“言雖愛民，不可寬於刑法，威克其愛，故事無不成也。”

【通解】

“因此，君子為官，統治廣大區域就要秉公治理，精心考慮，相機推行政令，行為忠誠，言語誠信，考察確定倫理道德規範，保留好的方面，吸收有利的因素，去掉弊害，不追求回報，那麼民情就可以瞭解到了。君子為官，不要以悖逆天理凌虐百姓的方式來統治百姓，不要以冒犯百姓的言語來說服百姓，不要以狡詐百姓的言辭來揣測百姓，不要以違背農時的方式來養護百姓，不要以放寬刑法的方式來愛護百姓。如果做到這些，就會地位穩定，名譽得到，且百姓自得其樂。”

【原文】

“君子以臨官所見則邇[1]，故明不可蔽也；所求於邇[2]，故不勞而得。所以治者約，故不用眾而譽立。凡法象在內，故法不遠而源泉不竭[3]，是以天下積而本不寡[4]。短長得其量。人志治而不亂政。德貫[5]乎心，藏乎志[6]，形乎色，發乎聲。若此，而身安譽至，民咸自治矣。是故臨官不治則亂，亂生則爭之者至，爭之至又於亂。[7]明君必寬裕以容其民，慈愛優柔[8]之，而民自得。”

【注釋】

(1)所見則邇(ěr)：王肅注：“所見邇，謂察於微也。”邇，近。

(2)所求於邇，故不勞而得也：王肅注：“所求者近，故不勞而得也。”

(3)凡法象在內，故法不遠而源泉不竭：王肅注：“法象近在於內，故不遠而源泉不竭盡。”法象，指合於禮儀規範的儀表、舉止。

(4)天下積而本不寡：王肅注：“言天下之事，皆積聚而成。如源泉之本，非徒不竭，乃不寡。”

(5)貫：貫通。

（6）志：王聘珍《大戴禮記解詁·子張問入官》引盧注云：“志者，心之府也。”

（7）亂生則爭之者至，爭之至又於亂：王肅注：“小亂則爭，爭之甚者，又大亂至矣。”

（8）優柔：寬舒從容。

【通解】

“君子為官，所看見的就如在自己的身邊，所以清楚得不可以掩飾；所追求的就如在自己的眼前，所以可以毫不費力地得到。因此統治方式簡約，不奴役百姓，名譽便得到了。凡是禮儀規範存在於內心之中，那麼禮儀規範就不會遠離自己而會像源泉一樣不會枯竭，所以天下事物由積聚而成，而本源不減少。不同的事物各得其用。君子志向於治理好，而不是擾亂政治。德性貫穿在心中，蘊藏在志向裏，呈現在表情上，透露在言談裏。如果這樣，那麼地位穩定，名譽得到，而且百姓都能自己治理了。因此，為官不能治理就會發生混亂，混亂發生了，那麼爭奪也就隨之而來，爭奪到來，又會陷入混亂。賢明的君主一定要用寬宏的態度來容納百姓，以慈愛寬宏的態度對待他們，那麼百姓便自得其樂。”

【原文】

“行者，政之始也。(1)說者，情之導也(2)。善政行易而民不怨(3)，言調說和則民不變(4)。法在身則民象之(5)，明在己則民顯(6)之。若乃供己而不節，則財利之生者微矣(7)；貪以不得，則善政必簡矣(8)；苟(9)以亂之，則善言必不聽也；詳以納之(10)，則規諫日至。言之善者，在所日聞(11)；行之善者，在所能為。故君上者，民之儀也；有司(12)執政者，民之表也；邇臣便僻者(13)，群僕之倫也。故儀不正則民失，表不端則百姓亂，邇臣便僻，則群臣污(14)矣。是以人主不可不敬乎三倫(15)。”

【注釋】

（1）行者，政之始也：王肅注：“行為政始言，民從行不從言也。”行，執行政令。

（2）說者，情之導也：王肅注：“言說者但導達其情。”

（3）善政行易而民不怨：王肅注：“言善政，行簡易而民無怨者也。”行易，執行容易。

（4）言調說和則民不變：王肅注：“調，適也。言適於事，說和於民則不變。”

（5）法在身則民象之：王肅注：“言法度，常在身則民法之。”

（6）顯：顯揚。

（7）供己而不節，則財利之生者微矣：王肅注：“言自供不節於財，財不可供，生財之道微矣。”

（8）貪以不得，則善政必簡矣：王肅注：“言徒貪於不得財，善政則簡略而不修也。”

（9）苟：馬虎，不嚴肅。

（10）詳以納之，則規諫日至：王肅注：“納善言也。”

（11）言之善者在所日聞：王肅注：“日聞善言，可行於今日也。”

（12）有司：主管某部門的官吏。

（13）邇臣便僻者，群僕之倫也：王肅注：“僻，宜為‘辟’，便辟。執事在君之左右者。倫，紀也，為衆之紀。”

（14）污：姦邪，貪污。

（15）倫：類。

【通解】

“執行命令是為政的開始，言談是感情的先導。好的政令執行起來容易而且百姓不抱怨，言談適宜，語調和悅，百姓就不會變亂；自覺遵守法度，百姓就會傚法；自身辦事英明，百姓就會加以顯揚。如果供給自己的財物使用不加以節制，那麼生財之道就會狹窄；不知滿足的追求而又無所獲得，那麼好的政治措施就會被忽視了。對於政令，不嚴肅且擾亂它，那麼好的言論必然不會被聽從；對於建議，仔細審查並采納，那麼規勸進諫的人就會天天來。好的言論在於天天聽到，好的行為在於能够去做到。所以說君主是百姓的儀範，執政官吏是百姓的表率，侍御之臣是衆臣的綱理。因此說，儀範不端正，百姓就會放誕不忌；表率不端正，百姓就會產生混亂；侍御之臣不廉潔，群臣就會姦邪。因此君主不可以不慎重這三類情況。”

【原文】

“君子修身反道，察裏言而服⁽¹⁾之，則身安譽至，終始在焉。故夫女子必自擇絲麻，良工必自擇完材⁽²⁾，賢君必自擇左右。勞於取人，佚於治事。君子慾譽，則必謹其左右。為上者，譬如緣木焉，務高而畏下滋甚。六馬之乖離，必於四達之交衢⁽³⁾。萬民之叛道，必於君上之失政。上者尊嚴而危，民者卑賤而神⁽⁴⁾。愛之則存，惡之則亡。長民者必明此之要。故南面臨官，貴而不驕，富而能供⁽⁵⁾，有本而能圖末，修事而能建業⁽⁶⁾，久居⁽⁷⁾而不滯，情近而暢⁽⁸⁾乎遠，察一物而貫乎多，治一物而萬物不能亂者，以身本者也。”

【注釋】

（1）服：王肅注：“服，行。”

（2）完材：良好的材料。

（3）衢：四通八達的道路。《爾雅》曰：“四達謂之衢。”

（4）民者卑賤而神：王肅注：“君有愛思之心，感於民，故謂如神。”不確。王聘珍《大戴禮記解詁·子張問入官》注：“神者，不可測者也。”即如神一樣不可揣測。

（5）供：通“恭”，恭敬。王肅注：“供，宜為‘共’，古恭字也。”

（6）修事而能建業：王肅注：“既能修治舊事，又人君能建乎功業也。”

（7）居：居於官位。

（8）暢：暢通，無阻礙。

【通解】

“君子要培養自身道德，恢復合理的行為，考察有道理的話便執行它，那麼地位穩定，名譽得到，自始至終處於官位。因此婦女一定要在自己擇取絲麻，優秀的工匠一定要自己擇取所需的材料，賢明的君主一定要自己擇取大臣。在選擇人才時是勞累的，但在治理國家時是安逸的。君子要想獲得美名，就一定謹慎的擇取所用的人。居高位的人，就如爬樹一樣爬的越高就越怕掉下來。駕車的六匹馬分散亂跑,一定是在四通八達的十字路口。百姓叛離正道一定是在君主統治有過失的時候。居高位的人雖高貴威嚴但無所依靠,百姓地位卑賤但如神一樣不可揣測。愛護百姓就會地位穩定,討厭百姓就會失去尊位。統治者一定要明白這個問題的關鍵。所以為官治民,尊貴而不要驕傲,富有而要恭謹,即能把握事物的根本又能謀劃事情的末節,既能修治舊事又能建功立業,長期處於官位工作又不停滯不前,近於實情而又能暢達遠方,觀察一件事情而又能融會貫通許多事物,處理一件事情而又不被其他事情擾亂,以切身體會作為處事的根本。"

【原文】

"君子蒞民⁽¹⁾,不可以不知民之性而達諸民之情。既知其性,又習其情,然後民乃從命矣。故世舉⁽²⁾則民親之,政均⁽³⁾則民無怨。故君子蒞民,不臨以高⁽⁴⁾,不導以遠,不責民之所不為,不強民之所不能。廓⁽⁵⁾之以明王之功,不因其情,則民嚴而不迎⁽⁶⁾;篤⁽⁷⁾之以累年之業,不因其力,則民引而不從⁽⁸⁾。若責民所不為,強民所不能,則民疾,疾則僻矣⁽⁹⁾。"

【注釋】

(1)蒞(lì)民:治民,統治百姓。

(2)世舉:國家安定。

(3)政均:政策公正合理。

(4)不臨以高:王肅注:"不亢揚也。"

(5)廓,開拓。

(6)民嚴而不迎:王肅注:"迎,奉也。民嚴畏其上而不奉迎其教。"嚴,敬畏。

(7)篤:堅定。

(8)民引而不從:王肅注:"引,弘也。教之以非其力之所堪,則民引弘而不從其教也矣。"引,收斂,退避。

(9)疾則僻矣:王肅注:"民疾其上,即邪僻之心生。"僻,不正,邪僻。

【通解】

"君子統治百姓,不可以不了解百姓的習性,通曉百姓的實情。即瞭解他們的習性,又熟悉他們的實情,然後百姓才能聽從命令。因此,國家安定,百姓就會親敬君主;政策公正合理,百姓就會沒有怨言。所以君子統治百姓,不以高高在上的態度對待百姓,不引導百姓去做他們無關的事情,不責罰百姓去干他們不願意做的事情,不強迫百姓干無能力做的事情;用聖明君主的功業來開導他們,不根據實情,百姓就會表面敬畏而不迎合;用多年的功業來堅定他們,不根據他們的實際能力,百姓就會躲避而不服從命令。如果責罰百姓去做他們不願做的事情,強迫他們去做沒能力做的事情,百姓就會產生憎恨。有了憎恨,就會產生邪僻的行為。"

【原文】

"古者聖主冕而前旒(1),所以蔽明也;紘紞(2)充耳,所以掩聰也。水至清則無魚,人至察則無徒。枉而直之,使自得之;優而柔之(3),使自求之;揆而度之(4),使自索之。民有小過,必求其善,以赦其過;民有大罪,必原(5)其故,以仁輔化;如有死罪,其使之生,則善也。是以上下親而不離,道化流而不蘊(6)。故德者,政之始也。政不和,則民不從其教矣;不從教,則民不習;不習,則不可得而使也。"

【注釋】

(1)旒(liú):古代帝王禮帽上前後懸垂的玉串。

(2)紘(hóng)紞(dǎn):紘,繫於頷下的帽帶。紞,古代冠冕上用以繫瑱(zhèn)的帶子。

(3)優而柔之,使自求之:王肅注:"優,寬也。柔,和也。使自求其宜也。"

(4)揆(kuí)而度之,使自索之:王肅注:"揆度其法以開示之,使自索得之也。"揆,度量,考察。

(5)原:探求根源。

(6)蘊:鬱結。王肅注:"蘊,滯積也。"

【通解】

"古代聖明君主的冠冕前懸垂的玉串,是用來遮蔽視力的;冠冕兩旁懸瑱的帶子掛在耳旁,是用來蒙蔽聽覺的。水清到極點就沒有魚兒,人明察到了極點就沒有跟從者了。要使邪惡的百姓變得行為正直,讓他們自己做到轉變;寬厚地對待百姓,讓他們自得其樂;考察推測百姓,讓他們自己求得適宜的法令制度。百姓犯了小的罪過,一定要發現他們的好處,來赦免他們的罪過;百姓犯了大的罪行,一定要考慮他們犯罪的原因,用仁義來輔助他們;如果犯了死罪,希望能使他們活下來,那是最好的。所以上下就會相互親近而不會離散,道德教化就會流行而不鬱結。所以說德行是為政的開始,為政不寬和,百姓就不會聽從教導;不聽從教導,百姓就不會貫徹政令;百姓不貫徹政令,百姓就不可能聽從指使。"

【原文】

"君子慾言之見信也,莫善乎先虛其內[1];慾政之速行也,莫善乎以身先之;慾民之速服也,莫善乎以道御[2]之。故雖服必強[3],自非忠信,則無可以取親於百姓者矣。內外不相應,則無已取信於庶民[4]者矣。此治民之至道矣,人官之大統[5]矣。"

子張既聞孔子斯言,遂退而記之。

【注釋】

(1)虛其內:王肅注:"虛其內,謂直道而行,無情故也。"

(2)御:治理。

(3)雖服必強:王肅注:"言民雖服,必以威強之,非心服也。"

(4)庶民:平民,百姓。

(5)統:綱要,綱領。

【通解】

"君主要想說話被人相信,沒有比內心謙虛更好的了;要想政令能夠快速實行,沒有比自己以身作則更好的了;要想使百姓很快順服,沒有比用合理的行為來治理他們更好的了。所以用強迫的方式雖然使百姓順服,但沒有忠誠和信任,也就沒有什麼可以用來使百姓感到親近的了。朝

廷內外沒有相呼應的,就無法取信於普通百姓的了。這是治理百姓最重
要的道理,是入仕為官最重要的原則。"

　　子張聽了孔子這番話,便退了下去並把他記了下來。"

困誓第二十二

【序說】

本篇名"困誓"，困，有艱難、窘迫之意；誓，疑為"哲"字之誤。《逸周書》有《商誓》篇，朱右曾注云："誓，讀若哲。"《商誓》其中有"商先誓王"、"肆商先誓"等句，《皇門解》有"有國誓王之不綏於恤"句，其中的"誓"俱為"哲"字之誤。《說文》："哲，知也。"《爾雅》："哲，智也。"《書·伊訓》有"敷求哲人"。哲人，賢明、有智慧的人。此篇多記艱難、窘迫情景下孔子的言辭、議論，表現了孔子的智慧，因以"困誓"名篇。

本篇共由十節材料組成：第一，子貢因倦於學而向孔子請教，孔子勸導子貢，認為"學不可以已"；第二，孔子聞趙簡子殺竇犨鳴犢及舜華，認為"君子諱傷其類也"，而取消渡河入晉的計劃；第三，子路向孔子詢問如何才改變"名不稱孝"，孔子認為"行修則名自立"；第四，孔子及其弟子遭厄於陳蔡之間，孔子以"君不困不成王，烈士不困行不彰"來勉勵自己及其弟子；第五，孔子被圍於匡，子路慾戰。孔子制止子路，認為"以述先王，好古法而為咎者，則非丘之罪也"；第六，孔子認為士大夫應謹慎的對待"顛墜之患"、"没溺之患"、"風波之患"以避免"無累於身"；第七，子貢問"為人下"之道，孔子認為"為人下"之道"猶土"；第八，孔子與弟子失散於鄭東郭門外，鄭人形容孔子"纍然如喪家之狗"，孔子為此感嘆不已；第九，孔子被圍於蒲，誓盟而得以解圍。孔子以"要我以盟，非義也"而負盟適衛；第十，孔子高度評價史魚屍諫衛靈公。這些都是面臨困境、困惑時的事迹、言辭，真實反映了孔子為實現政治理想而不畏挫折和危難，始終矢志不移、孜孜不倦的探索精神。

本篇材料也散見於其它典籍，從對比看，本篇內容與《荀子》、《史記·孔子世家》的記載完全吻合，這正契合了《孔子家語》的流傳過程中經過荀子之手的環節，說明太史公司馬遷作《史記》時參考了《家語》。本篇與《列子》、《韓詩外傳》、《說苑》、《新書》、《新序》等典籍的記載有明顯出入，甚至相互牴牾,這是後人以己意引用闡發的結果。

【原文】

子貢問於孔子曰:"賜倦於學,困於道矣,願息於事君,可乎?"孔子曰:"《詩》云:'溫恭朝夕,執事有恪。'⁽¹⁾事君之難也,焉可息哉!"

曰:"然則賜願息而事親。"孔子曰:"《詩》云:'孝子不匱,永錫爾類。'⁽²⁾事親之難也,焉可以息哉!"

曰:"然賜請願息於妻子。"孔子曰:"《詩》云:'刑於寡妻,至於兄弟,以御於家邦。'⁽³⁾妻子之難也,焉可以息哉!"

曰:"然賜願息於朋友。"孔子曰:"《詩》云:'朋友攸攝,攝以威儀。'⁽⁴⁾朋友之難也,焉可以息哉!"

曰:"然則賜願息於耕矣。"孔子曰:"《詩》云:'晝爾於茅,宵爾索綯,亟其乘屋,其始播百谷。'⁽⁵⁾耕之難也,焉可以息哉!"

曰:"然則賜將無所息者也?"孔子曰:"有焉。自望其廣,則睪如也⁽⁶⁾;視其高,則填如也⁽⁷⁾;察其從,則隔如也⁽⁸⁾。此其所以息也矣。"

子貢曰:"大哉乎死也! 君子息焉,小人休焉,大哉乎死也!"

【注釋】

(1)溫恭朝夕,執事有恪(kè):語出《詩・商頌・那》。朝夕,早見君謂朝,暮見君謂夕。恪,謹慎,恭敬。王肅注:"恪,敬也。"此記載又見於《列子・天瑞篇》、《荀子・大略篇》、《韓詩外傳》卷八。

(2)孝子不匱,永錫爾類:語出《詩・大雅・既醉》。匱,缺乏,不足。錫,通"賜",賞賜。王肅注:"匱,竭也。類,善也。孝子之道不匱竭者,能以類相傳,長錫爾以善道也。"

(3)刑於寡妻,至於兄弟,以御於家邦:語出《詩・大雅・思齊》。刑,法式,典範。王肅注:"刑,法也。寡,適也。御,正也。文王以正法接其寡妻,至於同姓兄弟,以正治天下之國家者矣。"

(4)朋友攸攝,攝以威儀:語出《詩·大雅·既醉》。攸,放在動詞前面,組成名詞性詞組,相當於"所"。攝,佐助,幫助。

(5)晝爾於茅,宵爾索綯(táo),亟其乘屋,其始播百谷:語出《詩·豳風·七月》。王肅注:"宵,夜。綯,絞也。當以時治屋也。亟,疾也。當亟乘爾屋以善治之也。其復當修農播百谷,言無懈息。"

(6)自望其廣,則睪(gāo)如也:廣,通"壙",墳墓。睪,通"皋",高貌。《荀子·大略》:"望其壙,皋如也。"王肅注:"廣,宜為'壙'。睪,高貌。壙而高冢是也。"

(7)視其高,則填如也:王肅注:"填,塞實貌,冢雖高而塞實也。"不確。《荀子·大略》:"嵮如也。"填,應為"嵮"誤,通"巔",山巔。

(8)則隔如也:王肅注:"言其隔而不得復相從也。"不確,《荀子·大略》:"鬲(lì)如也。"隔,應為"鬲"誤。鬲,像鼎一類的烹飪器,三足中空。

【通解】

子貢問孔子:"我對學習已經厭倦了,對行道又感到困惑不解,希望侍奉君主以得到休息,可以嗎?"孔子說:《詩》說:'從早到晚要溫和恭敬,行事要認真謹慎。'侍奉君主是艱難的,怎麼可以休息呢?"

子貢說:"那麼我希望侍奉父母以得到休息。"孔子說:"《詩》說:'孝子的孝心無竭盡,祖宗永賜你們好。'侍奉父母是艱難的,怎麼可以休息呢?"

子貢說:"那麼我希望幫助妻兒以得到休息。"孔子說:"《詩》說:'給妻子作典範,推廣到自己的兄弟,然後來治理國家。'幫助妻兒是艱難的,怎麼可以休息呢?"

子貢說:"那麼我希望結交朋友以得到休息。"孔子說:"《詩》說:'朋友之間相互輔助,所用的就是威儀。'交結朋友是艱難的,怎麼可以休息呢?"

子貢說:"那麼我希望從事耕作以得到休息。"孔子說:"《詩》說:'白天割茅草,晚上搓繩子,急急忙忙修理房屋,又要開始種莊稼。'耕作是艱難的,怎麼可以休息呢?"

子貢說:"那麼我就沒有休息的時候了嗎?"孔子說:"有的。自這兒看那個墳墓,高高的;看它那麼高,好似山巔;觀察它的側面,又好似鬲。這是休息的時候了。"

子貢說：“死亡真偉大啊！君子休息了，小人終結了。死亡真偉大啊！”

【原文】

孔子自衛將入晉，至河，聞趙簡子⁽¹⁾殺竇犨鳴犢及舜華⁽²⁾，乃臨河而嘆曰：“美哉水，洋洋乎！丘之不濟，此命也夫！”子貢趨而進曰：“敢問何謂也?”孔子曰：“竇犨鳴犢、舜華，晉之賢大夫也。趙簡子未得志之時，須此二人而後從政。及其已得志也，而殺之。丘聞之，刳胎殺夭⁽³⁾，則麒麟⁽⁴⁾不至其郊；竭澤而漁，則蛟龍⁽⁵⁾不處其淵；覆巢破卵，則鳳凰不翔其邑，何則？君子違⁽⁶⁾傷其類者也。鳥獸之於不義，尚知避之，況於人乎。”遂還，息於鄒，作《槃操》⁽⁷⁾以哀之。

【注釋】

（1）趙簡子：即趙鞅，趙武之孫，晉定公時為卿，卒諡“簡”。此記載又見於《史記·孔子世家》、《說苑·權謀》、《孔叢子·記問》、《新序》。

（2）竇犨（chōu）鳴犢及舜華：春秋時晉國大夫。竇犨鳴犢，姓竇名犨，字鳴犢，或作“鳴鐸”。舜華，亦晉國大夫。

（3）刳（kū）胎殺夭：刳，剖，剖挖。夭，幼小的動物

（4）麒麟：古代傳說中代表吉祥的神獸，形如鹿，一角，體披鱗甲，牛尾。

（5）蛟龍：傳說中的兩種動物，居深水中。相傳蛟能發洪水，龍能興雲雨。

（6）違：王肅注：“違，去也。違，或為諱也。”

（7）槃（pán）操：王肅注：“槃操，琴曲名也。”

【通解】

孔子從衛國到晉國去，到黃河邊，聽說趙簡子殺死了竇犨鳴犢和舜華，於是面臨黃河感嘆到：“壯美啊，黃河水！浩浩蕩蕩奔騰不息。我不能渡過黃河去，命也！”子貢快步走上前問：“冒昧地問您為什麼這麼說呢?”孔子說：“竇犨鳴犢和舜華是晉國有道德有才能的大夫。趙簡子沒有得志

的時候,需要這兩個人的幫助才能從政。等到他得志的時候,却殺了他們。我聽說過,剖胎殘害幼小的生命,那麼麒麟不會到他的城外;排幹了水捕魚,那麼蛟龍不會居住在他那裏的深淵;打翻鳥巢又打破鳥卵,那麼鳳凰也不會飛翔在他城邑的上空。為什麼呢? 這是因為君子忌諱傷害到他的同類啊! 鳥獸對於不義的事情尚能知道躲避,何況於人呢?"於是退回去了,到鄒地停下,作了《槃操》這首琴曲來哀悼他們。

【原文】

子路問於孔子曰:"有人於此,夙興夜寐⁽¹⁾,耕蕓樹藝⁽²⁾,手足胼胝⁽³⁾,以養其親,然而名不稱孝,何也?"孔子曰:"意者⁽⁴⁾身不敬與? 辭不順與? 色不悦與? 古之人有言曰:'人與己與,不汝欺。'⁽⁵⁾"

"今盡力養親而無三者之闕⁽⁶⁾,何謂無孝之名乎?"

孔子曰:"由,汝志之! 吾語汝,雖有國士之力,而不能自舉其身,非力之少,勢不可矣。夫内行不修,身之罪也;行修而名不彰,友之罪也;行修而名自立。故君子入則篤行,出則交賢,何謂無孝名乎?"

【注釋】

(1)夙興夜寐:夙,早晨。寐,睡覺。此記載又見於《荀子·子道》、《韓詩外傳》卷九。

(2)耕蕓樹藝:蕓,通"耘",除草。樹,栽植。藝,播種。

(3)胼(pián)胝(zhī):胼胝,手脚上的老繭。

(4)意或:想來大概是。

(5)人與己與,不汝欺:王肅注:"言人與己事實相通,不相欺也。"與《荀子·子道》篇"衣與繆與,不女聊"句相類。繆,綢繆,指準備。女,同"汝",你。聊,依賴。意思是:"給我衣服穿,什麼都給我準備好,但對我不恭敬,我還是不能依賴你。"

(6)闕(què):缺點,過錯。

【通解】

　　子路問孔子："有這麽一個人,早起晚睡,耕地除草種植莊稼,手脚都磨出了老繭,來奉養父母。如此這樣,却沒有孝的美稱,為什麽呢?"孔子說："想來或者是舉止不恭敬吧? 言辭不柔順吧? 表情不和悅吧? 古人說:'別人和自己一些事實是相通的,不會欺騙你的。'"

　　"假如竭盡全力奉養父母,沒有前面三種過錯,為什麽還沒有孝子的名聲呢?"

　　孔子說："仲由,你記住! 我告訴你,雖然有全國聞名的勇士的力氣,也不能把自己舉起來,這並不是力氣小,而是形勢不可能啊! 不注重培養內在品質,是自身的過錯啊;品行好而名聲不顯著,是朋友的過錯啊;品行好了,名聲自然會樹立起來。 所以君子在家就要行為淳厚,在外就要交結有道德有才能的朋友。 怎麽會沒有孝的名聲呢?"

【原文】

　　孔子遭厄⁽¹⁾於陳蔡之間,絕糧七日,弟子餒病⁽²⁾,孔子弦歌。 子路入見曰："夫子之歌,禮乎?"孔子弗應,曲終而曰："由,來! 吾語汝,君子好樂,為無驕也;小人好樂,為無懾⁽³⁾也。 其誰之子⁽⁴⁾,不我知而從我者乎?"子路悅,援戚而舞⁽⁵⁾,三終而出。

　　明日免於厄。 子貢執轡曰："二三子從夫子而遭此難也,其弗忘矣!"孔子曰："善,惡何也⁽⁶⁾? 夫陳蔡之間,丘之幸也。 二三子從丘者,皆幸也。 吾聞之,君不困不成王,烈士⁽⁷⁾不困行不彰。 庸知其非激憤厲志之始於是乎在?"

【注釋】

(1)厄(è):窮困,災難。 此記載又可見於《說苑·雜言》。

(2)餒(něi)病:飢餓困頓。 餒,飢餓。 病,筋疲力盡。

(3)懾:恐懼,害怕。 王肅注:"懾,懼也。"

(4)其誰之子,不我知而從我者乎:王肅注:"其誰之子,猶言以誰氏子,謂子路也,雖從我而不知我也。"

(5)援戚而舞:援,拿,拿過來。 戚,斧,古代一種兵器。

(6)善，惡何也：王肅注："善子貢言也。惡何，猶言是何也。"

(7)烈士：剛烈之士。

【通解】

孔子在陳國蔡國之間，遭受到圍困，斷糧七天，弟子飢餓困頓，孔子彈琴又唱歌，子路進見說："先生唱歌符合禮嗎？"孔子沒有回答，直到曲子結束了才說："仲由，過來！我告訴你，君子喜歡音樂，為的是避免驕傲。小人喜歡音樂，為的是消除畏懼。是誰不了解我卻跟從我啊？"子路高興了，拿着戚跳起舞來，跳了幾個曲子後，退了出去。

第二天，孔子一行擺脫了圍困。子貢挽着繮繩，說："我們跟隨先生遭受這場磨難，大概永遠不會忘記了。"孔子說："說的好，為什麼呢？在陳國蔡國之間遭受到圍困，是我的幸運啊。你們跟隨我，也是你們的幸運啊。我聽說過，君主不經受危難，不能成就王業。剛烈之士不經受危難，他們的品行得不到顯揚。怎麼知道不是在厄困之時他們才開始發憤厲志的呢？"

【原文】

孔子之宋，匡人簡子(1)以甲士圍之。子路怒，奮戟(2)將與戰。孔子止之曰："惡有修仁義而不免世俗之惡者乎？夫《詩》、《書》之不講，禮、樂之不習，是丘之過也。若以述(3)先王，好古法而為咎(4)者，則非丘之罪也，命之夫。由，歌，予和(5)汝。"

子路彈琴而歌，孔子和之，曲三終，匡人解甲而罷。

【注釋】

(1)匡人簡子：匡，地名，春秋時屬宋國，在今河南睢縣西。簡子，未詳，或許是匡人首領。此記載又見於《韓詩外傳》卷六和《說苑·雜言》。

(2)戟：古兵器，合戈、矛為一體，即可以直刺，又可以橫擊。

(3)述：遵循，依照。

(4)咎：歸責，責備。

(5)和(hè)：應和，跟着唱。

【通解】

　　孔子去宋國,匡地人簡子讓士兵包圍了他們。子路大怒,舉戟準備和他們交戰。孔子制止了他,說:"怎麼會有修治仁義而不能免除世俗憎恨的人呢?不講習《詩》、《書》,不練習禮樂,這是我的過錯。如果因遵循先王,喜歡古代法令制度而受到指責,那麼就不是我的罪過了,是命啊!仲由,你唱歌,我跟着唱。"

　　子路彈琴,唱起歌來。孔子跟着唱起來。唱了幾曲,匡人解除武裝,退去了。

【原文】

　　孔子曰:"不觀高崖,何以知顛[1]墜之患?不臨深泉,何以知沒溺之患?不觀鉅海,何以知風波之患?失之者其不在此乎[2]?士慎此三者,則無累於身矣。"

【注釋】

　　(1)顛:通"巔",山巔。此記載又見於《說苑·雜言》。

　　(2)失之者其不在此乎:王肅注:"不在此三者之域也。"

【通解】

　　孔子說:"不看到高高的懸崖,怎麼知道從崖頂墜落的災難呢?不臨近深淵,怎麼知道淹沒沉溺的災禍呢?不看到大海,怎麼知道風浪的災禍呢?造成過失得原因,難道不在這些方面嗎?士人謹慎的對待這三個問題,就不會傷害到自身。

【原文】

　　子貢問於孔子曰:"賜既為人下[1]矣,而未知為人下之道,敢問之。"子曰:"為人下者,其猶土乎。汨[2]之深則出泉,樹其壤則百谷滋焉,草木植焉,禽獸育焉,生則出焉,死則入焉。多其功而不意[3],弘其志而無不容[4]。為人下者以此也."

【注釋】

　　(1)下:謙下,為人謙虛。此記載又可見於《荀子·堯問》、《韓詩外傳》卷七和《說苑·雜言》。

（2）汩（gǔ）：通“抇（gǔ）”，掘，挖掘。《荀子·堯問》：“深抇之而得甘泉焉。”王肅注：“汩，渥（wò）也。”

（3）多其功而不意：王肅注：“功雖多而無所意也。”不確。多，稱贊。不意，不在意，不放在心上。

（4）弘其志而無不容：王肅注：“為人下者，當弘志，如地無所不容也。”弘，光大，擴大。

【通解】

子貢問孔子：“我已經做到為人謙下了，卻不知為人謙下的道理，冒昧地向您請教。”孔子說：“為人謙下的人，大概象泥土吧！掘深了就會冒出泉水，在土壤上種植，就會百谷滋長，草木繁殖，禽獸生育，活着就出現在它的上面，死了就埋入它的下面。稱贊它的功勞，它毫不在意；廣大它的志向，它無所不容。為人謙下的人應該是這樣的。”

【原文】

孔子適鄭，與弟子相失，獨立東郭[1]門外。或人謂子貢曰：“東門外有一人焉，其長九尺有六寸，河目隆顙[2]，其頭似堯，其頸似皋繇，其肩似子產，然自腰已下，不及禹者三寸，纍然如喪家之狗[3]。”子貢以告，孔子欣然而嘆曰：“形狀末也，如喪家之狗，然乎哉！然乎哉！”

【注釋】

（1）郭：在城的外圍加的一道城牆。《管子·度地》：“内為之城，城外為之郭。”此記載又可見於《史記·孔子世家》、《韓詩外傳》卷九。

（2）河目隆顙（sǎng）：王肅注：“河目，上下匡平而長。顙，頰也。”頰，臉的兩側。王肅注：“顙，頰。”不確。顙，額。

（3）纍然如喪家之狗：王肅注：“喪家狗，主人哀荒，不見飯食，故纍然不得意。孔子生於亂世，道不得行，故纍然，是不得意之貌也。”

【通解】

孔子到宋國去，和弟子相互失散了，獨自站在東城門外。有人告訴子貢說：“東門外有一人，身長九尺六寸，眼睛上下眶像河一樣平正而直，額頭高而突起,頭像堯,脖子像皋繇,肩像子產,但自腰以下比禹短三寸,不得志的樣子如喪家之犬。"子貢把這話告訴了孔子,孔子高興的感嘆:"容貌形狀未必這樣。像喪家之犬,真是這樣啊! 真是這樣啊!"

【原文】

孔子適衛,路出於蒲[1],會公叔氏[2]以蒲叛衛而止之。孔子弟子有公良儒[3]者,為人賢長[4]有勇力,以私車五乘從夫子行,喟然曰:"昔吾從夫子遇難於匡,又伐樹於宋[5],今遇困於此,命也夫! 與其見夫子仍遇於難,寧我鬥死。"挺劍而合衆,將與之戰。蒲人懼,曰:"苟無適衛,吾則出子。"以盟孔子,而出之東門。孔子遂適衛。子貢曰:"盟可負乎?"孔子曰:"要[6]我以盟,非義也。"

衛侯聞孔子之來,喜而於郊迎之。問伐蒲,對曰:"可哉!"公曰:"吾大夫以為蒲者,衛之所以恃[7]晉楚也。伐之,無乃不可乎?"孔子曰:"其男子有死之志[8],吾之所伐者,不過四五人矣[9]。"公曰:"善!"卒不果伐。

他日,靈公又與夫子語,見飛雁過而仰視之,色不悅。孔子乃逝[10]。

【注釋】

(1)蒲:春秋時衛地,在今河南長垣縣。此記載又見於《史記·孔子世家》。

(2)公叔氏:即公孫成,衛國大夫。為人廉潔寧靜,時人稱其不言不笑不取,卒謚貞惠文子。

(3)公良儒:亦作"公良孺",孔子弟子,字子正,陳國人。

(4)賢長:賢能而有長者之風。

(5)伐樹於宋:王肅注:"孔子與弟子行禮於大樹之下,桓魋(tuí)慾害之,故先伐其樹焉。"可參見《史記·孔子世家》。

(6)要(yāo):威脅,要挾。

（7）恃：防備，抵禦。

（8）其男子有死之志：王肅注：“公叔氏慾蒲適他國，故男子慾死之，不樂適也。”

（9）四五人：王肅注：“本與叔孫同伴者也。”

（10）逝：去，離去。王肅注：“逝，行。”

【通解】

孔子到衛國去，路經蒲地，正遇到公孫氏憑藉蒲地背叛衛國，不讓他們通過。孔子弟子中有叫公良儒的人，為人賢能而有長者風度，且有勇力，以自己的五輛車跟隨孔子出行，感嘆地說：“以前我跟隨先生在匡地受圍困，在宋國又遇上伐樹之難，現在又在這裏遇困，這是命啊！與其看着先生再次遇難，還不如戰死。”於是，舉起劍來集合衆人，準備與蒲人戰鬥。蒲人害怕了，說：“如果你們不去衛國，我們就放你們走。”於是與孔子訂下盟誓，讓他們從東門走了。孔子還是去了衛國。子貢說：“盟誓可以違背嗎？”孔子說：“威脅我訂立的盟誓，是不合宜的行為。”

衛靈公聽說孔子來了，高興地到城外去迎接。衛靈公詢問起征伐蒲地的事，孔子說：“可以啊！”衛靈公說：“我的大夫認為蒲地是我們衛國用來抵禦晉國、楚國的，討伐它恐怕不可以吧？”孔子說：“蒲地男子寧死不願隨從叛亂，我們所討伐的，只不過是極少數的叛亂分子。”衛靈公說：“好！”但最終也沒有出兵討伐。

有一天，衛靈公又與孔子談話，看見大雁飛過，抬頭觀看，臉色不高興。孔子於是離開了衛國。

【原文】

衛蘧伯玉（1）賢而靈公不用，彌子瑕（2）不肖反任之。史魚（3）驟（4）諫而不從。史魚病將卒，命其子曰：“吾在衛朝不能進蘧伯玉，退彌子瑕，是吾為臣不能正君也。生而不能正君，則死無以成禮。我死，汝置屍牖下（5），於我畢矣。”其子從之。

靈公吊焉，怪而問焉。其子以其父言告公。公愕然失容曰：“是寡人之過也。”於是命之殯（6）於客位，進蘧伯玉而用之，退彌子瑕而遠之。

孔子聞之曰："古之列諫[7]之者，死則已矣。未有若史魚死而屍諫，忠感其君者也，不可謂直乎？"

【注釋】

（1）蘧（qú）伯玉：名瑗，衛國賢大夫。事可參見《左傳》襄公十四年、《左傳》襄公二十六年。此記載又見於《新書·胎教》、《新序·雜事一》、《大戴禮記·保傳》和《韓詩外傳》卷七。

（2）彌子瑕（xiá）：衛靈公之嬖大夫。事可參見《韓非子·說難》。

（3）史魚：即史鰌（qiū），字子魚，春秋時衛國大夫。

（4）驟：屢次，多次。

（5）置屍牖下：牖，窗。王肅注："禮，飯含於牖下，小斂於戶內，大斂於阼，殯於客位也。"

（6）殯：停放靈柩。

（7）列諫：極力勸諫。列，通"烈"，強烈，極力。

【通解】

衛國蘧伯玉賢能，但衛靈公不任用他。彌子瑕不賢，衛靈公反而任用。史魚多次進諫，但衛靈公不聽。史魚病了，將要死了，對他的兒子說："我在衛國朝廷，卻不能進薦蘧伯玉，斥退彌子瑕，這是我作為臣子的不能匡正君主啊！活着不能匡正君主，死了就不值得舉辦喪禮。我死後，你把我的屍體放在窗下，對於我來說就行了。"他的兒子聽從了他的話。

衛靈公前來弔喪，對此感到奇怪並詢問原因。史魚的兒子就把他父親的話告訴了衛靈公。衛靈公驚訝失色，說："這是我的過錯啊！"於是命令將史魚的靈柩停放在賓客的位置上。召進蘧伯玉而任用他，斥退彌子瑕並疏遠了他。

孔子聽到這事，說："古時極力勸諫的人，死了，勸諫也就停止了。沒有像史魚這樣，死了，卻還要用屍體來進諫，忠誠感動了君主，難道不可以稱為正直嗎？"

五帝德第二十三

【序說】

五帝之說由來已久，但其內容卻世說不一，至少存在六種說法。本文所載是其中最為常見的一種。這是一篇記載上古傳說的重要文獻，對於上古史以及古代思想史的研究都具有重要價值。

宰我因不明於黃帝、顓頊、帝嚳、帝堯、帝舜五帝及大禹之事，因而求教於孔子，孔子向宰我大體介紹了他們的德行和事迹。按照孔子和宰我的談話內容，本文可以分為七個部分：第一，孔子回答宰我關於"黃帝三百年"的問題；第二，關於帝顓頊的德行；第三，關於帝嚳的德行；第四，關於帝堯的德行；第五，關於帝舜的德行；第六，關於大禹的事迹；最後，記述孔子認為宰我不可能理解五帝之德的內容，卻沒有想到宰我竟能理解。

上個世紀初，疑古思潮興起，主要矛頭就指向以三皇五帝為核心的古史傳說體系。今日，大多數人早已摒棄那種極端觀點，並充分認識到古代傳說的巨大價值。可以說，對古史傳說、文獻記載進行綜合研究，並與考古學的成果相結合，乃是進行上古史重建的必由之路。

《大戴禮記》也收錄本篇，二者稍有不同，可以參照。

【原文】

宰我[1]問於孔子曰："昔者吾聞諸榮伊[2]曰：'黃帝[3]三百年。'請問黃帝者人也，抑非人也？何以能至三百年乎？"

孔子曰："禹、湯、文、武、周公，不可勝以觀也，而上世黃帝之問，將謂先生難言之故乎？"[4]

宰我曰："上世之傳，隱微之說，卒采之辯[5]，闇忽[6]之意，非君子之道者，則予之問也固矣[7]。"

孔子曰："可也，吾略聞其說。黃帝者，少昊[8]之子，曰軒轅。生而神靈,弱而能言,幼齊⁽⁹⁾睿⁽¹⁰⁾莊,敦⁽¹¹⁾敏誠信,長聰明⁽¹²⁾。治五氣⁽¹³⁾,設五量⁽¹⁴⁾,撫萬民,度四方⁽¹⁵⁾。服牛乘馬,擾馴猛獸,以與炎帝⁽¹⁶⁾戰於阪泉⁽¹⁷⁾之野,三戰而後克之。始垂衣裳,作為黼黻⁽¹⁸⁾。治民以順天地之紀,知幽明⁽¹⁹⁾之故,達生死存亡之說。播時⁽²⁰⁾百谷,時是嘗味草木,仁厚及於鳥獸昆蟲。考⁽²¹⁾日月星辰,勞耳目,勤心力,用水火財物以生民。民賴其利,百年而死;民畏其神,百年而亡;民用其教,百年而移⁽²²⁾。故曰'黃帝三百年'。"

【注釋】

(1)宰我:宰予,字子我,亦稱宰我。孔子弟子,魯國人,以"言語"著稱。

(2)榮伊:人名。

(3)黃帝:號軒轅氏,源出姬水,傳說中的古代帝王。後被尊為華夏族的始祖。《史記·五帝本紀》說:"黃帝者,少典之子,姓公孫,名軒轅。"

(4)"禹、湯、文、武、周公,……將謂先生難言之故乎":王肅注:"言禹湯已下,不可勝觀,乃問上世黃帝,將為先生長老難言之,故問。"勝,盡。

(5)卒采之辯:王肅注:"采,事也。辯,說也。卒,終也。其事之說也。"謂事既終,而猶爭辯之。

(6)闇忽:王肅注:"闇忽,久遠不明。"

(7)則予之問也固矣:王肅注:"固陋不得其問。"謂我的問題顯得固陋。

(8)少昊:當從《大戴禮記》作"少典"。《史記·五帝本紀》亦謂:"黃帝者,少典之子。"少典,《史記索引》曰:"少典者,諸侯國號,非人名也。"少昊,又作"少皥"名摯,號金天氏,源出東夷族,傳說中的古代帝王。

(9)齊:疾,迅速。

(10)睿:聖明。

(11)敦:厚。

(12)聰明:耳目明辨。

(13)五氣:王肅注:"五行之氣。"

(14)五量：王肅注："五量：權衡、昇斛、尺丈、里步、十百。"

(15)度四方：王肅注："商度四方而撫安定。"

(16)炎帝：王肅注："炎帝，神農氏之後也。"炎帝號烈山氏，又號神農氏，源出姜水，傳說中的古代帝王。

(17)阪（bǎn）泉：古地名。一說在今河北涿鹿東南，一說在今山西運城解池附近。

(18)黼（fǔ）黻（fú）：王肅注："白與黑謂之黼，若斧文。黑與青謂之黻，若兩巳相戾。"指古代禮服上繡的花紋。黼，黑白相間，作斧形。黻，黑青相間，作亞形。

(19)幽明：幽，夜。明，畫。

(20)播時：按季節播種。播，布。時，季節。

(21)考：觀察。

(22)移：改變。

【通解】

宰我問孔子說："以前我聽榮伊說：‘黃帝活了三百年。’請問黃帝是人呢？或者不是人呢？為什麼能活三百年呢？"

孔子說："禹、湯、周文王、周武王、周公，對於他們尚且不能完全瞭解清楚，而你問到更為久遠的黃帝，是因為連先生都難以講清的緣故嗎？"

宰我說："上古的傳說，隱隱約約的說法，事過以後的爭辯，久遠不明的含義，這些都不是君子應該說的，我的問題顯得固陋。"

孔子說："可以問，我略微聽說過這方面的事情。黃帝是少典的兒子，名叫軒轅。他生下來就神奇靈異，很早就能說話，小時侯機敏、聖明、端莊、厚道、誠信，長大以後更是明辨一切。他治理五行之氣，設置五種計量標準，安撫天下人民，考察四方情況。駕御牛馬，驅趕馴服的猛獸，與炎帝在阪泉之野上展開大戰，三戰以後戰勝炎帝。這才製作禮服，在上面繡黼黻等美麗的花紋。治理人民，以順應天地之法則，瞭解畫夜更替的原因，明白生死存亡的道理。按時播種百穀，鑒別良草佳木，仁厚的美德施及到鳥獸昆蟲。觀察日月星辰的變化規律，勤勉盡心，用水、火和財物來養育人民。黃帝生前，人民受其恩惠一百年；黃帝死後，人民敬畏他的神靈一百年；之後，人民沿用黃帝之教化又一百年才改變。所以說‘黃帝活了三百年’。”

【原文】

宰我曰：“請問帝顓項⁽¹⁾。”

孔子曰：“五帝用說，三王有度⁽²⁾，汝慾一日遍聞遠古之說，躁哉！予也。”

宰我曰：“昔予也聞諸夫子曰：‘小子毋或宿⁽³⁾。’故敢問。”

孔子曰：“顓項，黃帝之孫，昌意⁽⁴⁾之子，曰高陽。淵⁽⁵⁾而有謀，疏通⁽⁶⁾以知遠，養財以任地⁽⁷⁾，履時以象天⁽⁸⁾，依鬼神而制義⁽⁹⁾，治氣性⁽¹⁰⁾以教衆，潔誠以祭祀，巡四海以寧民。北至幽陵⁽¹¹⁾，南暨交趾⁽¹²⁾，西抵流沙⁽¹³⁾，東極蟠木⁽¹⁴⁾，動靜之神，小大之物，日月所照，莫不底屬⁽¹⁵⁾。”

【注釋】

(1)顓(zhuān)項(xū)：黃帝之孫，號高陽氏，傳說中的古代帝王。《大戴禮記‧帝繫》說：“黃帝產昌意，昌意產高陽，是為帝顓項。”

(2)五帝用說，三王有度：王肅注：“五帝久遠，故用說也。三王邇，則有成法度。”

(3)毋或宿：王肅注：“有所問當問，勿令更宿也。”

(4)昌意：黃帝之子，顓項之父。

(5)淵：深邃。

(6)疏通：博古通今。

(7)任地：任土，謂因地制宜。

(8)履時以象天：順應時令，取法上天。

(9)制義：決定是否適宜。

(10)氣性：性情。

(11)幽陵：古地名，即古幽州，在今河北省北部及遼寧省西部一帶。

(12)交趾：在今越南北部，古人視為南方最遠之地。後來漢代設置交趾郡。

(13)流沙：古地名。沙漠被風吹而流動，故以流沙指稱沙漠地區。

《漢書·地理志》張掖郡居延縣東北居延澤,古稱流沙。古人亦常以流沙稱不熟悉的西北廣大沙漠地區。

(14)蟠木:又作"扶木",即"扶桑",傳說為神木,太陽出於其下,故扶桑又指日出之地。

(15)底屬:王肅注:"底,平。四遠皆平而來服屬之也。"

【通解】

宰我說:"請問帝顓頊的事情。"

孔子說:"五帝的事情靠傳說,三王的事情有現成的法度。你想在一天之內聽遍遠古的所有傳說,宰予你太急躁了。"

宰予說:"以前我聽夫子說:'有問題不要隔夜以後再問。'所以才敢向您請教。"

孔子說:"顓頊是黃帝的孫子,昌意的兒子,名叫高陽。他深邃而有謀略,博古通今而有遠見,因地制宜創造財富,順應時令以取法上天,依從鬼神裁定事情的合適與否,陶冶性情以教化民眾,純潔虔誠地去祭祀,巡行四海以安定人民。向北到達幽陵,向南到達交趾,向西抵達流沙,向東到達蟠木,所有活動靜止的生靈,大大小小的事物,日月所能照到的地方,沒有不歸屬於他的。

【原文】

宰我曰:"請問帝嚳(1)。"

孔子曰:"玄枵(2)之孫,喬極(3)之子,曰高辛。生而神異,自言其名。博施厚利,不於其身。聰以知遠,明以察微。仁以威,惠而信,以順天地之義。知民所急,修身而天下服,取地之財而節用焉,撫教萬民而誨利(4)之,歷(5)日月之生朔(6)而迎送之,明鬼神而敬事之。其色也和,其德也重,其動也時,其服(7)也哀。春夏秋冬,育護天下。日月所照,風雨所至,莫不從化。"

【注釋】

(1)帝嚳(kù):黃帝曾孫,號高辛氏,傳說中的古代帝王。《大戴禮記·帝繫》說:"黃帝產玄囂,玄囂產蟜極,喬極產高辛,是為帝嚳。"

（2）玄枵（xiāo）：黃帝之子。

（3）喬（jiāo）極：黃帝之孫。

（4）誨利：教誨而使之有利。誨，教誨。利，使……有利。

（5）歷：相，觀察。

（6）朔：農曆每月初一，月球運行到太陽和地球之間，跟太陽同時出沒，地球上看不到月光，這種月相叫朔，這時的月亮叫新月。

（7）服：服喪。

【通解】

宰我說：“請問帝嚳的事情。”

孔子說：“帝嚳是玄枵的孫子，喬極的兒子，名叫高辛。他一生下來就神奇靈異，能夠說出自己的名字。他廣泛施利於人民，卻從不考慮自己的利益。兼聽而有遠見，明辨而體察細微。仁慈而有威望，恩惠而有誠信，以順從天地之法則。他知道人民急需什麼，修養自身而令天下人信服，從土地中獲取的產品都節約使用，安撫教化人民而使他們受利。觀察日月的運行而加以迎送，尊明鬼神而恭敬的加以侍奉。他的神色溫和，德性厚重，舉動因時而宜，在服喪時心情悲哀。春夏秋冬四季，呵護養育着天下萬物。日月所能照到的地方，風雨所能到達的地方，沒有不被感化的。

【原文】

宰我曰：“請問帝堯[1]。”

孔子曰：“高辛氏之子，曰陶唐。其仁如天，其智如神。就[2]之如日，望之如雲。富而不驕，貴而能降。伯夷[3]典[4]禮，夔、龍典樂[5]，舜時而仕，趨視四時，務元民始之[6]，流[7]四兇[8]而天下服。其言不忒[9]，其德不回[10]。四海之内，舟輿所及，莫不夷說[11]。”

【注釋】

（1）堯：帝嚳之子，名放勳，號陶唐氏，傳說中的古代帝王。

（2）就：接近，靠近。

（3）伯夷：堯臣。《國語·鄭語》說：“姜，伯夷之後也。

（4）典：主管，執掌。

（5）夔（kuí）、龍典樂：王肅注："舜時夔典樂，龍作納言。然則堯時龍亦典樂者也。"夔、龍皆堯舜時的樂官。

（6）務元民始之：王肅注："務先民事以為始也。"

（7）流：流放，即把犯人放逐到邊遠地區去。

（8）四兇：舜流放之四人。《尚書·舜典》說："流共工於幽州，放驩兜於崇山，竄三苗於三危，殛鯀於羽山。"

（9）忒（tè）：差錯。

（10）回：違背。

（11）夷說：王肅注："夷，平心。說，古通以為悅字。"謂心悅誠服。

【通解】

宰我說："請問關於帝堯的事情。"

孔子說："堯是高辛氏的兒子，名叫陶唐。他的仁厚象天一樣無所不覆，智能象神一樣無所不能。人民接近他象如渴望太陽的溫暖一樣，仰望他象久旱期待祥雲一樣。他富有而不驕傲，尊貴而能謙下。他命伯夷掌管禮儀，夔、龍掌管音樂，讓舜適時出來做官，勤勉觀察四時的變化，務必把人民的事情放在首位，並流放了四個兇惡的罪人從而贏得天下人歸服。他說話不出差錯，做事不違背道德。四海之內，凡是舟車所能到達的地方，沒有不心悅誠服的。

【原文】

宰我曰："請問帝舜⁽¹⁾。"

孔子曰："喬牛⁽²⁾之孫，瞽瞍⁽³⁾之子也，曰有虞。舜孝友聞於四方，陶漁事親⁽⁴⁾。寬裕而溫良，敦敏而知時，畏天而愛民，恤遠而親近。承受大命，依於二女⁽⁵⁾。睿⁽⁶⁾明智通，為天下帝，命二十二臣率⁽⁷⁾堯舊職，躬己而已。天平地成，巡狩⁽⁸⁾四海，五載一始。三十年在位，嗣帝五十載⁽⁹⁾，陟方岳⁽¹⁰⁾，死於蒼梧⁽¹¹⁾之野而葬焉。"

【注釋】

（1）舜：名重華，號有虞氏，傳說中的古代帝王。《大戴禮記·帝繫》說："顓頊產窮蟬，窮蟬產敬康，敬康產句芒，句芒產蟜牛，蟜牛產瞽瞍，瞽瞍產重華，是為帝舜。"《史記·五帝本紀》說："自從窮蟬以至帝舜，皆微為庶人。"

（2）喬（jiào）牛：舜祖父。喬，一作"蟜"。

（3）瞽（gǔ）瞍（sǒu）：舜父。孔傳曰："無目曰瞽，舜父有目不能分別好惡，故時人謂之瞽。配字曰瞍，瞍，無目之稱。"

（4）陶漁事親：王肅注："為陶器，躬捕魚以養父母。"

（5）依於二女：王肅注："堯妻舜以二女，舜動靜謀之於二女。"二女謂娥皇、女英。

（6）睿：聖明。

（7）率：遵循，遵行。

（8）巡狩：古時帝王五載一巡狩，巡查諸侯所守的地方。亦稱"巡守"，《尚書·舜典》："歲二月，東巡守。"

（9）三十年在位，嗣帝五十載：謂被任用三十年，正式為帝五十年。《尚書·舜典》說："舜三十征，庸三十，在位五十載，陟方乃死。"

（10）陟（zhì）方岳：登臨方岳，指巡狩而言。《尚書·周官》："又六年，王乃時巡，考制度於四岳。諸侯各朝於方岳，大明黜陟。"陟，登高。方岳，四方之岳。岳，高大的山。

（11）蒼梧：古地名。九疑山，今湖南寧遠南。

【通解】

宰我說："請教一下有關帝舜的事情。"

孔子說："舜是喬牛的孫子，瞽瞍的兒子，號有虞。舜孝敬友善的名聲四方皆知，他製作陶器、打魚以贍養父母。他寬廣豁達而溫和善良，厚道機敏而能把握時機，敬畏上天而愛護人民，體恤遠方的人而又親近身邊的人。他承受天命，並得到兩位妻子的幫助。聖明、智能而又通達，成為天下的帝王。他命令二十二位大臣，遵循堯時的舊職，以身示範而已。天下太平，大地豐收，他巡狩全國，五年一次。舜為臣三十年，為帝五十年，在巡狩之時，死於蒼梧的山野並埋葬在那裏。"

【原文】

宰我曰:"請問禹⁽¹⁾。"

孔子曰:"高陽⁽²⁾之孫,鯀⁽³⁾之子也,曰夏后。敏給克齊⁽⁴⁾,其德不爽⁽⁵⁾,其仁可親,其言可信。聲為律⁽⁶⁾,身為度⁽⁷⁾,亹亹穆穆⁽⁸⁾,為紀為綱。其功為百神之主⁽⁹⁾,其惠為民父母。左準繩,右規矩⁽¹⁰⁾,履四時⁽¹¹⁾,據四海。任皋繇⁽¹²⁾、伯益⁽¹³⁾,以贊其治,興六師⁽¹⁴⁾以征不序⁽¹⁵⁾,四極⁽¹⁶⁾之民,莫敢不服。"

【注釋】

(1)禹:名文命,號夏后氏,傳說中的古代帝王。《大戴禮記·帝繫》說:"顓頊產鯀,鯀產文命,是為禹。"《史記·夏本紀》說:"禹之父曰鯀,鯀之父曰帝顓頊,顓頊之父曰昌意,昌意之父曰黃帝。禹者,黃帝之玄孫而帝顓頊之孫也。禹之曾大父昌意及父鯀皆不得在帝位,為人臣。"

(2)高陽:顓頊,禹祖父。

(3)鯀(gǔn):禹父。曾奉堯命治水,他用防堵的辦法治水,九年而無功,被舜殛於羽山。

(4)敏給克齊(jì):敏給,敏捷。克,能。齊,通"濟",成。

(5)爽:王肅注:"爽,忒。"即差錯。

(6)律:法則,規章。

(7)身為度:王肅注:"以身為法度也。"謂行動成為準則。

(8)亹(wěi)亹穆穆:亹亹,勤勉不倦。穆穆,恭敬、嚴肅。

(9)其功為百神之主:王肅注:"禹治水,天下既平,然後百神得其所。"

(10)左準繩,右規矩:王肅注:"左、右,言常用也。"準繩,標準。規矩,規則。規、矩均為繪製工具,規繪圓形,矩繪方形。

(11)履四時:王肅注:"所行不違四時之宜。"

(12)皋(gāo)繇(yáo):舜臣,主管刑獄。繇,通"陶(yáo)"。

(13)伯益:舜、禹時為臣。舜命他作虞,掌山林川澤。禹時被立為繼承人,禹死後,啟殺伯益奪得帝位。或說啟賢,益避啟,眾舉啟承帝位。

(14)六師:指"六軍",軍天子統帥的軍隊。《尚書·周官》:"司馬掌邦政,統六師,平邦國。"

(15)不序:不順從。

(16)四極:四方極遠之地。極,頂點,盡頭。

【通解】

宰我說:"請教一下關於禹的事情。"

孔子說:"禹是高陽的孫子,鯀的兒子,稱夏后。他敏捷能成事,德行毫無差錯,仁厚可親,言語可信。他說的話成為規章,做的事成為準則。他勤勉不倦、恭敬嚴肅,樹立典範。他的功業使他成為衆神之長,他的恩惠使他成為民之父母。他時刻遵循標準和規則,做事不違背四時之宜,據有四海之地。他任命皋繇、伯益協助治理天下,調動軍隊征伐不順從的人,四方之民没有敢不臣服的。

【原文】

孔子曰:"予!大者如天,小者如言,民悦至矣。予也非其人也[(1)]。"宰我曰:"予也不足以戒敬承矣[(2)]。"

他日,宰我以語子貢[(3)],子貢以復孔子。子曰:"吾慾以顏狀[(4)]取人也,則於滅明[(5)]改矣;吾慾以言辭取人也,則於宰我改之矣;吾慾以容貌取人也,則於子張[(6)]改之矣。"宰我聞之,懼,弗敢見焉。

【注釋】

(1)予也非其人也:王肅注:"言不足以明五帝之德也。"

(2)予也不足以戒敬承矣:弟子我無能,還不能够謹慎恭敬地領會教誨。

(3)子貢:端木賜,字子貢。孔子弟子,衛國人,以"言語"著稱。

(4)顏狀:容貌,外表。

(5)滅明:姓澹臺,名滅明,字子羽。孔子弟子,魯國人。

(6)子張:姓顓孫,名師,字子張。孔子弟子,陳國人。

【通解】

孔子說:"宰予啊!古帝王的功德大的象天一樣,小的像我所說的,人民都非常高興滿意。宰予你不是能够懂得這些道理的人。"宰予說:"弟子我無能，還不能够謹慎恭敬地領會教誨。"

　　另一日，宰予把有關古帝王的事情告訴子貢，子貢把這事告訴孔子。孔子說："我想以外表判斷人，滅明却使我改變了這種做法；我想以言辭判斷人，宰我却使我改變了這種做法；我想以容貌判斷人，子張却使我改變了這種做法。"宰我聽到這些話，非常害怕，不敢去見孔子。

卷第六

五帝第二十四

【序說】

本篇所指五帝即太皞、炎帝、黃帝、少皞、顓頊五位古代帝王,這是不同於《家語·五帝德》的又一五帝系統。在本篇中,孔子一開始就說"昔丘也聞諸老聃",可見,這一五帝系統來源於楚地。楚地神話色彩濃厚,著名"絕地天通"的傳說就源於楚地。因此,本文比《孔子家語·五帝德》具有更多的神性色彩。

本篇的主要內容是孔子向季康子解說古代帝王法五行稱帝、易服改號。全文可以分為五個部分:第一,孔子向季康子概述五帝;第二,太皞氏始於木的原因;第三,關於五正;第四,帝王改號、易德的主要內容;第五,堯、舜不配五帝的原因。

本篇記孔子論五帝,而與《家語·五帝德》中孔子所說五帝不同,說明春秋時期人們已經對於古代傳說進行整理,只是由於地域、文化、民族諸多因素的影響,而產生了不同的五帝系統。以孔子之博聞,聽到兩種五帝系統不足為奇。

本篇不僅對於研究古代五行思想的發生發展具有重要價值,而且可與《家語·五帝德》等其它五帝系統對比研究,有助於研究古代帝王傳說的不同來源及其內涵。

【原文】

季康子⁽¹⁾問於孔子曰:"舊聞五帝⁽²⁾之名,而不知其實,請問何謂五帝?"

孔子曰:"昔丘⁽³⁾也聞諸老聃⁽⁴⁾曰:'天有五行:水、火、金、木、土。分時化育,以成萬物⁽⁵⁾,其神謂之五帝⁽⁶⁾。'古之王者,易代而改號,取法五行。五行更王,終始相生,亦象其義⁽⁷⁾。故其為明王者,而死配五行。是以太皞⁽⁸⁾配木,炎帝⁽⁹⁾配火,黃帝⁽¹⁰⁾配土,少皞⁽¹¹⁾配金,顓頊⁽¹²⁾配水。"

【注釋】

(1)季康子:季孫肥,魯哀公時正卿,當時政治上最有權力的人。"康"是諡號。

(2)五帝:傳說中的古代帝王。"五帝"之說,至少有六種。本文指太皞、炎帝、黃帝、少皞、顓頊五人。

(3)丘:孔子名丘,故以丘自稱。

(4)老聃:即"老子"。《史記·老子韓非列傳》說:"老子者,楚苦縣厲鄉曲仁里人也,姓李氏,名耳,字聃,周守藏室之史也。"

(5)分時化育,以成萬物:王肅注:"一歲三百六十日,五行各主七十二日也。化生長育,一歲之功,萬物莫敢不成。"

(6)其神謂之五帝:王肅注:"五帝,五行之神,佐生物者。而讖緯皆為之名字,亦為妖怪妄言。"

(7)五行更王(wàng),終始相生,亦象其義:王肅注:"法五行更王,終始相生,始以木德王天下,其次以生之行轉相承。而諸說乃謂五精之帝下生王者,其為蔽惑無可言也。"

(8)太皞(hào):號伏羲氏,傳說中的古代帝王。以木德王天下,死後祀於東方,為木德之帝。

(9)炎帝:號烈山氏,又號神農氏,傳說中的古代帝王。以火德王天下,死後祀於南方,為火德之帝。

(10)黃帝:號軒轅氏,傳說中的古代帝王。以土德王天下,死後托祀為中央之帝。

(11)少皞:又作"少昊",名摯,號金天氏,傳說中的古代帝王。以金德王天下,死配金,為西方金德之帝。

(12)顓頊:黃帝之孫,號高陽氏,傳說中的古代帝王。以水德王天下,死後祀於北方,為水德之帝。

【通解】

季康子問孔子說:"過去聽說過五帝的名稱,但不知到它的實際内容,請問什麽叫五帝呢?"

孔子說:"以前我聽老聃說:'天有五行,即水、火、金、木、土,它們在不同的季節化生孕育,從而產生萬事萬物,五行之神就是五帝。'古代的帝王,改換朝代、變更名號,就是以五行為依據的。依五行更換帝王,周而復始,也是按照五行更替的原則。所以那些賢明的帝王,死後配以五行。因此,以木配太皞,以火配炎帝,以土配黃帝,以金配少皞,以水配顓項。"

【原文】

康子曰:"太皞氏其始之木何如?"

孔子曰:"五行用事(1),先起於木。木東方,萬物之初皆出焉。是故王者則(2)之,而首以木德王天下,其次則以所生之行轉相承也(3)。"

【注釋】

(1)用事:主事。

(2)則:傚法。

(3)首以木德王天下,其次則以所生之行,轉相承也:王肅注:"木生火,火生土之屬。"

【通解】

季康子問:"為什麽太皞氏要從木開始呢?"

孔子說:"五行主事,先從木開始。木象徵東方,萬物一開始都從這裏產生。所以帝王傚法它,首先以木德稱王於天下,然後以五行相生的順序,依次轉接。"

【原文】

康子曰:"吾聞勾芒(1)為木正(2),祝融(3)為火正,蓐收(4)為金正,玄冥(5)為水正,后土(6)為土正,此五行之主而不亂,稱曰帝者,何也?"

孔子曰:"凡五正者,五行之官名。五行佐成上帝,而稱五帝。太皞之屬配焉，亦云帝，從其號⁽⁷⁾。昔少皞氏之子有四叔，曰重、曰該、曰修、曰熙⁽⁸⁾，實能金、木及水。使重為勾芒，該為蓐收，修及熙為玄冥。顓頊氏之子曰黎⁽⁹⁾，為祝融。共工氏⁽¹⁰⁾之子曰勾龍⁽¹¹⁾，為后土。此五者，各以其所能業為官職⁽¹²⁾，生為上公⁽¹³⁾，死為貴神，別稱五祀，不得同帝⁽¹⁴⁾。"

【注釋】

(1)勾芒：名重，少皞氏之後，佐木德之帝，死後為木官之神。

(2)正：官長。

(3)祝融：顓頊帝後，為高辛氏火正，死後為火官之神。《史記・楚世家》說："重黎為帝嚳高辛居火正，甚有功，能光融天下，帝嚳命曰祝融。共工氏作亂，帝嚳使重黎誅之而不盡。帝乃以庚寅日誅重黎，而以其弟吳回為重黎後，復居火正，為祝融。"

(4)蓐(rù)收：該，有金德，死後托祀為金神。

(5)玄冥：修，死後祀為水神。

(6)后土：勾龍，土官之神。《左傳》昭公二十九年說："土正曰后土，共工氏有子曰勾龍為后土。"

(7)五行佐成上帝，而稱五帝。太皞之屬配焉，亦云帝，從其號：王肅注："天至尊，物不可以同其號。亦兼稱上帝。上天以其五行佐成天事，謂之五帝。以地有五行而其精神在上，故亦為帝、五帝。黃帝之屬，故亦稱帝，亦從天五帝之號。故王者雖號稱帝而不或曰天帝，而曰天子者。而天子與父，其尊卑相去遠矣。曰天王者，言乃天下之王也。"

(8)少皞氏之子有四叔，曰重、曰該、曰修、曰熙：《左傳》昭二十九年作："少皞氏有四叔，曰重、曰該、曰修、曰熙。"

(9)黎：顓頊時火正。《國語・楚語下》："乃命南正重司天以屬神，命火正黎司地以屬民。"

(10)共工氏：炎帝後，姜姓。《左傳・昭公十七年》："共工氏以水紀，故為水師而水名。"古代神話傳說中，共工是一個破壞性很大的人物，他慫發動洪水，以害天下，結果被滅。但種種迹象表明，共工本意是想治水的，只不過方法不得當，反而造成更大的灾難。

(11)勾龍：共工氏之子。《國語·魯語上》說："共工氏之伯九有也，其子曰后土，能平九土。"

(12)各以其所能業為官職：王肅注："各以一行之官為職業之事。"

(13)上公：百官為首。

(14)別稱五祀，不得同帝：王肅注："五祀，上公之神，故不得稱帝也。其序則五正不及五帝，五帝不及天地。而不知者以祭社為祭地，不亦失之遠矣！且土與火水俱為五行，是地之子也。以子為母，不亦顛倒失尊卑之序也。"

【通解】

季康子問："我聽說句芒為木正，祝融為火正，蓐收為金正，玄冥為水正，后土為土正，這些五行的執掌者沒有混亂，却被稱為帝，這是為什麼？"

孔子說："五正是五行的官名。五行輔佐天帝成就大事，所以稱為五帝。太皡、炎帝等與五行相配，也稱為帝，隨五行之稱。從前，少皡氏的兒子有四個叔父，叫重、叫該、叫修、叫熙，能够管理金、木和水，於是讓重做句芒，讓該做蓐收，讓修和熙做玄冥。顓頊的兒子黎做了祝融，共工氏的兒子勾龍做了后土。這五個人各以自己所擅長的方面作為官職，活着時為上公，死後尊為貴神，另稱為五祀，不能等同於帝。"

【原文】

康子曰："如此之言，帝王改號於五行之德，各有所統(1)，則其所以相變者，皆主何事(2)？"

孔子曰："所尚則各從其所王之德次焉(3)。夏后氏以金德王，色尚黑，大事斂用昏(4)，戎事乘驪(5)，牲用玄(6)；殷人用水德王，色尚白(7)，大事斂用日中(8)，戎事乘翰(9)，牲用白；周人以木德王，色尚赤，大事斂用日出(10)，戎事乘騵(11)，牲用騂(12)。此三代之所以不同。"

康子曰："唐、虞(13)二帝，其所尚者何色？"

孔子曰："堯以火德王，色尚黃。舜以土德王，色尚青(14)。"

【注釋】

（1）統：管轄、執掌。

（2）皆主何事：王肅注：“在木家而尚赤，所以問也。”

（3）所尚則各從其所王之德次焉：王肅注：“木次火，而木家尚赤者，以木德義之著。修其母，兼其子。”

（4）大事斂用昏：王肅注：“大事，喪。昏時，亦黑也。”

（5）戎事乘驪：戎事，戰事。驪，王肅注：“黑馬也。”

（6）牲用玄：牲，祭祀用的牛、羊、豬等。玄，黑色。

（7）殷人用水德王，色尚白：王肅注：“水家尚青而尚白者，避土家之尚青。”殷，商王盤庚遷都到殷以後，商也稱為殷。

（8）日中：王肅注：“日中，白也。”

（9）翰：王肅注：“翰，白色馬。”

（10）日出：王肅注：“日出時，亦赤也。”

（11）騵（yuán）：王肅注：“騵，馬白腹。”

（12）騂：王肅注：“騂，赤色也。”

（13）唐、虞：即唐堯、虞舜。傳說中的古代帝王。

（14）舜以土德王，色尚青：王肅注：“土家宜尚白。土者，四行之主，王於四季。五行用事，先起於水，色青，是以水家避土，土家尚白。”

【通解】

季康子問：“按這樣說，帝王改換稱號，在五行之德中，各有所執掌的一種，那麼他們的相互變更，都有什麼內容呢？”

孔子說：“他們崇尚的是遵循各自稱王所依據的五行之德。夏后氏以金德稱王，崇尚黑色，喪葬定在黃昏之時，有戰事時車乘用黑馬，祭祀用的牲畜也是黑色的；殷人以水德稱王，崇尚白色，喪葬定在中午之時，戰事時車乘用白馬，祭祀用的牲畜也是白色的；周人以木德稱王，崇尚紅色，喪葬定在日出之時，戰事車乘用紅色的馬，祭祀的牲畜也用紅色的。這是夏、商、周三代不同的地方。”

季康子問：“唐堯、虞舜二帝，他們崇尚什麼顏色？”

孔子說：“堯以火德而王，崇尚黃色。舜以土德而王，崇尚青色。”

【原文】

康子曰：“陶唐⁽¹⁾、有虞⁽²⁾、夏后、殷、周獨不配五帝，意者德不及上古耶？將有限⁽³⁾乎？”孔子曰：“古之平治水土，及播殖百谷者衆矣，唯勾龍氏兼⁽⁴⁾食於社⁽⁵⁾，而棄⁽⁶⁾為稷神，易代奉之，無敢益⁽⁷⁾者，明不可與等。故自太皞以降，逮⁽⁸⁾於顓頊，其應五行而王，數非徒⁽⁹⁾五，而配五帝，是其德不可以多也。”

【注釋】

（1）陶唐：指堯。堯初居於陶，後封於唐，所以又稱陶唐。

（2）有虞：有虞氏，指舜。

（3）限：限制。

（4）兼：王肅注：“兼，猶配也。”

（5）社：土地神。

（6）棄：后稷，名棄，周始祖。《史記·周本紀》說他“好耕農，相地之宜，宜谷者稼穡焉”。

（7）益：增多、增加。

（8）逮：至、到。

（9）徒：止、僅。

【通解】

季康子問：“陶唐、有虞、夏后、殷、周獨不與五帝相配，是否意味他們趕不上上古的帝王？德行也有限嗎？”

孔子說：“古時候平治水土和播種百谷的人多了，只有勾龍氏配享於社，棄為稷神，歷代都予以供奉，不敢有增加的，表明餘者無法與二人對等。從太皞以來，直到顓頊，順應五行而稱王的數目不止五個，而只有他們與五帝相配，是因為他們的德行到了無可復加的地步。”

執轡第二十五

【序說】

本篇分為兩部分，前兩節為第一部分，記述孔子回答閔子騫問政的問題；後兩節為第二部分，記述子夏與孔子談論《易》之理等問題。在第一部分中，孔子以駕車喻治國，說“夫人君之政，執其轡策而已”，因以“執轡”名篇。

本篇前一部分是孔子關於治國主張的論述。在這部分中，孔子十分強調“德法”，即強調德治。這與其它資料所顯示的孔子的政治思想完全合拍。孔子開門見山地提出為政治國應當“以德以法”，十分引人矚目。孔子還說：“德法者，御民之具。”把“德法”看成治國的根本。需要指出的是，這裏的“法”是“禮法”之“法”，有法則、法度、規章之義，與今天所說的“法制”之“法”有所區別，故孔子將“德法”與“刑辟”對舉。孔子是典型的德治論者，《執轡》篇所反映的孔子的治國思想依然如此。孔子把治國形象地比喻為駕車，而把德法看作統御人民的工具，說：“夫德法者，御民之具，猶御馬之有銜勒也。君者，人也；吏者，轡也；刑者，策也。夫人君之政，執其轡策而已。”接着，孔子論述自己對“古之為政”的看法，具體談論了他對德、法關繫的認識。本篇是研究孔子政治思想的重要材料。

本篇的學術價值表現在許多方面。我們認為，《執轡》篇中最值得注意的是孔子有關古代“以六官總治”的論述，這節論述與《周禮》相應，不僅是《執轡》篇撰作時間方面的一個重要信息，而且是《周禮》成書問題極其重要的資料。在這段論述中，孔子同樣將治國與駕車作比，稱古代御天下的天子與三公一起，“以内史為左右手，以六官為轡”，從而注重德法，考課官吏，治理國家。孔子所說的“六官”即是《周禮》中的冢宰、司徒、宗伯、司馬、司寇、司空。將《周禮》六官以及太宰一職的職掌與孔子的相關論述一一對照，不難發現孔子所說六官的職分正是以《周禮》六官系統為依據的，孔子雖没有明確提到《周禮》一書的名字，但如果《家語》所記材料没有問題,那麼,它無疑可以說明《周禮》的成書應當在孔子以前。而且,孔子所論述的"以六官總治",據孔子稱乃是"古之御天下"的情形,孔子言其"古",則《周禮》成書於西周時期的可能性便極大了。

又如,本篇子夏所談論的,是所謂《易》理之中人類和萬物鳥獸昆蟲產生時所受元氣的分限,他并且認為"凡人莫知其情,唯達德者能原其本"。在子夏講論之後,孔子說:"然,吾昔聞老聃亦如之言。"接着,子夏又談了自己所見《山書》中的内容。孔子曾經問禮於老子,他的思想當也受到老子的一定影響。但孔子與老子又有不同,孔子思考的是現實的社會問題,他主張積極入世。正因如此,子夏的高論才没有引起孔子太多的興致。細品文意,孔子顯然同意子貢對子夏所言的評論,即"微則微矣,然非治世之待也",孔子也認為子夏所談雖然細微,却不是治理國家所需要的。從這裏可以看出兩個方面的問題:第一,子夏所論與道家老子的自然觀有些類似,子夏談《易》理,觀《山書》,尚没有學派的界限。第二,孔子、子貢等人對那些雖然細微却不切世事的東西不感興趣,這正是儒家學派的思想特徵,從他們的交談中發現,孔子時期,儒道之分殊已露端倪。這都是孔子生前的實際情形。

本篇又見於《大戴禮記》。在《大戴禮記》中,第一部分名《盛德》,第二部分名《易本命》,將《家語》與《大戴禮記》比較,會發現《大戴禮記》改編過程中出現的不少問題。如關於《易》之理的大段論述,《家語》所記本出於子夏,而在《大戴禮記》中却一律屬之於"子曰"之後,全部變成了孔子的話,這與《家語·執轡》篇不符,按照《執轡》篇的記述,孔子對子夏的論述並不是十分贊賞。對本篇的認識,詳可參見楊朝明:《〈孔子家語·執轡〉篇與孔子的治國思想》,載《中國文獻學叢刊》第一輯,國際炎黄文化出版社,2003年;收入楊朝明:《儒家文獻與早期儒學研究》,齊魯書社,2002年。

【原文】

閔子騫[1]為費宰[2],問政於孔子。子曰:"以德以法[3]。夫德法者,御民之具,猶御馬之有銜勒也[4]。君者,人也;吏者,轡⁽⁵⁾也；刑者，策⁽⁶⁾也。夫人君之政，執其轡策而已。"

子騫曰："敢問古之為政。"孔子曰："古者天子以內史為左右手⁽⁷⁾，以德法為銜勒，以百官為轡，以刑罰為策，以萬民為馬，故御天下數百年而不失。善御馬，正銜勒，齊轡策，均馬力，和馬心，故口無聲而馬應轡，策不舉而極千里；善御民，壹⁽⁸⁾其德法，正其百官，以均齊民力，和安民心，故令不再⁽⁹⁾而民順從，刑不用而天下治。是以天地德之⁽¹⁰⁾，而兆民懷之⁽¹¹⁾。夫天地之所德，兆民之所懷，其政美，其民而眾稱之⁽¹²⁾。今人言五帝三王者，其盛無偶，威察若存⁽¹³⁾，其故何也？其法盛，其德厚⁽¹⁴⁾，故思其德必稱其人，朝夕祝⁽¹⁵⁾之，昇聞於天，上帝俱歆⁽¹⁶⁾，用永厥世⁽¹⁷⁾，而豐其年。"

"不能御民者，棄其德法，專用刑辟⁽¹⁸⁾，譬猶御馬，棄其銜勒而專用棰⁽¹⁹⁾策，其不制也，可必矣。夫無銜勒而用棰策，馬必傷，車必敗；無德法而用刑，民必流，國必亡。治國而無德法，則民無修⁽²⁰⁾，民無修則迷惑失道。如此上帝必以其為亂天道也。苟亂天道，則刑罰暴，上下相諛⁽²¹⁾，莫知念忠，俱無道故也。今人言惡者，必比之於桀紂，其故何也？其法不聽⁽²²⁾，其德不厚，故民惡其殘虐，莫不吁嗟⁽²³⁾，朝夕祝之，昇聞於天。上帝不蠲⁽²⁴⁾，降之以禍罰，災害並生，用殄⁽²⁵⁾厥世。故曰德法者御民之本。"

【注釋】

(1)閔子騫：孔子弟子。姓閔，名損，字子騫（前536—前487）。魯國人，在孔子弟子中以德行著稱。

(2)費宰：費地的長官。費，春秋時魯國邑名。宰，官名，殷代開始設置，掌管家務和家奴。西周時沿置，掌管王家內外事務。春秋時各國沿用，卿大夫私邑的長官稱宰。

(3)以德以法：用德治和禮法。這裏的"法"非現代意義上的法制，而是法則、法度、規章。

（4）猶御馬之有銜勒也：猶，如，同。御，駕馭，駕駛。銜，橫在馬口中以備抽勒用的銅或鐵。勒，套在馬頭上帶嚼口的籠頭。

（5）轡：駕馭牲口的繮繩。

（6）策：馬鞭子。

（7）古者天子以內史為左右手：王肅注：“內史，掌王八柄及叙事之法，納以詔王聽治命，孤卿大夫則策命以四方之事，書則讀之。王制禄則費為之，賞則亦如之，故王以為左右手。”

（8）壹：統一。

（9）再：重復，又一次。

（10）天地德之：王肅注：“天地以為有德。”

（11）兆民懷之：兆，數詞，百萬為兆，舊時也以萬萬為億，萬億為兆。兆民，衆百姓，形容極多。王肅注：“懷，歸。”

（12）其民而衆稱之王肅注：“其民為衆所稱舉也。”

（13）其盛無偶，威察若存：偶，雙，成對。威，聲威，功德。察，清高，清白。王肅注：“其盛以明察，帝若存。”

（14）厚：大，深。

（15）祝：祈禱。

（16）歆（xīn）：饗。指祭祀時神靈先享受到其氣。

（17）用永厥世：用，以。永，綿長。厥，其。

（18）刑辟（bì）：刑法，刑律。《左傳》昭公六年楊伯峻注：“刑辟即刑律。”

（19）棰（chuí）：鞭子。

（20）修：循，遵循。

（21）諛：王肅注：“諂諛。”

（22）聽：處理，判斷。

（23）吁（xū）嗟（jiē，也讀 juē）：哀嘆，嘆息。

（24）蠲（juān）：通“捐”，除去，減免。

（25）殄（tiǎn）：斷絕，滅絕。

【通解】

閔子騫出任費宰，行前向孔子請教為政的方法。孔子說：“要依靠德行、依靠禮法。德行和禮法是治理百姓的工具，就好像駕馭馬要有馬嚼子和馬籠頭一樣，君主就是駕馭馬的人，官吏就是馬繮繩，刑罰就是馬鞭子。君主為政，只不過是掌握着繮繩和鞭子罷了。"

　　閔子騫說："冒昧地想向老師請教一下古代為政的情況。"孔子說："古時天子把內史當作左右手，把德行和禮法當作馬嚼子和馬籠頭，把眾官吏當作馬繮繩，把刑罰當作馬鞭子，把百姓當作馬，因而統治天下數百年而無所喪失。善於駕馭馬的人，放正馬嚼子和馬籠頭，協調運用馬繮繩和馬鞭子，均衡地使用馬的力氣，使馬的內心感到和順，所以嘴裏不用吆喝，馬就會響應繮繩的指示而活動，不用舉起鞭子，馬就會跑到千里之外；善於治理百姓的人，統一他們的德行、禮法，端正眾官吏的言行，從而均衡、協調地使用民力，使百姓和順、安寧。所以政令不用發佈第二次，百姓就已經歸順，刑罰還沒使用，天下就太平了。因此天地認為他有德行，眾百姓紛紛歸附。天地認為有德行、眾百姓紛紛歸附的人，他們政治美好，百姓也受到眾人的讚譽。現在人們提起五帝、三王這些人，都認為他們當時興盛無比，其聲威和清譽好像還存在，是什麼緣故？他們的法制有力，他們的德行厚重，所以人們思念他們的德行也必然稱讚他們的為人，早晚為他們祝頌，聲音傳到了天上，天帝都很高興，因而使他們世系綿長，年景豐收。"

　　"不善於治理百姓的人，放棄德行與禮法，專用刑律，就好像駕馭馬，丟掉馬嚼子和馬籠頭，專用馬鞭子，他沒法控制是一定的了。放棄馬嚼子和馬籠頭，而專用馬鞭子，馬必然會受到傷害，車子也必然毀壞；不用德行與禮法而專用刑罰，百姓必然流失，國家必然滅亡。治理國家而不用德行與禮法，百姓就會無所依循，百姓無所依循，就會迷惑不定、喪失道義。這樣，天帝一定認為他違背天道。如果違背天道，刑罰就會變得殘暴，上下就會互相諂媚，不懂得心存忠誠，這都是不講道義的緣故。現在的人們談起兇惡的人，一定會把他們比作桀、紂，這是什麼緣故呢？他們有法不依，德行不深，所以百姓憎恨他們的殘酷暴虐，沒有人不哀嘆呼號，早晚祈禱，聲音傳到了天上，天帝對他們的罪行不予減免，把禍亂和懲罰降臨到他們身上，讓天災、人禍一並發生，從而使他們當世滅亡。因此，德行和禮法是治理百姓的根本。"

【原文】

"古之御天下者,以六官總[1]治焉:冢宰之官以成道[2],司徒之官以成德[3],宗伯之官以成仁[4],司馬之官以成聖[5],司寇之官以成義[6],司空之官以成禮[7]。六官在手以為轡,司會均仁以為納[8],故曰:御四馬者執六轡,御天下者正六官。是故善御馬者正身以總轡,均馬力,齊馬心,迴旋曲折,唯其所之,故可以取長道、可赴急疾。此聖人所以御天地與人事之法則也。天子以內史為左右手,以六官為轡,已而與三公為執六官,均五教,齊五法[9],故亦唯其所引,無不如志,以之道則國治[10],以之德則國安[11],以之仁則國和,以之聖則國平[12],以之禮則國安[13],以之義則國義[14],此御政之術。"

"過失,人之情莫不有焉,過而改之,是為不過。故官屬不理,分職不明,法政不一,百事失紀曰亂,亂則飭[15]冢宰;地而不殖,財物不蓄[16],萬民飢寒,教訓不行,風俗淫僻[17],人民流散曰危,危則飭司徒;父子不親,長幼失序,君臣上下乖離[18]異志曰不和,不和則飭宗伯;賢能而失官爵,功勞而失賞祿[19],士卒疾怨,兵弱不用曰不平,不平則飭司馬;刑罰暴亂,姦邪不勝[20]曰不義,不義則飭司寇;度量[21]不審,舉事失理,都鄙[22]不修,財物失所曰貧,貧則飭司空。故御者同是車馬,或以取千里,或不及數百里,其所謂進退緩急異也;夫治者同是官法,或以致平,或以致亂者,亦其所以為進退緩急異也。"

"古者,天子常以季冬[23]考德正法,以觀治亂:德盛者治也,德薄者亂也。故天子考德,則天下之治亂,可坐廟堂[24]之上而知之。夫德盛則法修,德不盛則飭法,與政咸德而不衰[25]。故曰:王者又以孟春論之德及功能[26],能德法者為有德,能行德法者為有行[27],能成德法者為有功,能治德法者為有智。故天子論吏而德法行,事治而功成。夫季冬正法,孟春論吏,治國之要。"

【注釋】

(1)總:全面。

(2)冢宰之官以成道:王肅注:"治官所以成道。"冢宰,官職名稱,周代六卿之一,《周禮》天官之屬,為輔佐天子之官。鄭玄注:"變冢言大,進退異名也。百官總焉則謂之冢,列職於王則稱大。"後世因以冢宰為宰相之稱。

(3)司徒之官以成德:王肅注:"教官所以成德。"

(4)宗伯之官以成仁:王肅注:"祀官所以成仁。"

(5)司馬之官以成聖:王肅注:"治官所以成聖。聖通征伐,所以通天下也。"

(6)司寇之官以成義:王肅注:"刑官所以成義。"司寇,官職名稱,掌管刑法。

(7)司空之官以成禮:王肅注:"事官所以成禮。禮,非事不立也。"司空,官職名稱,掌管工程建築。

(8)司會(kuài)均仁以為納:王肅注:"納,驂馬轡。轡,繫軾前者。司會,掌邦之六典、八法之戒,以周知四方之治,冢宰之副。故不在其六。轡至當納位。""司會"二字原混入王肅注中,據備要本、陳本及《大戴禮記》改。司會,官職名稱,《周禮》天官之屬,主管財政、經濟及對百官政績的考察。

(9)五法:王肅注:"仁、義、禮、智、信之法也。"

(10)以之道則國治:王肅注:"冢宰治官。"

(11)以之德則國安:王肅注:"德教成,以之仁則國和。禮之用,和為貴,則國安。"

(12)以之聖則國平:王肅注:"通治遠近,則國平也。"

(13)以之禮則國安:王肅注:"事物以禮則國定也。"

(14)以之義則國義:王肅注:"義,平也。刑罰當罪則國平。"

(15)飭:通"敕",告誡。王肅注:"飭,謂整攝人也。"

(16)蕃:生息,繁殖。

(17)淫僻:放縱而邪惡。

(18)乖離:相互抵觸,不一致。

(19)賢能而失官爵,功勞而失賞祿:王肅注:"司勛之職,屬之司馬。"

（20）勝：制服。

（21）度量：測量長短或多少的器具，這裏指度量的標準。

（22）都鄙：京都及邊邑。

（23）季冬：冬季的最後一個月，即農曆十二月。

（24）廟堂：宗廟明堂，這裏應該指朝廷。

（25）與政咸德而不衰：王肅注：“法與政皆合於德，則不殺。”

（26）王者又以孟春論之德及功能：根據下文及備要本、陳本，“論”後脱“吏”字。孟春，春季的第一個月，即農曆正月。

（27）行（xing）：品行。

【通解】

“古代統治天下的人，以六官全面負責治理：設置冢宰官職以成就道義，設置司徒官職以成就德行，設置宗伯官職以成就仁愛，設置司馬官職以成就聖明，設置司寇官職以成就道義，設置司空官職以成就禮儀。把六官掌握在手就如同握住了繮繩，司會實行仁義以作為總纜，所以說：駕馭馬車的人要掌握好六條繮繩，治理天下的人要端正六官。因此擅長騎馬的人端正自己的身體、握住繮繩，平均馬的氣力，和馬的心志保持一致，無論盤旋走動，還是曲折奔跑，都可以想怎樣就怎樣，所以可以到達很遠的路程，也可以急速地奔馳。這是聖人用來統治天下和人事的法則。天子把內史作為左右手，把六官作為治理天下的繮繩，再和三公共同執掌六官，施行五教，整治五法。所以只要是君王想要引導的，沒有會不如願的，用道義引導則會使國家穩定，用德行引導則會使國家安寧，用仁愛引導則會使國家和平，用聖明引導則會使國家太平，用禮儀引導則會使國家安定，用仁義引導則會使國家正義，這是駕御政治的方法。”

“過錯和失誤，就為人的情理來說，是不可避免的，有了過錯而能改正，這就如同沒有過錯。所以官吏的歸屬沒有條理，職分不明確，法令、政教不一致，各種事情沒有頭緒，這稱作混亂，出現了混亂就應該告誡冢宰；土地得不到耕種，財物得不到增置，百姓飢餓寒冷，教化、訓令得不到推行，風俗放縱而又邪惡，百姓流離失所，這稱作危險，出現了危險就應該告誡司徒；父子不相親愛，長幼不講次序，君臣上下相互抵觸、離心離德，這稱作不和，出現了不和就應該告誡宗伯；賢能的人却失掉了官職和爵位，有了功勞却得不到賞賜和俸祿，士卒怨恨，軍隊弱小而不堪使用，這稱作不平，出現了不平就應該告誡司馬；刑罰殘暴混亂，姦邪行為屢禁不止，這稱作不義，出現了不義就應該告誡司寇；度量標準得不到申明，辦事沒有條理，都城及邊邑得不到修整，財物無法得到，這稱作貧困，出現了貧困就應該告誡司空。所以駕車的人駕馭的同樣是車馬，有的能行至千里之外，有的連幾百里也走不了，這是由於在進退緩急上的處理方法不同；治理天下的人用的同樣是法制，有的憑藉它們實現了天下的太平，有的却導致了天下的混亂，這也是由於在進退緩急上的處理方法不同。"

"古時候，天子經常在冬季的最後一個月考察德行，端正法令，來瞭解天下治理得太平還是混亂：德行興盛則天下太平，德行淺陋則天下混亂。所以天子考察德行，那麼天下治理的太平還是混亂，坐在朝廷之上就能夠明瞭。德行興盛那麼法令就得到了修飭，德行不興盛就要整頓法制，使它與政教都合於德行而不衰敗。所以說：天子又在春季的第一個月考論官吏的德行及功勞、能力，對能夠注重德行與禮法的人就認為有道德，對能夠實踐德行與禮法的人就認為有品行，對能夠成就德行與禮法的人就認為有功德，對能夠研治德行與禮法的人就認為有智慧。所以天子考論官吏，以使德行與禮法得到實施，使各種事務處理得好從而成就功勳。在冬季的最後一月整頓法制，在春季的頭一個月考論官吏，這是治理國家的關鍵。"

【原文】

子夏[1]問於孔子曰："商聞易[2]之生人及萬物、鳥獸、昆蟲，各有奇耦，氣分不同[3]。而凡人莫知其情，唯達德者能原其本焉。天一、地二、人三，三三如九[4]。九九八十一，一主日，日數十，故人十月而生[5]；八九七十二，偶以從奇，奇主辰，辰為月，月主馬，故馬十二月而生[6]；七九六十三，三主斗[7]，斗主狗，故狗三月而生；六九五十四，四主時，時主豕[8]，故豕四月而生；五九四十五，五為音，音主猿，故猿五月而生[9]。四九三十六，六為律[10]，律主鹿，故鹿六月而生；三九二十七，七主星[11]，星主虎，故虎七月而生；二九一十八，八主風，風為蟲，故蟲八月而生⁽¹²⁾。其餘各從其類矣。鳥、魚生陰而屬於陽，故皆卵生。魚游於水，鳥游於雲，故立冬則燕雀入海化為蛤⁽¹³⁾。龜食而不飲，蟬飲而不食，蜉蝣⁽¹⁴⁾不飲不食，萬物之所以不同。介鱗夏食而冬蟄⁽¹⁵⁾，齕吞者八竅而卵生⁽¹⁶⁾，齟嚼者九竅而胎生⁽¹⁷⁾，四足者無羽翼，戴角者無上齒，無角無前齒者膏，無角無後齒者脂⁽¹⁸⁾。晝生者類父，夜生者似母，是以至陰主牝⁽¹⁹⁾，至陽主牡⁽²⁰⁾。敢問其然乎？"

孔子曰："然，吾昔聞老聃亦如汝之言。"

【注釋】

(1)子夏：孔子弟子。姓卜，名商，字子夏（前507—前400）。衛國人，以文學見長，相傳曾於西河講學，序《詩》、傳《易》，為魏文侯師。

(2)易：指《易》中所蘊含的理念。《易》："易有太極，是生兩儀，兩儀生四象，四象生八卦。"《繫辭傳》："生生之謂易"、"渾元之始，是曰太易，二象之所資，萬品之所生。"

(3)各有奇(jī)耦，氣分(fèn)不同：奇耦，單數和雙數。王肅注："易主天地，以生萬物。言受氣各有分，數不齊同。"

(4)九：陽數之極。下文中，其餘的數字都與九相乘。

(5)一主日，日數十，故人十月而生：王肅注："一主日，從一而生，日者，陽從奇數。日數十，從甲至癸也。"

(6)偶以從奇，奇主辰，辰為月，月主馬，故馬十二月而生：王肅注："偶以承奇，陰以承陽。辰數十二，從子至亥也。"

(7)三主斗：王肅注："斗次日月，故以主斗。"

(8)豕(shǐ)：俗稱豬。

(9)五九四十五，五為音，音主猿，故猿五月而生：此句原脫，據《大戴禮記》補。王肅注："音不過五，故五為音。"

(10)六為律：《漢書·律歷志》："地之中數六，六位律。"古代樂律有陽律、陰律各六，陽律曰律，包括黃鐘、太蔟、姑洗、蕤賓、夷則、無射。

(11)七主星：王肅注："星，二十八宿為四方，方有七度，七主星也。"

(12)八主風，風為蟲，故蟲八月而生：王肅注："風之數，盡於八。凡蟲為風,風為蟲也。"《說文解字》:"風,八風也。東方曰明庶風,東南曰清明風,南方曰景風,西南曰涼風,西方曰閶闔風,西北曰不周風,北方曰廣莫風,東北曰融風。風動蟲生,故蟲八日而化。"

(13)立冬則燕雀入海化為蛤(gé):蛤,一種有介殼的軟體動物,有各種類別,產於江河湖海中。古人認為它們是由燕雀轉化而成,因為它們都是生於陰而屬於陽,如《夏小正》:"雀入於海為蛤。"《國語·晋語九》:"雀入於海為蛤,雉入於淮為蜃。"注:"小曰蛤,大曰蜃。皆介物,蚌類。"這種認識是不科學的。

(14)蜉(fú)蝣(yóu):蟲名,有數種。幼蟲生活在水中,成蟲體細狹,長數分,有四翅,後翅短,腹部末端有長尾須兩條。生存期短者幾小時,長者六、七天。

(15)介鱗夏食而冬蟄(zhé,也讀 zhī):介鱗,甲蟲與鱗蟲,指龜鱉和魚龍之類。王肅注:"介,甲蟲也。"蟄,動物冬眠時潛伏在土中或洞中既不食也不動的狀態。

(16)齕(hé)吞者八竅而卵生:齕吞,不用咀嚼而吞食。王肅注:"八竅,鳥屬。"《說文解字》:"凡物無乳者,卵生。"竅,指耳目口鼻等器官之孔,《莊子·應帝王》:"人皆有七竅。"

(17)齟嚼者九竅而胎生:王肅注:"九竅,人及獸屬。"鄭注《周禮》云:"九竅,謂陽竅七,陰竅二也。"

(18)無角無前齒者膏,無角無後齒者脂:王肅注:"《淮南》取此義曰:無角者膏而無前,有角者脂而無後。膏,豚屬;而脂,羊屬。'無前、後',皆謂其銳小者也。"膏,脂,指油脂,凝結者為脂,呈液態者為膏。

(19)牝(pìn):指禽獸的雌性。與牡相對。

(20)牡:指禽獸的雄性。

【通解】

子夏請教孔子說:"卜商我聽說,易理之中,能夠產生人類及萬物、鳥獸、昆蟲,他們各有單數和雙數,是由於所秉受元氣的分限不同,但一般的人並不了解其中的情況,只有德行通達的人才能夠探究其中的本原。天為一,地為二,人為三,三三得九。九九八十一,一主象天干,天干數是十,所以人懷胎十個月後出生;八九七十二,為雙數承接奇數,奇數主象地支,地支主象月份,月份主象馬,所以馬懷胎十二個月後出生;七九六十三,三主象北斗,北斗主象狗,所以狗懷胎三個月後出生;六九五十四,四主現四時,四時主現豬,所以豬懷胎四個月後出生;五九四十五,五主象五音,五音主象猿,所以猿懷胎五個月後出生;四九三十六,六主象六律,六律主象鹿,所以鹿懷胎六個月後出生;三九二十七,七主象星宿,星宿主象虎,所以虎懷胎七個月後出生;二九一十八,八主象八風,八風主象蟲,所以蟲經過八個月衍化而成。其餘的動物也都各自根據自己的種類而生成。鳥、魚出生在陰處,但却飛游於陽處,所以都是卵生,魚在水中游,鳥在雲中飛,立冬時燕雀飛到海中,化而為蜃蛤。蠶光吃不喝,蟬光喝不吃,蜉蝣不吃不喝,這就是萬物有所不同的根本。長有鱗甲的動物夏天進食而冬天蟄伏,不用咀嚼而吞食的動物長有八個器官而卵生,嚼碎食物的動物長有九個器官而胎生,長有四只脚的動物沒有羽毛和翅膀,長有角的動物牙齒不發達,沒有角而且前齒不發達的動物長得肥,沒有角并且後齒不發達的動物身上多油脂。動物白天出生的像父親,晚上出生的像母親,由此極陰的地方主象牝,極陽的地方主象牡。請問這說得對嗎?"

孔子說:"對。我以前聽老聃講的也和你說的一樣。"

【原文】

子夏曰:"商聞《山書》(1)曰:'地東西為緯,南北為經(2);山為積德,川為積刑;高者為生,下者為死(3);丘陵為牡,溪谷為牝;蚌蛤龜珠,與日月而盛虛(4)'。是故堅土之人剛,弱土之人柔,墟土之人大,沙土之人細,息土之人美,耗土之人醜(5)。食水者善游而耐寒,食土者無心而不息(6),食木者多力而不治(7),食草者善走而愚,食桑者有緒而蛾,食肉者勇毅而捍,食氣者神明而壽(8),食谷者智惠而巧,不食者不死而神。故曰:羽蟲(9)三百有六十,而鳳為之長;毛蟲三百有六十,而麟為之長;甲蟲三百有六十,而龜為之長;鱗蟲三百有六十,而龍為之長;倮(10)蟲三百有六十,而人為之長。此乾坤(11)之美也,殊形異類之數(12)。王者動必以道動,靜必以道靜,必順理以奉天地之性,而不害其（所）主，謂之仁聖焉。”

子夏言終而出，子貢進曰：“商之論也何如？”孔子曰：“汝謂何也？”對曰：“微則微矣，然則非治世之待也。”孔子曰：“然，各其所能⁽¹³⁾。”

【注釋】

(1)《山書》：古代的一種山川地理之書，已佚。

(2)地東西為緯，南北為經：緯，橫。經，縱。

(3)山為積德，川為積刑；高者為生，下者為死：《大戴禮記·易本命》盧辯注：“山積陽，川積陰。陽為德，陰為刑。”《大戴禮記解詁》：“高積陽，陽氣發生；下積陰，陰氣肅殺。”

(4)丘陵為牡，溪谷為牝；蚌蛤龜珠，與日月而盛虛：王肅注：“月盛則蚌蛤之屬，滿月虧則虛。”《淮南子·墜形》：“至陰生牝，至陽生牡。”《呂氏春秋》：“日月望則蚌蛤實，月晦則蚌蛤虛。”《大戴禮記·易本命》盧辯注：“月者，太陰之精，故龜蛤之屬因之以盛虛。”

(5)墟土之人大，沙土之人細，息土之人美，耗土之人醜：王肅注：“息土，細緻。耗土，麤疏者也。”墟土，丘陵之地。沙土，《說文解字》：“沙，水散石也。”沙土之地。細，小。息土，肥沃之地。耗土，疏薄之地。

(6)食土者無心而不息：王肅注：“螾屬不氣息也。”食土者，以泥土為食的動物，指蚯蚓之類。

(7)食木者多力而不治：王肅注：“血氣不治。”《淮南子》曰：“多力而弗戾，亦不治之貌者也。”食木者，以樹木為食的動物，指熊、犀之類。治，治理，管理，這裏指馴服動物。

(8)食草者善走而愚，食桑者有緒而蛾，食肉者勇毅而捍，食氣者神明而壽：食草者，以草為食的動物，指麋鹿之類。食桑者，以桑葉為食的動物，指桑蠶之類。緒，絲。食肉者，以肉為食的動物，指虎狼鷹鸇之類。捍，通“悍”，勇猛，強悍。食氣者，食用元氣的動物，指龜之類，《說苑·辨物》：“靈龜，千歲所化，下氣上通，能知吉凶存亡之變。寧則信信如也，動則著矣。”

(9)蟲：泛指動物。

（10）倮（luǒ）：通“裸”，赤身。

（11）乾坤：王肅注：“乾天，坤地。”

（12）數：數理，道理，禮數。

（13）然，各其所能：王肅注：“孔子曰然，子貢治世不待世事，世事之急，然亦各其所知能也。”

【通解】

子夏說：“我聽說《山書》上寫道：‘大地東西方向為緯，南北方向為經；山是德行積累的表象，河是刑罰積累的表象；居高象徵着生，處下象徵着死；丘陵代表着牡，溪谷代表着牝，蚌蛤龜珠隨日月的變化而有時豐滿，有時虛空。’因此堅硬土地上生長的人剛强，鬆軟土地上生長的人柔弱，丘陵土地上生長的人高大，沙質土地上生長的人瘦小，肥沃土地上生長的人漂亮，疏薄土地上生長的人醜陋。以水為食的動物擅長游泳又禁得住寒冷，以泥土為食的動物沒有心臟也不需呼吸，以樹木為食的動物力氣很大但也難以馴服，以草為食的動物善於奔跑但也本性愚笨，以桑葉為食的動物能够吐絲並能變成飛蛾，食肉動物勇猛堅毅但也性情兇悍，食用元氣的動物神明而且長壽，吃糧食的動物充滿智慧并且靈巧，不吃東西的動物長生不老而且神靈。所以說，長有羽翼的動物三百六十種，而鳳凰居於首位；長有皮毛的動物三百六十種，而麒麟居於首位；長有甲殼的動物三百六十種，而龜居於首位；長有鱗片的動物三百六十種，而龍居於首位；不長羽毛鱗甲的動物三百六十種，而人居於首位。這是天地的精妙所在，也是產生不同形貌、不同類別事物的禮數所在。君王行動時要順應天道來行動，守静時也必須順應天道以守静，一定要順從天理、遵循天地的特性，不妨害它們所主象的事物，這叫做仁聖。”

子夏說完就出去了，子貢上前問：“卜商說的怎麼樣？”孔子問：“你覺得如何？”子貢回答：“精妙倒是精妙，但却不是治理社會所需要的。”孔子說：“對，不過還是各自發揮自己的才能吧。”

本命解第二十六

【序說】

　　本篇記載了孔子與魯哀公的一次重要對話。魯哀公向孔子請教"命"、"性"等問題,由此引發了孔子對性命生死的一番議論,強調了禮與男女婚育的關繫,並談及了關於喪禮的問題。本篇見於《大戴禮記·本命》,最後一段部分見於《禮記·喪服四制》。

　　文章的第一段,是本文的第一部分。"分於道,謂之命;形於一,謂之性",是孔子談話的出發點,實質上提出了"命"的天道根源與"性"的一致性。孔子以後,儒家們繼續探討這一問題,例如《中庸》篇首云"天命之謂性",郭店儒簡《性自命出》篇首云"性自命出,命自天降",基本上表達了同一意思,即命根源於天,而又是性的開端。有始則必有終,死是生的結束。性生陰陽,男屬陽而女屬陰;男女到一定年齡結婚,陰陽化育,新的生命開始。

　　文章的第二、三段,是本文的第二部分。孔子突出強調了禮"言其極"而"不是過"的特徵,指出聖人制定婚禮之數,考慮男女年齡,合於天地陰陽之道。孔子認為,男子"任天道而長萬物",女子"順男子之教而長其理",對男女德行提出了不同的要求。孔子對男女婚姻非常重視,提出"五不取"、"七出"、"三不去"是男女婚姻的重要原則。《論語》之中,鮮有涉及婚姻觀,故本部分是研究早期儒家婚姻觀的重要資料。

　　文章的最後一段,是本文的第三部分,體現了孔子關於喪禮的主張。他認為禮的制定和五行、四時相聯繫。喪禮依據的規則包括"恩"、"義"、"節"、"權",對不同的人要實行不同形式的喪服。服父母之喪要以"恩"為原則,服君王之喪要以"義"為原則。此即"門內之治恩掩義,門外之治義掩恩"。這一提法,在郭店楚簡《六德》篇裏也同樣出現。《六德》篇云:"門內之治恩掩義,門外之治義斷恩。"服喪的悲傷程度、喪服和期限都不可以無度,而必須以"節"來限制。從君主到一般的庶民百姓,不同身份地位的人服喪的規格是不一樣的,要靈活變通,即要有"權"。

本篇是關於孔子天道性命、男女婚姻和喪禮觀點的重要文獻,尤其關於天道性命這一點,彌足珍貴。《論語・公冶長》記子貢說:"夫子之言性與天道,不可得而聞也。"在《本命解》之中,我們看到了孔子關於這一方面的論述,並可以與相關早期儒家文獻對比參証,對於我們研究孔子的天道思想具有重要價值。

【原文】

魯哀公問於孔子曰:"人之命與性何謂也?"孔子對曰:"分於道,謂之命[1];形於一,謂之性[2];化於陰陽,象形而發[3],謂之生;化窮數盡[4],謂之死。故命者,性之始也;死者,生之終也。有始,則必有終矣。人始生而有不具[5]者五焉:目無見,不能食,不能行,不能言,不能化。及生三月而微煦[6],然後有見;八月生齒,然後能食;三年顋[7]合,然後能言;十有六而精通,然後能化。陰窮反陽[8],故陰以陽變;陽窮反陰,故陽以陰化。是以男子八月生齒,八歲而齔[9];女子七月生齒,七歲而齔,十有四而化。一陽一陰,奇偶[10]相配,然後道合化成[11]。性命之端[12],形[13]於此也。"

【注釋】

(1)分於道,謂之命:天道決定賦予人的,稱作命。王肅注:"分於道,謂始得為人,故下句云性命之始。"分,制,決定。相同的用法見《荀子・榮辱》:"況夫先王之道、仁義之統、詩書禮樂之制乎!"楊倞注曰:"分,制也。"道,天地自然之理。命,此處指人承受的上天賦予的生命和命運,即清王聘珍《大戴禮記解詁・本命》釋曰:"命,謂人物所稟受度也。"

(2)形於一,謂之性:生來形成具有的,稱作性。王肅注:"人各受陰陽以剛柔之性,故曰形於一也。"形,形成。一,最初,開始。《漢書・董仲舒傳》:"一者,萬物之所從始也。"性,人天生具有的生理、心理機能。清王聘珍《大戴禮記解詁・本命》引董仲舒曰:"性者,生之質也。"

(3)化於陰陽,象形而發:通過陰陽變化,根據它們的形體而產生。

313

化，變化，化育。象形，依據形體。發，產生，即清王聘珍《大戴禮記解詁·本命》曰："發，猶出也。"

（4）化窮數盡：變化和天數窮盡。窮，窮盡。《說文·穴部》曰："窮，極也。"數，天命之數。

（5）具：全，具備。

（6）微煦（xù）：眼睛微微轉動。王肅注："煦，睛轉也。"相同的用法見於《白虎通》："人生三月，目煦，亦能笑。"

（7）顋（sāi）：同"腮"，即腮頰。

（8）陰窮反陽：陰到了窮盡便返歸到陽。窮，極點。反：同"返"，即返歸。

（9）齔（chèn）：同"齔"，換牙，乳齒脫掉，恒齒長出。《說文·齒部》曰："齔，毀齒也。"

（10）奇偶：王肅注："陽，奇數；陰，偶數。"

（11）道合化成：天地之道相合化育自然成功。道，天地之道。成，成功。

（12）端：開始。

（13）形：形成。

【通解】

魯哀公問孔子說："人的命與性各指什麼呢？"孔子回答說："天道決定賦予人的，稱作命；生來形成具有的，稱作性；通過陰陽變化，根據它們的形體而產生，稱作生；造化和天數窮盡，稱作死。所以命是性的開始；死是生的終止。有開始，則必然有終止。人剛生下來而身體尚不具備的有五個方面：眼睛看不見，不能喫飯，不能行走，不能說話，不能生育。到了出生三個月後眼睛能微微轉動，然後就能看見東西了；八個月後生出牙齒，然後能喫飯；三年後腮頰長合，然後能說話；十六歲精氣暢通，然後能生育。陰到了窮盡便返歸到陽，所以陰因陽而變化；陽到了窮盡便反歸到陰，所以陽因陰而變化。因此男子長到八個月生出牙齒，八歲的時候換牙；女子長到七個月的時候生出牙齒，七歲的時候換牙，十四歲能生育。一陽一陰，奇數和偶數相配，然後天地之道相合化育自然成功。性命的開端，就是從這裏形成的。"

【原文】

公曰：“男子十六精通，女子十四而化，是則可以生民矣。而禮，男子三十而有室[1]，女子二十而有夫，豈不晚哉？”孔子曰：“夫禮言其極[2]，不是過[3]也。男子二十而冠[4]，有為人父之端；女子十五許嫁，有適人[5]之道。於此而往[6]，則自婚[7]矣。群生[8]閉藏乎陰[9]，而為化育之始。故聖人因時以合偶男女[10]，窮天數之極。[11]霜降而婦功成，嫁娶者行焉[12]；冰泮而農桑起，婚禮而殺於此[13]。男子者，任天道而長萬物者也[14]。知可為，知不可為；知可言，知不可言；知可行，知不可行者。是故審其倫而明其別，謂之知，所以效匹夫之聽也[15]。女子者，順男子之教而長其理者也[16]。是故無專制之義，而有三從之道[17]：幼從父兄，既嫁從夫，夫死從子。言無再醮[18]之端，教令不出於閨門，事在供酒食而已。無閫外之非儀也，不越境而奔喪[19]。事無擅為，行無獨成，參知而後動，可驗而後言，晝不游庭，夜行以火，所以效匹婦之德也[20]。”

【注釋】

（1）室：家室，妻子。《禮記·曲禮上》曰：“三十曰壯，有室。”鄭《注》曰：“妻稱室。”

（2）極：極點，極限。

（3）不是過：否定前置，即“不過是”，不超過這個極限。

（4）冠：舉行冠禮，周代禮儀。孔《疏》曰：“冠，二十成人而冠。”

（5）適人：嫁人。《玉篇》曰：“適，女子出嫁。”

（6）往：往上，向上。

（7）自婚：自主確定結婚年齡。

（8）群生：眾多生物。群，各種，眾多。生，生物。

（9）閉藏乎陰：在冬天潛藏。閉藏，潛藏。陰，冬天。王肅注：“陰為冬也，冬藏物而為化育始。”

(10)因時合偶男女：依據時節讓男女成婚。因，依據，根據。時，時節。合偶男女，使男女成婚。女：原作"子"，誤。

(11)天數之極：即十月，從一到十，十為數之極。之，原作"也"，誤。

(12)霜降而婦功成，嫁娶者行焉：霜降的時候婦人的工作結束了，嫁娶的人行動起來。霜降，農曆二十四節氣之一，在農曆十月二十三日或二十四日。《禮記·月令》："是月也，霜始降，則百工休。"婦功，即女功，中國古代社會婦女所作的家務及紡織等事情。成，完成。行，行動。王肅注："季秋霜降，嫁娶者始於此。《詩》云'將子無怒，秋以為期'也。"

(13)冰泮(pàn)而農桑起，婚禮而殺於此冰：雪消融農桑之事開始，婚娶事情到這時就結束了。泮，消融。農桑，農桑之事。起，開始。殺，結束。王肅注："泮，散也。正月農事起，蠶者采桑，婚禮始殺，言未止也。至二月，農事始起，會男女之無夫家者奔者，期盡此月故也。《詩》云：'士如歸妻，迨冰未泮。'言如慾使妻歸，當及冰未泮散之盛時也。"

(14)男子者，任天道而長萬物者也：男子擔任天道，長養萬物。任，承擔，擔任。長，長養，撫育培養。

(15)是故審其倫而明其別，謂之知，所以效匹夫之聽也：所以男子詳察人倫而明白其中的區別，可謂智慧，因此顯示了他們的美德。審，詳究，明察。《荀子·非相》曰："審，謂詳觀其道也。"明，明白。別，區別，分別。知，智慧。效，顯示。《韓非子·二柄》曰："則是群臣之情不效。"王先慎《集解》引舊注曰："效，顯也。"聽，指品德。王肅注："聽，宜為德。"

(16)女子者，順男子之教而長其理者也：女子順從男人的教令，增益其中的道理。順，順從。教，教導。長，增益。王肅注："為男子長養其理也。"《國語·齊語》曰："不月長。"韋昭注曰："長，益也。"

(17)是故無專制之義，而有三從之道：所以女子沒有專斷的道理，而有三從的道德準則。專制，專斷。從，聽從。道，道德準則。

(18)醮(jiào)：醮禮，周代一種禮儀，在冠、婚禮時舉行的一種簡單儀式，尊者對卑者酌酒，卑者接受敬酒後飲盡，不需回敬。王肅注："始嫁言醮。禮無再醮之端，統言不改事人也。"

(19)無閫(kǔn)外之非儀也，不越境而奔喪：在閫門之外舉止沒有不符合禮儀之處，不越過邊境而參加喪禮。閫，原意指門檻，此處指閨門，即婦女的居處。非儀，女人的容止不符合禮儀。王肅注："閫，門限。婦人以自專，無閫外之威儀。《詩》云：'無非無儀，酒食是議。'"越境，越過邊境。

（20）事無擅為，行無獨成，參知而後動，可驗而後言，晝不游庭，夜行以火，所以效匹婦之德也：此句承上句講婦女美德的表現。擅為，擅自做主。獨成，獨自行動。參知，參驗確認。動，行動。可驗，可以驗証。晝，白天。游庭，在庭院游走。以火，用火照明。

【通解】

魯哀公問："男子十六歲精氣通暢，女子十四歲可以生育，這樣就可以生育後代了。而依據禮的規定，男子三十歲而娶妻室，女子二十歲而嫁丈夫，難道不是太晚了嗎？"孔子回答說："禮說的是極限，不超過就可以了。男子二十歲舉行冠禮，這是做人父的開端；女子十五歲許嫁，這是懂了嫁人的道理。從這向上，就可以自主確定結婚的年齡了。各種生物在冬天潛藏，這是孕育新的生命的開始。所以聖人依據時令使男女成婚，是為了不超過天數的極限。霜降的時候婦人的工作結束了，嫁娶的人行動起來；冰雪消融農桑之事開始，婚娶事情到這時就結束了。男子擔任天道，長養萬物。知道什麼事情可以做，知道什麼事情不可以做；知道什麼話可以說，知道什麼話不可以說；知道什麼道理可行，知道什麼道理不可行。所以男子詳察人倫而明白其中的區別，這可謂是智慧，因此顯示了他們的美德。女子順從男子的教令，增益其中的道理。所以女子沒有專斷的道理，而有三從的道德準則：年幼的時候聽從父兄，嫁人後聽從丈夫，丈夫死後聽從兒子，這是說沒有再嫁的道理。教令不傳出閨門之外，做的事情在於供奉酒食，在閨門之外容止沒有不符合禮儀的地方，不越過邊境而奔赴喪事。事情不擅自做主，外行不獨自一人，事情參証瞭解而後行動，可以驗証而後說話，白天不游走於庭院，夜間行走用火照明，以此來顯示一般婦女的美德。"

【原文】

孔子遂[1]言曰："女有五不取[2]：逆家子者，亂家子者，世有刑人子者，有惡疾子者，喪父長子者[3]。婦有七出、三不去[4]。

七出者⁽⁵⁾:不順父母出者,無子者,淫僻者,嫉妒者,惡疾者,多
口舌者,竊盜者⁽⁶⁾。三不去者:謂有所取無所歸⁽⁷⁾,與共更⁽⁸⁾三
年之喪,先貧賤後富貴。凡此,聖人所以順男女之際⁽⁹⁾,重婚姻
之始⁽¹⁰⁾也。"

【注釋】

(1)遂:於是。

(2)取:同"娶"。

(3)逆家子者,亂家子者,世有刑人子者,有惡疾子者,喪父長子者:
王肅注:"此五者皆不取也矣。逆家子者,謂其逆德;亂家子者,謂其亂倫;
世有刑人子者,謂其棄於人也;有惡疾子者,謂其棄於天也;喪父長子者.
謂其無受命也。"逆家,逆德於家。亂家,亂倫。刑人,受過刑罰的人。惡
疾,難以治好的惡病。喪父長子,失去父親的長女。

(4)婦有七出、三不去:婦人有七種情況應該休掉,三種情況不能拋
棄。出,遺棄(妻子)。《左傳》莊公二十七年曰:"出曰來歸。"孔《疏》引《釋
例》曰:"歸者,謂犯七出而見絕者也。"去,拋棄(妻子)。

(5)七出者:王肅注:"不順父母,出;無子,出;淫僻,出;嫉妒,出;惡
疾,出;多口舌,出;竊盜,出。"

(6)不順父母出者,無子者,淫僻者,嫉妒者,惡疾者,多口舌者,竊盜
者:王肅注:"不順父母者,謂其逆德也;無子者,謂其絕世也;淫僻者,謂其
亂族也;嫉妒者,謂其亂家也;惡疾者,謂其不可供粢盛也;多口舌者,謂其
離親也;竊盜者,謂其反義也。"不順父母,不孝於父母。無子,沒有兒子。
淫僻,淫亂邪僻。嫉妒,心胸狹窄。惡疾,難以治好的惡病。多口舌,善於
挑撥是非。竊盜,盜竊。

(7)有所取無所歸:有人娶而無娘家可歸。取,同"娶"。歸,指出嫁
女兒返回娘家。相同用法見於《詩·周南·葛覃》:"害瀚害否,歸寧父
母。"

(8)更:經歷。

(9)聖人所以順男女之際:聖人為了順理男女關繫。順,和順,順理。
際,會合。王聘珍《解詁》曰:"際,會也。"

（10）始：開始。

【通解】

孔子接着說："有五種女子不能娶：家有逆德之人的女子，家中淫亂的女子，家中前幾代有受過刑罰的女子，患有惡疾的女子，父親去世而自己又是長女的女子。妻子有七種情況應該休掉、三種情況不能拋棄。在七種情況下應休掉妻子：不孝順父母者，不能生兒子者，淫亂邪僻者，嫉妒狹心者，患有惡疾者，多口舌挑撥是非者，盜竊者。在三種情況下不忍拋棄妻子：妻子有人娶而無娘家可歸，與丈夫共守三年之喪，丈夫原來貧賤後來富貴。這些都是聖人為了和順男女關繫，重視婚姻是人倫的開始而制定的。"

【原文】

孔子曰："禮之所以象五行也，其義四時也[1]，故喪禮有舉焉，有恩有義，有節有權[2]。其恩厚者其服重，故為父母斬衰三年，以恩制者也[3]。門內之治恩掩義，門外之治義掩恩[4]。資於事父以事君而敬同[5]。尊尊貴貴[6]，義之大也。故為君亦服衰[7]三年，以義制者也。三日而食，三月而沐，期練，毀不滅性，不以死傷生[8]；喪不過三，齊衰不補，墳墓不修[9]；除服之日鼓素琴，示民有終也[10]。凡此以節制[11]者也。資於事父以事母而愛[12]同。天無二日，國無二君，家無二尊，以一治之[13]。故父在為母齊衰期者[14]，見[15]無二尊也。百官備，百物具，不言而事行者，扶而起[16]；言而後事行者，杖而起[17]；身自執事行者，面垢而[18]已。此以權制者也。親始死，三日不怠，三月不懈，期悲號，三年憂，哀之殺也[19]。聖人因殺以制節[20]也。"

【注釋】

（1）禮之所以象五行也，其義四時也：禮依據五行制定，道義傚法四季制定。象，傚法。類似的用法見《尚書‧舜典》："象以典刑。"孔《傳》曰："效，法也。"五行，仁、義、禮、智、信。王肅注："服之制有等。"四時，四季。

王聘珍《大戴禮記解詁·本命》於此處云:"言禮之所以因文而變者,禮有定體,如天地間之有五行,不易不弊者也。義則往來屈伸,如四時之錯行。禮從義變,猶之播五行於四時也。"

(2)故喪禮有舉焉,有恩有義,有節有權:所以舉行喪禮,要有恩情的制約,有道義的制約,有禮節的制約,有通變的必要。舉,舉行。義,道義。恩,恩情。節,節制。權,權變,變通。王肅注:"所以舉,象四時。"

(3)其恩厚者其服重,故為父母斬衰(cuī)三年,以恩制者也:此句講為父母服斬三年衰的原因。服,穿喪服。衰,同"縗"。斬衰,古代居喪,喪服有五個等級,稱為"五服"。斬用粗麻布做成,左右和下邊不縫,是"五服"中最重的一種喪服,服期三年。制,規定。

(4)門內之治恩掩義,門外之治義掩恩:此句講門內門外之治依據的原則的區別。門內,在家族之內。掩,掩蓋。門外,在家族之外。

(5)資於事父以事君而敬同:按照事奉父親的原則用來事奉國君,而且敬愛之心是相同的。資,按照。事,侍奉。敬,恭敬,敬愛。

(6)尊尊貴貴:尊崇位尊者,尊重高貴者。

(7)服衰:服斬縗。

(8)三日而食,三月而沐,期(jī)練,毀不滅性,不以死傷生:此句講父母去世後對子女行為的要求。沐,洗髮。《說文·水部》:"沐,濯髮也。"期,周年。相同的用法見於《論語·陽貨》:"三年之喪,期已久矣。"朱熹《集注》曰:"期,周年也。"練,在練祀時穿的練冠和練衣,用白色的布帛制成。毀,十分哀傷。滅性,傷害生命。《禮記·檀弓下》:"毀不危身。"鄭《注》:"憔悴將滅性。"死,死去的人。傷,傷害。生,生命,活著的人。

(9)喪不過三,齊(zī)衰不補,墳墓不修:此句講在父母喪期不超過三年的情況下對子女行為的要求。齊衰,喪禮五服的一種,在斬縗之下。用粗麻布制成,因其輯邊縫齊,故稱齊縗。補,修補。修,修葺。

(10)除服之日鼓素琴,示民有終也:此句講在除掉喪服之日對子女行為的要求。除服,去掉喪服。鼓,鼓彈。素琴,沒有裝飾的琴。示,顯示。終,結束。

(11)制:制約。

(12)愛:敬愛。

（13）以一治之：以一個最高地位的人來治理。

（14）故父在為母齊衰期者：所以父親在世只為母喪服齊縗一年。

（15）見（xiàn）：同“現”，顯示。

（16）百官備，百物具，不言而事行者，扶而起：料理喪事的官員齊備，準備喪事的物品齊全，不用發話就可以辦好喪事的人，被攙扶站起。王肅注：“謂天子諸侯也。”

（17）言而後事行者杖而起：即需要發話後喪事纔可以辦好的人，拄着喪杖站起。言而後事行者，王肅注：“卿、大夫、士也。”

（18）身自執事行者，面垢而已：即需要自己親自操持而喪事才能辦好的人，只需要蓬頭垢面的哭泣就可以了。身自執事行者：王肅注：“謂庶人也。”

（19）親始死，三日不怠，三月不懈，期悲號，三年憂，哀之殺也：此句講父母去世後隨着時間的變化子女的悲傷哀思之情的變化。親，父母。始死，剛去世。怠，懈怠。懈，鬆懈。期悲號，父母周年時痛哭悲號。三年憂，三年喪服除後仍憂懷父母。哀之殺，哀痛逐漸減弱。

（20）制節：制定喪禮的節限。

【通解】

孔子說：“禮依據五行制定，道義傚法四季制定，所以舉行喪禮，要有恩情的制約，有道義的制約，有禮節的制約，有通變的必要。對恩情深厚的人喪服也要重，所以為父母服斬衰三年，這是根據恩情制定。在家族之內恩情大於道義，在家族之外道義大於恩情。按照事奉父親的原則用來事奉國君，而且敬愛之心是相同的。尊崇位尊者，尊重高貴者，這是道義最重要的原則。所以為國君亦服斬衰三年，這些是根據道義制定。父母雙親去世後三天後可以喫飯，三個月可以沐浴，一周年舉行練祭，心情哀痛但不毀壞身體，不因為死去的人而傷害活着的人的生命；喪期不超過三年，齊衰之服不縫補，墳墓也不修葺；除掉喪服的那天彈沒有裝飾的琴，是向百姓顯示三年之喪的結束。這些都是根據喪禮的節限制定。按照事奉父親的原則事奉母親，而且敬愛之心是相同的。天上沒有兩個太陽，國中沒有兩個君主，家裏沒有兩個尊長者，這些都是說只有一個處於最高地位。所以父親在的時候為母親去世服齊衰一年，是為了顯示沒有兩位尊

321

長。治理喪事的百官齊備,治理喪事的各種物品俱全,不用發話而喪事就可以辦好的人,如天子諸侯,哭喪要非常哀痛以致由別人攙扶而起;需要說話而喪事纔可以辦好的人,如卿、大夫、士,哭喪要非常哀痛以致扶喪杖才能起來;親自辦理喪事才能辦好的人,如庶民百姓,蓬頭垢面非常悲傷就可以了。這些都是根據變通制定的。父母去世,三天痛哭不懈怠,三個月不廢怠,周年時還痛哭悲傷,三年之喪後經常憂懷父母,哀痛逐漸減弱了。聖人們依據失去父母哀痛逐漸減弱的過程來制定喪禮的節限。"

論禮第二十七

【序說】

本篇分為兩個部分,第一部分記孔子與弟子關於禮的談話,開頭有"論及於禮"的句子,遂以"論禮"名篇。

第一部分又見於《禮記·仲尼燕居》。本部分記載孔子閒適在家時,子張、子貢、言游各自問禮,孔子分別給予回答,從而全方位地論述了禮。禮的應用十分廣泛,不同的禮儀使鬼神、祖先、鄉黨、賓客都得到仁愛,也使家庭、宗族、朝廷、戰事有所順成。倘若沒有禮,一切都難以順利實施。不僅如此,孔子還進一步要求弟子要很好地行禮,並與《詩》、樂結合。這一論說不僅涉及到禮的內容,也涉及到禮的作用以及本質,對於守禮與違禮的利害也有闡發。

第二部分又見於《禮記·孔子閒居》。本部分記載子夏向孔子請教《詩》中"愷悌君子,民之父母"所引發的孔子的論說。子夏以"文學"著稱,猶善於《詩》,他提出的問題往往從詩句開始,孔子也多次引《詩》論述關於修身治國的問題。在本篇中,圍遶君主修德治國的問題,孔子提出了"五至"、"三無"、"五起"、"三無私"等概念,並從怎樣為民父母、如何德配天地等方面展開論述。

值得注意的是,本篇中的第二部分又見於新出土的戰國文獻。《上海博物館藏戰國楚竹書》第二册(上海古籍出版社,2002年)中有《民之父母》,其實與本篇第二部分一致,只是文字上略有不同。在本篇竹書剛剛透露出前兩簡內容時,就有學者指出該篇具有重要價值,並進行了初步研究,指出將《家語》本篇、《禮記·孔子閒居》以及上博竹書《民之父母》進行比較研究,不僅可以證明《禮記》本於《家語》,二者之間語句、詞語上的差別應該是後世流傳過程中造成的,而且還可據以認識《家語》的傳流問題,認識其重要價值。(楊朝明:《〈禮記·孔子閒居〉與〈孔子家語〉》,2001年7月上海大學"'新出土文獻與古代文明'國際學術研討會"論文,收入楊

朝明:《儒家文獻與早期儒學研究》,齊魯書社,2002 年)

龐樸先生曾對該篇進行專門研究,他指出:"以前我們多相信,《家語》乃王肅偽作,雜抄自《禮記》等書;《禮記》乃漢儒纂輯,非先秦舊籍,去聖久遠,不足憑信。具體到'民之父母'一節,則認為,其'五至三無'之說,特別是'三無'之'無',明顯屬於道家思想,絕非儒家者言,可以一望而知。現在上博藏簡《民之父母》篇的再世,轟然打破了我們這個成見。對照竹簡,冷靜地重讀《孔子家語·論禮》和《禮記·孔子閒居》,不能不承認,它們確繫孟子以前遺物,絕非後人偽造所成。"(《話說"五至三無"》,《文史哲》2004 年第 1 期)這個論斷值得《孔子家語》研究者高度重視。

【原文】

孔子閒居,子張、子貢、言游侍,論及於禮。孔子曰:"居!汝三人者,吾語汝以禮周流(1)無不遍也。"

子貢越席而對曰:"敢問如何?"子曰:"敬而不中禮,謂之野;恭而不中禮,謂之給;勇而不中禮,謂之逆。"子曰:"給奪慈仁。(2)"子貢曰:"敢問將何以為此中禮者?"子曰:"禮乎! 夫禮,所以制中也。"子貢退。

言游進曰:"敢問禮也,領(3)惡而全好者與?"子曰:"然。"子貢問:"何也?"子曰:"郊社之禮(4),所以仁鬼神也;禘嘗之禮(5),所以仁昭穆也;饋奠之禮,所以仁死喪也;射饗之禮(6),所以仁鄉黨(7)也;食饗之禮(8),所以仁賓客也。明乎郊社之義、禘嘗之禮,治國其指諸掌而已。(9)是故居家有禮,故長幼辨;以之閨門有禮,故三族(10)和;以之朝廷有禮,故官爵序;以之田獵有禮,故戎事閑(11);以之軍旅有禮,故武功成。是以宮室得其度,鼎俎得其象(12),物得其時,樂得其節,車得其軾,鬼神得其享,喪紀得其哀,辯說得其黨(13),百官得其體(14),政事得其施(15)。加於身而措於前,凡眾之動,得其宜也。"言游退。

子張進曰:"敢問禮何謂也?"子曰:"禮者,即事之治也,君子有其事必有其治。治國而無禮,譬猶瞽之無相⁽¹⁶⁾,倀倀⁽¹⁷⁾乎何所之?譬猶終夜有求於幽室之中,非燭何以見?故無禮則手足無所措,耳目無所加,進退揖讓無所制。是故以其居處,長幼失其別,閨門三族失其和,朝廷官爵失其序,田獵戎事失其策,軍旅武功失其勢,宮室失其度,鼎俎失其象,物失其時,樂失其節,車失其軾,鬼神失其享,喪紀失其哀,辯說失其黨,百官失其體,政事失其施。加於身而措於前,凡動之衆失其宜。如此,則無以祖洽四海⁽¹⁸⁾。"

子曰:"慎聽之汝三人者!吾語汝:禮猶有九焉,大饗有四焉⁽¹⁹⁾。苟知此矣,雖在畎畝⁽²⁰⁾之中,事之,聖人矣。兩君⁽²¹⁾相見,揖讓而入門,入門而懸興⁽²²⁾;揖讓而昇堂,昇堂而樂闋⁽²³⁾;下管象舞,夏籥序興⁽²⁴⁾;陳其薦俎,序其禮樂,備其百官⁽²⁵⁾。如此而後,君子知仁焉。行中規⁽²⁶⁾,旋中矩⁽²⁷⁾,鸞和中《采薺》⁽²⁸⁾,客出以《雍》⁽²⁹⁾,徹以《振羽》⁽³⁰⁾。是故君子無物而不在於禮焉。入門而金作,示情也⁽³¹⁾;昇歌《清廟》,示德也⁽³²⁾;下管象舞,示事也⁽³³⁾。是故,古之君子,不必親相與言也,以禮樂相示而已。夫禮者,理也;樂者,節也。無禮不動,無節不作。不能《詩》,於禮謬⁽³⁴⁾;不能樂,於禮素⁽³⁵⁾;薄於德,於禮虛⁽³⁶⁾。"

子貢作而問曰:"然則夔其窮與⁽³⁷⁾?"子曰:"古之人與!上古之人也,達於禮而不達於樂,謂之素;達於樂而不達於禮,謂之偏⁽³⁸⁾。夫夔達於樂而不達於禮,是以傳於此名也⁽³⁹⁾。古之人也!凡制度在禮,文為在禮,行之其在人乎!"三子者,既得聞此論於夫子也,焕若發蒙⁽⁴⁰⁾焉。

【注釋】
(1)周流:普遍流傳。此記載又見於《禮記·仲尼燕居》。
(2)給奪慈仁:王肅注:"巧言、足恭、捷給之人似仁非仁,故言給奪慈仁。"

（3）領：王肅注："領，理。"

（4）郊社之禮：祭天禮。周代在冬至日祭天於南郊稱為"郊"，夏至日祭地於北郊稱"社"，合稱為"郊社"。

（5）禘（dì）嘗之禮：指禘禮和嘗禮。《禮記·王制》："天子諸侯宗廟之祭，春曰礿，夏曰禘，秋曰嘗，冬曰烝。"

（6）射饗之禮：指鄉射禮和鄉飲酒禮。饗，用酒食招待人。

（7）鄉黨：《周禮·大司徒》："令五家為比，使之相保；五比為閭，使之相愛；四閭為族，使之相葬；五族為黨，使之相救；五黨為州，使之相賙；五州為鄉，使之相賓。"正因為"五族為黨"、"五州為鄉"，所以後來鄉黨泛指同鄉，鄉親。

（8）食饗之禮：指食禮和饗禮。

（9）明乎郊社之義、禘嘗之禮，治國其指諸掌而已：《禮記·中庸》："明乎郊社之禮、禘嘗之義，治國其如示諸掌乎！"又《論語·八佾》："或問禘之說。子曰：'不知也；知其說者之於天下也，其如示諸斯乎！'指其掌。"《爾雅·釋言》："指，示也。"陸德明《經典釋文》："示，置也。"或曰同"視"，猶言"瞭如指掌。"

（10）三族：指父、子、孫三代。

（11）閑：習，熟習。

（12）象：形狀、形象。

（13）黨：王肅注："黨，類。"

（14）體：原作"禮"，今據備要本及《禮記》改。

（15）政事得其施：王肅注："各得其所宜施行之。"

（16）猶瞽之無相：瞽，盲人。相，輔助，幫助。

（17）倀（chāng）倀：迷茫不知所措貌。

（18）無以祖洽四海：王肅注："祖，始也。洽，合。無禮則無以為眾法，無以合聚眾。"

（19）禮猶有九焉，大饗有四焉：王肅注："語汝有九，其四大饗，所以待賓之禮。其五，動靜之威儀也。"

（20）畎（quǎn）畝：土地，田間。王肅注："在畎畝之中，猶焉為聖人。"

（21）君：原作"軍"，據《禮記》改。

（22）懸興：懸，懸掛的鐘磬等樂器。興，王肅注：“興，作樂，一也。”

（23）闋：停止，結束，王肅注：“二也。”

（24）下管象舞，夏籥（yuè）序興：王肅注：“下管，堂下吹管。象，武舞也。夏，文舞也，執籥，籥如笛，序以更作。三也。”籥，古代管樂器。

（25）陳其薦俎，序其禮樂，備其百官：王肅注：“四也。所以大饗有四也。”薦俎，進獻祭品。俎，祭祀時盛牛羊等祭品的木制漆器。

（26）行中規：王肅注：“五也。”

（27）旋中矩：王肅注：“六也。”

（28）鑾和中《采薺（jì）》：王肅注：“《采薺》，樂曲名，所以為和鑾之節。七也。”鑾和，車上的鈴鐺。掛在車前橫木上稱和，掛在軛首或車架上稱鑾。

（29）客出以《雍》：王肅注：“《雍》，樂曲名，在《周頌》。八也。”

（30）徹以《振羽》：王肅注：“亦樂曲名。九也。”

（31）入門而金作，示情也：王肅注：“金既鳴聲，終始若一，故以示情也。”

（32）昇歌《清廟》，示德也：王肅注：“《清廟》，所以頌文王之德也。”

（33）下管象舞，示事也：王肅注：“凡舞象事。”

（34）不能《詩》，於禮謬：王肅注：“《詩》以言禮。”

（35）素：王肅注：“素，質。”

（36）薄於德，於禮虛：王肅注：“非其人，則禮不虛行。”薄於德，原作“於德薄”，今據同文本改。

（37）然則夔（kuí）其窮與：王肅注：“言達於樂而不達於禮者也。”夔，舜時的樂官。窮，盡。

（38）達於樂而不達於禮，謂之偏：王肅注：“達，謂遍有所達，非殊。”

（39）傳於此名也：王肅注：“言達於樂也，故遂傳名樂。”

（40）煥若發蒙：好像眼睛一下子明亮起來。煥，明。蒙，《說文》：“蒙，童蒙也。一曰不明也。”

【通解】

孔子在家閒居，子張、子貢、子游在旁邊侍奉，談到禮。孔子說：“坐下，我告訴你們有關禮周轉流行，無所不及的情況。”

　　子貢越過坐席問道:"請問怎麼樣呢?"孔子說:"尊敬而不符合禮,叫做粗野;恭順而不符合禮,叫做諂媚;勇敢而不符合禮,叫做叛逆。"孔子說:"諂媚容易混淆仁慈。"子貢說:"請問怎麼做才能符合禮?"孔子說:"禮啊! 禮,可以使一切恰到好處。"子貢退下。

　　言游上前問:"請問禮是治理壞的而保全好的嗎?"孔子說:"是的。"子貢問:"為什麼呢?"孔子說:"郊祭和社祭之禮是為了使鬼神得到仁愛;禘禮和嘗禮是為了使祖先得到仁愛;饋禮和奠禮是為了使死者得到仁愛;鄉射禮和鄉飲酒禮,是使同鄉得到仁愛;食禮和饗禮,是使賓客得到仁愛。明白郊社之禮、禘嘗之禮,治理國家就像把東西放在掌上一樣容易。因此,居家有禮,長輩、晚輩就有了分別;内室有禮,父、子、孫三代就和睦了;朝廷上有禮,官職爵位就井然有序;田獵時有禮,戰事上就能熟習;軍隊裏有禮,就能建立戰功。因此,宮室有適當的法度,鼎俎等禮器符合一定的形制,萬物能適時生長,音樂能符合節拍,車輛有合適的車前橫木,鬼神能得到供享,喪葬中有適度的悲哀,辯論中有擁護者,官吏們做事得體,政事就能夠順利施行。把禮運用於自身並放在最前面,任何舉動都能合適。"子游退到一旁。

　　子張上前問:"請問什麼是禮?"孔子說:"所謂禮,就是處理事情的方法,君子處事,一定有自己的方法。治理國家沒有禮,就像是盲人沒有了扶助之人,迷迷茫茫能走到哪裏去呢? 就像整夜在黑闇的屋子裏找東西,沒有燭光哪裏能看得見呢? 因此,沒有禮,手腳不知放到哪裏,耳目也不知道聽到什麼,看到什麼,進退揖讓都沒有了尺度。這樣,居處時,長輩、晚輩就沒有了分別,家庭裏不能和睦相處,朝廷上的官爵就失去了秩序,田獵和戰事就失去了策略,軍隊打仗就失去了控制,宮室沒有法度,鼎俎等禮器就失去制式,萬物生長就失去合適的時節,音樂失去了節拍,車輛沒有了合適的車前橫木,鬼神失去了貢品,服喪也沒有適度的悲哀,辯論時失去了擁護的人,百官做事不得體,政事不能順利施行。不能把禮運用於自身並放在最前面,一切舉動都不合適。這樣,就無法聚合民衆。"

　　孔子說:"你們三個仔細聽着! 我告訴你們:禮有九項,其中大饗就有四項。如果知道這些,雖然是在田裏種田的人,只要按禮而行,也能成為聖人。兩國國君相見,互相作揖謙讓才進入大門。進門時鐘鼓齊鳴。互相拱手謙讓着登上大堂，昇堂後鐘鼓之聲停止。堂下奏起管樂，跳起武舞，文舞也伴着簫聲按照順序出場；陳列出進獻的貢品，按照順序排列禮樂，官員安排齊備。這樣一來，君子就能懂得仁愛。行動周旋很合規矩，車上的鈴聲和着《采薺》之樂，賓客離開時奏《雍》，撤宴時奏《振羽》。因此，君子沒有一件不符合禮的。進門時敲擊樂器，表示歡迎之情；登堂時演唱《清廟》，以昭示德行；堂下奏管樂，跳武舞，為的是表現祖先的事功。所以，古代君子不必親自用語言表達，用禮樂就可以相互傳達情意。禮，就是理；樂就是節。沒有禮就不能動，沒有節就不能做。不懂得《詩》，禮節上就會出錯；不懂得樂，禮節就不隆重；德行淺薄，禮就變得虛假。"

　　子貢站起來問道："這麼說，夔精通禮了嗎？"孔子說："夔是古時的人啊！對於上古的人來說，精通禮而不精通樂叫作素；精通音樂而不精通禮，叫作偏。夔精通於樂却不精通禮，所以流傳此名。他是古代的人呀！各種制度都存在於禮的規定之中，行為修飾在禮的規定之中，具體實行起來還是靠人吧。"三個弟子聽到孔子這番話後，豁然開朗。

【原文】

　　子夏侍坐於孔子，曰："敢問《詩》云'愷悌[1]君子，民之父母'，何如斯可謂民之父母？"孔子曰："夫民之父母，必達於禮樂之源，以致五至而行三無，以橫於天下。四方有敗[2]，必先知之。此之謂民之父母。"

　　子夏曰："敢問何謂五至？"孔子曰："志之所至，詩亦至焉；詩之所至，禮亦至焉；禮之所至，樂亦至焉；樂之所至，哀亦至焉。詩禮相成，哀樂相生。是以正明目而視之，不可得而見；傾耳而聽，不可得而聞。志氣塞於天地，行之充於四海。此之謂五至矣。"

　　子夏曰："敢問何謂三無？"孔子曰："無聲之樂，無體之禮，無服之喪，此之謂三無。"子夏曰："敢問三無何詩近之？"孔子曰："'夙夜基命宥密'[3]，無聲之樂也；'威儀逮逮[4]，不可選也’，無體之禮也；‘凡民有喪，扶伏[5]救之’，無服之喪也。”

子夏曰：“言則美矣大矣！言盡於此而已？”孔子曰：“何謂其然？吾語汝，其義猶有五起焉。”子夏曰：“何如？”孔子曰：“無聲之樂，氣志不違；無體之禮，威儀遲遲[6]；無服之喪，內恕[7]孔悲。無聲之樂，所願必從；無體之禮，上下和同；無服之喪，施及萬邦。既然，而又奉之以三無私而勞天下，此之謂五起。”

子夏曰：“何謂三無私？”孔子曰：“天無私覆，地無私載，日月無私照。其在《詩》曰：‘帝命不違，至於湯齊。湯降不遲，聖敬日躋。昭假遲遲，上帝是只，帝命式於九圍。[8]’是湯之德也。”子夏蹶然而起，負牆而立，曰：“弟子敢不志之？”

【注釋】

（1）愷（kǎi）悌（dì）：平易近人，性情隨和。此記載又見於《禮記·孔子閒居》。

（2）敗：灾禍。

（3）夙夜基命宥密：語出《詩·周頌·昊天有成命》。王肅注：“夙夜，恭也。基，始也。命，信也。宥，寬也。密，寧也。言以行與民信。五教在寬，民以安寧，故謂之無聲之樂也。”

（4）威儀逮（dì）逮：語出《詩·邶風·柏舟》。威儀，莊嚴的容止。逮逮，今本《毛詩》作“棣棣”，嫻雅貌。

（5）扶伏：同“匍匐”，說明急切的情形。

（6）遲遲：從容不迫貌。

（7）恕：用自己的心推想別人的心。如《論語·衛靈公》：“子貢問曰：‘有一言可以終身行之者乎？’子曰：‘其恕乎！己所不慾，勿施於人。’”

（8）“帝命不違”至“帝命式於九圍”：語出《詩·商頌·長發》。帝命不違，至於湯齊，王肅注：“至湯與天心齊。”湯降不遲，聖敬日躋，王肅注：“不遲，言疾。躋，昇也。湯疾行下人之道，其聖敬之德日昇聞也。”昭假遲遲，上帝是只，王肅注：“湯之威德，昭明遍至，化行寬舒，遲遲然，故上帝敬其德。”帝命式於九圍，王肅注：“九圍，九州也。天命用於九州，謂以為天下王。”

【通解】

子夏侍坐於孔子身邊，說："請問《詩》說'愷悌君子，民之父母'，怎麼樣纔可以叫百姓的父母呢？"孔子說："百姓的父母，必須通曉禮樂的來源，達到五至而施行三無，並用以普及天下。任何地方發生了禍患，必須首先知道，這樣才能叫做百姓的父母。"

子夏說："請問什麼叫做五至？"孔子說："心意所要表達的，詩也應該有所反映；詩要表達的，禮也應該有所顯示；禮要表達的，樂也應該有所表現；樂所表達的，哀也應該隨之體現。詩與禮相輔相成，哀與樂交相產生，因此，睜大眼睛看它，也看不見；豎起耳朵聽它，也聽不見。心意充塞於天地之間，實行起來又能遍及天下，這就叫做五至。"

子夏說："請問什麼叫做三無？"孔子說："沒有聲音的音樂，沒有儀式的禮儀，沒有喪服的喪事，這就叫做三無。"子夏說："請問什麼詩句最接近三無呢？"孔子說："'日夜謀政志安邦'，這是無聲之樂；'儀表莊嚴嫻雅，不可簡擇'，這是沒有儀式的禮；'凡是百姓有喪事，急急忙忙地去救助'，這是沒有喪服的喪事。"

子夏說："您的話真是太美妙太偉大了，您就言盡與此了嗎？"孔子說："怎麼能這麼說呢？我告訴你，它的意義還有五個方面呢。"子夏說："怎麼樣呢？"孔子說："沒有聲音的音樂，不違背心志；沒有儀式的禮儀，從容不迫；沒有喪服的喪事，由自己推及別人非常悲傷。沒有聲音的音樂，心想事成；沒有儀式的禮儀，上下融洽；沒有喪服的喪事，施於天下。這樣，再遵照三無私的精神來治理天下，這就叫做五起。"

子夏說："什麼叫做三無私呢？"孔子說："上天無私地覆照萬物，大地無私地承載萬物，日月無私地照耀萬物。這在《詩》上說：'天帝之命不違抗，代代奉行至成湯。湯王降生正當時，明慧謹慎日向上。虔誠祈禱久不息，無限崇敬尊上蒼，帝命九州齊效湯。'這是商湯的德行。"子夏猛然站起來，靠牆立着，說："弟子怎敢不牢記這番教誨呢？"

卷第七

觀鄉射第二十八

【序說】

　　本篇由三部分組成，三者所論雖非一事，却都是孔子觀禮後對禮義的闡發，體現了孔子“一以貫之”的教化思想，即通過禮樂教化，實現“王道蕩蕩”的理想。

　　第一部分，記孔子觀看鄉射禮後，大有感慨，遂退而親自與弟子共同演習。不論是孔子還是孔子弟子子貢等人的言說，都體現了孔門儒家對禮義的重視。鄉射禮為五禮中的嘉禮之一部分。《周禮‧地官‧鄉大夫》曰：“退而以鄉射之禮五物詢衆庶，一曰和，二曰容，三曰主皮，四曰和容，五曰興舞。”據孔疏，此五者多為六藝六德之屬，是鄉射禮所包涵的深層意義。

　　《禮記‧射義》曰：“射者進退周還必中禮。内志正，外體直，然後持弓矢審固，持弓矢審固，然後可以言中。此可以觀德行矣。”《射義》又曰：“射者，男子之事也，因而飾之以禮樂也。故事之盡禮樂而可數為以立德行者，莫若射，故聖王務焉。”此節中所言“射之以禮樂”與之相應。

　　射禮對射者的要求是相當高的。《射義》云：“射者，仁之道也。射求正諸己，己正而後發，發而不中則不願勝己者，反求諸己而已矣。孔子曰：‘君子無所爭，必也射乎！揖讓而昇，下而飲，其爭也君子。’”此節子貢、公罔之裘、序點等對“奔軍之將”、“亡國之大夫”、“與為人後”者等態度的截然不同，都體現了這一點。射禮可以培養君子人格和仁德之心。孔子在演習鄉射禮時的做法，或許正是《周禮》所謂的“以鄉射之禮五物詢衆庶”。此處的記述又分見於《禮記》之《郊特牲》和《射義》兩篇。

　　第二部分，記孔子觀看鄉飲酒禮後，認為由此而知以仁義德政為核心的王道很容易推行，因為鄉飲酒禮的儀節中蘊涵着五條禮義，即“貴賤既明，降殺既辨，和樂而不流，弟長而無遺，安燕而不亂”。此事又見於《禮記

·鄉飲酒義》和《荀子·樂論》而文字稍異。《禮記·鄉飲酒義》孔疏謂鄉飲酒"凡有四事:一則三年賓賢能,二則鄉大夫飲國中賢者,三則州長習射飲酒也,四則黨正蜡祭飲酒。總而言之,皆謂之鄉飲酒"。《鄉飲酒義》還提到了"致尊讓"、"致絜"、"致敬",又說"民知尊長養老,而後乃能入孝悌;民入孝悌,出尊長養老,而後成教;教成而後國可安也"。《射義》說:"鄉飲酒之禮者,所以明長幼之序也。"皆可與本篇所述五條禮義相互發明。

第三部分,記孔子與子貢觀蜡祭的談話。孔子對蜡祭所包含的深意的理解,體現了他的政治思想和王道主張。治理國家應該寬嚴有度,有張有弛,是孔子對先王之道的繼承與發揮。此則記載又見於《禮記·雜記下》。

【原文】

孔子觀於鄉射[1],喟然嘆曰:"射之以禮樂也,何以射,何以聽[2]?循聲而發[3],不失正鵠[4]者,其唯賢者乎? 若夫不肖之人,則將安能以求飲[5]?《詩》云:'發彼有的,以祈爾爵。'[6]祈,求也。求所中,以辭爵[7]酒者,所以養老,所以養病也[8]。求中以辭爵,辭其養也。是故士使之射而弗能,則辭以病,懸弧之義[9]。"

於是,退而與門人習射於矍相之圃[10],蓋觀者如牆堵焉。試射至於司馬,使子路執弓矢,出列延[11],謂射之者曰:"奔軍之將[12],亡國[13]之大夫,與為人後[14],不得入,其餘皆入。"蓋去者半。

又使公罔之裘、序點[15]揚觶[16]而語曰:"幼壯孝悌,耆老[17]好禮,不從流俗[18],修身以俟死者,在此位。"蓋去者半。

序點又揚觶而語曰:"好學不倦,好禮不變,耄期稱道而不亂者[19],則在此位。"蓋僅有存焉。

射既闋[20],子路進曰:"由與二三子者之為司馬,何如?"孔子曰:"能用命矣[21]。"

【注釋】

(1)鄉射:古代的射禮之一。其制有二:一為州長於春秋兩季在州序

333

（即州之學校）以禮會民；一為鄉大夫三年大比，獻賢能之士於君，行鄉射之禮。射禮前先行飲酒禮。而《儀禮·鄉射禮》賈公彥疏引鄭玄《三禮目錄》云："州長春秋以禮會民而射於州序之禮。謂之鄉者，州，鄉之屬，鄉大夫在焉，不改其禮。"是以其制一也，可備一說。

（2）聽：聆聽音樂的節奏。古時行射禮時皆配以音樂。

（3）循聲而發：一作"修身而發"。循聲指射箭時依循音樂節奏而發射。

（4）正鵠（gǔ）：正鵠，即箭靶的中心。王肅注："正鵠，所射者也。"不確。箭靶名為"侯"，以布為之，其側飾以虎豹熊麋之皮。侯中謂之鵠，鵠中謂之正，正中謂之質，質亦稱的。射者以射中靶心為勝。

（5）求飲：祈求射中。飲，沒也，即箭深入所射之物。見《文選·左思〈吳都賦〉》"應弦飲羽"呂向注。有注為要別人飲罰酒，即中的者，實是曲解。

（6）發彼有的，以祈爾爵：見《詩經·小雅·賓之初筵》。發，發射，射箭。彼，那。有，語助詞，無實義。的，靶心。王肅注："的，實也。祈，求也。言發中的以求飲爾爵也。勝者飲不勝者。"爵，古酒器。

（7）以辭爵：王肅注："飲彼則己不飲，故曰以辭爵也。"

（8）所以養老，所以養病：養，奉養。老，老人。病，病人。

（9）懸弧之義：王肅注："弧，弓也。男子生則懸弧於其門，明必有射事也。而今不能射，唯病可以為辭也。"

（10）矍（jué）相：古地名。在今山東曲阜市内闕里蕩孔廟西。圃，種植瓜果蔬菜的園地，周圍常無桓籬。

（11）試射至於司馬，使子路執弓矢，出列延：王肅注："子路為司馬，故射至，使子路出延射。"試，演習，練習。司馬，此處非官職之稱，乃鄉射禮時監督禮儀之人。《儀禮·鄉射禮》"司正為司馬"鄭玄注："兼官，由便也。"多由大夫、士之吏充擔，射禮之前，為司正，行酒事；將射之時，改任司馬，行射事。延，邀請。

（12）奔軍之將：敗軍之將。奔，與賁，僨（fèn）通。奔軍，《禮記·射義》作"賁軍"，鄭玄注曰："賁，讀為僨。僨猶覆敗也。"

（13）亡國之大夫：亡國，鄭玄注曰："亡君之國者也。"

(14)與為人後：即不顧自己身份而甘願做別人後嗣的人。王肅注："人已有後而又為人後,故曰與為人後也。"

(15)公罔之裘、序點：皆孔子弟子。

(16)揚觶(zhì)：揚,舉。觶,酒器。王肅注："先行射,鄉飲酒,故二人揚觶。"

(17)耆(qí)老：年老。耆,古代六十歲為耆。

(18)流俗：指當時流行而不符合禮的風俗。

(19)耄(mào)期稱道而不亂者：九十曰耄,百年為期,參見《書‧大禹謨》"耄期倦於勤"蔡沈集傳。稱,稱述,頌揚。道,王道。亂,不合禮儀。見《荀子‧不苟》"非禮義之謂亂也。"一說亂為惑亂,亦可通。王肅注："八十九十曰耄。言雖老而不稱,解道而不亂也。"

(20)闋(què)：終,止。

(21)用命：服從命令,效命。這裏有勝任的意思。

【通解】

孔子觀看了鄉射禮後,長嘆道："射箭要合於禮儀和音樂。射箭的人怎能邊射邊聽呢?合着音樂的節奏將箭射出,而又能射中靶心的,恐怕只有賢能的人才能做到吧!如果是不肖之人,那又怎能射中呢?《詩經》說：'射箭對準那個靶心,祈求罰你將酒飲。'祈求射中目標,就是為了使自己免受罰酒。酒,是用來奉養老人和病人的。祈求射中而免受罰酒,就是辭謝別人的奉養。所以,讓士射箭而他不能去,那就要以疾病為由去推辭。因為男子生來就是應該會射箭的,這就是在家門口懸掛桑弓的意義。"

於是,孔子回來與弟子們在矍相之圃演習鄉射禮,圍觀的人圍得跟一堵牆似的。射禮行至司正轉為司馬時,孔子讓子路拿着弓箭出列來邀請射箭的人,說道："敗軍之將,亡國的大夫,和甘願做別人後嗣的人,不準人內。其餘的人都可以進來。"圍觀的人聽後走了一半。

孔子又讓公罔之裘和序點舉起酒杯說道："小時侯和二三十歲時能孝順父母、尊敬兄長,六七十歲時仍能愛好禮儀,不盲從流俗,修養身心直至老死,這樣的人才可以有資格在射位。"圍觀的人又走了一半。序點又舉起酒杯說道："愛好學習而不厭倦,愛好禮儀永不改變,八九十歲乃至百歲仍能稱述王道而合乎禮儀的人,才有資格留在射位。"結果圍觀的人已經所剩無幾了。

射禮結束後,子路上前問孔子說:"我仲由和他們幾位擔任司馬,做得怎麼樣?"孔子說道:"你們能够勝任。"

【原文】

孔子曰:"吾觀於鄉(1),而知王道之易易(2)也。主人親速賓及介(3),而衆賓(4)從之,至於正門之外,主人拜賓及介,而衆賓自入,貴賤之義別矣。三揖(5)至於階,三讓(6),以賓昇。拜至(7),獻(8),酬(9),辭讓之節繁。及介昇,則省矣。至於衆賓,昇而受爵(10),坐祭(11),立飲(12),不酢(13)。而降殺之義(14)辨矣。工(15)入,昇歌三終,主人獻賓(16)。笙入三終,主人又獻之(17)。間歌三終(18),合樂三闋(19),工告樂備而遂出(20)。一人揚觶,乃立司正(21)。焉知其能和樂而不流(22)也。賓酬主人,主人酬介,介酬衆賓,少長以齒,終於沃洗(23)者。焉知其能弟長(24)而無遺矣。降,脫屨(25),昇坐,修爵無算(26)。飲酒之節,旰不廢朝,暮不廢夕(27)。賓出,主人迎送,節文終遂(28)。焉知其能安燕而不亂(29)也。貴賤既明,降殺(30)既辨,和樂而不流,弟長而無遺,安燕而不亂。此五者,足以正身安國矣,彼國安而天下安矣。故曰:'吾觀於鄉,而知王道之易易也。'"

【注釋】

(1)鄉:鄉飲酒禮。鄉射時鄉大夫、州長黨正等於將射前行飲酒禮。

(2)易易:甚易。《禮記·鄉飲酒義》此句孔疏曰:"不直云易而云易易者,取其簡易之意,故重言易易,猶若《尚書》'王道蕩蕩'、'王道平平'皆重言取其語順故也。"鄭注曰:"易,和說也。"誤。

(3)速:敦促,敦請。王肅注:"速,召。"《禮記·鄉飲酒義》此句鄭注曰:"速,謂即家招之。"賓,主賓,正賓。介,賓的副手。鄭注曰:"介,賓之輔。飲酒之禮,賢者為賓,次者為介。"

(4)衆賓:從賓,地位低於主賓及副賓。

(5)揖：古代賓主相見的禮節。段玉裁《說文解字注》："推手曰揖，引手曰厭。推者推之遠胸；引者，引之箸胸。"

(6)讓：謙讓。

(7)拜至：拜謝賓客的到來。

(8)獻：主人進酒於賓。

(9)酬：主人先自飲，勸賓飲酒。

(10)昇而受爵：指衆賓登上西階接受主人獻酒。

(11)祭：指祭酒，古時飲酒之前必先以酒敬神。《釋名補遺附韋昭〈辯釋名〉》曰："祭酒，凡會同饗燕，必尊長先用，先用必以酒祭先，故曰祭酒。"

(12)立飲：站着飲酒。

(13)酢：客以酒回敬主人。

(14)降殺(shài)之義：降，應為"隆"字之訛，隆重之義。殺，減，降。見《荀子・禮論》"以隆殺為要"楊倞注。然《禮記・鄉飲酒義》《荀子・樂論》皆作"不酢而降，隆殺之義辯矣。"或"而降"當從上讀，此脫一"隆"字。

(15)工：樂正。見鄭玄《禮記・鄉飲酒義》此句注。下"工"同此。

(16)昇歌三終，主人獻賓：王肅注："記曰：'主人獻之。'於義不得為賓也。下句'笙入三終，主又獻之'是也。歌《鹿鳴》、《四牡》、《皇皇者華》三篇終，主人乃獻之是也。"

(17)笙入三終，主人又獻之：王肅注："吹《南陔》、《白華》、《華黍》三篇終，主人獻也。"

(18)間歌三終：間，相間代，指堂上堂下，一歌一笙，相代而作。王肅注："乃歌《魚麗》、笙《由庚》；歌《南有嘉魚》，笙《崇丘》；歌《南山有臺》，笙《由儀》也。"

(19)合樂三闋：王肅注："合笙聲同其音，歌《周南》《召南》三篇也。"

(20)工告樂備而遂出：王肅注："樂正既告備而降，言遂出，自此至去不復昇也。"

(21)一人揚觶，乃立司正：王肅注："賓將懲去，故復使一人揚觶。乃立司正，主威儀，請安賓也。"

(22)焉知其能和樂而不流："焉"或連上為句。下二"焉"亦同。然據朱彬《禮記訓纂》焉字下屬為句，並引劉臺拱曰："焉，語辭。猶於是也。"應

337

以此為勝。和,和諧。樂,歡樂。流,放肆失禮。

(23)沃洗:沃,澆水以洗手。洗,指以水洗爵。

(24)弟:少,年紀小。見《禮記·鄉飲酒義》孔疏。

(25)屨(jù):鞋子。多為麻、葛做成。

(26)修爵無算:修爵,即互相勸酒。無算,指不記杯數。

(27)旰(gàn)不廢朝,暮不廢夕:旰,早上,王肅注:"旰,晨飲早哺。廢,罷。"朝,早朝。暮,傍晚。夕,傍晚朝見君王。見俞樾《群經平議·春秋左傳三》"子我夕"句按語:"人臣見於君,朝見謂之朝,莫見謂之夕。"

(28)節文終遂:節文,指禮儀。終遂,結束。遂,終也。見韋昭《國語·晉語四》"不遂其媾"注。

(29)安燕而不亂:安閒而不失禮。安,安閒。燕,亦是安義。可參見本書《正論》"大雅所謂詒厥孫謀以燕翼子"王肅注。

(30)降殺:降,應作"隆"。參見注(14)。

【通解】

孔子說:"我看了鄉飲酒禮,就知道王道是很容易推行的。行禮之前,主人親往主賓和副賓的家裏邀請,而其他從賓則跟隨而來。到了主人家的正門外,主人拜迎主賓和副賓,然後揖請從賓入內。這樣尊貴和卑賤就區別開了。主人和主賓彼此三揖而至堂階前;相互三讓,然後主人先昇東階,主賓昇自西階;主人又在堂上拜迎主賓的到來,主賓答拜;主人酌酒獻給主賓,主賓飲畢,酌酒回敬主人;然後主人再先自飲,再酌酒勸主賓飲用,彼此謝辭謙讓的禮節相當繁縟。及至主人與副賓相互揖讓昇堂,禮節就減省了很多。至於從賓,只是登階接受主人的獻酒,坐着祭酒,站着喝酒,而不必酌酒回敬主人。而禮節的隆重與減等就分得很清楚了。樂正領着樂工進來,在堂上演唱了三首歌,主人獻酒給他們;吹笙的樂工在堂下演奏三首樂曲,主人獻酒給他們;然後堂上和堂下的樂工相互交替地一吹一唱,各演出三首詩歌,最後一吹一唱地合起來同時相和演出,各自三首,於是樂正報告音樂已經齊備就帶領樂工退下堂去。這時主人的一個下屬舉起酒杯以示大家可以飲酒了,大家便推舉一人為司正監禮。由此可知,鄉飲酒禮能使人和諧歡樂而放肆。主賓先自飲,然後勸主人飲酒,主人先飲以勸副賓飲,副賓自飲來勸從賓飲,從賓則按年齡大小依次飲酒,直至負責盥洗的人為止,都有酒喝。由此可知,鄉飲酒禮時不論年齡大小都不會遺漏。接着,大家都走下堂來,脫掉鞋子,然後再登堂就坐,彼此敬酒,不計杯數。飲酒的限度是早上不至耽誤早朝,晚上不至耽誤晚朝。飲酒結束,賓客離去,主人要拜送,至此禮儀就全部完成了。由此可知,鄉飲酒禮能夠使大家安樂而不失禮。地位的尊貴和卑賤分明了,禮節的隆重和減省區別了,和諧歡樂而不放肆,老少都不遺漏,安樂而不失禮。有了這五個方面,就足以修正身心而安定國家了,國家安定,天下也就安定了。因此我說:"我觀看了鄉飲酒禮,就知道王道的推行是很容易的。"

【原文】

子貢觀於蜡[1]。孔子曰:"賜也,樂乎?"對曰:"一國之人皆若狂[2],賜未知其為樂也。"孔子曰:"百日之勞,一日之樂,一日之澤[3],非爾所知也。張而不弛,文武[4]弗能;弛而不張,文武弗為。一張一弛,文武之道也。"

【注釋】

(1)蜡(zhà):祭祀名稱,周代每年十二月舉行,祭百神。《禮記·郊特牲》:"蜡也者,索也,歲十二月,合聚萬物而索饗之也。"又《周禮·地官·黨正》記載:"國索鬼神而祭祀,則以禮屬民而飲酒於序。"王肅注:"蜡,索也。歲十有二月,索群神而祀之,今之臘也。"應該是,在十二月求索並會聚各種鬼神來一起祭祀,謂之蜡祭,行蜡祭時還當聚集民眾於學校以行飲酒禮。

(2)狂:王肅注:"言醉亂也。"

(3)百日之勞,一日之樂,一日之澤:王肅注:"古民皆勤苦稼穡,有百日之勞,喻久也。今一日使之飲酒焉,樂之,是君之恩澤也。"

(4)文武:指周文王、武王。

【通解】

子貢觀看年終的蜡祭。孔子問道:"端木賜,你覺得有樂趣嗎?"子貢答道:"全國的人都像發了瘋似的,我不理解這有什麼樂趣。"孔子說:"他們辛苦了一年,才享受這一天的快樂,得到一天的恩澤,這不是你所能理解的。總是緊張而不放鬆，即使周文王、武王都做不到；總是放鬆而不緊張，那又是周文王、武王所不願做的。既緊張又放鬆，這才是周文王、武王治理天下之道啊！"

郊問第二十九

【序說】

　　周代的郊天之禮是指在南郊舉行的祭祀昊天上帝的禮儀，其最尊者為冬至圜丘祭昊天和啟蟄南郊祭上帝祈穀，至春秋後期，人們對這種祭禮不甚明瞭，魯定公因此求教於孔子。由此，孔子論述了郊祭的意義、功用及具體的禮儀。本篇因以“郊問”為名。

　　孔子十分重視郊天之禮，在他看來，郊天之禮是周天子所單獨享有的特權，最能體現周天子的至尊地位。孔子認為，郊天之禮最能體現統治次序，無論是總體規格，還是具體所用的牲器、服飾、禁忌、儀式，都明顯高於其它祭祀，蘊涵着强烈的等級觀念，能够起到“示民嚴上”的教化作用。魯國作為周代的諸侯國，禮儀上應該“降殺於天子”，所以魯國沒有冬至日郊天之禮。

　　在周代，祭祀可因目的不同分為三類，即“祭有祈焉，有報焉，有由辟焉”。郊天之禮也因此可分為兩類：冬至日郊天應屬於報祭，啟蟄月郊天應屬於祈祭。孔子對報祭比較重視，他反復指出最隆重的郊天之禮也只是一種“報本反始”的紀念活動，這與孔子一貫主張的“祭祀不祈”的觀點是一致的。

　　本篇又見於《禮記·郊特牲》，兩篇在論述郊天禮的時間、牲器、服飾比較一致，只是本篇有定公與孔子的問答語境，對天子之郊的禮儀所記更為具體，對其中蘊涵的等級觀念闡發更細。另外，篇中還有見於《禮記·禮器》的内容。

　　目前，關於周代的郊天之禮，學術界還有較多爭議，如對於郊天的具體地點、時間與用牲等，都有不同看法。此外，對於魯國是否擁有郊天之禮，或者說魯國的郊天之禮是否屬於僭越，至漢儒以來，便開始了無休止的爭論。本篇對於郊天禮、孔子祭祀觀以及《家語》與王肅關係的研究，都具有重要價值。《家語》借孔子之語主張魯惟一郊，即祈穀之郊。而《禮記

·郊特牲》孔穎達疏曰:"魯之郊祭,師說不同:崔氏、皇氏用王肅之說,以魯冬至郊天,而建寅之月又郊以祈穀。"《家語》與王肅觀點截然不同。由此可見,王肅僞造《家語》說顯然不能成立。

【原文】

定公⁽¹⁾問於孔子曰:"古之帝王,必郊祀⁽²⁾其祖以配天⁽³⁾,何也?"孔子對曰:"萬物本於天,人本乎祖。郊之祭也,大報本⁽⁴⁾反始⁽⁵⁾也,故以配上帝⁽⁶⁾。天垂象⁽⁷⁾,聖人則⁽⁸⁾之,郊所以明⁽⁹⁾天道⁽¹⁰⁾也。"

【注釋】

(1)定公:魯國國君,名宋。襄公之子,昭公之弟。前509年—前495年在位。

(2)郊祀:古代祭禮,在郊外祭天或祭地。祭天之禮,其最尊者為冬至圜丘祭昊天;啟蟄南郊祭上帝祈穀。祭地之禮,其最尊者為夏至方丘之祭,其次為北郊祭地。

(3)配天:祭祀時以先祖配享祭天。《詩·周頌·思文序》:"思文,后稷配天也。"

(4)大報本:大規模地報答根本。大,大規模地。報,報答。《詩·衛風·木瓜》:"投我以木瓜,報之以瓊琚。"本,事物的根源或根基。《論語·學而》:"君子務本,本立而道生。"

(5)反始:回返本源,反思由來。反,同"返"。

(6)上帝:朱熹《詩集傳》卷十一《小雅·正月》注曰:"上帝,天之神也。程子曰:'以其形體謂之天,以其主宰謂之帝。'"現代許多學者多以為"上帝"與"天"有同一性也有相異性,就同一性而言,天與上帝可以說是二位一體的。就相異性來說,在人格化方面、權限方面差別很大。

(7)垂象:懸垂天象。垂:懸垂,垂下。象:天象。指天文、氣象等方面的現象,表現,如日月星辰的運行。《書·胤征》:"昏迷於天象。"

(8)則:傚法。《詩·小雅·鹿鳴》:"君子是則是傚。"

(9)明:顯明,表明。《荀子·非相》:"譬稱以喻之,分別以明之。"《國策·齊策》：“王曰：‘此不叛寡人明矣，曷為擊之？’”

（10）天道：與“人道”相對。原指日月星辰等天體運行現象和過程。在古代，一般認為這是神的意志的體現。如《書·湯誥》：“天道福善禍淫，降災於夏。”也有的認為這是一種不體現任何意志的自然現象，如王充《論衡》：“夫天道，自然也，無為。”也有的用指自然規律，如王夫之《思問錄·內篇》：“以人道率天道。”

【通解】

魯定公向孔子詢問說：“古時的帝王一定要郊祭祖先，以讓他們配享上天。這是為什麼？”孔子回答說：“萬物來源於上天，人來源於祖先。郊祭，就是盛大地報答根本，回顧本源的活動，所以要用祖先配享上帝。天上懸垂着日月等天象，各有運行法則，聖人就傚法這些天象，郊祭就是為了顯明天道的。”

【原文】

公曰：“寡人聞郊而莫同，何也？”孔子曰：“郊之祭也，迎長日(1)之至也。大報天而主日(2)，配以月(3)，故周之始郊，其月以日至(4)，其日用上辛(5)；至於啟蟄之月，則又祈穀於上帝(6)。此二者，天子之禮也。魯無冬至大郊之事，降殺(7)於天子，是以不同也。”

公曰：“其言郊，何也？”孔子曰：“兆丘於南，所以就陽位也，於郊，故謂之郊焉。(8)”

曰：“其牲器(9)何如？”孔子曰：“上帝之牛角繭栗(10)，必在滌(11)三月，后稷之牛唯具(12)，所以別事天神與人鬼也。牲用騂(13)，尚(14)赤也；用犢，貴誠也(15)。掃地而祭，於其質也(16)。器用陶匏(17)，以象天地之性也(18)。萬物無可稱(19)之者，故因其自然之體(20)也。”

【注釋】

（1）長日：指冬至日。王肅注：“周人始以日至之月，冬日至而日長。”

（2）主日：把日作為祭祀的主神。

（3）配以月：把月作為祭祀的配享者。

（4）日至：指冬至日這一天。

（5）上辛：農曆每月上旬的辛日。辛，天干的第八位。

（6）至於啟蟄之月，則又祈穀於上帝：王肅注：“祈，求也。為農祈穀於上帝。《月令》，孟春之月，乃以元日祈穀於上帝。兼無仲冬大郊之事，至於祈農，與天子同。故《春秋傳》曰：‘夫郊祀后稷，以祈農事也。是故啟蟄而郊，郊而後耕。’而說學者不知推經禮之指歸，皮膚妄說，至乃顛倒神祇，變易時日，遷改兆位，良可痛心者也。”啟蟄，節氣名，今稱驚蟄。杜預注：“啟蟄，夏正月建寅之月。”

（7）降殺（shài）：指魯國為周代諸侯國，禮節上不能和周天子相同，應有所減損。降，降低。殺，降等，減少。

（8）兆丘於南，所以就陽位也，於郊，故謂之郊焉：王肅注：“兆丘於南，謂之圜丘兆之於南郊也。然則郊之名有三焉，築為圜丘以象天自然，故謂之圜丘。圜丘之人所造，故謂之泰壇。於南郊在南說，學者謂南郊與圜丘異。若是，則《詩》、《易》、《尚書》謂不圜丘也，又不通。泰壇之名，或乃謂《周官》圜丘虛妄之言，皆不通典制也。”兆，祀神祭壇的界域。《周禮·春官·肆師》：“掌兆中廟中之禁令。”此處作動詞用，劃定區域設壇祭祀。丘，小山，土堆。南，南面的郊區。就，靠近。

（9）牲器：祭祀用的犧牲和器具。

（10）繭栗：謂小牛的角初生時狀如蠶繭和栗子。繭栗之牛是祭祀昊天上帝用牲的標準。《國語·楚語下》：“郊禘不過繭栗，烝嘗不過把握。”

（11）滌（dí）：王肅注：“滌，所以養生具。”滌，古指養祭牲之室。《公羊傳》宣公三年：“帝牲在於滌三月。”何休注：“滌，宮名，養帝牲三牢之處也。謂之滌者，取其盪滌潔清。”

（12）后稷之牛唯具：王肅注：“別祀稷時，牲亦乌之三月，配天之時獻，故唯具之也。”后稷，周人的始祖，名棄。舜任命棄“汝后稷，播時百谷”。具，完備。《文選·張衡〈東京賦〉》：“禮舉儀具。”薛綜注：“具，足也。”此處指祭祀后稷的牛形體、毛色完備。

（13）騂（xīn）：赤色馬。即今之紅栗毛和金栗毛馬。《詩·魯頌·

駉》:"享以騂犧。"《詩·魯頌·駉》:"有騂有騏。"毛傳:"赤黃曰騂。"亦指祭祀用的赤色牲。此處指赤色牛。

(14)尚:崇尚。《禮記·檀弓上》:"夏后氏尚黑。"

(15)用犢,貴誠也:王肅注:"犢質愨,貴誠之美也。"

(16)掃地而祭,於其質也:王肅注:"地,圜丘之地。掃焉而祭,貴其質也。"

(17)陶匏(páo):陶器和匏瓜做成的器皿。

(18)以象天地之性:王肅注:"人之作物,無可稱之,故取天地之性,以自然也。"

(19)稱(chèn):適合,相符。

(20)自然之體:自然的本性,天性。

【通解】

定公問:"我聽說郊外祭天有不同的形式,這是為什麼呢? 孔子回答說:"郊外祭天,是為了迎接長日的到來。這是盛大地回報上天恩賜的祭祀,因而以日為受祭的主神,以月為配享者。所以周代開始郊祭時,選擇了冬至日所在的月份,把日期定在這月上旬的辛日。到了啟蟄所在的月份,又祭祀上帝以祈求穀物豐收。這兩種祭天都是天子的禮儀。魯國沒有冬至日盛大的郊外祭天禮儀,作為周代諸侯國,魯國禮儀上比周天子應該有所減損,所以出現了不同。

定公問:"把它稱作郊祭,這是為什麼呢?"孔子回答說:"在國都南郊界定區域設壇祭天,這是為了接近陽位,在郊外舉行,所以稱為郊祭。"

定公又問:"南郊祭天時用的犧牲和器具又是怎樣的?"孔子回答說:"祭祀上帝的牛很小,牛角象蠶繭和栗子一樣。必須在清潔的牛棚裏飼養三個月。祭祀后稷的牛只要形體、毛色完備就可以了,這是為了區別祭祀天神和人鬼的不同。犧牲用赤色牛,這是因為周代崇尚赤色;器具用陶制的或匏瓜做成的器皿。以符合天地純樸的自然本性。萬物沒有什麼可以與此相稱的了,所以要依循它們質樸的自然本性。

【原文】

公曰:"天子之郊,其禮儀可得聞乎?"

孔子對曰：“臣聞天子卜郊[1]，則受命[2]於祖廟，而作龜[3]於禰[4]宮，尊祖親考[5]之義也。卜之日，王親立於澤宮，以聽誓命，受教諫之義也[6]。既[7]卜，獻命庫門[8]之內，所以誡[9]百官也。將郊，則天子皮弁以聽報[10]，示民[11]嚴上也。郊之日，喪者[12]不敢哭，兇服者[13]不敢入國門[14]，氾埽清路[15]，行者必止，弗命而民聽[16]，敬之至也。天子大裘以黼之，被袞象天[17]，乘素車[18]，貴其質也。旂[19]十有二旒[20]，龍章[21]而設以日月，所以法天也。既至泰壇[22]，王脫裘矣，服袞以臨燔柴[23]，戴冕，璪[24]十有二旒，則天數也。臣聞之，誦《詩》三百，不足以一獻[25]；一獻之禮，不足以大饗[26]；大饗之禮，不足以大旅[27]；大旅具矣，不足以饗帝[28]。是以君子無敢輕議於禮者也。”

【注釋】

（1）卜郊：用占卜的方式確定郊祭的具體時間。卜，古人用火灼龜甲取兆，據以推測吉凶。後來也指用其他方法預測吉凶。《左傳》桓公十一年：“卜以決疑，不疑何卜？”

（2）受命：接受命令或任務。也就是說得到父祖的同意。

（3）作龜：用火灼龜甲，依據裂紋，以卜吉凶。

（4）禰（nǐ）宮：王肅注：“禰宮，父廟也。受祭天之命於祖，而作龜於父廟。”禰，為亡父在宗廟中立主之稱。《公羊傳》隱公元年：“惠公者何？隱之考也。”何休注：“生稱父，死稱考，入廟稱禰。”

（5）考：對死去父親的稱呼。

（6）王親立於澤宮，以聽誓命，受教諫之義也：王肅注：“澤宮，宮也。誓命，祭天所行威儀也。王親受之，故曰受教諫之義。”王，周王，周天子。親，親自。澤宮，古習射選士之所。《周禮·夏官·司弓矢》“澤共射椹質之弓矢”鄭玄注：“澤，澤宮也。所以習射選士之處也。”教諫，教導勸諫。

（7）既：已經，已然。《尚書·堯典》“九族既睦”孔傳：“既，已也。”

（8）庫門：以王周城而言，有五門，庫門為第三門。以宮門而言，則庫門為外門，入庫門則至於廟門外。《禮記·明堂位》：“大廟，天子明堂；庫門，天子皋門；雉門，天子應門。”鄭玄注：“言廟及門，如天子之制也。”指魯之庫門,其制如天子皋門。

(9)誡:警告或告誡。《易·繫辭下》:"小懲而大誡。"

(10)天子皮弁(biàn)以聽報:王肅注:"報,白也。王夙興朝服以待白,祭事後服袞。"皮弁,古代貴族的一種帽子,以白鹿皮為之,較華麗。皮弁服包括白鹿皮製作的皮弁和白色的絲制衣裳。皮弁服是天子的朝服。《禮記·玉藻》:"天子皮弁以日視朝。"聽,聽取有關祭祀的匯報。

(11)示民:告示民眾。嚴上:嚴格聽從天子的命令。

(12)喪者:指有喪事的人家。

(13)兇服者:指穿戴喪服的人。

(14)國門:國都的城門。

(15)氾(fàn)埽清路:王肅注:"氾,遍也。清路,以新土無復行之。"氾,"泛"的異體字。埽,同"掃"。

(16)弗命而民聽,敬之至也:王肅注:"以王恭敬事天,故民化之,不令而行之也。"

(17)天子大裘以黼之,被袞象天:王肅注:"大裘為黼文也,言被之大裘,其有象天之文,故被之道路,至大壇而脫之。"大裘,天子祭天所服之皮裘。黑羔皮為之。《周禮·天官·司裘》:"掌為大裘,以共王祀天之服。"袞,古代帝王及上公的禮服。《周禮·春官·司服》:"享先王則袞冕。"

(18)素車:王所乘喪車五乘之一。車身涂白土,以麻編成車蔽,犬皮覆於車笭上,用素繒作邊緣。《周禮·春官·巾車》:"王之喪車五乘:……素車,棼蔽,犬幀素飾,小服皆素。"

(19)旂(qí):古代旗幟的一種,旗上畫有龍形,竿頭繫有銅鈴。《周禮·春官·司常》:"交龍為旂。"《爾雅·釋天》:"有鈴曰旂。"

(20)旒:旌旗下面懸垂的飾物。《禮記·明堂位》:"旂十有二旒。"鄭玄注:"旒,旌旗之垂者也。"

(21)龍章:指旌旗上繪有龍形的圖案。

(22)泰壇:古時祭天之壇,在都城南郊。《禮記·祭法》:"燔柴於泰壇,祭天也;瘞埋於泰折,祭地也。"鄭玄注:"壇、折,封土為祭處也。壇之言坦也。坦,明貌也。"

（23）燔柴：古時祭祀儀式之一，把玉帛、犧牲同置於積柴之上，焚之以祭天。

（24）璪（zǎo）：古代冕旒用以貫玉的采色絲繅，言其如水藻之文。《禮記·郊特牲》："戴冕，璪十有二旒。"孫希旦曰："璪者，用五采絲為繩，垂之以為冕旒也。"

（25）一獻：王肅注："祭群小祀。"獻，祭名。《儀禮·特牲饋食禮》賈公彥疏："天子大袷十有二獻，四時與禘，唯有九獻。一獻及二獻為祼，亦稱祼獻。"

（26）大饗：王肅注："大饗，袷祭天王。"饗，祭獻。《禮記·月令》："（季冬之月）以共（供）皇天上帝社稷之饗。"

（27）大旅：王肅注："大旅，祭五帝也。"旅，祭名。祭上帝，四望，陳列物品而祭。《周禮·春官·大宗伯》："周有大故，則旅上帝及四望。"鄭玄注："旅，陳也，陳其祭事以祈焉。禮不如祀之備也。"

（28）饗帝：王肅注："饗帝，祭天。"

【通解】

定公問："天子郊外祭天的禮儀，可以說來聽聽嗎？"

孔子回答說："我聽說天子要卜龜以確定郊天的具體時間，先到太祖廟裏接受命令，在得到太祖的同意以後，再到父廟裏去灼龜甲問卜。這樣做就是尊重太祖，而親近先父的意思。占卜的這天，天子親自站在用來習射選士的澤宮，選擇可以參加祭禮的人，又使有司向他們告誡祭天禮規，天子也親自傾聽告誡之辭，這表示接受教導勸諫的意思。占卜結束以後，把行將郊天的命令在宮室的最外門—庫門宣讀，這是為了告誡百官要抓緊時間準備。臨近郊天日期，天子身穿白色的朝服—皮弁服聽取官員有關郊祭準備情況的匯報。這樣做是為了教導百姓要嚴格遵守上面吩咐的命令。郊祭的那天，有喪事的人家不敢哭泣，身穿喪服的人不敢進入國都的城門。各處普遍進行打掃，路面上鋪平新土，禁止行人通行，以上種種規定，不等上面的命令而百姓已經自覺去執行了。這是因為天子祀天極敬，而百姓受之影響，也已恭敬到極點了。天子穿着繡有黑白相次作斧形花紋的大裘衣，披上繪有滾龍的禮服，上繡日月星辰，以象徵上天的形象。乘坐沒有華麗裝飾的木車，這是珍視此車的質樸。打着懸垂着十二條飄

348

帶的旗幟,上面繪有龍形圖案,還有日月的形象。這也是傚法天的形象。到了泰壇以後,天子脫去大裘衣,穿着袞服靠進祭壇主持燔柴儀式,也就是把玉帛、犧牲同置於積柴之上,焚之以祭天。天子頭戴着冕冠,上面懸垂着以五彩絲繸貫穿的十二條玉串。這是傚法天的大數,寓意着天時可分為十二個月。我聽說,如果沒有學過禮,即使能够誦讀整部《詩》,也不能圓滿地完成僅僅用一獻的小祀;而僅學得了一獻之禮,還是不能勝任宗廟祫祭中的大饗之禮;學得了大饗之禮,還是不足以承擔祭五帝的大旅之禮;大旅之禮已經精通了,還是不足以承擔祭昊天上帝的郊天之禮。可見禮是博大精深的,所以君子不敢輕率地評論禮制的短長。"

五刑解第三十

【序說】

本篇記孔子與弟子冉有談論有關五刑的問題，故以“五刑”名篇。

孔子與冉有的談論主要圍遶三皇、五帝和“先王”如何對待刑罰而展開。本篇可以分為兩個部分，前者記孔子論述三皇、五帝“制五刑而不用”的“至治”是如何達至的；後者主要談論“刑不上於大夫，禮不下於庶人”的問題。

孔子主張“禮以坊民”，認為無禮生亂。在孔子看來，刑罰之設乃是為了應對社會的混亂，而聖人制訂刑罰，設立防綫，應以無人作亂為最高境界，盡力堵塞致亂的源頭才是為政的要務。本篇所記孔子的話，認為為政者應當設立制度，飾以禮儀，由此使民知所止，使民知有仁義，使民遵守秩序。如果“禮度既陳，五教畢修，而民猶或未化”，則一定“明其法典，以申固之”，在這樣的情況下，使用刑罰也是十分正常的。

對於刑罰、禮儀之於大夫、庶人，孔子認為並不是一般人所認為的“大夫犯罪，不可以加刑；庶人之行事，不可以治於禮”。在孔子看來，管理君子，重要的在於以禮教化，在於“御其心”，使其明於“廉耻之節”，所謂“刑不上大夫”，仍然使大夫“不失其罪”。至於庶人，因為其忙於勞作，哪裏能夠充分習於禮儀，所謂“禮不下於庶人”，是不責求他們禮儀完備而已。

本篇討論涉及德治與刑罰的關繫問題，是研究孔子政治思想的重要資料。以前，人們以《孔子家語》為王肅的偽作，遂棄而不用，結果在研究中進行了不少沒有太多價值的勞動。例如，關於“刑不上於大夫，禮不下於庶人”，便有不少學者專文進行討論，如鐘肇鵬《“禮不下於庶人，刑不上於大夫”說》(《學術月刊》1963 年第 2 期，收入其《孔子研究》增訂版，中國社會科學出版社，1990 年)、李啟謙《“禮不下於庶人，刑不上於大夫”嗎？——談先秦史研究中的一個問題》(《齊魯學刊》1980 年第 2 期)、李衡眉、呂紹剛《“刑不上於大夫”的真諦何在？——兼與陳一石同志商榷》

（《史學集刊》1982年第1期）。如果對《孔子家語》的本篇記載給予應有的對待，也許不至於給人如此以糾纏不清的感覺。

本文第一部分材料略見於《大戴禮記·盛德》，第二部分在《漢書·賈誼傳》中有值得參考的記載。尤其本篇與《漢書·賈誼傳》材料的關聯，頗值得注意。《家語》本篇曰：

古之大夫，其有坐不廉污穢而退放之者，不謂之不廉污穢而退放，則曰‘簠簋不飭’；有坐淫亂男女無別者，不謂之淫亂男女無別，則曰‘帷幕不修’也；有坐罔上不忠者，不謂之罔上不忠，則曰‘臣節未著’；有坐罷軟不勝任者，不謂之罷軟不勝任，則曰‘下官不職’；有坐干國之紀者，不謂之干國之紀，則曰‘行事不請’。……

《漢書·賈誼傳》記賈誼上疏中說：

古者禮不及庶人，刑不至大夫，所以厲寵臣之節也。古者大臣有坐不廉而廢者，不謂不廉，曰‘簠簋不飭’；坐污穢淫亂男女亡別者，不曰污穢，曰‘帷薄不修’；坐罷軟不勝任者，不謂罷軟，曰‘下官不職’……兩相參照，對消除《家語》成書問題上的一些誤解將很有意義。

【原文】

冉有⑴問於孔子曰：“古者三皇、五帝⑵不用五刑⑶，信乎？”

孔子曰：“聖人之設防，貴其不犯也；制五刑而不用，所以為至治也。

凡夫之為姦邪、竊盜、靡法⑷、妄行⑸者，生於不足，不足生於無度。無度則小者偷盜，大者侈靡，各不知節。是以上有制度，則民知所止，民知所止則不犯。故雖有姦邪、賊盜、靡法、妄行之獄⑹，而無陷刑之民。

不孝者生於不仁，不仁者生於喪祭之禮⑺無，明喪祭之禮所以教仁愛也。能教仁愛，則喪思慕祭祀，不解人子饋養之道⑻。喪祭之禮明，則民孝矣。故雖有不孝之獄，而無陷刑之民。

殺[9]上者生於不義，義，所以別貴賤、明尊卑也。貴賤有別、尊卑有序，則民莫不尊上而敬長。朝聘之禮[10]者，所以明義也，義必明則民不犯。故雖有殺上之獄，而無陷刑之民。

鬥變者生於相陵[11]，相陵者生於長幼無序而遺[12]敬讓。鄉飲酒之禮[13]者，所以明長幼之序，而崇敬讓也。長幼必序，民懷敬讓，故雖有鬥變之獄，而無陷刑之民。

淫亂者生於男女無別，男女無別，則夫婦失義。禮聘享[14]者，所以別男女、明夫婦之義也。男女既別，夫婦既明，故雖有淫亂之獄，而無陷刑之民。

此五者，刑罰之所以生，各有源焉。不豫[15]塞其源，而輒繩之以刑，是謂為民設阱[16]而陷之。刑罰之源，生於嗜慾不節。夫禮度者，所以御民之嗜慾，而明好惡，順天之道。禮度既陳，五教畢修，而民猶或未化，尚必明其法典，以申固之[17]。其犯姦邪、靡法、妄行之獄者，則飭[18]制量之度；有犯不孝之獄者，則飭喪祭之禮；有犯殺上之獄者，則飭朝覲之禮；有犯鬥變之獄者，則飭鄉飲酒之禮；有犯淫亂之獄者，則飭婚聘之禮。三皇五帝之所化民者如此，雖有五刑之用，不亦可乎？”

孔子曰：“大罪有五，而殺人為下。逆天地者罪及[19]五世，誣文武者罪及四世，逆人倫者罪及三世，謀鬼神者罪及二世，手殺人者罪及其身。故曰大罪有五，而殺人為下矣。”

【注釋】

(1)冉有：孔子弟子。姓冉，名求，也稱冉求，字子有。魯國人，曾為魯國貴族季孫氏的家臣。

(2)三皇、五帝：我國上古時期的帝王。五帝在三皇之後。具體指哪些人，說法很多，據《史記》，三皇指天皇、地皇、泰皇；五帝指黃帝、顓頊、帝嚳、唐堯、唐舜。

(3)五刑：我國古代五種主要刑罰的概括，各個朝代都有所改革，早期五刑指墨（在犯人的額頭上刺字後，染上黑色）、劓（割掉犯人的鼻子）、剕

（又稱刖，斬去犯人的足部）、宮（男子割去生殖器，女子幽閉宮中）、大辟（死刑），見於《尚書·呂刑》；而《周禮·秋官·司刑》的記載略有差別，指墨、劓、宮、刖、殺。

（4）靡法：無法，非法。法，靡，無。下文"侈靡"之"靡"是"奢侈"的意思。

（5）妄行：胡作非為。

（6）獄：罪名。

（7）喪祭之禮：指喪禮和祭禮。喪禮，指處理死者殮殯奠饌和拜踴哭泣的禮節。

（8）不解（xiè）人子饋養之道：王肅注："言孝子奉祭祀不敢解，生時饋養之道同之也。"解，通"懈"，懈怠，鬆弛。

（9）殺（shài）：貶抑、減損、不尊重，與"尊"相對。如《公羊傳》僖公二十二年："《春秋》辭煩而不殺者，正也。"注："殺，省也。"《毛詩正義》卷二十曰："天子六種，邦國四種，家二種，自上降殺以兩，明當漸有其等差。"此句"殺上者生於不義"與前"不孝者生於不仁"相對，因而"殺上"應當與"不孝"對言，即不忠。

（10）朝聘之禮：古代諸侯定期朝見天子的禮儀。《禮記·王制》："諸侯之於天子也，比年一小聘，三年一大聘，五年一朝。"而春秋時諸侯自相朝見也叫朝聘。聘，問。《周禮》："時聘曰問"，"時聘以結諸侯之好"。

（11）鬥變者生於相陵：發生爭鬥是由於互相欺侮造成的。變，突然發生的非常事件。陵，欺侮。

（12）遺：王肅注："遺，忘。"

（13）鄉飲酒之禮：鄉人以時聚會宴飲的禮儀，其意義在於序長幼，別貴賤，以教養風俗，達到德治教化的目的。此種禮儀可以分為四類：第一，三年大比，諸侯之鄉大夫向其君舉薦賢能之士，在鄉學中與之宴飲，待以賓禮；第二，鄉大夫以賓禮宴飲國中賢者；第三，州長於春、秋會民習射，射前飲酒；第四，黨正於季冬蜡祭飲酒。《禮記》的《經解》和《射義》都說："鄉飲酒之禮，所以明長幼之序也。"《鄉飲酒義》："鄉飲酒之禮，六十者坐，五十者立侍以聽政役，所以明尊長也；六十者三豆，七十者四豆，八十者五豆，九十者六豆，所以明養老也；民知尊長養老，而後乃能入孝弟。民入孝弟,出尊長養老,而後成教,成教而後國可安也。君子之所謂孝者,非家至而日見之也。合諸鄉射,教之鄉飲酒之禮,而孝弟之行立矣。"

(14)禮聘享:婚聘宴享的禮儀。

(15)豫:通"預",事先有所準備。

(16)阱:為防禦或獵取野獸而設置的地坑,比喻陷害人的圈套。

(17)尚必明其法典,以申固之:王肅注:"尚,猶也。申令固其教也。"

(18)飭(chì):整治,整頓。

(19)及:《經籍纂詁》:"及,連也。"牽連,牽涉。

【通解】

冉有問孔子說:"古代的三皇、五帝都不曾使用五種刑罰,確實這樣嗎?"

孔子回答:"聖人設法防範,看重的是讓人不犯法;制定五種刑罰而不曾使用,是為了達到天下大治。

凡出現姦邪、盜竊、非法、胡作非為的現象,是由於貪心不足造成的,貪心不足是由於沒有限度造成的。沒有限度,那麼輕則偷盜,重則奢侈浪費,都不知道要有所節制。因此上有制度,百姓就懂得有所節止,百姓懂得有所節止,就不會觸犯法度。所以雖然設有姦邪、盜竊、靡法、妄為這些罪名,却不會有遭此刑罰的百姓。

不孝敬父母是由於缺少仁愛造成的,缺少仁愛是由於不講喪祭之禮造成的。顯明喪祭之禮是為了教化百姓仁愛。教化百姓仁愛,那麼親人去世就渴望祭祀,如同雙親在世時對他們恪盡奉養的義務一樣,毫不懈怠。喪祭之禮顯明,百姓就懂得孝了。所以雖然有不孝的罪名,却不會有遭此刑罰的百姓。

不忠於君上是由於不講道義造成的,道義,是用來區分貴賤、辨明尊卑的。貴賤有所區別,尊卑井然有序,那麼百姓就沒有不尊敬在上者和長者的。朝拜聘問之禮是用來彰明道義的,道義顯明了,百姓就不會犯上。所以雖然設有不忠的罪名,却不會有遭此刑罰的百姓。

發生爭鬥是由於互相欺侮造成的,相互欺侮是由於長幼失序而忘記了崇敬、謙讓造成的。鄉飲酒之禮是用來明確長幼次序而推崇禮敬、謙讓的。長幼上下次序井然,百姓就會懷有禮敬謙讓之心,所以雖然設有鬥變的罪名,却不會有遭此刑罰的百姓。

淫亂是由於男女之間沒有區別造成的,男女沒有區別,那麼夫婦之間就失去了恩義。婚聘宴享的禮儀是用來區分男女、明確夫婦恩義的。男女之間有所區別,夫婦恩義得到彰明,所以雖然設有淫亂的罪名,却不會有遭此刑罰的百姓。

這五個方面,是刑罰得以產生的因素,其中各有根源。不預先堵塞其產生的根源,却動不動就用刑罰來糾正,這可以說是設置圈套來陷害百姓。刑罰產生的根源,在於人們的嗜好和慾望無所節制。禮儀法度就是用來控制百姓的嗜好和慾望的,使他們能夠分清好壞,順應上天的運行規律。禮儀法度都制定而且宣傳了,五種教化也都推行了,如果百姓有的還頑固不化,也還一定要向他們重申,以闡明法典的實質,加以強化。有犯姦邪、非法、妄行的罪行的,就整治制度標準方面的規定;有犯不孝的罪行的,就整治喪葬祭祀的禮儀;有犯不忠於尊上罪行的,就整治朝拜覲見的禮儀;有犯鬥毆的罪行的,就整治鄉飲酒的禮儀;有犯淫亂的罪行的,就整治婚聘宴享的禮儀。三皇五帝這樣教化百姓,即使使用了五刑,不也是可以的嗎?”

孔子說:“重大的罪行有五種,殺人是最輕的。違背天地之道的罪行牽連五代,誣衊周文王、武王的罪行牽連四代,違背人倫之道的罪行牽連三代,圖謀鬼神的罪行牽連兩代,親手殺人的罪行只牽涉自身。所以說,重大的罪行有五種,而殺人是最輕的。”

【原文】

冉有問於孔子曰:“先王制法,使刑不上於大夫,禮不下於庶人。然則大夫犯罪,不可以加刑;庶人之行事,不可以治於禮乎?”孔子曰:“不然。凡治君子,以禮御其心,所以屬⁽¹⁾之以廉恥之節也。故古之大夫,其有坐⁽²⁾不廉污穢而退放⁽³⁾之者,不謂之不廉污穢而退放,則曰‘簠簋不飭’⁽⁴⁾;有坐淫亂男女無別者,不謂之淫亂男女無別,則曰‘帷幕⁽⁵⁾不修’也;有坐罔上⁽⁶⁾不忠者,不謂之罔上不忠,則曰‘臣節未著’;有坐罷軟⁽⁷⁾不勝任者,不謂之罷軟不勝任,則曰'下官不職'[8];有坐干[9]國之紀者,不謂之干國之紀,則曰'行事不請'[10]。此五者,大夫既自定有罪名矣,而猶不忍斥,然正以呼之也,既而為之諱,所以愧恥之。是故大夫之罪,其在五刑之域者,聞而譴發[11],則白冠厘纓[12],盤水加劍[13],造乎闕而自請罪,君不使有司執縛牽掣而加之[14]也;其有大罪者,聞命則北面再拜,跪而自裁,君不使人捽引[15]而刑殺,曰:'子大夫自取之耳,吾遇子有禮矣。'以刑不上大夫,而大夫亦不失其罪者,教使然也。所謂禮不下庶人者,以庶人遽其事而不能充禮[16],故不責之以備禮也。"

冉有跪然免席[17],曰:"言則美矣! 求未之聞。"退而記之。

【注釋】

(1)屬(zhǔ):通"囑",托付,請託。

(2)坐:犯罪。

(3)退放:斥退,放逐。

(4)簠(fǔ)簋(guǐ)不飭:簠、簋,古代食器,後主要用作禮器,放黍、稷、稻、粱。《周禮·地官·舍人》:"凡祭祀,共簠、簋,實之陳之。"鄭玄注:"方曰簠,圓曰簋,盛黍、稷、稻、粱器。"飭,王肅注:"飭,整齊也。"全句意思是"簠、簋不整齊",這裏是一種委婉的說法,後世常用"簠簋不飭"作為彈劾貪官的用語。

(5)帷幕:帳幕,在旁的稱"帷",在上的稱"幕"。

(6)罔上:欺騙君上。

(7)罷(pí)軟:罷,通"疲"。罷軟,軟弱無能。

(8)下官不職:王肅注:"言其下官不稱,移其職,不斥其身也。"

(9)干:犯,違犯。

(10)行事不請:王肅注:"言不請而擅行。"

(11)譴發:譴,罪責,罪過。發,揭露,暴露,掀開。即罪行暴露。王肅注:"譴,譴讓也。發,始發露。"

(12)白冠厘纓:《漢書·賈誼傳》鄭氏曰:"以毛作纓。白冠,喪服也。"

(13)盤水加劍:《漢書·賈誼傳》如淳曰:"水性平,若己有正罪,君以平法治之也。加劍,當以自刎也。或曰,殺牲者以盤水取頸血,故示若此也。"

（14）君不使有司執縛（zhuàn）牽掣（chè）而加之：有司,古代設置官吏,區分職責,各有所司,所以稱官吏為"有司"。牽掣,牽引,拽。加,凌駕,凌辱。君主不讓官吏捆綁牽引而凌辱他們。

（15）捽（zuó）引：捽,《漢書・賈誼傳》師古曰："捽,持頭髮也。抑謂按之也。"這裏是"揪、扭"的意思。

（16）以庶人遽（jù）其事而不能充禮：庶人,平民。遽,惶恐,窘急。遽其事,即遽於其事,指忙於事務。充,充實。充禮,充分地遵行禮儀。

（17）跪然免席：跪,《說文解字》："跪,拜也。從足,危聲。"崇拜,傾倒。跪然,崇拜的樣子。免席,離開坐席。

【通解】

冉有問孔子："先王制定法令,使刑罰不對上施行於大夫,禮儀不對下實行於平民。既然這樣,那麼大夫犯了罪就不能處以刑罰,平民為人處事就不能遵行禮儀了嗎?"孔子說："不是這樣的。凡是治理君子,用禮儀來駕馭他們的思想,是為了把懂得禮儀廉恥的節操觀點灌輸給他們。所以古代的大夫,其中有犯了不夠廉潔、行為污穢罪,而被放逐的,不說他們因不夠廉潔、行為污穢而被放逐,而說'簠簋不整齊';有犯了淫亂、男女無別罪行的,不說他們淫亂或男女關繫曖昧,而說'帳幕沒有整理好';有犯了欺騙君上、心不忠誠的罪行的,不說他們欺騙君上、心不忠誠,而說'臣子的節操不夠顯明';有犯了軟弱無能、不勝任工作的罪行的,不說他們軟弱無能、不勝任工作,而說'下屬官吏不稱職';有犯了違反國家綱紀的罪行的,不說他們違反了國家綱紀,而說'沒有請示而擅自行事'。這五個方面,大夫自己已經確定了罪名了,但還不忍心呵斥他們,乃從正面稱呼這些罪名,進而為他們避諱,是為了使他們感到羞愧和恥辱。因此大夫所犯罪行,屬於五刑範圍內的,如果聽說罪行暴露,他們便戴着用獸毛作纓的白帽子,托盤盛水,上面放上劍,親自前往宮闕請罪,君主也不讓官吏捆綁牽引而凌辱他們;其中有犯了重罪的,接受君命便向北面跪拜兩次,然後自殺,君主也不派人揪按而加以刑殺,只是說:'大夫你是自取其罪,我待你也算是有禮了。'刑罰不對上施於大夫,大夫卻也逃脫不了罪責,這是教化的結果。所說的禮儀不對下實行於平民,是由於平民忙於勞作,不能充分地行禮,所以不要求他們禮儀完備。"

冉有聽了這番話,激動地離開坐席,恭敬地說:"先生講得真好啊!冉求我從來沒聽說過。"回去後便記下來孔子的這番話。

刑政第三十一

【序說】

本篇記述孔子與弟子仲弓之間的對話，談論的是刑罰與政教問題，故以"刑政"名篇。

孔子政治思想的特徵是"德主刑輔"。孔子主張德政，但也不排斥刑罰，認為"為政以德"是政治的根本，刑罰是德政的必要補充。孔子這方面的論述比比皆是，如《孔叢子·刑論》記有孔子與衛將軍文子談論魯國公父氏"聽獄"的事情。孔子說："公父氏之聽獄，有罪者懼，無罪者恥。"對他十分贊賞。孔子又說："齊之以禮，則民恥矣；刑以止刑，則民懼矣。"刑之設不獨為刑，更在於止刑，懲惡不是終極目的，勸善才是最高宗旨。德政與刑政的關繫也就像孔子所說的行政中"寬"與"猛"的關繫，《左傳》昭公二十年記孔子曰："政寬則民慢，慢則糾之以猛。猛則民殘，殘則施之以寬。寬以濟猛，猛以濟寬，政是以和。"這個論述，同樣也見於《孔子家語》的《政論解》。

孔子的這一思想有其歷史淵源，在他所整理的《尚書》的《大禹謨》中有"明於五刑，以弼五教"的句子，《孔叢子·論書》中就記有孔子類似的話，即"五刑所以佐教也"。本篇中記孔子說："大上以德教民，而以禮齊之。其次以政焉導民，以刑禁之，刑不刑也。化之弗變，導之弗從，傷義以敗俗，於是乎用刑矣。"在這裏，刑之用乃以德為前提，刑只使用於愚頑不化、不守法度的人。

本篇中所記述的孔子關於刑罰的論述，有一點十分引人矚目。孔子說："疑獄則泛與衆共之，疑則赦之，皆以小大之比成也。"這一點，很容易讓我們聯想到我國當代司法實踐中剛剛實行不久的"疑罪從無"的原則。疑罪從無是指根據我國《刑事訴訟法》規定，對於證據不足，不能認定被告人有罪的，應當作出證據不足、指控的犯罪不能成立的無罪判決，它是現代法治國家在處理疑案時所普遍采用的一項司法原則。疑罪從無不僅是對被追訴者的特殊保障,也是對每個可能涉及訴訟的公民的普遍保障,是法治社會中人權不可缺少的一道保護屏障。法學界學者認為,疑罪從無是人格尊嚴需求在刑事訴訟中的體現,這是刑事司法中關注人權的一種審慎態度。盡管有可能放縱真正的罪犯,但仍比冤枉一個無辜的人好。這是現代文明法治的一個必要代價。由此,反觀本篇中孔子"疑則赦之"的觀點,其中閃爍着孔子政治思想的智慧之光。

　　本篇對研究早期儒學傳承有重要意義。孔子以後,"儒分為八",戰國中期,影響較大的有孟子、荀子。孟子"學於子思之門人",子思曾經學於曾子,曾子以後,有以子思、孟子為代表的"思孟學派";荀子尊崇仲弓,《荀子》書中,常常"仲尼、子弓"二人並稱,如《非十二子》有"以為仲尼、子弓為茲厚於後世"之言,是說人們認為孔子、子弓由此而見重於後世。"子弓"其實就是孔子弟子冉雍,冉雍字仲弓,荀子尊稱其為子弓。仲弓也是孔子"德行"科弟子,《上海博物館藏戰國楚竹書》中有《仲弓》篇,提供了研究子弓的新材料,《家語》中的《刑政》專門記述孔子與仲弓的對話,顯示了仲弓的思想傾向。正確對待《刑政》篇的記載,綜合這些材料,有利於仲弓思想的研究,由此可以觀察仲弓與荀子思想上的一致性,也可進一步比較孟、荀學說。

　　本篇的記載部分略見於《禮記·王制》,但不如本篇更顯完整系統。

【原文】

　　仲弓[1]問於孔子曰:"雍聞至刑[2]無所用政,至政[3]無所用刑。至刑無所用政,桀紂之世是也;至政無所用刑,成、康之世[4]是也。信乎?"孔子曰:"聖人之治,化[5]也,必刑政相參[6]焉,太上以德教民,而以禮齊之;其次以政焉導民,以刑禁之,刑不刑[7]也。化之弗變,導之弗從,傷義以敗俗,於是乎用刑矣。顓五刑必即天倫[8]。行刑罰則輕無赦[9],刑,侀[10]也;侀,成也,壹[11]成而不可更,故君子盡心焉。"

　　【注釋】

　　(1)仲弓:孔子弟子,姓冉,名雍。魯國人,以德行著稱。

（2）至刑：一味地施行懲罰。至，極，最。刑，懲罰，刑罰。

（3）至政：成功的政治教化。政，政治，教化。至政，猶《五刑》篇“制五刑而不用，所以為至治也”中的“至治”。

（4）成、康之世：周成王、周康王的時代。

（5）化：教化。

（6）參：檢驗。

（7）刑不刑：懲治那些不遵守刑法的人。

（8）顓（zhuān）五刑必即天倫：顓，通“專”，專擅，專用。五刑，古代的五種重刑。王肅注：“即，就也。就天倫謂合天意。”

（9）行刑罰則輕無赦：施行刑罰時，即使輕罪也不能赦免。王肅注“行刑罰之官，雖輕猶不得作威作福”，有誤。

（10）俐（xíng）：通“型”，原指鑄造器物的模型，引申為“定型”、“完成”的意思。

（11）壹：一旦，一經。

【通解】

仲弓請教孔子說：“我聽說一味地施行刑罰用不着政教，成功的政治教化用不着刑罰。最嚴厲的刑罰用不着政教，夏桀和商紂王的時候是這樣；最成功的政治用不着刑罰，周成王和康王的時候是這樣。確實是這種情況嗎？”孔子回答：“聖人治理國家，是教化百姓，必須刑罰和政治相互參照使用。最好是以德行來教化百姓，而用禮制加以整治；其次是以政治來引導百姓，而用刑罰加以禁止，處罰那些不遵守刑法的人。施行教化而不知改變，加以引導還不聽從，損害道義，敗壞風俗，於是就要使用刑罰。專用刑罰也必須符合天道，施行刑罰時即使罪很輕也不能隨意赦免。刑，就是俐；俐，是‘成型’、‘完成’的意思。刑罰一旦施行就無法更改，所以君子對案件的審理要竭盡心力。”

【原文】

仲弓曰：“古之聽⁽¹⁾訟，尤罰麗於事，不以其心⁽²⁾。可得聞乎？”孔子曰：“凡聽五刑之訟，必原父子之情，立君臣之義，以權之；意論輕重之序，慎測淺深之量，以別之；悉其聰明，正其忠愛，以盡之。大司寇⁽³⁾正刑明辟以察獄，獄必三訊⁽⁴⁾焉。有指無簡，則不聽也⁽⁵⁾；附從輕，赦從重⁽⁶⁾；疑獄則泛與衆共之，疑則赦之，皆以小大之比成也⁽⁷⁾。是故爵人必於朝，與衆共之也；刑人必於市，與衆棄之。古者公家不畜刑人，大夫弗養也，士遇之涂，以弗與之言，屏諸四方，唯其所之，不及與政，弗慾生之也。”

【注釋】

（1）聽：處理，判斷。

（2）尤罰麗於事，不以其心：王肅注：“尤，過也。麗，附也。怪遇人罰之，必以事相當，而不與其心也。”麗，附也，施刑的意思。

（3）大司寇：官名。西周時始設置，於《周禮》屬秋官，天子之卿，春秋、戰國時沿用，掌管刑獄、糾察等事。

（4）三訊：王肅注：“一曰訊群臣，二曰訊群吏，三曰訊萬民也。”

（5）有指無簡，則不聽也：王肅注：“簡，誠也。有意無其誠者，不論以為罪也。”指，意也，指犯罪動機；簡，誠也，指犯罪事實。

（6）附從輕，赦從重：王肅注：“附人之罪以輕為比，赦人之罪以重為比。”《禮記·王制》孔穎達疏：“施刑之時，此人所犯之罪在輕重之間，可輕可重，則當求可輕之刑而附之。”

（7）皆以小大之比成也：《禮記·王制》作“必察小大之比以成之”，鄭玄注：“小大，猶輕重。已行故事曰比。”孫希旦曰：“此謂罪之無疑者，其或輕或重，必察其所當附之罪以定其獄也，”

【通解】

仲弓問：“古代審理案件，特別注重判刑要和事實相符，不能只考慮犯罪動機。能夠說說這方面的情況，讓我聽聽嗎？”孔子說：“凡是審理應判處五刑的案件，必須從體諒父子親情，確立君臣關繫大義的角度出發，來進行權衡；要考慮犯罪情節的輕重程度，審慎地分析犯罪動機的深淺分量，來加以區別對待；要充分參照他的聰明才智，考慮他是否有忠君愛民之心，來窮究案情、徹底查清。大司寇負責正定刑律，明辨罪法，審理一切民刑案件，審理時還必須實行“三訊”制度。對於那些有作案動機，無作案事實的,不應判刑;施刑時依從"從輕"的原則,赦免時依從"從重"的原則;對有疑點的案件,要廣泛地與眾人商量,共同審理,大家都存疑時,則應該先赦免。這些都是依據以往大小案例來制定的。因此賞人官爵一定要在朝堂之上舉行,這是為了讓眾人都褒獎他;對人施刑一定要在街市進行,這是為了讓眾人都唾棄他。古代公侯之家不收留受過刑罰的人,大夫對他們也不予以收養,士人在路上遇見他們,不和他們說話,各個地方都拒絕接待他們,無論他們到哪裏,都不能參與政治,這是不想讓他們生活下去。"

【原文】

仲弓曰:"聽獄,獄之成,成何官?"孔子曰:"成獄成於吏,吏以獄成告於正[1]。正既聽之,乃告大司寇。聽之,乃奉於王。王命三公卿士參聽棘木之下[2],然後乃以獄之成疑[3]於王。王三宥之,以聽命而制刑焉[4],所以重之也。"

【注釋】

(1)成獄成於吏,吏以獄成告於正:成,判決定案;獄,訟事,罪案;吏,正,官員。王肅注:"吏,獄官吏。正,獄官長。"

(2)王命三公卿士參聽棘木之下:參聽:參與審理,協助斷案。棘木,王肅注:"外朝法:左九棘,孤卿大夫位焉。右九棘,公侯伯子男位焉。面三槐,三公位。"據《周禮・朝士》說,外朝左(東)邊種有九棵棘樹,是孤卿大夫之位;右(西)邊種有九棵棘樹,是公侯伯子男之位;南邊種有三棵槐樹,是三公之位。因外朝主要用棘樹標位,故曰"聽於棘木之下"。

(3)疑(níng):通"凝",匯集,聚集。

(4)王三宥(yòu)之,聽命而制刑:宥,寬恕,赦罪。三宥,指的是三種可以從輕處理的犯罪:一是無知而犯罪,二是偶然的而不是預謀的犯罪,三是精神錯亂而犯罪。王肅注:"君王尚寬宥,罪雖以定,猶三宥之,不可得輕,然後刑之者也。"

【通解】

仲弓問:"審理案件時,由什麼官員負責判決定案呢?"孔子回答:"判決定案先由獄吏負責,獄吏把判決結果報告給獄正。獄正審理了以後,把結果報告給大司寇。大司寇再審理一遍,把結果報告給天子。天子命令三公卿士參與審理,協助斷案,然後再把最後的審理結果匯聚到天子那裏。天子再參照可以減刑的三種犯罪情況,議減其刑,最後根據各種審理意見,才能判定其相應的罪刑。這體現了審理案件、判決定案的慎重。”

【原文】

仲弓曰:“其禁何禁?”孔子曰:“巧言破律(1),遁名改作(2),執左道(3)與亂政者,殺;作淫聲(4),造異服(5),設伎奇器,以蕩上心者(6),殺;行偽而堅(7),言詐而辯,學非而博,順非而澤(8),以惑衆者,殺;假於鬼神,時日,卜筮,以疑衆者,殺。此四誅者,不以聽(9)。”

【注釋】

(1)巧言破律:巧言,花言巧語。《論語·學而》朱注云:“好其言……致飾於外,務以說人。”破律,指曲解法律。王肅注:“巧賣法令者也。”指貪贓受賄、舞文枉法者。

(2)遁(xún)名改作:遁,通“循”,曲從,偏私;遁名,假借名目偏私徇情;改作,指擅改法度。王肅注曰:“變言與物名也。”有誤。

(3)左道:邪道,邪術。王肅注:“左道,亂也。”

(4)淫聲:古稱鄭、衛之音等俗樂曰淫聲,以別於傳統的雅樂。後泛指浮靡不正派的樂調樂曲。王肅注:“淫,逆也。惑亂人之聲。”

(5)異服:不平常、特殊的服裝。王肅注:“非所常見。”

(6)設伎(jì)奇器,以蕩上心者:王肅注:“怪異之伎,可以眩曜人心之器。蕩,動。”伎,通“技”,技巧,技藝。

(7)行偽而堅:王肅注:“行詐偽而守之堅也。”

(8)順非而澤:王肅注:“順其非而滑澤。”順,通“訓”,教導。澤,恩惠,德惠。

(9)不以聽:王肅注:“不聽棘木之下。”

【通解】

仲弓問:“禁令,禁止的是什麼?”孔子回答:“花言巧語曲解法律,假名偏私擅改法度，操持邪術及擾亂政令執行的，殺；創作浮靡之音，製造奇裝異服，設計怪異奇特的器械，以此惑亂君王的，殺；行為詭詐而又頑固堅持，言語虛偽而又好於爭辯，學習外門邪道而又知識廣博，教人不走正道而又廣施恩德，以此蠱惑人心的，殺；假託鬼神言禍福，憑藉時日定吉凶，依靠卜筮看休咎，以此來使民衆疑心的，殺。犯了這四種死罪的，無需再經過審理。"

【原文】

仲弓曰："其禁盡於此而已？"孔子曰："此其急者，其餘禁者十有四焉：命服命車，不粥於市[1]；圭璋璧琮[2]，不粥於市；宗廟之器，不粥於市；兵車旍旗[3]，不粥於市；犧牲秬鬯[4]，不粥於市；戎器兵甲[5]，不粥於市；用器不中[6]度，不粥於市；布帛精粗不中數，廣狹不中量，不粥於市；姦色[7]亂正色，不粥於市；文錦珠玉之器，雕飾靡麗，不粥於市；衣服飲食，不粥於市[8]；果實不時[9]，不粥於市；五木[10]不中伐，不粥於市；鳥獸魚鼈不中殺，不粥於市。凡執此禁以齊衆者，不赦過也[11]。"

【注釋】

(1)命服命車，不粥(yù)於市：命服命車，天子按官職等級賞賜的衣服和車子。粥：通"鬻"，賣。王肅注："粥，賣。"

(2)圭璋璧琮(cóng)：圭、璋、璧、琮，是四種尊貴的玉器名稱，常用作朝聘、祭祀等的禮器。

(3)旍(jīng)旗：旍，通"旌"，古代旗的一種，主要用於指揮或開道，綴旄牛尾於竿頭，下有五彩析羽，《周禮・春官・司常》："全羽為旞，析羽為旌。"旌旗，旗幟的總稱。

(4)犧牲秬(jù)鬯(chàng)：犧牲，古代宗廟祭祀用牲的總稱。秬鬯，以黑黍和香草釀造的酒，用於祭祀降神。

(5)戎器兵甲：戎器，軍器；兵，兵器，軍械；甲，鎧甲。

(6)中(zhòng)：適合，恰好對上。

(7)姦色：色不正者。古代以青、黃、赤、白、黑為正色，其餘兩色相雜者為姦色。

(8)衣服飲食,不粥於市:王肅注:"賣成衣服,非侈必偽,故禁之。禁賣熟食,所以厲取也。"

(9)不時:時,時令,時節。不時,指不到時令。

(10)五木:五類取火的樹木。《論語·陽貨》朱熹注:"春取榆、柳之火,夏取棗、杏之火,季夏取桑、柘之火,秋取柞、楢之火,冬取槐、檀之火。"

(11)凡執此禁以齊衆者,不赦過也:齊,整治。齊衆,治理民衆。不赦過,不赦免罪過,即沒有例外。陳浩分析:"若先示之以赦過之令,則人將輕於犯禁矣,豈能齊之乎?"

【通解】

仲弓問:"法令禁止的,就是這些嗎?"孔子回答:"這些只是最迫切需要禁止的。其它應該禁止的,還有十四種情況:天子頒賜的衣服、車子,不得在市場出售;圭璋璧琮等貴重的玉質禮器,不得在市場出售;宗廟祭祀用的祭器,不得在市場出售;軍車旌旗,不得在市場出售;祭祀用的犧牲、祭酒,不得在市場出售;兵器鎧甲,不得在市場出售;日用器具,不符合規格,不得在市場出售;布帛之類,如果精粗、長寬達不到標準,不得在市場出售;雜色易混淆正色的東西,不得在市場出售;有文彩的織錦及珠寶玉器之類,雕琢修飾得華麗的,不得在市場出售;現成的衣服和飲食,不得在市場出售;果實未到成熟的季節,不得在市場出售;取火用的五類樹木,未到砍伐的時候,不得在市場出售;鳥獸魚鱉未到宰殺的時候,不得在市場出售。凡用這些禁令來治理民衆時,不能赦免違犯者的罪過。"

禮運第三十二

【序說】

　　本篇出於孔子與弟子言偃的對話。孔子為魯大司寇時，曾以賓（即"儐"）的身份參加魯國蜡祭，這是一項重大祭祀活動，由此引發了孔子對於禮的議論。後來，孔子與言偃說起這一話題，言偃遂記錄整理孔子之言。

　　本篇因記錄孔子著名的"大同"社會理想而十分引人矚目。本篇又見於《禮記》，以前，人們不信《家語》，歷來闡述孔子社會理想都以《禮記》中的《禮運》篇為依據，其實，《禮記・禮運》經過了後人的整理編訂，關於孔子"大同"說的一段已經失去本真。在該篇中，孔子所理想的"大同"社會乃是指夏、商、周三代"聖王"時期，並不是指所謂"三皇五帝時"。孔子所說"大道之行"的時代具體是指禹、湯、文、武、成王、周公時期，在孔子看來，三代"聖王"之後，就是"大道既隱"的時期。

　　與《禮記・禮運》相比，該篇更顯古樸真實。孔子沒有說到三皇五帝，也沒有說到"小康"，那種以此來論証孔子主張回復到"原始共產主義"時代，認為孔子思想倒退的看法是不對的。本篇既然是孔子弟子所記錄的孔子言論，則該篇自然屬於典型的儒家學說，其他種種關於該篇學派屬性的論斷都不正確。

　　以前，人們懷疑該篇，主要是受疑古思潮的影響。例如，不少學者看到《禮運》中有"陰陽"、"四時"、"五行"等概念，便以之與陰陽家相聯繫，遂認定《禮運》的成篇不會早於陰陽五行思想盛行的戰國晚期，認定《禮運》作者已經具備了較完整的陰陽五行思想。其實，關於陰陽觀念，其產生時間很早已經是學者們的共識。在《禮運》中，"陰陽"與"五行"是分說的。《禮運》認為，像一切事物一樣，禮的發展變化也與天地、陰陽有關。

　　《禮運》中說："夫禮，必本於大一，分而為天地，轉而為陰陽，變而為四時，列而為鬼神。其降曰命，其官於天也。"這裏的論述很容易令人想到郭店楚簡的《太一生水》和《性自命出》，其間的論說如出一轍，在說理方式上也完全一致。郭店楚簡出土於戰國中期墓葬,其中書籍寫成時間更早。郭店儒家文獻屬於《子思子》,寫成於魯,後來影響及於楚國,其思想形成時間一定在子思以前。所以,我們不能看到《禮運》之中有陰陽、四時的概念,就認定其成在陰陽學派盛行之後。

從篇中看,孔子認為禮是"大道既隱"的產物。本篇重點論述禮的形成、發展、演變、完善的過程,同時涉及到三代"聖王"制禮的依據和原則,禮的運行法則,禮與仁、義、樂、順的關繫。因重點講禮的運行,故名"禮運"。

《禮運》是可靠的文獻,絕非後人"假託孔子"之名偽作,其中論述"講信修睦"、"故人不獨親其親,不獨子其子,使老有所終,壯有所用,幼有所長,矜寡孤獨廢疾者皆有所養",與《論語》等書所記孔子的"博施濟衆"、"老者安之,朋友信之,少者懷之"的社會理想完全相同。篇中論述有關禮的發展與運用等,其他的相關材料中也都能找到相同或者相通的論述。

本篇是研究孔子政治思想的重要資料。在對禮的論述中,孔子由感慨周朝幽、厲之世以來"周道"損傷的現實出發,強調王道政治的重要性,指出三代"聖王"謹禮著義,型仁講讓,為後世樹立了楷模。孔子認為禮"達天道,順人情",對於端正人心、整頓社會都具有重要的價值,最後,他描繪出了一個順應天理人情,循禮而行的"大順"境界。

《禮記》中收有《禮運》篇,將二者對勘,會發現不少有價值的學術信息。

【原文】

孔子為魯司寇,與於蜡[1]。既賓[2]事畢,乃出遊於觀[3]之上,喟然而嘆。言偃[4]侍,曰:"夫子何嘆也?"孔子曰:"昔大道[5]之行,與三代之英[6],吾未之逮也,而有記[7]焉。大道之行,天下為公,選賢與能[8],講信修睦[9]。故人不獨親其親,不獨子其子[10],老有所終,壯有所用,矜寡孤疾[11],皆有所養。貨惡其棄於地,不必藏於己;力惡其不出於身,不必為人[12]。是以姦謀閉而不興,盜竊亂賊不作,故外戶而不閉。謂之大同。"

【注釋】

(1)與(yù)於蜡(zhà,也讀chà):與,參預,在其中。蜡,祭祀名稱,周代每年十二月舉行,祭百神。《禮記·郊特牲》:"蜡也者,索也,歲十二月,合聚萬物而索饗之也。"又《周禮·地官·黨正》記載:"國索鬼神而祭祀,則以禮屬民而飲酒於序。"應該是,在十二月求索並會聚各種鬼神來一起祭祀,謂之蜡祭,行蜡祭時還當聚集民衆於學校以行飲酒禮。

(2)賓:通"儐",引導,相禮。王肅注全句"畢賓客之事也",誤。類似的用法有:《書·堯典》:"寅賓出日。"孔傳:"賓,導。"《穆天子傳》卷六:"内史賓侯,北向而立。"郭璞注:"賓,相。"

(3)觀(guàn):宮殿或宗廟門前的大觀樓,也稱魏闕。王肅注:"觀,宮門外闕。《周禮》所謂象魏者也。"《爾雅·釋宮》:"觀謂之闕。"郭璞注:"宮門雙闕。"邢疏:"雉門之旁名觀,又名闕。"胡廣曰:"門闕也。兩觀在門之兩旁,懸國家典章之言於上以示人。"

(4)言偃:孔子學生,姓言,名偃,字子游,。

(5)大道:指三皇五帝時期治理天下的準則,即是下文孔子所描述的大同社會,是儒家宣揚的理想社會。王肅注:"此謂三皇五帝時大道行也。"據鄭《注》,是指五帝時期的治理天下之道。

(6)英:精英,杰出的人物,這裏指下文提到的禹、湯、文武、成王、周公等聖人。王肅注:"英,秀。謂禹、湯、文、武也。"

(7)記:記載。《禮記·禮運》作"志",朱彬引劉臺拱曰:"識也,識記之書。"

(8)選賢與能:選舉賢能的人。與,通"舉",選拔。

(9)講信修睦:王肅注:"講,習也;修,行也;睦,親也。"

(10)人不獨親其親,不獨子其子:王肅注:"所謂大道,天下為公。"

(11)矜(guān)寡孤疾:矜,通"鰥",無妻的人。《禮記·王制》:"老而無妻者謂之矜。"

(12)力惡其不出於身,不必為人:王肅注:"言力惡其不出於身,不以為德惠也。"

【通解】

孔子擔任魯國的司寇時,曾主持蜡祭活動。相禮完畢以後,他出來在門闕上遊覽,不禁發出了嘆息聲。言偃正在旁邊陪侍,問道:"先生為什麼嘆氣?"孔子說:"大道實行的時代,和夏商周幾位賢明之人當政的時代,我都沒能趕上,但有相關的記載可以看到。大道實行的時代,天下是人們所公有的,選舉賢能的人為政,人與人之間講求誠心,和睦相處。所以人們不只親愛自己的雙親,不只愛護自己的子女,而是使老年人安享晚年,壯年人有用武之地,年老喪夫或喪妻及失去父母、殘疾的人都得到供養。人們痛恨財物被丟棄在地上,被糟蹋浪費,但並不一定為自己所有;痛恨力氣不出於自身,但並不一定為別人效命。因此陰謀詭計被遏制而不能施展,劫掠偷盜、叛逆犯上的事也不會發生,所以外出也不用關門閉戶。這就是'大同'。"

【原文】

"今大道既隱,天下為家,各親其親,各子其子,貨則為己,力則為人,大人⁽¹⁾世及⁽²⁾以為常⁽³⁾,城郭溝池以為固。禹、湯、文武、成王、周公由此而選⁽⁴⁾,未有不謹⁽⁵⁾於禮。禮之所興,與天地並。如有不由禮而在位者,則以為殃。"

【注釋】

(1)大人:指諸侯。

(2)世及:世襲,代代相傳。父子相繼稱世,兄弟相繼稱及。

(3)常:倫常,綱常。

(4)由此而選:由,鄭《注》曰:"由,用也,用禮義以成治。"選,孔《疏》曰:"英選。"即前文所說"三代之英"。王肅注:"言用禮義為之選也。"

(5)謹:慎重小心,表示態度鄭重或恭敬。

【通解】

"現在,大道已經衰微隱沒了,天下成為一家一姓的私有財產,人們各自只親愛自己的雙親,只愛護自己的子女,希望財物都歸自己所有,認為力氣都為別人而出。把諸侯世襲變成了法度,把城郭溝池當作屏障。夏禹、商湯、周文王、武王、成王、周公用禮儀治理天下而成為傑出的人物,他們沒有不嚴肅認真地遵守禮制的。禮制的興起,是和天地同時的。如果有人不遵守禮制而取得了尊位,則眾人把他看作是灾禍。"

【原文】

言偃復問曰："如此乎,禮之急也?"孔子曰："夫禮,先王所以承天之道,以治人之情,列其鬼神,達於喪祭、鄉射、冠昏、朝聘[1]。故聖人以禮示之,則天下國家可得以禮正矣。"

【注釋】

(1)喪祭、鄉射、冠昏、朝聘:周代禮儀的名稱,分別指喪禮、祭禮、射禮、冠禮、婚禮、諸侯定期朝見天子之禮。昏,通"婚"。

【通解】

言偃又問:"如果這樣,禮制的確非常急需嗎?"孔子回答:"禮制是先世的君王用來承續天道,陶冶人的性情的,它取法於鬼神,具體體現在喪祭、鄉射、冠婚、朝聘等禮儀當中。所以聖人如果用禮來教化百姓、進行治理,那麼就能够通過禮達到天下太平、國泰民安了。"

【原文】

言偃曰："今之在位莫知由禮,何也?"孔子曰："嗚呼,哀哉!我觀周道,幽、厲傷也[1]。吾舍魯何適[2]?夫魯之郊及禘皆非禮[3],周公其已衰[4]矣。杞之郊也禹[5],宋之郊也契[6],是天子之事守也,天子以杞、宋二王之後。周公攝政致太平,而與天子同是禮也。諸侯祭社稷宗廟,上下皆奉其典,而祝[7]嘏[8]莫敢易其常法,是謂大嘉。"

【注釋】

(1)幽、厲傷也:幽、厲,指西周國王周幽王、周厲王。傷,傷害,破壞。王肅注:"幽厲二王者,皆傷周道也。"

(2)吾舍魯何適:王肅注:"魯有聖人之風,猶勝諸國也。"

(3)魯之郊及禘皆非禮:指魯國行郊祭及禘祭都不合於禮制,王肅注:"言失於禮而亡其義。"郊,禘,古代祭祀名稱。周代,天子在冬至日祭天於南郊稱為"郊",《禮記·中庸》:"郊社之禮,所以事上帝也。"嫡系子孫行祭祀宗廟之禮稱為禘,《禮記·大傳》:"禮,不王不禘。王者禘其祖之所自出，以其祖配之。"孫希旦集解引趙匡曰："不王不禘，明諸侯不得有也。……"因此只有天子才有資格行郊、禘之禮。

（4）周公其已衰：王肅注："子孫不能行其禮義。"

（5）禹：夏朝始祖。王肅注："杞，夏后，本郊鯀。周公以鯀非令德，故令杞郊禹。"

（6）契：商朝始祖。

（7）祝：祭祀時司告鬼神的人。

（8）嘏（gǔ 又讀 jiǎ）：福，這裏指替人向鬼神祈福的人。

【通解】

言偃問："目前在位的君主，不懂得通過禮制來治理國家，為什麼呢？"孔子回答："唉，太可悲了啊！我考察周代的禮制，從幽王、厲王時就被破壞了。現在，除了魯國，我還能到哪裏去考察？然而魯國的郊祭、禘祭都不合乎禮制，周公制訂的禮制，到了子孫的手裏就衰微了。杞國舉行郊祭是由於大禹，宋國舉行郊祭是由於商契，這是天子應該享受的祭祀，因為周天子把杞、宋作為禹、契二王的後裔。周公攝政，實現了天下太平，因而應該和天子一樣享受郊祭之禮。諸侯只可以祭祀社稷宗廟，上上下下都遵守這一永恒的法典，即使主持祭祀的祝嘏也不敢變動它們，這稱作'大嘉'。"

【原文】

"今使祝嘏辭說，徒藏於宗祝巫史，非禮也⑴，是謂幽⑵國；醆斝及尸君，非禮也⑶，是謂僭君⑷；冕弁兵車，藏於私家，非禮也⑸，是謂脅君⑹；大夫具官，祭器不假，聲樂皆具，非禮也⑺，是為亂國。故仕於公曰臣，仕於家曰僕。三年之喪，與新有婚者，期不使也。以衰裳入朝，與家僕雜居齊齒⑻，非禮也，是謂臣與君共國；天子有田以處其子孫，諸侯有國以處其子孫，大夫有采⑼以處其子孫，是謂制度。天子適諸侯，必舍其宗廟，而不以禮籍入⑽，是謂天子壞法亂紀；諸侯非問疾弔喪而入諸臣之家，是謂君臣為謔⑾。夫禮者，君之柄⑿，所以別嫌明微，儐鬼

372

神，考制度，列仁義，立政教，安君臣上下也。故政不正則君位危，君位危則大臣倍，小臣竊。刑肅而俗弊則法無常，法無常則禮無別，禮無別則士不仕、民不歸，是謂疵國。"

【注釋】

（1）今使祝嘏辭說，徒藏於宗祝巫史，非禮也：王肅注："言君臣皆當知辭說之意議也"

（2）幽：幽闇，昏闇，王肅注"幽，敝於禮"，指不明於禮。

（3）醆（zhǎn）斝（jiǎ）及尸君，非禮也：醆（"盞"的異體字）斝，酒器名，極其貴重。尸，古時代死者受祭的人，尸君指代先世的君王受祭的人。王肅注："夏曰醆，殷曰斝。非王者之後，則尸與君不得用。"是說醆是夏代的酒杯，斝是商代的酒杯，只有夏商的後代即杞、宋二國的國君祭祀時，才能用以獻尸，其他的諸侯國君不得用之，用之則不合禮儀。

（4）僭君：僭，假冒名位超越自己的本分，舊指下級冒用上級的名義、禮儀或器物。王肅注為"僭侈之君"，理解有誤。這裏指超越自己的本分，冒用君王的器物。

（5）冕弁（biàn）兵車，藏於私家，非禮也：王肅注："大夫稱家。冕弁，大夫之服。孔子曰：天子、諸侯、大夫冕弁服歸設奠後。此謂不得賜而藏之也。"

（6）脅君：王肅注："迫於其君。"

（7）大夫具官，祭器不假，聲樂皆具，非禮也：具官，指各種執事皆備。古代大夫常兼數職，不得備置各種執事之官，今皆具備，所以不合禮制。祭器不假，王肅注："大夫無田者，不為祭器。今皆不假，故非禮。"指沒有田祿的大夫，應該是"支子"，不得制備祭器，用時要向宗子假借，今不用假借，所以不合禮制。

（8）衰（cuī）：古時喪服，用粗麻布製成，披於胸前。齊齒：並列，此指沒上沒下。

（9）采：采邑，古時卿大夫的封地。

（10）天子適諸侯，必舍其宗廟，而不以禮籍入：王肅注："所謂臨諸侯將舍宗廟，先告其鬼神以將入止也。"禮籍，記載禮的簡策，指太史所職掌的典章禮簿，上面記載其國忌諱惡。

(11)謔：王肅注：“謔，戲。”

(12)柄：根本。王肅注“柄，亦秉持”，不確。

【通解】

　　“現在把祝禱和祈福的言辭，只保存在宗祝巫史那裏，是不合禮制的，這稱作國政幽闇；先王所用的重器，被諸侯國用來向屍君獻酒，是不合禮制的，這稱作僭越君王；冕弁和兵車，藏在大夫那裏，是不合禮制的，這稱作脅迫君王；大夫配有完備的執事官吏，祭器自備而不用假借，各種樂器齊備，是不合禮制的，這稱作國政混亂。在國君那裏任職的叫做臣，在大夫那裏任職的叫做僕。守三年之喪和新婚的，一年內不派給他差事。如果穿着喪服入朝，或與家僕雜處並列，是不合禮制的，這稱作君臣共享國家；天子廣有土地來安置自己的子孫，諸侯有國家來安置自己的子孫，大夫有封邑來安置自己的子孫，這是制度。所以天子到諸侯國去，必須下榻到諸侯的祖廟裏，如果不按照禮籍上的規定進入，這稱作天子破壞法紀；諸侯如果不是探問疾病和弔唁喪事，而隨意進入臣下家中，這稱作君臣相戲謔。所謂禮，是國君治理國家的根本，是用來辨別是非、洞察幽隱，敬事鬼神，制定制度，施行仁義，確立政教，使君臣上下都得到安寧的。因而行政事而不得正道，君位就會發生動搖，君位動搖大臣就會背叛，小臣就會竊權。刑罰嚴峻而風俗敗壞，法令就得經常變更，法令變更，禮制就無法區分上下尊卑，禮制無法區分上下尊卑，士人就不會盡心於政事，百姓就不會歸順，這稱作病國，害國。”

【原文】

　　“是故夫政者，君之所以藏身也(1)，必本之天，效以降命(2)。命，降於社之謂教地(3)，降於祖廟之謂仁義(4)，降於山川之謂興作(5)，降於五祀之謂制度(6)。此聖人所以藏身之固也(7)。聖人參於天地，並於鬼神，以治政也。處其所存，禮之序也。玩其所樂，民之治也(8)。天生時，地生財，人其父生而師教之。四者君以政用之，所以立於無過之地(9)。”

【注釋】

（1）君之所以藏身也：王肅注：“言所藏於身，不可以假人也。”

（2）效以降命：命，命令，政令，這裏應該指廣義的禮。效以降命，取法自然以制定政令。王肅注：“效天以下教令，所謂則天之明。”

（3）命降於社之謂教地：《禮記・禮運》孔穎達疏曰：“社即地也，指其神謂之社，指其形謂之地。”孫希旦解釋：“命降於社，謂政令本於地而降者也。下三句放（仿）此。”我們認為，大地以及下文的祖廟、山川、五祀，都有體現自然的法則在其中，所以應根據其理而制定政令。王肅注：“所謂因地之利。”即取法大地之意。地有高低之分，故禮有尊卑等級。教，《禮記・禮運》作“教”，通“效”，傚法，取法。

（4）降於祖廟之謂仁義：王肅注：“奉祖廟，彌近彌親，彌遠彌尊，仁義之道也。”指祖廟中存在着親尊的區別，血緣關繫越近越親，而不尊；越遠則不甚親，而甚尊。親出於“仁”而尊以“義”立。所以祖廟之禮有仁義的涵義。

（5）降於山川之謂興作：王肅注：“下命所謂祭山川者，謂其興造雲雨，作生萬物也。”

（6）降於五祀之謂制度：王肅注：“下命使事五祀者，以其能為人事之制度。”五祀，五行之神。

（7）此聖人所以藏身之固也：王肅注：“藏身以此則固。”

（8）處其所存，禮之序也。玩其所樂，民之治也：王肅注：“言聖人常所存處者，禮之次序；常所玩樂者，民之治安也。”

（9）四者君以政用之，所以立於無過之地：王肅注：“時及財，天地之所以生，而師以教之，君以政用之而已，故常立於無過之地也。”

【通解】

“所以政教是君王托身立命的保証，君王必須以天為本，傚法自然制定政令。政令、禮制，取法大地而制定的，是它的等級原則；取法祖廟而制定的，是它的仁義原則；取法山川而制定的，是它的建設原則；取法五行而制定的，是它的制度原則。這些是聖明的君王穩固自己地位的保障。聖人傚法天地，比照鬼神來治理國政。設身處地地考慮，就能實現禮制確立的秩序。體味百姓所喜歡、倡導的，就能使他們安居樂業。天產生四時，地滋生財富,人,身體由父親生養,知識由老師來傳授。以上四個方面,君王利用政教加以正確的引導,才能立於無過錯的境地。"

【原文】

"君者,人所明⁽¹⁾,非明人者也;人所養,非養人者也;人所事,非事人者也。夫君者,明人則有過⁽²⁾,故養人則不足⁽³⁾,事人則失位。故百姓明君以自治,養君以自安,事君以自顯,是以禮達而分定。人皆愛其死而患其生⁽⁴⁾,是故用人之智去其詐,用人之勇去其怒,用人之仁去其貪。國有患,君死社稷為之義,大夫死宗廟為之變⁽⁵⁾。凡聖人能以天下為一家,以中國為一人,非意之⁽⁶⁾,必知其情,從於其義,明於其利,達於其患,然後為之。"

【注釋】

(1)明:《禮記‧禮運》鄭玄注說是"尊崇"的意思,陳浩云:上下文之"明",皆當"則"字,是"取則"、"仿傚"的意思。從本篇後文有"百姓明君以自治"句,與《禮記‧禮運》"百姓則君以自治"的比較中,後說為是,應當是給人作榜樣的意思。

(2)夫君者,明人則有過:王肅注:"為君徒慾明人而已,則過謬也。"

(3)養人則不足:指君王如果奉養別人,就會出現不足,即供養不過來。王肅注:"時君失政,不能為民所養。"有誤。養前原有"故"字,據《禮記‧禮運》刪。

(4)人皆愛其死,而患其生:愛,愛惜,吝惜。王肅注:"人皆愛惜其死,而患其生之無禮也。"

(5)大夫死宗廟為之變:變,《禮記‧禮運》鄭注曰:"當讀為'辯',聲之誤也。辯猶正也。"全句意思是:大夫為宗廟而死,是正義的,是正當的。王肅注:"大夫有去就之義,未必常死宗廟者。其死宗廟者,權變為也。"理解有誤。

(6)非意之:不是憑空想象出來的。王肅注:"非以意貪之,必有致之也。"

【通解】

"君王,是被人仿傚的榜樣,而不是仿傚別人的;是被人奉養,而不是奉養別人的;是被人服事,而不是服事別人的。君王仿傚別人就會出現差錯,奉養別人就會出現不足,服事別人就失去了自己的地位。所以百姓仿傚君王以管理好自己事務,奉養君王以安定自己生活,服事君王以顯揚自己身分,因而禮制通達普及,名分上下明確。人人都愛惜為義而死,擔心生而無禮,因此君王用人的智慧克制他的偽詐,用人的勇敢克制他的暴怒,用人的仁心克制他的貪慾。國家遇到危難,君王為社稷而死,叫做大義;大夫為宗廟而死,叫做正義。凡是聖明的君王,能把天下治理得如同一家,管理天下人如同一人,這並不是臆想,必須瞭解人情,洞曉義理,知道百姓的利益所在,清楚他們的禍患是什麼,然後就能做到這一步。"

【原文】

"何謂人情? 喜、怒、哀、懼、愛、惡、慾,七者弗學而能;何謂人義? 父慈、子孝、兄良、弟悌、夫義、婦聽、長惠、幼順、君仁、臣忠,十者謂之人義;講信修睦,謂之人利;爭奪相殺,謂之人患。聖人之所以治人七情,修十義,講信修睦,尚辭讓,去爭奪,舍禮何以治之? 飲食男女[1],人之大慾存焉;死亡貧苦,人之大惡存焉。慾、惡者,人之大端[2]。人藏其心,不可測度。美、惡皆在其心,不見其色,慾一以窮之,舍禮何以治之?"

【注釋】

(1)飲食男女:飲食,食慾。男女,性慾。

(2)人之大端:指人的本性。

【通解】

"什麼是人情呢? 喜、怒、哀、懼、愛、惡、慾,這七種情感,人們不學就會;什麼是人義呢? 父親慈愛、兒子孝敬、兄長善良、弟弟尊敬、丈夫仁義、妻子聽從、年長者仁惠、年少者順從、君主寬仁、臣下忠誠,這十種倫理道德,稱作人義;講求誠心,追求和睦,稱作人利;你爭我奪,互相殺戮,稱作人患。聖人用來陶冶人的七情,培養人的十義,講求誠信,追求和睦,崇尚謙讓,消除爭奪的,除了禮還有什麼辦法來治理呢? 食、色,是人們最基本的慾望;死亡和貧苦,是人們最憎惡的事情。竭力追求自己想要的,極力避免自己所厭惡的,是人的本性。人人藏有一顆心,別人無法揣度。善惡都藏在心中,外表不顯現出來,要想用一種方法來徹底地尋求,除了禮,還能用什麼治理它呢?”

【原文】

“故人者,天地之德,陰陽⁽¹⁾之交,鬼神之會,五行之秀⁽²⁾。天秉陽,垂日星;地秉陰,載於山川。播五行於四時,和四氣而後月生⁽³⁾。是以三五而盈,三五而缺⁽⁴⁾,五行之動,共相竭也⁽⁵⁾。五行、四氣、十二月,還相為本⁽⁶⁾;五聲、五律、十二管,還相為宮⁽⁷⁾;五味、六和、十二食,還相為質⁽⁸⁾;五色、六章、十二衣,還相為主⁽⁹⁾。故人者,天地之心,而五行之端⁽¹⁰⁾,食味、別聲、被色而生者。”

【注釋】

(1)陰陽:中國哲學的一對範疇。最初是指日光的向背,嚮日者為陽,背日者為陰。古代思想家們援陰陽概念於哲學中,用來解釋自然界兩種對立和相互消長的物質勢力,以揭示一切現象都有正反兩方面。

(2)五行之秀:五行,指金、木、水、火、土五種物質。中國古代思想家企圖用這五種人們生活中最常見的物質來解釋世間萬物的來源和多樣性的統一,戰國時代頗為流行,並出現了“五行相生相剋”理論,其觀點具有樸素唯物論和自發的辯證法因素。秀,最傑出的。

(3)播五行於四時,和四氣而後月生:四時,指春、夏、秋、冬四季。四氣,指四時中的溫、熱、冷、寒之氣,五日為“一候”,三候為“一氣”,一氣為三個五日。全句意思:五行分佈於一年四季,四季之氣和順而後出現十二個月。王肅注:“月生而後四時行焉。布五行,和四時、四氣,而後月生焉。”

(4)三五而盈,三五而缺:節氣和乃見初月,中氣和乃見滿月。王肅注:“月陰,道不常滿。故十五日滿、十五日缺也。”

(5)五行之動,共相竭也:竭,舉,豎起,引申為"更始"的意思,《禮記·禮運》鄭玄注:"竭,猶負載也。言五行運轉,更相為始也。"意思是,五行的運轉,互為開始。王肅注:"竭,盡也。水用事盡,則木用事;五行用事,更相盡也。"有誤。

(6)還相為本:交替運行。王肅注:"用事者為本也。"用事,當權、當令,這裏指正當運行。

(7)五聲、五律、十二管,還相為宮:五聲,指宮、商、角、征、羽五個聲高音階,宮是第一音階。五律,《禮記·禮運》為"六律",即十二律,因十二律分陰陽兩類,處於奇數位的六律叫陽律,處於偶數位的六律叫六呂,合稱"律呂",古書中常以"六律"包舉陰陽各六的十二律。十二管,指十二律管。宮,指宮調,中國古代音樂中,以五聲中的任何一聲為主,均可構成一種調式,其中以宮聲為主組成的就稱為"宮"(即宮調式),而以其它聲為主組成的就稱為"調",統稱"宮調"。而五聲又只有相對的音高,沒有絕對的音高,它們的音高要靠十二律來確定。王肅注:"五聲者,宮、商、角、征、羽也。管,十二月也。一月一管,陽律陰呂,其用事為宮也。"

(8)五味、六和、十二食,還相為質:五味,甜、酸、苦、辣、咸五種味道。六和,六種調味品,《周禮·天官·食醫》:"凡和,春多酸,夏多苦,秋多辛,東多咸,調以滑、甘。"《禮記·禮運》孔穎達疏曰:"酸、苦、辛、咸,加之以滑和甘,為六和也。"王肅注:"五味,酸、苦、咸、辛、甘。六和者,和之各有宜者,春多酸,秋多辛之屬是也。十二食者,十二月之食。質,本也。"

(9)五色、六章、十二衣,還相為主:五色,青、赤、黃、白、黑五種顏色。古代以此五者為正色,其餘為間色。王肅注:"五色者,青、赤、白、黑、黃。《學記》曰:'水無當於五色,五色弗得不彰。'五色待水而章也。"

(10)故人者,天地之心,而五行之端:天地之心,天地間的核心。王肅注:"於天地間如五藏之有心矣。人,有生最靈;心,五藏最聖也。"理解得很到位。端,頭、首的意思,王肅注:"端,始也。能用五行也。"理解有誤。

【通解】

"所以說,人,是天地基本品質的體現,是陰陽交合的產物,是鬼神精靈的薈萃,是萬物中的英華。天,秉承陽性,使太陽、星辰照臨人間;地,秉承陰性,負載着山陵河川。五行分佈於一年四季,四季之氣和順而後出現十二個月。因此十五天月亮趨於盈滿,又十五天月亮趨於虧缺。五行的運轉,互為更始。五行、四氣、十二月,周而復始;五聲、五律、十二管,輪換成為確定音高的宮調;五味、六和、十二食,交替作為本味;五色、六章、十二衣,輪流作為主色。因此,人是天地的核心,萬物的領袖,是享受着美味、能區分五聲、穿着五彩的衣服而生存着的。”

【原文】

“聖人作則[1],必以天地為本,以陰陽為端,以四時為柄[2],以日星為紀,月以為量,鬼神以為徒[3],五行以為質,禮義以為器,人情以為田,四靈以為畜[4]。以天地為本,故物可舉[5];以陰陽為端,故情可睹[6];以四時為柄,故事可勸[7];以日星為紀,故業可別[8];月以為量,故功有藝[9];鬼神以為徒,故事有守[10];五行以為質,故事可復也[11];禮義以為器,故事行有考[12];人情以為田,故人以為奧也[13];四靈以為畜,故飲食有由[14]。”

【注釋】

(1)聖人作則:王肅注:“作為則法。”

(2)以四時為柄:柄,《禮記·禮運》陳浩曰“柄猶權也”,權衡的意思。根據《禮記·月令》的記述,四時各有所應當推行的政令,應當據以權衡所制定的典則。

(3)徒:同類,同類的人。

(4)四靈以為畜:四靈,指下節所說的麟、鳳、龜、龍四種動物。古人以為四靈是祥瑞的象徵,它們的出現,是聖人降生、天下大治的徵兆。因此把四靈作為家畜,意思就是把實現天下大治作為制定典則的目標。

(5)以天地為本,故物可舉:舉,養育,撫養。以天地的德性為根本,所以能孕育萬物。王肅注:“天地為本,則萬物苞在於其中。”

(6)以陰陽為端,故情可睹:王肅注:“陰陽之為情始。”

(7)以四時為柄,故事可勸:王肅注:“四時各有事,故事可得而勸也。”

(8)以日星為紀,故業可別:王肅注:“日以紀晝,星以紀夜,故事可得而分別也。”

（9）月以為量，故功有藝：量，區分。藝，法度，限度。王肅注：「有度量以成四時，猶功業各有分理也。藝，猶理。」

（10）鬼神以為徒，故事有守：王肅注：「鬼神不相干，各有守。」

（11）五行以為質，故事可復也：王肅注：「五行，終則復始，故事可修復也。」

（12）考：成就，成全。《禮記·禮運》鄭玄注：「考，成也；器利則事成。」王肅注：「考，成。」

（13）故人以為奧（yù）也：奧，通「燠」，暖。原文脫，據同文書局本，補。

（14）故飲食有由：王肅注：「四靈，鳥獸之長。四靈為畜，則飲食可用。」原文脫，據同文書局本，補。

【通解】

「聖人制定法則，必然以天地的德行為根本，以陰陽的交合為出發點，以四季所當行的政令為權衡，以日、星的運行來紀時，以十二個月作為區分標準，以鬼神作為同類，以五行的運行為本體，以禮義為器具，以人情為田地，以四靈為家畜。以天地的德行為根本，就可以孕育包容一切；以陰陽的交合為出發點，就可以洞察人情；以四季所當行的政令為權衡，就可以勸勉人們各行其事；以日、星的運行來紀時，就可以分別各種事務；以十二個月作為區分標準，就可以追求功業有限度；以鬼神作為同類，就可以忠於職守；以五行的運行為本體，就可以凡事有輪替；以禮義為器具，就可以做事追求成效；以人情為田地，就可以使人感到溫暖；以四靈為家畜，就可以使生活飲食有來源。」

【原文】

「何謂四靈？麟、鳳、龜、龍謂之四靈。故龍以為畜，而魚鮪不淰[1]；鳳以為畜，而鳥不獝；麟以為畜，而獸不狘[2]；龜以為畜，而人情不失[3]。先王秉蓍龜，列祭祀，瘞繒，宣祝嘏[4]，設制度，祝嘏辭，故國有禮，官有御[5]，職有序。」

【注釋】

（1）魚鮪（wěi）不淰（shěn）：魚鮪，泛指魚類。淰，通「渗」，魚驚駭的樣子。王肅注:"諗,潛藏也。"是引申的意思。

（2）鳳以為畜，而鳥不狋（chī）；麟以為畜，而獸不狘（xuè）：王肅注："狋、狘，飛走之貌。"

（3）龜以為畜，而人情不失：蓄養龜作為家畜，由於龜甲可用於占卜，因此人情真偽、善惡的判斷就不會出現過失。王肅注："《易》曰：定天下之吉凶，成天下之亹亹（wěi）者，莫善於蓍龜。人情不失也。"

（4）瘞（yì）繒，宣祝嘏：瘞，埋，埋葬。《詩經·大雅·雲漢》："上下奠瘞。"孔穎達疏曰："奠謂置之於地，瘞謂埋之於土。"特指祭祀中的埋埋儀式，王肅"瘞，謂祭祀之瘞"的理解是正確的。繒，應該指祭祀中埋埋的布帛，王肅的"繒，謂若增封太山"解釋不通。瘞繒，是一種祭祀的方式，把寫有祝辭的布帛埋入地下，以求得神的福佑。王肅注："宣，謂播宣揚之。"

（5）御：王肅注："治也。"

【通解】

"什麼是四靈？麟、鳳、龜、龍叫做四靈。所以養龍作為家畜，魚類就不會受驚而潛藏；養鳳作為家畜，鳥類就不會受驚而飛開；養麟作家畜，獸類也不會受驚而跑掉；養龜作為家畜，人情的判斷就不會出現過失。先代君王秉持卜筮用的蓍草和龜甲，安排依次進行各種祭祀，埋帛降神，宣讀告神和祝福的文辭，制定各項制度，因而國家擁有禮儀制度，官吏各司其職，工作井然有序。"

【原文】

"先王患禮之不達於下，故饗[1]帝於郊，所以定天位也；祀社於國，所以別地利也；禘[2]祖廟，所以本仁也；旅山川，所以儐鬼神也；祭五祀，所以本事也。故宗祝在廟，三公在朝，三老在學[3]，王前巫而後史，卜筮瞽侑[4]，皆在左右，王中心無為也，以守至正。是以禮行於郊，而百神受職；禮行於社，而百貨可極[5]；禮行於祖廟，而孝慈服焉[6]；禮行於五祀，而正法則焉。故郊社、宗廟、五祀，義之修而禮之藏[7]。"

【注釋】

（1）饗（xiǎng）：祭獻。

（2）禘（dì）：古代祭祀名稱，這裏指大禘之祭。

（3）三公在朝，三老在學：三公，共同負責軍政的最高長官的統稱，周代指司馬、司徒、司空或太師、太傅、太保。三老，古時指上壽、中壽、下壽，凡指年紀大，後舉年高且有修行的人為三老，掌教化。王肅注：“王養三老在學。”

（4）卜蓍（shī）瞽（gǔ）侑（yòu）：蓍，指古人卜筮用的蓍草莖，也作為占卦的代稱，這裏指卜蓍者。瞽，瞎眼，因古時樂官常以瞽者擔任，因此成為樂官的代稱。侑，四輔，輔佐君王的諫官。

（5）百貨可極：極，《說文解字》：“極，驢上負也。”這裏是負載的意思。

（6）孝慈服焉：王肅注：“孝慈之道，為遠近所服焉。”

（7）義之修而禮之藏（zàng）：修，裝飾，修飾，這裏指的是外在的表現。藏，王肅注：“言禮之寶藏。”

【通解】

“先代的君王擔心禮制不能通達於天下，因此在郊外祭祀天帝，用以確定天的至高無上的地位；在國都中祭祀社神，用以敘列大地孕育萬物的功利；祭祀祖廟，用以體現以仁愛為本；祭祀山川，用以禮敬鬼神；祭祀五行之神，用來追溯事物的本源。因此宗祝在祖廟，三公在朝廷，三老在太學，各司其職，君王前有巫，後有史，負責卜蓍、音樂和勸諫的官員陪侍左右，君王處於中心，無為而治，以堅守最純正的君道。因此在郊區行祭天之禮，眾神就會各司職守；在社中行祭地之禮，各種財貨就會用之不竭；在祖廟中行祭祖之禮，孝敬慈愛的德行就會訓服天下；行祭祀五行之禮，各種法則就會得以端正。所以郊社、宗廟、五祀的祭祀之禮，體現了仁義的思想，而成為禮制的寶藏。”

【原文】

“夫禮必本於太一⁽¹⁾，分而為天地，轉而為陰陽，變而為四時，列而為鬼神。其降曰命⁽²⁾，其官於天也⁽³⁾，協於分藝⁽⁴⁾，其居於人也曰養⁽⁵⁾；所以講信修睦，而固人之肌膚之會、筋骸之束者；所以養生送死、事鬼神之大端；所以達天道、順人情之大竇⁽⁶⁾。唯聖人為知禮之不可以已也，故破國、喪家、亡人，必先去其禮。"

【注釋】

(1)太一：王肅注："太一者，元氣也。"這裏指創造天地萬物的元氣。《禮記·禮運》孔穎達疏曰："謂天地未分，混沌之元氣也。"

(2)其降曰命：其氣運降臨叫做命。王肅注："即上所為命，降於天地、祖廟也。"

(3)其官於天也：官，《經籍纂詁》："官，法也。"這裏是傚法、傚仿的意思。王肅注："官為職分也，言禮職分皆從天下來也。"理解有誤。

(4)協於分藝：王肅注："藝，理。"

(5)其居於人也曰養：王肅注："言禮之於人身，所以養成人也。"

(6)竇：孔穴，這裏是比喻通達天道、順應人情的孔道。

【通解】

"禮制必然本源於太一，它分化而成天地，轉化而成陰陽，演變而成四時，分裂而成鬼神。太一的氣運降臨叫做命令，而這命令也是傚法自然，協調各種關繫的，它落實到人類就是養：它使人們講求誠信、追求和睦，如同使人自身的肌膚的會合、筋骨的聯結得到強固一樣；它是用來奉養生者、喪葬死者、祭祀鬼神的最基本的原則；是用來通達天道、順應人情的重要通道。只有聖人瞭解禮不可以廢止，所以要使一個國家破滅、一個家庭衰落、一個人消亡，一定要先使他們喪失禮制。"

【原文】

"禮之於人，猶酒之有糵⁽¹⁾也，君子以厚，小人以薄。聖人修義之柄、禮之序，以治人情。人情者，聖王之田也，修禮以耕之，陳義以種之，講學以耨⁽²⁾之，本仁以聚之，播樂以安之。故禮者，義之實也，協諸義而協則禮，雖先王未有，可以義起焉；義者，藝之分，仁之節，協於藝，講於仁，得之者強，失之者喪；仁者，義之本，順之體，得之者尊。故治國不以禮，猶無耜⁽³⁾而耕；為禮而不本於義，猶耕之而弗種；為義而不講於學，猶種而弗耨；講之以學而不合之以仁，猶耨而不穫；合之以仁而不安之以樂，猶穫而弗食；安之以樂而不達於順，猶食而不肥。四體既正，膚革充盈⁽⁴⁾，人之肥也；父子篤，兄弟睦，夫婦和，家之肥也；大臣法，小臣廉，官職相序⁽⁵⁾，君臣相正，國之肥也；天子以德為車，以樂為御，諸侯以禮相與⁽⁶⁾，大夫以法相序，士以信相考，百姓以睦相守，天下之肥也。是謂大順。順者，所以養生送死，事鬼神之常也。故事大積焉而不苑⁽⁷⁾，並行而不謬，細行而不失，深而通，茂而有間⁽⁸⁾，連而不相及⁽⁹⁾，動而不相害，此順之至也。明於順，然後乃能守危⁽¹⁰⁾。"

【注釋】

(1)蘖(niè)：酒麴，釀酒用的發酵劑，這裏比喻有禮能使人情醇厚。

(2)耨(nòu)：原義除草，王肅注"耨，除穢也"，除去污穢，是引申義。

(3)耜(sì)：古代農具名。常"耒耜"連用，泛指農具。

(4)四體既正，膚革充盈：四體，四肢。膚，革，都指人體的皮膚。充盈，豐滿，充足。

(5)序：次第，秩序，這裏是按次第區分、排列。

(6)與：親附。

(7)事大積焉而不苑(yù，也讀 yǔn)：大積，指積壓的範圍或程度廣而深。苑，積壓，蘊結，王肅注："苑，滯積也。"

(8)茂而有間(jiàn)：茂，草木繁盛，這裏指事務繁雜。間，縫隙，空隙。王肅注："言有理也。"

(9)連而不相及：王肅注："言有叙也。"

(10)乃能守危：守，保持。危，《說文》解釋"在高而懼也"，全句意思：才能保持居高位而警惕。王肅注："高而不危，以長守危。"有誤。

【通解】

"禮對於人來說，就像釀酒必須有酒麴，君子追求禮，因而更加醇厚，小人不講禮，因而愈加淺薄。聖人研習義的根本，禮的秩序，來陶冶人情。人情就好比聖人的田地，整修禮制好比是耕地，闡明道義好比是種植，施行教育好比是除草，以仁愛為本來凝聚人心，傳播禮樂來安定百姓。所以禮，是義的實體，與義相協調而取得了自身的協調了的才是禮，即使先王時期還沒產生，也可以根據義的原理來加以創制；義，是法則有分別的根據，是實行仁道的節度，必須和法度協調，合於仁，做得到的就強盛，做不到的就衰亡；仁，是義的根本，順的本體，做得到的就尊貴。所以治國而不依靠禮制，就好像耕地而沒有末耜；推行禮制而不以義為本，就好像耕地而不播種；行義而不重視教育，就好像只播種而不除草；重視教育而不合於仁，就好像只是除草而不收穫；合於仁而不以樂安定人心，就好像只收穫糧食却不吃；用樂加以安定而不達到和順，就好像光喫飯却並不健壯。四肢健全，肌體豐滿，這是人體健壯；父子情深，兄弟和睦，夫婦和美，這是家庭健康；大臣守法，小臣廉潔，各種職官配合井然有序，君臣相互勸勉匡正，這是國家健康；天子以德為車，以樂為御者，來治理國家，諸侯之間憑藉禮制親附接觸，大夫憑藉法則相互協調，士人依靠誠心相互稽查，百姓因為和睦而相互交往，這是天下健康。這就是大順。順，是奉養生者，喪葬死者，祭祀鬼神的原則。所以即使事務堆積也不會阻滯，各種事務並行也不會發生錯亂，細小的事情也不會遺漏，再深奧的事也能通曉，事情繁雜而有條理，各種事情相互關聯而不互相牽扯，實行起來也不互相妨礙，這是順的最高境界。因此瞭解了順的目標，才能够做到居安思危。”

【原文】

“夫禮之不同，不豐不殺⁽¹⁾，所以持情而合危⁽²⁾也。山者不使居川，渚⁽³⁾者不使居原；用水、火、金、木，飲食必時⁽⁴⁾；冬合男女，春頒爵位，必當年德⁽⁵⁾，皆所順也，用民必順⁽⁶⁾。故無水旱昆蟲之灾，民無凶饑妖孽之疾⁽⁷⁾。天不愛其道，地不愛其寶，人不愛其情，是以天降甘露，地出醴泉⁽⁸⁾，山出器車⁽⁹⁾，河出馬圖⁽¹⁰⁾，鳳凰麒麟，皆在郊棷⁽¹¹⁾，龜龍在宮沼，其餘鳥獸及卵胎，皆可俯而窺也。則是無故，先王能循禮以達義，體信以達順。

此順之實也。"

【注釋】

(1)殺(shài)：減少，降等。

(2)合危：合，符合。王肅注："合禮，安也。"

(3)渚(zhǔ)：水中可居住的小塊陸地。《爾雅·釋水》："水中可居者曰洲，小洲曰渚。"

(4)用水、火、金、木，飲食必時：王肅注："用水，漁人以時入澤樑，乃溉灌。用火，季春出火，季秋納火也。用金，以時採銅鐵。用木，斧斤以時入山林。飲食各隨四時之宜者也。"

(5)必當年德：合男女一定要年齡相當，頒爵位一定要德行相稱。

(6)用民必順：王肅注："悦以使民。"

(7)民無凶饑妖孽之疾：兇，穀物不收，年成壞。妖孽，古代稱物類反常的現象。疾，痛苦，疾苦。全句意思：百姓免除了忍受飢餓和反常物候的痛苦。

(8)醴(lǐ)泉：甘美的泉水。醴，甜酒。

(9)山出器車：王肅注："出銀甕、丹竈之器及象車也。"車，即象車或山車，古人認為太平盛世，山林中會自然產生一種圓曲之木，可以制車，這是福瑞的象徵。《禮記·禮運》孔穎達疏曰："按《禮緯·斗威儀》云：'其政太平，山車垂 。'注云：'山車，自然之車；垂 ，不揉治而自圓曲。'"

(10)河出馬圖：王肅注："龍似馬，負圖出。"馬圖，也稱龍圖或河圖，古代傳說中龍馬從河水中背出的圖。

(11)郊掫(zōu)：郊外的草澤地帶。掫，字誤，應爲棷(sǒu)，草澤。《禮記·禮運》鄭玄注："棷，聚草也。"

【通解】

"禮制講究貴賤等級的不同，不能使它豐厚，也不能給它降等，藉以維繫感情，進而做到居安思危、保持警惕。居住山區的不會讓他們遷居到河邊，居住在小島上的不讓他們遷移到平原；使用金、木、水、火等生活資源，以及調節飲食，都要順應時節；冬天使男女婚配，春天頒設爵位，都必須使當事人的年齡或德行相稱，都是要順應天時龢民心，治理百姓更應如此。因此天下沒有水、旱、昆蟲等自然灾害，百姓不必忍受灾荒、飢餓和物候反常的痛苦。天不吝惜自己的育民之道,地不吝惜自己的養民之寶,人不吝惜自己的感情,因此天上降下甘露,地上涌出醴泉,山裹發現器具和象車,黃河中有龍馬揹負圖而躍出,鳳凰、麒麟都生活在郊外的草澤中,龜和龍都畜養在宮苑的池沼中,其他的鳥獸及其蛋卵和胎兒,也都隨處可見。出現這樣的景象,沒有別的原因,只是因為先王能够做到遵循禮制以達到義,體現誠信以達到順。這就是順的實際內容。"

卷第八

冠頌第三十三

【序說】

本篇是孟懿子和孔子之間關於冠禮的對話。孔子對冠禮的起源、冠禮的儀節、冠禮的意義、天子和諸侯冠禮的異同、三代之冠的異同等問題進行了闡述。本篇不僅可以幫助我們瞭解古代冠禮，而且反映了孔子的禮制思想。《論語·為政》記孔子說："殷因於夏禮，所損益可知也；周因於殷禮，所損益可知也。"孔子認為禮的變化是一種因革損益的關繫。固然，孔子重禮，認為人們的視、聽、言、動都要遵循禮，但孔子絕非復古保守的"拉歷史倒車的人"。從此篇所記孔子論禮的話來看，孔子雖然尊禮，但又不拘泥於禮，而是很富於權變思想，這與《中庸》中孔子"愚而好自用，賤而好自專，生乎今之世，反古之道，如此者，災及其身者也"的思想若合符節，歷來人們對孔子的偏見和誤解應該得到糾正。

【原文】

邾隱公[1]既即位，將冠[2]，使大夫因孟懿子[3]問禮於孔子。子曰："其禮如世子之冠[4]。冠於阼者，以著代也[5]，醮於客位，加其有成[6]，三加彌尊，導喻其志[7]。冠而字之，敬其名也。雖天子之元子，猶士也，其禮無變，天下無生而貴者故也。行冠事必於祖廟，以裸享之禮以將之[8]，以金石之樂以節之[9]。所以自卑而尊先祖，示不敢擅。"

【注釋】

（1）邾隱公：春秋時邾國國君。邾，周武王時所封曹姓國，後為魯附庸，在今山東鄒城境。

（2）冠：古代男子的成人禮。士二十而冠，表示身心已經成熟，可以擔負家庭、社會的任務。天子、諸侯、大夫及其子之冠禮,均早於士。

（3）因孟懿子:通過孟懿子。因,通過。孟懿子,孔子弟子,仲氏,名何忌。

（4）世子:太子,帝王和諸侯的嫡長子。

（5）冠於阼者,以著代也:王肅注:"阼,主人之階,以明其代父。"阼,堂前東面的臺階。古時,主人見賓客,主人由東階、賓客由西階昇堂。故阼階又稱主人之階。著,明也。

（6）醮（jiào）於客位,加其有成:王肅注:"冠於階,若不體則醮,用酒於客位,敬而成之。户西為客位。"醮,古代冠禮、婚禮時舉行的一種儀節。《禮記·士冠禮》鄭注:"酌而無酬酢曰醮。"即尊者為卑者酌酒,卑者接受敬酒後,無需回敬。加,通"嘉",嘉勉。

（7）三加彌尊,導喻其志:三加,三次加冠,始加緇布冠,再加皮弁冠,最後加爵弁冠。彌,益,更加。導喻,教導,曉諭。王肅注:"喻其志,使加彌尊,宜敬成,始緇布,次皮弁,次爵弁。"

（8）以祼（guàn）享之禮以將之:王肅注:"祼,灌鬯也。灌鬯以享神,享獻將行也。"祼,古代帝王以酒祭奠祖先或賜賓客飲酒之禮。也作"灌"。《書·洛誥》:"王入太室祼。"疏:"祼者,灌也。王以圭瓚酌鬱鬯之酒以獻屍,屍受祭而灌於地。因奠不飲,謂之祼。"王大會賓客亦用此禮。

（9）以金石之樂節之:王肅注:"金石者,鐘磬也。"

【通解】

郳隱公即位以後,準備為自己舉行冠禮,便派大夫通過孟懿子向孔子詢問有關冠禮的禮儀。孔子說:"這種禮儀如同世子的冠禮。世子加冠時要站在主人站的堂前東階上,以表示他將要以繼承人的身份替代其父為一家之主。加冠後,主持者站在門户西邊的客位上向他敬酒,嘉勉其有所成就,三次加冠,一次比一次尊貴,教導他有遠大志向。加冠以後要取字,以表示尊重他的名。即使是天子的嫡長子,與士的冠禮也是一樣的,其禮儀沒有什麼變化,因為天下沒有一出生就尊貴的人。冠禮一定要在祖廟裏舉行,用祼享之禮來表示即將開始,用鐘磬之樂加以節制。這是因為要使自己感到卑下而尊崇祖先,表明不敢擅越祖先的禮制。

【原文】

懿子曰:“天子未冠即位,長亦冠也?”

孔子曰:“古者王世子雖幼,其即位則尊為人君,人君治成人之事者,何冠之有?”

懿子曰:“然則諸侯之冠異天子與?⁽¹⁾”

孔子曰:“君薨而世子主喪,是亦冠也已,人君無所殊也。⁽²⁾”

懿子曰:“今邾君之冠非禮也?⁽³⁾”

孔子曰:“諸侯之有冠禮也,夏之末造也⁽⁴⁾,有自來矣,今無譏焉⁽⁵⁾。天子冠者,武王崩,成王年十有三而嗣立。周公居冢宰,攝政以治天下。明年夏六月,既葬⁽⁶⁾,冠成王而朝於祖,以見諸侯,亦有君也。周公命祝雍作頌⁽⁷⁾曰:‘祝王達而未幼。’祝雍辭⁽⁸⁾曰:‘使王近於民⁽⁹⁾,遠於年⁽¹⁰⁾,嗇於時⁽¹¹⁾,惠於財,親賢而任能。’其頌曰:‘令月吉日⁽¹²⁾,王始加元服⁽¹³⁾。去王幼志,服衮職⁽¹⁴⁾,欽若昊命⁽¹⁵⁾,六合是式⁽¹⁶⁾。率爾祖考⁽¹⁷⁾,永永無極。’此周公之制也。”

【注釋】

(1)然則諸侯之冠異天子與:王肅注:“怪天子無冠禮,如諸侯之冠,故問之。”

(2)人君無所殊也:王肅注:“諸侯亦人君,與天子無異。”

(3)今邾君之冠非禮也:王肅注:“懿子以諸侯無冠,則邾君之冠非也。”

(4)諸侯之有冠禮也,夏之末造也:王肅注:“夏之末世,乃造諸侯冠禮。”

(5)有自來矣,今無譏焉:王肅注:“言有所從來,故今無所譏。”

(6)“成王年十有三”至“既葬”:王肅注:“《周書》亦曰:‘歲十有三,武王崩,元年六月葬。’與此若合符。而說者橫為年紀,蹙促成年少。又命周公武王崩後五月乃攝政,良可為冠與痛哉!”

(7)祝雍作頌:祝雍,周代大夫。頌,古代的一種文體。《詩·周南·關雎序》:“頌者,美盛德之形容,以其成功告於神明者也。”

（8）辭：作祝辭。

（9）使王近於民：王肅注：“常得民之心也”。

（10）遠於年：王肅注：“壽長。”

（11）嗇（sè）於時：王肅注：“嗇，愛也。於時不奪民時也。”

（12）令月吉日：泛言大吉大利之日。令，美好。

（13）元服：冠，帽子。元，首也。冠者，首之所戴，故謂之元服。古稱行冠禮為加元服。

（14）服袞職：王肅注：“袞職，盛服有禮文也。”

（15）欽若昊命：王肅注：“欽，敬；若，順。”昊，天。昊命，天命。

（16）六合是式：王肅注：“天地四方謂之六合。言為之法式。”

（17）率爾祖考：率，語辭。爾，你，你們。祖考，祖先。

【通解】

孟懿子問：“天子沒有加冠就即位，長大以後還要舉行冠禮嗎？”

孔子說：“古時的世子雖然年幼，但一旦他即位，便被尊為人君。人君做的是成人應做的事，哪裏還用加冠禮啊？”

孟懿子問：“那麼諸侯的冠禮與天子的冠禮不同嗎？”

孔子說：“君主去世，他的世子主持喪事，這就算已經加冠了。對人君來說，是沒有什麼不同的。”

孟懿子問：“那麼，現在邾隱公舉行冠禮是不合禮制嗎？”

孔子說：“諸侯之有冠禮，開始於夏代末年，是有源淵的，沒必要譏諷他。為天子加冠，始於周成王。當時武王去世，成王十三歲就即位為天子。周公擔任冢宰之職，代為主政治理天下。第二年夏六月，安葬了武王后，便為成王舉行冠禮並讓他在祖廟接受諸侯的朝見，以表示諸侯有了自己新的君王。周公命祝雍作頌說：‘祝願我王通達而逐漸長大。’祝雍作祝辭說：‘希望我王接近百姓，健康長壽，愛護百姓使他們不失農時，惠賜財物，親近賢人而任用有才能之人。’祝雍又作頌說：‘在大吉大利的日子，為我王舉行冠禮，要去除君王幼稚的念頭，穿上有禮文的盛服，敬順天命，為天下四方的法式。偉大的祖先啊，你們將永遠享有祭祀。’這就是周公的禮制。”

【原文】

懿子曰：“諸侯之冠，其所以為賓主，何也？”

　　孔子曰："公冠則以卿為賓,無介,公自為主,迎賓揖,昇自阼,立於席北。其醴[1]也,則如士,饗之以三獻之禮[2]。既醴,降自阼階。諸侯非公而自為主者,其所以異,皆降自西階[3],玄端與皮弁異[4]。朝服素畢[5],公冠四[6],加玄冕祭[7]。其酬幣於賓,則束帛乘馬[8]。王太子、庶子之冠擬焉[9],皆天子自為主,其禮與士無變,饗食賓也皆同。"

【注釋】

(1)醴:甜酒。這裏指尊者對卑者較簡單的一種敬酒禮節。酌而無酬曰酢,用醴曰醴,用酒曰醮。

(2)饗之以三獻之禮:饗,饗賓也。三獻,古時祭祀時獻酒三次,即初獻爵、亞獻爵、終獻爵,合稱三獻。

(3)西階:王肅注:"西階,賓也。"

(4)玄端與皮弁(biàn)異:王肅注:"玄端,緇布冠之服。皮弁,自服其服也。"

(5)朝服素畢:王肅注:"朝服而畢,示不忘古。"畢,通"韠",朝服上用皮革做成的護膝。

(6)公冠四:王肅注:"公四加冠。"

(7)加玄冕祭:王肅注:"加玄冕,着祭服。"

(8)其酬幣於賓,則束帛乘馬:王肅注:"已冠而饗,既饗,與賓幣,謂之酬幣。乘馬,駟馬也。"

(9)王太子、庶子之冠擬焉:王肅注:"王之太子、庶子皆擬諸侯冠禮也。"

【通解】

孟懿子問:"諸侯的冠禮,要分為賓主,這是為何?"

孔子說:"公舉行冠禮以卿為賓,不需要副賓,公自為主人,迎接賓客,揖讓行禮,從東階上去,站在坐席的北邊。至於敬甜酒的禮節,與士一樣,待之以三獻之禮。敬完甜酒後,就從東階下來。不是公的諸侯而自為主人的,與此之所以不同,就在於都是從西階下來,玄冠和皮弁也不同。都要穿着朝服和白色的護膝,公要四次加冠,加黑色冠,着祭服。要酬贈賓客一束帛和四匹馬。王太子和庶子的冠禮也與此一樣,都是天子自己為主人。他們的禮節和士一樣,招待賓客的形式也都相同。"

【原文】

懿子曰:"始冠必加緇布之冠⁽¹⁾,何也?"孔子曰:"示不忘古。太古冠布,齋則緇之,其緌也,吾未之聞⁽²⁾。今則冠而幣之可也⁽³⁾。"

懿子曰:"三王⁽⁴⁾之冠,其異何也?"孔子曰:"周弁,殷冔,夏收,一也⁽⁵⁾。三王共皮弁素緌。委貌,周道也;章甫,殷道也;毋追,夏后氏之道也⁽⁶⁾。"

【注釋】

(1)緇(zī)布之冠:一種黑色的冠。緇,黑色。

(2)其緌(ruí)也,吾未之聞:王肅注:"言今有緌,未聞之於古。古無緌也,緌,冠之飾也。"

(3)今則冠而幣之可也:王肅注:"今不復冠。幣,布幣之不復者也。"誤。幣,以幣帛相酬贈。

(4)三王:指夏、商、周三代君主。

(5)周弁,殷冔(xǔ),夏收,一也:王肅注:"皆祭服也。"

(6)"委貌"至"夏后氏之道也":王肅注:"常所服之冠也。"

【通解】

孟懿子又問道:"冠禮開始時一定要加黑布之冠,這是為何?"孔子說:"這是為了表示不忘記古代的禮制。遠古時代人們用白布做冠,齋戒時才染成黑色。至於冠上的垂帶,我沒聽說過。現在舉行冠禮,只要酬贈賓客就行了。"

孟懿子又問道:"夏商周三代的君王加冠禮的不同表現在什麼地方?"孔子答道:"祭祀時戴的冠,周代叫弁,殷代叫冔,夏代叫收,實際是一樣的。三代都是戴白色皮冠、白色冠帶。委貌,是周代常戴的冠,章甫,是殷代常戴的,毋追,是夏代常戴的。"

廟制第三十四

【序說】

衛國將軍文子要將公廟設在私家，派子羔諮詢孔子，孔子否定了這一做法，並論述了設立祭廟的制度。因此，本篇名為"廟制"。

本篇子羔發問中，"祭典"所云虞、夏、商、周四祖四宗的記載又見於《禮記・祭法》和《國語・魯語上》。本篇與《禮記》的記載一致，而與《國語》略有不同。

在我國的上古文化中，祭祀文化佔有極其重要的地位，本篇是上古尤其是夏、商、周三代祭祀制度研究的重要資料。在漫長的流變過程中，祭祀的禮儀法規逐漸形成，並出現了所謂的"祭典"、"祀典"，這從記載中不難看出來。例如，本篇提到的"祭典云……"，還有《禮記・祭法》"非此族也，不在祀典"，《國語・魯語上》"凡禘、郊、祖、宗、報，此五者國之典祀也"，"非是，不在祀典"，"守祀不替其典"等。三代時期應當存在着祭祀禮儀法度一類的典籍，而且被尊稱為"國典"。

在孔子看來，天子立七廟，諸侯立五廟，大夫立三廟，士立一廟，庶人無廟，是自有虞氏到周一直不變的制度，其數目是不可逾越的。其實，周代的廟數制是由周代的等級制度決定的，它又服務於政治上的等級制。這種廟制並不是自古不變的，可能也不是自西周建國初就有的，七廟應該是後來擴大的說法。關於孔子所論述的廟數制，《禮記・王制》、《禮記・禮器》都有一致的記載，《禮記・祭法》中對士的廟數則有差異，說"適士二廟一壇，曰考廟，曰王考廟"，這應該是春秋時期士階層分化的結果。

本篇所論及的廟數制還是鄭玄與王肅經學之爭的焦點之一。鄭玄認為天子七廟，大祖廟一，文王、武王廟各一，亦即二祧，親廟四，合而為七廟。王肅在其著作《聖証論》中，以為二祧者為高祖之父，高祖之祖。加上大祖及四親廟為七廟。文王、武王之廟在七廟之外。按王肅說，則天子應有九廟。王肅觀點與《家語》的不同，雄辯地證明了《家語》王肅偽造說難以成立。

【原文】

衛將軍文子⁽¹⁾將立三軍⁽²⁾之廟於其家⁽³⁾，使子羔訪於孔子。子曰：“公廟⁽⁴⁾設於私家，非古禮之所及，吾弗知。”

子羔曰：“敢問尊卑上下立廟之制，可得而聞乎？”孔子曰：“天下有王，分地建國，設祖宗⁽⁵⁾，乃為親疏貴賤多少之數。是故天子立七廟，三昭三穆⁽⁶⁾，與太祖之廟七。太祖近廟⁽⁷⁾，皆月祭之。遠廟為祧，有二祧焉⁽⁸⁾，享嘗⁽⁹⁾乃止。諸侯立五廟⁽¹⁰⁾，二昭二穆，與太祖之廟而五，曰祖考廟⁽¹¹⁾，享嘗乃止。大夫立三廟⁽¹²⁾，一昭一穆，與太廟而三，曰皇考廟⁽¹³⁾，享嘗乃止。士立一廟⁽¹⁴⁾，曰考廟⁽¹⁵⁾。王考無廟，合而享嘗乃止⁽¹⁶⁾。庶人無廟，四時祭於寢⁽¹⁷⁾。此自有虞以至於周之所不變也⁽¹⁸⁾。凡四代帝王之所謂郊⁽¹⁹⁾者，皆以配天；其所謂禘⁽²⁰⁾者，皆五年大祭之所及也⁽²¹⁾。應為太祖者，則其廟不毀；不及太祖，雖在禘郊，其廟則毀矣⁽²²⁾。古者祖有功而宗有德，謂之祖宗者，其廟皆不毀。⁽²³⁾”

【注釋】

(1)文子：王肅注：“文子，名彌牟。”衛靈公之孫，公子郢之子，曾立悼公，集衛國軍政大權於一身。

(2)三軍：叢刊本作“三軍”，而同文本作“先君”。應以“先君”為確，因音同而訛。

(3)家：卿、大夫的宗族與政權組織。《論語·八佾》：“三家者以雍徹。”朱熹注：“三家，魯大夫孟孫、叔孫、季孫之家也。”

(4)公廟：國家的祭廟。

(5)設祖宗：王肅注：“祖有功，宗有德。”古代帝王的世系中，始祖稱祖，繼祖者為宗。《禮記·祭法》：“(殷人)祖契而宗湯；(周人)祖文王而宗武王。”鄭玄注：“祖宗，通言耳。”按，孔穎達疏：“王肅又以祖宗為祖有功，宗有德。”與鄭玄說不同。實則祖、宗之制，殷周不同。殷以宗為有功的復興君主之稱，而周則凡繼祖者都稱宗。王肅說主殷制，鄭玄說則主周制。後代帝王祖宗廟號都承用周制。通常又以“祖宗”為祖先的通稱。

（6）昭、穆：古代宗法制度，宗廟次序，始祖廟居中，以下父子（祖、父）遞為昭穆。左為昭，右為穆。《周禮・春官・小宗伯》：“辨廟祧之昭穆。”鄭玄注：“父為昭，子為穆。”

（7）太祖近廟：王肅注：“近謂高祖，下親為近。”

（8）遠廟為祧（tiāo），有二祧焉：王肅注：“祧，遠意。親盡為祧。二祧者，高祖及父母祖是也。”《禮記・祭法》：“遠廟為祧。”孫希旦集解：“蓋謂高祖之父、高祖之祖之廟也。謂之遠廟者，言其數遠而將遷也。”《周禮・春官・小宗伯》：“辨廟祧之昭穆。”鄭玄注：“祧，遷祖所藏之廟。”《周禮・春官・守祧》：“掌守先王、先公之廟祧。”鄭玄注：“廟謂大祖之廟及三昭三穆。遷祖所藏曰祧。先公之遷主，藏於后稷之廟，先王之遷主，藏於文武之廟。”

（9）享嘗：王肅注：“四時祭也。”宗廟四時祭，又稱時享。是指春夏秋冬四季用新物薦享祖先。時享的名稱舊說不一，一般是春祭曰祠，夏祭曰礿，秋祭曰嘗，冬祭曰烝。

（10）諸侯立五廟：王肅注：“降天子二也。”

（11）祖考廟：王肅注：“始祖廟也。”也稱太祖廟。周制即后稷之廟。《禮記・祭法》：“王立七廟，一壇一墠……曰祖考廟。”孔穎達疏：“曰祖考廟者，祖，始也。此廟為王家之始，故云祖考也。”

（12）大夫立三廟：王肅注：“降諸侯二也。”

（13）皇考廟：曾祖廟。《禮記・祭法》：“王立七廟，一壇一墠……曰皇考廟。”孔穎達疏：“皇考廟者，曾祖也。皇，大也，君也，曾祖轉尊，又加大君之稱也。”

（14）士立一廟：王肅注：“降大夫二也。”

（15）考廟：父廟。《禮記・祭法》：“王立七廟，一壇一墠。曰考廟。”孔穎達疏：“曰考廟者，父廟曰考。考，成也，謂父有成德之美也。”

（16）王考無廟，合而享嘗乃止：王肅注：“祖合於父廟中。”王考，對去世祖父的尊稱。

（17）寢：內堂，臥室。《逸周書・皇門解》：“予獨服在寢。”孔晁注：

"寢，室也。"

（18）此自有虞以至於周之所不變也：王肅注："自有虞以至於周，周禮不異，而說者以周有廟，以有文武，故祧當遷者，而以為文廟，或有甚矣。禮典皆有七廟之文，唯《喪服小記》云：'王者禘其祖之所自出，以其祖配之，而立四廟。'謂始王者未有始祖，故立四廟。今有虞亦始王者，而既立七廟矣，則《喪服小記》之言亦妄矣。"

（19）郊：祭名。廣義的郊祭是指在郊舉行的各種祭祀。狹義的郊祭僅指郊天之禮。文中此處為狹義的郊祭。

（20）禘：祭名。傳統的說法，禘分三類：其一，祀天地於郊，以其始祖配之，此為大禘。其二，四時享先王，夏商稱夏享曰禘，周改稱礿。其三，四時之祭外，祭於群廟為禘，五年一次。此應為第三類。

（21）皆五年大祭之所及也：王肅注："殷周禘嚳，五年大祭而及。"

（22）不及太祖，雖在禘郊，其廟則毀矣：王肅注："諸禘享考無廟，郊亦無廟。后稷之所以有廟，自以太祖。故曰不為太祖，雖在禘郊，其廟則毀。據后稷而言，殷人不郊冥，以冥有大功。契既為太祖之廟，若復郊，則冥永不與於祀典，是以郊冥者也。"

（23）古者祖有功而宗有德，謂之祖宗者，其廟皆不毀：王肅注："祖宗者，不毀之名。其廟有功者謂之祖，至於周文王是也；有德者謂之宗，周武王是也。二廟自有祖宗，乃謂之二祧，又以為配食明堂之名，亦可謂達聖指，失實事也。"

【通解】

衛國將軍文子準備在自己的封地設立三君的祭廟，就此事派子羔向孔子請教。孔子說："國家的祭廟設在私家，這不是古禮所涉及到的，我不知道該用什麼禮儀。"

子羔說："請問尊卑上下關於立廟的制度，可以說來聽聽嗎？"孔子說："自從天下有了君王，分封土地，建立國家，設立祖宗的祭廟，於是就區分了親疏、貴賤和多少的數目。所以天子設立七座祭廟，三座昭廟，三座穆廟，與太祖廟合而為七廟。太祖、高祖之廟每月都要祭祀。高祖之父、高祖之祖的廟為祧，共有兩座祧廟，只有四季的祭祀。諸侯設立五座祭廟，兩座昭廟，兩座穆廟，與太祖之廟合而為五廟，叫做'始祖廟'，四時節令都要祭祀。大夫設立三座祭廟，一座昭廟，一座穆廟，與太祖之廟合而為三廟，叫做'曾祖廟'，四時節令都要祭祀。士設立一座祭廟，叫做'父廟'，死去的祖父不單獨立廟，父祖之廟合並進行四季祭祀就可以了。庶人不立祭廟，在寢室進行四季的祭祀。這種制度自從有虞氏到周代都未曾改變過的。凡是提到的四代帝王郊祭，都是要配享上天的；所稱為'禘'的祭祀，都是五年大祭所要進行的。尊之為太祖的，他的祭廟不予毀掉；功德趕不上太祖的，即使在禘祀、郊祀的範圍，他的祭廟也要毀掉。古時認為祖有功而宗有德，尊稱為'祖'和'宗'的，他們的祭廟都不被毀掉。"

【原文】

子羔問曰："祭典⁽¹⁾云：'昔有虞氏⁽²⁾祖⁽³⁾顓頊⁽⁴⁾而宗⁽⁵⁾堯，夏后氏⁽⁶⁾亦祖顓頊而宗禹，殷人祖契⁽⁷⁾而宗湯，周人祖文王而宗武王。'此四祖四宗，或乃異代，或其考祖之有功德，其廟可也。'若有虞宗堯，夏祖顓頊，皆異代之有功德者也，亦可以存其廟乎？"孔子曰："善，如汝所聞也。如殷周之祖宗，其廟可以不毀，其他祖宗者，功德不殊⁽⁸⁾，雖在殊代，亦可以無疑矣。《詩》云：'蔽芾甘棠，勿翦勿伐'，'邵伯所憩'⁽⁹⁾。周人之於邵公也，愛其人，猶敬其所舍之樹，況祖宗有功德而可以不尊奉其廟焉？"

【注釋】

(1)祭典：祭祀禮儀法度一類書籍的合稱，也稱祀典。《禮記·祭法》："非此族也，不在祀典。"《國語·魯語上》："凡禘、郊、祖、宗、報，此五者國之典祀也。""非是，不在祀典。"《國語·周語上》："守祀不替其典。"

(2)有虞氏：傳說中遠古部落名。居於蒲阪（今山西永濟西蒲州鎮）。舜是其首領。

(3)祖：作動詞用，以……為祖。

(4)顓（zhuān）項（xū）：號高陽氏，傳說中古代部落首領。五帝之一。

(5)宗：作動詞用，以……為宗。

(6)夏后氏：即夏朝。

（7）契（xiè）：傳說中商的始祖。子姓，相傳契母有娀氏簡狄吞玄鳥蛋而生契，又稱玄王。助禹治水有功，舜任為司徒，掌管教化。居於商（今河南商丘南），一說居於藩（今山東滕州）。

（8）殊：不同。《宋書·謝靈運傳論》：“一簡之內，音韵盡殊；兩句之中，輕重悉異。”

（9）‘蔽芾（fèi）甘棠，勿翦勿伐’，‘邵伯所憩’：語出《詩·召南·甘棠》。王肅注：“蔽芾，小貌。甘棠，杜也。憩，息也。”王肅注有不確之處。蔽芾，茂盛的樣子。甘棠，即棠梨樹。《爾雅·釋木》：“杜，赤棠；白者棠。”邢昺疏引樊光云：“赤者為杜，白者為棠。”開白花的為棠，果實圓而小，味酸甜，故名甘棠。邵，今本《毛詩》作“召”，邵伯，即召公姬奭。朱熹注：“召伯巡行南國，以布文王之政，或舍甘棠之下，其後人，思其德，故愛其樹，而不忍傷也。”後世因用“甘棠”稱頌地方官之有惠政於民者。

【通解】

子羔問道：“祭典說：‘從前有虞氏廟祭中以顓頊為祖，以堯為宗；夏后氏廟祭中也以顓頊為祖，而以禹為宗，殷人廟祭中以契為祖，以湯為宗；周人廟祭中以文王為祖，以武王為宗。’這四祖四宗，有的是不同朝代的，有的是父祖都有功德的，在後一種情況下，他們的祭廟可以不被毀掉。像有虞氏廟祭中以堯為宗，夏后氏廟祭中以顓頊為祖，都是處在不同的朝代而有功德的，他們的祭廟也可以長久保留嗎？”

孔子說：“問得好！確實如同你所聽說的那樣。像殷人、周人的祖宗，他們的祭廟當然可以不被毀掉。其他為祖宗的，功德的大小也沒什麼不同，雖然在不同的朝代，也可以保留他們的祭廟，這沒什麼可猶疑的。《詩經》上說：‘茂盛的甘棠樹啊，不要剪來不要伐’，‘這是邵伯休息過的地方。’周人對於邵伯，熱愛他本人，進而敬重他曾經在下面休息過的甘棠樹，況且有功德的祖宗，雖在異代，又怎麼可以不尊敬並保留他們的祭廟呢？”

辯樂解第三十五

【序說】

本篇記載孔子跟師襄子學琴的情況，糾正子路學習音樂中的重大錯誤，與賓牟賈討論《武》樂，并且從中發表他對音樂的見解，闡述音樂的教化功能以及《武》樂所體現的深層含義，故以"辯樂"名篇。

孔子和早期儒家非常重視音樂，對音樂有特殊的認識。《禮記·樂記》說："凡音者，生於人心者也。樂者，通倫理者也。"又說："是故先王制禮作樂，人為之節。"孔子和儒家重禮，而廣義的禮即包含有與之相配合的樂，故常常"禮"、"樂"並稱，用以教化節制人民。孔子非常喜歡音樂，從本篇孔子學琴的記載可知，孔子學習音樂，不只是掌握音樂彈奏的技藝，更注意深入探索音樂的内在含義，體會音樂作者的情志。

音樂也是孔子教學的重要内容。《史記·孔子世家》說"孔子以《詩》、《書》、禮、樂教"。在本篇中，孔子通過對比"君子之音"和"小人之音"、"先王之制"和"北鄙之聲"，教導弟子"温柔居中"。《莊子·天下》篇稱"樂以道和"，《史記·太史公自序》說"樂以發和"，《禮記·經解》記："廣博易良，樂教也。"因此，音樂主和，具有陶冶情操、教化人心的功能，孔子所注重的也正是音樂的這種教化功能。

本篇詳細記載孔子與賓牟賈討論《武》樂的聲調、舞姿、章節以及其所表現的意義，并且敘述周武王伐紂後施仁行禮的善舉，表明《武》樂重在彰顯周武王的治功。《禮記·樂記》中說："王者功成作樂，治定制禮。"禮、樂之間關繫密切，相輔相成。周武王解散軍隊，治禮作樂，教化民衆，因此，"周道四達，禮樂交通"。

本篇記載有助於我們瞭解孔子的音樂教化思想。特別是《武》樂，其中敘述周武王的文治武功，在體現禮樂之教方面具有重要的史料價值。本篇記載可以與《禮記·樂記》和《史記·樂書》相互參照。

【原文】

孔子學琴於師襄子[1]。襄子曰："吾雖以擊磬為官,然能於琴。今子於琴已習,可以益矣。"孔子曰："丘未得其數[2]也。"

有間,曰："已習其數,可以益矣。"孔子曰："丘未得其志也。"

有間,曰："已習其志,可以益矣。"孔子曰："丘未得其為人也。"

有間,孔子有所謬然[3]思焉,有所睪然[4]高望而遠眺[5],曰："丘迨得其為人矣。近黮[6]而黑,頎[7]然長,曠如望羊[8],奄有四方,[9]非文王其孰能為此?"師襄子避席葉拱[10]而對曰："君子聖人也,其傳曰《文王操》[11]。"

【注釋】

(1)師襄子:春秋時魯國樂官。此記載又見於《韓詩外傳》卷五、《史記·孔子世家》。

(2)數:技藝,技巧。這裏指演奏的節奏內容。

(3)謬然:王肅注:"深思貌。"謬,通"穆"。

(4)睪(gāo)然:高貌。睪,通"皋"。

(5)眺:王肅注:"眺,見也。"

(6)黮(dǎn):王肅注:"黮,黑貌。"

(7)頎(qí):王肅注:"頎,長貌。"

(8)曠如望羊:王肅注:"曠,用志廣遠。望羊,遠視也。"

(9)奄有四方:王肅注:"奄,同也。文王之時,三分天下有其二。後周有四方,文王之功也。"

(10)葉拱:王肅注:"葉拱,兩手薄其心也。"葉拱為古時行禮的一種形式,即兩手環拱靠近胸口。

(11)《文王操》:琴曲名。

【通解】

孔子向師襄子學習彈琴。一日,師襄子說:"我雖然是因為磬擊奏的好而被任以官職，但我擅長於彈琴。依我看，如今您已經學會彈琴，可以改彈其它曲子了。孔子說："我還沒有掌握彈奏這首曲子的技巧。"

過了一段時間，師襄子說："您已經掌握了彈奏這首曲子的技巧，現在可以彈奏其它曲子了。"孔子說："我還沒領悟這首曲子的內在思想。"

過了一段時間，師襄子說："您已經領悟了這首曲子的內在思想，現在可以彈奏別的曲子了。"

孔子說："我還沒有想清楚這首曲子的作者是個怎樣的人。"

又過了一段時間，孔子穆然深思，一副志向高遠的樣子，眺望高遠處，說："我已經清楚這首曲子的作者是怎樣的人了。他皮膚黝黑，身材修長，志向廣遠，使四方同歸於一。除了周文王，誰還能作出這樣的樂曲呢？"

師襄子聽到，趕緊離開坐席，向孔子拱手行禮，並說："您真是君子聖人啊！這首琴曲，流傳就是《文王操》。"

【原文】

子路鼓琴，孔子聞之，謂冉有曰："甚矣！由之不才也。夫先王之制音也，奏中聲[1]以為節，流入於南，不歸於北。夫南者，生育之鄉；北者，殺伐之域[2]。故君子之音溫柔居中，以養生育之氣。憂愁之感，不加於心也；暴厲之動，不在於體也。夫然者，乃所謂治安之風也。小人之音則不然，亢麗微末[3]，以象殺伐之氣。中和之感，不載於心；溫和之動，不存於體。夫然者，乃所以為亂之風。昔者舜彈五弦之琴，造《南風》之詩，其詩曰：'南風之熏兮，可以解吾民之慍兮；南風之時兮，可以阜吾民之財兮[4]。'唯修此化，故其興也勃焉，德如泉流，至於今，王公大人述而弗忘。殷紂好為北鄙之聲[5]，其廢也忽焉，至於今，王公大人舉以為誡。夫舜起布衣，積德含和，而終以帝。紂為天子，荒淫暴亂，而終以亡，非各所修之致乎？由，今也匹夫之徒，曾無意於先王之制，而習亡國之聲，豈能保其六七尺之體哉？"

冉有以告子路，子路懼而自悔，靜思不食，以至骨立[6]。夫子曰："過而能改,其進矣乎。"

【注釋】

(1)中聲:中和之聲,和諧、適中的音樂。此記載又見於《說苑·修文》。

(2)域:原作"城",據陳本改。

(3)亢麗微末:指音調激烈尖細。

(4)南風之時兮,可以阜吾民之財兮:王肅注:"得其時。阜,盛也。"

(5)北鄙之聲:一種粗俗放蕩的音樂。盛於商都朝歌北邊的鄙野,故稱。

(6)骨立:形容人極為消瘦。

【通解】

子路彈琴,孔子聽到了,便對冉有說:"仲由真是太不成才了!先王創制的音樂,奏中和之聲用以節制,這種音樂流傳到南方,沒再返歸北方。南方是有利於生存繁育的地方;北方,則是充滿殺戮征戰的地方。因此,君子彈奏出的音樂,溫順柔和節奏適中,能够培養生存繁育之氣。憂愁的情緒,不在心中產生;粗暴的舉動,不在身上出現。這種情況,就是所說的太平安定的風氣。小人彈奏出的音樂則不這樣,而是激烈尖細,用以象徵殺戮征伐之氣。中和的感情,不存在於心中;溫柔和氣的舉動,不表現在身上。這種情況,就是引起動亂不安定的風氣。從前,舜彈奏五弦琴,創作出《南風》這首詩,詩中說:'南風是多麼的柔和啊,可以消除我百姓心中的怨怒;南風是多麼及時啊,可以增加我百姓的財富。'正是因為實施這種教化,所以他的興起非常地快,他高尚的品德就像長流不止的甘泉,直到今天,天子、諸侯們仍還不斷稱述,難以忘懷。殷紂喜好彈奏粗俗放蕩的北鄙之聲,所以他的國家很快就滅亡了,直到今天,天子、諸侯們還都引以為戒。舜本來是個普通百姓,累積德行,胸懷溫和之氣,最終被尊奉為帝。紂本來貴為天子,却荒淫暴亂,最終身死國亡。這不是由他們各自不同的修為所導致的嗎?仲由如今只是一個平民百姓,不留意於先王之制,却習染亡國之聲,這怎麼能保全他的性命呢?"

冉有把孔子的話告訴了子路。子路聽後非常害怕幷且自悔不已,靜坐反思,不吃東西,以至瘦骨嶙峋。孔子說:"有了過錯能够改正,這就是進步啊!”

【原文】

周賓牟賈(1)侍坐於孔子。孔子與之言,及樂,曰:“夫《武》之備誡之以久(2),何也?”對曰:“病疾不得其衆(3)。”

“咏嘆之,淫液(4)之,何也?”對曰:“恐不逮事(5)。”

“發揚蹈厲之已蚤(6),何也?”對曰:“及時事(7)。”

“《武》坐致右而軒左(8),何也?”對曰:“非《武》坐(9)。”

“聲淫及商(10),何也?”對曰:“非《武》音也(11)。”

孔子曰:“若非《武》音,則何音也?”對曰:“有司(12)失其傳也。”

孔子曰:“唯(13),丘聞諸萇弘(14),亦若(15)吾子之言是也。若非有司失其傳,則武王之志荒(16)矣。”

賓牟賈起,免席(17)而請曰:“夫《武》之備誡之以久,則既聞命矣。敢問遲矣而又久立於綴(18),何也?”

子曰:“居,吾語爾。夫樂者,象成者也(19)。總干而山立(20),武王之事也。發揚蹈厲,太公之志也(21)。《武》亂皆坐(22),周、邵之治也。且夫《武》,始成(23)而北出,再成而滅商,三成而南反(24),四成而南國是疆(25),五成而分陝,周公左、邵公右(26),六成而復綴,以崇其天子焉(27)。衆夾振焉而四伐(28),所以盛威於中國。分陝而進,所以事蚤濟(29)。久立於綴,所以待諸侯之至也。”

“今汝獨未聞牧野之語(30)乎?武王克殷而反商之政,未及下車,則封黃帝之後於薊(31),封帝堯之後於祝(32),封帝舜之後於陳;下車又封夏后氏之後於杞(33),封殷之後於宋,封王子比干之墓,釋箕子(34)之囚,使人行商容之舊(35),以復其位(36),庶民弛政(37),庶士倍禄。既濟河西(38),馬散之華山之陽而弗復乘,牛散之桃林⁽³⁹⁾之野而弗復服，車甲則釁⁽⁴⁰⁾之而藏之諸府庫，以示弗復用。倒載干戈而包之以虎皮，將率之士使為諸侯，命之曰韔橐⁽⁴¹⁾，然後天下知武王之不復用兵也。散軍而修郊射⁽⁴²⁾，左射以《貍首》，右射以《騶虞》⁽⁴³⁾，而貫革之射息也；裨冕搢笏⁽⁴⁴⁾，而虎賁之士脫劍；郊祀后稷，而民知尊父焉；配明堂⁽⁴⁵⁾，而民知孝焉；朝覲，然後諸侯知所以臣；耕籍⁽⁴⁶⁾，然後民知所以敬親。六者天下之大教也。食三老五更於太學⁽⁴⁷⁾，天子袒而割牲，執醬而饋，執爵而酳⁽⁴⁸⁾，冕而總干⁽⁴⁹⁾，所以教諸侯之弟⁽⁵⁰⁾也。如此，則周道四達，禮樂交通。夫《武》之遲久，不亦宜乎？"

【注釋】

（1）賓牟（móu）賈（gǔ）：孔子弟子。賓牟，姓。賈，名。此記載又見於《禮記·樂記》、《史記·樂書》。

（2）夫《武》之備誡之以久：王肅注："《武》，謂周武。備誡，擊鼓警衆也。"《武》即周朝的一種舞蹈，模仿武王伐紂故事而作。

（3）病疾不得其衆：王肅注："病，憂也。憂恐不得其士衆之心敬者也。"

（4）淫液：王肅注："淫液，歆淫滋味。"即聲音綿延不絕。

（5）恐不逮事：王肅注："言汲汲慾及此安民和衆事。"

（6）發揚蹈厲之已蚤：王肅注："厲，疾。備戒雖久，至其發作又疾。"蚤，通"早"。

（7）及時事：王肅注："慾令事及其時。"

（8）《武》坐致右而軒左：王肅注："右膝至地，左膝不至地也。"《武》坐，《武》舞跪地的姿勢。軒，起。

（9）非《武》坐：王肅注："言無《武》坐。"

（10）聲淫及商：王肅注："言聲歆淫貪商。"商，商聲，主殺伐。

（11）非《武》音也：王肅注："武王之事，不得已為天下除殘賊，非苟貪商。"

（12）有司：主管某部門的官吏。這裏指樂官，樂師。

（13）唯（wěi）：應答聲。

（14）萇弘：春秋周敬王時的大夫。相傳孔子曾向他學習雅樂。

（15）若：下原有"非"字，當為涉下文而衍，據陳本刪。

（16）荒：迷亂，糊塗。

（17）免席：避席，離席。古人席地而坐，離席而起，表示尊敬。

（18）遲（zhì）矣而又久立於綴：指表演者站在舞位上久久不動。遲，等待。綴，指表演者所處的位置。

（19）夫樂者，象成者也：王肅注："象成功而為樂。"

（20）總干而山立：王肅注："總持干若山立不動。"總，統領。干，盾牌。

（21）發揚蹈厲，太公之志也：王肅注："志在鷹揚。"

（22）《武》亂皆坐：王肅注："《武》亂，《武》治，皆坐而以象安民之事也。"亂，指樂曲的最後一章。

（23）成：樂曲一終為一成。指樂曲的一個段落。

（24）三成而南反：王肅注："誅紂已而南也。"

（25）四成而南國是疆：王肅注："言有南國以為疆界。"

（26）五成而分陝，周公左，邵公右：王肅注："分東西而治也。"西周初年，依陝（今河南陝縣）為界，周公旦統轄以東（左）的東方諸侯，邵（召）公奭（shì）則統轄以西（右）的西方諸侯。這個統治區域的劃分，後來相沿很久。

（27）六成而復綴，以崇其天子焉：王肅注："以象尊天子也。六成，謂舞之節解也。"

（28）衆夾振焉而四伐：王肅注："夾武王四面會振威武。四伐者，伐四方與紂同惡也。"夾振，指舞隊兩邊有人夾着舞者搖動金鐸（古代用來傳佈命令的大鈴），表示周武王伐紂時鼓動士氣的情節。四伐，指舞者按鐸聲的節奏向四方擊刺，以表示周武王東討西伐，南征北戰，威震四方。伐，一刺一擊叫一伐。

（29）分陝而進，所以事蚤濟：王肅注："所以分陝而蚤進者，慾事蚤成。"

（30）牧野之語：指關於牧野戰役的傳說。周武王興師伐紂，與殷商軍隊大敗於牧野。商軍倒戈，紂自殺，殷商滅亡。

（31）薊（jì）：在今北京西南角。後為燕國都城所在地。

（32）祝：在今山東濟南西南。後為齊所滅。

（33）杞：國名。在今河南省杞縣。相傳周武王封夏虞後代東樓公於此。

（34）封殷之後於宋：王肅注：“武王伐殷，封其子祿父。武王崩，祿父叛，周公誅之，封微子於宋，以為殷後。祿父不成殷後，故成言之。”

（35）箕（jī）子：商紂王的叔伯父，官至太師。封於箕（今山西太谷東北）。曾勸諫紂王，紂王不聽，並將其囚禁。後被周武王釋放留鎬京。

（36）使人行商容之舊，以復其位：王肅注：“商容，商之禮官。其位，舊居也。傳說多以商容為殷之賢人，或使箕子求商容乎！行，猶索也。”

（37）庶民弛政：王肅注：“解其力役之事。”實際是解除百姓殷紂時所擔負的苛政。

（38）既濟河西：指周武王滅商之後，率軍南渡黄河，西還鎬京。濟，渡。河，黄河

（39）桃林：王肅注：“桃林，西方塞也。”

（40）釁（xìn）：古時新制器物成，殺牲以祭，遂用其血涂縫隙，稱為釁。

（41）將率之士使為諸侯，命之曰鞬（jiān）橐（tuó）：王肅注：“言所以藏弓矢而不用者，將率之士力也，故使以為諸侯，為之鞬橐也。”率，通“帥”，主將。鞬橐，本指盛弓箭的器具，此指閉藏兵甲。

（42）修郊射：王肅注：“郊有學官，可以習禮。”

（43）左射以《狸首》，右射以《騶虞》：王肅注：“左東學，右西學。《狸首》、《騶虞》所為節也。”《狸首》、《騶虞》，皆為樂章之名。

（44）裨冕搢（jìn）笏（hù），而虎賁（bēn）之士脱劍：王肅注：“衮冕之屬，通謂之裨冕。脱劍，解劍也。”裨，古代祭祀時穿的次等禮服。搢笏，插笏版於腰帶上。

（45）明堂：古代帝王宣明政教的地方。凡朝會、祭祀、慶賞、選士、養老、教學等大典，均在此舉行。

（46）耕籍，然後民知所以敬親：王肅注：“親耕籍田，所以奉祠祀之粢盛。”籍，或作“借”，籍田（借田），古時天子、諸侯徵用民力耕種的田，相傳天子籍田千畝，諸侯百畝。每逢春耕前，由天子、諸侯執耒耜在籍田上三推或一撥，稱作“籍禮”，以示重農。

(47)食(sì)三老五更於太學：古代朝廷設三老五更之位，天子以父兄之禮養之，以示敬老。食，通"飼"，拿食物給人吃。引申為招待，供養。

(48)執爵而酳(yìn)：古代宴會或祭祀時的一種禮節，即食畢以酒漱口。王肅注："食已飲酒，謂之酳也。"爵，古代的酒器。

(49)冕而總干：王肅注："親在舞位。"謂親自戴上帽子，手持盾牌跳舞。

(50)弟(tì)：通"悌"，指敬重兄長。

【通解】

周人賓牟賈陪孔子坐着。孔子和他談話，涉及到樂舞，孔子提問："《武》舞開始前長時間地擊鼓警戒，這是什麼意思呢？"賓牟賈回答說："這是表現周武王出征前擔心得不到士衆的支持，需要長時間地準備。"

孔子問："聲音拉的長長的，綿延不絕，這是什麼意思呢？"賓牟賈答道："這是在表示周武王擔心自己完不成安民和衆的大事。"

孔子問："樂舞一開始就猛烈的手舞足蹈，這是什麼意思呢？"賓牟賈答道："這是象徵周武王在尋找征伐的最好時機。"

孔子問："《武》舞中右膝跪地，左膝抬起，這是什麼意思呢？"賓牟賈回答："那不是《武》舞的跪姿。"

孔子問："那歌樂中過多地涉及表示殺伐之氣的商調，又是為什麼呢？"賓牟賈回答："那不是《武》舞中所應有的音調。"

孔子問："如果不是《武》舞應有的音調，那應該是什麼音調呢？"賓牟賈回答："這是樂官們傳授中出現的失誤。"

孔子說："是的，我以前從周大夫萇弘那裏聽說的，與你說的一樣。如果不是樂官們傳授中出現錯誤，那真是武王心志迷亂糊塗了。"

賓牟賈起身，離開坐席，向孔子請教說："《武》舞開始前長時間的擊鼓警戒衆人的象徵意義，已經承您提問，領教了。請問武舞開始後表演者站在舞位上，長時間地等待，這是什麼意思呢？"

孔子說："請坐下，我來告訴你。樂舞是來表現事業成功的。手執盾牌，如山般的站立，象徵武王穩重的做事風格。忽然猛烈地手舞足蹈，象徵姜太公的雄心壯志。《武》舞的末章全體表演者整齊跪坐，象徵周公姬旦、邵公姬奭輔佐武王治理國家的成功。再說《武》舞的章節，第一章表示武王出征北上,第二章表示武王滅商,第三章表示功成後南下,第四章表示收復南方諸國,第五章表示以陝為界,將國家分而治之,周公治理東方,邵公治理西方,第六章中表演者都回到原來的舞位,表示天下諸侯前來朝拜,尊崇天子。表演當中,有表演者在舞者的兩邊搖動金鐸,舞者則揮動矛戈隨着鐸聲有節奏地向四方刺擊,表示討伐與紂同惡的四方諸侯,從而顯示了周武王的軍隊威震中國。舞者隨後又分成兩列前進,就像分陝而治,這表示戰事早已成功。至於表演剛開始時,表演者站在舞位上,長時間的等待,那是在表示武王等待各路諸侯前來會師。"

　　"至今你難道還沒聽說過牧野戰役的傳說嗎?周武王攻克了殷都,就宣佈要把當地的統治權交還給了殷商的後裔。還沒等下車,就把黃帝的後裔分封到薊地,把帝堯的後裔分封到祝地,把帝舜的後裔分封到陳地;下車後又把夏后氏的後裔分封到杞地,把殷商的後裔分封到宋地,增修了王子比干的墓地,釋放了被囚禁的箕子,讓他去尋找商容並恢復了商容的官職,解除百姓殷紂時所擔負的苛政,成倍地增加官吏的俸祿。隨後渡過黃河後西行,將駕車的馬散養在華山的南坡而不再乘用,將拉輜重的牛散養在桃林的原野上而不再使用,戰車兵甲則塗上牲血收藏在府庫裏,以表示不再使用,將盾牌、長矛倒置并包上虎皮,分封將帥為各地諸侯,這一系列的活動稱之為'鞬櫜',即封存戰備。從此以後,天下人都知道周武王不再用兵打仗了。武王解散軍隊而在郊區的學宮裏學習射禮,在東郊學宮習射的時候,奏《狸首》樂來節射,在西郊學宮習射的時候,奏《騶虞》樂來節射,從而貫穿皮革盔甲的殺射就停止了。臣子們身穿禮服,頭戴官帽,腰插笏版,從而勇猛的戰士解除了佩劍。在南郊祭祀后稷,從而使百姓懂得尊父,在明堂祭祀上帝而配享先祖,從而使百姓懂得孝道。實行朝拜觀見之禮,然後諸侯就懂得了如何做臣子。親自參加耕籍之禮,然後百姓就知道如何尊敬父母。這六方面,是天下重要的政教。在太學中宴請三老五更,天子袒露左臂,親自切割牲肉,端着肉醬向他門獻食,食畢,又親自端着酒爵請他們净口,而後,天子親自戴上官冕,手執盾牌,跳起舞蹈,向他們表示慰問,這樣做是為了教導諸侯敬重兄長。這樣一來,周朝的政教就暢達四方,禮樂各處通行。因此,《武》舞的表演持續很長時間,不也是理所應當的嗎?"

問玉第三十六

【序說】

本篇可以分為三個部分，因第一部分記子貢向孔子問玉的事情，故以"問玉"名篇．

第一部分記子貢問玉的事情．子貢對君子貴玉而賤珉的現象疑惑不解，因而求教於孔子．孔子認為這是由於玉可像征美德．在這裏，孔子向我們展現了時人對於美德的理解．按照孔子的解釋，美德具有仁、智、義、禮、樂、忠、信、天、地、德、道八個範疇，對這八個範疇，孔子的理解可謂層層深入，由仁、智、義、禮、樂、忠、信推及天、地，進而歸結為德、道．孔子將形像比喻與抽像思辯完美地結合起來，令人嘆為觀止．

第二部分是孔子專論經書教化的內容．孔子首先通論六經之教，分別指出六經之教的益處與不足，認為只要趨益除弊，就能充分理解六經．這段材料對於研究孔子與六經的關繫，研究孔子的經書教化思想有重要價值．既而孔子闡述了天地之教的含義，認為風霜雨露，繁育萬物實為天地之教化．孔子還認為天地之教與聖人相參，聖人秉清明之德，猶如神助，施惠萬民，福澤四方．

第三部分主要論述禮治問題．本章以子張問聖人之所以教發端，引發了孔子的論述．孔子認為禮重在實行，即"言可履"，這無疑是非常可貴的．孔子還認為"禮之所以興，衆之所以治也"，孔子以室有隩阼、席有上下、立有列序等事例形像地說明瞭禮治的重要性．從中可以看出禮在本質上是一種秩序，而人類對於秩序的追求則是永恒的，這無疑具有重要的現實意義．

【原文】

子貢問於孔子曰："敢問君子貴玉而賤珉⁽¹⁾，何也？為玉之寡而珉多歟?"孔子曰:"非為玉之寡故貴之,珉之多故賤之。夫昔者君子比德於玉:溫潤而澤,仁也;縝密以栗[2],智也;廉而不劌[3],義也;垂之如墜,禮[4]也;叩之,其聲清越而長,其終則詘[5]然,樂矣;瑕不掩瑜[6],瑜不掩瑕,忠也;孚尹旁達[7],信也;氣如白虹,天也;精神見於山川,地也[8];圭璋特達[9],德也;天下莫不貴者,道也。《詩》云:'言念君子,溫其如玉。'[10]故君子貴之也。"

【注釋】

(1)珉(mín):王肅注:"石似玉。"指像玉的石頭。本記載又見於《禮記·聘義》、《荀子·法行》。

(2)縝密以栗:王肅注:"縝密,致塞貌。栗,堅也。"指玉細緻精密而堅實。

(3)廉而不劌:王肅注:"割而有廉隅,而不割傷也。"廉,有稜角。劌,割傷。

(4)禮:王肅注:"禮尚謙卑。"

(5)詘(qū):王肅注:"詘,斷絕貌,似樂之息。"

(6)瑕不掩瑜:王肅注:"瑜,其忠美者也。"瑕,玉上面的斑點。瑜,玉的光彩。

(7)孚尹(yún)旁達:王肅注:"孚尹,玉貌。旁達,言似者無不通。"謂玉的顏色晶瑩剔透,通達於四方。孚,通"浮"。尹,通"筠",竹上的青色。

(8)精神見於山川,地也:王肅注:"精神本出山川,是故地也。"謂玉的精氣本來自於山川,所以具有地的品性。

(9)圭璋特達:玉做的圭璋作為朝聘的信物特別通達。

(10)言念君子,溫其如玉:語出《詩·秦風·小戎》。言,發語詞。

【通解】

子貢問孔子說:"為什麼君子把玉看得尊貴而把珉看得輕賤呢?是因為玉少而珉多嗎?"孔子說:"不是因為玉少的緣故而把玉看得尊貴,珉多的緣故而把珉看得輕賤。以前,君子將美德比作玉:玉溫和柔潤而有光澤,像仁;細緻精密而堅實,像智;有稜角而不傷人,像義;懸垂下墜,像禮;

敲打它，發出清脆悠揚的聲音，結束時戛然而止，像樂；玉的斑點不掩蓋玉的光彩，玉的光彩不掩蓋玉的斑點，像忠；玉的顏色晶瑩剔透，通達於四方，像信；光氣如同白色長虹，像天；精氣呈現於山川之間，像地；玉做的圭璋作為朝聘的信物特別通達，像德；玉是天下所尊貴的，像道。《詩》說：'想念我那夫君，他溫和柔潤，如玉一般。'所以君子以玉為貴。"

【原文】

孔子曰：“入其國，其教[1]可知也。其為人也，溫柔敦厚[2]，《詩》教也；疏通知遠[3]，《書》教也；廣博易良[4]，《樂》教也；潔靜精微[5]，《易》教也；恭儉莊敬[6]，《禮》教也；屬辭比事[7]，《春秋》教也。故《詩》之失愚[8]，《書》之失誣[9]，《樂》之失奢[10]，《易》之失賊[11]《禮》之失煩[12]，《春秋》之失亂[13]。其為人也，溫柔敦厚而不愚，則深於《詩》者矣；疏通知遠而不誣，則深於《書》者矣；廣博易良而不奢，則深於《樂》者矣；潔靜精微而不賊，則深於《易》者矣；恭儉莊敬而不煩，則深於《禮》者矣；屬辭比事而不亂，則深於《春秋》者矣。天有四時者，春夏秋冬，風雨霜露，無非教也。地載神氣[14]，吐納雷霆，流形庶物[15]，無非教也。清明在躬，氣志如神[16]，有物將至，其兆必先[17]。是故，天地之教與聖人相參[18]。其在《詩》曰：'嵩高惟岳，峻極於天。惟嶽降神，生甫及申。惟申及甫，惟周之翰。四國於蕃，四方於宣。'[19]此文、武之德[20]。'矢其文德，協此四國[21]。'此文王之德也。凡三代之王，必先其令問[22]。《詩》云：'明明天子，令問不已[23]。'三代之德也。”

【注釋】

（1）教：教化。本記載又見於《禮記·經解》、《淮南子·泰族訓》。

（2）溫柔敦厚：溫和、柔順、忠厚。

（3）疏通知遠：博古通今而有遠見。

（4）廣博易良：豁達、平易而又善良。

（5）潔静精微：內心潔浄，精察隱微。

（6）恭儉莊敬：恭敬、節儉而又端莊。

（7）屬辭比事：連綴文辭，排比史實。

（8）愚：王肅注："敦厚。"謂愚鈍、不知變通。

（9）誣：王肅注："知遠之失。"即失實之意

（10）奢：奢侈。

（10）賊：王肅注："精微之失。"謂入於怪誕，害於正理。

（12）煩：煩瑣。

（13）亂：王肅注："屬辭比事之失。"謂混亂之意。

（14）神氣：五行之精氣。這一記載又見於《禮記·孔子閒居》、《韓詩外傳》卷五。

（15）流形庶物：萬物在自然的滋潤下而生長繁育。

（16）清明在躬，氣志如神：王肅注："清明之德在身也，則其氣志如神也。"

（17）有物將至，其兆必先：王肅注："物，事也。言有事將至，必先有兆應之者也。"（18）參：配合。

（19）"嵩高惟岳"至"四國於宣"：語出《詩·大雅·崧（嵩）高》。今本《毛詩》嵩作"崧"，峻作"駿"。惟，《毛詩》及《禮記》、《韓詩外傳》所引作"維"。"嵩高惟岳"至"生甫及申"，王肅注："嶽降神靈和氣，生申、甫之大功也。"嵩，山大而高。岳，高大的山。甫，即甫侯。申，即申伯。惟申及甫，惟周之翰，王肅注："翰，干。美其宗族世有大功於周。甫侯相穆王、制祥刑，申伯佐宣王、成德教。"四國於蕃，四方於宣，王肅注："言能藩屏四國，宣王德化於天下也。"

（20）文、武之德：王肅注："言文武聖德，篤佐周家，正為先王良佐，成中興之功。"

（21）矢其文德，協此四國：語出《詩·大雅·江漢》。王肅注："《毛詩》：'矢其文德。'矢，陳。協，和。"協，今本《毛詩》作"洽"。文德，文治之德。四國，四方之國。

（22）令問：美譽。令，美好。問，通"聞"，聲譽。

（23）明明天子，令問不已：見《詩·大雅·江漢》。問，今本《毛詩》及

《禮記》、《韓詩外傳》所引作"聞"。明明，猶勉勉，勤勉。

【通解】

孔子說："進入一個國家，這個國家的教化情況就可以知道了。如果那裏的人們溫和、柔順、忠厚，就是以《詩》教化的結果；博古通今而有遠見，就是以《書》教化的結果；豁達、平易而又善良，就是以《樂》教化的結果；内心潔净、精查隱微，就是以《易》教化的結果；恭敬、節儉而又端莊，就是以《禮》教化的結果；善於連綴文辭、排比史實，就是以《春秋》教化的結果。以《詩》教化的不足在於容易導致愚鈍、不知變通，以《書》教化的不足在於容易導致不實，以《樂》教化的不足在於容易導致奢侈，以《易》教化的不足在於容易導致怪誕而傷害正道，以《禮》教化的不足在於容易導致煩瑣，以《春秋》教化的不足在於容易導致混亂。為人如果溫柔、忠厚而不愚鈍，那就是深刻地理解了《詩》；博古通今、瞭解歷史而不失實，就是深刻理解了《書》；豁達、平易、善良而不奢侈，就是深刻理解了《樂》；内心潔净、精查隱微而不怪誕害正，就是深刻理解了《易》；恭敬、節儉、端莊而不煩瑣，就是深刻理解了《禮》；連綴文辭、排比史實而不混亂，就是深刻理解了《春秋》。"

"天有春、夏、秋、冬四季，普降風雨霜露，無不是教化。大地負載神妙之氣，變化出風雷，滋潤萬物繁衍生長，無不是教化。聖人自身懷有清净光明之德，氣志如有神助，將要有所作為，一定先有徵兆出現。所以天地的教化與聖人之舉相輔相成。如《詩》所說：'山嶽高大崔巍巍，高高直聳入雲天。降下神靈和氣來，甫侯申伯生人間。正是申伯與甫侯，捍衛周朝是中堅。四方各國來屏衛，天子之德得以宣。'這就是周文王、周武王之德。'廣布文德，協恰四國。'這是周文王之德。三代聖王，稱王之前一定先有美譽。《詩》中說：'勤勉的天子，美譽不斷。'這是三代聖王之德。"

【原文】

子張問聖人之所以教。孔子曰："師乎，吾語汝。聖人明於禮樂，舉而措⁽¹⁾之而已。"

子張又問。孔子曰："師，爾以為必布几筵⁽²⁾，揖讓昇降，酌獻酬酢⁽³⁾，然後謂之禮乎？爾以必行綴兆⁽⁴⁾，執羽籥⁽⁵⁾，作鐘鼓，然後謂之樂乎？言而可履⁽⁶⁾，禮也；行而可樂，樂也。聖人力此二者，以躬己南面。是故天下太平，萬民順伏，百官承事，上下有禮也。夫禮之所以興，衆之所以治也；禮之所以廢，衆之所以亂也。目巧之室則有隩阼⁽⁷⁾，席則有上下，車則有左右，行則並隨，立則有列序，古之義也。室而無隩阼，則亂於堂室矣；席而無上下，則亂於席次⁽⁸⁾矣；車而無左右，則亂於車上矣；行而無並隨，則亂於階涂矣⁽⁹⁾；列而無次序，則亂於著⁽¹⁰⁾矣。昔者明王聖人，辯貴賤長幼，正男女內外，序親疏遠近，而莫敢相逾越⁽¹¹⁾者，皆由此涂出也。”

【注釋】

(1)措：施行。這裏的記載又見於《禮記·仲尼燕居》。

(2)几筵：几，案几。筵，古人席地而坐時鋪的席。

(3)酌獻酬酢(zuò)：酌，斟(酒)；飲(酒)。獻，獻酒。酬，主人向客人敬酒。酢，客人向主人敬酒。

(4)綴兆：舞者的行列位置。

(5)羽籥(yuè)：舞者所持的舞具和樂器。

(6)履：實行。

(7)目巧之室則有隩(ào)阼(zuò)：王肅注：“言目巧作室，必有隩阼之位。室西南隅謂之隩。阼，阼階也。”目巧之室，指用目測巧思建造的房子。隩，室中的西南角，是尊貴的位置。阼，東面的臺階，主人迎接賓客的地方。

(8)亂於席次：王肅注：“亂於席上之次第。”

(9)行而無並隨，則亂於階涂矣：王肅注：“昇階涂無並隨，則階涂亂。”涂，即“途”。

(10)著：王肅注：“著，所立之位也。門屏之間謂之著也。”

(11)逾越：超越。

【通解】

子張向孔子請教聖人是怎樣進行教化的。孔子說：“顓孫師呀，我告訴你。聖人精通禮樂，只不過把它們施行而已。"

子張沒有明白，又問。孔子說："子張，你以為必須擺下案几，鋪下筵席，作揖謙讓，上下走動，酌酒獻客，相互敬酒，這才叫做禮嗎？你以為必須排列舞者的位置，手執羽鑰，敲鐘鳴鼓，這才叫做樂嗎？說的話能實行，這就是禮。做起來感到快樂，就是樂。聖人致力於此二者，南面而立。於是天下太平，萬民順服，百官盡職，上下有禮。禮制興盛，百姓得以治理；禮制廢弛，社會就會混亂。目測巧思建造之房屋，則有內室與臺階之分，坐席要分上下，乘車要分左右，走路有先後，站立要有次序，這是自古以來的道理。房屋沒有內室、臺階之分，堂室就會混亂；坐席不分上下，坐次就會混亂；乘車不分左右，車上就混亂了；走路不分前後，臺階和道路上就混亂了；列隊沒有次序，位置就混亂了。以前明王聖人區分貴賤長幼，端正男女內外之別，排次親疏遠近關繫，沒有敢逾越的，都是根據這個道理來的。

屈節解第三十七

【序說】

屈節，指失去尊嚴、節操。本篇共分四節，所記載的都是孔子本人親歷或他對有關屈節問題的看法，故以"屈節"名篇。

孔子有卓越的治世才能，也因此名聲遠播。可是，雖然孔子有一整套的平治主張，他的系統的政治學說卻没有得到施展，最終仍然落得"無所遇"的結局。他思考自己的人生，希望挽救世道人心，對現實的政治有深深的憂慮。《論語》等書留下了孔子的許多言論，能够隱隱透出孔子政治上的鬱悶。

孔子一方面要施展抱負，另一方面卻難覓時機；他一方面要"屈節以求伸"，另一方面還必須"受屈而不毁其節"。在"無道"的亂世，他的學說自然無人"能宗"。孔子政治命運的悲劇是"無道"的現實造成的，他要矢志不渝地推行思想學說，就不得不權變，主張"屈節"。雖然意識到無力回天，但信念仍然支撑着他，甚至"知其不可而為之"。很多人研究孔子，都指出孔子政治品格中有相互矛盾的一面，雖然他反對以下叛上，但有時個別叛亂者召孔子前去，孔子也曾意慾前往。如公山不狃以區區費邑叛亂，孔子竟然希望借機施展自己的宏大志向，以傚法"周文武起豐鎬而王"。佛肸叛，使人召孔子，孔子同樣打算前往。可見，孔子不僅對自己的治世能力充滿信心，也體現了行道於世的迫切願望。

本篇記載了幾個關於孔子主張"屈節"的故事，如屈節以救父母之國、宓子賤屈節治單父、屈節而不失其故舊。但孔子屈小節恰恰是為了揚大節。孔子熱愛邦國，熱愛父母之國，不願意看到魯國遭受齊國的侵凌，所以才慾屈節於田常以救魯；孔子的弟子宓子賤有大志，遂不以單父為小，治單父以自試其才，這與公山不狃、佛肸召孔子，孔子"慾往"的道理一樣；孔子注重朋友之交，為了不失去朋友，遂不顧小節，不計較原壤的錯誤舉動。

　　孔子的這些舉動,可以用他的言語來注解。本篇記孔子說:"君子之行己,期於必達於己。可以屈則屈,可以伸則伸。故屈節者所以有待,求伸者所以及時。是以雖受屈而不毀其節,志達而不犯於義。"孔子殷切希望"道"行於世,追求道義的實現,為此,他認為能夠屈抑的時候可以屈抑,能夠施展的時候就施展,屈抑志節是為了有所期待,謀求施展應當抓住時機。但是,受屈却不能損毀志節,實現理想而不能違反道義。

　　孔子曾教導子夏說:"女為君子儒,無為小人儒。"孔子這樣要求弟子,他本人正是這樣做的。孔子的處境和遭遇,使他的政治命運表現出了一種悲壯,呈現出了悲劇色彩。按照孔子心目中的"君子"標準,儒者應當有較高的追求,應當有遠大的抱負,應當努力推行自己的主張,以自己的學說為世人所重為快樂。當不為世人所知,不被人們理解的時候,應當"不慍"不怒。只是要保持獨立的人格,保守高尚的品節,又期望"求伸",期望"志達",便不得不在"不毀其節"和"不犯於義"的前提之下"受屈"抑志,不得不"屈節"。

　　本篇是研究孔子政治思想的重要材料。以前,有人懷疑《家語》,對此篇更有譏評。如清人孫志祖《家語疏証》便認為該篇非"先秦古文","其偽無疑"。他說:"案《家語》雜採諸書,文義多不聯屬,其篇題亦無一定,獨此以'屈節'名篇,而所載子貢、宓子、原壤三人行事,俱有'屈節'語以聯屬之,且篇首撰子路問孔子一段,以屈節求伸作冒,竟似後世文體裁。"這樣的評論,實在蒼白無力。由於本書成書的特殊背景,《家語》中有的篇中章節意義聯屬並不緊密,但大部分都有一定的主題貫穿其中。

【原文】

　　子路問於孔子曰:"由聞丈夫居世,富貴不能有益於物[1],處貧賤之地而不能屈節[2]以求伸,則不足以論乎人之域矣。"孔子曰:"君子之行己[3],期於必達於己,可以屈則屈,可以伸則伸。故屈節者所以有待[4],求伸者所以及時[5]。是以雖受屈而不毀其節,志達而不犯於義[6]。"

　　【注釋】

（1）富貴不能有益於物：王肅注：“以道濟物，不為身也。”

（2）屈節：原意“彎曲體節”，這裏是“降低身份以服從”的意思。

（3）行己：立身行事。

（4）有待：王肅注：“待知求也。”

（5）及時：王肅注：“及良時也。”

（6）志達而不犯於義：犯，違背，違犯。王肅注：“合於義也乃行。”

【通解】

子路請教孔子說：“我聽說大丈夫活在世上，富貴時不能對萬物有利，身處貧賤的境地時又不能屈抑志節來求得伸展，那就不應該算作人了。”孔子說：“君子立身行事，希望一定要使自身通達，該屈抑的時候屈抑，該伸直的時候伸直。所以委屈身份是因為有所期待，尋求伸展是等待良好的時機。因此即使受到壓抑也不改變氣節，志向通達時也不違背道義。”

【原文】

孔子在衛，聞齊國田常將慾為亂(1)，而憚鮑、晏(2)，因慾移其兵以伐魯。孔子會諸弟子而告之曰：“魯，父母之國(3)，不可不救，不忍視其受敵。今吾慾屈節於田常以救魯，二三子誰為使？”於是子路曰：“請往齊。”孔子弗許。子張請往，又弗許。子石請往，又弗許。三子退，謂子貢曰：“今夫子慾屈節以救父母之國，吾三人請使而不獲往。此則吾子用辯之時也，吾子盍請行焉？”子貢請使，夫子許之。

遂如齊，說田常曰：“今子慾收功於魯，實難，不若移兵於吳，則易。”田常不悅。子貢曰：“夫憂在內者攻强，憂在外者攻弱。吾聞子三封(4)而三不成，是則大臣不聽令。戰勝以驕主，破國以尊臣(5)，而子之功不與焉，則交日疏於主，而與大臣爭。如此，則子之位危矣。”田常曰：“善！然兵甲已加魯矣，不可更，如何？”子貢曰：“緩師，吾請於吳，令救魯而伐齊，子因以兵迎之。”田常許諾。

子貢遂南，說吳王曰：“王者不滅國，霸者無強敵。千鈞之重，加銖兩而移[6]。今以齊國而私千乘之魯[7]，與吾[8]爭強，甚為王患之。且夫救魯以顯名，以撫泗上[9]諸侯，誅[10]暴齊以服晉，利莫大焉。名存亡魯，實困強齊，智者不疑。”吳王曰：“善！然吳常困越，越王今苦身養士，有報吳之心。子待我先越，然後乃可。”子貢曰：“越之勁不過魯，吳之強不過齊，而王置齊而伐越，則齊必私魯矣。王方以存亡繼絕[11]之名，棄齊而伐小越，非勇也。勇者不避難，仁者不窮約[12]，智者不失時，義者不絕世。今存越，示天下以仁，救魯伐齊，威加晉國，諸侯必相率而朝，霸業盛矣。且王必惡越，臣請見越君，令出兵以從，此則實害越而名從諸侯以伐齊。”吳王悅，乃遣子貢之越。

越王郊迎，而自為子貢御，曰：“此蠻夷[13]之國，大夫何足儼然[14]辱而臨之？”子貢曰：“今者，吾說吳王以救魯伐齊，其志慾之，而心畏越，曰：‘待我伐越而後可。’則破越必矣。且無報人之志而令人疑之，拙矣；有報人之意而使人知之，殆[15]乎；事未發而先聞者，危矣。三者，舉事[16]之患矣。”勾踐頓首[17]曰：“孤嘗不料力而興吳難，受困會稽，痛於骨髓，日夜焦唇干舌，徒慾與吳王接踵[18]而死，孤之願也。今大夫幸告以利害。”子貢曰：“吳王為人猛暴，群臣不堪，國家疲弊，百姓怨上，大臣內變，申胥[19]以諫死，大宰嚭[20]用事，此則報吳之時也。王誠能發卒佐之，以邀射[21]其志，而重寶以悅其心，卑辭以尊其禮，則其伐齊必矣。此聖人所謂屈節以求其達者也。彼戰不勝，王之福；若勝，則必以兵臨晉。臣還北請見晉君共攻之，其弱吳必矣。銳兵盡於齊，重甲困於晉，而王制其弊焉。”越王頓首許諾。

子貢返五日，越使大夫文種頓首言於吳王曰：“越悉境內之士三千人以事吳。”吳王告子貢曰：“越王慾身從寡人，可乎？”子貢曰：“悉人之率衆，又從其君，非義也。”吳王乃受越王卒，謝留勾踐。遂自發國內之兵以伐齊，敗之。子貢遂北見晉君，令承其弊。吳、晉遂遇於黃池。越王襲吳之國，吳王歸與越戰，滅焉。

孔子曰："夫其亂齊存魯，吾之始願。若能强晉以弊吳，使吳亡而越霸者，賜之說之也。美言傷信，慎言哉！"(22)

【注釋】

(1)為亂：王肅注："專齊，有無君之心也。"此記載又見於《史記·仲尼弟子列傳》、《吳越春秋·夫差內傳》、《越絕書·陳恒傳》。

(2)鮑、晏：王肅注："鮑氏、晏氏，齊之卿大夫也。"

(3)父母之國：自己出生的國家，祖國。

(4)三封：三，多次。封，帝王以爵位、土地、名號等賜人，這裏指受封。

(5)破國以尊臣：王肅注："鮑、晏等率師，若破國，則益尊者也。"

(6)千鈞之重，加銖兩而移：鈞、兩、銖，古代重量單位，二十四銖為兩，十六兩為斤，三十斤為鈞，四鈞為石。銖、兩，常用來表示極輕的重量。

(7)今以齊國而私千乘（shèng）之魯：私，把……據為私有，侵吞的意思。乘，車子，春秋戰國時多指戰車，一車四馬。按周制，天子地方千里，出兵車萬乘；諸侯地方百里，出兵車千乘。

(8)吾：聯繫文意及參考《史記·仲尼弟子列傳》、《吳越春秋·夫差內傳》當為"吳"字。

(9)泗上：泗，王肅注："泗，水名也。"源於今山東省泗水縣東，由於四源并發，故名泗水。泗上，泛指泗水北岸的廣大地域。

(10)誅：討伐。

(11)存亡繼絕：使滅亡之國得以復存，使斷絕之祀得以延續。

(12)窮約：困窘。

(13)蠻夷：古代對邊遠地區少數民族的泛稱，有時也專指南方少數民族，這裏是越王謙稱自己地方落後偏遠。

(14)儼然：嚴肅莊重的樣子。

(15)殆（dài）：危險，不安全。

(16)舉事：行事，辦事。

（17）頓首：周代九禮之一，頭叩頭而拜。

（18）接踵：踵，腳後跟。接踵，足踵相接，接連不斷，這裏是相繼、一塊兒的意思。

（19）申胥：王肅注：“申胥，伍子胥也。”

（20）嚭（pi）：王肅注：“嚭，吳王佞臣也。”

（21）邀射：王肅注：“邀，激其志。”追求，謀取。

（22）夫其亂齊存魯……慎言哉：王肅注：“孔子以哀公十六年卒，吳以二十二年滅。時吳知已將亡而言之也。”

【通解】

孔子在衛國，聽說齊國的田常將要作亂專權，却害怕鮑氏、晏氏的勢力，因此想轉移他們的軍隊去攻打魯國。孔子召集各位弟子，告訴他們說：“魯國，是我的父母之國，不能不救，不忍心看到它被侵犯。現在我想向田常屈節來拯救魯國，你們誰去出使？”於是子路說：“請讓我前往齊國。”孔子不答應。子張請求去，孔子也不答應。子石請求去，孔子也沒答應。三個人回去對子貢說：“現在先生要屈節來拯救自己的祖國，我們三人想要出使，却沒獲准前往，這正是你施展辯才的時候，何不請求去？”子貢請求出使，夫子答應了。

於是子貢前往齊國，勸說田常道：“現在你要在攻打魯國上收到功效，確實困難，不如轉移軍隊對吳國，就容易了。”田常很不高興。子貢說：“憂患在內部時，就攻打強者；憂患在外部時，就攻打弱者。我聽說你多次受封都沒能成功，這是大臣們從中作梗，不聽令的結果。打勝仗會使君主驕縱，毀滅別國會使別的大臣尊貴，而這其中沒有你的功勞，那麼，你與君主的交情就會一天天地疏遠，却要與大臣們爭鬥，這樣的話，你的處境就危險了。”田常說：“好！可軍隊已經派往了魯國，沒法更該了，怎麼辦？”子貢說：“你先延緩進軍，我請求吳國，讓他們救援魯國而攻打齊國，你就趁機出兵迎擊。”田常答應了。

子貢於是南下，勸說吳王：“實行王道者不會使別國滅絕，實行霸道者不能讓強敵出現；千鈞的重量，即使加上一銖一兩，重量也發生了變化。現在憑藉齊國的強盛，再侵吞擁有千輛戰車的魯國，來和吳國一較高低，我很為大王擔心。況且救援魯國，可以顯揚名聲，來安撫泗水北岸的各國

諸侯,討伐强暴的齊國,來震服强大的晋國,没有比這樣獲得利益再大的
了;名義上保全了危亡的魯國,實際上遏制了强齊的擴張,這道理,聰明的
人是不會懷疑的。"吴王說:"好!可是,吴國曾經圍困越國,越王現在正自
我勵志,蓄養賢士,有報復我們的打算,你等我先討伐完越國,然後再按你
說的去做。"子貢說:"越國的力量不如魯國,吴國的强盛超不過齊國,大王
把齊國擱置在旁,却去討伐越國,那麽齊國一定早吞併了魯國。大王正打
着使滅亡之國得以復存,使斷絶之祀得以延續的旗號,却放棄强大的齊
國,而攻打弱小的越國,這不是勇敢。勇敢的人不迴避困難,仁慈的人不
使別人陷入困境,聰明的人不會失掉時機,仁義的人不斷人後嗣。現在保
存越國來向天下顯示您的仁義,救援魯國、討伐齊國,威名震懾晋國,各國
諸侯一定會競相到吴國朝見,稱霸的大業就完成了。況且大王如果畏忌
越國,我請求去見越王,讓他派出軍隊追隨您,這實際上是使越國受損,而
名義上却是追隨諸侯討伐齊國。"吴王高興了,就派子貢到越國去。

　　越王到郊外迎接,并親自為子貢駕車,說:"這是偏遠落後的國家,怎
麽值得大夫屈尊光臨?"子貢回答:"現在,我勸說吴王救援魯國討伐齊國,
他心裏想這樣,可害怕越國,說:'等我攻下越國纔可以。'那麽他攻破越國
是一定的了。況且如果没有報復人的心志,却讓人懷疑他有,這太拙劣
了;有報復人的心意,却讓人知道了,那就不安全了;事情還没開始辦,就
先讓人聽說了,就更危險了。這三種情況是成事的最大禍患。"勾踐聽罷,
叩頭而拜說:"我曾經不自量力,對吴國發難,被圍困在會稽,恨入骨髓,日
夜唇焦舌干,只想着和吴王一塊兒去死,這是我的願望。現在幸而大夫你
把利害關繫告訴了我。"子貢說:"吴王為人兇猛殘暴,大臣們都難以忍受,
國家也疲憊衰敗,百姓怨恨上司,大臣內部也發生變亂,伍子胥因諫諍而
死,太宰嚭執政當權,這正是報復吴國的時機到了。大王果真能派兵輔佐
吴王,來激勵他的心志,却用貴重的寶物來討他的歡心,用謙卑的言辭來
表示對他的禮敬尊崇,那他一定會討伐齊國。這就是聖人所說的降低身
份屈從來求得通達。如果他戰争不勝利,是大王的福份;如果勝了,他一
定會率兵逼近晋國。請讓我北上拜見晋國國君,讓他共同攻打吴國,一定
會削弱吴國的勢力。吴國的精銳部隊都消耗在齊國,重兵又被晋國圍困
住,而大王就可以趁吴國疲憊不堪的時候制服它。"越王叩首再拜,答應了

子貢的計劃。

　　子貢返回後五天,越國派大夫文種叩首再拜,對吳王說:"越國願意派出國内所有的軍隊三千人,侍奉吳國。"吳王對子貢說:"越王要親自跟隨我去,可以嗎?"子貢說:"使它所有的軍隊都派出,再讓它的國君跟從,不合道義。"吳王就接受了越王的軍隊,辭謝勾踐,讓他留了下來。於是自己發動國内的士兵來討伐齊國,打敗了他們。子貢就北去,拜見了晋國國君,讓他迎擊疲弊的吳國。吳、晋兩國的軍隊在黃池相遇。越王趁勢襲擊吳國本土,吳王回國與越國作戰,被消滅了。

　　孔子說:"使齊國混亂以保全魯國,是我開始的心願。至於能够使晋國强盛以削弱吳國,使吳國滅亡而越國成就了霸業,這都是子貢遊說的結果。好聽的話對誠信有害,說話要謹慎啊!"

【原文】

　　孔子弟子有宓子賤[1]者,仕於魯,為單父宰[2]。恐魯君聽讒言,使己不得行其政,於是辭行,故請君之近史[3]二人,與之俱至官。宓子戒其邑吏,令二史書。方書則掣其肘,書不善則從而怒之,二史患之,辭請歸魯。宓子曰:"子之書甚不善,子勉而歸矣。"

　　二史歸報於君曰:"宓子使臣書而掣肘,書惡而又怒臣,邑吏皆笑之。此臣所以去之而來也。"魯君以問孔子,子曰:"宓不齊,君子也。其才任霸王之佐,屈節治單父,將以自試也。意者以此為諫乎?"公寤[4],太息而嘆曰:"此寡人之不肖。寡人亂宓子之政而責其善者,非矣。微[5]二史,寡人無以知其過;微夫子,寡人無以自寤。"遽發所愛之使,告宓子曰:"自今已往,單父非吾有也,從子之制,有便於民者,子決為之。五年一言其要。"宓子敬奉詔,遂得行其政,於是單父治焉。躬敦厚,明親親,尚篤敬,施至仁,加懇誠,致忠信,百姓化之。

　　齊人攻魯,道由單父。單父之老請曰:"麥已熟矣,今齊寇

425

至,不及人人自收其麥。請放民出,皆獲傅郭(6)之麥,可以益糧,且不資於寇。"三請而宓子不聽。俄而,齊寇逮於麥。季孫聞之,怒,使人以讓(7)宓子曰:"民寒耕熱耘,曾不得食,豈不哀哉? 不知猶可,以告者而子不聽,非所以為民也。"宓子蹴然(8)曰:"今茲(9)無麥,明年可樹。若使不耕者獲,是使民樂有寇。且得單父一歲之麥,於魯不加强,喪之不加弱。若使民有自取之心,其創必數世不息。"季孫聞之,赧然(10)而愧曰:"地若可入,吾豈忍見宓子哉!"

三年,孔子使巫馬期(11)遠觀政焉。巫馬期陰免衣,衣弊裘(12),入單父界。見夜漁者,得魚輒舍之。巫馬期問焉,曰:"凡漁者為得,何以得魚即舍之?"漁者曰:"魚之大者名為鱄(13),吾大夫愛之;其小者名為鱦(14),吾大夫慾長之。是以得二者,輒舍之。"巫馬期返,以告孔子曰:"宓子之德至,使民暗行若有嚴刑於旁。敢問宓子何行而得於是?"孔子曰:"吾嘗與之言曰:'誠於此者刑乎彼。'宓子行此術於單父也。"

【注釋】

(1)宓子賤:春秋魯國人,孔子弟子,姓宓,字子賤,名不齊,性情仁愛,有才智。此記載又見於《呂氏春秋·具備》、《呂氏春秋·察賢》、《新書·審微》、《淮南·道應訓》、《新序·雜事》等。

(2)單(shàn)父宰:單父,春秋魯國邑名,故城在今山東單縣南。宰,古代官名,一邑之長。

(3)史:古代官名,指下級佐史。《周禮·天官·宰夫》:"六曰史,掌官書以贊治。"鄭玄注:"贊治,若今起文書草也。"

(4)寤(wù):通"悟",覺醒,覺悟,認識到。

(5)微:無,如果沒有。

(6)傅郭:傅,近,靠近。郭,外城,古代在城的外圍加築的一道城牆。

(7)讓:責備,埋怨。

(8)蹴(cù)然:恭敬的樣子。《禮記·哀公問》鄭玄注:"蹴然,敬貌。"

（9）兹：年，歲。

（10）赧（nǎn）然：形容因難為情或羞愧而臉紅的樣子。

（11）巫馬期：孔子弟子。姓巫馬，名施，字子期，也稱子旗。陳國人。

（12）陰免（wèn）衣，衣弊裘：偷偷地用布纏起頭來，披着破舊的皮衣。陰，暗暗地，偷偷地。免衣，去冠括髮，用布纏頭。

（13）鯈（chóu）：《集韻·尤韻》：“鯈，魚之大者。”王肅注：“鯈，宜為鱣。《新序》作‘鯪’，鮑魚之懷任之者也。”

（14）鯉（yìng）：《爾雅·釋魚》：“鯉，小魚。”

【通解】

　　孔子弟子中有個叫宓子賤的，在魯國為官，擔任單父的地方長官。他擔心魯國國君聽信讒言，使自己無法推行政令，於是前往辭行時，特意請魯君身邊的兩位佐吏，讓他們與自己一同到任。宓子賤在訓誡邑中官吏時，命令兩位佐吏記錄。他們剛開始寫，宓子賤就牽拽他們的胳膊肘，寫不好却又因此對他們發火。二位佐吏很是擔心，便請求辭職回魯國國都。宓子賤說：“你們寫得很不好，回去後要好好努力。”

　　二位佐吏回到國都後，報告魯君說：“宓子讓我們寫字，却在一旁牽拽我們的胳膊，寫得不好又向我們發火，搞得邑中官吏發笑，我們不得不離開他回來。”魯君就此事請教孔子，孔子說：“宓不齊是位君子。論他的才能，足以充當霸主和王者的佐輔，此次屈抑志節治理單父，目的是試試自己的能力。或許他是以這件事來進行勸諫吧？”魯君醒悟過來，深深地嘆息說：“這是我不好。我擾亂宓子推行政令而又要求他干好工作，這是不應該的。如果沒有二位佐吏，我無法知道自己的過失；沒有先生您，我也無法醒悟。”於是立刻派自己寵愛的使者對宓子賤說：“自今以後，單父的治理不歸我負責，而完全按照您的制度進行。有方便百姓的事情，您可以自己就決定下來，只需五年匯報一次為政的要點就行。”宓子賤恭敬地接受了詔令，得以順利地推行自己的政令，於是單父境內治理得非常好。他親自奉行淳樸敦厚的行為，闡明尊尊親親的道理，推崇誠篤恭敬的品行，施行至仁至義的政策，教導人們要懇切誠實，達到忠誠守信，於是百姓都得到了教化。

　　齊國軍隊攻打魯國，途中經過單父。單父的老者向宓子賤請求說：

"地裏的麥子已經熟了。現在齊軍前來侵略，來不及讓每人收自己的麥子。請求放百姓出城，讓他們都去收穫靠近外城的麥子，可以借此增加糧食，而且不會資助敵人。"請求了三次，但宓子賤沒有聽從。不久，齊國軍隊收穫了麥子。季孫氏聽說了這件事，大為惱怒，派人斥責宓子賤說："百姓寒冬耕作，暑天除草，竟然無法吃上糧食，難道不使人傷心嗎？不知道還可以，把後果都告訴你，你却不聽，這不是在為百姓着想。"宓子賤恭恭敬敬地說："今年沒有了麥子，明年可以再種。如果讓不耕種的人得到收穫，這是讓百姓喜歡有敵人入侵。況且獲得單父一年的麥子，魯國也不會因此強盛一些，而丟了它，魯國也不會變弱。如果讓百姓產生自由拿取的念頭，由此造成的創傷一定幾代人也平息不了。"季孫氏聽說了，慚愧不已，說："假如能入地，我怎麼好意思再看到宓子呢！"

過了三年，孔子派巫馬期去觀察宓子賤為政的情況。巫馬期偷偷地用布纏起頭來，披上破皮衣，進入單父地界。他發現有在夜間打魚的，捕到魚總是再放走。巫馬期上前問道："凡是打漁都是為了捕到魚，為什麼捕到再放走呢？"打漁的人回答："魚中比較大的名叫鱄，我們的大夫愛護它；比較小的名叫鱦，我們的大夫想讓它長大。"巫馬期回來告訴孔子說："宓子的德行至高無上，使得百姓暗中做事也好像身旁有嚴刑峻法監督着。請問宓子賤是怎樣做而達到這種境地的？"孔子說："我曾經對他說：'使一個地方講求誠信，刑罰就只能在別處施行。'宓子在單父貫徹了這一原則。"

【原文】

孔子之舊曰原壤，其母死，夫子將助之以沐槨[1]。子路曰："由也昔者聞諸夫子曰：'無友不如己者，過則勿憚改。'[2]夫子憚矣，姑已[3]若何？"孔子曰："'凡民有喪，匍匐救之'[4]。況故舊乎？非友也。吾其往。"

及為槨，原壤登木曰："久矣，予之不托於音也。"遂歌曰："狸首之班然，執女手之卷然。"[6]夫子為之隱，佯不聞以過之。子路曰："夫子屈節而極於此，失其與矣，豈未可以已乎？"孔子曰:"吾聞之,親者不失其為親也,故者不失其為故也。"

【注釋】

(1)沐椁:整修棺材。《禮記·檀弓下》鄭玄注:"沐,治也。"此記載又見於《禮記·檀弓下》、《論語·憲問》等。

(2)無友不如己者,過則勿憚改:亦見於《論語·學而》。

(3)姑已:王肅注:"姑,且也。已,止也。"

(4)凡民有喪,匍匐救之:語出《詩經·邶風·谷風》,鄭玄箋:"匍匐,言盡力也。"匍匐,趴伏在地爬行,指竭盡全力。

(5)原壤登木曰:"久矣,予之不托於音也。":登木,敲打棺木。托,托付,寄託。《禮記·檀弓下》鄭玄注:"木,棺材也。托,寄也。謂叩木以作音。"

(6)狸首之班然,執女手之卷(quán)然:班,通斑。卷然,柔弱的樣子。

【通解】

孔子有一個老朋友叫原壤,他的母親去世,孔子準備幫助他整修棺材。子路說:"我聽先生您說過:'不和不如自己的人交朋友,有了過錯不要害怕改正。'看來先生倒是害怕改正,姑且停下來如何?"孔子說:"'凡是百姓有喪葬事宜,盡心竭力去幫助。'何況是老朋友呢?你說的不是表示友好的做法,我還得前去。"

到了整修棺材的時候,原壤敲着棺木說:"我不用歌聲來寄託感情,已經很長時間了。"於是唱道:"狐狸的頭啊,花紋斑斕;握着你的手啊,多麼柔軟。"孔子把這件事遮掩起來,裝作沒聽見,也就過去了。子路問:"先生屈抑志節到這種地步,失去了交往的理由,難道還不可以與他絕交嗎?"孔子說:"我聽說,是親人就不能失去親緣關繫,是老朋友就不能失去朋友關繫。"

卷第九

七十二弟子解第三十八

【序說】

本篇以"七十二弟子解"名篇,但實際記述了七十六位有影響的孔門弟子。

作為儒家學派的重要成員,孔門弟子在社會思想上大體一致,只是由於性格、經歷的不同,他們又各有自己的特點,在思想上也表現了一定的差異。本篇對孔門弟子進行了或詳或略的介紹,是研究孔門弟子的基本資料。

本篇是關於孔子弟子的最早記載,遠遠早於《史記・仲尼弟子列傳》。在孔門教學中,孔子向弟子們傳道、授業,傳習《詩》、《書》、《易》、《禮》、《樂》、《春秋》,教授禮、樂、射、御、書、數六藝。孔子弟子可以分為德行、言語、政事、文學四科,他們各有專長。德行:顏淵、閔子騫、冉伯牛、仲弓。政事:冉有、季路。言語:宰我、子貢。文學:子游、子夏。《史記・仲尼弟子列傳》記孔子說:"受業身通者七十有七人",這些人都是"異能之士"。這十位優秀弟子被孔子格外看重,《家語・七十二弟子解》和《史記・仲尼弟子列傳》都首載這十位弟子,只是順序稍異。

本篇所載孔門前35位弟子中,與《史記・仲尼弟子列傳》所載前35位中相同的有31位。本篇中公良儒、秦商、顏刻、琴牢都不在《史記・仲尼弟子列傳》前35位之列。而《史記・仲尼弟子列傳》前35位弟子中,公伯繚、曹恤、伯虔、公孫龍都不在本篇所載前35位之列。本篇所載76位弟子中,琴牢、陳亢、懸亶三人《史記・仲尼弟子列傳》不見記載,而《史記・仲尼弟子列傳》所載的公伯繚、秦冉、顏何、鄡單,本篇也沒有記載,這樣,這兩篇關於孔門弟子的資料所涉及的孔門弟子已經達到80位。對比這些記載,可以發現孔子門徒眾多絕非虛言。《史記》與《家語》相互參照研究,對認識《家語》的成書問題有重要價值。

【原文】

顏回，魯人，字子淵。年二十九而發白，三十一早死。孔子曰：“自吾有回，門人日益親⁽¹⁾。”回之德行著名，孔子稱⁽²⁾其仁焉。

【注釋】

(1)親：親近，親密。

(2)稱：贊許，表揚。《漢書·賈誼傳》：“以能誦《詩》、《書》屬文，稱於郡中。”

【通解】

顏回，魯國人，字子淵。年僅二十九歲時頭髮就全白了，三十一歲就早早地去世了。孔子說：“自從我有了顏回，我的弟子們之間一天比一天更加親密。”顏回以德行著稱，孔子也稱贊他具有仁德。

【原文】

閔損，魯人，字子騫。以德行著名，孔子稱其孝⁽¹⁾焉。

【注釋】

(1)孝：善事父母。《論語·為政》：“孟懿子問孝。子曰：‘無違。’”《新書·道術》：“子愛利親為之孝。”

【通解】

閔損，魯國人，字子騫。以品德操行聞名，孔子稱贊他的孝行。

【原文】

冉耕，魯人，字伯牛。以德行著名。有惡疾⁽¹⁾，孔子曰：“命也夫！”

【注釋】

(1)惡疾：指痛苦難治的疾病。《公羊傳》昭公二十年：“何疾爾？惡疾也。”注：“惡疾謂瘖、聾、盲、癘、禿、跛、傴，不逮人倫之屬也。”

【通解】

冉耕,魯國人,字伯牛。以品德操行聞名。患有比較棘手的病,孔子說:"這真是命啊!"

【原文】

冉雍,字仲弓,伯牛之宗族。生於不肖⁽¹⁾之父。以德行著名。

【注釋】

(1)不肖:指沒出息。

【通解】

冉雍,字仲弓,與伯牛生於同一個宗族。生養他的父親沒有出息。但冉耕的品德操行却很著名。

【原文】

宰予,字子我,魯人。有口才著名。

【通解】

宰予,字子我,魯國人。以有口才而聞名。

【原文】

端木賜,字子貢,衛人。有口才著名。

【通解】

端木賜,字子貢,衛國人。以有口才而聞名。

【原文】

冉求,字子有,仲弓之族⁽¹⁾。有才藝⁽²⁾,以政事著名。

【注釋】

(1)族:指同一家族。

(2)才藝:指有才能和本領。

【通解】

冉求，字子有，與仲弓生於同一個宗族。有才能和技藝，以擅長政事而聞名。

【原文】

仲由，弁⁽¹⁾人，字子路。有勇力才藝⁽²⁾，以政事著名。

【注釋】

(1)弁：春秋魯邑。應為卞，據《史記・仲尼弟子列傳》，子路是魯國卞人。

(2)有勇力才藝：指有勇氣、力氣、才能、技藝。

【通解】

仲由，弁人，字子路。有勇力和才能技藝，以擅長政事而聞名。

【原文】

言偃，魯人，字子游。以文學⁽¹⁾著名。

【注釋】

(1)文學：文章和學問。主要指古代文獻。

【通解】

言偃，魯國人，字子游。以文章和學問著稱。

【原文】

卜商⁽¹⁾，衛人。無以尚⁽²⁾之。嘗⁽³⁾返衛，見讀史志者云："晉師伐秦，三豕渡河。"子夏曰："非也！'己亥'耳。"讀史志者問諸晉史⁽⁴⁾，果曰"己亥"。於是衛以子夏為聖。孔子卒⁽⁵⁾後，教於西河⁽⁶⁾之上。魏文侯⁽⁷⁾師事之，⁽⁸⁾而諮⁽⁹⁾國政焉。

【注釋】

(1)卜商：即子夏。《史記》："卜商，字子夏。"

(2)尚：超過。《論語・里仁》："好仁者無以尚之。"

（3）嘗：曾經。

（4）讀史志者問諸晉史：者，原作“曰”，據陳本改。諸，之於。

（5）卒：死。

（6）西河：戰國魏地。在今河南安陽，其實黃河流經安陽之東，西河意即河西。一說在今晉、陝間黃河左右，又分為生息大荔、合陽、韓城和山西汾陽等說。

（7）魏文侯：名斯，戰國時期魏國的建立者。公元前 445—前 396 在位。

（8）師事之：以對待老師的禮節對待他。

（9）諮：詢問，商量。

【通解】

卜商，衛國人。在衛國沒有人能超過他的學問。他曾經回到衛國，發現讀史志的人讀到：“晉師伐秦，三豕渡河。”子夏說：“這是不對的，‘三豕’應該是‘己亥’。”讀史志的人請教晉國史官，回答果然是“己亥”。於是衛國人都把子夏當聖人。孔子去世後，子夏教於西河一帶，魏文侯拜他為師，向他諮詢治理國家的辦法。

【原文】

顓孫師，陳人，字子張，少孔子四十八歲。為人有容貌資質⁽¹⁾，寬冲⁽²⁾博⁽³⁾接⁽⁴⁾，從容⁽⁵⁾自務⁽⁶⁾，居不務立於仁義之行⁽⁷⁾，孔子門人友之而弗敬。

【注釋】

（1）資質：謂人的天資、稟賦。《漢書·劉向傳》：“資質淑茂，道術通明。”

（2）冲：謙和，淡泊。謂人的胸懷冲和淡泊。

（3）博：廣博，廣泛。

（4）接：接受，接納。

（5）從容：舒緩，不急迫。

（6）務：從事，致力於。

(7)居不務立於仁義之行：王肅注；"子張不侮鰥寡,性凱悌寬冲,故子貢以為未仁。然不務立仁義之行,故子貢激之以為未仁也。"

【通解】

顓孫師,陳國人,字子張,比孔子小四十八歲。為人有容貌資質,為人謙和,結交廣泛,十分從容地追求自己的事業,但却並不致力於仁義之行,孔子的弟子和他交友,但並不尊敬他。

【原文】

曾參,南武城(1)人,字子輿,少孔子四十六歲。志存(2)孝道,故孔子因之以作《孝經》。齊嘗聘(3),慾與為卿而不就(4),曰："吾父母老,食人之禄,則憂人之事,故吾不忍遠親(5)而為人役。"

參後母遇之無恩,而供養不衰(6)。及其妻以藜烝(7)不熟,因出(8)之。人曰："非七出(9)也。"參曰："藜烝,小物耳。吾慾使熟,而不用吾命,況大事乎?"遂(10)出之,終身不取(11)妻。其子元請焉,告其子曰："高宗以後妻殺孝己(12),尹吉甫以後妻放伯奇(13)。吾上不及高宗,中不比吉甫,庸知其得免於非乎?"

【注釋】

(1)南武城:春秋魯地。在今山東嘉祥。

(2)存:指心中懷有或擁有。

(3)聘:聘請、招請。

(4)就:歸;趨;從。

(5)遠親:遠離親人。

(6)衰:衰落;衰弱;衰退。

(7)藜烝:採藜的嫩葉蒸熟為食。藜是植物名,亦稱"灰菜"。藜科。一年生草木。嫩葉可食;種子可榨油;全草入藥。烝,後作"蒸"。

(8)出:離棄。

(9)七出:指封建時代休棄妻子的七種理由。

(10)遂:竟;終於。

(11) 取：同"娶"。

(12) 高宗以後妻殺孝己：孝己為殷高宗武丁太子，有至孝之行。其母早死，高宗惑於後妻之言，將他放逐。結果孝己死於野外。

(13) 尹吉甫以後妻放伯奇：伯奇為西周大臣尹吉甫之子。母早死，因為吉甫後妻設計陷害，伯奇被放逐於野外。後由於宣王干預而得救，吉甫感悟，射殺其後妻。

【通解】

曾參，南武城人，字子輿，比孔子小四十六歲。一心遵行孝道，所以孔子因他而作《孝經》。齊國曾經聘請他，想讓他為卿，他沒有接受，說："我父母年事已高，享用別人的俸祿，那麼就得替別人操心事情，因而我不忍心遠離親人而去被人差使。"

曾參的後母對他沒有恩德，但曾參卻仍然供養她，絲毫沒有懈怠。後來曾參的妻子沒有將藜葉蒸熟，曾參就休掉了她。別人說："你的妻子不該被離棄，不在七出的範圍之內。"曾參說："蒸藜為食，這是一件小事情。我讓她蒸熟，但她卻沒有聽從我的話，何況大的事情呢！"終於還是離棄了他的妻子，而且終身不再娶妻。曾參的兒子曾元要他娶妻，他對兒子說："高宗因為後妻而殺掉孝己，尹吉甫因為後妻而放逐伯奇。我上不及高宗賢能，中不及吉甫能幹，哪能知道娶了後妻又能避免做錯事呢？"

【原文】

澹臺滅明，武城⁽¹⁾人，字子羽，少孔子四十九歲⁽²⁾。有君子⁽³⁾之姿，孔子嘗⁽⁴⁾以容貌望其才。其才不充⁽⁵⁾孔子之望，然其為人公正無私，以取與去就以諾⁽⁶⁾為名，仕魯為大夫也。

【注釋】

(1) 武城：春秋魯地。在今山東平邑。

(2) 四十九歲：《史記》作"三十九歲"。

(3) 君子：西周、春秋時對貴族的通稱。《國語·魯語上》："君子務治，小人務力。"君子指當時的統治階級，小人指當時的被統治的勞動人民。春秋末年以後，"君子"與"小人"逐漸成為"有德者"與"無德者"的稱謂。

(4)嘗:曾經。

(5)充:充足,滿足。

(6)諾:答應;允許。《老子》:"夫輕諾必寡信。"

【通解】

澹臺滅明,武城人,字子羽,比孔子小四十九歲。有君子的姿容,孔子曾依據他的容貌來期望他的才能。他的才能並不能達到孔子所期望的那樣,但澹臺滅明為人公正無私,獲取與給予,離去或歸從,都能遵守諾言,並因此而聞名。在魯國擔任官職,官為大夫。

【原文】

高柴,齊人,高氏之別族,字子羔,少孔子四十歲(1)。長不過六尺,狀貌甚惡(2)。為人篤(3)孝而有法正(4)。少居魯,知名於孔子之門。仕為武城宰(5)。

【注釋】

(1)四十歲:《史記》作"三十"。

(2)惡:醜陋。

(3)篤:忠厚。

(4)法正:標準、規範。

(5)宰;官名,邑宰,某一邑的長官。

【通解】

高柴,齊國人,高氏之別族,字子羔,比孔子小四十歲。身高不過六尺,容貌却極為醜陋。他為人十分孝順并且講究禮法。小時候居住在魯國,在孔子門下,很為人所知。他從政後做了武城宰。

【原文】

宓不齊,魯人,字子賤,少孔子四十九歲。仕為單父宰。有才智,仁愛百姓,不忍欺。孔子大(1)之。

【注釋】

(1)大:尊敬,注重。如《荀子·天論》:"大天而思之,孰與物畜而制之?"

【通解】

宓不齊,魯國人,字子賤,比孔子小四十九歲。官為單父宰。有才智,愛護百姓,不忍心欺凌他們。孔子對他很器重。

【原文】

樊須,魯人,字子遲,少孔子四十六⁽¹⁾歲。弱⁽²⁾仕於季氏⁽³⁾。

【注釋】

(1)四十六:《史記》作“三十六”。

(2)弱:弱冠。《禮記·曲禮上》:“二十曰弱,冠。”弱,年少。古代男子二十歲行冠禮,故用以指男子二十歲左右的年齡。

(3)季氏:春秋時期在魯國執政的三家大夫之一。

【通解】

樊須,魯國人,字子遲,比孔子小四十六歲。二十歲時到季氏那裏做了家臣。

【原文】

有若,魯人,字子有,少孔子三十六歲。為人強識⁽¹⁾,好古道⁽²⁾也。

【注釋】

(1)強識:強記,博聞強識。指記憶力好。

(2)古道:指古代所崇尚的節操風義。

【通解】

有若,魯國人,字子有,比孔子小三十六歲。為人博聞強識,崇尚古代的節操風義。

【原文】

公西赤,魯人,字子華,少孔子四十二歲。束帶立朝,閑⁽¹⁾

賓主之儀。

【注釋】

（1）閑：通"嫻"，嫻熟。

【通解】

公西赤，魯國人，字子華，比孔子小四十二歲。他腰束大帶立於朝廷，對賓主之間的禮儀非常嫻熟。

【原文】

原憲，宋人，字子思，少孔子三十六歲。清净⁽¹⁾守節，貧而樂道⁽²⁾。孔子為魯司寇⁽³⁾，原憲嘗為孔子宰⁽⁴⁾。孔子卒後，原憲退隱，居於衛。

【注釋】

（1）清净：指不煩擾。

（2）道：指一定的人生觀、世界觀、政治主張或思想體系。此指孔子的學說。

（3）司寇：官名。西周始設，春秋、戰國時沿用。掌管刑獄、糾察等事。

（4）宰：管家。

【通解】

原憲，宋國人，字子思，比孔子小三十六歲。内心清净，遵守節操，安貧樂道。孔子擔任魯國的司寇時，他曾經做過孔子的管家。孔子死後，原憲辭職隱居，居住在衛國。

【原文】

公冶長，魯人，字子長。為人能忍耻。孔子以女妻⁽¹⁾之。

【注釋】

（1）妻：動詞，以女嫁人。

【通解】

公冶長，魯國人，字子長。為人能忍受耻辱。孔子把自己的女兒許配給他做妻子。

【原文】

南宮韜⁽¹⁾,字子容。以智自將⁽²⁾,世清不廢,世濁不洿⁽³⁾。孔子以兄子⁽⁴⁾妻之。

【注釋】

(1)南宮韜:陳本作"韜",《史記》作"括"。

(2)將(jiāng):持,控制,約束。

(3)洿(wū):同"污",污染。

(4)子:這裏指女兒。

【通解】

南宮韜,字子容。依靠智能能夠自我約束,世道清平時能夠不遭廢棄,世道昏闇時却不同流合污。孔子把哥哥的女兒嫁給他做妻子。

【原文】

公析哀⁽¹⁾,齊人,字季沉⁽²⁾。鄙⁽³⁾天下多仕於大夫⁽⁴⁾家者,是故未嘗屈節⁽⁵⁾人臣。孔子特嘆貴之。

【注釋】

(1)公析;《史記》作"公晳"。

(2)季沉:《史記》作"季次"。

(3)鄙:鄙視,輕視,看不起。

(4)大夫:古代,國君之下有卿、大夫、士三級。又為一般任官職者之稱。

(5)屈節:折節。

【通解】

公析哀,齊國人,字季沉。鄙視天下的士人大都到大夫家做官,因而未曾屈節去做別人的家臣。孔子特別讚嘆和看重他。

【原文】

曾點⁽¹⁾,曾參父,字子皙⁽²⁾。疾⁽³⁾時禮教不行,慾修之。孔

子善⁽⁴⁾焉。《論語》所謂"浴乎沂,風乎舞雩之下"⁽⁵⁾

【注釋】

(1)曾點:《史記》作"曾蒧"。

(2)子皙:《史記》無"子"字。

(3)疾:痛心,痛恨。

(4)善:讚揚,稱道。

(5)浴乎沂,風乎舞雩(yú)之下:此語見《論語·先進》,曾點語。今本《論語》無"之下"二字。沂,沂水,河名。源出山東鄒城東北,西流經曲阜與洙水合,入於泗水。舞雩,即舞雩臺,祈雨時舉行歌舞儀式之處。

【通解】

曾點,是曾參的父親,字子皙。痛心於當時的禮教不能施行,想整頓這種現象。孔子贊同他。《論語》中記載他說"在沂河裏沐浴,在舞雩臺下吹風"。

【原文】

顏由⁽¹⁾,顏回父,字季路⁽²⁾。孔子始教學於闕里⁽³⁾,而受學。少孔子六歲。

【注釋】

(1)顏由:《史記》作"顏無繇"。

(2)季路:《史記》作"路"。

(3)闕里:孔子居住地名。在今山東曲阜內闕里街。因有兩石闕,故名。

【通解】

顏由,是顏回的父親,字季路。孔子開始在闕里講學時,他便跟從孔子學習。比孔子小六歲。

【原文】

商瞿,魯人,字子木,少孔子二十九歲。特好《易》,孔子傳之,志⁽¹⁾焉。

【注釋】

(1)志：通“記”。

【通解】

商瞿，魯國人，字子木，比孔子小二十九歲。特別愛好《易》，孔子便把有關學問傳授給他，他都記了下來。

【原文】

漆雕開，蔡人，字子若[1]，少孔子十一歲。習《尚書》，不樂[2]仕。孔子曰：“子之齒[3]可以仕矣，時將過。”子若報[4]其書曰：“吾斯之未能信[5]。”孔子悦焉。

【注釋】

(1)子若：《史記》作“子開”。

(2)樂：願意，喜歡。

(3)齒：指年齡。

(4)報：回答，回復。

(5)吾斯之未能信：王肅注：“言未能明信此書意。”斯，此指《尚書》。信，指明瞭，清楚。而孔安國曰：“仕進之道。未能信者，未能究習。”

【通解】

漆雕開，蔡國人，字子若，比孔子小十一歲。研習《尚書》，不喜歡從政。孔子對他說：“你這個年齡應該從政了，否則將錯過時機。”子若回信答復孔子說：“我對這本書還未能完全明瞭。”孔子十分贊賞他的這種專心。

【原文】

公良儒[1]，陳人，字子正。賢而有勇，孔子周行[2]，常[3]以家車五乘[4]從。

【注釋】

(1)儒：陳本及《史記》作“孺”。

(2)周行：指周遊列國。

(3)常：通"嘗"，曾經。

(4)乘：古時一車四馬為一乘。

【通解】

公良儒，陳國人，字子正。賢能而又勇敢，孔子周遊列國時，他曾經有家車五乘跟從。

【原文】

秦商，魯人，字不慈[1]，少孔子四歲。其父菫父[2]，與孔子父叔梁紇[3]俱[4]力聞。

【注釋】

(1)不慈：《史記》作"子丕"。

(2)菫(jǐn)父：即秦菫父。春秋時魯國孟獻子家臣。

(3)叔梁紇：魯國大夫，孔子的父親。名紇，字叔梁，治陬邑（在今山東曲阜東南），故又稱陬大夫。

(4)俱：都，全。

【通解】

秦商，魯國人，字不慈，比孔子小四歲。他的父親菫父與孔子的父親叔梁紇都以勇力聞名。

【原文】

顏刻[1]，魯人，字子驕，少孔子五十歲。孔子適[2]衛，子驕為僕。衛靈公與夫人南子[3]同車出，而令宦者雍梁參乘[4]，使孔子為次乘[5]，游過市。孔子恥之。顏刻曰："夫子何恥之？"孔子曰："《詩》云：'覯爾新婚，以慰我心。'[6]"乃嘆曰："吾未見好德如好色者也。"

【注釋】

(1)刻：《史記》作"高"。司馬貞《索隱》："《家語》名產。"其所見《家語》與今本不盡相同。

（2）適：到，去。

（3）衛靈公：春秋衛國國君，名元，衛襄公之子。南子，衛靈公的夫人，宋女。

（4）參乘：亦作“驂乘”，即陪乘。古時乘車，尊者在左，御者在中，一人在右陪乘，稱為參乘或車右。

（5）次乘：從車。

（6）“覯（gòu）爾新婚，以慰我心”：見《詩·小雅·車舝》。婚，今本《毛詩》用古字“昏”。覯，遇見。此指合婚，合親。慰，王肅注：“慰，安。”

【通解】

顏刻，魯國人，字子驕，比孔子小五十歲。孔子到衛國去，子驕為僕從。衛靈公和夫人南子同車出宮，讓宦官雍梁陪乘，而讓孔子的車子跟從，遊玩着經過鬧市。孔子感到羞恥。顏刻問：“先生您為什麼為這件事感到羞恥呢？”孔子說：“《詩經》說：‘與你合親喜新婚，從而安慰我的心。’”又嘆息道：“我怎麼沒見到喜好品德像喜歡美色那樣的人呢！”

【原文】

司馬黎耕（1），宋人，字子牛。牛為人（2）性躁，好言語。見兄桓魋（3）行惡，牛常憂之。

【注釋】

（1）黎耕：《史記》無“黎”字。觀其名中之“耕”及“子牛”之字，“黎”似應作“犁”。而《史記》司馬貞《索隱》引孔安國語則謂司馬耕之弟安子曰司馬犁。未知孰是。

（2）人：此字原脱，據陳本補。

（3）桓魋（tuí）：春秋時宋國大夫。曾任司馬，為人兇惡。孔子周遊列國路經宋國時，慾加害孔子，後來作亂，敗而奔齊。

【通解】

司馬黎耕，宋國人，字子牛。子牛為人性情急躁，好說話。見他哥哥桓魋做壞事，子牛常常為他感到憂憤。

【原文】

巫馬期⁽¹⁾，陳人，字子期⁽²⁾，少孔子三十歲。孔子將近行，命從者皆持蓋⁽³⁾。已而果雨。巫馬期問曰：“旦⁽⁴⁾無雲，既日出，而夫子命持雨具。敢問何以知之？”孔子曰：“昨暮月宿畢，《詩》不云乎：‘月離於畢，俾滂沱矣。’⁽⁵⁾以此知之。”

【注釋】

(1)期：《史記》作“施”。

(2)子期：《史記》作“子旗”。

(3)蓋：古時用於遮陽障雨的用具。

(4)旦：早晨，早上。

(5)“月離(lí)於畢，俾滂沱矣”：見《詩・小雅・漸漸之石》。離，通“麗”，附着，靠近。畢，星名。二十八星宿之一。古人以為此星主兵、主雨。俾，猶“則”，於是，就。滂沱，大雨傾瀉的樣子。

【通解】

巫馬期，陳國人，字子期，比孔子小三十歲。孔子將要外出到附近一個地方去，讓跟從的人都帶上雨具。不久，果然下起雨來。巫馬期問孔子說：“早上天空無雲，太陽已經出來，但先生您却讓我們帶上雨具。請問您怎麽知道天要下雨了呢？”孔子說：“昨晚月亮處在畢宿星座，《詩經》中不是說：‘月亮靠近那畢宿，滂沱大雨跟着來’嗎？所以我知道天要下雨了。”

【原文】

梁鱣⁽¹⁾，齊人，字叔魚，少孔子三十九歲⁽²⁾。年三十，未有子，慾出⁽³⁾其妻。商瞿謂曰：“子未也。昔吾年三十八無子，吾母為吾更取⁽⁴⁾室。夫子使吾之⁽⁵⁾齊，母慾請留吾。夫子曰：‘無憂也。瞿過四十，當有五丈夫⁽⁶⁾。’今果然。吾恐子自晚生耳，未必妻之過。”從之，二年而有子。

【注釋】

(1)梁鱣(zhān)：《史記》裴駰集解：“一作鯉。”

(2)三十九歲:《史記》作"二十九"。

(3)出:離棄,休掉。

(4)取:通"娶"。

(5)之:前往;去到。

(6)丈夫:此指男孩。

【通解】

梁鱣,齊國人,字叔魚,比孔子小三十九歲。年紀三十歲了還沒有子女,他就想把妻子休掉。商瞿對他說:"你先別這樣做。當年我三十八歲了還沒有子女,我母親為我另娶一房妻室。先生(指孔子)派我到齊國去,我母親乞求先生讓我留下來。先生說:'不必憂慮。商瞿過了四十歲,會有五個男孩。'現在果真如此。我估計您自當晚生,未必是你妻子的過錯。"梁鱣聽從商瞿的話,過了兩年就有了子女。

【原文】

琴牢,衛人,字子開,一字張。與宗魯友。聞宗魯死,慾往吊[1]焉。孔子弗許[2],曰:"非義也。"

【注釋】

(1)吊:悼念死者。

(2)弗許:不允許。

【通解】

琴牢,衛人,字子開,一字張。和宗魯是朋友。聽說宗魯死了,想前往吊唁。但孔子不允許,孔子說:"這不合乎義。"

【原文】

冉儒[1],魯人,字子魚[2],少孔子五十歲。

【注釋】

(1)冉儒:陳本及《史記》作"冉孺"。

(2)子魚:陳本及《史記》作"子魯"。

【通解】

冉儒，魯國人，字子魚，比孔子小五十歲。

【原文】

顏辛，魯人，字子柳，少孔子四十六歲。

【通解】

顏辛，魯國人，字子柳，比孔子小四十六歲。

【原文】

伯虔，字楷[1]，少孔子五十歲。

【注釋】

(1)楷：陳本作"子皙"，《史記》作"子析"。

【通解】

伯虔，字楷，比孔子小五十歲。

【原文】

公孫寵[1]，衛人，字子石，少孔子五十三歲。

【注釋】

(1)寵：陳本及《史記》作"龍"。

【通解】

公孫寵，衛國人，字子石，比孔子小五十三歲。

【原文】

曹恤，少孔子五十歲。

【通解】

曹恤，比孔子小五十歲。

【原文】

陳亢，陳人，字子亢，一字子禽，少孔子四十歲。

【通解】

陳亢，陳國人，字子亢，一字子禽，比孔子小四十歲。

【原文】

叔仲會，魯人，字子期，少孔子五十歲。與孔璇⁽¹⁾年相比⁽²⁾。每孺子⁽³⁾之執筆記事於夫子，二人迭⁽⁴⁾侍左右。孟武伯⁽⁵⁾見孔子而問曰：“此二孺子之幼也於學，豈能識於壯哉？”孔子曰：“然！少成則若⁽⁶⁾性也，習慣若自然也。”

【注釋】

(1)孔璇：孔子弟子。璇，同“璿”。

(2)比：相近。

(3)孺子：兒童，後生。此指書童。

(4)迭：輪流。

(5)孟武伯：春秋時魯國大夫。即孟孺子。

(6)若：成，變為。

【通解】

叔仲會，魯國人，字子期，比孔子小五十歲。與孔璇年齡相近。每當有學童在孔子身邊執筆記事，常常兩人輪流在孔子左右服侍。孟武伯見到孔子就問道：“這兩個小孩年齡這麼小就來學習，怎么能知道他們長大以後的情況呢？”孔子說：“能知道。年少時養成的就是天性，習慣了就好象十分自然。”

【原文】

秦祖，字子南。

奚蒧⁽¹⁾，字子偕⁽²⁾。

公祖茲⁽³⁾，字子之。

【注釋】

(1)奚葴(diǎn):《史記》作"奚容箴"。

(2)子偕:陳本及《史記》作"子晳"。

(3)公祖兹:《史記》作"公祖句兹"。

【通解】

秦祖,字子南。

奚葴,字子偕。

公祖兹,字子之。

【原文】

廉潔,字子曹[1]。

公西與[2],字子上。

宰父黑,字子黑。

【注釋】

(1)子曹:《史記》作"庸"。

(2)公西與:陳本及《史記》作"公西輿"。

【通解】

廉潔,字子曹。

公西與,字子上。

宰父黑,字子黑。

【原文】

公西減[1],字子尚[2]。

穰駟赤[3],字子從[4]。

冉季,字子產。

【注釋】

(1)公西減:陳本及《史記》作"公西葴"。

(2)子尚:《史記》作"子上"。

(3)穰(rǎng)駟赤:陳本及《史記》作"壤駟赤"。

(4)子從:《史記》作"子徒"。

【通解】

公西減,字子尚。

穰駟赤,字子從。

冉季,字子產。

【原文】

薛邦[1],字子從[2]。

石處[3],字里之[4]。

懸亶,字子象。

【注釋】

(1)薛邦:《史記》作"鄭國"。

(2)子從:陳本及《史記》作"子徒"。

(3)石處:陳本及《史記》作"後處"。

(4)里之:《史記》作"子里"。

【通解】

薛邦,字子從。

石處,字里之。

懸亶,字子象。

【原文】

左郢[1],字子行[2]。

狄黑,字皙之[3]。

商澤,字子秀。

【注釋】

(1)左郢:《史記》作"左人郢"。

(2)子行:《史記》無"子"字。

(3)皙之:原作"哲之",據陳本改。《史記》無"之"字。

【通解】

左郢,字子行。

狄黑,字晢之。

商澤,字子秀。

【原文】

任不齊,字子選⁽¹⁾。

榮祈⁽²⁾,字子祺⁽³⁾。

顏噲,字子聲。

【注釋】

(1)子選:《史記》無“子”字。

(2)榮祈(qí):《史記》作“榮旗”。

(3)子祺:《史記》作“子祈”。

【通解】

任不齊,字子選。

榮祈,字子祺。

顏噲,字子聲。

【原文】

原亢⁽¹⁾,字子籍。

公肩定⁽²⁾,字子仲⁽³⁾。

秦非,字子之。

【注釋】

(1)亢(kāng):原作“桃”,據陳本改。《史記》作“亢籍”,經前人考證,乃“籍”前脫一“字”字。

(2)定:此字原脫。據陳本、文獻集本及《史記》補。

(3)子仲:《史記》作“子中”。

【通解】

原亢,字子籍。

公肩定,字子仲。

秦非,字子之。

【原文】

漆雕從(1),字子文。

燕伋(2),字子思(3)。

公夏守(4),字子乘(5)。

【注釋】

(1)從:《史記》作"徒父"。

(2)伋:原作"級",據備要本、陳本及《史記》改。

(3)子思:《史記》無"子"字。

(4)守:《史記》作"首"。

(5)子乘:《史記》無"子"字。

【通解】

漆雕從,字子文。

燕伋,字子思。

公夏守,字子乘。

【原文】

勾井疆,字子疆。

步叔乘,字子車。

石子蜀(1),字子明。

邦選(2),字子斂(3)。

【注釋】

(1)子蜀:《史記》作"作蜀"。

(2)邦選:《史記》作"邦巽"。

(3)子斂:陳本及《史記》作"子斂"。

【通解】

勾井疆,字子疆。

步叔乘,字子車。

石子蜀,字子明。

邦選,字子斂。

【原文】

施之常,字子常[1]。

申績[2],字子周[3]。

樂欣[4],字子聲。

【注釋】

(1)子常:《史記》作"子恒。"

(2)申績:《史記》作:"申黨。"

(3)子周:《史記》無"子"字。

(4)樂欣:《史記》作"樂欬。"

【通解】

施之常,字子常。

申績,字子周。

樂欣,字子聲。

【原文】

顏之僕,字子叔[1]。

孔弗[2],字子蔑。

漆雕侈[3],字子斂。

【注釋】

(1)子叔:《史記》無"子"字。

(2)孔弗:王肅注:"孔子兄弟。"弗,《史記》作"忠"。

(3)侈:《史記》作"哆"。

【通解】

顏之僕,字子叔。

孔弗,字子蔑。

漆雕侈,字子斂。

【原文】

懸成(1),字子橫(2)。

顏相(3),字子襄(4)。

【注釋】

(1)懸成:《史記》作“縣成”。

(2)子橫:《史記》作“子祺”。

(3)顏相:《史記》作“顏祖。”

(4)子襄:《史記》無“子”字。

【通解】

懸成,字子橫。

顏相,字子襄。

【原文】

右件(1)夫子七十二人,弟子皆昇堂入室者(2)。

【注釋】

(1)件:計算事物的單位。此指分別。

(2)昇堂入室:比喻學習所達到的境地有程度深淺的差別。後用以讚揚人在學問或技能方面有高度的造詣。

【通解】

以上分別羅列了孔子的七十二個弟子,他們都是在道藝上、學問上能夠昇堂入室的人。

本姓解第三十九

【序說】

本篇可分為兩部分,前兩節為第一部分,敘述了孔子的家世,最後一節為第二部分,記齊國太史對孔子的評價。兩部分都涉及到孔子的身世,故以"本姓"名篇。

第一部分所述孔子家世原原本本,可與《史記》的記載相互補充。其實,早在唐代,司馬貞就已採《家語》以補《史記》所記之不足。不過,他所引《家語》與今本略有不同。如《史記·孔子世家》索隱引《家語》云:"孔子,宋微子之後。宋襄公生弗父何,以讓弟厲公。弗父何生宋父周,周生世子勝,勝生正考父,考父生孔父嘉,五世親盡,別為公族,姓孔氏。孔父生子木金父,金父生睪夷,睪夷生防叔。畏華氏之逼而奔魯,故孔氏為魯人也。"《宋微子世家》索隱引曰:"微子弟仲思名衍,一名泄,嗣微子為宋公。雖遷爵易位,而班級不過其故,故以舊官為稱。故二微雖為宋公,猶稱微,至於稽乃稱宋公也。"《孔子世家》索隱又引:"叔梁紇娶魯之施氏,生九女。其妾生孟皮,孟皮病足,乃求婚於顏氏,征在從父命為婚。"又引《家語》云:"生三歲而梁紇死。"

將《史記》索隱引《家語》與本篇比較,可以發現今本《家語》與唐代司馬貞所見有所不同。但是,決不能由此得出今本繫偽書的結論,因為在歷代傳鈔的過程中,或衍或缺,或以注文竄入正文,比如,本篇"微,國名;子,爵"顯繫注文形式。通過比較司馬氏所引,可以推測自"微子啟"至"故封之賢",恐怕也有原本是注文的可能。另外,像"甫"與"父","避"與"畏","禍"與"逼"等的不同,也極有可能是傳鈔所致,此乃古籍流傳中的常見現象。司馬貞在引用《家語》時可能有所去取,未必全盤照錄。比如,在《宋微子世家》索隱中引"微子弟"至"乃稱宋公",以補《史記》之闕;在《孔子世家》索隱中引"宋襄公"至"故孔氏為魯人也",來補《史記》語焉不詳的孔氏譜系。所以,其所引用的《家語》與今本似有大異,實未必然。

　　第二部分,孔子和齊國太史子與論道,子與感嘆不已,極贊孔子之聖迹,並以"素王"譽之。其中所謂孔子整理"六經","弟子三千"云云,在疑古學者看來,所論孔子事迹如此整齊,顯繫漢以後的造偽,至於"素王"之說,更為漢人所樂道者。加之本章內容又不見於他書,其真實性頗值得懷疑。然而,"六經"之說見於《莊子》,又為司馬遷《史記》所採信,不可輕易否定。弟子三千,登堂入室者七十餘人,見於《史記》,又見於《家語》,如謂《家語》襲自《史記》,恐未必。"素王"之說,見於《莊子·天運》,不始於漢。看來,《家語》所記是否偽作或後人增補,尚需進一步研究。另外,孔子自謂:"亂而治之,滯而起之,自吾志也。天何與焉?"與《論語》中孔子思想一致,其匡扶天下的志向,其不待天助的自信,溢於言表。總之,本篇資料價值不容忽視。

【原文】

　　孔子之先,宋之後也。微子啟[1],帝乙[2]之元子[3],紂之庶兄。以圻[4]內諸侯,入為王卿士。微,國名;子,爵。初,武王克殷,封紂之子武庚[5]於朝歌[6],使奉湯祀[7]。武王崩,而與管、蔡、霍三叔作難[8]。周公相成王,東征之。二年,罪人斯得,乃命微子於殷後,作《微子之命》[9],由之與[10]國於宋,徙殷之子孫。唯微子先往仕周,故封之賢[11]。其弟曰仲思,名衍,或名泄,嗣微子後,故號微仲,生宋公稽。冑子[12]雖遷爵易位,而班級[13]不及其故者,得以故官為稱。故二微雖為宋公,而猶以微之號自終,至於稽乃稱公焉。宋公生丁公申,申生緡公共及襄公熙,熙生弗父何及厲公方祀,方祀以下,世為宋卿。

【注釋】

　　(1)微子啟:殷紂王的同母庶兄,封於微,紂王淫亂,數諫不從,出奔,殷亡後投周朝,封於宋。孔子稱之,將其與箕子、比干譽為殷之"三仁"。《史記》裴駰集解引孔安國曰:"微,畿內國名。子,爵也。為紂卿士。"一說,微在今山東梁山北。此記載又見於《史記·宋微子世家》、《孔子世家》、《世本》(輯本)。

(2)帝乙：殷代帝王，為微子與紂王之父。

(3)元子：天子或諸侯的長子。

(4)圻(qí)：畿，京畿。古稱天子直轄之地。

(5)武庚：殷紂王之子，名祿父。周武王滅商，封其於殷故地，以奉殷祀。武王死後，武庚與管、蔡等叛，被周公所滅。

(6)朝(zhāo)歌：殷代末期的別都，在今河南淇縣。為武乙所建，紂因之。武王滅商，封康叔於此，是為衛國。

(7)奉湯祀：供奉商湯的祭祀。周武王滅殷後，將神農、黄帝、唐、虞、夏、商的後代封國，以示古代聖王不能絕嗣。正是本書《哀公問政》所謂"繼絕世，舉廢邦"之意。

(8)管、蔡、霍三叔作難：管叔、蔡叔、霍叔皆為周文王之子，武王、周公之弟。滅商後，武王封管、蔡、霍於殷故地，以監視武庚，號稱"三監"。武王崩，成王嗣立，年幼，周公攝政。三監散發流言，謂周公有篡位之心，並與武庚發動叛亂。後周公東征，武庚、管叔被殺，蔡叔流放。

(9)《微子之命》：《古文尚書》中的一篇，此篇記載周公東征殺武庚以後，命微子代武庚為殷後裔之辭。

(10)與：舉，立。此指分封建國。《經義述聞·禮記中》"選賢與能"王引之按："與當讀為舉。"《左傳》文公元年"楚國之舉"杜預注："舉，立也。"

(11)封之賢：封賞多。此指受封為諸侯。《小爾雅·廣詁》："賢，多也。"《吕氏春秋》"則賢於千里之地"高誘注："賢，猶多也。"

(12)胄子：古代帝王或貴族的長子，皆入國學，稱胄子。

(13)班級：官位、爵位的等級。

【通解】

孔子的先祖，是宋國的後裔。微子啟，是殷王帝乙的長子，紂王的庶兄。他以畿內諸侯的身份，入朝做了紂王的卿士。微，是封國名；子，是爵位。當初，周武王剪滅商朝，將紂王的兒子武庚封到朝歌，讓他來繼續供奉對商湯的祭祀。武王死後，武庚就和管叔、蔡叔、霍叔等"三監"聯合發動叛亂。當時，周公輔佐年幼的成王，攝政治理天下，遂東征平亂。兩年征討，發動叛亂的罪人皆得到應有的下場。於是又册命微子為殷商的繼承者，並作《微子之命》，由此建國於宋，又遷徙殷遺民於此。因為微子首

先投靠周朝,所以受到的封賞很多,讓他做了諸侯。微子的弟弟名叫仲
思,一說叫泄。繼承微子而為宋國之君,因此又稱微仲,仲思生宋公稽。
作為長子,盡管變更爵位,而等級不如以前,則以從前的舊爵相稱。因此,
二微雖然都是宋國的國君,然而仍以微作為自己的稱號,一直到死。到了
稽時才稱公。宋公稽生宋丁公申,申生緡公共和襄公熙,熙生弗父何與厲
公方祀。從方祀以後,孔子的先祖世代為宋卿。

【原文】

　弗父何生宋父周,周生世子勝,勝生正考甫,考甫生孔父
嘉。五世親盡,別為公族(1),故後以孔為氏焉。一曰孔父者,生
時所賜號也,是以子孫遂以氏族(2)。孔父生子木金父,金父生
睪夷,睪夷生防叔,避華氏之禍(3)而奔魯。防叔生伯夏,伯夏生
叔梁紇。曰:"雖有九女,是無子。"其妾生孟皮,孟皮一字伯尼,
有足病。於是乃求婚於顏氏。顏氏有三女,其小曰征在。顏父
問三女曰:"陬大夫(4)雖父祖為士,然其先聖王之裔。今其人身
長十尺,武力絕倫,吾甚貪(5)之,雖年長性嚴,不足為疑,三子孰
能為之妻?"二女莫對,征在進曰:"從父所制(6),將何問焉?"父
曰:"即爾能矣。"遂以妻之。

　征在既往,廟見(7),以夫之年大,懼不時(8)有男,而私禱尼
丘之山(9)以祈焉。生孔子,故名丘,字仲尼。孔子三歲,而叔梁
紇卒,葬於防(10)。至十九,娶於宋之並官氏(11)。一歲而生伯
魚。魚之生也,魯昭公以鯉魚賜孔子。榮君之貺(12),故因以名
曰鯉,而字伯魚。魚年五十,先孔子卒。

【注釋】

　(1)五世親盡,別為公族:古代行嫡長子繼承制、五服之制,五世之後,
血緣關繫漸疏,故分出別為一族,另立氏號。《禮記·喪服小記》:"別子為
祖,繼別為宗;繼禰者為小宗。有五世而遷之宗,其繼高祖者也。是故祖
遷於上,宗易於下。"

(2)氏族:以之為其族之氏號。

(3)華氏之禍:孔父嘉為宋大司馬,其妻貌美,太宰華督慾奪之,後遂殺孔父嘉。其子木金父降為士,孔氏受排壓,不容於華氏,防叔遂奔魯。

(4)陬大夫:即叔梁紇。陬,魯國邑,在今山東曲阜東南五十里,叔梁紇因功封陬邑大夫。

(5)貪:慾,希望。《廣雅·釋詁一》:"貪,慾也。"

(6)制:裁斷。

(7)廟見:古婚禮,婦到夫家,次日天明,始見夫之父母;若夫之父母已死,則於三月後到廟中參拜,稱廟見,始成為夫家之婦。然後擇日而祭。《禮記·曾子問》:"三月而廟見,稱來婦也。"

(8)不時:不及時。

(9)尼丘之山:即尼丘山,今稱尼山,在今山東曲阜東南約五十里。有夫子洞,傳為孔子出生地。

(10)防:即防山,在曲阜東三十里,有梁公林,為孔子父母葬處。

(11)並官氏:一作"亓官氏",乃明清以來傳鈔致誤。清人錢大昕有說,清人王培荀《鄉園憶舊錄》卷五亦指出這一點。

(12)榮君之貺(kuàng):以國君的恩賜而榮耀。榮,以……為榮。貺,贈送,恩賜。

【通解】

弗父何生宋父周,周生世子勝,勝生正考甫,正考甫生孔父嘉。從襄公之子弗父何到孔父嘉,已經出五服,與宋公的親緣盡絕,不再服喪,於是別立公族,以孔為氏。一說孔父是孔父嘉在世時所賜的號,因此子孫後世便以之作為本族的氏。孔父生子木金父,金父生睪夷,睪夷生防叔,防叔因避華氏之禍,逃奔到魯國。防叔生伯夏,伯夏生叔梁紇。叔梁紇說:"我雖生了九個女兒,但却沒有一個兒子。"他的妾生了個兒子孟皮,孟皮一字伯尼,有足疾。不能做繼承人。於是叔梁紇便向顏氏求婚。顏氏有三個女兒,最小的叫征在。顏父問三個女兒道:"陬大夫叔梁紇雖然他的父祖輩皆是士,但他却是古聖王的後裔。而且,他身高十尺,武力絕倫,我非常希望玉成此事。雖然他年紀較大,而且性情急噪,但這並不值得疑慮。你們三個,誰想嫁給他做妻子啊?"大女兒、二女兒都不做回答。小女征在上

459

前對父親說道:"聽從你的裁斷,還有什麼好問的?"顏父說:"就是你能嫁給他了。"於是就將征在許配給叔梁紇做妻子。

征在嫁到叔梁紇家,三個月後行廟見之禮,正式成為了孔家的媳婦。她因為丈夫年齡大,擔心不能及時有兒子,便偷偷到尼丘山禱告,祈求生子。後來生了孔子,所以給他取名丘,字仲尼。孔子三歲時,叔梁紇就死了,埋葬於防山。十九歲時,娶了宋國的並官氏的女兒,一年後,生了兒子伯魚。伯魚出生的時候,魯昭公賜給孔子鯉魚。因為以國君的恩賜而感到榮耀,於是給兒子起了個名叫鯉,字伯魚。伯魚五十歲時,先於孔子而去世。

【原文】

齊太史子與適魯,見孔子。孔子與之言道(1)。子與悅,曰:"吾鄙人(2)也,聞子之名,不睹子之形久矣。而求知之寶貴也。乃今而後知泰山之為高,淵海之為大。惜乎,夫子之不逢明王(3),道德不加(4)於民,而將垂寶以貽(5)後世。"

遂退而謂南宮敬叔(6)曰:"今孔子先聖之嗣(7),自弗父何以來,世有德讓(8),天所祚(9)也。成湯以武德王天下,其配在文(10)。殷宗(11)以下,未始有也。孔子生於衰周,先王典籍,錯亂無紀,而乃論百家之遺記,考正其義,祖述(12)堯舜,憲章(13)文武,刪《詩》述《書》,定《禮》理《樂》,製作《春秋》,贊明(14)《易》道,垂訓後嗣,以為法式,其文德著矣。然凡所教誨,束脩(15)已上,三千餘人。或者天將慾與素王(16)之乎,夫何其盛也!"敬叔曰:"殆(17)如吾子之言,夫物莫能兩大,吾聞聖人之後,而非繼世之統,其必有興者焉。今夫子之道至矣,乃將施之無窮。雖慾辭天之祚,故未得耳。"

子貢聞之,以二子之言告孔子。子曰:"豈若是哉?亂而治之,滯而起之,自吾志,天何與焉?"

【注釋】

（1）道：王道。孔子一生孜孜以求的是堯、舜、禹、湯、文、武、周公之道，即以仁政德治為核心的王道政治理想。這貫穿在孔子一生的教育、教化之中。

（2）鄙人：粗淺鄙薄的人，乃自謙之辭。

（3）明王：聖明的君主。

（4）加：施。《呂氏春秋·孝行》"光耀加於百姓"高誘注："加，施也。"

（5）貽：遺留，流傳。

（6）南宮敬叔：魯國貴族孟僖子之子，孔子弟子，嘗與孔子一起適周問禮於老聃。

（7）今孔子先聖之嗣：意指孔子為商湯後裔宋微子的後代。湯為古聖王，微子為古賢人、仁人。今，發語詞。參見吳昌瑩《經詞衍釋》卷五："今，發語詞也，指事之詞也。"

（8）世有德讓：孔子先祖弗父何本襄公（《左傳》、《史記》作"煬公"）太子，辭王位，讓於厲公。

（9）祚：賜福、保佑。

（10）文：文德，即文命德教，禮樂仁義。

（11）殷宗：泛指殷商王朝各代君主。宗，宗廟，借指王朝。

（12）祖述：倣法遵循前人的學說或行為。

（13）憲章：倣法。"祖述堯舜、憲章文武"亦見於《禮記·中庸》。

（14）贊明：闡明。《易·說卦》"幽贊於神明而生蓍"韓康伯注："贊，明也。"

（15）束脩：十條干肉。古代用於上下親友間相互酬贈，後多指致送老師的酬金，以正式拜師。禮很菲薄。脩，即脯。

（16）素王：指有帝王之德而無帝王之位的人，後專指孔子。素，空，指有名無實或有實無名。

（17）殆：大概。

【通解】

齊國太史子與來到魯國，拜見孔子。孔子和他談論王道。子與很高興，說道："我是一個鄙陋之人，聽說您的大名，但無緣一睹先生的尊顏。

現在我在您這兒求得的知識是很寶貴的。從今之後,我才理解泰山的高大,大海的寬廣。可惜啊!先生沒有遇上聖明的君主,您的道德教化沒能推行於老百姓,但是必將作為珍寶流傳於後世。"

於是,他退出來對南宮敬叔說:"孔子是古代聖王的後代。自從弗父何以來,世世代代都有德讓的的美稱,這是上天的賜福啊。成湯依靠武德而統治了天下,與此相配的應該是文德。但自殷商各代君主以來,一直没有出現這樣的人。孔子生於周代衰敗的時期,先王的典籍已經錯亂無序,於是孔子就論述各家遺留下來的記載,考辨訂正其中的義理。遵循倣法堯、舜、周文王、武王等古聖王,删訂《詩》,編述《書》,確定《禮》,整理《樂》,寫作《春秋》,闡明《易》道,對後世垂訓示教,以此為準則。他的文德是非常顯著啊!他所教誨過的,交過微薄的拜師禮的學生,有三千多人,大概是上天想讓他做素王吧?不然怎會如此興盛啊!"南宮敬叔說:"大概像你說的這樣,任何事物都是沒有兩全其美的,我聽說,聖人的後代,如果不能繼承天下大統,他們也必然會有興盛起來的。現在我們老師的道是至高無上的,必將長久不斷的施行於後世。即使想推辭上天的賜福,肯定是不行的。"

子貢聽說了,就把兩個人的談話告訴了孔子。孔子說:"哪裏是他們說的那樣啊?混亂就需治理,積滯就要疏導,本是我的志向,上天何曾賜與我什麼呀?"

終記解第四十

【序說】

本篇記載孔子臨終前的事迹、孔子去世後弟子們埋葬孔子以及為孔子服喪等有關情況,故以"終記"名篇。

孔子崇尚王道,向往先王之治,主張恢復禮治,他為此到處奔走,但還是淒淒惶惶,"干七十餘君莫能用"。為了自己的政治理想,孔子奮鬥了一生,却始終沒能找到推行個人主張的處所。孔子堅信自己的學說,他也認識到"不時",認識到自己所處的時代難以推行這樣的主張,這便是本篇所記孔子之言:"夫明王不興,則天下其孰能宗餘。"最終,孔子只能慨嘆:"泰山其頹乎!梁木其壞乎!哲人其萎乎!"作為孔子晚年最為親近的弟子,子貢十分瞭解孔子,所以,他對魯哀公"生不能用,死而誄之"的做法提出批評。

孔子弟子對孔子懷有深深的敬意。老師的離去,他們失去了恩師,再也無法向孔子請教有關的禮儀制度,於是,他們從孔子為顏回、子路治喪的禮儀中得到啟示,以喪父之禮為孔子治喪。在殯葬事宜中,他們遵循"尊師"、"備古"、"行夫子之志"的原則。孔子的人格,孔子的思想學說感召着孔門弟子,他們為其服三年之喪,子貢甚至服喪六年。孔子影響很大,當時就有人從燕國來觀看孔子的葬禮,後來,"群弟子及魯人處於墓如家者"竟然百有餘家,形成村落。

本記載的有關內容又見於《禮記·檀弓上》、《史記·孔子世家》。將這些材料比較,不難看出本篇所記更為詳盡。

【原文】

孔子蚤晨作⁽¹⁾,負手曳⁽²⁾杖,逍遥⁽³⁾於門,而歌曰:"泰山其頹乎!梁木⁽⁴⁾其壞乎!哲人其萎⁽⁵⁾乎!"既歌而入,當户⁽⁶⁾而

坐。

子貢聞之，曰：“泰山其頹，則吾將安仰？梁木其壞，吾將安杖⁽⁷⁾？哲人其萎，吾將安放⁽⁸⁾？夫子殆將病也。”遂趨而入。夫子嘆而言曰：“賜，汝來何遲？予疇昔夢坐奠於兩楹之間⁽⁹⁾。夏后氏殯於東階之上則猶在阼⁽¹⁰⁾，殷人殯於兩楹之間即與賓主夾之，周人殯於西階之上則猶賓之，而丘也即殷人。夫明王不興，則天下其孰能宗餘⁽¹¹⁾，餘逮將死。”遂寢病，七日而終，時年七十二矣。

哀公誄⁽¹²⁾曰：“昊天不吊！不慭遺一老⁽¹³⁾，俾屏⁽¹⁴⁾余一人以在位，煢煢餘在疚⁽¹⁵⁾，於乎哀哉，尼父！無自律⁽¹⁶⁾。”子貢曰：“公其不沒⁽¹⁷⁾於魯乎！夫子有言曰：‘禮失則昏，名失則愆。失志為昏，失所為愆。’生不能用，死而誄之，非禮也；稱一人，非名⁽¹⁸⁾。君兩失之矣。”

【注釋】

（1）蚤（zǎo）晨作：蚤，通“早”。作，王肅注：“作，起。”

（2）曳：拖。

（3）逍遥：悠閒的樣子。

（4）梁木：王肅注：“梁木，木主為梁者。”

（5）萎：植物枯槁，引申為人的死亡。王肅注：“萎，頓。”

（6）當户：對着門户。

（7）杖：通“仗”，依靠，靠托。

（8）放（fǎng）：通“仿”，傚倣，傚法。王肅注：“放，法。”

（9）予疇昔夢坐奠於兩楹之間：疇昔，日前，往昔。兩楹之間，堂屋正中的位置。楹，廳堂前部的柱子。王肅注：“疇昔，猶近，昨夜。兩楹之間，殷人所殯處。而坐奠於殯處，故自知死也。”

（10）夏后氏殯（bìn）於東階之上則猶在阼（zuò）：夏后氏，部落名。禹相傳是其領袖，後來他的兒子啟建立了我國歷史上的第一個朝代——夏朝。殯，殮而未葬。階，臺階。阼，堂前東階，主人的位置。古代賓主相見,賓自西階上,主人立於東階。《儀禮・士官禮》鄭玄注:"祚猶酢也,東階所以答酢賓客也。"

(11)明王不興,則天下其孰能宗餘:興,起。宗,尊崇,取法。王肅注:"言天下無明主,莫能宗己道。臨終其有命,傷道之不行也。"

(12)誄(lěi):古時用來表彰死者的德行並表示哀悼的文辭,只能用於上對下,《禮記・曾子問》:"賤不誄貴,幼不誄長,禮也。"後來演化成哀祭文體的一種。

(13)昊天不吊,不憖(yìn)遺一老:昊天,蒼天,老天。吊,通"淑",善,仁。憖,願,寧。王肅注:"吊,善也。憖,願,且。一老,孔子也。"

(14)俾(bǐ)屏(bǐng):俾,使。屏,通"摒",除去,放棄,放逐。

(15)煢(qióng)煢餘在疚:煢煢,本指沒有兄弟,泛指孤單無靠。疚,王肅注:"疚,病。"指久病,《釋名・釋疾病》:"疚,久也;久在體中也。"

(16)尼父,無自律:王肅注:"父,丈夫之顯稱。律,法,言無以自為法。"

(17)沒(mò):通"歿",死亡。

(18)稱一人,非名:王肅注:"一人,天子之稱也。"

【通解】

孔子早晨起來,背着手,拖着手杖,悠閒地在門口漫步排遣,口裏唱道:"泰山大概要坍塌了吧!棟梁大概要折壞了吧!哲人大概要病逝了吧!"唱完進屋,對着門坐着。

子貢聽見了,說:"如果泰山坍塌了,那我們將來仰望什麼?如果棟梁折壞了,那我們將來依仗什麼?如果哲人病逝了,那我們將來傚法什麼?先生大概要生病了。"於是快步走進去見孔子。孔子嘆息着說:"端木賜呀,你怎麼來得這麼晚?昨夜我夢見自己坐在兩楹之間接受祭奠。夏人停放靈柩在東邊的臺階,那還是放在主位上;殷人停放靈柩在兩楹之間,那是讓它處在賓主之間;周人停放靈柩在西邊的臺階,那是把它當賓客對待了。而孔丘我就是殷人的後代。聖明的君王不出現,那麼天下誰能尊崇我的學說呢?也許我快要死了。"隨後,孔子就病臥在床,七天後去世了,年七十二歲。

魯哀公致辭哀悼說:"老天不仁慈啊!不願留下這一位國老,讓他拋下我一人在君位上，孤孤單單，憂傷成病，多麼悲哀啊，老先生！我從此沒有了傚法的榜樣。"子貢說："君主你大概没法在魯國善終吧！我們老師說過：'禮儀喪失就會昏闇，名分喪失就會僭越。失去理智就會昏闇，不講身份就會僭越。'先生活着的時候，你不任用他，死後又作祭文哀悼，這不合禮儀；以諸侯身份自稱'一人'，這不合名分。禮儀、名分，君主你兩樣都失去了。"

【原文】

既卒，門人所以疑服夫子者(1)，子貢曰："昔夫子之喪(2)顏回也，若喪其子而無服，喪子路亦然。今請喪夫子如喪父而無服。"於是弟子皆吊服而加麻(3)。出有所之(4)，則由経(5)。子夏曰："入宜経可居，出則不経。"子游曰："吾聞諸夫子：喪朋友，居則経，出則否；喪所尊，雖経而出，可也。"

孔子之喪，公西(6)掌殯葬焉。晗以疏米三貝(7)，襲衣十有一稱(8)，加朝服一，冠章甫之冠(9)，佩象環(10)，徑五寸而綦組綬(11)，桐棺四寸，柏棺五寸。飭廟、置翣(12)、設披，周也；設崇，殷也；綢練、設旐，夏也(13)。兼用三王禮，所以尊師，且備古也。

葬於魯城北泗水上，藏入地，不及泉(14)。而封為偃斧之形，高四尺，樹松柏為志(15)焉。弟子皆家於墓，行心喪之禮。既葬，有自燕來觀者，舍於子夏氏。子貢謂之曰："吾亦人之葬聖人，非聖人之葬人。子奚觀焉？昔夫子言曰：'見吾封若夏屋者(16)，見若斧矣。'從若斧者(17)也，馬鬣封之謂(18)也。今徒一日三斬板而以封(19)，尚(20)行夫子之志而已。何觀乎哉！"

二三子(21)三年喪畢，或留或去，惟子貢廬於墓(22)六年。自後群弟子及魯人處於墓如家者，百有餘家，因名其居曰孔里焉。

【注釋】

(1)門人所以服夫子者：句子不完整，據陳本，"所以"後補"疑"字。

(2)喪：服喪。

466

（3）吊服而加麻：吊服，弔喪之服。麻，指喪服中用的麻帶。

（4）之：到。

（5）由絰（dié）：由，用。絰，古代喪服中的麻帶，扎於頭上或腰間，在頭上的叫首絰，在腰間的叫腰絰。

（6）公西：指公西赤，姓公西，名赤，字子華。孔子學生。

（7）晗（hàn）以疏米三貝：晗，古時納珠、玉、貝、米等入死者口中。疏米，王肅注："疏，粳米。《禮記》曰稻、曰嘉疏。"

（8）襲衣十有一稱（chèn）：襲衣，全套的衣服。稱，量詞，指配合齊全的一套衣服，《左傳》閔公二年杜預注："衣單復具曰稱。"

（9）加朝服一，冠章甫之冠：朝服，周代玄冠服之一，專門指玄冠、緇衣、素裳的服飾。第一個"冠"是"戴"的意思，第二個"冠"是"帽子"的意思。章甫，商代的一種帽子。《禮記・儒行》："丘少居魯，衣逢掖之衣；長居宋，冠章甫之冠。"孫希旦集解："章甫，殷玄冠之名，宋人冠之。"由於孔子喜歡戴過，後世用"章甫"特指儒者之冠。

（10）佩象環：佩，通"佩"，佩帶。象環，象牙環。

（11）徑五寸而綦（qí）組綬：綦，蒼艾色。組綬，古代玉珮上繫玉用的絲帶，這裏指繫象環用的絲帶。王肅注："綦，雜色。組綬，所以繫象環。"

（12）飭廟置翣（shà）：廟，停放靈柩的地方。翣，古時出殯時棺木的裝飾，朱駿聲《說文通訓定聲・謙部》："《世本》：'武王作翣。'漢制，以木為匡（即框），廣三尺，高二尺四寸，衣以畫布，柄長五尺。柩車行，持之兩旁以從。按如今之掌扇，疑古本以羽為之，與羽蓋同，後世以布，或以席。"

（13）設披，周也；設崇，殷也；綢（tāo）練、設旐（zhào），夏也：王肅注："披，柩行夾引棺者。崇，崇牙，旌旗飾。綢練，以旌之杜，於葬乘車所建也。疏練廣充長尋曰旐也。"披，《禮記・檀弓上》鄭玄注："柩行夾引棺者。"即用布帛做成的喪具，先用它栓着棺木，再結於柩車兩旁，供送葬的人或牽或挽，以防傾側。崇，《禮記・檀弓上》鄭玄注："牙。旌旗飾也。"即崇牙，旌旗四周的齒狀裝飾物。綢，通"韜"，纏裹，套。練，白色的布帛。旐，舊時出喪時為棺柩引路的旗，俗稱魂幡。

（14）藏（zàng）入地、不及泉：藏，儲存物體的地方，這裏指安放靈柩的地方。泉，地下水。

（15）封為偃斧之形，高四尺，樹松柏為志：封，樹，堆土為墳稱作“封”，種樹作標記叫做“樹”，這是古代對士以上之人的葬禮規定，而一般平民，《禮記·王制》“庶人……不封不樹”，不同級別的人，待遇也不同，《周禮》：“以爵等為丘封之度與其樹數。”偃，仰。

（16）見吾封若夏屋者：據文獻集本及文意應為“吾見”。夏屋，王肅注：“夏屋，今之殿形，中高而四方下也。”

（17）從若斧者：我贊同那種象斧子的，王肅解釋原因說“上難登；狹又易為功”。

（18）馬鬣（liè）封之謂：馬鬣，馬鬃，馬頸上的長毛。王肅注：“俗間之名。”指墳墓封土的形狀像馬鬃。

（19）今徒一日三斬板而以封：王肅注：“板蓋廣二尺，長六尺。斬板，謂斬其縮，三斬止。旁殺，蓋高四尺也。”是指為孔子築墳是用的板築法，板長六尺，寬二尺，圍成要求的形狀，以繩子捆扎（即縮），當中置土，壘實後，砍斷繩索、抽去木板，即固定為要求的形狀。三斬板，如上連做三次。

（20）尚：王肅注：“尚，庶。”庶幾，差不多。

（21）二三子：諸衆，幾個人，這裏指孔子弟子。

（22）廬於墓：服喪期間，為守護墳墓，在墓旁搭建小屋居住。廬，臨時搭建的小屋。

【通解】

孔子去世後，弟子們不知道該為先生穿什麼喪服，子貢說：“從前先生為顏回辦理喪事，如同為兒子辦理喪事一樣，但不穿喪服，對子路也是這樣。現在請大家為先生服喪就如同為父親服喪一樣，但不必穿相應的喪服。”於是孔子弟子們都穿上吊喪之服，繫上麻帶。外出的時候，就只繫麻帶。子夏說：“在家裏繫上麻帶，出門時就不必繫了。”子遊說：“我聽先生講過：為朋友服喪，在家時繫麻帶，外出就不必繫了；為自己尊敬的人服喪，即使繫着麻帶出去，也是可以的。”

在辦理孔子的喪事時，公西赤負責殯葬事宜。孔子的遺體口含粳米和三貝，穿着十一套衣服，外加一套朝服，頭戴章甫之冠，佩戴着象牙環，直徑五寸，用蒼艾色的絲帶繫着。桐木做成的棺木四寸厚，柏木做成的棺木五寸厚。停放靈柩的宮室作了裝飾，棺柩外也設了翣扇。設置了披具，這是周人的禮儀；設置了崇牙，這是殷人的禮儀；用白帛纏繞旗杆、設置了魂幡，這是夏人的禮儀。兼用三代君王的禮儀，是為了尊師，同時也是為了保全古禮。

孔子去世後，被安葬在魯國都城北泗水邊上，棺木埋入地下，但不及地下水，墳墓封土為仰斧的形狀，高四尺，種植松柏作為標誌。弟子們都在墓旁住了三年，雖沒有穿喪服，但心裏都很悲傷。孔子被安葬後，有人從燕國趕來觀喪，住在子夏家裏。子貢對他說："我們這是普通人安葬聖人，不是聖人安葬普通人，您何必前來觀看呢？從前先生說過：'我見過築墳像夏屋的，也見過像斧子的。'我贊同那種像斧子的，也就是民間俗稱的馬鬣封。如今我們為先生築墳，一天中也只換了三次板來封土，這是大致遵行我們先生的旨意罷了。有什麼值得參觀的！"

孔子的弟子們服完三年之喪，有的留在當地，有的離開了，只有子貢在孔子墓旁守護了三年。此後衆弟子和魯國了在孔子墓旁安家的，有一百多家，因此命名他們居住的這個地方叫"孔里"。

正論解第四十一

【序說】

　　本篇名曰"正論"，可包涵有兩層意思：一、正者，政也，指社會政治。所以本篇是關於天下國家治理的大道理；二、正者，正名也，即合乎禮制。這裏的"正名"不是名實之間的邏輯關繫，而是指規範了社會等級與秩序的社會關繫。

　　本篇是孔子政治思想研究的重要資料。孔子認為"惟器與名，不可以假人"，而器與名是禮的最直接的表現形式。"禮"就成為治理國家的具體戰略和正名的標準和憑藉。要保持和維護社會的穩定，實現天下大治，就必須"為國以禮"，只有這樣纔可以"王天下"。這也是本篇論述的中心。

　　孔子的論述緊緊圍遶"禮"展開，把"禮"作為上自國君、下到平民言行的標準，而合乎禮便是仁，以仁治國就是德政，勞民傷財只會葬送國家。圍遶着德政問題，孔子論述了實行德政的方法、途徑以及目的。這包括君臣綱常、選賢舉能、禮樂教化、愛民敬老、天下統一等。作為政治思想家，孔子向往三代"先王之道"，他認為要實行王道就要實行德政，政策上以德為主，同時又要"寬猛相濟"，這樣才能"政是以和"。實行德政要求國君從自身做起，"孝悌發諸朝廷，行於道路，至於州巷，放於蒐狩，循於軍旅，則衆感以義，死之而弗敢犯"，這同時也是對民衆進行的禮樂教化。

　　在本篇中，孔子對"禮"和"仁"都有論述。孔子說"克己復禮為仁"，涉及到了孔子的思想核心問題。孔子的思想有一個變化的過程。起初，孔子以恢復周禮為己任，把恢復周禮作為實現王道的必然要求，在四處碰壁，學說得不到實行的時候，孔子開始考慮禮不能實行的深層原因，於是又提出了"仁"的思想，希望統治者從自身做起，實行仁治。仁是內在的自覺，禮是外在的形式，二者互為裏表。

　　在形式上，本篇與《家語》其他各篇有所不同，其他一般是通過直接描寫孔子與諸侯國君、孔門弟子的對話或者行為表現孔子思想，而本篇大多數章節是先叙述歷史事件或人物言行,然後再叙述孔子對這些歷史事件或人物的評價,以此來表現孔子思想。本篇各章節內容是以社會政治問題為主,因而本篇所體現的主要是孔子的政治思想。

本篇各章節幾乎都與《左傳》等有關記載相通,有些段落還與《論語》、《禮記》、《國語》、《韓詩外傳》、《史記·孔子世家》、《孔叢子》、《列女傳·母儀傳》、《說苑》、《新序·雜事》互為佐証。本篇是《孔子家語》中篇幅最長的一篇,聚集了大量孔子政治思想的研究素材。

【原文】

孔子在齊,齊侯出田[1],招虞人[2]以旌[3],不進,公使執之。對曰:"昔先君之田也,旌以招大夫,弓以招士,皮冠以招虞人。臣不見皮冠,故不敢進。"乃舍之。孔子聞之曰:"善哉!守道不如守官[4]。君子韙[5]之。"

【注釋】

(1)田:田獵。王肅注:"田,獵。"此記載又見於《左傳》昭公二十年。

(2)虞人:王肅注:"虞人,掌山澤之官也。"

(3)旌:用旄牛尾和彩色鳥羽作竿飾的旗子。按古代禮節,君有所命,召喚大夫用旌。

(4)守道不如守官:守着恭敬之道不如守着官位。齊侯為國君,虞人為臣,故虞人應服從齊侯的命令,但齊侯召喚虞不符合君臣之間的禮制,故虞人兩者比較後選擇遵守他的職位。道,恭敬之意。官,職位。王肅注:"道為恭敬之道。見君招便往。守官,非守,招不往也。"

(5)韙(wěi):認為是對的,肯定。王肅注:"韙,是。"

【通解】

孔子在齊國的時候,齊國國君外出打獵,用旌旗召喚虞人前來,虞人沒有應召晉見。齊君便派人把他抓了起來。虞人對齊君說:"從前先君打獵的時候,用旌旗召喚大夫,用弓召喚士人,用皮冠召喚虞人。臣下我沒有見到皮冠,所以就沒敢前來晉見。"齊君於是放了虞人。孔子聽到這件事後說:"好啊!守着恭敬之道不如守着官位。君子對此是肯定的。"

【原文】

齊國師⁽¹⁾伐魯，季康子⁽²⁾使冉求率左師御之，樊遲⁽³⁾為右。師不逾溝，樊遲曰：“非不能也，不信子⁽⁴⁾。請三刻而逾之⁽⁵⁾。”如之，衆從之。師入齊軍，齊軍遁⁽⁶⁾。冉有用戈，故能入焉。孔子聞之曰：“義也⁽⁷⁾。”

既戰，季孫謂冉有曰：“子之於戰，學之乎？性⁽⁸⁾達之乎？”對曰：“學之。”季孫曰：“從事孔子，惡乎學？”冉有曰：“即學之孔子也。夫孔子者，大聖，無不該⁽⁹⁾，文武並用兼通。求也適聞其戰法，猶未之詳也。”季孫悅。樊遲以告孔子。孔子曰：“季孫於是乎可謂悅人之有能矣。”

【注釋】

(1)國師：齊國正卿。一說為齊國軍隊，誤。《左傳》哀公十一年記載：“國書、高無丕帥師伐我。”很明顯，國書與高無丕均為齊國國卿，盡管其記載與《家語》有一字之差，但國師為齊國國卿是沒有疑義的。王肅注：“國師，齊卿。”

(2)季康子：魯國貴族，執掌魯國朝政，又名季孫。

(3)樊遲：孔子弟子。名須，字子遲。春秋時魯國人。

(4)不信子：不信任季孫氏。王肅注：“言季孫德不素著，為民所信也。”

(5)請三刻而逾之：王肅注：“與衆要信，三刻而逾溝也。”刻，一說此處解釋為古代計時單位，以銅漏計時，一晝夜分為一百刻。至清代方用時鐘，以十五分鐘為一刻，四刻為一小時。誤。此處應為限定之意，引申為命令，申令。此用法又見《白石神君碑》：“指日刻期，應時有驗。”

(6)遁：王肅注：“遁，逃。”

(7)義也：王肅注：“在軍能却敵，合於義。”

(8)性：天賦，本性。類似用法有《論語·陽貨》“性相近也，習相遠也。”

(9)該：通“賅”，完備。王肅注：“該，包。”這裏指孔子才智過人，無所不通。

【通解】

　　齊國國師率兵攻伐魯國，季康子派冉求率左軍抵禦，樊遲率右軍。魯國軍隊不願越壕溝迎戰。樊遲說：“不是不能够跨越，而是不信任你。請您號令三次後再帶頭跨越。”季康子聽從了樊遲的意見，結果官兵都跟着前進了。魯國軍隊攻入齊國軍隊陣中，齊軍不能抵擋，大敗而逃。冉有用戈作為武器，所以能攻入齊軍陣中。孔子聽到這件事後說：“這是合乎道義的。”

　　戰後，季康子詢問冉有：“你對於戰法，是通過學習得到的呢，還是天生就會呢？”冉求回答說：“是學習得來的。”季康子又問：“你師從孔子，能够學到什麽呢？”冉有回答說：“正是從孔子那裏學到戰爭的道理的。孔子是一位聖人，無所不知，文武兼通。我只是剛好聽他講過戰法，瞭解得還不够詳盡。”季康子聽了很高興。樊遲把這件事告訴了孔子，孔子說：“通過這件事，季康子可稱得上喜歡別人的才能了。”

【原文】

　　南容說、仲孫何忌[1]既除喪[2]，而昭公在外[3]，未之命也[4]。定公即位，乃命之。辭曰：“先臣有遺命焉[5]，曰：‘夫禮，人之干也，非禮則無以立。’囑家老[6]，使命二臣，必事孔子而學禮，以定其位。”公許之。二子學於孔子。孔子曰：“能補過者，君子也。《詩》云：‘君子是則是效[7]。’孟僖子可則效矣。懲己所病[8]，以誨其嗣[9]。《大雅》所謂‘詒厥孫謀，以燕翼子’[10]是類也夫。”

【注釋】

　　(1)南容說、仲孫何忌：南容說即南宮閱，又稱南宮敬叔。仲孫何忌即孟懿子。二人皆為孟僖子之子。

　　(2)除喪：除去喪禮之服，意謂服喪完畢。王肅注：“除父僖子之喪。”

　　(3)昭公在外：昭公受季孫氏逼迫逃亡國外。王肅注：“時為季孫所逐。”

（4）未之命也：王肅注：“未命二人為卿大夫。”

（5）先臣有遺命焉：王肅注：“僖子病不知禮，及其將死，而屬其二子，使事孔子。”先臣，指孟僖子。孟僖子是魯國大臣，故南、仲二人對魯定公稱自己父親為先臣。此記載又見於《左傳》昭公二十四年。

（6）家老：大夫家中的宰臣。

（7）君子是則是效：君子是被仿傚的楷模。詩句見《詩·小雅·鹿鳴》。是則是效，以此為典則，以此為仿傚的楷模。效，仿傚。

（8）懲己所病：對自己所犯的錯誤引以為戒。

（9）嗣：子孫。

（10）詒厥孫謀，以燕翼子：詒，傳給。厥，過失。意謂讓子孫知道自己的過失並以此為借鑒因而有更好的計謀，使子孫得到安定和別人的敬重。王肅注：“詒，遺也。燕，安也。翼，敬也。言遺其子孫嘉謀，學安敬之道也。”嘉謀，即良謀。

【通解】

南容說和仲孫何忌已經為父親服喪完畢，但魯昭公正在國外，所以沒有詔命二人為卿大夫。定公即位後，便發佈詔命。但二人推辭說：“先臣臨終有遺命，說：‘禮是做人的根本，不懂禮就無法立身。’囑咐家臣，讓他命我二人一定要侍奉孔子學禮，以確定自己的地位。”定公答應了他們的請求。二人於是跟從孔子學習禮。孔子說：“能够彌補自己過失的人，可稱為君子。《詩》中說：‘君子是仿傚的楷模。’孟僖子是可以仿傚的。以自己的過錯為借鑒，從而教誨後嗣。《詩·大雅》中所說的‘留給子孫好的計謀，讓他們得到安定和別人的敬重’說的就是這類道理吧。”

【原文】

衛孫文子得罪於獻公，居戚⁽¹⁾。公卒，未葬，文子擊鐘焉。延陵季子⁽²⁾適晉，過戚，聞之，曰：“異哉！夫子之在此，猶燕子巢於幕也⁽³⁾，懼猶未⁽⁴⁾也，又何樂焉？君又在殯⁽⁵⁾，可乎？”文子於是終身不聽琴瑟。

孔子聞之曰：“季子能以義正人，文子能克己服義，可謂善改矣。"

【注釋】

（1）衞孫文子得罪於獻公，居戚：王肅注："文子，衞卿，林父。得罪，以戚叛也。"孫文子，衞國大夫。獻公，指衞獻公。戚，地名，為孫文子采邑，在今河南濮陽北，此記載又見於《左傳》襄公二十九年。

（2）延陵季子：王肅注："吳公子札也。"即季札。春秋時吳國貴族，吳王諸樊之弟，封於延陵（今江蘇常州），故稱延陵季子。

（3）燕子巢於幕也：王肅注："燕巢於幕，言至危也。"這裏指孫文子在衞獻公未葬時敲鐘慶祝是非常危險的。

（4）未：否定詞，未盡。

（5）殯：停柩。

【通解】

衞孫文子因得罪了衞獻公，居住在戚邑。衞獻公去世，還沒有埋葬，文子就敲鐘娛樂。延陵季子前往晉國，路過戚地，聽到了鐘聲，對文子說："真是奇怪啊！先生您在這裏，就像是燕子在帳幕上做巢，害怕都來不及，又有什麼可以取樂的呢？況且國君的靈柩還停放着，沒有安葬，這樣做行嗎？"文子從此終身不再聽琴瑟。

孔子聽到這件事後說："季子能用義匡正別人，文子能克制自己而服從道義，可以稱得上是善於改正過失。"

【原文】

孔子覽《晉志》⁽¹⁾，晉趙穿殺靈公⁽²⁾，趙盾⁽³⁾亡，未及山⁽⁴⁾而還。史⁽⁵⁾書"趙盾弒君"。盾曰："不然。"史曰："子為正卿，亡不出境，返不討賊，非子而誰？"盾曰："嗚呼！'我之懷矣，自詒伊戚'⁽⁶⁾，其我之謂乎！"孔子嘆曰："董狐，古之良史也，書法⁽⁷⁾不隱。趙宣子，古之良大夫也，為法受惡。受惡惜也，越境乃免⁽⁸⁾。"

【注釋】

（1）《晉志》：王肅注："晉之史記。"即晉國史書。此記載又見於《左傳》

宣公二年。

（2）晋趙穿殺靈公：趙穿，春秋時晋國大夫，曾為將軍。王肅注："穿，趙盾從弟也。"靈公，即晋靈公。晋國國君，名夷皋，在位 14 年（前 620—前 607 年）。

（3）趙盾：即趙宣子。晋國正卿，曾執掌國政。為避靈公殺害而出走，但還未出境，靈公就為趙穿所殺，趙盾於是返回，擁立成公，並繼續執政。

（4）山：王肅注："山，晋之境。"即溫山。

（5）史：太史，春秋時管法典和記事的官，掌建邦之六典。此指下文之董狐。

（6）我之懷矣，自詒伊戚：見《詩·邶國·雄雉》，意為我心中的憂愁是我自己引起的。伊，猶"是"、"這"、"此"。戚，憂，憂愁。今本《毛詩》作"阻"，《左傳》引作"戚"。

（7）書法：古代史官修史，對材料處理、史事評論、人物褒貶，各有體例，謂之書法。

（8）受惡惜也，越境乃免：王肅注："惜盾不越境以免於譏，而受弒君之責也。"意謂趙宣子受到惡名真是可惜啊，他當時如果走出國境就能免於惡名了。

【通解】

孔子閱讀《晋志》，看到這樣的記載：晋國趙穿殺死了晋靈公，趙盾正在逃亡的途中，聽到這件事後還沒到邊境的山就返了回來。太史記載說："趙盾殺死了國君。"趙盾說："不是這樣。"太史說："你身為正卿大夫，逃亡沒有越出國境，回來又不懲罰兇手，不是你又是誰？"趙盾說："哎！'我有着懷戀之情，卻給自己帶來這憂愁'，說的就是我吧！"孔子感嘆地說："董狐，是古代的好史官，依據禮法直書而不隱晦。趙宣子，是古代的好大夫，因為法度而蒙受惡名。可惜啊，他如果當時越出國境就能避免惡名了。"

【原文】

鄭伐陳，入之，使子產(1)獻捷(2)於晋。晋人問陳之罪焉，子產對曰："陳亡周之大德(3)，介(4)恃楚衆，馮陵弊邑(5)，是以有往

476

年之告⁽⁶⁾。未獲命⁽⁷⁾，則又有東門之役⁽⁸⁾。當陳隧者，井陻、木刊⁽⁹⁾，弊邑大懼。天誘其衷⁽¹⁰⁾，啟弊邑心，知其罪，授首⁽¹¹⁾於我，用敢獻功。"

晋人曰："何故侵小？"對曰："先王之命，惟罪所在，各致其辟⁽¹²⁾。且昔天子一圻，列國一同⁽¹³⁾，自是以衰，周之制也⁽¹⁴⁾。今大國多數圻矣，若無侵小，何以至焉。"晋人曰："其辭順。"

孔子聞之，謂子貢曰："《志》⁽¹⁵⁾有之：'言以足志⁽¹⁶⁾，文以足言⁽¹⁶⁾。'不言，誰知其志？言之無文，行之不遠⁽¹⁷⁾。晋為伯，鄭入陳⁽¹⁸⁾，非文辭不為功。小子慎哉！"

【注釋】

(1)子產：春秋時鄭國人。名僑，字子產，穆公之孫。因居東里，又稱東里子產。執掌鄭國國政，善外交。此記載又見於《左傳》襄公十五年。

(2)獻捷：打勝仗後進獻所獲的俘虜及戰利品。

(3)陳亡周之大德：意謂陳國攻打同為周朝藩屬之臣的鄭國是忘記了周王的恩德。王肅注："武王以元女大姬以配胡公，而封諸陳。"亡，通"忘"，忘記。

(4)介：王肅注："介，大。"憑籍，依賴。類似用法又見於《左傳》文公六年："介人之寵，非勇也。"

(5)馮(píng)陵：進迫，侵凌。弊邑，對自己國家的謙稱。

(6)有往年之告：王肅注："告晋為陳所侵。"指陳國曾經攻打鄭國，鄭國告訴了晋國。告，告訴，上報。

(7)未獲命：王肅注："未得晋平陳之成命。"即鄭國慾攻打陳國徵求晋國意見，而晋國沒有同意。

(8)東門之役：王肅注："與楚共伐鄭，陳至其東門也。"

(9)當陳隧者，井陻(yīn)、木刊：王肅注："勝，陳人陻塞、刊斫也。"隧，道路。陻，塞。刊，通砍。意謂陳國打敗了鄭國，凡是經過的地方，把井都填塞了，樹木都砍了。

(10)天誘其衷：王肅注："誘，進。衷，善也。天導其善，大執陳者也。"意謂上天引導陳國人從善，使陳國人認識到自己攻打鄭國不對，自願受鄭

477

國的懲罰。這是子產為鄭國攻打陳國辯解的外交辭令。

(11)授首：謂罪人得到懲罰，投降或被殺。授，原作“校”，據燕山本改。

(12)辟：法。這裏引申為懲罰。王肅注：“辟，誅。”

(13)天子一圻（qí），列國一同：王肅注：“地方千里曰圻，方百里曰同也。”

(14)自是以衰，周之制也：王肅注：“大國方百里，從是以為差。伯方七十里，子男五十里，周之制也。而說學者以周大國方七百里，失之矣。”衰，遞減，遞降。

(15)《志》：古時記事的書。王肅注：“《志》，古之書也。”類似用法又見《周禮·春官·小史》：“掌邦國之志。”

(16)言以足志：王肅注：“言以足成其志。”足，成，此用法又見於《左傳》襄公二十五年：“文以足言。”杜預注：“足，猶成也。”志，志向，計劃目標。

(16)文以足言：王肅注：“加以文章，以足成其言。”

(17)言之無文，行之不遠：王肅注：“有言而無文章，雖行而不遠也。”意謂言語沒有文采，就不會傳播久遠。

(18)晋為伯，鄭入陳：伯，通“霸”，“伯”、“鄭”二字原誤倒，據同文本、陳本改。

【通解】

鄭國攻打陳國，攻入陳國境內，於是派子產向晉國奉獻戰利品。晉國問陳國有什麼罪，子產回答說：“陳國忘記了周朝的大德，一味地依仗楚國人多勢眾，欺凌我國，所以有往年攻打陳國的請告，然而沒有得到貴國的允許，却有了陳國攻打我國東門的戰役。陳國軍隊經過的地方，水井被填塞，樹木被砍伐，我國人民非常害怕。幸好上天誘導他們從善，啟發了我國攻打陳國的念頭。陳國知道自己的罪過，只得接受我們的懲罰，因而我們才敢前來匯報戰功，奉獻戰利品。”

晋人問：“你們為什麼侵犯小國？”子產答道：“根據先王的法令，只要有罪過，都可以按照罪過輕重分別加以懲罰。而且，天子的領土四邊各為一千里，諸侯的領地四邊各一百里，依次遞減，這是周朝的制度。而現在大國的土地多數都達到了周圍各幾千里，如果沒有侵奪小國，怎麼能達到現在的狀況呢？"晉人說："你說的合乎情理。"

孔子聽到這件事後，對子貢說："《志》上有這樣的話：'言語用來表達意願，文辭使說的話更加完備。'不說話，誰會知道你的意願？而言語沒有文采，就不會傳播久遠。晉國是霸主，鄭國攻入陳國，如果不是善於辭令，就不會取得成功。對此，你要慎重啊！"

【原文】

楚靈王汏侈⁽¹⁾。右尹子革⁽²⁾侍坐，左史倚相⁽³⁾趨而過。王曰："是良史也，子善視之。是能讀《三墳》、《五典》、《八索》、《九丘》⁽⁴⁾。"對曰："夫良史者，記君之過，揚君之善。而此子以潤辭為官，不可為良史。"曰："臣又乃嘗聞焉，昔周穆王慾肆其心⁽⁵⁾，將過行天下，使皆有車轍並馬迹焉。祭公謀父作《祈昭》⁽⁶⁾，以止王心⁽⁷⁾，王是以獲殆於文宮⁽⁸⁾。臣聞其詩焉而弗知，若問遠焉，其焉能知。"王曰："子能乎？"對曰："能，其詩曰：'祈昭之愔愔乎，式昭德音⁽⁹⁾，思我王度，式如玉，式如金⁽¹⁰⁾。刑民之力，而無有醉飽之心⁽¹¹⁾。'"靈王揖而入，饋不食，寢不寐，數日，則固不能勝其情，以及於難。

孔子讀其志⁽¹²⁾，曰："古者有志：'克己復禮為仁⁽¹³⁾。'信⁽¹⁴⁾善哉！楚靈王若能如是，豈期辱於干溪⁽¹⁵⁾？子革之非左史，所以風⁽¹⁶⁾也，稱詩以諫，順哉⁽¹⁷⁾。"

【注釋】

(1)楚靈王汏侈：楚靈王，春秋時楚國國君。名圍，在位 12 年（前540—前529 年）。汏侈，王肅注："驕汏奢侈。"此記載又見於《左傳》昭公十二年。

(2)右尹子革：王肅注："右尹，官名。子革，鄭丹。"

(3)左史倚相：人名，楚國史官。左史，史官。在左。周代史官分左史和右史，左史記行動，右史記言語。

(4)《三墳》、《五典》、《八索》、《九丘》：王肅注："《三墳》，三皇之書。《五典》，五帝之典。《八索》，索法。《九丘》，國聚也。"相傳皆為遠古典籍，今佚。

(5)肆其心：隨心所慾。肆，縱恣，放肆。王肅注："肆，極。"

(6)祭公謀父作《祈昭》：王肅注："謀父，周卿士。《祈昭》，詩名，猶齊景公作君臣相說之樂，蓋曰《徵招》、《角招》是也。昭，宜為招耳，補作招。"據《左傳》記載，穆公將征犬戎，祭公謀父諫，以為先王"耀德不觀兵"，作《祈昭》之詩。

(7)止王心：王肅注："止王心之逸游。"止，使動用法，使停止。

(8)獲歿於文宮：獲歿，謂壽終正寢，未被篡弒。文宮，宮名。為周穆王所居。《左傳》作"只宮"，原址在南鄭，即今陝西華縣北。

(9)祈昭之愔愔乎，式昭德音：王肅注："祈昭愔愔，言祈昭樂之安和，其法足以昭其德音者也。"愔，和諧，安詳。

(10)思我王度，式如玉，式如金：王肅注："思王之法度，如金玉純美。《詩》云：'追琢其章，金玉其相。'"式，語助詞。

(11)刑民之力，而無有醉飽之心：王肅注："刑傷民力，用之不勝不節，無有醉飽之心，言無厭足。"

(12)志：記載。

(13)克己復禮為仁：王肅注："克，勝。言能勝己私情，復之於禮，則為仁也。"

(14)信：誠，確實。

(15)豈期辱於干溪：王肅注："靈王起章華之臺於干溪，國人潰畔，遂死焉。"期，助詞，表示疑問，猶"其"。《左傳》作"其"。

(16)風：通"諷"，用含蓄的言語進行勸告。

(17)順哉：順，道，理。如《漢書》："孝悌，天下之大順也。力田，為生之本也。"此處意謂合乎道義。

【通解】

楚靈王驕縱奢侈。一次右尹子革在旁侍坐，左史倚相快步走過。楚靈王說："這個人是個好史官，你要好好待他！他能夠讀《三墳》、《五典》、《八索》、《九丘》這樣的書。"子革答復說："所謂的好史官，應該記錄君主的過失，彰揚君主的善行。而這個人只是以潤飾文辭為官，不能算做是好史官。"又說："我還曾聽說周穆王想放縱他的私慾，準備周遊天下，使天下到處都有他走過的車馬痕迹。祭公謀父就作了《祈昭》來勸諫周穆王，周穆王因此得以善終於文宮。我曾經向倚相問起這首詩，而他不知道，若再問更遠的事情，他哪裏會知道呢？"楚靈王說："那你知道嗎？"子革回答說："知道。這首詩說：'祈昭之樂和悅安舒，足以昭顯德者的聲音。想起我們君王的風範，像金玉般純美。現在却無節制地濫用民力，而没有任何滿足。'"楚靈王聽了，向子革作了揖就走進房内，送上的飯不吃，也不能入睡，過了好幾天還是不能克制自己，以至於遇上禍難。

孔子讀到這篇記載，說："古代有這樣的記載：'克制自己而復於禮制，這就是仁。'說的確實好啊，如果楚靈王能這樣去做，怎麼會有干溪之辱呢？子革不是左史，所以只能諷諫。這是合乎道義的。"

【原文】

叔孫穆子避難奔齊[1]，宿於庚宗之邑[2]。庚宗寡婦通焉，而生牛[3]。穆子返魯，以牛為内豎[4]，相家[5]。牛讒叔孫二人，殺之[6]。叔孫有病，牛不通其饋[7]，不食而死。牛遂輔叔孫庶子昭[8]而立之。昭子既立，朝其家衆曰："豎牛禍叔孫氏，使亂大從[9]，殺適[10]立庶，又被[11]其邑，以求舍[12]罪，罪莫大焉，必速殺之。"遂殺豎牛。

孔子曰："叔孫昭子不勞[13]，不可能也。周任[14]有言曰：'為政者不賞私勞，不罰私怨。'《詩》云：'有覺德行，四國順之。'[15]昭子有焉。"

【注釋】

（1）叔孫穆子避難奔齊：王肅注："穆子，叔孫豹其兄，僑如淫亂，故避之而出奔齊。"叔孫穆子為春秋時魯國大夫。此記載又見於《左傳》昭公四年、五年。

（2）庚宗之邑：即庚宗邑，魯地，在今山東泗水東。

（3）牛：王肅注："名牛。"即所生子名為牛。

（4）豎：王肅注："豎，通內外之命。"即宮中傳達命令的小吏。《周禮·天官·內豎》："內豎掌內外之通令凡小事。"

（5）相家：負責家政。王肅注："長，遂命為相家。"

（6）牛讒叔孫二人，殺之：二人指叔孫穆子嫡子孟丙、仲壬。然《左傳》謂仲壬被逐奔齊，後為穆子返魯奔喪時被季孫氏家臣司空所射殺。與此異。讒，說別人的壞話。

（7）饋：食。此指牛不給叔孫穆子送吃的。

（8）叔孫庶子昭：王肅注："子，叔孫婼。"據下文及《左傳》，"昭"下當有"子"字。

（9）從：和順，安順。指各安其位，各守其職的局面或秩序。王肅注："從，順。"

（10）適（dí）：通"嫡"，指正妻和正妻所生子女。此指孟丙、仲壬。

（11）被（pī）其邑：王肅注："牛取叔氏鄙三十邑以行賄也。"被，通"披"。析，分開。

（12）舍：通"赦"，又如《荀子·榮辱》："內忘其親，上忘其君，是刑法之所不赦也。"

（13）不勞：王肅注："勞，功也。不以立己為功。"

（14）周任：王肅注："周任，古之賢人。"

（15）有覺德行，四國順之：見《詩·大雅·抑》，周振甫譯註："有了真正的的德行，四方國家都歸順。"王肅注："覺，直。"四國，猶"四方"。

【通解】

叔孫穆子為了避難逃奔到齊國，途中曾在庚宗之邑住宿。庚宗之邑的寡婦和他私通生了一個孩子，名叫牛。叔孫穆子返回魯國以後，讓牛擔任內豎，負責家政。豎牛對叔孫穆子說他兩個嫡生兒子的壞話，並把他們殺了。叔孫穆子得了病，豎牛不給他送食物，結果叔孫穆子被餓死了。於是豎牛輔佐叔孫穆子的庶子昭子，使他成為叔孫穆子的繼承人。叔孫昭子即位，召見家眾，對他們說："豎牛為害叔孫氏，搞亂了正常的秩序，殺嫡立庶，又分割封邑行賄，以求逃脫罪責，沒有比這更大的罪行了，必須立即殺掉他。"於是就殺了豎牛。

孔子說："叔孫昭子不把擁立自己看作是豎牛的功勞，這對一般人來說是不可能做到的。周任曾說過：'當政的人不賞賜只對個人有私功的人，不懲罰只對個人有私怨的人。'《詩》上說：'若有正直的德行，天下四方都會歸順。'叔孫昭子就有這樣的德行。"

【原文】

晉邢侯與雍[1]子爭田，叔魚攝理[2]，罪在雍子。雍子納[3]其女於叔魚，叔魚弊獄邢侯[4]。邢侯怒，殺叔魚與雍子於朝。韓宣子[5]問罪於叔向，叔向曰："三姦同坐[6]，施生戮死[7]，可也。雍子自知其罪而賂以置直[8]，鮒也鬻獄[9]，邢侯專殺，其罪一也。己惡而掠美為昏[10]，貪以敗官為默[11]，殺人不忌[12]為賊。《夏書》曰：'昏、默、賊，殺。'[13]咎陶[14]之刑也。請從之。"乃施邢侯，而屍雍子、叔魚於市。

孔子曰："叔向，古之遺直也。治國制刑，不隱於親。三數叔魚之罪，不為末[15]，或[16]曰義，可謂直矣。平丘之會，數其賄也，以寬衛國，晉不為暴[17]；歸魯季孫，稱其詐也，以寬魯國，晉不為虐[18]；邢侯之獄，言其貪也，以正刑書，晉不為頗[19]。三言而除三惡，加三利[20]，殺親益榮，由義也夫。"

【注釋】

(1)邢侯與雍子：二人皆為春秋時晉國大夫。邢侯之父申公巫臣，本為楚國貴族，後奔晉，為邢（今河南溫縣東北）大夫。雍子本亦為楚國大夫，後本晉。此記載又見於《左傳》昭公十三年。

(2)叔魚攝理：王肅注："叔魚，叔向弟。理，獄官之名。"叔魚即羊舌鮒，又稱叔鮒，與兄叔向即羊舌肸同為晉國大夫。叔向曾任太傅。攝理，即代理獄官之職。

(3)納：貢獻，送。

(4)弊獄邢侯：王肅注："弊，斷。斷罪歸邢侯。"即把罪責判在邢侯身上。

(5)韓宣子：王肅注："宣子，晉正卿韓起也。"

(6)三姦同坐：三人共同治罪。姦，犯。《左傳》襄公十四年"臣敢姦之"杜預注："姦，猶犯也。"此作名詞。坐，獲罪。此類有用法又見於《史記·商君列傳》，其曰："商君之法，無驗者坐之。"

(7)施生戮死：王肅注："施，宜為與。與猶行，行生者之罪也。"戮，陳列屍體，曝屍。

(8)置直：行賄以求勝訴。置，買。直，正當，有理。又如《左傳》僖公二十八年："師直為壯，曲為老。"

(9)鬻獄：貪贓枉法，司法官吏受賄而不以情理判斷曲直。鬻，賣。

(10)己惡而掠美為昏：昏，搶劫。王肅注："掠美善，昏亂也。己惡即以賂求善，為惡也。"

(11)貪以敗官為默：敗官，敗壞官風。默，貪污。王肅注："默猶冒，苟貪不畏罪。"

(12)忌：王肅注："忌，憚。"

(13)《夏書》曰："昏、默、賊，殺"：王肅注："《夏書》，夏家之書。三者宜皆殺者也。"意謂犯昏、默、賊三罪的應誅殺。

(14)咎（gāo）陶（yáo）：即皋陶。傳說為舜之臣，掌刑獄之事。

(15)末：輕。王肅注："末，薄。"

(16)或：王肅注："或，《左傳》作'咸'也。"還有一種說法認為"或"做"有的"講，從文意看，不確切。以王肅注為準，意為"都"。

(17)平丘之會，數其賄也，以寬衛國，晉不為暴：王肅注："諸侯會於平丘，晉人淫芻蕘者於衛，衛人患之，略叔向，叔向使與叔魚，客末追而禁之。"賄，貪圖財物。

(18)歸魯季孫，稱其詐也，以寬魯國，晉不為虐：王肅注："魯季孫見執，諸於晉，晉人歸之。季孫貴禮，不肯歸，叔向言叔魚能歸之。叔魚說季孫，季孫懼，乃歸也。"季孫，指季平子。

(19)頗：王肅注："頗，偏。"

(20)三言而除三惡，加三利：王肅注："暴衛虐魯，殺三罪，去三惡，加三利也。"三惡，此指暴、虐、頗。

【通解】

晉國邢侯與雍子爭奪土地，當時叔魚代理獄官之職，審理案件，他瞭解到罪過在於雍子。雍子把女兒嫁給叔魚，叔魚就反過來判決邢侯有罪。
邢侯大怒，在朝廷上就把叔魚和雍子殺了。韓宣子問叔向應當怎樣治他
們的罪，叔向說：“三人應當一同治罪，活着的判刑，死了的暴屍就可以了。
雍子知道自己有罪却用女兒行賄以換取勝訴，叔魚貪贓枉法，邢侯擅自殺
人，他們的罪狀一樣嚴重。自己有罪惡而想掠奪美名是昏，貪贓枉法敗壞
風紀是默，殺人而無所顧忌是賊。《夏書》上說：‘犯有昏、默、賊這些罪行
的，應當處死。’這是皋陶制定的刑罰，請照此執行。”於是就將邢侯處死，
把雍子和叔魚的屍體放在街上示衆。

　　孔子說：“叔向，是具有古代正直遺風的人，治理國家，審判案件，不包
庇親人。三次指出叔魚的罪惡，而不予減輕，都是合乎道義的，這可以稱
的上是正直的了。平丘之會時，指出他的貪財，從而寬免衛國，晉國就做
到了不兇暴。讓魯國季孫氏回去，講出叔魚的欺詐，從而寬免魯國，晉國
就做到了不凌虐。邢侯這個案件，指出叔魚的貪婪，從而嚴格了刑法，晉
國就做到了不偏頗。三次說話而免除了三次罪惡，並增加三種利益。處
死親人而更加榮耀，這是由於做事合乎道義啊。”

【原文】

　　鄭有鄉校(1)，鄉校之士非論執政(2)。然明(3)慾毀(4)鄉校。
子產曰：“何以毀為也？夫人朝夕退而游焉，以議執政之善
否(5)。其所善者，吾則行之；其所否者，吾則改之。若之何其毀
也？我聞忠言以損怨，不聞立威以防怨。防怨猶防水也，大決
所犯，傷人必多，吾弗可救也。不如小決使導之，不如吾所聞而
藥(6)之。”

　　孔子聞是言也，曰：“吾以是觀之，人謂子產不仁，吾不信
也。”

【注釋】

　　(1)鄉校：鄉學。王肅注：“鄉之學校。”此記載又見於《左傳》襄公三十
一年。

　　(2)非論執政：議論批評時政。

（3）鬷（zōng）明：鄭國大夫，字然明。王肅注："鬷明，然明。"

（4）毀：廢除，除去。又如《禮記·雜記上》："至於廟門不毀牆。"

（5）否（pǐ）：惡。

（6）藥：王肅注："藥，治療也。"

【通解】

鄭國設有鄉校，鄉校裏的人經常議論和批評時政。鬷明想廢除鄉校。子產說："為什麼要廢除呢？人們早晚工作結束後到這裏來交遊，議論政事的好壞。他們說的對的，我就施行；他們認為不對的，我就加以改正。為什麼要廢除它呢？我聽說過用忠言來減少怨恨，沒聽說過通過樹立權威來防止怨恨。防止怨恨就像防水患一樣，如果大規模的決堤，受災難的人必定很多，這樣我就無法挽救了。不如把水放掉一些而加以疏導，不如讓我聽到這些言論並用來治療時政中的弊病。"

孔子聽到了子產的言論，說："從這件事看來，人們說子產不仁，我是不相信的。"

【原文】

晋平公會諸侯於平丘（1），齊侯及盟。鄭子產爭貢賦之所承（2），曰："昔日天子班貢（3），輕重以列，列尊貢重（4），周之制也。卑而貢重者，甸服（5）。鄭伯，南（6）也，而使從公侯之貢，懼弗給也，敢以為請。"自日中爭之，以至於昏，晋人許之。

孔子曰："子產於是行也，是以為國基也。《詩》云：'樂只君子，邦家之基（7）'。子產，君子之於樂者（8）。"且曰："合諸侯而藝（9）貢事，禮也。"

【注釋】

（1）平丘：地名，在今河南封丘東。此記載又見於《左傳》昭公十三年。

（2）所承：承，承擔。王肅注："所承之輕重也。"

（3）班貢：制定貢獻的標準和次序。

（4）列尊貢重：原作"尊卑貢"，據陳本及《左傳》增改。同文本為"昔日天子班貢，輕重以列，列尊卑而貢，貢周之制也"句意重疊，故不取。

（5）甸服：甸，古代稱都城郊外的地方。《左傳》昭公九年：“入我郊甸。”杜預注：“郊外為甸。”甸服，指天子附近之地。王肅注：“甸服，王圻之內，與圻外諸侯異，故貢重也。”

（6）南：按周制，以土地距國都遠近分為五服，南方稱南服。王肅注：“南，《左傳》作‘男’，古字作‘南’，亦多有作此‘南’，連言之猶言公侯也。”此字上原有“男”字，當屬後人竄入，據王肅注刪。

（7）樂只君子，邦家之基：見《詩·小雅·南山有臺》。樂只君子，即“君子樂只”。只，語助詞。意謂君子能為國家做貢獻而感到快樂。基，王肅注：“本也。”

（8）君子之於樂者：意謂子產通過為鄭國爭取在貢賦上的利益從而為鄭國奠定了根本，因而成為君子樂於傚仿的榜樣。王肅注：“能為國之本，則人樂藝也。”

（9）藝：王肅注：“藝，分別貢獻之事也。”

【通解】

晉平公在平丘與諸侯會盟，齊國國君也參加了。鄭國子產針對所承擔的貢賦輕重一事為鄭國爭取利益，說：“從前天子確定貢賦的標準和次序，輕重、多少是根據地位決定的，地位尊貴的貢賦就重，這是周朝的制度。地位卑微而貢賦重的是那些靠近天子的地方。鄭國是南服，地位卑微，遠離天子，卻承擔與公侯一樣的貢賦，恐怕不能如數供給，我謹此請求予以考慮，加以減少。”從中午開始爭，一直爭到黃昏，晉國終於同意了子產的請求。

孔子說：“子產通過在會盟大會上的爭取行動，足以為鄭國奠定根基。《詩經》上說：‘君子的快樂，在於能為國家建立根基。’子產，就是君子快樂的榜樣。”又說：“會合諸侯，而確定貢賦的標準，這是合乎禮制的。”

【原文】

鄭子產有疾，謂子太叔⑴曰：“我死，子必為政。唯有德者能以寬服民，其次莫如猛。夫火烈，民望而畏之，故鮮死焉；水濡弱⑵，民狎而玩之⑶，則多死焉，故寬難。”子產卒，子太叔為政，不忍猛而寬，鄭國多掠⁽⁴⁾盜。太叔悔之曰：“吾早從夫子，必不及此。”

孔子聞之，曰：“善哉！政寬則民慢⁽⁵⁾，慢則紏⁽⁶⁾於猛。猛則民殘⁽⁷⁾，民殘則施之以寬。寬以濟猛，猛以濟寬，寬猛相濟，政是以和。《詩》曰：‘民亦勞止，汔可小康。惠此中國，以綏四方。’⁽⁸⁾施之以寬。‘毋縱詭隨，以謹無良。式遏寇虐，慘不畏明。’⁽⁹⁾紏之以猛也。‘柔遠能邇，以定我王’⁽¹⁰⁾，平之以和也。又曰：‘不競不絿，不剛不柔。布政優優，百祿是遒。’⁽¹¹⁾和之至也。”

子產之卒也，孔子聞之，出涕曰：“古之遺愛。”

【注釋】

（1）子太叔：春秋時鄭國卿。游氏，名吉。此記載又見於《左傳》昭公二十年。

（2）濡（ruǎn）弱：柔弱，懦弱。

（3）狎而玩之：王肅注：“狎，易。玩，習。”又如《禮記·曲禮上》：“賢者狎而敬之。”鄭玄注：“狎，習也，近也。”狎，親近。

（4）掠：王肅注：“抄掠。”

（5）慢：散惰。《說文》：“慢，惰也。”

（6）紏（jiū）：同“糾”。王肅注：“紏，猶攝也。”

（7）猛則民殘：王肅注：“猛政民殘。”意謂政策過於嚴厲，民衆就會受到傷害。

（8）民亦勞止，汔可小康。惠此中國，以綏四方：詩句見《詩·大雅·民勞》。王肅注：“汔，危也。勞民人病，汔可小變，故以安也。”誤，意為接近，庶幾。可，近。止，語助詞。

（9）毋縱詭隨，以謹無良。式遏寇虐，慘不畏明：亦見《詩·大雅·民勞》。毋縱詭隨，王肅注：“詭人、隨人，遺人小惡者也。”以謹無良，王肅注：“謹以小懲之也。”式遏寇虐，慘不畏明，周振甫注：“慘，乃。”王肅注：“慘，曾也。當用遏止為寇虐之人也。曾不畏天之明道者，言威也。”明，權威，威嚴。以王肅注為準。

（10）柔遠能邇，以定我王：亦見《詩·大雅·民勞》。柔遠能邇，王肅注："言能者能安近。"邇，近。以定我王，王肅注："以定安王位也。"

（11）不競不絿，不剛不柔。布政優優，百祿是遒：見《詩·商頌·長發》。不競不絿（qiú），王肅注："不競不絿，中和。"絿，急。布政優優，百祿是遒，王肅注："優優，和。遒，聚。"布，今本《毛詩》作"敷"。意為發佈。

【通解】

鄭國子產生了病，對子太叔說："我死之後，你肯定會執掌國政。只有有德行的人才能用寬柔的政策使民服從，其次就不如實行嚴厲的政策了。火性猛烈，人們會望而却步，有畏懼感，所以很少有人死於火患；而水性柔弱，人們會輕視而在其中玩耍，因而死於水患的人很多。所以用寬柔的政策來治理天下是比較困難的。"子產死後，子太叔執掌國政，不忍心實行嚴厲的政策，而是務以寬柔。結果鄭國出現了很多搶掠盜竊的現象。太叔很後悔，說："如果我早聽從先生的話，就不會到今天這個地步了。"

孔子聽說這件事後說："好啊！政策過於寬柔，百姓就散漫，散漫就要用嚴厲的政策來糾正。政策嚴厲了就會使百姓受到傷害，這就要實行寬柔的政策。政策的實行，要用寬柔來調劑嚴厲，用嚴厲來調劑寬柔。寬柔與嚴厲相互調劑，國家政治就會平穩和諧。《詩》說：'百姓够辛苦了，差不多應該讓他們休養生息了。使中原各國受到恩惠，就可以安撫天下四方。'這是實行寬柔的政策。'切莫放縱欺詐小人，要防止不良行為的發生。要制止殘忍兇暴，那些人不怕天理的威嚴。'這是用嚴厲來加以糾正。'綏定遠方，安撫近處，使君王的地位得到穩固。'這是用和順來治理國家。'不爭不急，不剛不柔，堅持中和之道。施政平和寬柔，各種福祿都會聚集而來。'這是和的極至。"

子產死後，孔子聽到了消息，流着泪說："他是具有古代仁愛遺風的人。"

【原文】

孔子適齊，過泰山之側，有婦人哭於野者而哀。夫子式[1]而聽之，曰："此哀一似重有憂者[2]。"使子貢往問之。而曰："昔舅⁽³⁾死於虎，吾夫又死焉，今吾子又死焉。"子貢曰："何不去乎？"婦人曰："無苛政⁽⁴⁾。"子貢以告孔子。子曰："小子識之，苛政猛於暴虎。"

【注釋】

(1)式：通"軾"，車前用為扶手的橫木。以手扶軾，表示敬意的一種禮節。此記載又見於《禮記·檀公下》。

(2)一似重有憂者：一，一說為肯定，誤，應為助詞，表示程度深。又如杜甫《石壕吏》："吏呼一何怒，婦啼一何苦！"重，幾重。

(3)舅：公公，丈夫的父親。朱駿聲《說文通訓定聲》："舅在則君舅，舅沒則曰先舅。"

(4)苛政：指賦稅繁重，法令苛刻。

【通解】

孔子到齊國去，從泰山旁邊經過，有一個婦女在野外哭泣，十分悲傷。孔子扶着車前的橫木聽着哭聲，說："這麼哀痛，好象有好幾重憂傷。"便讓子貢前去詢問。婦女說："以前的時候我公公被老虎咬死了，後來我丈夫又是被老虎咬死的，現在我兒子也被老虎咬死了。"子貢說："為什麼不離開這裏呢？"那個婦人說："這裏沒有繁重的苛捐雜稅。"子貢告訴了孔子。孔子說："你要記住，暴政比老虎還要兇猛。"

【原文】

晉魏獻子⁽¹⁾為政，分祁氏及羊舌氏之田⁽²⁾，以賞諸大夫及其子成⁽³⁾，皆以賢舉⁽⁴⁾也。又謂⁽⁵⁾賈辛曰："今汝有力於王室⁽⁶⁾，吾是以舉汝，行乎，敬⁽⁷⁾之哉，毋墮⁽⁸⁾乃力。"

孔子聞之曰："魏子之舉也，近不失親⁽⁹⁾，遠不失舉⁽¹⁰⁾，可謂義⁽¹¹⁾矣。"又聞其命賈辛，以為忠："《詩》云：'永言配命，自求多福'⁽¹²⁾，忠也。魏子之舉也義，其命也忠，其長有後於晉國乎⁽¹³⁾。"

【注釋】

(1)魏獻子：王肅注：“獻子，魏舒。”魏獻子為春秋時晉國卿，繼韓宣子之後執政。此記載又見於《左傳》昭公二十八年。

(2)分祁氏及羊舌氏之田：祁氏和羊舌氏因作亂被滅族，其封地被分為十個縣。王肅注：“荀櫟滅晉大夫祁氏、羊舌氏，故獻子分其田。”荀櫟，古國名，為晉所滅。注文中“荀櫟滅”三字原竄入正文，今據同文本改。

(3)成：人名，即魏獻子之子。《左傳》作“戊”。

(4)舉：推薦，選用。又如《論語·衛靈公》：“君子不以言舉人，不以人廢言。”

(5)謂：原作“將”，據同文本改。賈辛，晉國大夫。

(6)有力於王室：王肅注：“周有子朝之亂，賈辛帥師救周。”詳參《左傳》昭公二十二年。

(7)敬：謹慎，不怠慢。類似用法又如《荀子·彊國》：“故王者敬日。”楊倞注：“敬，謂不敢慢也。”

(8)墮：損，損毀。力，功，功勞。

(9)近不失親：王肅注：“子可舉而舉也。”親，意謂關繫親密的人。又如《左傳》僖公五年：“輕則失親。”

(10)遠不失舉：王肅注：“不以遠故不舉。”遠，意謂關繫疏遠的人。

(11)義：原作“美”，據陳本、《左傳》改。同文本為“美”

(12)永言配命，自求多福：見《詩·大雅·文王》，周振甫注：“永久配合天命，自己求多福分。”王肅注：“言，我。《文王》之詩，我長配天命而行庶國，亦當求多福。人多福，忠也。”

(13)其長有後於晉國乎：恐怕他的後代會在晉國長享禄位吧。

【通解】

晉國魏獻子執掌國政，分了祁氏及羊舌氏的封地，賞賜給各個大夫和他自己的兒子魏成，這些人都是因為賢能才被推薦選用的。魏獻子又對賈辛說：“現在你對王室有功，所以我才提拔你。好好做吧，要忠於職守，恭敬行事，不要損壞你的功勞。”

孔子聽說這件事後說：“魏獻子舉用人才，近的不忘記親戚，關繫遠的也不會失去被舉用的機會，可以說合乎道義，很好了。”又聽到了魏獻子任

命賈辛的事,認為這是對君王的忠誠:"《詩》上說:'永遠與天命相應和,自
己求得眾多福祿。'這就是忠誠。魏獻子舉用人才是合乎道義的,他任命
賈辛是忠誠的體現。恐怕他的後代會在晋國長享禄位吧。"

【原文】

趙簡子⁽¹⁾賦晋國一鼓鐘⁽²⁾,以鑄刑鼎,著范宣子所為刑
書⁽³⁾。孔子曰:"晋其亡乎,失其度矣。夫晋國將守唐叔⁽⁴⁾之所
受法度,以經緯⁽⁵⁾其民者也。卿大夫以序⁽⁶⁾守之,民是以能遵
其道而守其業,貴賤不愆⁽⁷⁾,所謂度⁽⁸⁾也。文公是以作執秩之
官,為被廬之法⁽⁹⁾,以為盟主。今棄此度也,而為刑鼎,銘在鼎
矣,何以尊貴⁽¹⁰⁾? 何業之守也⁽¹¹⁾? 貴賤無序,何以為國? 且夫
宣子之刑,夷之蒐也⁽¹²⁾,晋國亂制⁽¹³⁾,若之何其為法乎?"

【注釋】

(1)趙簡子:晋國正卿,名鞅。此記載又見於《左傳》昭公二十九年。

(2)鼓鐘:王肅注:"三十斤謂之鈞,鈞四謂之石,石四謂之鼓。"鐘,樂
器或酒器。

(3)著范宣子所為刑書:著,刻,記。范宣子,晋國大夫,士氏,長期執
掌國政。王肅注:"范宣子,晋卿。范自銘其刑書著鼎也。"

(4)唐叔:王肅注:"唐叔,成王母弟,始封於晋者也。"

(5)經緯:織物的縱綫和橫綫,引申為治理。王肅注:"經,猶織以成文
也。"《漢書·禮樂制》"經緯冥冥"顔師古注:"經緯,謂經緯天地。"又《文選
·班固〈典引〉》:"至於經緯乾坤。"吕向注:"經緯,猶政治也。"

(6)序:王肅注:"序,次序也。"

(7)愆:錯亂。

(8)度:法制,法度。《左傳》昭公四年:"度不可改。"杜預注:"度,法
也。"

(9)文公是以作執秩之官,為被廬之法:王肅注:"晋文公既霸强於時
蓋作執秩之官以為晋國法也。"秩,官吏的職位或品級。又《書·皋陶謨》:
"天秩有禮。"孔穎達注:"秩,謂制其等差。"被廬,地名。

(10)銘在鼎矣，何以尊貴：王肅注：“民將棄神而征於書，不復戴奉上也。”意謂把銘文刻在鼎上，會使君王貴族的權威受損。

(11)何業之守也：王肅注：“民不奉上，則上無所守也。”業，基業，社稷。

(12)夷之蒐也：王肅注：“夷蒐之時，變易軍帥，陽唐父為賈季所殺，故曰亂制也。”夷，地名，今址不詳。蒐，檢閱，閱兵。詳參《左傳》文公六年。

(13)亂制：范宣子之法於夷地閱兵時制定，而當時一次閱兵却三次撤換中軍主帥，結果引起賈季等人作亂，故云。

【通解】

晉國趙鞅從國內徵收到共重四百八十斤的鐘，便用來鑄造刑鼎，刻上范宣子寫的刑書。孔子說：“晉國快要滅亡了吧！它已經失了自己的法度了。晉國應該遵守唐叔所傳授下來的法度，用來管理晉國人民。卿大夫應該按照次序和爵位加以遵守，這樣百姓才能遵從道義而保守他們的家業。貴賤的等級沒有錯亂，這就是所謂的法度。晉文公因此設置掌管官吏職位和品級的官員，制定被廬之法，從而成為盟主。現在晉國放棄先王的法度，而鑄造刑鼎。銘文公開刻在鼎上，那用什麼來使地位高貴的人受到尊敬呢？人們還有什麼家業可以保守呢？貴賤沒有等級次序，那用什麼來治理國家呢？并且范宣子的刑書，是在閱兵時制定的，是晉國混亂的制度，怎麼能把它當法律呢？”

【原文】

楚昭王有疾，卜⁽¹⁾曰：“河神為祟⁽²⁾。”王弗祭，大夫請祭諸郊。王曰：“三代命祀，祭不越望⁽³⁾。江、漢、沮、漳⁽⁴⁾，楚之望也。禍福之至，不是過乎？不穀⁽⁵⁾雖不德，河非所獲罪也。”遂不祭。

孔子曰：“楚昭王知大道矣⁽⁶⁾，其不失國也宜哉⁽⁷⁾。《夏書》曰：‘維彼陶唐，率彼天常，在此冀方。今失厥道，亂其紀綱，乃滅而亡。’⁽⁸⁾又曰：‘允出茲在茲’⁽⁹⁾，由己率常⁽¹⁰⁾，可矣。”

【注釋】

(1)卜：古人用火灼龜甲去兆，以預測吉凶，叫卜。此記載又見於《左傳》哀公六年、《說苑·君道》、《韓詩外傳》卷三。其中《韓詩外傳》記載為楚莊王。

(2)為祟：作祟。原意為鬼怪害人，比喻壞人或壞思想從中為害。此處用原意。

(3)祭不越望：王肅注：“天子望祀天地，諸侯祀境內，故曰祭不越望也。”望，古代祭祀山川的專名，望而祭之，故曰望。

(4)江、漢、沮、漳：王肅注：“四水名也。”沮，沮水。漳，漳水。二水均在今湖北中部偏西，在當陽境內匯合，今稱沮漳河，南流入長江。

(5)不谷：古代諸侯的謙稱。

(6)知大道矣：意謂孔子讚揚楚昭王做事合乎禮制，所以能夠復國。王肅注：“求之於己，不越祀也。”

(7)不失國也宜哉：宜，應當。王肅注：“楚為吳所滅，昭王出奔，已復國者也。”昭王出奔及復國事，詳參《左傳》定公四年、五年。

(8)“維彼陶唐”至“乃滅而亡”：見於《古文尚書·五子之歌》，文字略有不同。維彼陶唐，率彼天常，王肅注：“陶唐，堯。率，猶循。天常，天之常道。”在此冀方，王肅注：“中國為冀。”古稱，指今中原一帶地方。“今失厥道，亂其紀綱，乃滅而亡”，王肅注：“謂夏桀。”

(9)允出茲在茲：見於《書·大禹謨》中。王肅注：“言善惡各有類，信出此則在此，以能循常道，可也。”意謂付出什麼就會得到什麼樣的結果。允，信，確實，果真。

(10)率常：率，遵循。常，法典，倫常。《書·君陳》：“敗常亂俗。”蔡沈集傳：“常，典常也。”

【通解】

楚昭王生了病，占卜的人說：“是河神在作怪。”楚昭王不去祭祀，大夫請求在郊外祭祀。楚昭王說：“按夏商周三代制定的祭祀制度，諸侯祭祀不能超過本國邊境。長江、漢水、沮水，和漳水都在楚國境內。禍福的到來，是不會越過國境的。我雖然沒有德行，也不會得罪境外的黃河神。”於是沒有祭祀。

孔子說：“楚昭王懂得大道，他沒有失去國家也是理所當然的。《夏書》記載說：‘那位君王陶唐，遵循天道綱常，據有中國這個地方。而今失掉了大道，敗壞了紀綱，因而走向滅亡。’又說：‘確實是付出什麼就有什麼。’由自己來遵循天道綱常，就可以了。”

【原文】

衛孔文子使太叔疾出其妻，而以其女妻之⁽¹⁾。疾誘其初妻之娣⁽²⁾，為之立宮，與文子女，如⁽³⁾二妻之禮。文子怒，將攻之。孔子舍璩伯玉⁽⁴⁾之家，文子就而訪焉。孔子曰：“簠簋之事⁽⁵⁾，則嘗聞學之矣。兵甲之事，未之聞也。”退而命駕而行曰：“鳥則擇木，木豈能擇鳥乎？”文子遽自止之曰：“圉⁽⁶⁾也豈敢度⁽⁷⁾其私哉？亦防衛國之難也。”

將止，會季康子問冉求之戰。冉求既對之，又曰：“夫子播之百姓，質⁽⁸⁾諸鬼神而無憾⁽⁹⁾，用之則有名。”康子言於哀公，以幣⁽¹⁰⁾迎孔子，曰：“人之於冉求，信之矣，將大用之。”

【注釋】

(1)衛孔文子使太叔疾出其妻，而以其女妻之：孔文子，春秋時衛國卿，名圉。太叔疾，即世叔齊，衛國大夫。出，休。王肅注：“初，疾娶於宋子朝，其娣嬖。子朝出，文子使疾出其妻，而己妻之。此記載又見於《左傳》哀公十一年、《史記·孔子世家》。

(2)娣(dì)：女弟，妹妹。古時女子出嫁，常以娣隨嫁。

(3)如：依照。

(4)璩(qú)伯玉：即蘧伯玉。璩，同“蘧”。

(5)簠(fǔ)簋(guǐ)之事：指祭祀之事。簠簋，古代祭祀用的食器。《禮記·樂記》：“簠簋俎豆，制度文章，禮之器也。”

(6)圉：此為人名，指孔文子。

(7)度：王肅注：“度，謀。”

(8)質：詢問。

(9)憾：王肅注：“恨也。”

（10）幣：財物，禮品。

【通解】

衛國孔文子讓太叔疾休掉了他的妻子，把自己的女兒嫁給了他。太叔疾引誘他原配妻子的妹妹，並為她建了宮室，與文子的女兒住在一塊兒，對二人都以妻子的禮節對待。孔文子大怒，要攻打他。孔子這時住在璩伯玉家裏，孔文子便前往拜訪孔子徵求意見。孔子說："對於祭祀的事情，我曾經聽說而且學習過。打仗的事情，我却沒有聽說過。"孔子退下去，叫人駕車就走，說："鳥兒可以選擇樹木，樹木怎麼能選擇鳥兒呢？"孔文子急忙親自攔住孔子說："我怎麼敢為自己謀私利呢？我這是為了防止衛國發生禍亂。"

孔子將要留下來，正好這個時候魯國季康子向冉求請教戰法。冉求回答之後又說："我們老師的學說傳播到百姓中間，就算是讓鬼神來評判也是無可挑剔的，如果能任用他則會使魯國名聲大振。"季康子把這些話告訴了魯哀公，接着就派人帶着財物禮品迎請孔子，說："人們對於冉求是信任的，我們將重用孔子。"

【原文】

齊陳恒[1]弑其簡公，孔子聞之，三日沐浴[2]而適朝，告於哀公曰："陳恒弑其君，請伐之。"公弗許，三請，公曰："魯為齊弱[3]久矣，子之伐也，將若之何？"對曰："陳恒弑其君，民之不與[4]者半，以魯之衆，加齊之半，可克也。"公曰："子告季氏。"孔子辭[5]，退而告人曰："以吾從大夫之後，不敢不告也。"

【注釋】

（1）陳恒：即田常。簡公：即齊簡公。春秋時齊國國君。在位四年（前484—前481）。此記載又見於《左傳》哀公十四年。

（2）沐浴：齋戒形式，指洗髮洗身。濯髮曰沐，澡身曰浴。此處孔子上朝前沐浴以示嚴肅慎重。

（3）弱：一說為"欺負"。不準確，應為削弱。

（4）與：依附，支持。

（5）辭：推辭。王肅注：“不告季氏。”

【通解】

齊國陳恆殺了齊簡公，孔子聽說後，齋戒沐浴三天後上朝，對魯哀公說：“陳恆殺了他的國君，請發兵攻打他。”魯哀公不同意，孔子又再三請求，哀公說：“魯國被齊國削弱已經很久了，你要攻打他，打算怎麼做呢？”孔子回答說：“陳恆殺了他的國君，齊國民眾有一半人不支持他，用魯國的士眾，加上不支持他的那一半齊國民眾，是可以戰勝他的。”哀公說：“你把這件事告訴季氏吧。”孔子推辭了，退下去之後告訴別人說：“因為我曾經位列大夫，所以不敢不向國君報告。”

【原文】

子張問曰：“《書》云：‘高宗三年不言，言乃雍’。有諸？(1)”孔子曰：“胡為其不然也？古者天子崩，則世子委政於冢宰(2)三年。成湯既没，太甲聽於伊尹(3)；武王既喪，成王聽於周公，其義一也。”

【注釋】

（1）“《書》云”至“有諸”：高宗，指殷高宗武丁。“三年不言，言乃雍”，原文見《書・無逸》。王肅注：“雍，歡聲貌。《尚書》云‘言乃雍’，和。有諸，問有之也。”此事又見於《禮記・檀弓下》。

（2）冢宰：周代官名。為六卿之首。一稱大宰。《書・周官》：“冢宰掌邦治，統百官，均四海。”後來也稱吏部尚書為冢宰。

（3）太甲：王肅注：“太甲，湯孫。”伊尹，商初大臣，名伊，一說名摯，尹為官名。助湯滅夏，後又歷佐湯之子卜丙、仲壬合湯孫（太丁子）太甲三王。

【通解】

子張問道：“《書》中說：‘高宗三年沒有議論政事，等到他一議論，政事就變得和諧歡順。有這樣的事嗎？”孔子說：“怎麼能說沒有呢？古代天子去世，繼位的長子就把國家政事交給冢宰管理三年。成湯死後，太甲聽命於伊尹；武王死後，成王聽命於周公，其中的道理都是一樣的。”

【原文】

衛孫桓子侵齊，遇，敗焉⁽¹⁾。齊人乘⁽²⁾之，執⁽³⁾。新築大夫仲叔於奚⁽⁴⁾以其衆救桓子，桓子乃免。衛人以邑賞仲叔於奚，於奚辭，請曲懸之樂⁽⁵⁾，繁纓以朝⁽⁶⁾。許之，書在三官⁽⁷⁾。子路仕衛，見其故⁽⁸⁾，以訪孔子。

孔子曰：“惜也！不如多與之邑，惟器與名⁽⁹⁾，不可以假人，君之所司⁽¹⁰⁾。名以出信，信以守器，器以藏禮⁽¹¹⁾，禮以行義，義以生利，利以平民，政之大節也。若以假人，與人政也。政亡，則國家從之，不可止也。”

【注釋】

（1）衛孫桓子侵齊，遇，敗焉：王肅注：“桓子，孫良夫也。侵齊，與齊師遇，為齊所敗也。”孫桓子為春秋時衛國大夫。此記載又見於《左傳》成公二年、《新書·審微》。

（2）乘：追擊。

（3）執：抓捕。此處意謂俘虜。又如《左傳》襄公十九年：“執邾悼公，以其伐我故。”

（4）新築：春秋衛地，在今河北魏縣南。仲叔於奚，或作“叔叔於奚”。

（5）曲懸之樂：王肅注：“諸侯軒懸，軒懸闕一向也，故謂之曲懸之樂。”懸，指鐘、磬等樂器懸掛於架。古時天子樂器四面懸掛，以象宮室四面有牆，謂之“宮懸”；諸侯去其南面樂器，三面懸掛，稱“軒懸”，也稱“曲懸”。以下卿大夫、士亦依次遞減。此處仲叔於奚請曲懸之樂，是以大夫而用僭用諸侯之禮。

（6）繁（pán）纓以朝：王肅注：“馬纓當膺以索群，衛以黃金為飾也。”繁纓為天子、諸侯所用餤馬的帶飾，而仲叔於奚請求用繁纓裝飾的馬匹上朝，是僭越禮制的行為。

（7）書在三官：三官，古代三種官的合稱，共有三種：一種指輔佐君主的三種官，大樂正、大司寇、司市，或大司徒、大司馬、大司空，見《禮記·王制》；一種為軍中執掌鼓、金、旗以發佈軍令的三種官，見《管子·兵法》；一種指管理農、商、工的田師、市師、器師，見《荀子·解蔽》。此處指第一種用法。王肅注:"司徒書名,司馬書服,司空書勳也。"意謂由大司徒、大司馬、大司空把這件事記錄了下來。

(8)故:舊典,以往的文書記錄。

(9)器與名:王肅注:"器,禮樂以器。名,尊卑以名。"器,禮樂之器。名,名號,爵號。

(10)司:掌管。王肅注:"司,主。"

(11)器以藏禮:王肅注:"有器然後得行其禮,故曰器以藏禮。"

【通解】

衛國孫桓子侵伐齊國,與齊軍交戰,被打敗了。齊國乘勝追擊,抓了很多俘虜。新築大夫仲叔於奚率領部衆援救孫桓子,孫桓子才幸免於難。衛國人用城邑賞賜仲叔於奚,於奚辭謝,而請求享用曲懸之樂,用繁纓裝飾的馬匹朝見國君。衛國國君同意了,並由三官把這件事記錄了下來。子路在衛國當官,見到了這個典故,便去請教孔子。

孔子說:"可惜啊!不如多給他城邑。惟有禮器和名號是不可以用來借給別人的,這二者是國君所應該掌握的。名號用來顯示威信,威信用來保守禮器,禮器用來體現禮制,禮制用來推行道義,道義用來產生利益,利益用來安定百姓,這是為政的重要準則。如果借給了別人,就等於把政權交給了別人,政權沒有了,國家也就會跟着滅亡,這是無法阻止的。"

【原文】

公父文伯之母紡績不解[1],文伯諫焉。其母曰:"古者王后親織玄紞[2],公侯之夫人加之紘綖[3],卿之内子[4]為大帶,命婦[5]成祭服,列士之妻,加之以朝服。自庶士已下,各衣其夫。社而賦事,烝而獻功[7],男女紡績,愆則有辟[8],聖王之制也。今我寡也,爾又在下[9]位,朝夕恪勤,猶恐忘先人之業,況有怠墮[10],其何以避辟?"

孔子聞之曰:"弟子志之,季氏之婦,可謂不過矣。"

【注釋】

(1)公父文伯之母紡績不解:公父文伯,魯國大夫,名公父歜。王肅

注：“文伯母，敬姜也。”敬姜為春秋時魯國大夫公父穆伯之妻，文伯之母，季康子從叔祖母。穆伯早死，敬姜守寡養孤。紡績：把絲麻等纖維紡成紗或絲。紡指紡絲，績指緝麻。解，通“懈”，懈怠。此記載又見於《國語·魯語下》、《列女傳·母儀傳》。

（2）玄紞（dǎn）：冠冕上的前後的黑色絲織物。王肅注：“紞，冠垂者。”

（3）紘（hóng）綖（yán）：王肅注：“纓屈而上者謂之紘。綖，冠之上覆也。”

（4）內子：王肅注：“卿之妻為內子。”大帶，祭祀用帶，有革帶和大帶。革帶用以繫佩綬，大帶置於革帶之上，以絲織的素合練織成。

（5）命婦：受有封號的婦女。王肅注：“大夫之妻為命婦。”又如《國語·魯語下》：“命婦，成祭服。”韋昭注：“命婦，大夫之妻也。”

（6）列士：上士。古稱天子之上士為元士，以別於諸侯之上士。此指元士。

（7）社而賦事，烝而獻功：王肅注：“男女春秋而勤歲事，各烝祭而獻其功也。”社，春分祭祀土地神。賦事，從事農桑之事。烝，冬祭。《禮記·祭統》：“凡祭有四時：春祭曰礿，夏祭曰禘，秋祭曰嘗，冬季曰烝。”獻功，獻上五穀、布帛等。

（8）男女紡績，愆則有辟：紡績，古代紡多指紡絲，績亦作“緝”，多指緝麻。此處引申為建功立業。愆，過錯。王肅注：“績，功也。辟，法也。”意謂人們爭相創立功業，犯錯就會受到法律的懲罰。

（9）下：原無此字。據燕山本補。

（10）墮：通“惰”，懈怠。

【通解】

公父文伯的母親不停的紡絲緝麻，文伯於是加以勸諫。他母親說：“古時王后親手織玄紞，公侯的夫人不但親手織玄紞，又加上了紘綖，卿的妻子製作大帶，大夫的妻子縫制祭服，上士的妻子又加上朝服。自庶士以下，都要縫制丈夫所穿的衣服。春分祭祀土地神，從事農桑之事，冬祭獻上五穀、布帛。男女都爭相創立功業，有過錯就要受到法律的懲罰，這是聖王的制度。如今我守寡在家，你又處在低級官位上，日夜地恭敬勤懇，還怕遺忘先人的業績，如果做事怠慢，怎麼能逃脫法律懲罰呢？”

孔子聽到這件事後說：“弟子們記住，公父文伯的母親可以說沒有過錯了。"

【原文】

樊遲問於孔子曰："鮑牽事齊君，執政不撓，可謂忠矣[1]，而君刖[2]之，其為至暗[3]乎？"孔子曰："古之士者，國有道則盡忠以輔之，國無道則退身以避之。今鮑莊子[4]食[5]於淫亂之朝，不量主之明暗，以受大刖，是智之不如葵，葵猶能衛其足[6]。"

【注釋】

(1)鮑牽事齊君，執政不撓，可謂忠矣：王肅注："齊慶克通於夫人，鮑牽知之，以告匡武子。武子召慶克而讓之。慶克告夫人，夫人怒。國子相靈公以會於諸侯，高、鮑處守，及還，將至，閉門而牽客。夫人訴之曰：'高、鮑將不納君。'遂刖鮑牽之足。"鮑牽，即鮑莊子，春秋時齊國大夫，鮑叔牙曾孫。撓，曲，不正，又如《呂氏春秋·知度》："法則之用植矣，枉闢邪撓之人退矣。"此記載又見於《左傳》成公十七年。

(2)刖(yuè)：古代砍掉脚的酷刑稱"跀"，也作"刖"。

(3)暗：愚昧不明。

(4)莊：原作"疾"，據同文本、《左傳》改。

(5)食：指鮑莊子在當朝任職。

(6)葵猶能衛其足：王肅注："葵傾葉隨日轉，故曰衛其足也。"

【通解】

樊遲問孔子說："鮑牽侍奉齊國國君，為政正直無私，可以說是忠誠了，然而齊國國君却砍掉了他的脚，齊國國君太昏庸了吧？"孔子說："古代的士人，國家政治清明就竭盡忠誠為國出力，國家政治黑闇就退身隱居。現在鮑莊子在淫亂的朝廷中做官，不思量君主是聖明還是昏庸，因而被砍掉了脚，這只能說還不如葵花聰明，葵花尚能保護自己的脚。"

【原文】

季康子慾以一井田出法賦焉[1]，使訪孔子。子曰："丘弗識也。"冉有三發，卒曰："子為國老[2]，待子而行，若之何子之不言?"孔子不對,而私於冉有曰:"求,汝來。汝弗聞乎,先王制土,籍田以力⁽³⁾,而底其遠近⁽⁴⁾;賦里以入,而量其無有⁽⁵⁾;任力以夫,而議其老幼⁽⁶⁾。於是鰥、寡、孤、疾、老者,軍旅之出則征之,無則已⁽⁷⁾。其歲⁽⁸⁾收,田一井出獲稷禾、秉芻、缶米⁽⁹⁾,不是過,先王以為足。君子之行,必度於禮,施取其厚⁽¹⁰⁾,事舉其中⁽¹¹⁾,斂⁽¹²⁾從其薄。若是其已,丘⁽¹³⁾亦足矣。不度於禮,而貪冒⁽¹⁴⁾無厭,則雖賦田,將有不足。且子孫若以行之而取法,則有周公之典在。若慾犯法,則苟行之,又何訪焉?"

【注釋】

(1)一井田出法賦焉:據《左傳》賈逵注,意謂令一井土地出一丘土地的常賦,即田畝稅。井,井田,周代的一種土地制度,方九百畝(mǔ,古代的土地單位面積量詞,《急就篇》卷三:"頃町界畝畦埒封。"顏師古注:"小畝步百,周制也;中畝二百四十,漢制也;大畝三百六十,齊制也。")的地方為一里,地方一里為井,四井為邑,四邑為丘。法賦,法定的田賦,常賦,即田畝稅。此記載又見於《左傳》哀公十一年、《國語·魯語下》。

(2)國老:古代告老退休的卿大夫。

(3)籍田以力:籍,稅。周朝實行井田制,按勞力進行分配,公田由農戶無償耕種作為稅收。王肅注:"田有稅收,借力以治公田也。"此用法又見《詩·大雅·韓奕》:"實墉實壑,實畝實籍。"箋:"籍,稅也。"

(4)底其遠近:底,平衡。王肅注:"底,平。平其遠近,俱十一而中。"意謂俱用什一之稅為宜。

(5)賦里以入,而量其無有:王肅注:"里,廛。里有稅度。量其有無,為多少之人也。"里,即城邑的市廛,為商賈所居住之區域。

(6)任力以夫,而議其老幼:夫,古代井田,一夫受田百畝,故稱田百為夫。王肅注:"力作度之事,丁夫任其長幼,或重或輕。"

(7)鰥、寡、孤、疾、老者,軍旅之出,則征之,無則已:《孟子·梁惠王下》:"老而無妻曰鰥,老而無夫曰寡,老而無子曰獨,幼而無父曰孤。"王肅注:"於軍旅之役,則鰥、寡、孤、疾或所出,無軍事則止之。"

(8)其歲:王肅注:"其歲,軍旅之歲。"

（9）稯（zōng）禾，秉刍（chú）、缶（fǒu）米：原作“獲禾、秉、缶米，刍稾”，今據《國語》改。稯，計算禾把的單位，四十把為一稯。秉，量詞，十六斛。缶，量器名，一缶為十六斗。刍，飼草。王肅注：“一把曰秉，四秉曰稯穗，連稾刍（刍）不可分，故曰步缶，十六斗曰秉也。”

（10）施取其厚：即要博施於人。王肅注：“施以厚為德也。”

（11）事舉其中：做事把握分寸。王肅注：“事以中為節。”

（12）斂：征收賦稅。

（13）丘：王肅注：“丘，十六井。”

（14）貪冒：貪得，貪圖財力。

【通解】

季康子想以井為單位征收賦稅，派人徵求孔子的意見，孔子說：“我不懂這些。”冉求被派去問了好幾次，最後說：“您是國老，都等著您的意見辦事，您為什麼不做聲呢？”孔子沒有回答，私下對冉求說：“冉求，你過來。你不知道嗎？先王確定土地制度，按照勞力來分配公田征稅，並根據遠近加以平衡調節；在市廛進行征稅，要考慮商賈財力的多少；徵發徭役，要考慮年齡的大小。對於鰥、寡、孤、疾和上了年紀的人，有軍事行動就征稅，沒有軍事行動，就對他們免稅。在有軍事行動的年月，一井土地，就征收一稯禾，一秉飼料，一缶米，不會超過這些，先王認為這就足夠了。君子的行動必須合乎禮的要求，施與要力求豐厚，做事要適中把握分寸，征收賦稅要盡量的輕。如果這樣，以丘為單位征收賦稅也足夠了。如果不按照禮的原則做事，貪得無厭，就算以田為單位征收賦稅也不會得到滿足。并且，先王的子孫如果想按照法度行事，那麼周公制定的典章制度還在；如果想違背法度行事，那麼隨意而行就是了，何必要問我呢？”

【原文】

子游問於孔子曰：“夫子之極言子產之惠（1）也，可得聞乎？”孔子曰：“惠在愛民而已矣。”子游曰：“愛民謂之德教，何翅（2）施惠哉？”孔子曰：“夫子產者，猶衆人之母也，能食之，弗能教也。”子游曰：“其事可言乎？”孔子曰：“子產以所乘之輿（3）濟冬涉者，是愛無教也。"

【注釋】

(1)惠：仁惠。此記載又見於《禮記‧仲尼燕居》、《說苑‧政理》

(2)翅：通"啻"，但，僅，止。

(3)輿：車厢，泛指車。

【通解】

子游問孔子說："老師您極力稱贊子產仁惠，可以說來聽聽嗎？"孔子說："子產的仁惠只不過在於他愛民罷了。"子遊說："愛民可以稱為德治教化，豈止是仁惠呢？"孔子說："子產，就像是一般人的母親，能養活他們，却不能教化他們。"子遊說："能舉例說明這方面的事嗎？"孔子說："子產用他所乘的車子幫助冬天過河的人，這就是只愛民而沒有教化。"

【原文】

哀公問於孔子曰："二三大夫皆勸寡人，使隆⁽¹⁾敬於高年，何也？"

孔子對曰："君之及此言，將天下實賴之，豈唯魯哉！"

公曰："何也？其義可得聞乎？"

孔子曰："昔者，有虞氏貴德而尚齒⁽²⁾，夏后氏貴爵而尚齒，殷人貴富⁽³⁾而尚齒，周人貴親而尚齒。虞、夏、殷、周，天下之盛王也，未有遺年者焉。年者，貴於天下久矣，次於事親，是故朝廷同爵而尚齒。七十杖於朝，君問則席⁽⁴⁾；八十則不仕朝，君問則就之，而悌⁽⁵⁾達乎朝廷矣。其行也，肩而不並⁽⁶⁾，不錯則隨⁽⁷⁾，斑白者不以其任於道路⁽⁸⁾，而悌達乎道路矣；居鄉以齒，而老窮不匱，強不犯弱，衆不暴寡，而悌達乎州巷⁽⁹⁾矣；古之道，五十不為甸役⁽¹⁰⁾，頒禽隆之長者，而悌達乎蒐狩⁽¹¹⁾矣；軍旅什伍，同爵則尚齒，而悌達乎軍旅矣。夫聖王之教，孝悌發諸朝廷，行於道路，至於州巷，放⁽¹²⁾於蒐狩，循於軍旅，則衆感以義，死之而弗敢犯。"

公曰："善哉,寡人雖聞之,弗能成。"

【注釋】

(1)隆:盛,多,大,增。《說文·生部》:"隆,豐大也。"又《資治通鑒·周紀二》:"雖隆薛之城到於天。"胡三省注:"隆,高也,崇也。"

(2)齒:次列。此篇意謂敬重長者。

(3)富:王肅注:"富貴世禄之家。"

(4)君問則席:王肅注:"君慾問之,則為之設席而問焉。"

(5)悌:敬愛兄長。古通"弟"。

(6)肩而不並:王肅注:"不敢與長者並肩也。"

(7)不錯則隨:王肅注:"錯,雁行。父黨隨行,兄黨雁行也。"

(8)斑白者不以其任於道路:王肅注:"任,負也。少者代之也。"斑白者,指老人。意謂不讓年齡大的人擔負重物行路。

(9)州巷:州閭。州與閭皆為古時地方基層行政單位,泛指鄉里。

(10)五十不為甸役:王肅注:"五十始老,不為力役之事,不為田獵之徒也。"甸役,指田獵。天子田獵則徵發徒役,故稱。甸,通"田"、"畋"。

(11)蒐狩:春獵稱蒐,冬獵稱狩。

(12)放:至,到。

【通解】

哀公詢問孔子說:"大夫們都勸我,讓我尊敬年齡大的人,為什麼呢?"

孔子回答說:"您如果能做到他們所說的那樣,將會擁有天下,豈止是魯國呢?"

哀公說:"為什麼呢?其中的道理可以說來聽聽嗎?"

孔子說:"從前,有虞氏重視道德而尊敬年齡大的人,夏后氏重視爵位而尊敬年齡大的人,殷朝的人重視富貴而尊敬年齡大的人,周朝的人重視血緣關繫而尊敬年齡大的人,虞、夏、殷、周,是天下興盛的王朝,而沒有遺忘長者。年齡大的人被天下人尊重由來已久,其重要性僅次於侍奉雙親,所以在朝廷上爵位相同而更尊重長者。七十歲的人拄杖上朝,國君如果有所詢問就要為他設置坐席;八十歲的人則不用上朝,國君如果有所詢問就要到他家裏去,這樣孝悌之義就會通達於朝廷了。與長者一起走路,不能跟他並肩,要麼斜錯跟在後面,要麼直接跟在身後,頭髮斑白的老人不用負重走路,這樣,孝悌之義就通達於道路了;居住在鄉里要論年齡,年老貧窮的不至於生活匱乏,强者不欺負弱者,人多的不欺負人少的,這樣孝悌之義就通達於州閭之間了。按照古代的準則,五十歲就不用擔任田獵的差事了,分獵物的時候要厚待長者,這樣,孝悌之義就通達於田獵之事了;軍隊中爵位相同的人更尊重年齡大的人,這樣孝悌之義就通達於軍隊之中了。聖明的君王用孝悌來教化人民,從朝廷開始,推行於道路,至於州閭,傳播於田獵,盛行於軍隊之中,那麽,人們就會被其中的道義所感染,寧死也不敢違犯。”

哀公說:“好啊! 我雖然知道了,却做不到。”

【原文】

哀公問於孔子曰:“寡人聞東益⁽¹⁾不祥,信有之乎?”孔子曰:“不祥有五,而東益不與焉。夫損人自益,身之不祥;棄老而取幼⁽²⁾,家之不祥;釋⁽³⁾賢而任不肖⁽⁴⁾,國之不祥;老者不教,幼者不學,俗之不祥;聖人伏匿,愚者擅權,天下不祥。不祥有五,東益不與焉。”

【注釋】

(1)東益:向東擴展房屋。益,增加。王肅注:“東益之宅。”此記載又見於《新序・雜事五》,《淮南子・人間訓》。

(2)棄老而取幼:意謂一家之中,老者與幼者共處,遺棄老人而不盡為子的責任,相反,却只是過分溺愛子女,必然會導致家庭紛爭,以至破裂。一說為舍棄老人意見而聽從幼者意見,但根據本段文字的語境和孔子忠君尊父的政治倫理思想,此不確,故不取。

(3)釋:放棄。原作“擇”,據同文本改。

(4)不肖:肖,《說文・肉部》:“肖,骨肉相似也。從肉,小聲。不似其先故曰不肖也。”此處意謂不賢。

【通解】

哀公問孔子說:“我聽說向東拓展房屋是不吉利的,真是這樣嗎?”孔子說:“不吉利的事情有五種,而向東拓展房屋這件事不包括在內。損人利己,是自身的不吉利;遺棄老人而只關愛子女,是家庭的不吉利;放棄有賢能的人而任用小人,是國家的不吉利;年老的人不教育別人,年幼的人不學習,是社會的不吉利;聖明的人隱匿不出,而愚昧的人專權,是天下的不吉利。不吉利的事情有五種,向東拓展房屋不包括在內。”

【原文】

孔子適季孫,季孫之宰⁽¹⁾謁⁽²⁾曰:“君使求假於馬⁽³⁾,將與之乎?”季孫未言,孔子曰:“吾聞之,君取於臣,謂之取;與於臣,謂之賜。臣取於君,謂之假;與於君,謂之獻。”季孫色然⁽⁴⁾悟曰:“吾誠未達此義。”遂命其宰曰:“自今已往,君有取之,一切不得復言‘假’也。”?

【注釋】

(1)宰:古時官吏的通稱。周禮有冢宰、大宰、小宰、宰夫、內宰、里宰。春秋時卿大夫的家臣和采邑的長官也稱為宰。又如《韓非子·說難》:“伊尹為宰,百里奚為奴。”

(2)謁:稟告,陳說。

(3)假:借。

(4)色然:臉色大變。此記載又見於《韓詩外傳》卷五、《新序·雜事五》。

【通解】

孔子到季孫氏那裏去,碰上季孫氏的家臣向季孫報告事情:“魯君派人來借用馬,您打算給他嗎?”季孫氏還沒有回答,孔子說:“我聽說,國君從臣下那裏拿東西,叫做取,給臣下東西,叫做賜。臣下從國君那裏拿東西,叫做借,給國君東西,叫做獻。”季孫氏臉色大變,醒悟過來,說:“我確實不明白這個道理。”於是命令他的家臣說:“從今以後,國君要來拿東西,一律不能再說‘借’了。”

卷第十

曲禮子貢問第四十二

【序說】

　　本篇記載了孔子日常生活中有關禮儀的所見、所聞及所辯、所嘆。因古代典禮中的動作規範以及待人接物的禮節稱為曲禮（即禮的細節），而本篇首章又記子貢所問，故以"曲禮子貢問"名篇。

　　本篇通過記述孔子平時按禮行事的情形，表現了他"非禮勿視、非禮勿聽、非禮勿言、非禮勿動"的"以禮立身"的人生信條。所記之事雖然零碎，却有着不可低估的價值。例如首章所記"子貢問晉文公召天子"一事，不但與《左傳》僖公二十八年的記載相同，還是"夫子作《春秋》"的又一力証。又如，《史記·孔子世家》載"孔子數稱……臧文仲"，所謂"稱"，應為稱頌、贊許之意，而《論語》、《左傳》等材料所記均為孔子對臧文仲的批評。《家語》本篇有"冉求曰臧文仲知魯國之政"一章，從中我們可以看到孔子對臧文仲的總體評價還是很高的。此事在《禮記·禮器》中則記為"臧文仲安知禮"，這是由於孔子對心目中的"君子"要求嚴格，他對臧文仲"安知禮"的批評也有具體環境。較之《禮記》，《家語》所記孔子言論語境更為完整。再如，本章所記"夫竈者，老婦之所祭"在《禮記》中為"夫奧者，老婦之祭也"，我們認為，"奧"當為"竈"之誤，依據原意，所祭應是竈神，老婦是主祭者而非受祭者。在時人的心目中，竈神應當身穿紅衣，狀如美女，决非老婦之神。《禮記》所載容易使人誤解，以至有的學者將受祭者釋為原先有功於炊事的老婦之神。相比之下，《家語》的記載更為明確，不易產生歧義。

　　本篇的許多記載又見於《禮記》，由於《禮記》為漢儒匯編而成，其重點在於轉述孔子的言論，因此語境往往被當作枝葉而任加刪削。相形之下，《家語》所記則首尾完具，直接明了，顯得確鑿而原始，這也符合《家語》語錄體的特色。關於這一點，如將本篇"孔子在宋見桓魋自為石椁"、"孔子在衛"、"子游問喪之具"、"衛公使其大夫求婚於季氏"等章與《禮記》的相應部分予以比較,可以明顯地看出來。

【原文】

子貢問於孔子曰:"晋文公實召天子,而使諸侯朝焉[1]。夫子作《春秋》[2],云:'天王狩於河陽[3]',何也?"孔子曰:"以臣召君,不可以訓[4]。亦書[5]其率諸侯事天子而已。"

【注釋】

(1)晋文公實召天子,而使諸侯朝焉:王肅注:"晋文公會諸侯於溫,召襄王,且使狩於河陽,因使諸侯朝。"此記載又見於《左傳》僖公二十八年:"是會也,晋侯召王,以諸侯見,且使王狩。仲尼曰:'以臣召君,不可以訓。'故書曰:'天王狩於河陽。'言非其地也,且明德也。"晋文公,晋國國君,名重耳,春秋五霸之一。天子,指周襄王,因王子帶之亂而出奔在外,借晋文公之力,於僖公二十五年平定叛亂。

(2)《春秋》:我國第一部編年體史書,為孔子根據魯國國史《春秋》整理刪訂而成,記錄了從魯隱公元年(前722年)到魯哀公十四年(前481年)共242年的歷史。

(3)天王狩於河陽:見《春秋》僖公二十八年。天王,天子,此指周襄王。狩,打獵。《爾雅·釋天》:"冬獵為狩。"河陽,晋邑,在今河南孟縣西。

(4)訓:典式,法則。《詩·大雅·烝民》:"古訓是式。"

(5)書:書寫,記載。《左傳》隱公元年:"不書即位。"

【通解】

子貢問孔子說:"晋文公溫地會盟實際上是召來周天子,讓諸侯朝見。而先生您作《春秋》,將此事寫成'天子在河陽打獵。'這是為什麼?"孔子說:"晋文公以臣的身份召見君主,不可以作為典範而垂訓後人的。所以就將此事寫成晋文公率領諸侯侍奉周天子罷了。"

【原文】

孔子在宋,見桓魋[1]自為石椁[2],三年而不成,工匠皆病⁽³⁾。夫子愀然⁽⁴⁾曰："若是其靡⁽⁵⁾也，死不如速朽之愈⁽⁶⁾。"

冉子僕⁽⁷⁾，曰："禮，凶事⁽⁸⁾不豫⁽⁹⁾，此何謂也？"夫子曰："既死而議謚⁽¹⁰⁾，謚定而卜葬⁽¹¹⁾，既葬而立廟，皆臣子之事，非所豫屬也，況自為之哉？"

【注釋】

(1)桓魋(tuí)：即向魋，宋國的司馬，因為是宋桓公的後代，所以又叫桓魋。此記載又見於《禮記·檀弓上》。

(2)椁：棺材外面的套棺。

(3)病：疲憊，困乏。《論語·衛靈公》："從者病，莫能興。"

(4)愀(qiǎo)然：憂感變色貌。《史記·司馬相如列傳》："於是二子愀然改容，超若自失。"司馬貞索隱引郭璞云："變色貌。"

(5)靡：王肅注："靡，侈。"

(6)速朽之愈：原作"朽之愈速"，據陳本、《禮記·檀弓上》及下文"速貧之愈"改。

(7)僕：駕車。《論語·子路》："子適衛，冉有僕。"何晏《集解》引孔安國曰："冉有御。"

(8)凶事：喪事。《周禮·春官·司服》："凡凶事，服弁服。"鄭玄注："服弁，喪冠也。"

(9)豫：通"預"，事先有所準備。

(10)謚：古代人死後，根據其生前事迹評定褒貶給予的稱號。《周禮·春官·大史》："小喪賜謚。"《逸周書·謚法解》："謚者，行之迹也。"

(11)卜葬：指卜葬日，因為重視葬事，卜葬獨用龜卜，先卜遠日，即以此月下旬，先卜來月下旬。不吉，卜中旬。又不吉，則卜上旬。

【通解】

孔子在宋國，見宋國司馬桓魋親自為自己設計石制的套棺，用了三年時間還未做成，工匠們都疲憊不堪。孔子的臉色霍然一變，說道："如果像這樣奢靡，死了以後還不如快點腐爛好。"

當時冉有正在駕車，問："根據禮制，喪事不能事先準備，這是什麼意思呢？"孔子說："死了以後才商議謚號，謚號確定以後才占卜下葬的時日，下葬以後才設立祭廟,這些都是臣子們要做的事情,不是能事先準備的,何況是自己親自去安排呢?"

【原文】

南宮敬叔以富得罪於定公,奔衛。衛侯請復之,載其寶以朝。夫子聞之曰:"若是其貨⁽¹⁾也,喪不若速貧之愈。"

子游侍,曰:"敢問何謂如此?"孔子曰:"富而不好禮,殃也。敬叔以富喪⁽²⁾矣,而又弗改,吾懼其將有後患也。"敬叔聞之,驟如孔氏,而後循禮施⁽³⁾散焉。

【注釋】

(1)貨:賄賂。如《左傳》僖公二十八年:"曹伯之豎侯獳貨筮史。"
(2)喪:王肅注:"喪,失位也。"
(3)施:散佈,文中此處指散佈財物。《易·乾》:"雲行雨施。"

【通解】

南宮敬叔因為富有而得罪魯定公,出奔衛國。衛國國君請求魯定公允許敬叔回國,南宮敬叔回國以後,滿載着財寶朝見定公,以求恢復官職。孔子聽說此事後,說:"如果像這樣使用財貨行賄,喪失了官位還不如快點貧窮好。"

當時子游正陪侍在一旁,問:"請問為什麼這麼說呢?"孔子說:"一個人如果富有而不喜歡遵守禮制,是要遭殃的。敬叔是因為富有而喪失了官位,但又不改正。我擔心他將來還有禍患啊!"敬叔聽說以後,立即趕到孔子家裏,向孔子請教。從此以後,遵守禮制,並把財貨施散給百姓。

【原文】

孔子在齊,齊大旱,春饑。景公問於孔子曰:"如之何?"

孔子曰:"凶年⁽¹⁾則乘駑馬⁽²⁾,力役不興,馳道⁽³⁾不修,祈以幣玉⁽⁴⁾,祭祀不懸⁽⁵⁾,祀以下牲⁽⁶⁾。此賢君自貶以救民之禮也。"

【注釋】

(1)凶年:荒年。《孟子·梁惠王上》:"凶年饑歲。"

(2)駑馬:劣馬。《楚辭·七諫·謬諫》:"駑駿雜而不分兮。"

(3)馳道:王肅注:"馳道,君行之道。"

(4)祈以幣玉:王肅注:"君所祈請,用幣及玉,不用牲也。"

(5)不懸:王肅注:"不作樂也。"懸,懸掛鐘、磬等樂器,即奏樂。

(6)祀以下牲:王肅注:"當用大牢者用少牢。"

【通解】

孔子在齊國時,齊國大旱,春天發生了饑荒。齊景公向孔子請教說:"怎麼辦呢?"

孔子說:"遇到荒年,國君就應該乘用劣馬,不興勞役,不修建馳車大道,禳災祈請時只用幣玉而不用犧牲,祭祀時不奏樂,用牲時要降一等。這是賢明的君主自貶自己的規格以救助百姓的禮節。"

【原文】

孔子適(1)季氏,康子晝居內寢(2)。孔子問其所疾,康子出見之。言終,孔子退。

子貢問曰:"季孫不疾,而問諸疾,禮與?"

孔子曰:"夫禮,君子不有大故(3),則不宿於外;非致齊(4)也,非疾也,則不晝處於內。是故夜居外,雖弔之,可也;晝居於內,雖問其疾,可也。"

【注釋】

(1)適:往,到。《詩·鄭風·緇衣》:"適子之館兮。"引申為歸向。《左傳》昭公十五年:"好惡不愆,民知所適,事無不濟。"

(2)內寢:內堂,臥室。《逸周書·皇門解》:"予獨服在寢。"以下簡稱內,鄭玄注:"內,正寢之中。"

(3)大故:指大的變故,如父母之喪、災禍等。

(4)致齊(zhāi):祭祀先人之前的一種儀式,謂集中精力,想象先人的音容笑貌和行為意志,以示虔誠。齊,通"齋"。《禮記·祭義》:"致齊於

512

內,散齊於外,齊之日,思其居處,思其笑語,思其志意,思其所樂,思其所嗜,齊三日,乃見其所為齊者。"鄭玄注:"致齊,思此五者也。"

【通解】

孔子到季氏家去,季康子大白天還在內宅睡覺。孔子問起他所患的病,康子出來和孔子見了面。談話完畢,孔子退了出來。

子貢問道:"季孫氏沒有病,而先生您却問起他的病,這合乎禮制要求嗎?"

孔子說:"按照禮制規定,君子除非遇到大的變故,是不住在內宅之外的;除非祭祀前專心致志地齋戒,除非生了病,白天是不能居於內宅的。所以夜裏在內宅外面住宿,別人即使前往弔喪也是可以的;白天還居於內宅,別人即使前往探問他的病情也是可以的。"

【原文】

孔子為大司寇[1],國厩[2]焚。子退朝而之[3]火所,鄉人有自為火來者,則拜之,士一,大夫再。

子貢曰:"敢問何也?"

孔子曰:"其來者,亦相弔[4]之道也。吾為有司[5],故拜之。"

【注釋】

(1)大司寇:掌管司法的最高長官。司寇,官名,西周始置,春秋戰國時期沿用,掌管刑獄、糾察等事。《國語·周語上》:"司寇協姦。"韋昭注:"司寇,刑官也。"此記載又見於《禮記·雜記下》。

(2)厩:馬房。《孟子·梁惠王上》:"厩有肥馬。"

(3)之:此作動詞用,到,前往。

(4)弔:哀悼死者,慰問喪家或遭遇不幸者。《禮記·檀弓上》:"子夏喪其子而喪其明,曾子弔之。"

(5)有司:司,舊時官署的名稱。有司,主管的官員。

【通解】

孔子擔任魯國大司寇的時候,國家的馬厩失了火。孔子退朝之後趕到火灾現場,見鄉人自發趕來救火,就加以拜謝,對士拜一次,對大夫拜兩次。

子貢問:"請問這是為什麼?"

孔子說:"來這裏的人,也都是遵行有事互相吊問的禮制的。我作為國家的主管官員,所以要對他們拜謝。"

【原文】

子貢問曰:"管仲⁽¹⁾失於奢,晏子⁽²⁾失於儉。與其⁽³⁾俱失矣,二者孰賢?"

孔子曰:"管仲鏤簋而朱纮⁽⁴⁾,旅樹而反坫⁽⁵⁾,山節藻梲⁽⁶⁾。賢大夫也,而難為上⁽⁷⁾。晏平仲祀其先祖,而豚肩不揜豆⁽⁸⁾,一狐裘三十年。賢大夫也,而難為下⁽⁹⁾。君子上不僭下,下不逼上⁽¹⁰⁾。"

【注釋】

(1)管仲:齊國大夫,字夷吾,輔佐齊桓公成就霸業。此記載又見於《禮記·禮器》、《禮記·雜記下》。

(2)晏子:即晏嬰,字平仲,齊國賢大夫,歷任齊靈公、莊公、景公三朝。

(3)與其:猶如其,連詞。常與"孰若"、"寧"、"不若"等詞連用,在比較取舍時用於舍棄的方面。如《論語·八佾》:"禮,與其奢也,寧儉;喪,與其易也,寧戚。"《禮記·檀弓上》:"喪禮與其哀不足而禮有餘也,不若禮不足而哀有餘也。"

(4)鏤簋(guǐ)而朱纮(hóng):王肅注:"鏤,刻而飾之。朱纮,天子冕之綏。"鏤,雕刻。簋,古代食器,圓口,圈足,無耳、兩耳或有四耳,方座或帶蓋的青銅、陶製品。盛行於西周時期,用以盛黍稷稻粱。纮,古時冠冕上的帽帶,由領下挽上而繫在笄的兩端。

(5)旅樹而反坫:王肅注:"旅,施也。樹,屏也。天子外屏,諸侯內屏。反坫,在兩楹之間,人君好會,獻酢禮畢,反爵於其上。"坫,古代設在兩楹之間的土臺,低者供諸侯相會飲酒時置放空杯,高者用以置放來會諸侯所饋贈的玉圭等物。

(6)山節藻梲(zhuō)：王肅注：“節，栭也，刻為山雲。梲，樑上楹也。畫藻文也。”山節，刻成山形或伴有雲彩的斗拱(栭)，即柱頂上支撐屋樑的方木。藻梲，畫有水草花紋的樑上短柱。

(7)上：居於上位的人，此處指國君。

(8)豚肩不揜(yǎn)豆：王肅注：“言陋小也。”豚肩，猪腿。揜，掩蓋，遮蔽。豆，古代食器，形似高足盤，或有蓋。

(9)下：居下位的人，此處指下屬。

(10)上不僭下，下不逼上：《禮記·雜記下》作：“上不僭上，下不逼下。”僭，超越本分，舊指下級冒用上級的名義、禮儀或器物。

【通解】

子貢問道：“管仲的過失在於過度奢侈，晏子的過失在於過度節儉。與其說兩人都有過失而被一概否定，還不如加以區分。兩人誰更賢德呢？”

孔子說：“管仲盛糧食的簋雕刻花紋，繫冕的帶子使用天子使用的朱紅色，大門前樹立影壁，堂上兩楹之間設置放回空酒杯的土臺，屋頂上有雕刻成山形的斗拱和繪有水草紋的樑上短柱。他固然是位賢能的大夫，但却使居於他上位的君主為難。晏平仲祭祀他的祖先，所供奉的猪腿不能掩蓋木豆的頂部，一件狐皮大衣穿了三十年。他固然是位賢能的大夫，但却使居於他下位的屬吏為難。真正有才德的君子應該對上不僭越，對下不逼迫。”

【原文】

冉求曰：“昔文仲(1)知(2)魯國之政，立言垂法(3)，於今不亡，可謂知禮矣。”孔子曰：“昔臧文仲安知禮？夏父弗綦逆祀(4)而不止，燔柴於竈以祀焉。夫竈者，老婦之所祭(5)，盛於瓮(6)，尊於瓶(7)，非所柴也。故曰禮也者，由(8)體也，體不備，謂之不成人。設之不當，猶不備也。”

【注釋】

(1)文仲：魯國大夫臧孫臣，歷仕於莊、閔、僖、文四世，以立言垂世著

515

稱。此記載又見於《禮記·禮器》。

（2）知：主持。《左傳》襄公二十六年：“子產其將知政矣。”

（3）立言垂法：此指制定禮法制度。立言，著書立說。垂，流傳，留存。法，法則。《左傳》襄公二十四年：“魯有先大夫曰臧文仲，既没，其言立。”

（4）夏父弗綦逆祀：或作夏父弗忌、夏父不忌，春秋時魯國大夫。魯文公時曾任宗伯，主持祭祀先公的廟祭，尊崇僖公，昇其享祀之位於閔公之上。僖公入繼閔公，依據傳統禮制，閔公當在上。這種失禮行為，時人稱之為逆祀。《左傳》文公二年：“秋八月丁卯，大事於大廟，躋僖公，逆祀也。於是夏父弗忌為宗伯。”《國語·魯語上》：“夏父弗忌為宗，烝，將躋僖公。”

（5）夫竈者，老婦之所祭：王肅注：“謂祭竈報其功，老婦主祭也。”《禮記·禮器》：“夫奥者，老婦之祭也。盛於盆，尊於瓶。”鄭玄注：“奥，當為‘爨’字之誤也，或作‘竈’。”

（6）盛（chéng）於瓮：盛放到瓮中。盛，以器受物。瓮，一種陶制的盛器。

（7）尊於瓶：尊，這裏作動詞，置酒。瓶，一般指腹大頸長的容器。

（8）由：通“猶”，好似。《墨子·兼愛下》：“為彼者，由為己也。”《孟子·離婁下》：“禹思天下有溺者，由己溺之也。”

【通解】

冉求說：“從前臧文仲主持魯國國政，制定禮法制度，垂示法則，他的影響到現在也没有消失，可以說是懂禮的人。”孔子說：“從前的臧文仲哪裏懂得禮呢？夏父弗綦違反昭穆制度，昇僖公之神位於閔公之上，而臧文仲不知道加以諫止，而且在竈前燒柴祭祀竈神。所謂的竈神，是老婦們應該祭祀的，只須用瓮盛食，以瓶置酒，不應該燒柴以祭。所以說禮制就像是人的身體一樣。身體不完備，稱之為不成人。禮制上安排不得當，也就像身體不完備一樣。”

【原文】

子路問於孔子曰：“臧武仲[1]率師與邾[2]人戰於狐鮐[3]，遇[4]，敗焉，師人多喪而無罰。[5]古之道然與？”孔子曰：“凡謀[6]

人之軍,師敗則死之;謀人之國,邑危則亡之,古之正⁽⁷⁾也。其君在焉者,有詔則無討⁽⁸⁾。"

【注釋】

(1)臧武仲:即臧孫紇。臧孫許(臧宣叔)之子,臧文仲之孫。魯襄公四年,狐鮐之戰敗,未受處罰,後因出謀為季武子廢長立幼,而於魯襄公二十三年出奔齊國。

(2)邾(zhū):古國名,即鄒國,曹姓,陸終後裔。周滅商後,封曹俠於邾,邾國遂成為周王朝的一個諸侯國,戰國時被楚國所滅。

(3)狐鮐(tái):或作狐駘。邾地,今山東滕州東南。

(4)遇:相逢,不期而遇。

(5)"臧武仲率師"至"師人多喪而無罰":《左傳》襄公四年:"冬,十月,邾人、莒人伐鄫。臧紇救鄫,侵邾,敗於狐駘。國人逆喪者皆髽。魯於是乎始髽。國人誦之曰:'臧之狐裘,敗我於狐駘。我君小子,朱儒是使。朱儒!朱儒!使我敗於邾。'"

(6)謀:謀劃,指揮。

(7)正:同"政",政令制度。《荀子·非相》:"起於上,所以道於下,正令是也。"

(8)有詔則無討:王肅注:"詔,君之教也。有君教,則臣無討。"討,懲治有罪者。《書·皋陶謨》:"天討有罪。"

【通解】

子路問孔子說:"臧武仲率領軍隊和邾國人在狐鮐交戰,兩軍不期而遇,我軍失敗了,士兵陣亡很多,但是臧武仲却沒有受到處罰。古代就有這樣的制度嗎?"孔子說:"凡是為別人指揮軍隊的人,如果軍隊戰敗就得自殺謝罪;凡是為別人掌管邦國都邑的人,如果出現社會動蕩就要逃亡國外。這是古代的政令制度。如果他們的君主尚在,並參與了事情的決策,那麼臣子就可以免於懲罰。"

【原文】

晉將伐宋,使人覘⁽¹⁾之。宋陽門之介夫死⁽²⁾,司城⁽³⁾子

罕⁽⁴⁾哭之哀。覘之反，言於晉侯曰："陽門之介夫死，而子罕哭
之哀，民咸⁽⁵⁾悦。宋殆⁽⁶⁾未可伐也。"

孔子聞之曰："善哉，覘國乎！《詩》云：'凡民有喪，匍匐救
之。'⁽⁷⁾子罕有焉。雖非晉國，其天下孰能當之⁽⁸⁾？是以周任⁽⁹⁾
有言曰：'民悦其愛者，弗可敵也。'"

【注釋】

(1)覘(chān)：王肅注："觀也。"察看，窺看。《左傳》成公十年："公使
覘之，信。"《淮南子·俶真訓》："其兄掩户而入覘之。"此記載又見於《禮記
·檀弓下》。

(2)宋陽門之介夫死：王肅注："陽門，宋城門也。介夫，被甲御門者。"

(3)司城：即司空，宋國避宋武公諱而改稱司城。

(4)子罕：宋戴公之後，宋六卿之一樂吕之孫，名樂喜，字子罕，任司城
期間，以其賢而有才主持國政。

(5)咸：都，皆。

(6)殆：大概，恐怕。《史記·趙世家》："吾嘗見子於路，殆君之子也。"

(7)凡民有喪，匍匐救之：語出《詩經·邶風·谷風》，意思是凡是百姓
有灾難，急急忙忙去救助。

(8)雖非晉國，其天下孰能當之：王肅注："言雖非晉國，使天下有强
者，猶不能當也。"

(9)周任：上古史官。《論語·季氏》："周任有言曰：'陳力就列，不能
者止。'"

【通解】

晉國將要攻打宋國，派人去刺探虛實。宋國都城陽門有個披甲的衛
士死了，司城子罕為此哭得十分悲痛。刺探情報的人回來，向晉國國君報
告說："宋城陽門有個甲士死了，而子罕哭得十分悲痛，百姓對這一舉動都
心悦誠服。現在大概還不能攻打宋國。"

孔子聽說此事後，說："這個刺探情報的人，真是善於觀察敵情啊！
《詩》上說：'凡是百姓有灾難，急急忙忙去救助。'不僅是晉國，天下誰能和
上下一心的宋國對抗呢？因此周任說過這樣的話：'百姓感悦愛護他們的

人,這樣的人是不可戰勝的。'"

【原文】

楚伐吳,工尹⁽¹⁾商陽與陳棄疾⁽²⁾追吳師。及⁽³⁾之,棄疾曰:"王事也,子手弓⁽⁴⁾而可。"商陽手弓。棄疾曰:"子射諸⁽⁵⁾!"射之,斃一人,韔⁽⁶⁾其弓。又及,棄疾謂之。又及,棄疾復謂之。斃二人。每斃一人,輒掩其目。止其御,曰:"吾朝不坐,燕不與⁽⁷⁾,殺三人亦足以反命⁽⁸⁾矣。"

孔子聞之曰:"殺人之中,又有禮焉。"

子路怫然⁽⁹⁾進曰:"人臣之節,當君大事,唯力所及,死而後已。夫子何善此?"

子曰:"然,如汝言也。吾取其有不忍殺人之心而已。"

【注釋】

(1)工尹:春秋楚官名。《左傳》文公十年:"王使為工尹。"杜預注:"掌百工之官。"此記載又見於《禮記·檀弓下》。

(2)陳棄疾:《禮記·檀弓下》鄭玄注:"楚公子棄疾也。"楚共王幼子,楚靈王七年(前534年)奉命率師滅陳,得楚人稱譽,遂號陳棄疾。後領有陳、蔡,成為最有實力的楚公子,後繼位而為楚王,即楚平王。

(3)及:至,到。《儀禮·燕禮》:"賓入及庭。"

(4)手弓:以手執弓。

(5)諸:作助詞用。《詩經·邶風·日月》:"日居月諸,照臨下土。"《論語·學而》:"夫子之求之也,其諸異乎人之求之與?"

(6)韔(chàng):王肅注:"韔,韜。"即弓袋。此處作動詞用,謂裝弓於弓袋。《詩經·秦風·小戎》:"虎韔鏤膺,交韔二弓。"《詩經·小雅·采綠》:"之子於狩,言韔其弓。"

(7)朝不坐,燕不與:王肅注:"士卑故也。"朝見時沒有座位,宴會時沒有席次,意即地位卑下。燕,同"宴"。

(8)反命:復命。《史記·仲尼弟子列傳》:"子賤為單父宰,反命於孔子。"

(9)怫(fú)然:發怒變色貌。

【通解】

楚國攻打吳國,楚國工尹商陽和公子棄疾同車追擊吳軍。追趕上以後,棄疾說:"這是國君交給的任務,你可以把弓拿在手裏了。"於是商陽把弓拿在手裏。棄疾說:"你可以射箭了!"商陽射了一箭,射死了一個敵人,就把弓裝入弓袋。車又追上了敵人,棄疾又對他說了同樣的話。後來又追上了敵人,棄疾又一次對他說了同樣的話。這樣他又射死了兩個敵人。每當射死一人時,他都要把眼睛遮起來不忍觀看。最後,他讓駕車的人停下來,說:"我僅是一個卑下的士,朝見時沒有座位,宴會時沒有席次,殺死三個敵人,回去也足以復命了。"

孔子聽說此事後說:"殺人之中也有禮的因素啊。"

子路憤憤然進見孔子說:"作臣子的節操,如果國君遇到大事,他只有竭盡全力去做,死而後已。先生您為什麼稱贊商陽的舉動呢?"

孔子說:"是的,就像你所說的這樣。我只不過是稱許他有不忍殺人的想法罷了。"

【原文】

孔子在衛,司徒敬之(1)卒,夫子吊焉。主人不哀,夫子哭不盡聲而退。璩伯玉(2)請曰:"衛鄙俗,不習喪禮,煩吾子辱相(3)焉。"孔子許之。掘中霤(4)而浴,毀竈而綴足(5),襲於床(6)。及葬,毀宗而躐(7)行也,出於大門。及墓,男子西面(8),婦人東面,既封而歸。殷道也,孔子行之。

子游問曰:"君子行禮,不求變俗,夫子變之矣。"孔子曰:"非此之謂也,喪事則從其質(9)而已矣。"

【注釋】

(1)司徒敬之:春秋時期衛國貴族,司徒乃因官為氏。之,陳本作"子",《禮記·檀弓下》亦作"子"。此記載又見於《禮記·檀弓下》。

(2)璩(qú)伯玉:衛國賢大夫,名瑗,謚號成子,璩莊子无咎之子。璩也寫作"蘧"。

(3)相:贊禮者。《周禮·秋官·司儀》:"掌九儀之賓客擯相之禮。"鄭玄注：“出接賓曰擯，入贊禮曰相。”

（4）中霤（liù）：王肅注：“室中。”屋室正中處。遠古穴居，在穴頂開洞取明，雨水從洞口滴下，故謂之“中霤”。《釋名·釋宮室》：“中央曰中霤。”

（5）毀竈而綴（chuò）足：王肅注：“明不復有事於此也。綴足，不慾令僻戾矣。”綴足，喪禮，始死，用燕几拘住屍足，使不變形，便於為屍穿鞋。或毀竈用其甓，綴足。

（6）襲於床：在床上以衣斂屍。襲，《儀禮·士喪禮》：“陳襲事於房中，西領，南上。”鄭玄注：“襲事，謂衣服也。”襲，作名詞，指全套衣服；作動詞，謂以衣斂屍。

（7）毀宗而躐（liè）行：王肅注：“毀宗廟而出，行神位在廟門之外也。”毀宗，指毀掉宗廟門西邊牆。宗，宗廟。躐行，謂靈柩經過行神之位。躐，超越，逾越。躐，據《禮記·檀弓上》而改。

（8）面：向。《周禮·夏官·司士》：“王南鄉（向），三公北面，東上。”

（9）質：本質，性質。《禮記·樂記》：“中正無邪，禮之質也。”《荀子·儒俲》：“習俗移志，安久移質。”

【通解】

孔子在衛國的時候，司徒敬之逝世，孔子前去弔喪。主人哭得並不悲傷，孔子還沒有放聲大哭就退了出來。璩伯玉向孔子請求說：“我們衛國這裏風俗鄙陋，不懂喪禮，麻煩先生屈尊擔任相禮者。”孔子答應了。在室中間挖一個坑，把床架在坑上洗浴屍體，讓水流入坑裏。拆毀爐竈，用上面的磚坯支起並拘住死者的雙腳，在床上用整套的衣服裝斂屍體。到了安葬的時候，在宗廟西牆拆了一個豁口，越過廟門西邊的行神之位，直接把靈柩拉出大門。到了墓地，讓男子站在東邊，面向西，婦女站在西邊，面向東，堆土成墳後就回來了。這是殷朝人行喪禮的規定，孔子就是按它舉行的。

子游問：“君子主持禮儀，不求改變習俗，然而先生您却已經改變了。”孔子說：“話不是這麼說，辦理喪事只要合乎它的本質就可以了。”

【原文】

宣公八年六月辛巳，有事(1)於太廟(2)，而東門襄仲(3)卒，壬

521

午猶繹⁽⁴⁾。子游見其故，以問孔子曰：“禮與？”孔子曰：“非禮也，卿卒不繹。”

【注釋】

(1)有事：舉行禘祭。《春秋》昭公十五年“有事於武宮”，《左傳》云“禘於武公”，以此知有事即禘。楊伯峻注：“有事，禘祭也。”此記載又見於《左傳》宣公八年、《禮記·檀弓下》。

(2)太廟：始祖之廟。魯以周公為始祖，故周公廟稱太廟。《春秋》僖公八年：“秋七月禘於太廟。”杜預注：“太廟，周公廟。”

(3)東門襄仲：即公子遂，亦稱仲遂。春秋時期魯國卿，曾主持國政，並於文公十八年殺嫡立庶，立宣公。

(4)繹：王肅注：“繹，祭之明日又祭也。”天子、諸侯於祭祀之明日又祭，並行儐屍之禮，謂之繹。《詩經·周頌·絲衣》序：“《絲衣》，繹賓屍也。”鄭玄箋：“繹，又祭也。天子、諸侯曰繹，以祭之明日。卿大夫曰賓屍，與祭同日。周曰繹，商謂之肜。”

【通解】

魯宣公八年六月辛巳日，魯國在太廟裏進行禘祖的大祭，這時魯卿東門襄仲去世。第二天壬午日，仍舉行了繹祭。子游看到這件史事的記載，便問孔子說：“這合乎禮制嗎？”孔子說：“這是不合禮制要求的，因為國家的卿去世，就不應該再舉行第二天的繹祭。”

【原文】

季桓子⁽¹⁾喪，康子⁽²⁾練⁽³⁾而無衰⁽⁴⁾。子游問於孔子曰：“既服練服，可以除衰乎？”孔子曰：“無衰衣者，不以見賓，何以除焉？”

【注釋】

(1)季桓子：季孫斯，季平子之子。魯國自定公到哀公初年的執政上卿。“桓”為諡號。

(2)康子：季孫肥，季桓子庶子，繼桓子位為魯國正卿。自哀公四年到二十七年執魯政。“康”為諡號。

（3）練：練祭，喪祭名。一周年祭為練祭，亦稱小祥。《禮記·檀弓上》：“練，練衣黃裏，縓緣。”鄭玄注：“小祥練冠，練中衣，以黃為内，縓為飾。”孔穎達疏：“練衣者，練為中衣。黃裏者，黃為中衣裏也。正服不可變，中衣非正服，但承衰而已。”故孔子以“練而除衰”為非禮。

（4）衰（cuī）：喪服，以一方布綴於上衣當心之處，謂之衰。《儀禮·喪服·記》：“衰，長六寸，博四寸。”又喪服之上衣亦稱衰。《儀禮·喪服》：“斬衰裳。”鄭玄注：“凡服，上曰衰，下曰裳。”衰分等級，此處指斬衰。

【通解】

在為季桓子服喪期間，康子舉行周年的練祭以後就除去了衰衣。子游問孔子說：“穿了練服以後，就可以脱去衰衣嗎？”孔子說：“練衣非正服，不穿衰衣不能會見賓客，怎麼可以脱去呢？”

【原文】

邾人以同母異父之昆弟死，將為之服（1），因（2）顔克（3）而問禮於孔子。子曰：“繼父同居者，則異父昆弟從為之服；不同居，繼父且猶不服，况其子乎？”

【注釋】

（1）服：作動詞用，穿喪服。

（2）因：通過，依據。

（3）顔克：孔子弟子，即顔刻，或作顔高，字子驕，魯人，少孔子五十歲。

【通解】

邾國有個人因為同母異父的兄弟死了，準備為他穿喪服，就通過顔克向孔子請教有關的禮儀。孔子說：“如果與繼父居住在一起，那麼異父兄弟都要跟着穿喪服，如果不與繼父住在一起，那麼，連繼父本人死了都不用穿喪服，更何况是他的兒子呢？”

【原文】

齊師侵魯（1），公叔務人（2）遇人入保，負杖而息（3）。務人泣曰：“使之雖病（4），任之雖重（5），君子（6）弗能謀，士弗能死，不可也。我則既言之矣，敢不勉乎？”與其鄰嬖⁽⁷⁾童汪锜⁽⁸⁾乘⁽⁹⁾往，奔敵死焉。皆殯⁽¹⁰⁾，魯人慾勿殤⁽¹¹⁾童汪锜，問於孔子，曰：“能執干戈以衛社稷，可無殤乎？”

【注釋】

(1)齊師侵魯：此記載又見於《左傳》哀公十一年、《禮記·檀弓下》。

(2)公叔務人：王肅注：“昭公之子，公為。”因昭公慾去季氏，失敗而出奔於外。昭公卒，季氏以昭公弟即位而為定公，公為及其兄公衍皆不得立。《禮記·檀弓下》作“公叔禺人”。

(3)遇人入保，負杖而息：王肅注：“遇，見也。見走避入齊師，將入保，疲倦，加杖頸上，兩手掖之休息者也。保，縣邑小城也。”保，“堡”的古字，即城堡。

(4)使之雖病：王肅注：“謂時徭役。”

(5)任之雖重：王肅注：“謂時賦稅。”

(6)君子：此處指卿大夫。

(7)嬖（bì）：寵愛，寵倖。

(8)汪锜（qí）：人名。《禮記·檀弓下》作“汪踦”。

(9)乘：駕車。

(10)殯：斂而未葬。《淮南子·要略》：“故治三年之喪，殯文王於兩楹之間。”後亦指出葬。

(11)勿殤：不用殤者之禮，而用成人之禮為之治喪。殤，未成年而死。為殤者舉行的喪禮亦稱殤，較成人原服制降，比較簡略。

【通解】

齊國軍隊入侵魯國，公叔務人看見一個魯人疲憊地走進城堡休息，脖頸後橫着木杖，兩手拖着。務人流着淚說：“盡管征發的徭役使百姓疲憊不堪，盡管征收的賦稅十分繁重，但是卿大夫不能出謀劃策，士人不能盡忠效死，這還是不行的。我已經把這話說出來了，怎麼敢自己不盡力呢？”於是就和鄰里的受寵愛的小孩汪锜一起駕車奔赴戰場，赴敵而死。兩個人都殯殮了，魯國人不想用殤禮來為汪锜治喪，便去請教孔子，孔子說：“雖然是小孩，他能夠手執干戈來保衛國家，是可以不用殤禮治喪的。”

【原文】

魯昭公⁽¹⁾ 夫人吳孟子⁽²⁾ 卒,不赴⁽³⁾ 於諸侯。孔子既致仕⁽⁴⁾,而往弔焉。適於季氏⁽⁵⁾,季氏不絰⁽⁶⁾,孔子投絰而不拜⁽⁷⁾。子游問曰:"禮與?"孔子曰:"主人未成服,則弔者不絰焉,禮也。"

【注釋】

(1)魯昭公:名禂,襄公庶子,繼襄公而為君。在位二十五年,因謀去季氏失敗而出奔國外,寄居於齊、晉八年,卒於乾侯。此記載又見於《左傳》哀公十二年。

(2)吳孟子:魯昭公夫人,昭公娶於吳,這位夫人根據當時國君夫人的稱號慣例應稱為吳姬,為避諱同姓不婚的禮法,因此改稱"吳孟子"。

(3)赴:同"訃",報喪。《禮記·雜記上》:"凡訃於其君,曰:'君之臣某死。'"

(4)致仕:辭去官職。

(5)季氏:指季康子。

(6)絰(dié):喪服所繫之帶,以麻為之。在首為首絰,在腰為腰絰。《儀禮·喪服》:"斬衰裳、苴絰、杖、絞帶。"鄭玄注:"麻在首在腰皆曰絰。"

(7)投絰而不拜:王肅注:"以季氏無故,己亦不成禮。"

【通解】

魯昭公夫人吳孟子去世,沒有向諸侯去報喪。這時孔子已經辭去官職,前去弔唁。到了季氏家中,看見季康子沒有扎喪服中所繫的麻帶,於是,孔子摘下麻帶,而且也沒有下拜。子游問道:"這樣做合乎禮制嗎?"孔子說:"主人沒有穿喪服,那麼前去弔唁的人也就可以不繫麻帶。這是符合禮制要求的。"

【原文】

公父穆伯⁽¹⁾ 之喪,敬姜⁽²⁾ 晝哭;文伯⁽³⁾ 之喪,晝夜哭。孔子曰:"季氏之婦,可謂知禮矣!愛而無私⁽⁴⁾,上下有章⁽⁵⁾。"

【注釋】

(1)公父穆伯:魯國貴族。季悼子之子,季康子的祖父季平子的弟弟。

此記載又見於《國語·魯語下》、《禮記·檀弓下》、《列女傳·仁智》。

(2)敬姜:公父穆伯之妻,公父文伯之母,季康子之從祖叔母,以明禮守禮知名。

(3)文伯:公父歜,即公父文伯。公父穆伯之子。

(4)私:此字原脱,據陳本及備要本補。

(5)上下有章:王肅注:"上謂夫,下謂子也。章,別也。哭夫畫哭,哭子畫夜哭,哭夫與子各有別也。"

【通解】

在為亡夫公父穆伯治喪期間,敬姜白天哭;在為兒子公父文伯治喪期間,她白天黑夜都哭。孔子說:"季氏家的這位婦女可以稱得上是知禮了!她對丈夫、兒子都是一樣的愛,但是哀悼他們却能做到上下有區別。"

【原文】

南宮縚之妻,孔子兄之女。喪其姑(1),而誨之髽(2),曰:"爾毋從從爾,毋扈扈爾(3)。蓋榛(4)以為笄(5),長尺,而總八寸(6)。"

【注釋】

(1)姑:丈夫的母親,婆婆。如《後漢書·列女傳》:"拜姑禮畢,提瓮出及。"此記載又見於《禮記·檀弓上》。

(2)髽(zhuā):古代婦人的喪髻,即用麻和頭髮合打成的髮髻。《儀禮·喪服》:"髽衰三年。"《左傳》襄公四年:"(魯)侵邾,敗於狐駘,國人逆喪者皆髽。"

(3)爾毋從從爾,毋扈扈爾:王肅注:"從從,高;扈扈,大也。扈言喪者無容節也。"

(4)榛(zhēn):榛木。

(5)笄(jī):簪子,古代用來插住挽起的頭髮或弁冕。《儀禮·士昏禮》:"女子許嫁,笄而醴之,稱之。"

(6)總八寸:王肅注:"總,束髮。束髮垂為飾者,齊衰之總八寸也。"

【通解】

南宮縚的妻子,是孔子哥哥的女兒。她的婆婆去世了,孔子教她做喪髻的方法,說:"你不要做得高高的,不要做得大大的。用榛木做發簪,一尺長,繫在髮髻上的帶子下垂八寸。"

【原文】

子張有父之喪,公明儀⁽¹⁾相焉。問啟顙⁽²⁾於孔子,孔子曰:"拜而後啟顙,頹⁽³⁾乎其順;啟顙而後拜,頎⁽⁴⁾乎其至也。三年之喪,吾從其至也。"

【注釋】

(1)公明儀:曾子弟子,又為子張弟子,魯國人。此記載又見於《禮記·檀弓上》。

(2)啟顙(sǎng):即稽顙。古時一種跪拜禮,屈膝下拜,以額觸地,居喪答拜賓客時行之,表示極度的悲痛和感謝。《儀禮·士喪禮》:"吊者致命,主人哭拜,稽顙成踴。"稽顙有時也簡稱顙。《公羊傳》昭公二十五年:"再拜顙。"

(3)頹:恭順貌。《禮記·檀弓上》:"拜而後啟顙,頹乎其順也。"鄭玄注:"先拜賓,順於事也。"

(4)頎(kěn):誠懇貌。頎,通"懇"。《禮記·檀弓上》:"啟顙而後拜,頎乎其至也。"鄭玄注:"頎,至也,先觸地而無容,哀之至。"

【通解】

子張的父親死了,要辦喪事,公明儀擔任相禮者。他向孔子請教孝子跪拜磕頭的禮儀,孔子說:"先跪下拜謝賓客的到來,接着磕頭表達自己的悲痛,這是一種恭敬順便的方式,合乎行禮的次序;先磕頭表達自己的悲痛,接着再拜謝賓客的到來,這是一種極為誠懇真摯的方式,合乎感情的自然流露。為父親服喪三年,我認為應該遵從這種極為真摯的方式。"

【原文】

孔子在衛,衛之人有送葬者,而夫子觀之,曰:"善哉,為葬乎!足以為法⁽¹⁾也。小子識⁽²⁾之!"

子貢問曰:"夫子何善爾?"

曰:"其往也如慕⁽³⁾,其返也如疑。"

子貢曰:"豈若速返而虞⁽⁴⁾哉?"

子曰:"此情之至者也。小子識之!我未之能也。"

【注釋】

(1)法:傚法。《易·繫辭下》:"崇效天,卑法地。"此記載又見於《禮記·檀弓上》。

(2)識(zhì):通"志",記住。《論語·述而》:"默而識之。"

(3)慕:依戀,思念。《孟子·萬章上》:"人少則慕父母。"

(4)虞:喪祭名。王肅注:"返葬而祭,謂之虞也。"《儀禮·既夕禮》:"三虞。"鄭玄注:"虞,喪祭名。虞,安也。骨肉歸於土,精氣無所不之,孝子為其彷徨,三祭以安之。朝祭,日中而虞,不忍一日離。"

【通解】

孔子在衛國的時候,衛國有人送葬,孔子在旁邊觀看,說:"做得好哇!這位送葬的孝子,完全可以當作標準了。你們要好好記住!"

子貢問道:"先生您為什麼稱贊他呢?"

孔子說:"那孝子前往墓地送靈柩的時候,就像小孩子依戀父母一樣的哭泣,埋葬後返回家時,又像是弄不準親人靈魂是否能够跟來而遲疑不前。"

子貢說:"那怎能比得上趕快回家舉行虞祭呢?"

孔子說:"這是內心親情的真摯流露。你們好好記住吧!我還做不到這一步。"

【原文】

卞⁽¹⁾人有母死而孺子⁽²⁾之泣者,孔子曰:"哀則哀矣,而難繼⁽³⁾也。夫禮,為可傳⁽⁴⁾也,為可繼也。故哭踴⁽⁵⁾有節⁽⁶⁾,而變除⁽⁷⁾有期。"

【注釋】

(1)卞:魯邑,在今山東泗水東。《禮記·檀弓上》作"弁"。此記載又見於《禮記·檀弓上》。

（2）孺子：兒童，後生。此為"像小孩子一樣"。

（3）繼：連續，隨後。

（4）傳：傳佈，流傳。《禮記·祭統》："有善而弗知，不明也；知而弗傳，不仁也。"

（5）踊：喪禮中最哀慟的表示，頓足，跳躍。《禮記·檀弓上》："辟踊，哀之至也。"孔穎達疏："撫心曰辟，跳躍為踊。孝子喪親，哀慕至懑。男踊女辟，是哀痛之至極也。"

（6）節：節度，法度。《荀子·樂論》："飲酒之節，朝不廢朝，莫不廢夕。"

（7）除：除喪服。

【通解】

卞地有個人死了母親，他像小孩子一樣毫無節制的放聲痛哭，孔子說："悲哀是夠悲哀的，不過別人很難跟着做。禮制，是要傳佈於衆人的，是要人們都跟着做的。所以發喪時邊哭邊頓足跳躍有一定的節度，變除喪服有一定的期限。"

【原文】

孟獻子（1）禫（2），懸而不樂（3），可御而不處内（4）。

子游問於孔子曰："若是則過禮也？"孔子曰："獻子可謂加（5）於人一等矣。"

【注釋】

（1）孟獻子：即仲孫蔑。公孫敖之孫，文伯穀之子。春秋時魯國大夫，歷任宣公、成公、襄公三朝。此記載又見於《禮記·檀弓上》。

（2）禫（dàn）：除喪服之祭，鄭玄以為三年喪畢，二十七月而禫，禫祭與大祥之祭中隔一個月。王肅以為二十五月禫，禫祭與大祥之祭同月。

（3）懸而不樂：將樂器懸掛起來而不奏樂。懸，懸掛，這裏指懸掛鐘、磬等樂器。

（4）可御而不處内：可以和妻妾同房共寢，却沒有心思住進内寢。叢刊本無"不"字，據同文本、《禮記》補。根據禮制，君子有父母之喪，則應宿於外,禪祭之後方可宿於內,所以說,孟獻子是"可御而不處內"。

(5)加:逾,超過。《史記·李斯列傳》:"雖申、韓復生,不能加也。"

【通解】

孟獻子服喪期滿舉行了除服的禪祭後,將鐘、磬等樂器懸掛起來而不奏樂,本可以和妻妾同房共寢却沒有心思住進內寢。

子游問孔子說:"像這樣是否逾越了禮制?"孔子說:"獻子可以說是高出常人一等了。"

【原文】

魯人有朝祥⁽¹⁾而暮歌者,子路笑之。孔子曰:"由!爾責於人終無已。夫三年之喪,亦以⁽²⁾久矣。"子路出,孔子曰:"又多乎哉⁽³⁾!逾⁽⁴⁾月則其善也。"

【注釋】

(1)祥:祥祭,如果為三年之喪,父母死後十三個月而祭叫小祥,二十五個月而祭叫大祥。如果為一年之喪,則十一個月而小祥,十三個月而大祥。這裏指三年之喪的大祥。此記載又見於《禮記·檀弓上》。

(2)以:通"已",太,甚。《公羊傳》莊公元年:"群公子之舍,則以卑矣。"

(3)又多乎哉:王肅注:"又,復也。言其可以歌不復久也。"

(4)逾:越過。《詩·鄭風·將仲子》:"將仲子兮,無逾我牆。"

【通解】

魯國有個人為父母服喪期滿,早上舉行了大祥之祭,晚上就唱起歌來,子路嘲笑他。孔子說:"仲由!你責備別人總是沒完沒了。人家能夠服喪三年,也已經够久的了。"子路出去以後,孔子又說:"其實也用不着再等多久了,過去這個月再唱歌那就很好了。"

【原文】

子路問於孔子曰:"傷哉貧也!生而無以供養,死則無以為禮也。"孔子曰:"啜菽飲水⁽¹⁾,盡其歡心,斯為之孝乎。斂手足形[2]，旋葬而無椁[3]，稱[4]其財，為之禮，貧何傷乎？」

【注釋】

（1）啜（chuò）菽飲水：以豆為食，以水為飲，謂生活清苦。《荀子·天論》：「君子啜菽飲水，非愚也，是節然也。」《禮記·檀弓下》：「孔子曰：『啜菽飲水，盡其歡，斯之謂孝。』」陸德明釋文引王肅曰：「熬豆而食曰啜菽。」此記載又見於《禮記·檀弓下》。

（2）斂手足形：死後，以衣、棺收殮屍體，所用的衣被可以蓋住肢體，沒有外露。斂，通「殮」，為死者加衣衾，將屍體裝入棺材謂之殮。

（3）旋葬而無椁：隨即加以安葬，也不用椁。王肅注：「旋，便。」椁，棺材外的套棺。

（4）稱（chèn）：適合，相符。

【通解】

子路向孔子請教說：「貧窮真是令人傷悲啊！父母在世時沒法好好奉養；去世以後又無法體面地舉行葬禮。」孔子說：「煮豆為食，以水為飲，雖然這樣清苦，卻能使父母盡情歡樂，這就可以稱得上是孝順了。父母死後，衣被能夠遮蓋住肢體，沒有外露，僅用薄棺收殮屍體而沒有套棺，隨即加以安葬，一切花費都與自己的財力相稱，這樣做就可以稱作禮了。貧窮又有什麼令人傷悲的呢？」

【原文】

吳延陵季子[1]聘[2]於上國[3]，適齊。於其返也，其長子死於嬴、博[4]之間。孔子聞之，曰：「延陵季子，吳之習於禮者也。」往而觀其葬焉。其斂以時服[5]而已；其壙[6]掩坎[7]，深不至於泉；其葬無盟器[8]之贈。既葬，其封[9]廣輪[10]掩坎，其高可肘[11]隱[12]也。既封，則季子乃左袒，右還[13]其封，且號者三，曰：「骨肉歸於土，命也！若魂氣則無所不之，則無所不之！」而遂行。孔子曰：「延陵季子之禮，其合矣。」

【注釋】

（1）延陵季子：即吳公子季札，吳王壽夢第四子，有讓國美德，初封延陵,故《禮記》、《史記》稱之為延陵季子。後加封州來,故《左傳》襄公三十一年稱之為延州來季子。此記載又見於《禮記·檀弓下》、《說苑·修文》。

（2）聘：古代國與國之間遣使訪問。《春秋》襄公二十六年："晉侯使荀吳來聘。"

（3）上國：春秋時期,對吳楚諸國而言,齊晉等中原諸侯國稱為"上國"。《左傳》成公七年："蠻夷屬於楚者,吳盡取之,是以始大,通吳於上國。"

（4）嬴、博：王肅注："嬴、博,地名也。"嬴、博皆為春秋時齊邑。嬴,故城在今山東萊蕪西北,有延陵季子長子墓。博,故城在今山東泰安東南。後世以"嬴博"為葬於異鄉的代稱。

（5）時服：王肅注："隨冬、夏之服,無所加。"

（6）壙（kuàng）：墓穴,亦指墳墓。《列子·天瑞》有"望其壙"。

（7）坎：此處指墓坑。

（8）盟器：即明器、冥器,古代隨葬的器物,一般用陶或木、石制成。

（9）封：古代士以上的葬禮,堆土為墳,叫"封",庶人卑微,不積土為墳。

（10）廣（guǎng）輪：猶廣袤。《周禮·地官·大司徒》："以天下土地之圖,周知九州之地域廣輪之數。"賈公彥疏引馬融曰："東西為廣,南北為輪。"此處指墳頭的寬度與長度。

（11）肘：叢刊本作"時",據同文本及句意改。

（12）隱（yìn）：憑依,依據。

（13）還：通"環",環繞。《漢書·食貨志上》："還廬樹桑。"

【通解】

吳國公子延陵季子往中原之國進行訪問,到了齊國。在返回的途中,他的長子死在了嬴、博兩地之間。孔子聽說此事後,說："延陵季子是吳國精通禮儀的人。"於是前往觀看他舉行葬禮的情景。季子裝殮時給死者穿的僅僅是平時穿的衣服；開挖的墓穴正好和放棺材的墓坑一樣大,深度還沒有挖到見地下水的地方；埋葬時也沒有用隨葬品。埋葬以後,堆土為墳,墳頭的寬度與長度正好掩蓋住墓坑,在高度上可以讓人用手憑靠着。堆好墳頭以後,季子便袒露左臂,向右繞着墳頭走,並哭喊了三次,說："骨肉回歸到泥土中,這是天命啊!而你的靈魂却可以無所不至啊!無所不至啊!"說完就走了。孔子說:"延陵季子在特殊情況下所實行的葬禮,是符合禮的本質的。"

【原文】

子游問喪之具⁽¹⁾。

孔子曰:"稱家之有亡⁽²⁾焉。"

子游曰:"有亡惡於齊⁽³⁾?"

孔子曰:"有也,則無過禮。苟亡矣,則斂手足形,還葬⁽⁴⁾,懸棺而封⁽⁵⁾。人豈有非之者哉?故夫喪亡,與其哀不足而禮有餘,不若禮不足而哀有餘也;祭祀,與其敬不足而禮有餘,不若禮不足而敬有餘也。"

【注釋】

(1)具:器具,用具。此記載又見於《禮記·檀弓下》。

(2)稱家之有亡(wú):與家資的多少、豐薄相稱。

(3)惡(wū)於齊(jì):王肅注:"惡,何。齊,限。"惡,疑問代詞,何,怎麼。《孟子·盡心上》:"居惡在?仁是也。"《史記·李斯列傳》:"今身且不能利,將惡能治天下哉!"齊,定限。《列子·楊朱》:"百年,壽之大齊。"

(4)還(xuán)葬:隨即安葬。還,同"旋",速,立刻。

(5)懸棺而封:用繩子兜住棺材,懸起下放到墓坑中下葬。《禮記·檀弓上》鄭玄注:"封,當為'窆(biǎn)',將棺柩放入墓穴內謂之窆。"《周禮·地官·鄉師》:"及窆,執斧以蒞匠師。"鄭玄曰:"窆,謂葬下棺也。"

【通解】

子游向孔子請教喪葬禮儀用具的問題。

孔子說:"應該與家資的豐薄相稱。"

子遊說:"所謂依據家資的豐薄,該如何把握分寸呢?"

孔子說:"家資豐饒,也不要超過禮儀規定。如果家資儉薄,根本沒有什麼財力,只需裝殮時衣被能够遮蓋住肢體使之不露,隨即安葬,將棺材用繩子懸起下放到墓坑中。只要盡心盡力了,哪裏會有人責備他呢?所以辦理喪事時,與其缺少哀痛之情而使用過多的禮儀形式,還不如禮儀形式不完備却充滿哀痛之情呢;祭祀親人時,與其缺少敬意而使用過多的禮儀形式,還不如禮儀形式不完備却充滿恭敬之情呢。"

【原文】

伯高死於衛,赴於孔子。子曰:"吾惡[1]乎哭諸?兄弟,吾哭諸[2]廟;父之友,吾哭諸廟門之外;師,吾哭之寢;朋友,吾哭之寢門之外;所知,吾哭之諸野。今於野則已疏,於寢則已重。夫由賜也而見我[3],吾哭於賜氏。"遂命子貢為之主,曰:"為爾哭也來者,汝拜之;知伯高而來者,汝勿拜。"既哭,使子張往弔焉。未至,冉求在衛,攝束帛、乘馬而以將之[4]。孔子聞之,曰:"異哉!徒[5]使我不成禮於伯高者,是冉求也。"

【注釋】

(1)惡(wū):疑問代詞,何。此記載又見於《禮記·檀弓上》。

(2)諸:"之於"的合音。

(3)夫由賜也而見我:伯高是通過子貢結識我的。由,通過,經過。賜,指端木賜,即子貢。見,會見,相識。

(4)攝束帛、乘(shèng)馬而以將之:(冉求)代(孔子)準備一束帛、四匹馬,裝作奉孔子之命去弔喪。攝,代理。束帛,帛五匹為一束,每匹從兩端卷起,共為十端。乘,古時一車四馬為一乘。將,將命,奉命。

(5)徒:徒然,白白地。

【通解】

伯高死在衛國,他的家人向孔子報喪。孔子說:"我該到哪裏哭他呢?本家兄弟死了,我到宗廟裏哭他;父親的朋友死了,我到廟門外面哭他;老師死了,我在內寢裏哭他;朋友死了,我在寢門外面哭他;一般認識的人死了,我到野外去哭他。如今論我與伯高的關繫,在野外哭他就顯得太疏遠,在內寢哭他又顯得太重。他是通過端木賜結識我的,我就到端木賜的家裏去哭他吧。"於是叫子貢作為主人,說:"凡是因為你的關繫而來哭悼的,你就拜謝他;認識伯高而來哭悼的,你不用拜謝他。"孔子哭過伯高之後,派子張前往衛國去弔唁。還没有到那裏,冉求恰巧在衛國,便代孔子準備一束帛、四匹馬,裝作奉孔子之命前去弔喪。孔子聽說此事,說:"這事辦得怪呀!白白地使我失禮於伯高的人,正是冉求。"

【原文】

子路有姊之喪(1),可以除之矣,而弗除。

孔子曰:"何不除也?"

子路曰:"吾寡兄弟,而弗忍也。"

孔子曰:"行道(2)之人皆弗忍。先王制禮,過之者俯而就(3)之,不至者企而及(4)之。"

子路聞之,遂除之。

【注釋】

(1)有姊之喪:指為姐姐服喪。禮制規定,姊妹已嫁而死,作為兄弟的應該為她服大功九月。此記載又見於《禮記·檀弓上》。

(2)道:指仁義之道。

(3)俯而就:即俯就,降格相就。

(4)企而及:即企及,勉力達到,企望趕上。

【通解】

子路為姐姐服喪,到了可以除掉喪服的時候,却還没有除。

孔子說:"為什麼不除掉喪服呢?"

子路說:"我同胞手足少,不忍心到期就除掉喪服。"

孔子說:"實行仁義之道的人都不忍心。先王制定禮儀制度,對能做得更好的就要使其降格俯就禮制標準,對做得不够的就要使其勉力達到禮制標準。"

子路聽了這些話,就除掉了喪服。

【原文】

伯魚之喪母(1)也,期(2)而猶哭。夫子聞之曰:"誰也?"門人曰:"鯉也。"孔子曰:"嘻!其甚也,非禮也。"伯魚聞之,遂除之。

【注釋】

（1）伯魚之喪母：伯魚為母親服喪。伯魚即孔鯉，孔子的獨子。伯魚之母為並官氏。據禮制，父在，其子為母服齊衰為期一年之服。此記載又見於《禮記·檀弓上》。

（2）期（jī）：一周年。《書·堯典》：「期，三百有六旬有六日。」

【通解】

伯魚為母親服喪，滿一周年還在哭。孔子聽到哭聲問：「誰在哭呀？」門人回答說：「是孔鯉。」孔子說：「嘻！這太過分了，不符合禮的規定。」伯魚聽了，於是除服不哭了。

【原文】

衛公使其大夫求婚於季氏，桓子問禮於孔子。

子曰：「同姓為宗，有合族之義，故繫(1)之以姓而弗別，綴之以食而弗殊(2)。雖百世，婚姻不得通，周道然(3)也。」

桓子曰：「魯、衛之先，雖寡兄弟(4)，今已絕遠矣。可乎？」

孔子曰：「固非禮也。夫上治祖禰(5)，以尊尊(6)之；下治子孫，以親親(7)之；旁治昆弟，所以教睦也。此先王不易(8)之教也。」

【注釋】

（1）繫：連繫，連結。《漢書·叙傳上》：「繫高頊之玄胄兮。」顏師古注引應劭曰：「繫，連也。」

（2）綴之以食而弗殊：王肅注：「君有食族人之禮，雖親盡，不異之族食多少也。」綴，連結，拼合。食，動詞，給……吃。殊，不同。

（3）然：如是，這樣。《論語·憲問》：「其然，豈其然乎？」

（4）寡兄弟：指嫡出兄弟。魯國始祖周公旦與衛國始祖康叔皆為周文王與太姒之子。類似的用法還有寡妻。《詩·大雅·思齊》：「刑於寡妻。」程大中《四書逸箋》卷四：「嫡妻惟一，故曰寡。」

（5）禰（nǐ）：為亡父在宗廟中立主之稱。《公羊傳》隱公元年：「惠公者何，隱之考也。」何休注：「生曰父，死曰考，入廟稱禰。」

(6)尊尊：前"尊"為動詞，尊敬，敬重。後"尊"為名詞，尊長，尊親。

(7)親親：前"親"為動詞，親愛。後"親"為名詞，親人。

(8)易：更改，改變。

【通解】

衛國國君派大夫向魯國季氏求親，季桓子就相關禮制請教孔子。

孔子說："同姓的人為同一宗族，有會合族人的意義在內，所以用同一個姓連結起來這些人而不加區分，聚集起來宗子、族長賜給他們食物也沒有什麼差別。這些人即使過了一百代，也不能互通婚姻，周代的制度就是這樣規定的。"

季桓子問："魯國、衛國的祖先，雖然是嫡出的親兄弟，但是現在血緣關繫已經極為疏遠了。可以通婚嗎？"

孔子說："這絕對是不合乎禮制的。對上端正先祖先父的名分位次，這是用來尊崇正統至尊的；對下確定子孫的親疏遠近及繼承關繫，這是用來親愛骨肉至親的；從旁理順同宗兄弟們的關繫，這是為了教導他們和睦相處的。這是先王不可更改的教化方法。"

【原文】

有若問於孔子曰："國君之於百姓⁽¹⁾，如之何？"

孔子曰："皆有宗道⁽²⁾焉。故雖國君之尊，猶百世⁽³⁾不廢⁽⁴⁾其親，所以崇愛也。雖以族人之親，而不敢戚君⁽⁵⁾，所以謙也。"

【注釋】

(1)百姓：平民、民衆曰百姓，《論語·顏淵》："百姓足，君孰與不足？百姓不足，君孰與足？"百姓也用作對貴族的總稱，指百官，如《詩·小雅·天保》："群黎百姓。"《毛傳》："百姓，百官族姓也。"《國語·楚語下》："民之徹官百。王、公之子弟之質能言、能聽，徹其官者，而物賜之姓，以監其官，是為百姓。"王、公之子弟稱百姓應為百姓的本義，此處應為國君疏遠的族衆，而非一般民衆。

(2)宗道：宗族法則。道，法則，準則。

(3)世：原作"姓"，今據同文本改。

(4)廢:廢棄,斷絕。

(5)不敢戚君:王肅注:"戚,親也。尊敬君不敢如其親也。"

【通解】

有若問孔子說:"對於疏遠的族衆,國君該怎麼對待他們呢?"

孔子說:"都有宗族法則規定。所以即使以國君的尊貴身份,過上一百代還是不能廢棄這種親屬關繫,這是推崇愛親之情的緣故。反過來說,即使有同族的親情關繫,也不敢以國君親戚自居,這是為了表示謙虛。"

曲禮子夏問第四十三

【序說】

本篇由二十七章組成，所記多為孔子解答弟子或他人問禮之事，也很瑣碎，多屬曲禮範疇，又因以子夏問為首章，因以名為"曲禮子夏問"。

本篇絕大部分為有關喪禮的討論。面對喪禮中出現的林林總總的情況，孔門弟子有疑則問，而孔子或含蓄婉轉，或直陳己見。對煩瑣的儀節所蘊涵的深層的禮義的發掘，對古今禮儀禮制的差異所反映的不同精神的闡釋，看似繁瑣，實則恰恰反映了孔子——這位深通於禮的文化大師的真精神。其中，在在閃現着孔子智慧：仁者愛人、中庸中道、擇善而從、明哲保身（趨利避害）、重義輕利等等。比如，勸阻季氏家不用玙璠殯斂，說明孔子認為，不可僭越的原因不僅僅是尊卑等級，更主要的是僭越容易招致禍端。這與《易傳》中孔子"慢藏誨盜，冶容誨淫"的思想是一致的。孔子對敬姜的贊賞，對晏嬰的嘉許，對陽虎的容忍，對季氏的揶揄，處處體現了孔子對"禮"的體認，對"禮"的踐履。另外，如對舊館舍主人的深情，對無舍之賓的厚意，是孔子仁者風範的寫照；喪事中"哀而不傷"的主張，乃孔子智者氣象的注腳，也透露出孔子與《孝經》思想的某種關聯；對殷周二代禮制的互有臧否，擇善而從，不僅體現了孔子的中庸思想，而且也反映了其總結傳統、損益禮制的歷史文化觀。

本篇内容散見於《左傳》、《國語》、《禮記》等，亦有幾章不見於他書。不僅可據此和其他文獻互相參証，考察孔子及其弟子的思想，尤其是禮的思想；而且，其中有些資料與其他文獻記載並不一致，這就使我們可以重新考察一些懸而未決的公案。比如，孔子任中都宰的時間，琴張與琴牢是否一人，孔子喪母時的年齡等等。另如，孔子屢稱"聞諸老聃"，參照本書其他篇章所記，對孔子與老子關繫研究，也提供了新的思考維度。當然，有的材料的可靠性仍需認真辨別，例如，魯定公吊顏回就恐為傳鈔致誤。

【原文】

　　子夏問於孔子曰："居(1)父母之仇,如之何?"

　　孔子曰："寢苫枕干(2),不仕,弗與共天下也。遇於朝市,不返兵而鬥(3)。"

　　曰："請問居昆弟之仇,如之何?"

　　孔子曰："仕,弗與同國,銜君命而使(4),雖遇之不鬥。"

　　曰："請問從昆弟之仇如之何?"

　　曰："不為魁(5),主人(6)能報之,則執兵而陪其後。"

【注釋】

　　(1)居:處於。此處意為對待。此記載又見於《禮記·檀弓上》。

　　(2)寢苫(shān)枕干(gān):苫,草。干,盾牌。王肅注:"干,楯。"

　　(3)不返兵而鬥:王肅注:"兵常不離於身。"兵,兵器。

　　(4)銜君命而使:接受國君的命令而出使他國。銜,接受,奉受。

　　(5)魁:首,首領。

　　(6)主人:此指死者的家人。

【通解】

　　子夏問孔子說:"對待殺害自己父母的讎人,應該如何處理呢?"

　　孔子答道:"睡在草墊上,枕着盾牌,不去做官,與他不共戴天。在朝廷或街市上遇到他,立即拿出身上的兵器與之決鬥。"

　　子夏又問道:"請問對待殺害兄弟的讎人應當如何呢?"

　　孔子說:"不與他在同一個國家出仕為官。但如果是接受國君的使命而出使他國,即是遇上他,也不要與之決鬥。"

　　子夏又問:"請問對待殺害堂兄弟的讎人應該如何呢?"

　　孔子說:"不要自己帶頭去,如果死者家人能去報仇,就要拿着武器跟在後面。"

【原文】

　　子夏問:"'三年之喪既卒哭(1),金革(2)之事無避,禮與? 初有司⁽³⁾為之乎？”

孔子曰：“夏后氏之喪三年，既殯而致仕，殷人既葬而致事，周人既卒哭而致事⁽⁴⁾。《記》⁽⁵⁾曰：‘君子不奪人之親，亦不奪故也。’”

子夏曰：“金革之事無避，非與？”

孔子曰：“吾聞諸老聃曰：‘魯公伯禽有為為之也。’⁽⁷⁾公以三年之喪從利者⁽⁸⁾，吾弗知也。”

【注釋】

（1）三年之喪既卒哭：三年之喪，父母之喪。卒哭，古時喪禮，百日緝後，止無時之哭為朝夕一哭，名“卒哭”。《儀禮·既夕禮》：“三虞卒哭。”注：“卒哭，三虞之後祭名。”此記載又見於《禮記·曾子問》。

（2）金革：猶言兵甲。金，兵戈之屬。革，甲冑之屬。

（3）有司：官吏。古代設官分職，故稱。王肅注：“有司，當吏職也。”

（4）周人既卒哭而致事：王肅注：“致事，還政於君也。卒哭，止無時之哭。大夫三月而葬，三月而卒哭，士既葬而卒哭也。”致事，猶致仕，辭官告老。

（5）《記》：先秦關於《禮》的傳記。

（6）亦不奪故：《禮記·曾子問》作“亦不可奪親”。故，病故，此指父母之喪。

（7）魯公伯禽有為為之也：王肅注：“伯禽有母之喪，東方有戎為不義，伯禽為方伯，以不得不誅之。”

（8）今以三年之喪從利者：今，原作“公”，據同文本、陳本、《禮記》改。從利者，指企圖通過戰爭謀取私利。

【通解】

子夏問道：“為父母守三年之喪，到了卒哭的時候，就不能迴避兵役征戰之事，這合乎禮制嗎？這是當初有關的官吏規定的嗎？”

孔子說：“夏代的時候，守三年之喪，是在出殯之後就向國君提出辭職，殷人是在安葬完畢後辭職，周人則是卒哭之後才辭職。古《記》上說：‘君子不能剝奪別人的親情，也不能剝奪別人守喪的權利。’”

子夏問道:"那麼,'金革之事無避'是不合乎禮制了?"

孔子說:"我聽老聃說過:'以前魯公伯禽在卒哭之時就出兵征討東夷,是有特定背景的。'現在許多人在守三年之喪的時候,為了貪圖私利而去征戰,我就不知道是怎麼一回事了。"

【原文】

子夏問於孔子曰:"《記》云:周公相成王,教之以世子之禮。有諸?"

孔子曰:"昔者成王嗣立,幼,未能莅阼[1],周公攝政而治,抗[2]世子之法於伯禽,慾王之知父子、君臣之道,所以善[3]成王也。夫知為人子者,然後可以為人父;知為人臣者,然後可以為人君;知事人者,然後可以使人。是故抗世子法於伯禽,使成王知父子、君臣、長幼之義焉。凡君之於世子,親則父也,尊則君也,有父之親,有君之尊,然後兼天下而有之,不可不慎也。行一物而三善皆得[4],唯世子齒於學[5]之謂也。世子齒於學,則國人觀之曰:'此將君我,而與我齒讓,何也?'曰:'有父在,則禮然。'然而眾知父子之道矣。其二曰:'此將君我,而與我齒讓,何也?'曰:'有君在,則禮然。'而眾知君臣之義矣。其三曰:'此將君我,而與我齒讓,何也?'曰:'長長[6]也,則禮然。'然而眾知長幼之節矣。故父在斯為子,君在斯為臣,居子與臣之位,所以尊君而親親[7]也。在學,學之為父子焉,學之為君臣焉,學之為長幼焉。父子、君臣、長幼之道得,而後國治。語[8]曰:'樂正司業[9],父師司成[10]。一有元良,萬國以貞[11]。'世子之謂。聞之曰:'為人臣者,殺其身而有益於君則為之,況於[12]其身以善其君乎?周公優為[13]也。"

【注釋】

(1)莅(lì)阼:臨朝治理政事。莅,同"蒞"。治理、統治、管理。阼,東階。古時,天子、諸侯、大夫、士皆以阼為主人之位,臨朝覲、揖賓客、承祭祀皆由此。天子登位稱踐阼。本記載又見於《禮記·文王世子》。

（2）抗：舉。見《禮記·文王世子》陸德明釋文、鄭玄注。

（3）善：美，好。此處為使動用法，意為使……美好。《書·咸有一德》"主為善師"蔡沈《集傳》曰："善，德之建也。"

（4）行一物而三善皆得：做好一件事而得到三種好的結果。三善，指上文的父子、君臣、長幼之義。

（5）齒於學：在學校按年齡長幼而不按尊卑、等級為序。"齒，年也，長幼之次也"，見《諸子平議·管子五》"同嘛以齒"俞樾按。

（6）長長：尊敬比自己年長的人。前"長"字，意為尊崇、尊敬，後"長"字，年長。

（7）親親：親愛父母。前"親"字，親愛之意。後"親"字，雙親，父母。《中庸》載孔子語："仁者，人也，親親為大。義者，宜也，尊賢為大。親親之殺，尊賢之等，禮所生也。"可參照。

（8）語：古語。

（9）樂正司業：樂正負責學業。據周禮，大樂正掌大學，小樂正掌小學。《禮記·王制》："樂正崇四術，立四教，順先王《詩》、《書》、《禮》、《樂》以造士，春秋教以《禮》、《樂》，冬夏教以《詩》、《書》。……將出學，小胥、大胥、小樂正簡不帥教者，以告於大樂正。"《禮記·文王世子》孔疏曰："樂正，主太子之《詩》、《書》之業。"

（10）父師司成：王肅注："師有父道，成生人者。"父師，太子的師傅。《禮記·文王世子》孔疏曰："父師，主太子成就其德行也。"

（11）一有元良，萬國以貞：元良，大善。《書·太甲下》："一人元良，萬邦以貞。"指天子。按本句下文有"世子之謂"，則此指太子、世子。後元良為太子代稱。王肅注："一謂天子也。元善，太子也。"貞，正。

（12）於：王肅注："於，寬也，大也。"

（13）優為：做得最好。據《禮記·文王世子》此句朱彬《訓纂》："優者，優勝之義也。"

【通解】

子夏向孔子問道："古《記》上說：'周公輔佐周成王，教給他做太子的禮。'有這回事嗎？"

孔子說:"從前,成王繼位,因為年幼不能臨朝親自治理朝政,履行天子的職責。周公代為主政,治理天下,把做太子的規則禮儀施於伯禽,想讓成王知道為父為子、做君做臣的道理,目的就是使成王更加美善。懂得了怎樣為人子,然後才能為人父;懂得了如何做臣子,然後才能做君主;懂得了怎樣侍奉別人,然後才能指使別人。因此,周公把做太子的規則禮儀用在伯禽身上,從而使成王知道父子、君臣、長幼的道理。君主對於太子,從親緣上講是父親;在尊位上說是君主。有為父的親情,為君的尊位,然後兼有天下,所以對此不能不慎重。做好一件事而能有三種好處的,說的是,太子在學校裏與同學按年齡而不按尊卑來排序。太子在學校論年齡,國人看到了,就會說:'他將來要成為我們的國君,却和我們論年齡以示謙讓,這是為什麼呀?'有人會說:'因為他父親還健在,禮應如此。'這樣大家都懂得了父子之義。國人又有議論說:'他將要做我們的國君,却和我們論年齡以示謙讓,這是怎麼回事啊?'又有人回答:'他的君主還在,禮應如此。'這樣大家就懂得了君臣之道了。國人再次議論道:'他將要成為我們的國君,却和我們論年齡以示謙讓,這是為何呀?'有人回答說:'為了尊敬年長的人,禮應如此。'這樣大家就懂得了長幼之序了。所以,父親在,他是子;國君在,他是臣。他處於子和臣的地位,就要尊重國君而親愛父母。在學校裏,要學習為父為子、做君做臣、長幼之道。父子、君臣、長幼之道掌握了,國家就可以太平了。古語說:'樂正負責學業,父師負責德行。有一位大善的太子,天下就會太平。'這就是說的太子啊。我聽說,作為臣子,如果有益於國君,即使自己被殺掉也要去做。何況不必死就有益於國君呢?在這方面,周公做的最好了。"

【原文】

子夏問於孔子曰:"居君之母與妻之喪,如之何?"

孔子曰:"居處、言語、飲食衎爾[1]。於喪所,則稱其服[2]而已。"

"敢問伯母之喪,如之何?"

孔子曰:"伯母、叔母疏衰期[3],而踴不絕地。姑、姊、妹之大功⁽⁴⁾，踊絕於地。若知此者，由文⁽⁵⁾矣哉。"

【注釋】

(1)衎(kàn)爾：和樂、安定的樣子。此則記載散見於《禮記·檀弓上》、《雜記下》。

(2)稱其服：穿着合適相稱的衣服。稱，相稱，得體，合適。

(3)疏衰期：服齊衰喪服一年。疏衰，即齊衰。期，一周年。

(4)姑、姊、妹之大功：王肅注："言如禮，文意當言姑姊妹而已。妹上長姑字也。"大功，喪服五服之一，服期九個月。其服用熟麻布做成，比齊衰稍細，較小功為粗。故稱大功。舊時堂兄弟、未婚的堂姊妹、已婚的姑、姊妹、侄女及衆孫、衆子婦、侄婦等之喪，皆服大功。已婚女為伯父、叔父、兄弟、侄、未婚姑、姊妹、侄女等服喪，也服大功。

(5)由文：遵從禮文。由，從。文，禮文，禮法。

【通解】

子夏問孔子說："遇到國君的母親或妻子的喪事，應當怎麼辦呢？"

孔子說："日常生活、言談、飲食保持原來的平和安定的樣子，在治喪的地方則只要穿着合適的喪服就行了。"

子夏又問道："請問遇上伯母的喪事，應該如何呢？"

孔子說："對於伯母、叔母的喪事，要穿齊衰一年，哭的時候，跺腳不能離地，對姑母、姐姐、妹妹的喪事，要穿大功喪服，跺腳的時候，腳要離地。如果懂得了這些，那就算是遵行禮儀了。"

【原文】

子夏問於夫子曰："凡喪小功⁽¹⁾已上，虞、祔、練、祥之祭⁽²⁾皆沐浴。於三年之喪，子則盡其情矣？"

孔子曰："豈徒祭而已哉。三年之喪，身有瘍⁽³⁾則浴，首有瘡則沐，病則飲酒食肉。毀瘠而病⁽⁴⁾，君子不為也。毀則死者，君子為之無子⁽⁵⁾，則祭之沐浴，為齊潔⁽⁶⁾也，非為飾也。"

【注釋】

(1)小功：古代喪服五服之一，用較粗的熟布做成，服期五個月。《儀禮·喪服》："小功者,兄弟之服也。"本記載又見《禮記·雜記下》。

(2)虞、祔(fù)、練、祥之祭:虞祭,父母葬後,迎魂安於殯宮的祭禮。《儀禮·既夕禮》"三虞"鄭玄注:"虞,喪祭名。虞,安也。"賈公彥疏:"主人孝子,葬之時,送形而往,迎魂而返,恐魂不安,故設三虞以安之。"祔祭,新死者與祖先合享之祭。止哭之次日,奉死者之神主祭於祖廟,謂之祔祭。祭畢,仍奉神主歸家,待大祥後,始入廟。練祭:即小祥,父母死後周年(十三月)之祭,此日以練布為冠服,因以名祭。祥祭,分"大祥"、"小祥"。《禮記·間傳》:"父母之喪,……期而小祥,……又期而大祥。"又《禮記·雜記下》:"喪之期,十一月而練,十三月而祥,十五月而禫。"

(3)瘍(yáng):瘡、癰、疽、癤等的通稱,創傷。

(4)毀瘠(jí)而病:過度哀傷憔悴而致病。毀,舊指居喪時因悲哀過度而損害健康。瘠,因疾病而憔悴瘦弱。

(5)君子為之無子:君子認為會絕嗣。為,與"謂"同義,以為,認為。參見王念孫《讀書雜誌·餘編上·呂氏春秋》"所為善,而從邪辟"按。

(6)齊(zhāi)潔:即齋戒。《周禮·秋官·蜡氏》"凡國人之大祭祀"賈公彥疏:"祭者皆齊,齊者,潔净不慾見穢惡也。"

【通解】

子夏問孔子說:"居喪的時候,凡是服小功以上的喪服的,舉行虞祭、祔祭、練祭、祥祭時,都需洗頭洗身。服三年之喪,孝子可以盡情悲痛。是這樣嗎?"

孔子說:"哪裏只是在祭祀的時候這樣啊!居三年之喪的人,身上長瘡就要洗身,頭上長瘡就要洗頭,有病的就可以喝酒吃肉。如果因悲傷過度而使身體極其虛弱,君子是不會這麼做的。因悲傷過度而死去,君子認為會絕嗣。所以,祭祀時洗頭洗身,是為了齋戒,而不是為了修飾容貌。"

【原文】

子夏問於孔子曰:"客至無所舍,而夫子曰:'生於我乎館。'客死無所殯矣,夫子曰:'於我乎殯[1]。'敢問禮與? 仁者之心與?"

孔子曰：“吾聞諸老聃曰：‘館人，使若有之，惡有有之而不得殯乎？’夫仁者，制禮者也。故禮者不可不省⁽²⁾也。禮不同不異，不豐不殺⁽³⁾，稱其義以為之宜。故曰：‘我戰則克，祭則受福。’蓋得其道矣。”

【注釋】

(1)“客至”至“於我乎殯”：本句《禮記·檀弓上》作“賓客至，無所館。夫子曰：‘生於我乎館，死於我乎殯。’”此記載分見於《禮記·檀弓上》、《禮器》。

(2)省：省察。

(3)不豐不殺(shài)：不增加不減少。豐，增加。殺，減少。

【通解】

子夏問孔子說：“賓客來到了，沒有住宿的地方，而先生您說：‘就住在我家裏。’賓客死了，沒處殯殮，先生您說：‘就在我家裏殯殮吧。’請問這是禮制的規定呢？還是您的仁愛之心使然呢？”

孔子說：“我聽老聃說過：‘招待賓客，就要使他覺得好像住在自己家裏。哪有住在自己家而不能殯殮呢？’仁者是制定禮制的人。因此對於禮制不能不多加省察。禮制不能隨便混同，也不可隨便別異，不可擅自增加，也不能擅自減損，只有合乎其主旨才算適宜。所以說：‘我征戰就能勝利，祭祀就能獲得福祉。’大概是由於掌握其中的道理了吧。”

【原文】

孔子食於季氏，食祭⁽¹⁾，主人不辭。不食亦不飲而飱⁽²⁾。子夏問曰：“禮也？”

孔子曰：“非禮也，從主人也。吾食於少施氏⁽³⁾而飽，少施氏食我以禮，吾食祭，作⁽⁴⁾而辭曰：‘疏食，不足祭也。’吾飱，而作辭曰：‘疏食，不敢以傷吾子之性。’主人不以禮，客不敢盡禮；主人盡禮，則客不敢不盡禮也。”

【注釋】

(1)食祭：古時，依禮凡飲食必祭。將食，取所食之物祭先，示不忘本。

本記載分見於《禮記・玉藻》、《雜記下》。

（2）飧（cān）：同“餐”。此處指讚美主人的飯食。《文選・王儉〈褚淵碑文〉》“餐東野之秘寶”李善注：“餐，美也。”

（3）少施氏：春秋時期魯國貴族，為魯惠公之子施父之後。

（4）作：起。《禮記》本句孔疏：“作，起也。”

【通解】

孔子在季孫氏家喫飯，進行食祭，季氏失禮沒有說祝辭。孔子就沒吃也沒喝就讚美主人的飯食。子夏問：“您這樣做合乎禮制嗎？”

孔子說：“不合乎禮，只不過隨從主人做罷了。我曾經在少施氏家吃過飯，吃得很飽，是因為少施氏招待我喫飯時很有禮，我進行食祭，他就起身辭謝道：‘粗食淡飯，不值得行祭啊。’我稱讚飯食的美味時，他又起身辭謝說：‘粗食淡飯，本不該拿來損傷您的身體。’主人不以禮招待，賓客也不敢盡禮相還；如果主人盡禮待客，那麼客人不敢不盡禮相還。”

【原文】

子夏問曰：“官於大夫[1]，既昇[2]於公，而反為之服[3]，禮與？”

孔子曰：“管仲遇盜，取二人焉，上[4]之為公臣，曰：‘所以游，僻者[5]，可人也[6]。’公許。管仲卒，桓公使為之服。官於大夫者為之服，自管仲始也，有君命焉。”

【注釋】

（1）官於大夫：在大夫手下做官，即做大夫的家臣。此則記載見於《禮記・雜記下》。

（2）昇：進獻，引申為推薦。《呂氏春秋・孟夏》“農乃昇麥”高誘注：“昇，獻也。”《孟秋》“農乃昇谷”高誘注：“昇，進也。”

（3）服：服喪。

（4）上：進獻，送上。

（5）所以游，僻者：和他交遊的是一些邪僻之人。以，同“與”。見孫星衍《尚書今古文注疏・召誥》“太保乃以庶邦君出取幣”。《禮記・雜記下》

本句作"其所與游,辟也",於義較長。

(6)可人:令人滿意的人,能幹的人。一說為令人可憐的人,見俞樾《諸子平議‧禮記三》本句按:"可人者,可哀憐也。"

【通解】

子夏問道:"曾經做過大夫的家臣,而後來被推薦給國君的人,要為從前的主人服喪,這合乎禮制嗎?"

孔子說:"從前管仲遇到了盜賊,制服他們之後,從中選出兩個做了自己的家臣,後來又獻給齊桓公做臣子,說:'這兩個人是因為與邪辟之人交遊才做了強盜,他們是有才能的人。'桓公答應了。管仲死後,桓公就讓那兩個人為管仲服喪。曾做過大夫的家臣的人,又為大夫服喪,是從管仲開始的,因為這是國君的命令啊。"

【原文】

子貢問居父母喪。

孔子曰:"敬為上,哀次之,瘠為下。顏色稱情,戚容[1]稱服。"

曰:"請問居兄弟之喪。"

孔子曰:"則存乎書筴[2]已[3]。"

【注釋】

(1)戚容:哀戚的表情。此則記載又見《禮記‧雜記下》。

(2)書筴(cè):書册。筴,同"策"。

(3)已:語辭,見《禮記‧祭統》"弗可得已"孔疏。

【通解】

子貢向孔子問如何處理父母的喪事。

孔子說:"敬重是最重要的,哀傷是次要的,只是弄得面目憔悴為最下。臉色要合於真實的情感,悲傷的容貌要符合喪服的等次。"

子貢又問:"請問如何對待兄弟的喪事啊?"

孔子說:"這些禮儀,已經寫在書本上了。"

【原文】

子貢問於孔子曰:“殷人既窆⁽¹⁾而吊於壙⁽²⁾,周人反⁽³⁾哭而吊於家,如之何?”

孔子曰:“反哭之吊也,喪之至也。反而亡矣,失之矣,於斯為甚,故吊之。死,人卒事也。殷以慤⁽⁴⁾,吾從周。殷人既練之明日而祔於祖,周人既卒哭之明日祔於祖。祔,祭神之始事⁽⁵⁾也。周以戚⁽⁶⁾,吾從殷。”

【注釋】

(1)窆(biǎn):下葬;棺樺人葬於墓穴。此記載又見於《禮記·檀弓下》。

(2)吊於壙:在墓穴旁吊念死者,慰問生者。吊,悼念死者,引申為慰問。壙,墓穴,亦指墳墓。

(3)反:同“返”。自墓地返回家中。

(4)慤(què):樸實,謹慎。

(5)始事:根本、首要大事。《國語·晋語二》“夫堅樹在始”韋昭注:“始,根本也。”蓋“始”有樹木之根的意思,本句用引申義。《吕氏春秋·無義》“故義者百事之始也”高誘注:“始,首也。”

(6)戚(cù):促迫,倉促。王肅注:“戚,猶促也。”朱駿聲《說文通訓定聲·戊部》曰:“戚,假借為促。”

【通解】

子貢問孔子說:“殷人在下葬後就在墓地弔唁、慰問孝子,周人則是在葬後返回祖廟痛哭時才去弔唁、慰問孝子,這是怎麼回事啊?”

孔子說:“在送葬回到祖廟痛哭時前去弔唁,實際是在喪事中最為悲痛的時候。回來後,先人不見了,一切都已消逝,感到哀痛極了,所以在此時去弔唁。死,是人最後的事了。殷人的做法太直率質樸了,我贊同周人的禮俗。殷人在練祭的第二天在祖廟舉行祔祭,周人則是在卒哭的次日在祖廟舉行祔祭。祔祭,是祭祀神明的頭等大事,周人的做法太倉促了,我贊同殷人的做法。”

【原文】

子貢問曰："聞諸晏子,少連、大連⁽¹⁾善居喪,其有異稱⁽²⁾乎?"

孔子曰："父母之喪,三日不怠,三月不解⁽³⁾,期⁽⁴⁾悲哀,三年憂。東夷⁽⁵⁾之子,達於禮者也。

【注釋】

(1)少連、大連:皆人名,按下文應為東夷人。此記載又見於《禮記·雜記下》,稍異。

(2)異稱:特別的名聲。

(3)解(xiè):通"懈",懈怠。

(4)期(jī):一周年。

(5)東夷:古代華夏族對東方諸民族的稱呼。

【通解】

子貢問道："我聽晏子說過,少連、大連兩個人善於處理喪事,他們有何特別的名聲嗎?"

孔子說："他們為父母服喪,頭三天沐浴、穿衣、小斂、大殮,毫不怠慢,停殯的三個月期間,朝夕哭奠,悲至則哭,毫不鬆懈,周年時仍然心懷悲哀,到了第三年時還是滿臉憂感。他們是東夷人的子弟,卻也是很懂得禮的人啊!"

【原文】

子游問曰："諸侯之世子,喪慈母⁽¹⁾如母,禮與?"

孔子曰："非禮也。古者男子⁽²⁾外有傅父⁽³⁾,內有慈母,君命所使教子者也。何服之有?昔魯孝公⁽⁴⁾少喪其母,其慈母良。及其死也,公弗忍,慾喪之。有司曰:'禮,國君慈母無服,今也君為之服,是逆古之禮,而亂國法也。若終行之,則有司將書之,以示後世,無乃不可乎⁽⁵⁾?'公曰:'古者天子喪慈母,練冠以燕居⁽⁶⁾。'遂練以喪慈母。喪慈母如母,始則魯孝公之為也。"

【注釋】

（1）慈母：古時稱撫育自己成長的庶母或保母為慈母。本記載又見於《禮記·曾子問》。

（2）男子：此處指國君之子。

（3）傅父：古時稱保育、輔導貴族子女的老年男子傅父。

（4）魯孝公：西周時期的魯國第十二位國君。於公元前796—前769年在位。《禮記》記為魯昭公。

（5）無乃不可乎：恐怕不行吧？無乃，表示委婉反問。猶言"豈不是"。

（6）練冠以燕居：在日常生活中戴着練冠為親人服喪。王肅注："謂庶子。王為其母也。"練冠，喪周年小祥祭之冠。冠用練治之布為之，故稱。燕居，即閒居。避人獨居，又指退朝而處。

【通解】

子游問道："諸侯的太子，像為自己的生母一樣為慈母服喪，這合乎禮嗎？"

孔子說："這不合禮。古時候，男子在宮外有傅父，在宮裏有慈母，這是國君命令來教育孩子的，對他們哪裏會要服喪服呢？從前，魯孝公少年喪母，他的慈母待他很好。後來她死了，孝公不忍心，想為她服喪服。有關的官吏說：'按照禮制，國君不能為慈母服喪服。現在您要為慈母服喪服，這是違背古禮而變亂國家的法度啊。如果您真的這樣做，有關的官吏必將把它記錄下來，流傳後世，難道不可以嗎？'孝公說：'古時候天子為慈母辦喪事，戴練冠而不改變日常生活。'於是，孝公就戴着練冠為慈母服喪。像為自己的生母一樣為慈母服喪，始於魯孝公。"

【原文】

孔子適⁽¹⁾衛，遇舊館人⁽²⁾之喪，入而哭之哀。出，使子貢脫驂⁽³⁾以贈之。

子貢曰：'所於識⁽⁴⁾之喪，不能有所贈。贈於舊館，不已多⁽⁵⁾乎？"

孔子曰："吾向⁽⁶⁾入哭之,遇一哀而出涕⁽⁷⁾。吾惡夫涕而無以將⁽⁸⁾之。小子行焉。"

【注釋】

(1)適:之,到。此記載又見於《禮記·檀弓上》。

(2)舊館人:從前孔子在衛國時的館舍的主人。

(3)驂(cān):駕車時在兩邊的馬。

(4)所於識:所識。認識但交情一般的人。

(5)多:重。《禮記》作"重"。

(6)向:剛才。

(7)遇一哀而出涕:趕上觸動了哀情而流下了眼淚。

(8)將:奉送。《周禮·春官·小宗伯》"以時將瓚果"鄭玄注:"將,送也,猶奉也。"

【通解】

孔子到衛國去,遇到以前的館舍主人的喪事,就進去弔唁,哭得很哀痛。出來後,命子貢解下一匹在邊上拉車的馬贈給喪主。

子貢說:"對於交情一般的人的喪事,不必有什麼贈送。將馬贈送給從前住過的館舍主人,禮不是太重了嗎?"

孔子說:"我剛才進去哭喪,正好趕上觸動了哀情而流下了眼泪。我討厭那種只是流泪而沒有任何表示的做法,你就按我說的去做吧。"

【原文】

子路問於孔子曰:"魯大夫練而杖⁽¹⁾,禮也?"

孔子曰:"吾不知也。"

子路出,謂子貢曰:"吾以為夫子無所不知,夫子亦徒⁽²⁾有所不知也。

子貢曰:"子所問何哉?"

子路曰:"由問:'魯大夫練而杖,禮與?'夫子曰:'吾不知也。'"

子貢曰："止[3]，吾將為子問之。"遂趨[4]而進，曰："練而杖，禮與？"

孔子曰："非禮也。"

子貢出，謂子路曰："子謂夫子而弗知之乎？夫子徒無所不知也，子問，非也。禮，居是邦，則不非[5]其大夫。"

【注釋】

（1）杖：守喪時所用的喪棒，有苴杖與削杖之分。孝子守喪用杖，意在悲哀過度，以扶病體。此處用作動詞，指手持喪杖。本則又見於《荀子·子道》。

（2）徒：猶"乃"，意為却，可是。參見王引之《經傳釋詞》卷六："徒，猶乃也。"

（3）止：等一下。《爾雅·釋詁下》："止，待也。"

（4）趨：古代的一種禮節，小步快走，表示恭敬。

（5）非：非議，非難，譏諷，詆毀。

【通解】

子路問孔子說："魯國的大夫在練祭時還拿着喪棒，這合乎禮嗎？"

孔子說："我不知道。"

子路出來，對子貢說："我以為咱老師無所不知，但現在看來咱老師也有不知道的。"

子貢說："你問的是什麼事啊？"

子路說："我問：'魯國的大夫舉行練祭時還拿着喪棒，這合乎禮嗎？'老師說：'我不知道。'"

子貢說："你等等，我進去在替你問問。"於是就快步而入，說道："練祭時拿着喪棒，這合乎禮嗎？"

孔子說："這不合禮。"

子貢出來，對子路說："你不是說咱老師也有不知道的事嗎？老師實際是無所不知啊，只是你問法不對。按照禮，居住在一個國家，就不能非議這個國家的大夫。"

554

【原文】

叔孫武叔(1)之母死，既小斂(2)，舉屍者出戶，武叔(3)從之，出戶，乃袒(4)，投其冠(5)而括髮(6)。子路(7)嘆之。

孔子曰："是禮也。"

子路問曰："將小斂則變服，今乃出戶，而夫子以為知禮。何也?"孔子曰："由，汝問非也。君子不舉人以質(8)士。"

【注釋】

(1)叔孫武叔：名州仇，春秋末期魯國大夫。武，原作"毋"，據同文本、陳本改。此記載又見於《禮記·檀弓上》。

(2)小斂：喪禮，死之第二日，於室中為死者加衣衾，謂之小斂。小斂加衣十九稱，外加絞，扎緊。

(3)武叔：原作"武孫"，據陳本改。

(4)袒：脫去左袖，露出胳膊。是古代哀悼死者的一種表示。

(5)投其冠：扔掉喪冠。投，扔。冠，喪冠。

(6)括髮：在小斂後，緊接着用麻繩束髮，以示服喪。

(7)子路：《禮記》記為子游事。

(8)質：質正，就正。王肅注："質，猶正也。"

【通解】

叔孫武叔的母親去世，小斂之後，抬屍體的人把屍體抬出寢門，叔孫武叔跟在後邊也出了門，然後將左袖脫去，並將素冠扔掉，用麻繩束頭。子路見了，搖頭嘆息。

孔子却說："這是合乎禮制的。"

子路問道："在準備小斂的時候，就應該更換喪服，現在他在走出寢門後才更換，老師您却認為是合乎禮制的。這是為何啊?"

孔子說："仲由，你問的不對，君子是不拿一般人的標準來質正士的。"

【原文】

齊晏桓子(1)卒，平仲粗衰斬(2)，苴绖、帶、杖(3)，以菅屨(4)，食粥(5)，居傍廬(6)，寢苫(7)枕草。其老(8)曰："非大夫喪父之禮也。"晏子曰:"唯卿大夫⁽⁹⁾。"

曾子以問孔子。孔子曰:"晏平仲可謂能遠害矣。不以己之是駁人之非,愻辭⁽¹⁰⁾以避咎,義也夫⁽¹¹⁾。"

【注釋】

(1)晏桓子:晏弱,春秋時期齊國卿,晏嬰之父。本則又見於《左傳》襄公十七年、《晏子春秋·雜篇上》。

(2)粗衰斬:用粗布做成的斬衰。衰斬:即斬衰。古時,子為父服斬衰三年。

(3)苴绖(dié)、帶、杖:苴绖、苴帶、苴杖皆服喪時所用。苴绖,即首绖,古代喪服上的麻帶,繫在頭上。苴帶,繫在腰間的麻帶。苴杖,喪棒,用竹做成。

(4)菅(jiān)屨:服喪時穿的草鞋。

(5)食粥:按喪禮,未葬之前孝子食粥。

(6)傍廬:居喪時,臨時所搭的草棚。倚木為廬,在中門外東牆下,以草夾障,不塗泥,向北開户。既葬之後,再加高,於內塗泥,向西開户。

(7)苫(shān):用禾杆編成的席子。居喪時孝子臥於其上。

(8)其老:指晏嬰家中總管家務的家臣。

(9)唯卿大夫:只有諸侯之卿才相當於天子的大夫,而晏嬰此時非卿。鄭玄以為此乃晏氏自謙之辭。

(10)愻(xùn)辭:謙遜的言辭。愻,同"遜"。

(11)義也夫:王肅注:"記者乃舉人避害之愻以辭,而謂大夫、士喪父母有異,亦怪也。"

【通解】

齊國的晏桓子去世,他兒子晏嬰服喪,穿着粗麻布做的斬衰喪服,頭扎麻帶,腰繫麻繩,手持竹杖,腳穿草鞋,喝稀粥,住草棚,睡草墊,枕干草。他的家臣說:"這樣不合大夫為父親服喪的禮儀。"晏子說:"只有卿才算大夫,我算不上大夫。"

曾子就此向孔子請教。孔子說:"晏平仲可以說是善於遠離禍害了,不用自己的是來駁別人的非,而是用謙遜的言辭來避免別人的責難,這是非常適宜的啊。"

【原文】

季平子⁽¹⁾卒，將以君之玙璠⁽²⁾斂，贈以珠玉。孔子初為中都宰⁽³⁾，聞之，歷級⁽⁴⁾而救⁽⁵⁾焉，曰："送而以寶玉，是猶曝屍於中原⁽⁶⁾也，其示民以奸利之端，而有害於死者，安用之？且孝子不順情以危親，忠臣不兆姦⁽⁷⁾以陷君。"乃止。

【注釋】

(1)季平子：季孫意如。春秋時期魯國大夫，季桓子之父。曾逐魯昭公。其卒在魯定公五年。此記載略見於《左傳》定公五年、《呂氏春秋·安死》。

(2)玙(yú)璠(fán)：美玉。《呂氏春秋》高誘注："玙璠，君珮玉也。昭公在外，平子行君事，入宗廟，佩玙璠，故用之。"

(3)中都：春秋魯邑，在今山東汶上縣西。宰，地方長官。《史記·孔子世家》記孔子為中都宰在定公九年，與此相左。

(4)歷級：王肅注："歷級，遽登階，不聚足。"

(5)救：阻止，糾正。《說文》："救，止也。"

(6)曝(pù)屍中原：暴露屍骸於原野之中。中原，原野，平原。

(7)兆姦：王肅注："兆姦，為姦之兆成也。"

【通解】

季平子去世，家裏準備以國君佩帶的玙璠殯斂，同時還要用許多珠寶美玉隨葬。孔子當時剛剛擔任中都宰，聽說以後，就到了季氏家裏，匆匆忙忙登上臺階，加以制止，說："以珠寶美玉隨葬，猶如將屍體暴露於曠野。這樣不僅向老百姓昭示可以謀取私利的迹象，而且同時對於死者也有害處。為何還要用這些隨葬呢？況且孝子不會放縱自己的性情以危害雙親，忠臣不會使姦邪陰謀得逞以陷害君主。"於是季氏家便沒有那麼做。

【原文】

孔子之弟子琴張⁽¹⁾，與宗魯⁽²⁾友。衛齊豹見宗魯於公子孟繁⁽³⁾，孟繁以為參乘⁽⁴⁾焉。及齊豹將殺孟繁，告宗魯，使行。宗魯曰："吾由子而事之，今聞難而逃，是僭子⁽⁵⁾也。子行事乎，吾將死以周事⁽⁶⁾子，而歸死於公孟可也。"

齊氏用戈擊公孟，宗魯以背蔽之，斷肱⁽⁷⁾，中公孟、宗魯，皆死。

琴張聞宗魯死，將吊之。

孔子曰："齊豹之盜，孟繁之賊也，汝何吊焉？君子不食姦⁽⁸⁾，不受亂⁽⁹⁾，不為利病於回⁽¹⁰⁾，不以回事人，不蓋非義⁽¹¹⁾，不犯非禮，汝何吊焉？"琴張乃止。

【注釋】

(1)琴張：即琴牢，孔子弟子。見本書《七十二弟子解第三十八》。此記載又見於《左傳》昭公二十年。

(2)宗魯：人名，有勇力。事迹不詳。

(3)齊豹見(xiàn)宗魯於公子孟繁：齊豹把宗魯推薦給公子孟繁。齊豹，春秋時衛國大夫，曾為衛司寇。齊惡之子。見，通"現"，介紹，推薦。繁孟，又稱公孟繁、公孟。衛靈公之兄。

(4)參乘：又作"驂乘"，陪乘或陪乘的人。古時乘車，尊者在左，御者在中，又一人在右，稱車右或驂乘。由武士充任，負責警衛。

(5)僭(jiàn)：王肅注："僭，不信。使子言不信。"

(6)周事：原作"事周"，據陳本、《左傳》改。周，《左傳》杜預注曰："周猶終竟也。"意為使齊豹殺公孟之事成功。俞樾《諸子平議》以"周"為密，意為不泄露此事。亦通。

(7)肱(gōng)：胳膊由肘到肩的部分。

(8)君子不食姦：不食用姦邪之人的俸禄。

(9)受亂：允許、應和暴亂。杜注："許豹行事，是受亂也。"受，應，承。《呂氏春秋·本生》"其於物無不受之也"高誘注："受，猶承也。"《呂氏春秋·圜道》"此所以無不受也"高注："受，亦應也。"

(10)不為利病於回：王肅注："回，邪也。不以利放而病於邪也。"

(11)蓋：掩蓋，隱藏。王肅注："蓋，掩。"

【通解】

孔子的弟子琴張,和宗魯是朋友。衛國的齊豹把宗魯推薦給公子孟縶,孟縶讓他做自己的參乘。到了齊豹打算殺害孟縶的時候,告訴宗魯趁早離開,以免禍端。宗魯說:"我是因為你的推薦才得以侍奉公孟的,現在聽說有難而獨自逃走,這是讓您的話失信啊。您不是要殺他嗎?那我就赴死,來成全您,而回到公孟那裏,和他一起去死,就行了。"

齊豹用戈猛擊公孟,宗魯用自己的背來掩護,胳膊被砍斷,公孟、宗魯都被戈擊中,結果二人都死了。

琴張聽說宗魯死了,打算前往弔唁。

孔子說:"齊豹之所以作亂,孟縶之所以被害,都是因為他,你為何還要去弔唁呢?君子不食用姦人的俸祿,不聽許暴亂,不為私利而自墮於邪惡,不以邪念待人,不掩蓋不義的事情,不做出違禮的舉動,你為何還要去弔唁呢?"於是琴張就沒有去。

【原文】

郕[1]人子蒲卒,哭之,呼滅[2]。子游曰:"若是哭也,其野[3]哉!孔子惡野哭者。"哭者聞之,遂改之。

【注釋】

(1)郕(chéng):魯孟氏邑。本古國,在今山東東平。此記載分見於《禮記·檀弓上》。

(2)呼滅:王肅注:"舊說,以滅子蒲名,人少名滅者。又哭名,其父不近人情。疑以孤窮,自謂亡滅也。"

(3)野:不合於禮制。

【通解】

郕人子蒲死了,家人哭喪,呼號着說自己也將死掉。子遊說:"像這樣的哭號,恐怕是違背禮儀的吧?孔子討厭哭喪不合禮儀的人。"哭的人聽了這番話,就改正過來了。

【原文】

公父文伯卒,其妻妾皆行哭失聲。敬姜戒之曰:"吾聞好外⁽¹⁾者,士死之;好內⁽²⁾者,女死之。今吾子早殀,吾惡其以好內聞也。二三婦人之慾供先祀者⁽³⁾,請無瘠色,無揮涕,無拊膺⁽⁴⁾,無哀容,無加服,有降服,從禮而靜⁽⁵⁾,是昭⁽⁶⁾吾子也。"

孔子聞之,曰:"女智無若婦,男智莫若夫。公父氏之婦,智矣。剖情⁽⁷⁾損禮,慾以明⁽⁸⁾其子為令德⁽⁹⁾也。"

【注釋】

(1)好外:喜歡結交朋友。此記載見於《國語·魯語下》、《列女傳》。可參見《禮記·檀弓下》、《戰國策》、《史記·虞卿傳》、《新序·善謀篇》、《韓詩外傳》。

(2)好內:喜歡女色。

(3)慾供先祀者:王肅注:"言慾留不改嫁,供奉先人之祀。"

(4)無揮涕,無拊膺:王肅注:"揮涕,不哭,流涕以手揮之。拊,猶撫也。膺,謂胸也。"拊膺,捶胸,以示哀痛。

(5)從禮而靜:依從禮儀,安安靜靜。

(6)昭:昭明,顯揚。

(7)剖情:剖析人情。剖,剖析,分析。情,人情世故。

(8)明:彰明,顯明。

(9)令德:美好的德行。令,美善。

【通解】

公父文伯死了,他的妻妾都痛苦失聲。他母親敬姜聽到後,告誡她們說:"我聽說喜歡在外邊結交朋友的人,士願意為他去死;喜好女色的人,女人甘願為他去死。現在我兒子過早的死去,我很不願意他得到一個貪戀女色的名聲。你們這些人,如果想留下來奉祀祖先,那就不要搞得容貌憔悴,不要痛苦流涕,不要捶胸哭號,不要滿面哀容,不要加重喪服,要減損,遵從禮儀,安安靜靜,只有這樣才是顯揚我兒的好名聲啊。"

孔子聽說後,說:"年輕女子不如年長的婦女聰明,年輕的男孩不如年長的男子聰明。公父氏家的這個婦人真是聰明啊!剖析人情世故,減損禮儀，打算彰顯她兒子的美好德行啊。”

【原文】

子路與子羔仕於衛，衛有蒯瞶[1]之難。孔子在魯，聞之，曰：“柴也其來，由也死矣。”既而衛使[2]至，曰：“子路死焉[3]。”夫子哭之於中庭[4]。有人吊者，而夫子拜之。已哭，進[5]使者而問故[6]，使者曰：“醢[7]之矣。”遂令左右皆覆醢，曰：“吾何忍食此！”

【注釋】

(1)蒯(kuǎi)瞶(kuì)：衛靈公太子，因與靈公夫人有惡，出奔，靈公死後，蒯瞶之子輒被立為出公。後蒯瞶回國發動政變，出公奔魯，蒯瞶即位為莊公。此記載又見於《左傳》哀公十五年、《史記·衛康叔世家》、《禮記·檀弓上》。

(2)衛使：衛國派來報喪的使者。

(3)子路死焉：子路時為衛大夫孔悝邑宰。蒯瞶之亂時，子路為救孔悝而入城。然其時孔悝已被蒯瞶脅迫立盟，子路慾殺蒯瞶及孔悝，結果被殺。後孔悝立蒯瞶為君，是為衛莊公。

(4)中庭：正室的廳堂。

(5)進：招進。

(6)故：事故，變故。此指當時的詳情。

(7)醢(hǎi)：把人殺死，剁成肉醬。

【通解】

子路和子羔都在衛國做官，衛國發生了蒯瞶之亂。孔子在魯國聽說後，說：“高柴會安全回來，仲由則會死在那裏。”不久衛國的報喪的使者到了，說：“子路死在衛國的這場政變中了。”孔子就在正室的廳堂中哭子路。有人前來弔唁，孔子就以主人的身份拜謝。哭罷，召進衛國的那位使者，詢問當時的詳情。使者說：“子路被剁成肉醬了。”於是孔子就讓身邊的人把家裏的肉醬倒掉，說：“我怎忍心吃這些東西呢！”

【原文】

季桓子死，魯大夫朝服而吊。子游問於孔子曰："禮乎？"夫子不答。他日，又問(1)。子曰："始死則矣(2)，羔裘、玄冠(3)者，易之而已(4)，汝何疑焉？"

【注釋】

(1)又問：此下原有"墓而不墳……十日過禫而成笙歌。"據同文本移補至《曲禮公西赤問第四十四》"孔子之母既喪，……遂合葬於防。曰：'吾聞之。'"後。此則記載略見於《禮記·檀弓上》。

(2)始死則矣：《禮記》無"則矣"二字。

(3)羔裘、玄冠：古時諸侯、卿、大夫所穿的朝服。羔裘，用紫羔皮做成的皮衣。玄冠，黑色的冠。《論語·鄉黨》記載：孔子"羔裘、玄冠不以吊"。因羔裘、玄冠皆黑色，古代用作吉服。喪事是凶事，因此不能穿着去弔喪。

(4)易之：改穿平時閒居時所穿的素冠、深衣。

【通解】

季桓子死了，魯國的大夫穿着朝服去弔唁。子游問孔子說："這合乎禮嗎？"孔子沒做回答。過了幾天，又問。孔子說："人剛死的時候，穿着皮衣、黑帽這種吉服的人，改穿素冠深衣就行了。這又有何值得懷疑的？"

【原文】

孔子有母之喪，既練，陽虎吊焉，私於孔子曰："今季氏將大饗(1)境內之士，子聞諸？"

孔子答曰："丘弗聞也。若聞之，雖在衰絰，亦慾與往。"

陽虎曰："子謂不然乎？季氏饗士，不及子也。"

陽虎出，曾點問曰："語之何謂也？"

孔子曰："己則衰服，猶應其言，示所以不非也(2)。"

【注釋】

(1)饗：設盛宴待賓客。

(2)示所以不非也：王肅注："孔子衰服，陽虎之言犯禮。故孔子答之，以示不非其言者也。"

【通解】

孔子為母親服喪，練祭之後，陽虎前來弔唁。他私下對孔子說："季氏準備在家裏舉行盛大的宴會宴請魯國境內的士人，您聽說了嗎？"

孔子答道："我孔丘沒聽說。如果得知這個消息，雖然在服喪期間，我也會前往參加。"

陽虎說："您以為不會嗎？季氏宴請的人中不包括您啊。"

陽虎出去了，曾點問孔子說："您說那些是什麼意思呢？"

孔子說："我在服喪期間，還回答他的話，是為表示我沒有責怪他的非禮的言行。"

【原文】

顏回死，魯定公[1]弔焉，使人訪於孔子。孔子對曰："凡在封內[2]，皆臣子也。禮，君弔其臣，昇自東階[3]，向[4]屍而哭，其恩賜之施，不有筭也[5]。"

【注釋】

(1)魯定公：春秋時期魯國國君，前 509—495 年在位。據《史記·仲尼弟子列傳》、《家語·七十二弟子解》，顏回少孔子三十歲，死時三十一歲，應在魯哀公五年，此作定公或誤。

(2)封內：天子或諸侯的領地之內。

(3)東階：阼階，主人之階。

(4)向：面朝、面對。

(5)不有筭(suàn)也：沒辦法計算啊。筭，同"算"。王肅注："筭，計也。又竹器也。"

【通解】

顏回去世，魯定公前來弔唁，並派人就有關的禮儀向孔子請教。孔子回答："凡是在君主的封域之內，都是國君的臣子。按照禮，國君弔唁他的臣子，要從東階上去，進到室內，對着屍體哭，這樣的恩賜是無法計算的啊。"

【原文】

原思(1)言於曾子曰:"夏后氏之送葬也,用盟器(2),示(3)民無知也;殷人用祭器,示民有知也;周人兼而用之,示民疑也(4)。"曾子曰:"其不然矣,夫以盟器,鬼器也;祭器,人器也。古之人胡為而死其親也?"

子游問於孔子。子曰:"之死而致死乎(5),不仁,不可為也;之死而致生乎(6),不智,不可為也。凡為盟器者,知喪道也。有備物而不可用也(7)。是故竹不成用(8),而瓦不成膝(9),琴瑟張而不平(10),笙竽備而不和(11),有鐘磬而無簨簴(12)。其曰盟器,神明(13)之也。哀哉!死者而用生者之器,不殆而用殉(14)乎?"

【注釋】

(1)原思:即原憲,字子思,又稱仲憲。見《七十二弟子解》。此記載又分見於《禮記·檀弓上》、《檀弓下》。

(2)盟器:又作"明器"、"冥器"。古代陪葬的器物。

(3)示:指示,讓人看,把事物擺出來或指出來讓人知道。

(4)示民疑也:讓百姓知道他們對死者有無知覺疑惑不定。

(5)之死而致死:送走死去的親人而確認他們毫無知覺。之死,送葬死者。致死,以死者之禮待死者,即確認其毫無知覺。

(6)之死而致生乎:送葬死者而認為他們與生者一樣有知覺。致生,以生者之禮對待死者,即認為死者像活着時一樣,仍有知覺。

(7)有備物而不可用也:此句至本章末原竄入《曲禮公西赤問第四十四》,今依陳本、《禮記》移此,上下文意方得貫通。

(8)竹不成用:王肅注:"謂籩之無緣。"

(9)膝:《禮記》作"味",按鄭玄注應作"沬"。"沬"同"昧",意指沒有光澤。疑此"膝",當作"漆",意為未曾上漆,沒有光澤。王肅注:"膝,鑌。"不可解。

(10)琴瑟張而不平:琴和瑟張弦而沒有調平,沒法彈。

（11）笙竽備而不和：笙和竽徒具外形而不和音律，没法吹。

（12）有鐘磬而無簨（sǔn）簴（jù）：有鐘有磬却没有懸掛鐘磬的木架。簨簴，王肅注："簨簴可以懸鐘磬也。"

（13）神明：此處用為動詞，意為奉若神明。

（14）殉：人殉。王肅注："殺人以從死謂之殉。"

【通解】

原思對曾子說："夏朝時送葬，用死者不能用的明器，以使人知道死者是没有知覺的。殷代送葬用死者能使用的祭器，以使人知道死者是有知覺的。周人送葬兩者兼用，以使人知道他們對死者有無知覺疑惑不定。"曾子說："恐怕不是這樣吧。明器，是鬼魂所用的器具；祭器，是人們自己用的器具。古代的人怎麼會認為死去的親人毫無知覺呢？"

子游向孔子請教這事。孔子說："為死者送葬，就認定死者没有知覺，這是不仁愛，不能做；為死者送葬，而就認定死者和活着時一樣仍有知覺，這是不明智，也不能做。凡是用明器送葬的人，就是懂得喪禮的人。備置了很多器物而却都不能實用。因此，竹器不加邊，瓦器不施光澤，琴瑟張着弦但却没法彈，笙竽徒具外形却没法吹，有鐘磬却没有掛的木架。這些器物之所以叫做'明器'，就是將死者奉若神明的意思。可悲啊！埋葬死者用活人的器具來隨葬，這不是近乎用活人來殉葬嗎？"

【原文】

子罕（1）問於孔子曰："始死之設重（2）也，何為？"

孔子曰："重，主道（3）也，殷主綴重焉（4），周人徹重焉（5）。"

"請問喪朝（6）。"

子曰："喪之朝也，順死者之孝心，故至於祖考廟而後行。殷朝而後殯於祖（7），周朝而後遂葬。"

【注釋】

（1）子罕：春秋末年宋國執政。詳見《曲禮子貢問第四十二》注。此記載又見於《禮記·檀弓下》。

（2）重（chóng）：古喪禮暫代木主依神者。《禮記》鄭玄注："始死未作主,以重主其神。"

（3）主道：與神主的道理是一樣的。主,神主,木主,為死者立的牌位。道,道理。

（4）殷主綴重焉：王肅注："綴,連也。殷人作主而連其重,懸諸廟也。"

（5）周人徹重焉：王肅注："周人作主,徹重,就所倚處而治。"

（6）喪朝：王肅注："喪,將葬,朝於廟而後行焉。"

（7）殯於祖：靈柩停放在祖廟。殯,停放靈柩或把靈柩送到墓地去。祖,此指祖廟。

【通解】

子罕問孔子："人剛死的時候,而設重,這是為何啊？"

孔子說："重,與神主的道理是一樣的。殷人做了神主牌位後,還要將之與重連在一起,周人則是做了神主就將重撤掉。"

子罕又問："請問在即將下葬的時候,還要在祖廟祭拜,是為什麼啊？"

孔子說："在下葬之前祭拜於祖廟,這是順從死者的孝心,因此要到祖父、父親的宗廟裏告辭,然後才上路。殷人是在祭拜宗廟以後,還要把靈柩停放於廟中一段時間,而周人則是祭拜祖廟後就出葬。"

【原文】

孔子之守狗⁽¹⁾死,謂子貢曰："路馬⁽²⁾死,則藏之以帷,狗則藏之以蓋⁽³⁾。汝往埋之。吾聞弊幃⁽⁴⁾不棄,為埋馬也；弊蓋不棄,為埋狗也。今吾貧,無蓋。於其封⁽⁵⁾也,與之席,無使其首陷於土⁽⁶⁾焉。"

【注釋】

（1）守狗：看家的狗。此記載又見於《禮記·檀弓下》。

（2）路馬：為國君駕車的馬。《禮記·曲禮上》："大夫、士下公門,式路馬。"王肅注："路馬,常所乘馬。"不知何據,"常",或為"君"之訛。

（3）蓋：車蓋,車蓬。

（4）弊幃：破舊的帷幔。幃,同"帷",帷帳、帷幔。

（5）封：埋後封土築墳,借為埋葬。

(6)陷於土：指直接埋在土裏。

【通解】

孔子的看家狗死了，孔子對子貢說：“國君的駕車的馬死了，要用帷幔包裹好再埋掉，狗死了，要用車蓬蓋包裹好再埋掉。你去把狗埋了吧。我聽說，破舊的帷幔不丟掉，為的是可以來埋馬；破舊的車蓋不丟掉，為的是可以用來埋狗。現在我很貧窮，連車蓬都沒有，你在埋它的時候，也得用張席子把它裹起來，不能讓它的頭直接埋在土裏。”

曲禮公西赤問第四十四

【序說】

本篇集中記載了孔子對喪葬、祭祀禮儀的見解和具體處理方式，這些事情都屬於曲禮的範圍，又因所記第一件事為公西赤所問，故以“曲禮公西赤問”名篇。

本篇共敘述了七件事情：第一，去職的大夫死後以何等禮儀葬祭；第二，嫡子死，立誰為繼嗣；第三，孔子如何葬母；第四，陪葬是否應用木偶；第五，孔子如何對待祥祭顏淵的祭肉；第六，孔子為何祭祀時沒有做到“濟濟漆漆”；第七，祭祀時間怎麼安排。

喪禮和祭禮是周禮的核心，作為禮學宗師，孔子一生都在研磨古禮。從本篇看，孔子維護周制較多，主張喪葬祭祀要與人的身份地位相稱，以人當前的身份地位為準。本篇中孔子說：“大夫廢其事，終身不仕，死則葬之以士禮。老而致仕者，死則從其列。”《禮記·中庸》：“父為大夫，子為士，葬以大夫，祭以士；父為士，子為大夫，葬以士，祭以大夫。”這種禮制影響可謂深遠。孔子認為雖然天子諸侯之祭與平民百姓之祭在禮儀上有隆殺之分，但其背後所蘊涵的禮義却是相通的，尤其喪祭之禮，發自内心的哀痛和恭敬才是最重要的。

關於具體的禮制，由於人們理解各異而存在不同看法。《家語》的記載，對於正確理解這些制度十分有益。例如“孔子之母既喪”一節：“及二十五月而大祥，五日而彈琴不成聲，十日過禫而成笙歌。”對於此處，學者譯註往往有誤。《曲禮子貢問第四十二》：“魯人朝祥而暮歌者，子路笑之……孔子曰：‘又多乎哉，逾月則其善也。’”對此，人們多理解為“假若能過一個月再唱歌，就好了”，事實上，這裏涉及到王肅、鄭玄之學論爭的一個焦點：鄭玄認為大祥與禫祭不同月，三年之喪二十七個月；而王肅認為大祥與禫祭同月，三年之喪二十五個月。孔子以為大祥後“逾月則其善也”，若是按傳統理解，大祥後再過一個月纔可唱歌，則孔子大祥後五天而彈琴就違禮。如果大祥後五天舉行禫祭,十天後已過本月,則孔子吹笙亦不違禮。所以,大祥與禫祭應為同月,大祥後唱歌只要逾過這一個月就可以,並不是再過一個月。總之,並不是十天後禫祭,而是禫祭後十天已出去了這個月,因此可以吹笙唱歌。

又如,"孔子嘗"一節中的"反饋樂成,進則燕俎",有的解釋"燕俎"為宴飲,宴席。"進則燕俎"譯為進而宴飲,恐誤。《禮記·祭義》曰:"仲尼嘗……反饋樂成,薦其薦俎,序其禮樂,備其百官,君子致其濟濟漆漆。"又曰:"孝子將祭,……薦其薦俎,序其禮樂,備其百官,奉承而進之。"薦其薦俎,意思是進獻籩豆和肉俎。"反饋樂成",是說天子諸侯的宗廟大祭,先在廟堂之上薦血腥,向屍主獻酒,再返於廟室中舉行饋食禮。既然廟堂之祭已完,這時的血腥牲體要"退而合烹,體其犬豕牛羊,實其簠簋籩豆鉶羹"(《問禮第六》),所以"進則燕俎"應為廟堂之祭的血腥牲體,退而合烹,實其簠簋籩豆鉶羹,為饋食賓客宴飲做準備。《國語·周語中》記定王享隨會以肴烝,說"唯是先王之宴禮,慾以貽女",並進一步解釋為"於是乎有折俎加豆",折俎,肴烝,將牲體折骨割肉置於俎案上。因此這裏的"燕俎"或即"折俎",俱為"宴禮"所用。由此我們知道"進則燕俎"意思是進獻宴饗用的肉俎。

本篇個別記載的可靠性也存在爭議。比如孔子喪母,《史記》云在孔子十七歲前,《家語》與《禮記》卻說孔子如何令門人修墓起墳。本篇內容皆見於《禮記》,以叢刊本為底本,由於有些內容與前面幾章混雜,意義不連貫,故據同文本、陳本及《禮記》作了個別調整。

【原文】

公西赤問於孔子曰:"大夫以罪免⁽¹⁾,卒,其葬也,如之何?"孔子曰:"大夫廢其事,終身不仕,死則葬之以士禮。老而致仕者,死則從其列⁽²⁾。"

【注釋】

(1)以罪免:因為獲罪而被免職。免,罷免,免職。

(2)列:位次,行列,引申為等級。

【通解】

公西赤問孔子說:"大夫因為獲罪而被免職,死了以後,他的葬禮該怎麼安排呢?"孔子說:"大夫被免職以後,就終身不能再被任用,死後按士禮規格安葬。因年老而退休的,死後可以按原來的等級安葬。"

【原文】

公儀仲子⁽¹⁾嫡子⁽²⁾死,而立其弟⁽³⁾。檀弓⁽⁴⁾問子服伯子⁽⁵⁾曰:"何居⁽⁶⁾?我未之前聞也。"子服伯子曰:"仲子亦猶行古人之道。昔者文王舍伯邑考而立武王⁽⁷⁾,微子⁽⁸⁾舍其孫腞,立其弟衍。"

子游以問諸孔子,子曰:"否!周制立孫。"

【注釋】

(1)公儀仲子:春秋時期魯國宗室,公儀氏,字仲子。此記載又見於《禮記·檀弓上》。

(2)嫡子:正妻所生的兒子,有時也指正妻所生的長子。

(3)立其弟:立嫡子的弟弟。這裏指公儀仲子的庶子。

(4)檀弓:魯國士人,以精通禮儀著稱。

(5)子服伯子:即子服景伯,子服氏,名何。魯國宗室,孟孫氏的支繫,時為魯國大夫。

(6)居:表語氣,同"乎"。《詩·邶風·日月》:"日居月諸,照臨下土。"《左傳》襄公二十三年:"誰居?其孟椒乎!"

(7)文王舍伯邑考而立武王:王肅注:"伯邑考,文王之長子也。言文王亦立子而不立孫也。"

(8)微子:宋國的始祖,商紂的庶兄,封於微。

【通解】

公儀仲子的嫡子死了,仲子立了嫡子的弟弟也就是他的庶子作為自己的繼承人。檀弓問子服伯子說:"這是為什麼呢?我以前還從來沒聽說過這樣的事情。"子服伯子說:"仲子也還是遵照古人的規矩行事。從前周文王舍棄他的長子伯邑考而立了武王,微子啟不立他的嫡長孫腞而立了他的弟弟衍。”

子游就這事請教孔子,孔子說:“不對!根據周代的制度,應該立他的嫡孫。”

【原文】

孔子之母既喪⁽¹⁾,將合⁽²⁾葬焉,曰:“古者不祔⁽³⁾葬,為不忍先死者之復見也。《詩》云:‘死則同穴⁽⁴⁾。’自周公已來祔葬矣。故衛人之祔也,離之⁽⁵⁾,有以間焉。魯人之祔也,合之⁽⁶⁾,美夫!吾從魯。”遂合葬於防⁽⁷⁾。曰:“吾聞之,古墓而不墳⁽⁸⁾。今丘也⁽⁹⁾,東西南北之人⁽¹⁰⁾,不可以弗識也。吾見封之若堂⁽¹¹⁾者矣,又見若坊⁽¹²⁾者矣,又見履夏屋⁽¹³⁾者矣,又見若斧形者矣。吾從斧者焉。”於是封之,崇⁽¹⁴⁾四尺。

孔子先反虞⁽¹⁵⁾,門人後,雨甚至,墓崩,修之而歸。孔子問焉,曰:“爾來何遲?”對曰:“防墓崩。”孔子不應,三云,孔子泫然⁽¹⁶⁾而流涕,曰:“吾聞之,古不修墓。”及二十五月而大祥,五日而彈琴不成聲,十日過禫而成笙歌⁽¹⁷⁾。

【注釋】

(1)喪:叢刊本原作“葬”,據同文本、陳本改。此記載又見於《禮記·檀弓上》、《檀弓上》。

(2)合:叢刊本原作“立”,據同文本、陳本改。

(3)祔(fù):合葬。《禮記·檀弓上》:“周公蓋祔。”孔穎達疏:“周公以來,蓋始祔葬,祔即合也,言將後喪合前喪。”

(4)死則同穴:語出《詩·王風·大車》:“谷則異室,死則同穴。”穴,墓穴。

(5)離之:指夫妻合葬時,棺椁分為兩個墓穴下葬,但兩個墓穴并排。

(6)合之:指夫妻合葬防時,棺椁葬在同一個墓穴。

(7)防:即防山,位於山東曲阜市東二十里。

(8)古墓而不墳:叢刊本原作“墓而不墳”,出現在《曲禮子夏問第四十

571

三》“孔子曰”之前，與上一章相混，意義不明。今據同文本、陳本等移補。

（9）今丘也：叢刊本此三字及以下一段文字原在《曲禮子夏問第四十三》，而此處原為“有備物而不可用也，是故竹不成用，而瓦不成膝……不殆於用殉乎？”此據同文本、陳本等改移。

（10）東西南北之人：意謂居無定所的人。

（11）若堂：王肅注：“堂形，四方若高者。”

（12）若坊：王肅注：“坊形，旁殺，平上而長。”坊，同“防”，堤防。

（13）夏屋：大屋。《詩·秦風·權輿》：“夏屋渠渠。”《楚辭·招魂》：“夏室寒些。”又《九章·哀郢》：“曾不知夏之為丘兮。”王逸注：“夏，大殿也。”

（14）崇：高。《考工記·匠人》：“堂崇三尺。”

（15）虞：古時既葬而祭稱作虞。《釋名·釋喪制》：“既葬，還祭於殯宮曰虞。”

（16）泫（xuàn）然：傷心流泪的樣子。《韓非子·外儲說右上》：“公泫然出涕曰：‘不亦悲乎！’”

（17）及二十五月而大祥，五日而彈琴不成聲，十日過禫（dàn）而成笙歌：王肅注：“孔子大祥二十五月，禫而十日，逾月而歌也。”大祥，父母死後二十五月而祭稱為大祥，表示喪服期已滿。禫，除喪服之祭。此處為禫祭與大祥在同一個月。但是，《儀禮·士虞禮·記》有“中月而禫”句，鄭玄注：“中，猶間也。禫，祭名也。與大祥間一月。自喪至此凡二十七月。禫之言淡淡然平安意也。”

【通解】

　　孔子的母親死了以後，準備與父親合葬在一起，孔子說：“古時没有合葬的習俗，是因為不忍心見到先去世的親人。《詩經》上說：‘死了和你埋在一個墓穴裏。’從周公以來開始實行合葬。衛國人的合葬，是分在兩個墓穴裏，死者還是有間隔的。魯國人的合葬，才是兩人的棺椁合葬在一個墓穴裏，這種方式太好啦！我要遵從魯國人的方式。”於是將母親與早先去世的父親合葬在防山。下葬以後孔子說：“我聽說，古時的墓地是不起墳頭的，而今我孔丘是個居無定所的人，不可以不在墓地上做些標記。我見過墳頭築成四方而高似廳堂的樣子的，見過斜面平平而上，狹長如堤防的樣子的,也見過如同上面蓋有大殿的樣子的,還見過像斧形的樣子的。我就按斧形的那種去做。"於是在墓坑上面堆土為墳,有四尺高。

孔子先返回家舉行安魂的虞祭,門人留在墓地處理善後事宜。這時下了一場大雨,墳墓被冲塌了,他們修好以後才回去。孔子問他們說:"你們怎麼回來這麼晚呢?"回答說:"防地的墳墓被冲塌了。"孔子沒有應聲,門人又說了三遍,孔子的泪水嘩嘩地流了下來,說:"我聽說,古人是不在墓地上堆土為墳的啊!"二十五個月後,孔子喪服期已滿,舉行了大祥祭,又過了五天開始彈琴,但不成聲調,接着舉行了旨在除服從吉的禪祭,十天後,開始吹笙,這才能吹成歌曲。

【原文】

子游問於孔子曰:"葬者涂車芻靈[1],自古有之。然今人或有偶[2],是無益於喪。"孔子曰:"為芻靈者善矣,為偶者不仁,不殆於用人乎?"

【注釋】

(1)涂車芻靈:《禮記·檀弓下》:"涂車、芻靈,自古有之,明器之道也。"孫希旦集解:"涂車、芻靈,皆送葬之物也。涂車即遣車,以采色涂飾之,以象金玉。"芻靈,鄭玄注:"芻靈,束茅為人馬;謂之靈者,神之類。"此記載又見於《禮記·檀弓下》。

(2)偶:王肅注:"偶亦人也。"即土、木制成的偶像。《國策·齊策三》:"今臣來過於淄上,有土偶人與桃梗相與語。"

【通解】

子游向孔子請教說:"隨葬的泥做的車,草扎的人馬,自古就有了。然而如今有人製作土木偶像來陪葬,這樣做對喪事沒有什麼好處。"孔子說:"扎草人草馬的人心地善良,製作土偶木偶的人居心不仁,用製作的惟妙惟肖的偶像陪葬,這不是接近於用真人來殉葬了嗎?"

【原文】

顏淵之喪,既祥[1],顏路饋[2]祥肉[3]於孔子。孔子自出而受之，入，彈琴以散情，而後乃食之。

【注釋】

（1）祥：此處指大祥之祭，凡禮，對小祥不單言祥。此記載又見於《禮記·檀弓上》。

（2）饋：泛指贈送。《論語·鄉黨》：“朋友之饋，雖車馬，非祭肉，不拜。”《孟子·公孫醜下》：“前日於齊，王饋兼金一百而不受。”

（3）祥肉：祥祭時所供之肉。

【通解】

顏淵的那次喪事，大祥祭過後，顏路給孔子送來祥祭時所供的肉。孔子親自到門口接受了，回到屋裏，先彈琴以排遣哀痛之情，然後才開始吃肉。

【原文】

孔子嘗⁽¹⁾，奉薦⁽²⁾而進，其親也慤⁽³⁾，其行也趨趨以數⁽⁴⁾。已祭，子貢問曰：“夫子之言祭也，濟濟漆漆⁽⁵⁾焉。今夫子之祭⁽⁶⁾，無濟濟漆漆，何也？”

孔子曰：“濟濟者，容也遠也；漆漆者，自反⁽⁷⁾。容以遠，若⁽⁸⁾容以自反，夫何神明之及交？必如此，則何濟濟漆漆之有？反饋⁽⁹⁾樂成⁽¹⁰⁾，進則燕俎⁽¹¹⁾，序其禮樂，備其百官，於是君子致其濟濟漆漆焉。夫言豈一端而已哉？亦各有所當也。”

【注釋】

（1）嘗：王肅注：“嘗，秋祭也。”秋祭曰嘗。此記載又見於《禮記·祭義》。

（2）薦：祭品。《周禮·天官·庖人》：“以共王之膳，與其薦羞之物。”鄭玄注：“薦，亦進也，備品物曰薦，致滋味乃為羞。”又《天官·籩人》：“凡祭祀，共其籩薦羞之實。”鄭玄注：“薦、羞，皆進也，未食未飲曰薦，既食既飲曰羞。”

（3）其親也慤（què）：王肅注：“慤，親之奉薦也。慤，質也。”慤，誠篤，忠厚。《史記·孝文本紀》：“法正則民慤。”

574

（4）趨（cù）趨以數（shuò）：王肅注："言少威儀。"即匆忙貌。數，密。指舉步頻繁，步履急速。

（5）濟（qí）濟漆（qiè）漆：王肅注："威儀容止。"濟濟，莊嚴恭敬貌。《禮記·玉藻》："朝廷濟濟翔翔。"漆漆，恭敬貌。《禮記·祭義》："漆漆者，容也，自反也。"孔穎達疏："謂容貌自反覆而修正也。"按，反覆修整容貌，以示祭祀的虔誠。

（6）今夫子之祭：叢刊本原無"子之祭……亦各有所當也"一段，今據同文本、陳本及《禮記·祭義》補。

（7）自反：回過來要求自己，反躬自問。《禮記·學記》："知不足，然後能自反也。"此為自我修整，做到儀容矜持。

（8）若：而，又。

（9）反饋：天子諸侯的宗廟大祭，先在廟堂之上薦血腥，向屍主獻酒，再返於廟室舉行饋食禮。

（10）樂成：指樂舞合成，音樂由舞蹈伴隨着奏響。

（11）進則燕俎：進獻宴饗用的肉俎。燕，通"宴"。俎，古代祭祀、設宴時用以載牲的禮器。

【通解】

孔子為亡親舉行秋祭，手捧祭品上前進獻，他親自做這些事情時顯得非常質樸，走起路來也步伐急促。祭祀結束後，子貢問道："先生您以前談到祭祀的時候，要求祭祀時做到儀態莊嚴恭敬，儀容端莊恭謹，可是如今先生您祭祀，卻沒有做到儀態莊嚴恭敬，儀容修整恭謹，這是為什麼呢？"

孔子說："所謂儀態莊嚴恭敬，他的表情是疏遠的；所謂儀容修整恭謹，他的神情是自我矜持的。疏遠的表情，自我矜持的神情，那怎麼能與親人的神靈交互感應呢？假若真是這樣，哪裏還會有儀態莊嚴恭敬，儀容修整恭謹呢？這就完全失去了原有的意義。天子諸侯的宗廟大祭，先在廟堂之上薦血腥，向屍主獻酒，再返於廟室中舉行饋食禮，一時間，樂舞合成，接着進獻宴饗用的肉俎，有順序地安排禮樂，備具助祭的百官，這些助祭的君子身處這種隆重的場面，自然應該儀態莊嚴恭敬，儀容端莊恭謹。所以我那話怎麼能只從一個方面理解呢？也是各有其適當的場合的。"

【原文】

子路為季氏宰⁽¹⁾。季氏祭，逮⁽²⁾昏而奠⁽³⁾，終日不足，繼以燭。雖有強力之容，肅敬之心，皆倦怠矣。有司跛倚⁽⁴⁾以臨祭⁽⁵⁾，其為不敬也大矣。他日，子路與焉。室事交於戶⁽⁶⁾，堂事⁽⁷⁾當於階。質明⁽⁸⁾而始行事，晏朝⁽⁹⁾而徹⁽¹⁰⁾。

孔子聞之，曰："以此觀之⁽¹¹⁾，孰謂由也而不知禮⁽¹²⁾？"

【注釋】

(1)宰：官名。殷代始置，掌管家務和家奴。西周時沿置，掌王家內外事物，有在王的左右而贊王命者。春秋時期各國沿用，多稱"太宰"，卿大夫總管家務的家臣，卿大夫所屬私邑的長官，也都稱"宰"。此記載又見於《禮記·祭器》。

(2)逮（dài）：及，到。《左傳·哀公六年》："逮夜至於齊。"

(3)奠：祭，向鬼神獻上祭品。《詩·召南·採蘋》："於以奠之，宗室牖下。"

(4)跛（bì）倚：靠著它物歪斜地站立，一種不莊重的樣子。《禮記·禮器》："有司跛倚以臨祭，其為不敬也大矣。"鄭玄注："偏任為跛，依物為倚。"

(5)以臨祭：叢刊本原無"祭"字，陳本作"以臨事"，今據同文本以及《禮記·禮器》補。

(6)室事交於戶：《禮記·禮器》："室事交乎戶。"孔穎達疏："謂正祭之事，事屍在室。"室事，在室內舉行的正祭，有充當祖先神像的屍。戶，本指單扇的門，引申為出入口的通稱。交，授受。

(7)堂事：《禮記·禮器》："堂事當於階。"孔穎達疏："正祭後儐屍之事，事屍於堂。"指正祭過後，在廳堂舉行的款待屍的祭祀。

(8)質明：猶黎明，天剛亮時。《儀禮·士冠禮》："宰告曰：'質明行事。'"鄭玄注："質，正也。宰告曰：'旦日正明行冠事。'"程大昌《演繁露》卷十："質明，則已曉也。"

(9)晏朝（zhāo）：黃昏。晏，晚。

(10)徹：完，結束。

（11）以此觀之：叢刊本原無此句，今據同文本、陳本補。

（12）孰謂由也而不知禮：叢刊本原為"孰為士也而不知禮"。今據陳本及《禮記·禮器》改。

【通解】

子路當了魯國大夫季氏的家宰。從前季氏舉行宗廟祭祀，天還沒亮的時候就開始陳列祭品，一整天時間還不夠，晚上又點燃蠟燭，繼續進行。即使有強壯的體力，嚴肅恭敬的心意，也都疲倦懈怠了。執事人員都歪斜着身子，依靠着它物，來應付祭祀的各種儀式。那真是對神靈極大的不恭敬。另有一天，舉行廟祭，子路參與了有關的司禮工作，室內舉行正祭，有充當祖先神像的屍，所需的各種祭品在內室門口交接，正祭完畢，在堂上款待屍，所需的食物在西階之上交接。從天亮開始進行，到傍晚就結束了。

孔子聽說了這件事，說："就這件事看來，誰說仲由不懂得禮呢？"

附錄一

（一）孔安國《孔子家語後序》

　　《孔子家語》者，皆當時公卿士大夫及七十二弟子之所諮訪交相對問言語也，既而諸弟子各自記其所問焉，與《論語》、《孝經》並時。弟子取其正實而切事者，別出爲《論語》，其餘則都集錄之，名之曰《孔子家語》。凡所論辯，疏判較歸，實自夫子本旨也；屬文下辭，往往頗有浮說，煩而不要者，亦由七十二子各共敍述首尾，加之潤色，其材或有優劣，故使之然也。

　　孔子既沒而微言絕，七十二弟子終而大義乖。六國之世，儒道分散，遊說之士各以巧意而爲枝葉，唯孟軻、荀卿守其所習。當秦昭王時，荀卿入秦，昭王從之問儒術，荀卿以孔子之語及諸國事、七十二弟子之言凡百餘篇與之，由此秦悉有焉。始皇之世，李斯焚書，而《孔子家語》與諸子同列，故不見滅。高祖克秦，悉斂得之，皆載於二尺竹簡，多有古文字。及呂氏專漢，取歸藏之，其後被誅亡，而《孔子家語》乃散在人間。好事者或各以意增損其言，故使同是一事而輒異辭。孝景皇帝末年，募求天下遺書，於時京師士大夫皆送官，得呂氏之所傳《孔子家語》，而與諸國事及七十子辭妄相錯雜，不可得知，以付掌書，與《曲禮》衆篇亂簡合而藏之秘府。

　　元封之時，吾仕京師，竊懼先人之典辭將遂泯沒，於是因諸公卿大夫，私以人事募求其副，悉得之，乃以事類相次，撰集爲四十四篇。又有曾子《問禮》一篇，自別屬《曾子問》，故不復錄。其諸弟子書所稱引孔子之言者，本不存乎《家語》，亦以其已自有所傳也，是以皆不取也，將來君子不可不鑒。

——元朝·馬端臨：《文獻通考·經籍考·經部》

附錄一

（二）有關孔衍《家語》奏言的記述

　　博士孔衍言：“臣祖故臨淮太守安國，逮仕於孝武皇帝之世，以經學爲名，以儒雅爲官，贊明道義，見稱前朝。時魯共王壞孔子故宅，得古文科斗《尚書》、《孝經》、《論語》，世人莫有能言者，安國爲改今文，讀而訓傳其義。又撰次《孔子家語》。既畢訖，會值巫蠱事起，遂各廢不行於時。然其典雅正實，與世相傳者不可同日而論也。光祿大夫向以其爲時所未施行，故《尚書》則不記於《別錄》，《論語》則不使名家也，臣竊惜之。且百家章句，無不畢記，況孔子家古文正實而疑之哉！又戴聖皆近世小儒，以《曲禮》不足，而乃取《孔子家語》雜亂者，及子思、孟軻、荀卿之書以裨益之，總名曰《禮記》。今見其已在《禮記》者，則便除《家語》之本篇，是爲滅其原而存其末也，不亦難乎？臣之愚，以爲宜如此爲例，皆記錄別見，故敢冒昧以聞。”奏上，天子許之，未即論定而遇帝崩，向又病亡，遂不果立。

　　　　　　　　　　——元朝·馬端臨:《文獻通考·經籍考·經部》

附錄一

（三）王肅《孔子家語序》

鄭氏學行五十載矣，自肅成童，始志於學，而學鄭氏學矣。然尋文責實，考其上下義理，不安違錯者多，是以奪而易之。然世未明其款情，而謂其苟駁前師，以見異於人。乃慨然而歎曰：予豈好難哉？予不得已也。聖人之門，方壅不通，孔氏之路，枳棘充焉，豈得不開而辟之哉？若無由之者，亦非予之罪也。是以撰經禮申明其義，及朝論制度，皆據所見而言。

孔子二十二世孫有孔猛者，家有其先人之書。昔相從學，頃還家，方取以來。與予所論，有若重規疊矩。昔仲尼曰：“文王既沒，文不在茲乎？天之將喪斯文也，後死者不得與於斯文也。天之未喪斯文也，匡人其如予何！”言天喪斯文，故令己傳斯文於天下。今或者天未慾亂斯文，故令從予學，而予從猛得斯論，以明相與孔氏之無違也。斯皆聖人實事之論，而恐其將絕，故特為解，以貽好事之君子。

語云：“牢曰，子云，吾不試，故藝。”談者不知為誰，多妄為之說。《孔子家語》弟子琴張一名牢，字子開，亦字子張，衛人也。宗魯死，將往吊，孔子止焉。《春秋外傳》曰“昔堯臨民以五”，說者曰“堯五載一巡狩”。五載一巡狩，不得稱臨民以五也。經曰“堯五載一巡狩”，此乃說舜之文，非說堯。孔子說論五帝，各道其異事。於舜云：“巡狩天下，五載一始。”則堯之巡狩，年數未明。周十二歲一巡，寧可言周臨民十二乎？孔子曰：“堯以土德王天下，而色尚黃。”黃，土德；五，土之數。故曰臨民以五，此其義也。

附錄二

（一）定縣八角廊漢墓《儒家者言》

　　1973 年，河北省定縣（今定州）40 號漢墓出土了大批竹簡。由於該墓早年被盜被焚，竹簡遭到擾亂，並已炭化成塊，殘碎嚴重，完整的竹簡很少。1980 年竹簡整理小組成立後，人們整理出來被定名爲《儒家者言》的文獻。據介紹，該篇文獻有《明主者有三懼》、《孔子之周》、《湯見祝網者》和佚文二十七章。上述商湯和周文的仁德，下記樂正子春的言行，其中以孔子及其弟子的言行爲最多。所記多爲對忠、孝、禮、信等道德的闡發，這部書的絕大多數內容，散見於先秦和西漢時期的一些著作中，特別是與《孔子家語》有密切的關聯。有關情況可以參看河北省文物研究所：《河北定縣 40 號漢墓發掘簡報》，《文物》1981 年第 8 期；國家文物局古文獻研究室、河北省博物館、河北省文物研究所定縣漢墓竹簡整理組：《定縣 40 號漢墓出土竹簡簡介》，《文物》1981 年第 8 期。

　　定縣漢墓竹簡整理組認爲，該篇內容多見於《說苑》、《新序》，所以釋文的分章與編次便依據兩書，不見於該書的幾章排在後面。今依據整理組的釋文及順序（見國家文物局古文獻研究室、河北省博物館、河北省文物研究所定縣漢墓竹簡整理組：《〈儒家者言〉釋文》，《文物》1981 年第 8 期），將不可辨識的字以"□"代替，疑字外加方框，字數不詳者用"……"號，每簡之後保留原簡編號。1976 年地震前經釋文抄錄爾後原簡損失的加"〔　〕"；異體字、通假字一般隨文注明，寫在"（　）"內。

　　關於定縣漢墓竹簡與《孔子家語》之間的關係，學者們多有闡發，國家文物局古文獻研究室、河北省博物館、河北省文物研究所定縣漢墓竹簡整理組的《〈儒家者言〉釋文》（《文物》1981 年第 8 期）中對竹簡與有關文獻的聯繫也有一定說明，可以參看。

一

二

三

四

［子曰丘也］

五

桓公謂管仲曰諸侯728
管仲對曰［非天子］1088
不出境桓公 1119
今予不道 2489
割燕君之所至如予之諸616

六

□漁者曰天暑而得弓［之不□□］760
將祭之□［乎孔子曰］128

七

［閑處］喟然歎曰銅鞮柏□1123
者周公旦聶（攝）天下之政782
也夫有道乃無下於天下哉578

八

於大廟右陛之前有銅 825
□其口如名（銘）其背［□□＝□＝］844
［之爲人也多］言多過多事多患也 604

九

［王］居鄐使人治池得人 603
曰賓（殯）之吏曰此毋主矣文王曰 709
一家之主也［長一國者一國］ 626
也長天下者天下
之人聞之 934

十九

崔子□□ 961
□公刣晏子於□上曰子□ 897
我將舍子＝不我與將殺子□□□ 703
可之晏子刣之 933
［□其志非惡也□也以］748
非義也子何不誰之崔 922
予舍之晏子 936
□其仆將馳晏子曰□之 1888
安（按）之成節 661

二十

之屈廬曰 932
與我將舍子＝不我與將殺子屈店 612
乎且吾聞 802
□臨死不怒夫人臣□653
勝乃内其劍 973

二十一

［于魯］684

二十六

[林放問禮]2150

二十七

[問□告朔]

附錄二

（二）阜陽雙古堆漢墓木牘

　　1977 年，安徽阜陽雙古堆一號漢墓出土了三塊木牘，據有關材料的介紹，其中以一號木牘保存最完好，正反兩面寫字，每面皆分爲上、中、下三欄，現存章題 47 個，其中一個字迹模糊無法釋讀。二號木牘已經殘破，同樣是正反兩面寫字，每面皆分爲上、中、下三欄，現存可辨識的章題約 33 個。三號木牘殘破嚴重，現僅見正面存近 10 個章題。有關情況可參考文物局古文獻研究室、安徽省阜陽地區博物館阜陽漢簡整理組：《阜陽漢簡簡介》，《文物》1983 年第 2 期；胡平生：《阜陽雙古堆漢簡與〈孔子家語〉》，《國學研究》第七卷。

　　學者們研究認爲，一、二號木牘的章題絕大部分可以在傳世的文獻中找到相應的內容。特別是一號木牘的四十六個章題中，絕大多數和孔子及其門人有關，這很容易讓人們聯想到，如此集中地將孔子和他的學生的言論事迹彙集在一起，很像《孔子家語》的體例。

　　阜陽木牘是研究《孔子家語》的極其重要的資料，通過分析，可以重新認識《家語》的材料來源、《家語》的編撰、《家語》與孔安國的關係、"王肅僞造《家語》"說等重大學術問題，對此，本書的幾篇文章已經有具體的討論。在此，謹錄一、二號木牘的材料如下：

（一）一號木牘

（正面）

1、子曰言憂則病；
2、子思曰學所以盡〈益〉材；
3、子曰北方有獸；

4、孔子之匡；

5、陽子曰事可之貧；

6、白公勝試（弒）其君；

7、中尼之楚至蔡；

8、齊景公問子贛子誰師；

9、季康子謂子遊；

10、子贛見文子常；

11、趙襄子謂中尼；

12、孔子臨河而歎；

13、孔子將西遊至宋；

14、魯哀公問孔子當今之時；

15、孔子曰丘死商益；

16、□□□□□；

17、孔子見衛靈公□難且；

18、子路之上趄；

19、子路行辭中尼敢問新交取親；

20、孔子行毋蓋；

21、子曰里（鯉）君子不可不學；

22、子曰不觀高岸；

23、子贛問孔子曰賜爲人下；

24、子曰自季宣子□我；

（背面）

25、子路問孔子治國如何；

26、子贛問中尼曰□□；

27、子□搏□□；

28、孔子之楚有獻魚者；

29、曾子問曰□子送之；

30、曾子曰鄉（響）不辭聖（聲）；

31、子夏□□□孫子；

32、子夏問中尼曰□；

33、子曰遽爲有禮矣；

34、□公問萬邦子之病；

35、□□君子有三務；

36、□□□君子有死德三；

37、□□問孔子；

38、孔子閒處氣（喟）焉歎；

39、曾子有疾公孟義往問之；

40、楚伐陳陳西門燔；

41、孔子見季康子；

42、中尼曰史鰌有君子之道；

43、晏子聘於魯；

44、子路行辭中尼中尼曰曾（贈）女以車；

45、衛人醯子路；

46、孔子之周觀大廟；

47、孔子問曰□□上其□□之。

（二）二號木牘

3、或謂趙簡子□□□□不更；

4、晉平公築施祁之臺；

5、晉平公使叔向聘於吳；

8、楚王召孔子；

9、吳人入郢；

11、晉文公□□；

12、晉文君之時翟人獻（逢）狐；

13、韓武子田獸已聚；

14、簡子春築臺；

15、晉文公伐衛；

16、簡子有臣尹澤；

17、簡子攻衛之附郭；

18、夏徵舒弑陳靈公；

19、靈王會諸侯；

20、景公爲臺；

21、陽虎爲難於魯；

22、晉韓宣子□；

23、……遊於海；

24、……陽虎；

25、衛靈公築□□；

26、魏文侯與大夫飲酒；

27、魯孟獻子聘於晉；

28、趙襄子飲酒五日；

29、齊景公飲酒而樂；

34、莊王不野；

35、楚莊王……；

36、魏文侯與田子方；

38、晉平公□□；

39、叔孫文子……。

附錄三

（一）歷代《孔子家語》的流傳與研究

　　《孔子家語》又名《孔氏家語》或簡稱《家語》，是一部記錄孔子及孔門弟子思想言行和諸國之事的著作，今傳本爲十卷四十四篇，三國魏王肅注，附有孔安國序和王肅序。關於其作者和成書年代，歷來衆說紛紜，莫衷一是。長期以來，受疑古思潮影響，《孔子家語》被定格成王肅僞作，學術界研究者相對較少，很多極具價值的内容都被棄而不用。近年來，地下考古發現爲重新認識《孔子家語》提供了新材料、新線索，賦予了《家語》研究的新契機。在結合大量出土文獻重新研究《家語》之前，回顧它的成書、歷代流傳和研究狀況顯得非常必要，對於平反壓在《家語》身上的"冤假錯案"和結束其命運多舛的歷史，意義非凡。

一、《孔子家語》的初步成書和早期傳流

　　孔安國在其《孔子家語序》中已經清楚地描述了《家語》早期的成書和流傳，就現有的材料來看，這是描述《家語》早期成書和流傳的最早記載。《後孔安國序》（《後序》實際上分成了兩部分，前半以孔安國語氣所寫，一般稱之爲《孔安國序》，後半從内容看是孔安國後人所寫，故稱之爲《後孔安國序》）對於《孔子家語》的傳流也有記載，可是與《孔安國序》有抵牾之處。這也正是歷代大多學者懷疑《孔安國序》非漢代孔安國所作，而是三國魏王肅托孔安國之名而僞作，甚至有學者認爲比王肅還晚的原因之一（張岩：《〈孔子家語〉研究綜述》，《孔子研究》2004 年第 4 期）。故一錘定音地斷定王肅僞造了《孔子家語》，對其最初成書、流傳更是毫無涉及。可喜的是，隨著地下資料的不斷出土，《孔子家語》成書及真僞問題似乎變的越來越清晰、明朗。誠如龐朴先生所言，"'竹'的事實，轟然打破了世人的諸多成見。"（龐樸：《話說"五至三無"》，《文史哲》2004 年第 1 期）胡平生先生就從阜陽雙古堆漢簡出發，結合《孔安國序》中對竹簡流傳、存放、孔安國得簡以及對孔子

言論等諸多細節栩栩如生的描述,得出《孔安國序》非王肅僞作,而實爲本人所撰。《孔安國序》不僞是不爭的事實。

春秋末戰國初,流傳著一批儒家原簡,内容是孔子弟子、公卿士大夫之言,後經孔子門人初步整理,選出一部分正實而切事的材料別爲《論語》。其餘則集錄在一起,可以說這些集錄的竹簡就是今本《孔子家語》的最初來源。孔門弟子是對這批竹簡進行整理和研究的開創者,雖然對其進行了加工潤色,但絶没有"離夫子之本旨"。六國之世,儒道分離,遊說之士各以巧意而爲枝葉,顯然這批《孔子家語》原簡受到了遊說之士的增損。然而荀卿仍守其所習,後來入秦,秦昭王問之儒術,知識淵博的他把"孔子之語及諸國事、七十二弟子之言凡百餘篇"的竹簡獻給了昭王。荀卿在守其所習的過程中對竹簡進行繼孔門弟子初步整理後的再加工、整理,糾正遊說之士的增損,完善儒家之說是情理中事。不能因遊說之士的增損而懷疑這批竹簡的可靠性和真實性。當秦朝統一的曙光淹没諸侯爭霸、烽煙四起的戰國時代,這批原簡也結束了在先秦時期的傳流,輾轉進入了統一而短暫的秦帝國。

秦代,這百餘篇的竹簡都被放置在皇家圖書館,避免了被焚的厄運,就像孔安國在序中所言:"始皇之世,李斯焚書,而《孔子家語》與諸子同列,故不見滅。"短短數語就把《孔子家語》原簡在秦朝傳流情況進行了言簡意賅的總結。有些學者認爲"儒家之書"與"諸子之書"均是被焚的物件,這批記載儒家言論與思想的竹簡是不能逃脱被焚的厄運而流傳至漢代。但《史記·秦始皇本紀》載:"臣請史官非秦紀皆燒之;非博士官所職,天下敢有藏《詩》、《書》百家語者,悉詣守尉雜燒之。"可見李斯的焚書有一定的層次和範圍,官府和博士官所藏之書不在其列,所焚毀的只是民間之書。這批《孔子家語》原簡和諸子書同列,恰恰都被放置於皇家圖書館,故可以免於焚燒之禍。《史記》的記載可以印證孔安國對《孔子家語》原簡在秦朝傳流的描述,進而證實了《孔安國序》的不僞性。換句話說,《孔子家語》這批原簡與諸子之書同列,高枕無憂地躺在皇家圖書館中躲過了焚燒之禍,保持了荀卿進獻秦昭王時的原貌,歷經短暫而又動盪的秦朝傳流至漢代。

漢魏時期是《孔子家語》初步成書、定型的重要時期,這一時期它的傳流情況較爲複雜，與孔氏家學關繫甚爲密切。

漢軍入關，蕭何盡收孫卿與秦之書。國家安定後，蕭何把得來的秦書獻給了高祖，高祖自然就得到了這批長約二尺、資料記載多用古文字的《孔子家語》原簡，並將之放進皇宮秘府之中，這就是《孔安國序》所謂的"高祖克秦，悉斂得之"。高祖帝崩，呂後大量提拔同姓弟子，出現了呂氏專權的局面，國家的諸多財物都被他們據爲己有。秘府中的書籍，他們自然也不放過。《孔子家語》這批原簡也沒倖免於難，被從國家秘府帶回家中以私有物的形式佔有、收藏。後來呂氏被誅，藏之於私家的這批《孔子家語》原簡散在民間，受到了好事者隨其所意的增損，導致了即使"同是一事，而輒異辭"的結果。直到景帝末年，爲了統治需要，他下令募求天下遺書，長期流散在民間的《孔子家語》原簡得以再次入進皇家圖書館。到了漢武帝時期，在思想領域其採納了董仲舒的建議，實施"罷黜百家，獨尊儒術"，儒學傳授出現了一個昌盛的局面。儒學的文化典籍——《詩》、《書》、《禮》、《易》、《春秋》相繼被立爲學官，尊爲"五經"。由於通經入仕，因此傳授經學者日衆，講習經書，蔚然成風，從而形成了歷史上的"經學時代"。隨著儒學發展，也出現了搜集與整理圖書尤其是儒家經典文獻的熱潮。可以說孔安國編纂《孔子家語》就是儒術發達、孔子受到重視的產物。

武帝元封年間，對三代文化尤其是孔子思想充滿溫情與敬意的孔安國在京城任職，由於竊懼先人之典籍將遂泯沒，於是通過私人關繫得到了秘府中有關孔子及其弟子思想與言行的所有竹簡的副本，以事類相次進行篇目上的合併；同時按照自己的原則，進行整理，例如："又有《曾子問禮》一篇自別屬《曾子問》，故不復錄。其諸弟子書所稱引孔子之言者，本不存乎《孔子家語》，亦以其已有所傳也，是以皆不取也。"將其撰集爲四十四篇。因此，孔安國成爲名副其實的《孔子家語》編集者。

爲什麼說《孔子家語》與孔氏家學關繫甚爲密切呢？這應該從《孔子家語》的書名說起。"孔子家語"應該是個後起的書名，而且極有可能出於孔安國之手。我們對照今本《孔子家語》全書的內容，可以發現書中的記載其實難副"孔子家語"之名，這也正是孔安國借用聖人之名的旁證。大量的出土文獻一再表明，漢初傳抄的一些記錄先秦故事的簡冊，往往只有篇（卷）名，沒有書名或者書名混亂，這是因爲許多書在當時尚未編輯成型的緣故。衆多傳世文獻也有相關記載,因此我們完全有理由相信先秦時期《孔子家語》這批原簡並没有統一的書名,更没有"孔子家語"的字樣(張舜輝:《張舜輝學術論著選》,華中師範大學出版社,1997 年;劉汝霖《漢晉學術編年》卷一)。孔安國在整理完他所得來的那批材料後而將"孔子家語"附上,這個名字才正式確定下來。後來孔安國家人把《孔子家語》和整理好的孔壁古文經一起呈獻朝廷並請求立於學官,正巧"巫蠱事件"爆發,朝廷上下無暇顧及此事。從此《孔子家語》與孔壁古文經轉爲家傳,以家學的形式存在和傳流。在傳習孔安國學術和書籍的孔氏後人中,有據可考而又特別重要的就是東漢的孔僖和孔季彦父子。《連叢子》載孔季彦說:"先聖遺訓,可謂妙矣,而不在科策之例,世人固莫識其奇矣。斯業不泯,賴吾家世世獨修之也。"《孔子家語》也就成爲他們家學傳流的重要載體之一。在家傳的過程中也許會有所改動、增補,但作爲孔子的後世子孫是絕對不會背離"夫子之本旨"。同時家傳的史實和《王肅序》對其得書的描述不謀而合,這正是《王肅序》乃至《孔子家語》真實性的旁證。

在孔安國整理的《孔子家語》以家學形式傳流的過程中,成帝河平三年(西元前二十六年),國家大規模地組織校理天下群書,劉向被委以重任,他廣收衆本,彼此互參、校出脱簡、整齊篇章,定著目次。對《孔子家語》也進行了編定、整理,只是在"孔安國本"的基礎上,借用了"孔子家語"的書名,對其收集來的更多、更豐富、更繁雜的材料進行加工和校正。時至哀帝時期,劉歆奉旨秉承父業校書,也繼續對《孔子家語》進行整理、潤色,繼而"總群書而奏其《七略》"(《漢書·藝文志》)。歷經劉氏父子兩代人的努力終於完成了班固《漢書·藝文志》"論語"類所載的二十七卷本的《孔子家語》,這就是所謂的"官方本"。可以說,劉氏父子編訂、校理成二十七卷本的《孔子家語》是以"孔安國本"爲基礎的,他們只是在孔安國本的範圍内使材料進一步充實、豐富和章節編次的更改而已。劉氏父子訂成二十七卷本《孔子家語》後,當時至少已經有兩個本子在流傳,一個是鮮爲人知以家學形式傳流的"孔安國本",一個是公開的劉氏父子編定成的"官方本"。

至此我們可以就《孔子家語》的成書和早期傳流情況作一簡單總結:春秋末戰國初,流傳著一批"孔子之言及諸國事、七十二弟子之言"的竹簡，孔子的弟子對它們進行了初步的整理，取出"正實而切事"的編定爲《論語》，其餘的則集錄在一起，成爲《孔子家語》的材料來源。戰國時，荀子再整理。後來漢文帝、景帝時期，好事者對其增損，至漢武帝時期由孔安國編定爲四十四篇，再後來劉氏父子定本爲二十七卷。顯然，西漢時期《孔子家語》已經編纂成書。其實，它成書是個漫長的過程，所謂成書也只是初步成型的意思。《孔子家語》在孔安國和劉氏父子編定成本以前，就經歷了多次輾轉流傳和改動，在以後的傳流過程中也不能否認還有諸多人的損益，其間定會有篇卷的分合和個別文字的變動。這是古書成書的普遍規律，不會影響它的史料價值。

二、魏晉南北朝時期《孔子家語》的傳流與研究

魏晉南北朝時期是我國歷史上最紛亂的時期之一，同時也是我國學術史的劇變時期。這一時期，出現了兩次對後世具有重大意義的學術轉折，那就是古文取代今文和玄學代替經學。在此種學術氛圍下，諸多學者們的思維方式和研究方法都不斷地推陳出新，這也直接影響著學者對《孔子家語》的研究。

真正從學術意義上對《家語》進行討論和研究是從王肅作注開始，並且繼他之後研究也漸趨深入、細緻。遍注群經的王肅從其弟子孔猛手中得來孔氏家傳的《家語》後，見內容與其所論有很多"重規疊矩"之處，因此就傾盡心血爲其作注，並且注本很快流行開來了。

可是，王肅注本一出，卻遭到了別人的非議，引起了討論。《禮記·樂記》疏中引馬昭云："《孔子家語》，王肅所增加，非鄭所見。"《通典》卷九十一引馬昭曰："《孔子家語》之言，固所未信。"可以看出馬昭認爲王肅在注《孔子家語》時增加了本來沒有的東西以反對鄭學。這就是所謂的"增加說"，這種觀點從王肅注《家語》行世之初就出現了，並且一直持續至今。

馬昭與王肅並時，又是學術勁敵，可以說他的觀點代表了當時部分學者對王肅與《孔子家語》關繫的看法。但無論如何，王肅是《家語》注者，《家語》得以流傳，王肅功不可沒。馬昭所謂的"王肅所增加"，在他看來就是王肅爲了攻擊鄭學而妄臆增加了許多有利於支援自己論點的內容。實際這也正說明了王肅所注二十一卷《孔子家語》本與《漢書·藝文志》的二

十七卷《孔子家語》本在内容上並不是完全相同的,馬昭所謂的"王肅所增加"部分應該就是家傳過程中孔氏後人的編定部分。"非鄭所見"是很自然的事,是可以理解的。因此馬昭所說《孔子家語》"非鄭所見"確是事實,而"王肅所增加","固所未信"則純屬推測之語。作爲鄭玄高足的魏博士田瓊即據《孔子家語》以議禮。在他看來,如果王肅注《孔子家語》時爲了攻擊鄭學而肆意增加内容,他是決不會引用的,所以我們覺得馬昭之言才是"固所未信"。再退一步而言,假設馬昭所謂"《孔子家語》,王肅所增加,非鄭所見"及"《孔子家語》之言,固所未信"是客觀的評價,那麼在他看來王肅也並沒有僞造《孔子家語》。

在整個魏晉南北朝時期,單就正史,常常引用《孔子家語》的便很多。如,南朝梁蕭子顯的《南齊書》中引用《孔子家語》;《魏書》裏有更明確的說法:"朕見《孔子家語·冠頌篇》,四加冠,公也。《孔子家語》雖非正經,孔子之言與經何異?"(《魏書》卷一百八十);南朝宋裴駰的《史記集解》也多引用《家語》。這足以說明在當時人們的眼中《家語》是可信的、靠得住的。這一時期研究《孔子家語》的學者中,尤其以王肅和馬昭最具代表性,王肅的注使《家語》得以廣泛流傳,對後世影響深遠;馬昭所謂的王肅《家語》"增加說"也並沒有認爲王肅僞造了《孔子家語》,只是斷言其中有王肅增飾的成分而已。

三、隋唐時期《孔子家語》的傳流與研究

隋唐兩代,國家統一,社會穩定,學術也結束了南北分立的局面,而走向統一。隋唐的學術不僅延續了漢學重章句訓詁的傳統,而且也有自己的特色,那就是提倡注不駁經,疏不破注的註疏之學,並不太重視對經書義理的探討。在這樣的學術氛圍下,《孔子家語》傳流和研究狀況又是如何呢?

《隋書·經籍志》記:"《孔子家語》二十一卷,王肅解",這裏已經出現了一個不容忽視的變化:就是《孔子家語》的卷數是二十一卷,而不是《漢書·藝文志》所載的二十七卷。這個變化已經很能說明當時《孔子家語》流傳的概況,自隋朝始普遍流行的已經是王肅注的二十一卷本。那麼王肅作注是否只是孔氏家傳的本子?他有沒有參閱《漢書·藝文志》著錄的

本子？《孔子家語》流傳到隋朝爲什麼由《漢書·藝文志》的二十七卷變爲了二十一卷？ 它們之間是否存在一些前人往往忽略的聯繫呢？

　　對於《孔子家語》的卷數，諸多學者認爲唐以前均爲二十七卷，唐以後合併爲十卷。《隋書·經籍志》著爲"二十一卷"，"一"應該爲"七"之誤（周洪才：《孔子故里著述考》，齊魯書社，2004 年）。但考查古籍文獻，"一"、"七"混誤的情況極少，從音韻和訓詁方面來看它們也不會混誤。對於卷數的變化我們一方面應該考慮到注者對材料會有調整、甚至改動的可能，存在"卷"與卷相互合併的情況；另一方面又要考慮到王肅所注的版本是經過孔氏家學後人增益刪汰的本子，而非《漢書·藝文志》所載的二十七卷本。這是因爲"孔安國本"和"官方本"內容並不完全一致，這也正是以往學者忽疏之處。此外，王肅注本自行世之初到隋唐時期廣泛流傳，而與之相反官方本則漸漸佚掉，這足以說明王肅注本的精良，同時也印證了劉氏父子校定的《孔子家語》本是與孔氏家傳本基本一致的，或者說二十七卷本的內容基本涵蓋在家傳本之中，否則王肅注本是不會替代官方本而普遍流行的。

　　《隋書·經籍志》還進一步表明了作者對《孔子家語》的看法："《論語》者，孔子弟子所錄。孔子既敘六經，講於洙泗之上，門徒三千，達者七十。其與夫子應答，及私相講肄，言合於道，或書之於紳，或事之無厭。仲尼既沒，遂輯而論之，謂之《論語》……其《孔叢子》、《孔子家語》，並孔氏所傳仲尼之旨。"（《隋書·經籍志》）這個看法與王肅是一致的。隋朝研究《孔子家語》的學者既看到了王肅解《孔子家語》並使之廣泛流傳所做出的巨大貢獻，又注意到了《孔子家語》與孔氏家學的聯繫。

　　唐朝的《孔子家語》呈現出的面貌如何？ 當時的學者對其研究的狀況又是如何？《舊唐書·經籍志》載"《孔子家語》十卷，王肅注"。《新唐書·藝文志》載"王肅注《論語》十卷，又注《孔子家語》十卷"。從以上的記載可以看出流行於唐朝的《孔子家語》是不同于隋朝（隋朝《孔子家語》二十一卷）的十卷本。顏師古在《漢書·藝文志》的"《孔子家語》二十七卷"下注曰："非今所有《孔子家語》"。顏師古的注告訴我們：唐朝的《孔子家語》與漢代的不同。顏師古爲什麼說《漢書·藝文志》二十七卷本的《孔子家語》是"非今所有《孔子家語》"呢？ 他的依據是什麼？ 顏師古自己也並沒有提

出更爲詳盡的說明。其實這個問題也並不難解決，《隋書·經籍志》載
"《孔子家語》二十一卷，王肅解"，隋唐相繼，唐朝流傳的十卷本《孔子家
語》應該就是隋朝的二十一卷本，其中只是卷次發生了變化，至多編輯者
會或多或少地改動，但和隋朝傳流本在內容上大同小異是沒有疑義的。
顏師古見到的很可能就是王肅解的二十一卷本，這個本子和《漢書·藝文
志》所載的本子相比，不僅卷數不同，更重要的是增加了王肅的注，甚至應
該有王肅增加的許多傳世本不曾見到的內容，這些內容恰恰就是家傳本
不同于或多於傳世本的地方。王肅的注和王肅所增加的內容都是《漢書
·藝文志》所載的本子沒有的，依此來理解顏師古說出"非今所有《孔子家
語》"，便可迎刃而解。

　　還有一點不容我們忽視，那就是從唐朝中葉出現了疑經現象。但他
們主要是懷疑漢唐的經學注疏，要求突破漢唐經學注疏傳統。《四庫全書
總目提要》說："《孔子家語》，特其流傳已久，且遺聞佚事，往往多見其中，
故自唐以來，知其僞而不能廢也。"從它提供的資訊來看，唐朝時就已經知
道《孔子家語》是僞書，只是因爲"流傳已久"，"遺聞佚事，往往多見其中"
所以不能將之廢掉。其邏輯上的漏洞不攻自破：既然是僞書，爲什麼還能
流傳長久而不被廢？其實這正是反證了《家語》的不僞，說明了《家語》有
強大的生命力和巨大的影響力。深入考察唐代的學術，可以發現當時研
究《家語》的學者基本上承襲了隋代學者之觀點，並沒有認爲《家語》是王
肅僞造，甚至於素以爲"《漢書·藝文志》二十七卷本的《孔子家語》非今所
有《孔子家語》"的顏師古也沒有認定當時傳流的《孔子家語》就是王肅僞
作，他所謂的"非今所有《孔子家語》"不等於說"今之《孔子家語》是僞書"。
而且《孔子家語》被當時諸多學者所引用，張守節的《史記正義》引用《孔子
家語》，特別是司馬貞的《史記索引》大量引用《孔子家語》。這都強有力地
說明了時人並不認爲《孔子家語》是僞書的事實。

四、宋元時期《孔子家語》的流傳與研究

　　宋、元是我國學術史的繁榮發展時期，也是我國經學史上的"變古時
代"。隨着儒家學說重新取得主體地位，宋、元學者也逐漸形成了重義理，
好創獲，重發揮，喜新說的疑經、疑古之風氣。這種風氣直接影響到對《孔

子家語》的研究態度。

　　宋代傳流的《孔子家語》本至少有兩種：一是官方通行的十卷四十四篇本；一是二十一卷本。《宋史·藝文志》在"論語類"中載："《孔子家語》十卷，魏王肅注。"（《宋史》卷二百二）南宋末鄭樵《通志》在"論語類"中記"《孔子家語》二十一卷，王肅注。"（《通志》卷六十三《藝文一》，中華書局，1987 年）經考證，十卷的《孔子家語》本與唐代是一樣的，而這個二十一卷的《孔子家語》應該就是《隋書·經籍志》所記載的本子，即隋朝傳流的本子。《唐志》不見記載，而宋代又得以重現，或許隋朝本在唐代已經佚失，宋人又重得隋朝本刊刻。

　　宋代，學術界興起了疑經思潮，受此影響，《孔子家語》也成爲反思、討論的對象。王柏的《家語考》是第一篇全面考察《孔子家語》源流、真僞的論文。他的結論是：四十四篇之《孔子家語》乃王肅自取《左傳》、《國語》、荀、孟、二戴《記》割裂前後，織而成之，托以孔安國之名，孔衍之序，亦王肅自僞也。在王柏看來，王肅不僅僞造了《孔子家語》，而且還僞造了《孔安國序》和孔衍的《奏言》。

　　就目前材料所知，王柏是提出《孔子家語》僞書說的第一人，這種觀點對後世影響巨大，尤其極盛於清代學術界。王柏對《孔子家語》進行真僞考證僅僅局限于內容、文辭方面，他認爲《孔子家語》棄精取粗，知識淵博的孔安國水平不會如此之差；再者孔安國是整理孔壁中書的學者，其功不會反出於二戴之下。其實，他並沒有列出切實可靠的材料依據，如此得出的結論正確如否可想而知。

　　《孔子家語》內容較之他書果真棄精取粗嗎？就"文辭冗弱淺陋"來講，倒是有學者專門考證《孔子家語》用詞古雅，宋代學者史繩祖就是其中之一。他在《學齋古畢》的卷一和卷四分別列"成王冠頌"條，經考證，認爲《孔子家語》用詞較古，得出了和王柏截然相反的結論，史繩祖不但不懷疑《孔子家語》爲僞，而且認爲《孔子家語》本子更好。

　　王柏的《家語考》認定王肅僞造了《孔子家語》，迎合了當時疑經、疑古的思想潮流，在社會上產生了較大影響，但這也並不代表宋代所有學者的觀點。如朱熹、晁公武、葉適等人就不苟同於王柏的結論。朱熹曰："《孔子家語》只是王肅編古錄雜記，其書雖多疵，然非王肅所作。"又曰："《孔子家語》雖記得不純,卻是當時書。"他認爲《孔子家語》是當時書,是王肅編古錄雜記,而非僞作;南北宋之交的晁公武曰:"序注四十四篇,劉向校錄止二十七篇。後王肅得此於孔子二十四世孫孔猛家。"晁公武雖然只是引用了序裏的話而沒有做什麼論述、引申,但這已足以表明他的態度了,他至少相信《王肅序》裏的話,不認爲王肅偽造了《孔子家語》。

觀點明確異于王柏的要數葉適了。他在《習學記言序目》中說:"《孔子家語》四十四篇,雖安國撰次,按後序,實孔氏諸弟子舊所集錄,與《論語》、《孝經》並時,取其正實而切事者別爲《論語》,其餘則都集錄之,名曰《孔子家語》。"又說:"《孔子家語》漢初已流布人間,又經安國撰定。"(葉適:《習學記言序目》,中華書局,1977 年,第 231—232 頁)他不僅認爲《家語》不偽,並且還將研究進一步深入。他已強烈感覺到《孔子家語》、《論語》是同源的,而且孔安國是在孔門弟子整理的基礎之上而撰定成《孔子家語》的。

宋代的考據風氣、求真的意識,發展到元朝已經漸漸衰微,取而代之的是大肆改經、刪經或補經思潮的興起。《孔子家語》的研究亦隨着這種學術變故而發生變化。馬端臨的《文獻通考》記載:"《孔子家語》十卷,王肅注。"(《文獻通考》卷一百八十四《經籍考十一》),表明當時傳流着十卷本的《家語》。考證文獻資料,在當時流傳且今天我們還有幸見到的本子,還有王廣謀的注本和元朝至正二十七年劉祥卿的家刻本,其中傳流最爲廣泛的是王廣謀注的《孔子家語》本。在《孔子家語》研究相對低落的元代,馬端臨、王廣謀顯得分外耀眼。馬端臨在《文獻通考》中引用《王肅序》、孔衍上書、晁氏、《朱子語錄》、《與呂伯恭書》等幾條材料。這足以看出馬端臨對《孔子家語》的態度,因爲他所引述的諸人都不認爲王肅偽造了《孔子家語》。王廣謀撰《新刊標題句解孔子家語》,共三卷。後人對王廣謀的《孔子家語注》頗有微詞,認爲他重新編輯並且刪削了《孔子家語》。他的本子出來後,宋代傳下來的《孔子家語》本漸漸佚失,特別是到了明代,甚至於清朝初年,學者們見到的大都是王廣謀的本子而非宋版王肅注的《孔子家語》。明代學者何孟春亦注《孔子家語》,其言曰:"未必非廣謀之庸妄,有所刪除而致然。"而清代的學者姚際恒在《古今僞書考》中對何孟春的觀點大加讚賞,認爲"今世《孔子家語》,殆元王廣謀本也。"結合元代大肆改經、刪經或補經的學術思潮，何、姚兩人的微詞不無道理，但是也不免誇大其詞。

五、明清時期《孔子家語》的傳流與研究

經過宋元的積蓄與醞釀，明清學術有了長足進展，尤其是清代可謂名家輩出，各有所長，客觀地促使了《孔子家語》研究新局面的出現。

據《四庫全書總目提要》，明代流傳的《孔子家語》只有兩個版本，一是閩徐𤇍家本，而且還多有缺頁；一是海虞毛晉家本即汲古閣宋本，相對較爲完整。實際情況並非如此，當時流傳的還有路一麟本、周宗建本、鄒德本、吳勉學本、陳際泰本、徐祚錫本等等。明代傳流的衆多版本之中，數毛晉家本即汲古閣宋本爲至善。明代的衆多學者如何孟春、陸治、黃魯曾、陳際泰、夏允彝、毛晉等均對《孔子家語》有所研究。

何孟春補注《孔子家語》，共八卷四十四篇。何孟春說孔安國本"世遠不復得"，他沒有見過宋版的王肅注本，所補注的也不是顏師古所說的唐本，而是王廣謀的《新刊標題句解孔子家語》本。他相信孔衍的上書，但認爲《孔安國序》是王肅僞造，因此他乾脆在《孔安國序》序言前加上了"魏王肅序"的名字，同時引用馬昭的觀點來支援自己的判斷是有根據的，清儒亦多襲何氏之說。陸治是明代繼何孟春之後《孔子家語》的又一重要補校者，他首先認爲《孔子家語》得以流傳，王肅功不可滅，並且從多方面、多角度考證了《孔安國序》（在陸治版中稱爲《漢集孔子家語序》）確是孔安國自序，非王肅僞作。他還認爲"肅之於猛，猛之于安國，安國之于恭王，其相次授受皆爲事實"（陸治補校《孔子家語》，明隆慶六年刻本）。同時他在按語中提到孔安國定本四十四篇，劉向校定二十七篇，這說明在他的意識中"篇"、"卷"是相同的概念。因爲他明確知道《漢書·藝文志》的記載是"二十七卷"而非"二十七篇"。

明代的黃魯曾對《孔子家語》也深有研究，並且可謂有一己之見。他注意到了《孔子家語》與孔氏家學的關繫。黃魯曾曰："孔氏獨多述作，自《魯論》、《齊論》言之又有《孔子家語》，疑多鯉、伋所記並門人先後裒附之者，要之咸孔子之意也。"（黃魯曾注"明覆宋刊本"，書末題寫《後序》。此即《序》中之語）他認爲《孔子家語》成書有很長的過程，同時還指出《孔子

家語》成于孔氏家學。明人陳際泰釋《孔子家語》四卷本,並在《孔子家語憲敍》中曰:"每觀都人士,童而習之,輒謂《孔子家語》平平無奇,豈知中所記載,悉孔氏當年家政,毋論禮樂車書,昭然素王大法。"短短數語,把《孔子家語》決非僞書的觀點表達得非常明確。夏允彝也注釋過《孔子家語》,將之分爲兩卷,在當時也産生了一定影響。

清朝初年,漢學復興。隨後,清代的疑經辨僞思想進一步發展。在學術集大成的時代,《孔子家語》研究可謂別開生面。

在清代眾多研究《孔子家語》的學者中,陳士珂和范家相很具有代表性。陳士珂撰有《孔子家語疏證》,但他並不作主觀的判斷,而是把客觀的材料擺在讀者面前。並且從"夫事必兩證而後是非明,小顏(顏師古)既未見安國舊本,即安知今本之非是乎?""予觀周末漢初諸子,其稱述孔子之言類多彼此互見、損益成文,甚至有問答之詞,主名各別。如《南華》'重言'之比,溢美溢惡時時有之,然其書並行,至於今不廢,何獨於是編而疑之也。"從兩個方面質疑僞書說。經過細緻、嚴密的考證認爲《孔子家語》並非僞書而是真本。同時概括出了一條先秦古書的成書特點:"古人稱述前言,擇善而從,不避雷同,彼此互現"。與之相反,范家相撰《孔子家語證僞》專門力證《孔子家語》是僞書,並根據今本《孔子家語》"每事必有所出",而斷言其爲割裂他書而成之。兩人對《孔子家語》內容本源探討的結論竟然迥然相異。

清代,以《孔子家語》是僞書者佔有很大勢力。孫志祖撰《孔子家語疏證》也認爲王肅僞造了《孔子家語》,還論述王肅僞造《孔子家語》理由有三:一、《孔子家語》,肅以前儒者絕不引及;二、其僞安國後序云以意增損,其言則已自供皇狀然;三、夫敍孔子之書,而先言奪鄭氏之學,則是傳會古說攻駁前儒可知矣。梁玉繩、陳鱣爲其書作序時也表現出與之相同的觀點,都認爲孫志祖的《孔子家語疏證》是"討本尋原"、"劃訛辨謬"、"發昔人未發之覆"之書。很有意思的是同爲其書作序的錢馥並不認爲王肅僞造了《孔子家語》,而是認爲王肅在原有二十七卷的基礎上增加了十七篇。王聘珍在其《大戴禮記解詁序》中斥責王肅竄改、僞造《孔子家語》。汪廷珍、淩廷堪兩人也與之附和,抨擊王肅僞造《孔子家語》。四庫館臣、皮錫瑞、姚際恒、崔述等疑古思想更濃,直認《孔子家語》是僞書。

　　清代的《孔子家語》研究,基本上是以陳士珂、范家相兩人的研究爲基調劃分爲兩大陣營:范家相、陳鱣、孫志祖、王聘珍、四庫館臣、皮錫瑞、姚際恒、崔述等認爲今本《孔子家語》是王肅僞造,目的是托古以自重,從而攻擊鄭玄之學,這種觀點一直佔據上風,影響所及,至今《孔子家語》一書還被大多數人當成一部僞書;而陳士珂、陳詩、錢馥、馬國翰、沈欽韓等,尤其是陳士珂,他撰《孔子家語疏證》,意在證明《孔子家語》淵源有自,決非王肅僞造,甚爲遺憾的是,這些學者的努力並沒有引起太多人的關注。

六、結語

　　《孔子家語》的成書是一個較爲複雜的漫長過程,該書初步成書于西漢孔安國之手,後來經過了一定的增補、改動。誠如李學勤先生談到的:"古書的形成每每要有很長的過程,除了少數經籍早已立於學官,或有官方本,古籍一般都要經過較大的改動變化,才能定型,那些僅在民間傳流的,變動自然更甚。"(李學勤先生:《對古書的反思》,《當代學者自選文庫·李學勤卷》,安徽教育出版社,1999 年,第 15—21 頁)應該說《孔子家語》就是其中很好的例子。

　　綜觀歷代《孔子家語》的研究,人們基本上圍繞《家語》的成書、真僞、王肅與《家語》的關繫、歷代《家語》的傳流等問題展開。近些年來,隨着地下文獻的不斷出土,《孔子家語》研究出現了新的局面。《家語》真僞的判斷已經不是什麼問題,該書不但不僞,而且還有其他文獻不可比擬的優點,是研究孔子乃至儒家思想學說的"第一書"。《孔子家語》歷代的流傳和研究狀況與當時學術主流密切相聯,一部《孔子家語》傳流與研究的歷史,就是一部中國學術史的縮影。

附錄三

（二）出土文獻與《孔子家語》研究述評

　　《孔子家語》一書可謂命運多舛。宋代的王柏在《孔子家語考》中說：
"今之《家語》十卷，凡四十有四篇，意王肅雜取《左傳》、《國語》、荀、孟、二
戴之緒餘，混亂精粗，割裂前後，織而成之，托以安國之名。"於是，宋代以
降，《家語》便被認爲是僞書。清代繼宋代餘緒，這種觀點更是大行其道。
近代以來，古史辨派興起，隨着疑古思潮的盛行，《家語》自然也成了典型
的僞書。其間，雖有學者持不同意見，力辯《家語》不僞，但其聲音顯得十
分微弱，並沒有引起人們的足夠重視。1973 年河北定州八角廊漢墓出土
《儒家者言》，1977 年安徽阜陽雙古堆漢墓簡牘出土，加上近年來《上海博
物館藏戰國楚竹書》以及一些與《家語》有間接關繫的簡牘問世，引發了對
《家語》的重新認識和估價。

　　在地下材料出土以前，歷代學者對《孔子家語》的考證大多採取比勘、
推測的方法，儘管歷代學者的工作都把《家語》的研究不斷向前推進，但由
於所依據的主要是傳世書籍，缺乏地下新材料的支援，因此《家語》研究一
直難有突破性進展。新出土文獻的面世，爲《家語》研究提供了前所未有
的便利條件，學者們結合出土文獻，發現《孔子家語》僞書說的各種理由已
經不攻自破。由此，《孔子家語》僞書說已基本被學界所否定。

一、出土文獻與《孔子家語》的關繫

　　《孔子家語》的材料來源如何？這是研究《家語》必須首先辨明的問
題。出土文獻與《家語》的關繫，直接關繫到《家語》的材料來源，關繫到
《家語》的真僞。

　　河北定州八角廊漢墓《儒家者言》、《上海博物館藏戰國楚竹書》的《民
之父母》篇與《孔子家語》關繫密切，整理者已經說明竹簡內容見於《孔子
家語》，具有重要的文獻價值和思想價值。阜陽漢簡整理者則由阜陽簡牘

的發現進而思考《家語》的相關問題，認爲：“舊說以爲《孔子家語》，王肅僞作，今阜陽漢簡木牘證明早在西漢初期，已有類似的書籍。”（《阜陽漢簡簡介》，《文物》1983 年第 2 期）

這些地下文獻的公佈，引起了學界的矚目，人們開始研究《家語》的材料來源與真僞問題。朱淵清將阜陽木牘章題與《家語》、《說苑》、《孟子》、《荀子》、《晏子春秋》、《韓詩外傳》予以比較、校勘。通過分析論證 1 號木牘 29 號章題“曾子問曰□子送之”，認爲《孔子家語》所記内容淵源有自。通過考證 42 號章題“中尼曰史鰌有君子之道三”，認爲“1 號木牘應是一本單獨的書，從内容上看，應是思孟學派記錄孔子及其門人言行的著作，其時間應當在《荀子》之前。”（《阜陽雙古堆 1 號木牘劄記二則》，《齊魯學刊》2002 年第 4 期）何直剛在《〈儒家者言〉略說》（見於《文物》，1981 年第 8 期）中認爲《儒家者言》與《孔子家語》關繫密切，《家語》的真僞應再討論。沈頌金引用阜陽雙古堆竹簡的簡介，也認爲簡牘與《家語》有著密切的關繫。（《考古學與二十世紀中國學術》，學苑出版社，2003 年，第 127 頁）

不少學者結合出土材料深入系統地研究了《孔子家語》的相關問題。胡平生認爲阜陽雙古堆簡牘内容廣泛見於《家語》，是《家語》的材料來源，斷定孔安國撰集《家語》時利用的就是這批竹簡（《阜陽雙古堆漢簡與〈孔子家語〉》，《國學研究》第七卷，2000 年，第 543 頁。本篇所引胡平生的文章均見此篇）。龐樸在《話說“五至三無”》（《文史哲》，2004 年第 1 期）一文中專門細致研究了同時見於《家語》與上博竹書的“五至三無”這一概念，並由此考察了《家語》的時代問題。他雖然沒有明確說明上博《民之父母》簡與《家語》的關繫，但他認爲《民之父母》是《家語》的材料來源是顯而易見的。

關於八角廊漢墓竹簡與《家語》的關繫，李學勤先生有一個著名的說法，即八角廊《儒家者言》竹簡就是簡本《家語》。李先生認爲：“八角廊《儒家者言》和安徽阜陽雙古堆簡牘中的一種性質相類，内容以孔子及其弟子言行爲主，且多和《說苑》及今本《孔子家語》有關，兩者應該都是《家語》的原型。這個情形，和湖南長沙馬王堆帛書中的《戰國縱橫家書》是今本《戰國策》的一種原型一樣。既然不少學者主張把《戰國縱橫家書》稱爲帛書或別本《戰國策》,《儒家者言》也可稱爲竹簡本《家語》。"接着,李先生從以下幾個方面進行了論證:1、《漢書·藝文志》本有《儒家言》十八篇,但注明不知作者,與竹簡沒有關繫;2、《儒家者言》竹簡很可能是一種摘抄本,這在出土書籍中是經常有的;3、由於《儒家者言》不少地方見於劉向所編《說苑》、《新序》,所以劉向一定見過這個本子;4、最重要的是,《漢志》中專以孔子及其弟子事迹爲主的書,只有《論語》類那幾種,因此竹簡只能歸於《家語》;5、《儒家者言》與《論語》、與《大戴禮記》有密切關繫的《哀公問政》和《保傅》一起出土,證明了《家語》和《論語》、《禮記》的密切關繫。在《八角廊漢簡儒書小議》中,李先生又着重論述了《儒家者言》竹簡不是《說苑》一類的書。通過以上論述,李先生推論《儒家者言》即簡本《孔子家語》。(《竹簡〈孔子家語〉與漢魏孔氏家學》、《八角廊漢簡儒書小議》,俱載《簡帛佚籍與學術史》,江西教育出版社,2001年。以下所引李先生文章均見於《竹簡〈孔子家語〉與漢魏孔氏家學》)張濤在《孔子家語注譯》前言中引述了李先生的觀點後亦認爲《家語》"在西漢時期已有原型存在和流傳,並非僞書"。

李學勤先生和何直剛還從竹簡和《論語》的關繫來論證出土簡牘和《家語》的關繫。李先生認爲《儒家者言》和《論語》同出一墓,印證了《漢書·藝文志》把《家語》放在《論語》類的記載,說明二者關繫之密切。何直剛通過比較八角廊《儒家者言》竹簡和《論語》的內容,認爲《儒家者言》"是一部和《論語》很有關繫的儒家的著作"(《〈儒家者言〉略說》,《文物》1981年第8期)。這又印證了《家語》後序中的論述:"既而弟子各記其所問焉,與《論語》、《孝經》並時,弟子取其正實而切事者,別出爲《論語》,其餘則都集錄之,名之曰《孔子家語》。"

此外,關於《家語》的最初材料來源問題,孔序中也已敍述得十分清楚:"皆當時公卿士大夫及七十二弟子之所咨交訪相對問言語也。"學者們對此都予以肯定,上博簡的面世更爲這一說法提供力證。竹書《孔子詩論》中有孔子對《詩·召南·甘棠》的解說,朱淵清將之與《孔子家語》比較,發現二者基本接近,由此他認爲:"《孔子詩論》是孔門弟子所記孔子《詩》說,《孔子家語》則很可能是在《孔子詩論》之類原始本子的基礎上抄撮編成。"(《從孔子論〈甘棠〉看孔門〈詩〉傳》,見《上博館藏戰國楚竹書研

究》，上海書店出版社 2002 年版，第 130 頁）

以上學者都認爲簡牘與《家語》關繫密切，其中龐朴、胡平生、沈頌金、朱淵清先生等認爲出土簡牘即是《家語》的材料來源，李學勤先生更認爲八角廊《儒家者言》竹簡就是簡本《家語》。

還有一種觀點則與《家語》真僞性直接相關，這種觀點認爲《孔子家語》是王肅編集的。李傳軍在《〈孔子家語〉辯疑》（見於《孔子研究》2004年第 2 期）一文中，結合出土文獻，把八角廊《儒家者言》竹簡與《家語》、《說苑》、《韓詩外傳》列表進行了文本比較，最後考證認爲：《儒家者言》與《家語》、《說苑》關繫較爲密切，而和《韓詩外傳》基本上屬於不同的文本系統；《說苑》與《儒家者言》的關繫顯然遠較《家語》與《儒家者言》的關繫緊密；《家語》與《儒家者言》的許多相異之處，又恰恰是《家語》與《說苑》的共同之點；如果今本《家語》有一個原型的話，也只能是《說苑》，而不可能是《儒家者言》；現存《家語》的材料基本來自於以《說苑》、《禮記》、《韓詩外傳》爲主的已有文獻，而劉向所著的《說苑》，其材料也另有所本，即大多來自於記載孔子及其後學言論、行事的《儒家者言》類作品。

筆者認爲，出土簡牘是《孔子家語》的材料淵源是沒有問題的。筆者對《儒家者言》、《家語》、《說苑》、《韓詩外傳》也進行了比較，《儒家者言》與《家語》、《說苑》的關繫確實要比《儒家者言》與《韓詩外傳》的關繫密切的多；《儒家者言》中確實有許多章節與《說苑》、《家語》的相關內容比較後而與《說苑》的內容更爲相似；《家語》的許多內容與《說苑》、《儒家者言》相對照後確實與《說苑》的內容更爲接近一些，但是，這並不是絕對的，在李文所列表中，第三組 B 簡和 C 簡顯示了與李說相反的情形。其中 B 簡《儒家者言》爲“者參得罪夫＝子得毋病乎退而就”，《家語》爲“也參得罪于大人用力教參得無疾乎退而就”，《說苑》爲“者參得罪大人用力教參得無疾乎退屏鼓”。從中看出《家語》既與《儒家者言》相似也與《說苑》相似，而《說苑》則與《儒家者言》的關繫在此處卻顯得疏一些。C 簡則更明顯地顯示了《儒家者言》與《家語》、《說苑》相比而與《家語》更爲相似，C 簡內容爲“曰參來勿內也曾子自”，《家語》爲“曰參來勿內曾子自”，《說苑》爲“孔子似之”，《韓詩外傳》爲“參來汝不聞昔舜爲人子乎”。這表明《家語》另有所本，而《韓詩外傳》顯然不是《家語》所本，唯一的解釋就是竹簡是《家語》的材料淵源。

　　在阜陽木牘和竹簡中也有如李文所說的情形,凡是在《家語》中所見的章題,基本也都見於《說苑》,並且,據胡平生舉例考證,木牘和《說類》簡與《家語》的關繫密切。但這種正面的舉例考證往往不能說明全部。阜陽木牘第七簡“中尼之楚至蔡”同時見於《孔子家語·在厄》、《說苑·雜言》、《韓詩外傳》卷七、《荀子》、《史記·孔子世家》。經比較後可以看出《史記·孔子世家》與《家語》的記述相同,並且兩者與《說苑》相比與阜陽木牘的內容更爲接近。因爲《說苑》和《韓詩外傳》只是敍述孔子“至蔡”,而《家語》和《史記》則還敍述了“之楚”的內容。(參見清陳士珂:《孔子家語疏證·在厄》,上海書店影印出版,1987 年)阜陽木牘第 24 簡“子曰里(鯉)君子不可不學”,也顯示木牘與《家語》關繫密切。除了八角廊竹簡和阜陽木牘中所顯示的簡牘內容與《家語》和其他相關書籍比較,而與《家語》關繫較疏外,在上博竹簡中也有這種情況,在《民之父母》中,把竹簡與《孔子家語·論禮》、《禮記·孔子閒居》相比較,《民之父母》與《孔子閒居》更爲相似,而《論禮》有些地方與《孔子閒居》也更爲相似。

　　儘管這種現象不是絕對的,但如此多的相似卻需要解釋清楚。這可以從以下三個方面來說明:

　　第一,由阜陽出土的簡牘來看,當時一定流傳著許多這樣的簡牘,正如胡平生所說:“試想,在一個小小的汝陰侯墓裏就隨葬這麼多的‘孔子之言、諸國事、七十二弟子之言’的簡牘,誰還會懷疑景帝時博士大夫可以拿此種簡書‘皆送官’呢!”孔安國和劉向、戴聖不處在同一時代,他見到的竹簡材料與劉向和戴聖見到的很可能不是同一批。仍以上述阜陽木牘第七簡“中尼之楚至蔡”爲例,關於這一簡,《說苑》與《荀子》內容關於“賢不肖者材也,爲不爲者人也,遇不遇者時也,死生者命也”的論述完全一樣,因爲二書都是劉向整理的。並且我們已經知道《史記·孔子世家》與《家語》的記述相同,與阜陽木牘內容的關繫比《說苑》與木牘的關繫更爲密切。因爲《說苑》和《韓詩外傳》只是敍述孔子“至蔡”,而《孔子家語》和《史記》則還敍述了“之楚”,交代了事情的背景。從文章的總體表述來看《家語》和《史記》是很相近的,而《說苑》、《荀子》、《韓詩外傳》則不一樣,表明司馬遷在撰寫《史記》時參考的竹簡和孔安國撰集《家語》時用的是相似的竹簡。這就證明了在竹簡廣泛流傳的情況下，學者們參考的竹簡不完全相同是完全可以理解的。

　　劉向和戴聖由於都在朝中任職，很可能見到的是同一批竹簡或者是很相似的竹簡，劉向在整理《說苑》時，用的是這批竹簡，戴聖在傳承禮記時用的也是這批竹簡。但是，二者又各有側重，並且，劉向在整理《說苑》、《新序》，戴聖及其門人弟子在整理《禮記》時都互相參考，戴德及其弟子亦是如此。（見錢玄：《三禮通論》，南京師範大學出版社，1996 年，第 36－44 頁）這從出土文獻中可以看出，凡是與《家語》有關的簡牘，二者往往不能同見。根據《儒家者言》釋文，八角廊竹簡大部見於《說苑》，沒有一簡見於大、小《禮記》，上博竹簡《民之父母》只見于《家語》和《禮記》，阜陽簡牘中同時見於三書的只有第 24 簡：“子曰里（鯉）君子不可不學。”這一條同時見於《孔子家語·致思》、《說苑·建本》、《大戴禮·勸學》、《尚書大傳·略說》、《韓詩外傳》。《家語》記載比較全面，而《說苑》僅記載了《家語》的前半部分，《大戴禮記》僅記載了《家語》的後半部分，而且兩者文字各不相同（參見清陳士珂：《孔子家語疏證·致思》，上海書店影印出版，1987 年）。當然，這僅僅是筆者的一種推測。

　　第二，孔安國在編集《孔子家語》時，對竹簡內容進行了整理，以後又經過孔僖、孔季彥等孔氏學者的潤色改動，故孔氏家傳本的《家語》與竹簡內容相對照，在與《說苑》、《禮記》相比時看起來發生了較大的變化。仍以胡平生所舉兩例（一號木牘章題 19“子路行辭中尼敢問新交取親”和《說類》簡第 13 節“《中行文子出行至邊》”爲例，均證明《家語》在整理時經過了改動，這與孔氏家學、孔氏家人重視先人思想是有關的。而《說苑》和《禮記》在編集成書時在體例、主題思想上也都有自己的原則和標準，各家整理成書後自然會有差別，這從出土竹簡中可以看出。在阜陽竹簡中，除去不確定的，凡是確定見於《家語》的木牘內容，無一不與孔子有關！在《說類》簡第 13 章“中行文子出行至邊”在《家語》中也僅僅是收錄孔子評語。這說明孔氏家人在整理《家語》時是有原則和標準的，這個原則和標準正如《家語》後序所說，是爲了宣揚聖人的思想。

　　據聞，清華大學學者張岩撰有《〈孔子家語〉研究綜述》（未刊）的文章，從內證和外證兩個方面科學地證明了《家語》後序的可靠性。孔安國對

《家語》進行過整理是沒有問題的。新文獻資料的出土,雖然沒有直接印證,但至少與孔序所說《家語》的流傳、成書是暗合的。

第三,《孔子家語》成書後在流傳過程中也可能被改動過,這也符合中國古代書籍的編纂和流傳規律。尤其是從宋代開始,《家語》被懷疑爲僞作,便有人按照自己的理解和標準來重新刪定《家語》,致使《家語》不斷被改動,到元代王廣謀更是對《家語》大肆刪改,以至只剩三卷,這以後,宋版王肅注《家語》已經漸漸看不到了。雖然,從宋代以後歷代都有宋版王肅注《家語》的記載,但宋版王肅注《家語》即使流傳至今,也必然是經過改動的。有人認爲:“阜陽雙古堆和定縣八角廊漢簡與今本比較,一簡一繁,說明今本在竹簡本的基礎上有所增廣補輯,這是古書在流傳過程中經常有的現象”(趙金昭、吳少瑉:《二十世紀疑古思潮》,學苑出版社,2003 年,第543 頁)。胡平生同樣認爲:“《家語》在流傳過程中,有亡佚、改易、增益等種種情形,皆屬傳世古籍所遭遇的普遍問題。”

如果一定要說是王肅編集僞造了《孔子家語》,那麼,他面對《說苑》、《新序》、《荀子》、《左傳》、《禮記》、《韓詩外傳》、《呂覽》等如此龐雜的內容,如何知道哪些是原來《孔子家語》的內容,哪些不是原來《孔子家語》的內容呢?他所“割裂編制”的《孔子家語》怎麼會與出土文獻如此的相似?這總不會用王肅有先見之明來解釋吧。這一點是至關重要的,如果認識不到這一點,而堅持先入之見,不管新出土的文獻和材料,一味地往“王肅編集僞造”這一點上靠,則遠離了學術研究的科學精神。經過以上的分析,我們已經確切地知道《孔子家語》有自己的材料淵源,並非王肅所僞造,那些認爲《孔子家語》爲王肅僞造或編集的觀點以及爲證明這一觀點而尋找的所謂證據在新材料面前都很難立足。

二、《孔子家語》的成書和作者

傳統觀點認爲是王肅編集了《孔子家語》,這一觀點實在難以成立。而今,對學術前沿問題稍微關注的學者,已經都不能相信這一看法。

關於《家語》的成書和作者,李學勤先生提出《孔子家語》是“漢魏孔氏家學産物”的著名觀點。李先生認爲,漢代儒家定於一尊之後,孔氏後裔出過若干人物,其中有的受封襲爵,有的仕官顯貴,還有一些世守家學,成爲一個學派。但因爲這個學派是家學,所以很少爲人們所知。李先生還認爲這個學派學者中最早的一個是孔安國,後有孔僖、孔季彦等人繼承。《後漢書·儒林傳》說孔家"自安國以下世傳古文《尚書》、《毛詩》",《孔叢子》許多地方與《孔傳》相合","今傳本古文《尚書》、《孔叢子》、《孔子家語》,很可能陸續成書于孔安國、孔僖、孔季彦、孔猛等孔氏學者之手,有着很長的編纂、改動、增補的過程。"這種看法得到了廖名春、楊朝明、張濤、鄒新民等諸多學者的贊同。王志平也認爲《孔子家語》定本的完成一定早于孔猛,並認爲《孔子家語》經過孔氏後人的增刪才成爲王肅注的底本。

　　胡平生認爲《家語》是由孔安國編成的,因爲"《孔子家語》的書名已隱含了書是由孔氏後人編集而成的意思。而《孔子家語》之所以能夠編成,自然與孔子和孔學地位的提高相關,因此它的成書應在儒家學說定於一尊、孔子的事迹與言論受到特別的重視之後,即漢武帝'黜黃老、刑名百家之言,延文學、儒者以百數,而公孫弘以治《春秋》爲丞相封侯,天下學士靡然風向'的元朔五年(前124年)以後。與這一時代相吻合的孔氏後人,非孔安國莫屬。"

　　學者們除了從孔氏家學角度進行研究外,還在結合出土文獻的基礎上,從古籍的編纂和成書規律來說明。主要有李學勤和胡平生二位先生。李先生說:"根據整理研究近年發現簡牘帛書的經驗,我們認爲:古書的形成每每要經過很長的過程。除了少數書籍被立於學官,或有官本,一般都要經過改動變化。很多書在寫定前,還有一段口傳的過程。尤其在民間流傳的,變動尤甚。因而,對古書的形成和流傳不可用靜止的觀點去看待。《孔子家語》也就是其間的一個例子。"胡平生也認爲,《家語》的真僞問題說到底是對漢代的古籍整理編纂工作的理解和認識的問題。八角廊《儒家者言》竹簡、阜陽簡牘、上博竹簡《民之父母》篇已經說明了這些竹簡流傳的空間和時間上的跨度,說明了先秦兩漢古書傳抄的複雜情況,《孔子家語》的定型並非在一人之手是可以肯定的,同時正如胡平生所說,《孔子家語》的書名就暗示了《家語》是由孔氏後人編成的。

　　在論述《家語》成書時自然要涉及到《家語》後序中的《家語》的定名問題。這一問題以胡平生的觀點爲代表。他認爲"孔子家語"仍是一個後起的書名,在先秦時,並不存在與《論語》並行的《孔子家語》書,而只是一些記錄孔子及其弟子言行的分散的材料。因爲“出土文獻資料表明,漢初傳抄的一些記敍先秦故事的簡冊,往往只有篇(卷)名,沒有書名或者書名混亂,這是因爲許多書在當時尚未編集定型的緣故。”這個觀點同張舜徽的觀點是一致的,他認爲:古代寫作都很樸素,在許多古書中,最初不但沒有篇題,連整個書名也沒有,這種事例,直到西漢初年還普遍存在。(張舜徽:《中國古代史籍校讀法》,華中師範大學出版社,2004 年,第 359 頁)胡平生還對《家語》後序中用“孔子家語”這個名字的原因作了解釋,他認爲《孔序》中用“孔子家語”這個後起的書名,表述有關孔子與弟子言行及諸國事的簡冊,是不夠準確的,但這也許是爲了突出這批材料的性質,爲了渲染自己整理這批材料的意義才這樣說的。因此《孔子家語》書名是孔安國整理時編定的當無疑問。

在《家語》作者問題上堅持王肅編集說的人往往以《家語》內容文辭冗弱淺陋、與孔子某些思想不合爲理由。新材料的出土,對這一現象進行了解釋。首先我們要明確“孔子思想”的內涵和外延,不能因爲《家語》中記載中帶有一絲零星的道家和其他諸家的文字和語意現象,就斷定《家語》是僞造,正如胡平生所說:“絕大多數攻擊王肅僞造《孔子家語》的書,都是這樣先自己制定某種聖人言行的‘神聖模式’,凡有不合‘模式’的文字則必打成僞作。”

對《家語》中的文字參差現象,胡平生也進行了有力的論證。胡平生認爲阜陽雙古堆木牘和《說類》簡、定州八角廊《儒家者言》簡、《家語》、《說苑》、《新序》中所記載的許多孔子及其弟子故事,是由戰國時的儒家“說客”們創作而成的。這是因爲各個學派爲了在百家爭鳴立於不敗之地,都爭向各國君主推行自己的理論,在這一過程中,難免會因時而變,對自己的理論進行改動;另一方面,各個學派爲了能使自己站穩腳跟,必須回答當時社會所提出的政治、經濟、軍事、文化等方面的各種問題,提出自己的理論,因此戰國諸子書中每每有篇題相近甚或相同者;而儒家學說更是一種現實的政治學說,在戰國時代的新形勢下,爲求取發展而進行變通也是再所難免的;並且漢人在編書時常常利用傳抄所得的先秦資料“割裂”而成,由於流傳中版本不同,“增損改易”也在所難免。

郭店出土的楚簡《老子》向人們展示了春秋時期道家學派並不像以前

人們想象的那樣排斥仁義思想，而所謂的儒簡也含有道家思想的痕迹。上博竹簡《民之父母》的出版也爲這一事實提供了證據。龐樸在《話說“五至三無”》中認爲竹簡在談到“五至、三無、五起時，所孕含的志氣說，正是孟子浩然之氣的先聲。”“五至三無”同孟子的“志氣說”之間存在著淵源關繫。但同時其中所含的“三無”，即“無聲之樂，無體之禮，無服之喪”這樣捨本逐末的論斷又顯然屬於道家的專利，然而“三無”又同《論語·陽貨》中“子曰：‘禮云禮云，玉帛云乎哉！樂云樂云，鐘鼓云乎哉！’”形而上的論述如出一轍。因此儒道兩家是存在親緣關繫的，儒家顯然是借鑒了道家的否定性玄思的思維。只是到了後來，兩家才分道揚鑣。這就說明了戰國時期各個學派互相借鑒、以利自己發展的事實。至於說《家語》文辭冗弱淺陋，我們首先要明確文辭優劣的具體含義，《家語》是不是真的文辭冗弱淺陋，而後再從《家語》複雜的形成過程以及《家語》的性質來看，就很容易理解了，因爲《家語》與《論語》比較，更像是材料彙編性質的著作。

　　漢魏孔氏家學與《家語》的關繫十分密切，這也可以用來說明官方本的問題。《漢書·藝文志》記載“《孔子家語》二十七卷”，說明劉向看到了《家語》。但《家語》後序中說：“光祿大夫向以其爲時所未施之，故《尚書》則不記於《別錄》，《論語》則不使名家也。”從中可以看出劉向之所以不記錄古文《尚書》和古《論語》是因爲二者沒有流行於世。那麼作爲孔氏家學的《家語》連經也算不上，更不會在《別錄》裏給孔氏《家語》留一席之地了。但《漢志》中明確記載了《孔子家語》，這說明當時存在著官方本《家語》，劉向見到的也應該是官方本《家語》。由此看來，孔安國在上奏《家語》未獲准後，轉入家學，後來官方根據材料編訂一書，雖然孔安國上奏沒有獲准，但官方一定見過孔安國的本子，所以編成後出於對孔子及其家族和孔安國的學術影響的敬意，沒有署名就直接命名爲《孔子家語》，而這個《孔子家語》很可能與孔安國本有所不同。後來劉向整理《說苑》、《新序》時，用也是的這些材料。由於劉向任光祿大夫，很可能聽過孔安國上奏及官方整理《家語》的事情，又由於《家語》中很多材料與其所編《說苑》、《新序》相同，劉向可能是出於同先前官方編《孔子家語》時對孔氏的尊重，同時也可能帶有爲避免與《說苑》、《新序》內容重復而妨礙《說苑》、《新序》傳揚的私心而只是簡單地說明“《孔子家語》二十七卷”。

從以上可知,《孔子家語》原來的材料在《論語》被選集出來之後,並沒有編集成書,而是由孔門弟子保存傳承。在這裏,應該說明一點,由上博戰國楚竹簡可知,戰國時期這些材料就已經廣泛流傳了,只不過荀子傳承竹簡時注重的是存其本來大義,其他人或者僅僅是爲自己的學說服務,或者只守其枝葉而已,偏離了竹簡的本來大義。這與孔序中所說的“六國之世,儒道分散,遊說之士各以巧意而爲枝葉,唯孟軻、荀卿守其所習”也是一致的。這是《孔序》真實性的又一力證。後來荀子帶著這些材料到了秦國,經過了秦末戰亂,後被呂後藏匿,呂氏被滅後,散在人間,景帝時慕求天下遺書,京師士大夫皆送官,孔安國任職京師得到了這些竹簡,初步整理成書,定名爲《家語》。孔安國上湊請求立《家語》於官學失敗後,便把《家語》轉爲家學。以後《家語》又經過孔氏後人的潤色,在孔猛時交給了王肅,於是有了王肅注本的《家語》。

在明白了《家語》的成書過程和作者後,我們便對《家語》與其他書籍互見、鄭玄未見、《孔序》所說的“以意增損”有了一個清醒的認識。

三、王肅與《孔子家語》的關繫

學者們結合出土文獻對《家語》進行研究後,對王肅和《家語》關繫的看法主要有三個方面:一是王肅對《家語》進行了注解,這是王肅與《家語》的基本關繫,學者們對此看法是一致的,不管對《家語》持肯定態度還是否定態度;二是《家語》是否爲王肅僞造或編集;三是王肅在對《家語》進行注解時可能對《家語》進行了增刪改動。

在簡牘出土後,王肅僞造《家語》的說法已經不成立了。《家語》與簡牘的互見,證明在戰國和西漢時期已經有類似《家語》這樣的典籍。對此,大多數學者的看法是一致的。

王志平認爲:不管《儒家者言》是否即簡本《家語》,其材料來源是不容否認的,《孔子家語》記載的可靠性應該不成問題。接着王志平先生以王肅《孔子家語序》所說的“子牢”爲線索,結合何晏的《論語集解》進行了考證,認爲王肅做《論語注》時沒有引用《孔子家語》來駁鄭玄,所以王肅、鄭玄做《論語注》時實際上都沒有見過《孔子家語》,從而得出結論:“王肅一定不是僞造或纂集《孔子家語》之人。王肅所見到的《孔子家語》本,即使是經過纂集的,也是在他人手中完成。".(《中國學術史·三國兩晉南北朝卷》,江西教育出版社,2001 年,第 150－152 頁)

李學勤先生結合竹簡從《家語》與出土竹簡的關繫和漢魏孔氏家學的角度進行考證後認爲王肅不是《家語》的編集者,他注《家語》,"是由於《家語》在某些點上有利於他在經學方面反對鄭玄的學說。不論他是否在這些地方動筆纂改,說他僞造整部《孔子家語》,恐怕是不可能的。陳氏《疏證》已證明《家語》文字有本,王肅當時一手抄輯出這部書,是難以欺人的。王肅在序言中已說明《家語》得自孔子二十二世孫孔猛,這應當是事實。"

胡平生結合出土文獻對漢代的古籍整理編纂工作的規律進行了論述後認爲很可能是孔猛與王肅共同"增加"了《孔子家語》篇幅。因爲《家語》本來就是孔氏後人收集孔子及其弟子言行的事,有了新材料即加以補充,這是無可厚非的。'增加'一語其實是符合《孔子家語》的編纂精神的。

我们認爲,王肅有增補《孔子家語》的可能,但只是可能而已。從前面的論述中,我們已經知道,《家語》在成書前有一個長期的流傳過程,在這個過程中有"好事者"進行了增刪,在成書的過程中也有一個長期的過程,它是漢魏孔氏家學的産物。孔安國初步定本後,又經過孔僖、孔季彦、孔猛等孔氏後人的增加,最後才形成了王肅注本的形式。

《孔子家語》經王肅注解後流行於世。前面在解釋爲什麼出土簡牘和《說苑》、《禮記》較《家語》文本更爲相似時已經談到,王肅注《家語》在後世流行過程中很可能被改動過,尤其是從宋代開始懷疑《家語》爲僞書後。王肅注《家語》之前,《家語》有一個長期的竹簡流傳、編纂、改動和成書過程,王肅注《家語》流行後也被後人進行了改動,那麼具體到王肅,王肅有沒有對《家語》進行增刪呢?胡平生以王肅對《家語·六本》篇中"榮聲期"、《家語·顏回》篇中"六關"等的注解爲例,指出王肅曾在注釋中指出《家語》或他書錯誤,又據山東大學郝虹博士考證,這樣的地方有二十多處(參見郝虹:《王肅經學研究》,山東大學博士論文,2001 年,第 38 頁)。在《孔子家語》"廟制"篇中,書中關於"七廟"的說法與鄭玄的觀點是相同的,而與王肅的觀點相反,但王肅對其注解時並沒有改動。這說明王肅對《家語》改動的可能性不大,即便是對《家語》改動過,也僅限於非常小的範圍內。

　　有鑒於此，許多學者對《孔子家語》進行了單篇的研究。在《〈孔子家語〉劄記》(《學術集林》卷九，1996 年)中，王志平從信陽長台關出土的戰國楚竹簡中的一段談起，通過文字訓詁、比勘認爲《孔子家語》中的"'君子而強氣則不得其死，小人而強氣則刑戮薦臻'都是淵源有自的先秦古語，非魏晉以後人所能僞造。"楊朝明先後撰寫了《〈禮記·孔子閒居〉與〈孔子家語〉》(《儒家文獻與早期儒學研究》，齊魯書社，2002 年)、《讀〈孔子家語〉劄記》(《儒家文獻研究》，齊魯書社，2004 年)等篇，考證了大小戴《禮記》中的內容本於《孔子家語》，在《〈孔子家語·執轡篇〉與孔子的治國思想》、《〈孔子家語·顏回篇〉與"顏氏之儒"》(以上兩篇均見《儒家文獻與早期儒學研究》，齊魯書社，2002 年)《〈論語〉首章與〈孔子家語·屈節〉篇》(韓國《溫知論叢》第 10 輯，韓國溫知學會，2004 年 6 月；又見於《儒家文獻研究》，齊魯書社，2004 年)等篇中直接用《孔子家語》來研究孔子及其弟子的思想。

　　以上在結合出土文獻的基礎上對《孔子家語》的研究狀況做了初步論述，對不是結合出土文獻研究《孔子家語》的成果沒有過多的論述。在新材料面前，關於《孔子家語》的一些王肅僞造編集的觀點已經被學術界大多數人所拋棄，《孔子家語》巨大的文獻和史料價值已成共識。相信在新材料的支援下和學者們的共同努力下，有關《孔子家語》的研究必將更加深入。

附錄三

（三）《孔子家語》成書問題考辨

自宋代起，《孔子家語》被認爲是王肅爲反對鄭玄經學，趁古《家語》佚失不傳的情況下托古造僞，此後"僞書"說逐漸被廣泛接受。20 世紀 70 年代阜陽雙古堆一號木牘及河北定縣八角廊《儒家者言》的面世引發了人們對《家語》文本的重新思考。李學勤先生指出《家語》曾經過了漢魏孔氏家學的傳承，有很長的編撰過程，而《儒家者言》又可稱爲"竹簡本《家語》"（李學勤：《竹簡家語與漢魏孔氏家學》，《孔子研究》1987 年第 2 期）。既然在秦漢已有類似《家語》的本子流傳，那麼王肅僞造說就未必屬實。

一、《孔子家語》的成書與流傳

《漢書·藝文志》著錄有《孔子家語》二十七卷，這表明《家語》古有傳本，今本《家語》十卷主要是孔子及孔門弟子言行的彙編，爲三國時期魏國的王肅傳注本。由於古本《家語》亡佚已久，今本所附王肅的《家語序》、《孔安國序》及《後序》成爲考察《家語》源流的主要資料。（爲行文方便，本文將《孔子家語後序》簡稱爲《孔安國序》，孔衍奏言稱《後序》）

（一）《家語》序文與傳本《家語》

根據《孔安國序》，《家語》爲"當時公卿士大夫及七十二弟子所咨訪交相對問言語也，即而諸弟子各自記其所問，與《論語》、《孝經》並時，弟子取其正實而切事者，別出爲《論語》，其餘則都集錄之，名之曰《孔子家語》"。此後，荀卿攜之入秦並傳至漢，輾轉由武帝時的孔安國收集撰錄爲四十四篇。

既然《家語》曾被認爲是王肅僞造，則其附錄的《孔安國序》也理所當然地受到懷疑。但是，無論這篇序文或真或僞，對於考察《家語》的流傳及成書都是至關重要的，我們分析這些僅存的有關源流的資料，正是在尋找解決問題的鑰匙。

那麼，《孔安國序》所述《家語》的流傳過程是否屬實呢？ 理論上，《孔子家語》的流傳與成書應與其他儒家書籍相仿佛，我們就以先秦儒家相關文獻的結集情況作參考。《論語》可基本確定成書于曾子、子遊及其弟子之手;《禮記》,《大戴禮記》等雖一度被疑古學者視爲秦漢之作,但其中的部分資料已被郭店、上博戰國楚簡的發現確證爲先秦典籍。這些篇目本身應不是孔子自作,卻必定是七十子中的部分人,根據日常記錄由他們及弟子之屬完成於戰國中前期的作品,是反映孔子及孔門弟子生平最可靠的資料。戰國時代,這些文獻廣泛流傳於全國,最後在漢代結集定型,雖然中間難免會有亡佚與重新編排,但主體應當尚保持著原貌。

這些情況說明了這樣幾個事實:先秦儒家文獻大多經過了複雜的流傳過程,並且流傳過程中可信度保持較高;雖經秦火損毀仍沒有隔絕書籍的傳流,書籍多是在漢代編輯定本。以此爲前提來看文中所述流傳的過程,則完全合情合理。況且,《孔子家語》的資料又是來自漢室收集的秦王朝藏書,可靠性應該更高。（根據秦朝焚書令,所焚書籍乃針對民間藏書,博士及皇家藏書不在此列,於此今文經學家多持此說）不過,從文獻流傳與結集的常規來看,以《家語》全書爲《論語》之餘緒的認識可能是不現實的,戰國秦漢學術傳授多有師承,而典籍也常常是代代相傳,"漢初傳抄先秦資料往往只有篇（卷）名而沒有書名",《家語》的最早成書卻未必如他所言古已有之,而應該是他本人集錄後所題書名,目的是"爲了突出這批材料的性質,爲了渲染自己整理這批材料的意義才這樣說的"（胡平生:《阜陽雙古堆漢簡與〈孔子家語〉》,《國學研究》第七卷第526頁）。

《後序》中記錄孔安國事迹部分又提出《家語》與《論語》、《孝經》同出孔壁,卻是屬於誤傳。不僅其壁中《家語》說不合於《漢志》及劉歆的《移讓太常博士書》等相關記載,而且據稱孔安國撰寫的《尚書序》談到孔壁出書也沒有提到《家語》,《後序》中保留有孔安國之孫孔衍的奏言,也明確說到孔壁出書並無《家語》,卻表達了孔安國是"撰次《孔子家語》"。而且,這段記載隨後也說孔安國"集錄《孔氏家語》",如此《後序》所言前後矛盾,顯然其中的孔壁出"《家語》"二字只能是後人妄加。實際這又從側面印證了《孔安國序》所述得書過程的真實可靠。另外,這段記載還把魯恭王壞孔子宅的時間同孔安國獻書時間混爲一談。學者們已考定孔壁出書即魯恭王壞孔子宅的時間是在景帝末年,而孔安國獻書在武帝天漢年間。（劉汝霖:《漢晉學術編年》(卷一)第 83 頁,中華書局,1987 年。郭沂:《郭店楚簡與先秦學術思想》第 340 頁,上海教育出版社,2001 年)事實上,司馬遷作爲孔安國弟子,于《史記》中說孔安國"早卒",其生活時段不太可能延續到天漢年間。荀悅的《漢紀·成帝紀》記載是:"武帝時,孔安國家獻之",後人所傳的《漢書》、《文選》等相應處脫一"家"字,這才是孔安國獻書的真實狀況。(張舜徽:《中國文獻學》第 95－96 頁,中州書畫社)

　　孔氏家學的存在也應是一個歷史事實,不幸的是一直爲後世學者所忽視。《史記·儒林傳》說"孔氏有《古文尚書》,而安國以今文讀之",《漢書·儒林傳》也記有司馬遷從安國讀古文。

　　根據《尚書序》,孔安國整理好《尚書》等古書後準備獻之朝廷,由於政治上的巫蠱事件沒有得到採納,他表示要傳之於後世子孫,這與孔氏家族實際傳習《尚書》等典籍是一致的(李學勤先生在《竹簡〈家語〉與漢魏孔氏家學》文中說《後漢書·儒林傳》,記載傳《尚書》有孔氏與杜林兩系)。另一方面,王肅在《家語序》中明確提到自己是從孔子二十二世孫孔猛手中得到此書的,那麼,以下的推斷是相當有可能的,即《家語》很可能陸續成于孔安國、孔僖、孔季彥、孔猛等孔氏學者之手,有很長的編撰、改動、增補過程,是漢魏孔氏家學的產物"(胡平生:《阜陽雙古堆漢簡與〈孔子家語〉》,《國學研究》第七卷第 526 頁)。雖然《家語》不出於孔壁,但改爲今文和獻書朝廷與壁中書一樣,是不可缺省的兩個環節,孔安國得孔壁書與獻書既符合其後的相關歷史記載,也經得起後世學者的檢驗,故對考證《家語》的流傳具有相當的借鑒價值。由此來推敲《孔子家語》的成書,我們可以看到《孔安國序》所言與《尚書序》並無軒輊,同樣符合孔安國及其後人慾彰明家學的用心。

　　有學者認爲:"《家語》的書名已隱含了書是由孔氏後人編集而成的意思,而《家語》之所以能夠編成,自然與孔子和孔學地位的提高相關,因此它的成書應在儒家學說定於一尊、孔子的事迹與言論受到特別的重視之後,即漢武帝'黜黃老、刑名百家之言,延文學儒者以百數,而公孫弘以治《春秋》爲丞相封侯,天下學士靡然向風'的元朔五年以後,與這一時代相吻合的孔氏後人,非孔安國莫屬。"(胡平生:《阜陽雙古堆漢簡與〈孔子家語〉》,《國學研究》第七卷第 526 頁)這種論斷本之於對儒學發展歷史的深刻認識,極有見地。因此,我們認爲《孔安國序》的敍述不但符合歷史上孔安國自身的學術活動,也與漢魏學術發展的背景資料相合無間,而王肅正是得書於孔子二十二世孫孔猛,兩相對照,不難確定孔安國與《孔子家語》流傳、結集的密切關繫。

《孔叢子》也被認爲是王肅最早引用,與《家語》一樣被視作是王肅僞造的"四書"之一。黃懷信先生曾撰文揭示了孔氏家族傳習、編撰《孔叢子》的詳細過程,以確鑿的證據證明了《孔叢子》絕非王肅僞造。(黃懷信:《孔叢子的時代與作者》,《古文獻與古史考論》,齊魯書社,2003 年)因此,王肅得到包括《孔子家語》、《孔叢子》等孔氏編撰典籍之事是合乎歷史事實的,《孔安國序》所述《家語》的流傳與自己整理結集的過程基本是可信的,《後序》與其不同之處只是出於後人追述時想當然的認識和以訛傳訛,其不圓融事件的做法應體現爲孔氏家學可貴的求實態度。

(二)王肅之前的"官本《孔子家語》"

在王肅之前,除了王肅所得孔安國的家傳本,《家語》的官本又是怎樣的情況呢?它爲什麼長期隱沒無聞?《漢志》所錄《家語》與孔安國所傳《家語》之間又是怎樣一種關繫呢?《漢志》記錄《家語》的條目僅列"《孔子家語》二十七卷",沒有編著者。如果說《漢志》沒有反映出劉向《別錄》記錄《家語》的全貌,則《別錄》直到唐末才亡於兵燹,在這之前與《漢志》一直並行於世,在數個世紀的時間内,《家語》曾屢被徵引,爲什麼沒有人根據《別錄》提及、補充《漢志》所載《家語》的不足呢?大概兩者應無大的差異,《漢志》的記載應該反映了劉向記載《家語》的真實面貌。

在《漢志》中,《家語》被收錄在"論語"類中。從這裏可以看出,《孔子家語》應是以記錄孔子事迹爲主,這一點正與今本《家語》的性質基本相同。當然這並不能證明今本就是《漢志》著錄本,從理論上說,僞造者也可以此方向採集衆書作僞。但是,在現代學術發展的啓示下我們已經明曉,古書互見乃是先秦文獻流傳中的正常現象,這不但不能證明其僞,反而證明其真。以孔安國等爲代表的漢魏孔氏家族曾傳習多部典籍,孔安國與《家語》也存在著密切的關繫,這樣,我們已經沒有理由不相信今本《家語》來自孔氏的事實真實性。另一方面,如果《漢志》收錄的不是孔氏編輯本,而是劉向或什麼人彙集的一部《孔子家語》,那一定稱得上是越俎代庖了,因爲"《家語》的書名已隱含了書是由孔氏後人編集而成的意思"。

再者，由於《家語》内容大量見於劉向所編的《説苑》等，我們也難以想象：劉向其人一面爲孔氏家族把先秦原始材料編成《孔子家語》，一面再選取同樣材料編入將要上奏的禦覽之書，何況兩者相同篇章多是編排各異，文字也稍有不同呢？因此，應該不會存在另外的，諸如劉向本一類的《家語》，《家語》只能是孔氏的《家語》，《漢志》著錄的《家語》應是孔安國本。《隋書·經籍志》錄有王肅注《孔子家語》二十一卷而不是今本的十卷，距離官本二十七卷並不遙遠，若有不同内容的官本行世，則王肅本斷不會很快取而代之。這就是説，很可能從來沒有過官本《家語》的存在，《家語》自始至終就是一種家傳典籍。

從孔安國本到《漢志》本（官本），以及孔安國本到王肅本（孔猛本），兩種傳承體系實質應是一脈相傳，同爲一書。我們可以設想，在所謂官本《家語》亡佚的情況下，王肅不從孔氏後人手中，又能從什麽人那裏得到《家語》呢？在一定意義上，《漢志》著錄《家語》事實本身正可昭明今本《家語》來源的真實性。

在儒學上升爲國家意識形態的西漢中後期至東漢，《家語》之重要不言而喻，《漢志》著錄的《家語》的湮没無聞頗耐人尋味，關於其亡佚試推論如下：

首先，如上所述，《漢志》所錄應是孔安國本。孔安國奏上其書而沒有被立爲官學，就轉而爲私學，或者説同時在孔氏家族内部傳承。但奏上的本子雖藏于秘府成爲官本，卻由於鮮爲人知原因沒有流傳下來；或者被摘編到《禮記》、《大戴禮記》等書中，造成原書廢棄。孔衍在奏言中指責戴聖剽竊《孔子家語》後又説："今見其已在《禮記》者，則便除《孔子家語》之本篇，是爲滅其原而存其末也"（張濤：《孔子家語後序》，《孔子家語注譯》第526頁，三秦出版社，1998年），孔衍所言是否真實姑且不論，至少這是符合古書流傳狀況的。

其次，由於孔安國編《家語》遠在劉向校書之前，孔安國把那批先秦原始資料的錄副編成了《家語》，劉向校書時發現了孔安國的《家語》，由於資料同出一源，劉向對孔氏典籍採取了排斥態度，只是把它列入《別錄》，而重新採取原始資料分門別類編爲《列女傳》、《新序》、《説苑》等奏上，造成

《家語》錄而不傳。從《漢志》本之於《別錄》、《七略》，既錄《家語》卻不致一
詞，以及王肅以前不見稱引《家語》的情況來看，可與上述判斷相互爲證。
另外，《後序》中孔衍在追記孔安國訓傳《尚書》等書後，也提出"光祿大夫
向以其時所未施之，故《尚書》（按：指孔傳本）則不記於《別錄》，《論語》則
不使名家也，臣竊惜之。且百家章句無不畢記，況孔子家古文正實而疑之
哉？"對劉向的不滿溢於言表。

歷代攻擊王肅僞造《家語》者卻多認爲《孔安國序》、《後序》也是王肅
自撰。但是，無論三篇序文之間的內在關聯，還是其中存在的明顯矛盾，
都是符合今天我們對學術發展和文獻流傳的認識的。文中存在的個別問
題，正是隨著時代演進後人追述的真實性體現，假如王肅成心作僞，何必
自破家門、授人以柄呢？難道說王肅是想收慫擒故縱之效嗎？僞書論者
往往先入爲主，把其中追述中的矛盾視作鐵證，把解釋、說明的話語看作
自供；忽視結合歷史、學術背景來看今本《家語》的幾篇序文，不能做到從
序文之間的內在關繫上推敲史實；再加上方法上的錯誤，自然無法得出合
乎事實的結論。

二、《孔子家語》僞書說辨析

東漢的鄭玄被公認爲是集經古、今文學之大成的一代宗師，而魏王肅
的學術活動似乎專與鄭學作對："玄釋以古文，肅則以今文駁之；玄釋以今
文，肅則以古文駁之"（湯其領：《魏晉經學探略》，《徐州師範大學學報》
2000 年第 3 期），其實，這種觀點只是清人出於復興漢學，尊崇鄭玄的一
孔之見，歷史上對王肅的討伐之聲之所以不絕於耳，基本可以在這一前提
下獲得合理的解釋。在經學歷史上，鄭玄固然博古通今，但王肅也是今、
古兼綜。而且，我們還不應該忽視這樣一個事實，與鄭玄常常以讖緯解經
相比，王肅倒是更講究訓詁考據，並注意結合當時的出土文獻、器物來考
訂禮制；從思想發展的角度考察，王肅在鄭玄以後再次遍注群經，實際代
表了漢末以後興起的獨立思考傾向的發展演進，是兩漢讖緯經學窮途末
路之後一種追求實事求是的表現（王志平：《中國學術史》（魏晉南北朝卷）
第 147 頁，江西教育出版社，2001 年），今天再奉清人爲木鐸必然妨礙我
們得出客觀、公正的結論。

王肅所注的《家語》本行世後，只是被馬昭認爲是王肅增加，並未視作僞書。唐代官方的《五經正義》、《史記》三家注等廣泛引用《家語》，顯示了一些著名學者對其重要文獻價值的認同。唐顏師古注《漢志》於《家語》下所說"非今所有《家語》"（《漢書・藝文志》），應是表示與今本在卷數上不同，内容可能有差異而已，未必是表示懷疑。誠如清人陳士珂所言："小顏既未見安國舊本，焉知今本之非是乎？"（陳士珂：《孔子家語疏證序》，上海書店，1987 年）所以，唐以前恐怕没有人認爲王肅僞造《家語》。（疑古先驅唐劉知幾在《史通・六家》中對《孔子家語》有"受嗤當代"的評價，顯受馬昭"《孔子家語》王肅所增加"評論的影響）到了宋代，隨著疑古思潮的湧動，《家語》的地位才開始受到衝擊，而到了明清，更是一落千丈，《家語》幾乎淪爲僞書的代名詞。其間雖有多人申辯其真，但似乎無法改變業已形成的輿論導向。總結歷代指責《家語》的較有代表性的觀點，不外以下幾個方面：王肅增加、鄭玄未見，思想不純、文詞粗陋，雜取它書等。以下結合前面關於《家語》源流的考辨一一試加辨析。

（一）所謂"王肅增加、鄭玄未見"

王肅的《孔子家語》首先被來自鄭玄陣營的馬昭斥爲"《家語》王肅所增加，非鄭所見"。這個評論不但被視爲王肅僞造《家語》的主要證據，而且後人的指控多肇始於此，每每有人引馬昭、顏師古之言以證。但是，顏師古的"非今所有《家語》"語意模糊，實際上，不能説明任何問題，而馬昭之語卻是實指具體問題，於是，審查馬昭的論斷是否得當不但關繋到《孔子家語》的真僞，也決定了歷史上多數指控者舉證的價值。以下是僞書論者常常引爲鐵證的經典材料，我們分析後卻可以得出完全不同的結論：

《禮記・樂記》："舜彈五弦之琴，以歌南風"。鄭注："南風，長養之風也，以言父母之長養也。其詞未聞"。《禮記・樂記》孔穎達疏："案：《聖證論》引《尸子》及《孔子家語》難鄭云：'昔者舜彈五弦之琴，其辭曰：南風之熏兮，可以解吾民之愠兮；南風之時兮，可以阜吾民之財兮。鄭云：其辭未聞，失其義也。'今案馬昭云：'《家語》，王肅所增加，非鄭所見。'又'《尸子》雜説，不可取證正經，故言未聞也。'"（《禮記正義》，李學勤主編，《十三經註疏》標點本第 1099 頁，北京大學出版社，1999 年）

這裏，"其辭未聞"對鄭玄來説是事實；王肅引《尸子》、《家語》給出《南風》歌詞卻也是事實。如果說《家語》中的部分內容是王肅蓄意增加,但是《尸子》在《漢志》中記載明確,雖位元列雜家,亦乃堂堂先秦古籍,其彙融諸家實爲時代潮流,怎能說"《尸子》雜說,不可取證正經"呢? 關鍵是"沒有人證明《尸子》也是王肅僞造"(胡平生:《阜陽雙古堆漢簡與〈孔子家語〉》,《國學研究》第七卷第 527 頁)! 雖然有學者提到《隋書·經籍志》載《尸子》二十卷《目》一卷注云:"梁十九卷,其九篇亡,魏黃初中續。"由此認爲《南風》歌詞所在的《綽子》應在續作之列。(王承略:《論〈孔子家語〉的真僞及其文獻價值》,《煙臺師範學院學報》2001 年第 3 期)實際這無關宏旨,因爲即使《尸子》的部分篇章是魏黃初續作,但至少應承認不是王肅所作,而"非鄭所見"也總歸是事實吧。

　　至於認爲從《尸子》到《家語》,王肅又加上"南風之時兮,可以阜吾民之財兮"一句來反駁鄭玄,則顯示了傳統認識的成見,也似乎低估了王肅。既然鄭玄是"其辭未聞",一無所知,王肅根據《尸子》反駁鄭玄就足夠了,何必自己再加一句以至畫蛇添足? 清錢馥由馬昭之言論斷王肅在《家語》原來二十七篇的基礎上增加了十七篇,認爲篇卷無別,則屬無端臆測。(孫志祖撰《孔子家語疏證·海甯錢馥序》,式訓堂叢書本)歷史上雖有以篇爲卷的事例,但錢馥此處卻是以王肅改造《家語》爲前提而論,當然也就不足爲據。通過以上辨析,可以清楚地看到由馬昭肇始的王肅僞造《家語》說的基礎已不存在。古人以所謂"證據確鑿"引用的馬昭之語,不過是出於門戶之見的臆測。

　　由於王肅之前官本《家語》長期不見稱引,繼承鄭玄衣缽的馬昭未必有比較兩種版本的《家語》的行爲,只因先師鄭玄遭到王肅駁斥,而倉促出擊,終至無的放矢。再者,孔猛作爲孔氏後人,並非無名之輩,即便馬昭見過官本《家語》,王肅得書于弟子也合于孔氏家學存在的事實,王本在內容上與官本存有差異,即使鄭玄未見不也是很自然的嗎? 何況馬昭的指控不過是空穴來風呢?

　　王志平先生對馬昭此舉有精當評價,可謂一針見血。他說:"馬昭是很強烈地維護師道尊嚴的人,但更準確地說馬昭是爲了維護師嚴而非爲了維護道尊。如果真要維護道尊的話,就應該平心靜氣地承認王肅所駁正中鄭注之失,而不應該巧設詭辭,百般彌縫。從這一點上說,馬昭所論距離‘惟義是從’、‘惟義所在’是很遙遠的。”（王志平：《中國學術史》（魏晉南北朝卷）第 147 頁，江西教育出版社，2001 年）

（二）所謂“思想不純、文詞粗陋”

由於思想、語言的發展演化具有一定的不確定性，也就是在普遍性之外也有特殊性，如後人傳抄過程中的諸多因素，還有判斷者的素養及時代的局限等，使以思想和言辭爲主要方式推斷古書年代未必一定得到真實、客觀的結論。歷史上以爲《家語》思想不純、文詞粗陋的判斷可謂不著邊際。

首先，因《家語》大部分篇章可見於他書，爲什麼同樣的思想、文辭在正統經書中被奉爲金玉良言，到了《家語》中一下蛻變爲不純、粗陋了呢？對這部分思想、文字内容的指責與《家語》無涉，不但無的放矢反而暴露出批評者先入爲主的偏見成分。

其次，長期以來人們對先秦思想發展的認識並非十分清晰，對有些思想觀點出現的斷代定位並不準確，以此判斷《家語》的成書則不可能得出正確結論。試舉幾例説明：

《家語·五帝》有“五行更王，終始相生”，孫志祖引杭世駿語：“《家語》本僞書，其言五行更王，亦漢以後之言耳”。（孫志祖：《家語疏證》第 62 頁，《叢書集成初編》本，中華書局，1991 年）

胡平生先生引馬王堆帛書《刑德》乙本的“九宮圖”：“南方炎帝屬火，東方太昊屬木，北方顓頊屬水……”，證明“五行更王”決非“漢以後之言”。（胡平生：《阜陽雙古堆漢簡與〈孔子家語〉》，《國學研究》第七卷第 525 頁）陰陽觀念也被認爲出現較晚，被視爲《家語》晚出的證據。但是《周易》中雖然沒有明確説出“陰陽”二字，但卻處處體現了陰陽觀念的存在；《左傳》記載中西周末年的伯陽父也以陰陽失調來解釋地震等自然現象。忽視這些資料存在的事實，顯示了古人乃至部分今人對中國古代思想發展認識的不完整以及理解上的片面性。

再看《家語》的文辭。崔述《洙泗考信録》有曰：“取所采之書，與《家語》比而觀之，則其（按：指《家語》）所增損改易者，文必冗弱，辭必淺陋，遠不如其本書，甚或失其本來之旨。”（崔述：《洙泗考信録》卷一第 3 頁，叢書集成初編本）事實如何呢？略舉兩例：

清陳士珂撰《孔子家語疏證》比勘《家語》與它書異同，有如下對比（陳

士珂:《孔子家語疏證》第 74 頁,上海書店,1987 年):

《家語·觀周》:說者流於辯,聽者亂於辭,如此二者,則道不可以忘
也。

《說苑·反質》:夫說者流於聽,言者亂於辭,如此二者,則道不可委
也。

對比以上兩句,似乎無法得出《家語》"文必冗弱,辭必淺陋",我們甚
至可以說"說者流於聽,言者亂於辭"殊爲不類。

有學者專門研究了《孔子家語》的《執轡》篇(楊朝明:《〈孔子家語·執
轡〉篇與孔子的治國思想》,見其《儒家文獻與早期儒學研究》第 274 頁,齊
魯書社,2002 年),其中有以下比較:

《孔子家語》:故命者,性之始也,死者,生之終也。有始必有終矣。

《大戴禮記》:故命者,性之終也,則必有終矣。

兩句之前有相同的論述:"分於道,謂之命;形於一,謂之性;化於陰
陽,象形而發,謂之生;化窮數盡,謂之死。"通讀後兩相對照,是誰"失其本
來之旨"甚明,崔述於此又何曾有一言?

崔述所論先以王肅"雜取衆書"僞造《家語》爲前提,其論斷有極爲強
烈的主觀推定色彩,是完全不符合實際的。我們通過對讀《家語》與互見
者所能得出的結論常是互有優劣,實際上《家語》往往優於它書。

(三)所謂王肅"雜取它書"

南宋的王柏實爲攻擊王肅僞造《家語》最賣力的人之一,特撰《家語
考》說:"今之《家語》十卷凡四十有四篇,意王肅雜取《左傳》、《國語》、荀、
孟、二戴之緒餘混亂精粗、割裂前後、織而成之,托以安國之名。"(王柏撰
《家語考》,劉同輯,胡宗楙考異《魯齋王文憲公文集》,續金華叢書本)在歷
代所有指斥《家語》的控詞中,這是最具迷惑性,也是最易爲人們接受的一
類舉證,古今之人多以此爲然。如清人陳鱣在孫志祖的《孔子家語疏證
序》中贊曰:"是尤盜者之獲得真贓矣。"(孫志祖:《孔子家語疏證》第 1 頁,
叢書集成初編本)

今觀《家語》全書,除了二十幾章爲獨傳外,大部分可見於其所列之
書,難怪王柏自以爲抓住了王肅"作僞"的把柄。但我們不僅要問:從魏到
宋近千年,爲什麼幾乎沒有人意識到這個問題呢?答案只能是:沒有人認

爲《家語》是僞書。

　　既然"事必兩證而後是非明",我們也必須看另一方是怎樣說的。《家語·後序》中孔衍奏言:"又戴聖近世小儒,以《曲禮》不足,而乃取《家語》雜亂者,及子思、孟軻、孫卿之書以裨益之,總名曰《禮記》。"《大戴》、《禮記》等禮書早已經被公認是兩漢學者收集、彙編先秦以來禮制資料而成,倘若沒有博採衆長,《二戴記》又從何而出? 如果說孔衍奏言也被認爲是王肅所作,不足爲據,但《二戴記》等襲取它書卻也是不爭的事實吧? 如此,王柏的指責就有"以僞證僞"之嫌,卻又何足爲據!

　　清陳士珂在《孔子家語疏證序》中引言:

　　予觀周末漢初諸子,其稱述孔子之言類多彼此互見,損益成文,甚至有問答之詞主名各別,如南華重言之比,而溢美溢惡時時有之,然其書並行至於今不廢,何獨於是編而疑之也。

　　陳士珂所論極是! 他不但道出了先秦流傳至今典籍中的一個普遍現象,還隱約揭示了《家語》僞書說的根本成因是"因人廢書"!

　　如上所論,立足於今天學術發展的基礎上,歷史上所有指控王肅割裂衆書織成《家語》的舉證基本不能成立。但是,這也並不是意味著衆書必然是采自《家語》。以非甲抄乙則必爲乙抄甲的思維方式,是無法全面理解多書互見問題的,遺憾的是,古今之人也常常是這樣推理定論的。

　　《家語》的成書問題,以及在前面考察《家語》源流時實際上已部分回答了王柏的指責,即雙方有共同的資料來源。其一,孔安國把原始資料"錄副"編成了《家語》,劉向校書時不但見到了《家語》,也見到了宮中秘藏的"正版"原始資料,他應詔以同樣資料編成了《列女傳》、《新序》、《說苑》等。其二,我們還知道《荀子》、《左傳》等的編定與劉向、劉歆父子也密切相關。劉氏父子把部分資料,如孔子對歷史人物的評價等,編入自己校閱的書中以增加說服力,可以理解爲一個順理成章的做法,這與今文經學家認爲劉歆僞造《左傳》當然是根本不同的概念。我們考察諸如《左傳》等書中與《家語》互見的孔子話語,其最早的出處一定並非《左傳》原書,主要原因並不只是孔子晚於事件的發生,而是其成書時代都要晚于孔子生平,必然爲後人采自弟子筆記之類的資料彙編補入其中,這種情況恰能說明《家語》應是更早的來源,以爲王肅雜抄衆書的判斷是缺乏實際意義的。

另一方面,孔氏後人把材料從別處摘錄到《家語》中,這在理論上當然也是存在的。但是,《家語》並非一種孔子資料大全,不是任何先秦孔子資料都收錄其中的,根據《家語》流傳的過程,《家語》與《左傳》、《荀子》等的相同部分擁有一個共同的先秦祖本的可能性是極大的。之所以産生《家語》采自《荀子》、《左傳》、《韓詩外傳》的觀點是因爲,原始材料補入其中後就散佚了,後人看到身世不明的《家語》中有相同篇章時,自然更傾向于《荀子》、《左傳》爲正宗來源。另外互見的原因還有《二戴記》采自《家語》或宮中秘笈,或許也有部分孔氏後人的增刪等。因此,如果說《家語》有什麽問題的話,也未必出於王肅,《家語》本身在孔氏家族傳習就是一個不斷增補、改動的過程。

實際上,我們有一個簡單判定《家語》是否抄自他書的方法,就是對勘相關材料,這就體現爲《家語》的文獻價值。

三、《孔子家語》的文獻價值

比勘相關的互見材料,如大、小戴《禮記》等,《家語》就立即顯現出自己的優越性來,凡是對《孔子家語》認真研究過的學者一般都認可其重要的文獻價值。

南宋時期朱子曾經說:"《家語》只是王肅編古錄雜記,其書雖多疵,然非王肅所作","《家語》雖記得不純,卻是當時書"。(朱熹:《戰國漢唐諸子》,《朱子語類》卷一百三十七)甚至一些認爲王肅改纂《家語》的學者,例如周予同先生,也認爲《家語》中的《問玉》等篇章可用來校訂《大戴禮記》(周予同主編:《中國歷史文選》下冊第 14 頁,中華書局,1962 年);王承略先生考訂"《孔子家語》保存了一大批比較原始的文獻資料,有許多地方明顯地勝於其他相關古籍,具有重要的版本、校勘價值"。(王承略:《論〈孔子家語〉的真僞及其文獻價值》,《煙臺師範學院學報》2001 年第 3 期)這些認識固然十分可貴,甚至一定程度上也證明瞭《家語》的真實身份,但《家語》的價值還不止於此,有學者指出:"對於今天的孔子研究來說,《孔子家語》的價值並不在《論語》之下。"(楊朝明:《〈孔子家語·執轡〉篇與孔子的治國思想》,見其《儒家文獻與早期儒學研究》第 274 頁,齊魯書社,2002 年)這應當是現代學術背景下對《家語》的一種全新認識。著名學者李學勤先生、王志平先生及中山大學一些學者的研究成果正是展示了《家語》這種珍貴價值的一種所在：

20 世紀中期出土的信陽長台關戰國楚簡，曾被認爲是儒家典籍，但李學勤先生的最新研究確定應是《墨子》佚篇，其中有一支簡文如下：

□□□周公勃然作色曰："狄，夫賤人格上則刑戮至，剛……。"

中山大學的學者發現在《太平禦覽》卷 802 珍寶部中收錄有如下《墨子》佚文：

《墨子》曰：周公見申徒狄曰："賤人強氣則罰至。"申徒狄曰："周之靈□出於土，楚之明月出蚌唇，五象出於汙澤，和氏之璧，夜光之珠，三棘六里（異），此諸侯所謂良寶也。"

顯然兩者極其類似，王志平先生等發現在《家語·好生》篇有文如下：

孔子謂子路曰："君子而強氣則不得其死，小人而強氣則刑戮薦臻。"

王先生的貢獻還在於深刻論述了《家語》此句與相關材料之間的傳承和影響，不但證明《家語》保存了珍貴的先秦古語，還進一步論證了《家語》此句作爲最早出處的真實性。（此節材料選自王志平先生《孔子家語劄記》第 119—121 頁，《學術集林》卷九）因此，從《論語》結集與墨學興起的背景資料看，這個材料即使不能被認爲是《孔安國序》中說的《家語》爲《論語》之餘緒，至少也可以說是同一時代的作品，時間約在西元前五世紀中期左右。

我們也應該看到《家語》所載也是良莠並存，有些東西如穿井獲羊、顏回辨音等，皆如志怪小說，殊難憑信；有些雖貌似歷史記載，與其他相關資料比照也軒格難通；有些篇章的分合與相關材料不同，顯示了古書流傳中的再加工痕迹。當然，《家語》是經過了後世的增刪、改動、編輯的，也真實地留下這種記錄：

《七十二弟子解》：曾點，曾參父，……《論語》所謂浴乎沂，風乎舞雩之下。文中明確提到了《論語》，似可說明《家語》最後的編撰時間要較晚於《論語》的結集，但這並不防礙其部分材料的早出，也不涉及歷史上所謂《家語》的真偽問題。況且，編訂《家語》正是符合孔氏家學存在事實的。所以，對於《家語》中的資料，我們悉心梳理後當可使用。

後 記

　　《孔子家語》的價值決不在《論語》之下，但由於被誤認爲出於三國時期王肅僞造，其中大量的珍貴資料長期被棄置不用，至爲可惜！ 由於學術的發展，逐步認識到《孔子家語》的重要價值。然而，當人們慾利用《孔子家語》研究相關歷史問題時，卻發現並沒有合適的版本可資利用，僅有的個別譯注本也存在種種問題，因此，學術界迫切需要一個精良的《孔子家語》通行本，以適應學術發展的新形勢。《孔子家語通解》將在堅持學術性第一的原則下，充分考慮現狀，進行序說、分段、注釋、翻譯以適應更多的讀者，進而有利於推動孔子、早期儒學和中國"元典"文化的研究。

　　本書以"通解"爲名，首先有通盤解說全書的意思。其次，我們認爲，《孔子家語》中不少篇的"解"都出於王肅，他"解"《家語》不會是有意"作僞"，而應該是讓人們更容易瞭解該書。我們所做的工作也是如此。

　　本書的《前言》是我本人的一篇學術劄記，將它置於書前，是爲了簡要說明人們認識《家語》的過程。每篇正文之前以"序說"通說全篇，幫助讀者理解全文；而後按段落分爲"原文"、"注釋"、"通解"三部分。書後的《附錄》希望有助於讀者進一步瞭解《家語》的有關學術研究狀況。

　　本通解注意學術性與普及性的結合。今天，《家語》的許多學術問題還沒有得到統一認識，基於此，本書立足學術前沿、展示研究成果，注意序說與注、解的科學嚴謹，同時也力求觀點平實，注意讀者的適用範圍。在深入研究《家語》全書及各篇的基礎上，本書的序說認真、細致、準確、條理，注釋與通解則網羅、綜合各家，充分吸收現有注解成果，既做到擇善而從，不標新立異，又爬梳剔抉，陶冶渾成。

　　各篇的"序說"應該是學術界第一次對《家語》認真梳理。分析其與相關材料的異同，序說各篇章的結構，進而指出其價值，將十分有助於我們理解《家語》的文本，有助於我們利用本書繼續研究《孔子家語》及相關學術問題。

　　需要特別說明的是，本書是集體合作的産物，包含了大家的密切協作，是友誼的結晶。在共同的學習中，大家對學界《孔子家語》的研究現狀深有感觸，都認爲應當有一部更爲優良的《家語》讀本貢獻給學界，因此，大家分工協作，積一年之力，終於完成此書。

　　由於所用時間不同，研究深度不一，參加者所傾注的力量也有差別。暑假期間，不少人在酷熱中連續工作多天。尤其是在幾次的統稿中，有的參加者不在曲阜，因而另外許多人不計得失，認真檢查，遇到問題細致研究，直到圓滿解決。爲了本書，他們耗費了大量精力和時間，這種認真、嚴謹的態度，這種團結協作的精神，是本書質與量的重要保障。

　　本書雖由我提出編撰思路，但大家都貢獻了不少好的意見和建議。本書的初步工作具體分工如下：

　　孫海輝：相魯第一、始誅第二、王言解第三、大婚解第四、觀周第十一、附録三（三）《孔子家語》成書問題考辨

　　化　濤：儒行解第五、附録三（一）歷代《孔子家語》的流傳與研究

　　王　青：問禮第六、哀公問政第十七、郊問第二十九、廟制第三十四、曲禮子貢問第四十二、曲禮公西赤問第四十四

　　李　燕：五儀解第七、辯物第十六

　　張　磊：致思第八、本命解第二十六

　　孔德立：三恕第九、好生第十、辯政第十四

　　劉　萍：弟子行第十二、七十二弟子解第三十八

　　陳　霞：賢君第十三、子路初見第十九、在厄第二十、辯樂解第三十五

　　王紅霞：六本第十五、論禮第二十七

　　劉淑強：顔回第十八、禮運第三十二、終記解第四十、屈節解第三十七

　　崔冠華：入官第二十一、困誓第二十二

　　劉義峰：五帝德第二十三、五帝第二十四、問玉第三十六

　　楊朝明：執轡第二十五、前言：出土文獻與《孔子家語》僞書案的終結

　　宋立林：觀鄉射第二十八、冠頌第三十三、本姓解第三十九、曲禮子夏問第四十三

曲鳳東：五刑解第三十、刑政第三十一

王政之：正論解第四十一、附錄三（二）出土文獻與《孔子家語》研究述評

本書的出版，得到了臺灣輔仁大學丁原植先生的大力舉薦，他費神聯絡，指導排版，沒有他的幫助，本書出版不知要等到何時！另外，我要十分感謝好友曲鳳東，他爲本書排版付出了艱辛的勞動！最後，我要特別感謝恩師李學勤先生！先生在百忙中爲本書撰寫序言，使本書大爲增色。

由於成於衆手，書中許多地方前後照應不周。加之水平和時間的限制，本書中肯定還存在許多問題，這些問題都應該由我負責。我們真誠希望得到讀者的批評與指正！

楊朝明

2004 年 11 月 3 日

於曲阜師範大學孔子文化學院

國家圖書館出版品預行編目資料

孔子家語通解：附出土資料與相關研究／楊朝明主編.
-- 初版 -- 臺北市：萬卷樓, 2005
面；　　公分
ISBN 957-739-521-X (平裝)
1.孔子家語 – 註釋

121.2　　　　　　　　　　94003102

孔子家語通解
——附出土資料與相關研究

主　　　編：楊朝明
發 行 人：許素真
出 版 者：萬卷樓圖書股份有限公司
　　　　　臺北市羅斯福路二段 41 號 6 樓之 3
　　　　　電話(02)23216565・23952992
　　　　　傳真(02)23944113
　　　　　劃撥帳號 15624015
出版登記證：新聞局局版臺業字第 5655 號
網　　　址：http://www.wanjuan.com.tw
E　—mail：wanjuan@tpts5.seed.net.tw
承 印 廠 商：晟齊實業有限公司
定　　　價：900 元
出 版 日 期：2005 年 3 月初版